陈桥驿先生（1923—2015）

国家出版基金项目
NATIONAL PUBLICATION FOUNDATION

中国国家历史地理

【第六卷】

陈桥驿全集

陈桥驿 著

人民出版社

目　　録

《水經注》地名匯編（上編）

《水經注》地名匯編（下編）

前　言

　　《水經注》是我國古代的一部著名的地理著作,在現存的古代全國性區域地理著作中,雖然在著作年代上,①它晚於《山海經》、《禹貢》和《漢書·地理志》,但是在内容的豐富、引述的宏博和描寫的生動等方面,它都是特别傑出的。《水經注》無疑是我國學術上的一宗重要的歷史遺産。

　　雖然歷來許多學者和學科,都利用了《水經注》的文字和資料,②但《水經注》本身是一部地理著作,這是完全可以肯定的。它以水道爲綱,記載了各河流流域的自然地理和經濟地理概况,並且還部分地記載了若干外國地理概况。

　　由於《水經注》是一部地理著作,因此全書記載了大量的地名。和《水經注》以前

---

① 關於《水經注》的著作年代,歷來説法頗多,擇要列舉如下:

　　一、蔣維喬《中國佛教史》卷上。第二十八頁:"酈道元撰《水經注》在魏太和年間。"

　　二、伯希和(P. Polliot)《交廣印度兩道考》第四十八頁:"六世紀初年撰之《水經注》。"

　　三、費瑯(G. Ferrand)《崑崙及南海古代航行考》第三頁:"五二七年,酈道元撰《水經注》。"

　　四、足立喜六《法顯傳考證》上編,序説。第三頁至第四頁:"《法顯傳》係法顯自天竺歸後自記之歷遊記行,卷末有歲甲寅之語,故知法顯之書,成於義熙九年歸至建康迄翌年甲寅之間。……《法顯傳》撰述後,……約在百十年之後,北魏酈道元所著之《水經注》卷一、卷二輒引之。"又同書下編,校釋,第一八八頁註:"《水經注》(西曆五三〇年項)。"(驛案,義熙九年爲公元四一三年,則法顯成書爲四一四年。百十年之後,當爲公元五二四年,故足立氏前後二説略有牴牾。)

　　五、Joseph Needham, "Science and Civilisation in China", Vol. 1, p. 259: Shui Ching Chu. Commentary on the Waterways Classic [geographical account greatly extended], N/Wei, late 5th or early 6th century. Li Tao-yuan.

　　(李約瑟《中國科學技術史》第一卷,第二五九頁:《水經注》。《水經》的注釋。〔地理學的廣泛描述。〕北魏,公元五世紀末或六世紀。)

② 《七校本薛福成序》:"其徵引宏富,文章家之資粮也;沿革明晰,考據家之津筏也;而其有關於水利,有裨於農政,實經濟家理天下之書也。"

的其他全國性區域地理著作相比,《水經注》所記載的地名,至少具有下列三個特點。

第一,《水經注》記載的地名,在數量上遠遠超過以往的其他地理著作。《禹貢》記載的地名不過一百三十左右。《五藏山經》是《山海經》各部分中記載地名最多的,但爲數還不到八百。其餘《海經》記載的地名僅二百稍多,《大荒經》(包括《海內經》)記載的地名也不足三百,則全部《山海經》所記載的地名,不過一千三百左右。《漢書·地理志》記載的地名固已不少,但包括篇首的《禹貢》、《職方》和篇尾的《貨殖列傳》等在內,總數也不過四千五百左右。《水經注》記載的地名,總數當在二萬上下,如此巨量的地名記載,不僅是《水經注》以前的古代地理著作所未曾見,即《水經注》以後的古代地理著作中,也是不可多得的。

第二,《水經注》記載的地名,種類繁多,方面甚廣,迥非以前的其他地理著作可比。《禹貢》記載的地名,只是九州和各州的山川湖澤等,在其總數不過一百三十處的地名中,河川與山岳兩類就占了八十處。① 《山海經》記載的地名,主要也只是山川湖澤,《海外》、《大荒》諸經中,雖然也記載了一些外國地名,但大多荒誕不經。② 《漢書·地理志》記載的地名,種類遠遠超過《山海經》和《禹貢》,但仍無法與《水經注》相比。《水經注》記載的地名,在河川方面,除了江河川瀆外,還包括伏流、水口、河曲、瀑布等等;在山岳方面,除了峯巒山嶺外,還包括丘阜、巖崖、峽谷、穴窟等等。此外,諸如湖陂井泉、橋梁津渡、關塞道路、州郡縣城、鄉里村墟、寺觀佛塔、宮殿樓閣、園苑陵墓等等地名,其範圍遍及海內,遠至域外,無不作了較詳細的記載。

第三,《山海經》和《禹貢》的記載地名,主要只是爲了説明地名和地理事物間的某種關係,對地名本身,並無任何解釋。《漢書·地理志》的地名記載,較之《山海經》和《禹貢》稍勝,有時也涉及若干地名來源的解釋,③ 但爲數很少。而《水經注》所記載的地名中,有很大一部分,都在地名的來源方面作了解釋,儘管在這些解釋中,有的不免牽強附會,但應該承認,其中大部分都是很有價值的。因此,《水經注》的地名記載,實開地名學研究之先河。例如,卷十三,灅水經,"灅水出鴈門陰館縣,東北過代郡桑乾縣南"注中的"蘽桑河"。注云:

> 水側有桑林,故時人亦謂是水爲蘽桑河也。斯乃北土寡桑,至此見之,因以名焉。

---

① 宋黃倫《尚書精義》卷十一:"上官氏曰:天下之水見於《禹貢》者四十有五,而九川爲大,天下之山見於《禹貢》者三十有五,而九山爲高。"

② 清萬斯同《讀禹貢合註·辨弱水》(《羣書疑辨》卷十):"凡《山海經》之言固多妄誕,而《大荒經》爲尤甚。"

③ 以京兆尹南陵爲例:"南陵,文帝七年置。漕水出藍田谷,北至霸陵入霸水。霸水亦出藍田谷,北入渭,古曰茲水,秦穆公更名以章霸功,視子孫。"這裏記載了霸水的地名來源。(驛案,今本《漢書·地理志》"古曰茲水"作"師古曰茲水"。則此句已非《漢書》原文,但文理顯然不通。故據《御覽》卷六十二,地部二十七,霸,所引校正。)

又如卷二十九,均水經,"均水出析縣北山,南流過其縣之東"注中的"熊耳山"。
注云:

> 雙峯齊秀,望若熊耳,因以爲名。

像上面這樣的例子,《水經注》中是舉不勝舉的。

如上所述,《水經注》的地名記載,不僅數量巨大,種類繁多,而且還爲後世在地名學研究方面,提供了許多有用的資料,它不啻是一部北魏及其以前的歷史地名辭典。

對於我國古代地名的研究,前人已經做了大量有益的工作。在《水經注》引用的古籍中,像晉京相璠的《春秋土地名》和《春秋古地》等,①就都是這一類著作。明清以來,這方面的成績更爲卓著,出現了更多的有關古代地名的專著。篇帙較大的可以李兆洛主編的《歷代地理志韻編今釋》爲例,此書雖然在地名收輯上只限於州、郡、縣、道等地方行政區劃單位,但實已爲後世學者提供了不少方便。由於前輩學者的辛勤工作,使我國歷史上的不少古籍如《山海經》、《禹貢》、《楚辭》、《戰國策》、《資治通鑑》等等所記載的地名,都已有專書或專文可供參考。在有關《水經注》地名的整理和研究方面,明清以來,學者也已經做了不少工作。除了各家校勘的版本中,對地名有所考據訂正外,專以酈注地名爲研究對象的撰述,也已有所見。例如孔繼涵的《水經注釋地》八卷,對酈注中八十餘條河流及《禹貢》山水澤地中的不少河川、山岳、郡縣等地名加以考釋。此書歷來雖褒貶互見,②但孔氏校刊戴震遺書,撰此書於戴本刊行之後,實爲《水經注》地名研究之嚆矢。此外如張匡學的《水經注釋地》,沈垚的《水經注地名釋》等,也都是清人撰述的酈注地名研究專著。至於鄭德坤的《水經注引得》,熔酈注人名、地名、引書名、碑碣名等於一爐,更爲研究酈注的重要工具書。

當然,由於《水經注》篇幅之浩繁,地名之衆多,牽涉之廣泛,對如此大量古代地名的整理研究,自非上列數書所能完成。如孔氏《釋地》,雖已爲此中巨著,但其所涉及地名,在全部酈注地名中,實屬微不足道。張氏《釋地》,僅擇其可釋者釋之,其掛一漏萬,自不待論。③ 沈氏《地名釋》,則尚係未成稿。④ 至於鄭氏《引得》,所收地名雖已甚多,

---

① 《春秋土地名》爲酈注常引書籍。至於《春秋古地》,全注僅在卷十,濁漳水經,"又東出山,過鄴縣西"注中引及一條。

② 清李慈銘《孟學齋日記》甲集,首集下,同治二年十月三十日(《越縵堂日記》一函二冊):"《水經注釋地》八卷,條註《水經》而專釋其地名,辨證古籍而實指其今爲何地,自爲讀桑經者所不可少。"但鄭德坤《水經注引得》序:"孔書考釋平凡,無甚發明。"

③ 以卷十,濁漳水注爲例,全注有各類地名七百餘處,張氏所釋者僅九十四處,又以卷四十,漸江水注爲例,全注有各類地名約四百處,張氏所釋者僅七十六處。各篇大率如此。

④ 《落帆樓文集總錄・沈子敦著述總錄》:"《水經注地名釋》,未成,僅存河水篇首數條,今編入外集雜著卷。"(驛案,僅存七條,編入卷十二,外集六。)

但由於其書係酈注全注之索引,①並非專輯地名,故地名既不分類別,亦無必要之註釋。爲此,對於酈注地名的整理和研究,在前人辛勤工作的基礎上,我們的任務確實還很艱巨。二十多年來,我曾斷斷續續地對《水經注》地名做了若干整理工作,希望能將全注記載的一切地名,按類別卷次進行匯編,以便查檢。前面已經提及,從地名角度説,《水經注》本身就是一部北魏及其以前的地名辭典,因此,對於匯編中每一個地名的各種解釋,還應該從酈注注文中去尋求解決。這個匯編既非今釋,亦非考據,除了下面將提及的某些必要的註釋外,匯編實際上只是酈注記載的各類地名的一個索引而已。所以對於《水經注》的大量地名來説,我的工作實很微小,無非只是一種最初步的整理。衷心希望以這樣一個初步的開端拋磚引玉,促進《水經注》研究的發展。

上面已經論及《水經注》記載的地名具有數量巨大和種類繁多的特點。爲了查檢方便,將此書全部地名按性質不同分成六十四類,每一類地名都按卷次進行排列。首先列舉經文,然後在每一條經文下列舉該經文的注文內所出現的該類地名。在同一河流中,凡在前一條經文中已經出現過的地名,若在以後經文中重複出現時,就不再列入。但河水、濟水、渭水、沔水、江水等占數卷篇幅的大河,則採取在同一卷內不列入重複地名的辦法。除了在每一類或數類地名匯編之前,冠以説明一篇外(全編共説明五十四篇),還有必要在卷首對本匯編整個有關的問題,説明下列數點。

第一,對於河川、山岳等地理事物的名稱,《水經注》雖然作了廣泛的記載和詳實的考覈,但儘管如此,全注畢竟還遺漏了不少地名。例如卷十六,滻水經,"滻水出藍田谷,北入於渭"注云:

> 《地理志》曰:滻水出南陵縣之藍田谷,西北流與一水合,水出西北莽谷,東北流注滻水。

這裏,導源莽谷而注入滻水的這條河流,酈注就没有記下它的名稱,到今天,要後人補上這個地名的歷史稱謂,自然是非常困難的。爲此,我就不得不把這條河流寫作"莽谷水",並引用原注在備註中加以説明。這種情況,特別是在枝渠細流中是十分常見的。在其他類別的地名中也是一樣。以山岳爲例,卷八,濟水經"又北過穀城縣西"注云:

> 又北有西流泉,出城東近山,西北逕穀城北,西注狼水,以其流西,故即名焉。

這裏,注文雖然對西流泉及其地名來源説得很清楚,但對這條河流的發源地,却只是説"城東近山",没有記下這"近山"的具體名稱。因此,我也只好籠統地把這座山岳寫作"穀城東近山",同樣也引用原注在備註中加以説明。

第二,本匯編列有備註一項,這是爲了寫上那些不得不加以説明的事,例如像上面

---

① 《水經注引得》序:"引得譯自英文 index,即索引之改譯。"

提到的那種没有地名的地名之類的問題。在備註中,我儘量地利用了酈注原文,避免
節外生枝,過多地引用酈注以外的著作,因爲這樣做,只會增加利用本匯編的不便。只
有在後世學者對注文中的地名錯誤提出比較確鑿的證據的情況下,才在備註中寫上注
文以外的這類資料。① 例如卷二十二,潁水經"又東南過陽翟縣北"注云:

> 渠中又有泉流出焉,時人謂之㟷水,東逕三封山東,東南歷大陵西連山,亦曰
> 啓筮亭,啓②享神於大陵之上,即鈞臺也。③

這裏,孫詒讓指出:"案此文連山亦曰啓筮亭七字有誤,考《御覽》八十二引《歸藏
易》云:昔夏后啓筮享神於大陵而上鈞臺枚占,皋陶曰不吉(《初學記》二十二亦引其
略)。此文疑當作《連山易》曰:啓筮享神於大陵之上。蓋《連山》、《歸藏》兩易皆有此
文,抑或本出《歸藏》,酈氏誤憶爲《連山》,皆未可知,今本連山亦,亦即易之誤(易亦音
相近),啓筮亭三字又涉下啓筮享三字而衍(亭享形相近),文字傳譌構虚成實,遂若此
地自有山名連,亭名啓筮者。不知酈意,但引《連山易》以釋大陵耳,安得陵之外,別有
山與亭乎?"④

這裏,孫氏的考證是持之有據的,而問題牽涉到"連山"和"啓筮亭"這兩個無中生
有的地名。我不能因孫氏的考證而删去這兩個地名,但也不能置孫氏的考證於不顧,
於是就在連山和啓筮亭這兩個地名之後,加上孫氏的這段考證作爲備註。

再舉一例,卷一,河水經"屈從其東南流,入渤海"注云:

> 恒水又東逕罽賓饒夷城,城南接恒水。

這裏,注疏本楊守敬指出:"《佛國記》稱從僧迦施國東南行七由延,⑤到罽饒夷城,

---

① 本匯編引用酈注原文,一律稱注;引用酈注外的文字,一律稱註,以資區别。
② 吴本無此"啓"字。
③ 案《玉海》卷一六二,宫室,臺,夏鈞臺引《水經注》與此同,故知宋本原已如此,則孫詒讓所謂"文字傳譌"
　當在宋前。
④ 《札迻十二卷》卷三。
⑤ 由延,梵語 Yogana 之音譯,在酈注中亦譯由巡及由旬,係古代印度的一種里程單位。其意義歷來各書所
　釋頗有差異,兹舉三説於下:
　　一、《藝文類聚》卷七十六,内典上,引支僧載《外國事》:"由旬者,晉言四十里。"
　　二、Ernest G. Eitel. "Handbook of Chinese Buddhism being a Sanskirt – Chinese Dictionary with Vocabula-
　ries of Buddhism Terms". Tokyo, Sanshusha. 1904. p. 208. "Yodjana, A measure of distance, variously Compoted
　as equal to a day's march 〔4650 feet〕or 40 or 30 or 16 li 〔i. e. 33 $\frac{1}{2}$ or 10 or 5 $\frac{1}{2}$ English miles〕."
　　(艾德爾《中國佛教手册》第二〇八頁:"由延。一種距離的度量單位,爲各種不同計算的一日行程
　〔4650 呎〕,或40 或30 或16 里〔即33½或10 或5½哩〕。")《實用佛學辭典》第六一七頁由旬條云:"自古
　聖王一日軍行也,舊傳一踰繕那四十里矣,印度國俗乃三十里,聖教所載惟十六里。"
　　三、《翻譯名義集》卷三,踰繕那條:"由旬三别,大者八十里,中者六十里,下者四十里。謂中邊山川
　不同,致行里不等。"

無賓字。各本有賓字,非也。此城在中天竺,去罽賓甚遠,不得牽混。"

岑仲勉也指出:"罽下諸本皆有賓字,《水經注疏要補遺》謂戴於罽下增賓字,似不自戴始。① 按《法顯傳》只作罽饒夷(彝),即今之 Kananj,蓋後人因涉罽賓而誤也。"②

楊、岑二氏的考證是確鑿的。按《法顯傳》:"法顯住龍精舍夏坐,坐訖,東南行七由延,到罽饒夷城。"根據足立喜六《法顯傳考證》書末所附的《中印度東印度佛跡歷訪地圖》,對照《水經注》原文,則僧迦施國和沙祇國之間,恒河之濱,也恰恰就是 Kananj 即罽饒夷城。此地本不屬罽賓,又別無饒夷城之名。因此,酈氏原文應該是"恒水又東逕罽饒夷城"。儘管許多版本都轉輾因襲,但饒夷城這個地名,實際上是並不存在的。由於這樣的情況,本匯編就在饒夷城這個地名之後,加上楊、岑二氏的考證作爲備註。

以上是本匯編引用前人治酈專著的例子。這類專著,累積了歷代學者研究酈注的成果,自然是很可寶貴的。在另外一些情況下,本匯編對於某些存在疑難和問題的酈注地名,也利用酈注以外的其他一般著作作爲備註以説明問題。例如卷二,河水經"又東過金城允吾縣北"注云:

> 又東,吐那孤長門兩川,南流入湟水。

這裏,注文明説吐那孤長門是兩條河流,則"吐那孤長門"五字間的句讀就成爲一個問題。何焯校本在此五字以後加註云:"句讀未詳。"對於這兩條河川的地名,我根據顧炎武等的説法,③把它們定爲吐那孤川和長門川,並引顧説作爲這兩個地名的備註。再舉一例,沈炳巽本,在卷四十,漸江水經"北過餘杭,東入於海"注中的信安縣"蘇姥布"之下加註云:"疑作泉。"因爲蘇姥布這個地名難以解釋,"布"改作"泉",從字面上自然要好得多。但《天啓衢州府志》卻説:"蘇姥布即城北之蘇姥灘。"④則沈本所疑並不恰當,爲此就將《衢州府志》之説,作爲這個地名的備註。

至於各種不同版本中的差異,這是常有的事。例如卷十,濁漳水經"又東北過曲周縣東,又東北過鉅鹿縣東"注中的"薄落津",七校本作"薄絡津",《後漢書》註⑤引《水經注》作"落津",《通鑑地理通釋》⑥及《方輿紀要》⑦引《水經注》均作"薄洛津"。又如

---

① 岑説是,大典本、趙本、黄本、沈本作罽賓饒夷城,吳本、注箋本、項本作罽賓罽饒夷城。
② 《水經注卷一箋校》(《中外史地考證》上册,第二三一頁)。譯案:罽賓,梵語作 Kubhâna;罽賓饒夷城,梵語作 Kanyakubdja。
③ 《天下郡國利病書》卷六十四,陝西十:"吐那孤川在衛治東湟水北,長門川在衛治東湟水北。"又《乾隆西寧府新志》卷五,地理志,山川,西寧府,吐那孤川、長門川。
④ 《天啓衢州府志》卷一,輿地志,山川。
⑤ 《後漢書》卷七十四上,列傳六十四上,《袁紹傳》"大會賓客於薄落津"註。
⑥ 《通鑑地理通釋》卷八,"河薄洛之水"。
⑦ 《方輿紀要》卷十五,直隸六,順德府,廣宗縣,漳水。

卷二十七,沔水經"又東過成固縣南,又東過魏興安楊縣南,涔水出自旱山北注之"注中的"洛谷水",《初學記》①引《水經注》作"路谷水",《興地紀勝》②引《水經注》作"駱谷水"。這種差異,主要都是在輾轉傳鈔的過程中所造成的。在這類互相不同的地名中,有時候可以立即看出某一本的錯訛,有時候却極難判定誰是誰非。在這種情況下,我所能做的,只不過是以別本中出現的地名差異,寫入備註,作爲殿本的補充而已。

　　諸如上述的各種各樣的例子,在本匯編中是俯拾即是的。但不論在任何情況下,除了利用備註外,我不曾絲毫改動過酈注殿本中的任何一個地名,因爲不管證據如何確鑿,我這樣一改動,就只會增加問題的複雜和紊亂。我只有希望學術界在《水經注》的校勘和輯佚工作獲得更新的成就,從而得到一種更爲完善的版本。

　　第三,《水經注》原有四十卷,輾轉傳鈔,到宋代已經缺佚五卷。佚文散存於《初學記》、《太平御覽》等類書和《太平寰宇記》、《讀史方輿紀要》等地理書的,爲數還有不少。我没有專門從事《水經注》的輯佚工作,而本匯編的編輯旨在整理酈注所記載的地名,和輯佚工作原不相涉。但是,也正是爲了整理《水經注》記載的地名,我覺得有責任把我力所能得的佚文中的地名,也一起收入於匯編之中。爲此,才又特地編列了《水經注》佚文地名一種,附入匯編。這些佚文中,有很多是前人的輯佚成果,非我一人所得而專。由於佚文中存在着許多諸如經注混淆,酈氏原注與引用者按語混淆等情況,所以對於這一部分地名,還須另加注意。

　　最後需要説明的是版本問題。《水經注》版本甚多,僅按趙一清《水經注釋》所列的他所參校的明、清版本,即達三十種之多。而注釋本定稿以後,較流行的版本又有武英殿聚珍版本,微波榭戴震本,楊希閔匯校本,王先謙合校本,楊守敬、熊會貞注疏本等。③ 在許多版本中,我選擇殿本作爲我這個地名匯編的依據,首先是因爲殿本流行最廣。不僅在清代,武英殿和各省官私書局所刻者多爲殿本,而民國以後,爲商務、世界等書局比較大量地鉛印發行的也正是殿本。考慮到本匯編的使用者,往往仍需同時借助酈注,而殿本至今還是較易獲得的版本。因此,匯編以殿本爲依據,乃是勢所必然。

---

①　《初學記》卷八,山南道第七,駱谷。
②　《興地紀勝》卷一九〇,利州路,洋州,景物上,儻水。
③　本匯編參校的主要版本及其簡稱如下:《永樂大典》本《水經注》(大典本),柳僉本《水經注》(柳本),黄省曾刊本《水經注》(黄本),吳琯刊本《水經注》(吳本),趙琦美三校本《水經注》(趙本),朱謀㙔《水經注箋》(注箋本),譚元春、鍾惺等評點本(譚本),孫潛校本《水經注》(孫本),何焯校本《水經注》(何本),項絪刊本《水經注》(項本),沈炳巽《水經注集釋訂訛》(沈本),全祖望七校本《水經注》(七校本),趙一清《水經注釋》(注釋本),武英殿聚珍版本《水經注》(殿本),微波榭《水經注》(戴本),孫星衍校本《水經注》,張匡學《水經注釋地》(張本),楊希閔《水經注匯校》(匯校本),王先謙《合校水經注》(合校本),楊守敬、熊會貞《水經注疏》(注疏本)。

其次,從版本的質量來説,殿本也能差強人意。因爲它畢竟是以國家的力量,集衆人之力的成果。在校勘過程中,殿本的條件顯然也遠遠優於私家版本,因爲當時私家恃以參校的各種版本,殿本校勘者大都能夠得到;而殿本恃爲重要依據的版本如《永樂大典》本,①當時許多私家都無緣得見。當然,私家校勘的版本中,也有一些優異的例子,注釋本即是其中之一。但是,作爲注釋本重要依據的注箋本,②殿本也同樣恃以參校。而且撇開紛争一時的戴趙疑案不論,注釋本的校勘成果,實際上也已經大部包含在殿本之中了。③

　　儘管如此,却也不能認爲殿本一定比別本正確,在酈注記載的地名中,殿本優於別本的例子,當然屢見不鮮;但殿本不及別本的例子,也是隨手可撿的。例如卷十,濁漳水經"又東過壺關縣北,又東過屯留縣南"注中的"女諫水",大典本作"女諜水",《寰宇記》引《水經注》作"八諫水"。④ 這裏,女諫、女諜、八諫這三個地名中,看來比較正確的還是《寰宇記》。因爲《乾隆山西志輯要》⑤和《乾隆長治縣志》⑥都有"八諫水源出八諫山"的記載。而《順治潞安府志》不僅載有八諫山和八諫水這兩個地名,在八諫山之下還解釋云:"在城西南六十里,長平之役,趙軍中有八諫而死者,即此地也。"⑦不管《潞安府志》所記的地名來源是否妥當,但八諫這個地名由來已久,却是可以肯定了。則大典本的"女諜"固然甚誤,而殿本的"女諫"也同樣不對。

　　所以本匯編以殿本爲準,決不是説殿本在各方面都優於其他版本。事實上,在經過長期來的散亡缺佚和轉輾傳鈔以後,根本没有一種版本,説得上完全可靠。全祖望所説的"世之讀誤本《水經》者多矣"。⑧ 這是確實的。嚴格地説,宋以後流行的版本,在不同程度上都可以説是誤本。歷來也有以這些版本彼此校勘的,例如《楚寶》引江水注"錉竈",⑨湘水注"空舲峽",⑩鄧顯鶴也引酈注校勘,認爲應作"埵竈"⑪和

① 《永樂大典》卷一萬一千一百二十七至卷一萬一千一百四十二,八賄,共十五卷,收入《水經注》全部及酈道元自序一篇。
② 注釋本卷首,參校諸本中,在列舉二十九種版本後云:"以上諸本予悉取之與明南州朱謀㙔箋相參證,録其長而舍其短。"説明注箋本爲注釋本的重要依據。
③ 張元濟《涵芬樓景印永樂大典本水經注跋》:"戴校定本自聚珍版印行,舉世奉爲圭臬,同時有趙一清《水經注釋》,大旨相合。"
④ 《寰宇記》卷四十五,河東道六,潞川,上黨縣。
⑤ 《乾隆山西志輯要》卷三,潞安府,長治州,山川。
⑥ 《乾隆長治縣志》卷五,山川。
⑦ 《順治潞安府志》卷一,地理二,山川,長治縣。
⑧ 《贈趙東潛校水經序》(《鮚埼亭集》卷三十三)。
⑨ 明周聖楷《楚寶》卷三十九,山水,三峽引《水經注》。
⑩ 《楚寶》卷三十八,山水,湘水引《水經注》。
⑪ 清鄧顯鶴《楚寶》考異,卷三十九引《水經注》。案殿本作"插竈"。

"空泠峽"。① 實際上，周引和鄧校，無非版本不同而已。誰都不是善本，在許多問題上，誰也無法判定何本一定正確。當然，殿本也並非完善無疵，爲此，雖然本匯編以殿本爲主要依據，但凡是我所能見到的其他版本，只要在地名上與殿本有所差異而又非明顯的錯訛，則均在備註中註明，以資比較。當然，我的見聞很少，曾經過眼的版本不多。本匯編曾經參校的文獻，在明以前的，只是利用了《初學記》、《太平御覽》等類書，《太平寰宇記》、《輿地紀勝》等地理書，《熙寧長安志》、《景定建康志》等方志以及《史記正義》、《史記索隱》、《通鑑胡註》等註釋中所轉引的片言隻語。②《永樂大典》本雖係明版，但如殿本卷首案語所云："其所據猶屬宋槧善本也。"其優異之處，在以下河川類地名的説明中曾舉其例。明版本在各家著録中列名的不少，但我所參校的只是黃省曾刊本、③吳琯刊本、注箋本和另一種天啓崇禎間刊本何校、王校。感謝寧波天一閣讓我閲讀了那裏收藏的全部明版方志，這些方志中所引用的《水經注》，有不少異於今本之處，使我能逐一覈對地名上的差異，附入備註，稍稍彌補了明版本不足的缺憾。明以後的版本，主要也僅參校了項絪刊本，沈氏集釋訂訛本，全氏五校、七校本，趙氏注釋本，微波榭本，張氏釋地本，楊氏匯校本，王氏合校本，楊、熊二氏注疏本等。浙江圖書館所藏的善本明吳琯刊本中，有孫潛的硃筆批校，甚爲精闢。④ 這可算我讀酈經歷中的一次倖遇。不管這些書寫工整的批校是孫氏親筆或是旁人所傳鈔，對我來説，都是十分珍貴的。這不僅因爲孫氏本人是一位治酈名家，而他所參校的諸本之中，如柳僉鈔宋本和趙琦美三校本等，都是歷來的酈注名本，因而使我也得窺及此等名本於一斑。我讀酈經歷中的另一次倖遇是涉獵了天一閣所藏的明天啓崇禎間刊本。此本以黃省曾本爲底本，每葉書眉，刊有譚元春、鍾惺、朱之臣的評點，而書内又雙行刊入了謝兆申、李克家、孫汝澄等的案語。集晚明治酈名家於一編，真是美不勝收。此本中以譚元春的評點最多，故我在參校中簡稱之爲譚本。此外也還有一些卓越的私家校勘

① 《楚寶》考異，卷三十八引《水經注》。案殿本作"空泠峽"，大典本作"空泠峽"，《名勝志》湖廣卷十，長沙府，湘潭縣引《水經注》及《方輿紀要》卷八十，湖廣六，長沙府，湘澤縣引《水經注》均作"空靈峽"。

② 本匯編的主要參考文獻四百六十餘種，另附書後。

③ 此書我借用了上海圖書館所藏善本，書係嘉靖甲午原刊，但缺佚卷二十五至二十七，卷三十七至四十，達九卷之多。此九卷利用了四庫珍本、沈炳巽《水經注集釋訂訛》補足，因沈書所據亦係黃本。

④ 其校除在正文中圈改外，並有眉批甚多，各卷之末復有校語，署名除潛及潛夫外，尚有蔀園、知節、知節君、節生、龍溪病夫等。其中卷十六末校語云"歲事卒卒，兼患痔痛，故自臘月七日輟筆至今，九日始得續校也，以艱於久坐，止校得此卷遂復輟也。龍溪病夫"。足見孫氏校書之勤。全書卷末云："戊申正月三十日勘完，用柳大中家鈔宋本，其本亦藏葉石君處，是日石君從洞庭來，述山中所聞見，如龍眠《三馬》、米元章楷書《寶章待訪録》(所見也)、白樂天手書《金剛經》(一行書，一楷書)、《趙普家語》、《張循王鐵券》、倪雲林手書所著《江南詞》(所聞未見者)等，皆寶玉之大弓也，嗟乎！何日得盡觀之以暢余懷乎。記此以俟異日耳。潛夫。"足見孫氏涉獵之廣與求書之切。

本,感謝復旦大學圖書館讓我閱讀了該館善本何焯校本,此書是嘉業堂舊藏,①是一種難得的本子。何氏在批註中的不少創見,②確實使我茅塞頓開。我還有幸閱讀了南京圖書館的八千卷樓舊藏,③佚名臨趙琦美、孫潛、何義門諸家校本,其中包括杭董浦、孫汝澄、沈碏芳等。集治酈名手於一帙,展卷誦讀之際,真如置身山陰道上,應接不暇。此書卷首有小韭山房、董秉純、枇儒字小鈍三印,秉純爲全謝山弟子,則酈學淵源,宛然可溯。諸如此類的名家批校,對我所編的《匯編》,自然大有裨益。另外還有一些聞名已久的私家校勘本,例如孫星衍校本。孫氏生平於《水經注》用功極深,但其書未刊,僅知劉履芬、薛福成(北圖已有、已閱)、蕭穆各錄有一本,王先謙合校本中所引者,即係借自蕭穆。④我無緣得見其書,故本匯編所引的孫星衍校本及孫氏有關酈注的其他考證,只是據合校本所引以及孫氏的其他著述如《尚書今古文註疏》和《岱南閣集》中零星論及的一些而已。

　　除了上述以外,明代以來某些私家版本,現在已成佚書,但在其另外著作中,尚或多或少地留有遺跡。這類著作,我也曾加以利用。曹學佺的《大明輿地名勝志》即是其例。《名勝志》引及酈注甚多,而且常常異於別本,其中有不少在殿本或他版本爲佚文。故曹氏之本,在今天看來是一種很可珍貴的版本。甚至《名勝志》一書,於今也成爲稀物。我幸得利用南京圖書館所藏善本,在地名上和殿本逐一比較,舉其差異,記入備註。不過,這種不得已的事,在酈注校勘中由來已久,趙氏注釋本所引的三十種版本中,屬於這一類的恐怕超過十種。例如趙氏所列的明周嬰本,其實不過周氏的一篇《析酈》;所列的閻若璩本,無非從其《古文尚書疏證》和《潛邱劄記》中轉引;而所謂顧祖禹本,充其量也只是一部《讀史方輿紀要》而已。爲此,對於清初各家著述,凡是引及酈注,我必加以留意。因爲殿本成於乾隆三十九年,在此以後,各家引酈多從殿本,而在此以前,諸本雜出,各家所引者,尚不乏珍本秘笈。所以本匯編所參校的引及酈注的清代各家著作及方志一百餘種之中,絕大部分都是殿本以前的撰述。

　　版本的選擇是必須審慎的,因爲剽竊之事,自古有之。趙一清所見竊朱箋爲己有

---

　　①　卷首有"劉承幹字貞一號翰怡"朱印一方。

　　②　卷首朱謀㙔序上,何氏眉批云:"甲寅八月寓臨沂,讀《三國志》畢,因裴注而及此書,鬱儀中尉非博士家言所急之誦,庶可解免,然此書攜以自隨已逾一年始得寓目,而余於科舉之學未嘗少進,恐博士既從而咻之如中尉者又將嗤酈之耳。長洲何焯。"

　　③　卷末有丁丙跋。

　　④　蕭穆《敬孚類稿》卷八《記孫淵如先生〈水經注〉手校本》:"乃用天都黃曉峯本點竄塗乙,硃墨交錯,本行本葉不足,夾以片紙黏綴成之,每卷亦多記年月及校勘之地,行役之餘,輒以從事者也。據其自記云:《水經》向無善本,予驟讀之,便知經注錯亂,以意定之,凡所乙者數十處,嗣以唐人引此書若《史記正義》、《索隱》、《文選注》、《藝文類聚》、《初學記》、《元和郡縣圖志》校之,又正其謬者十五。"

的真州版，①流行畢竟不廣，爲害因而較微。流行甚廣，②甚至某些治酈學者也不免受欺③的天都黄晟曉峯本，乃是一種流毒深遠的版本。我經過覈對原版，已完全查明，這個自詡爲"取舊本重爲校刊"④的版本，除了卷首的一篇二百七十五字的所謂跋以外，實係康熙五十四年的歙縣項絪刊本⑤的一字不易的翻刻本。這種佔他人著作爲已有的行爲，實在令人氣憤。這也是我選擇版本，寧缺毋濫的原因。

關於版本，最後還需要説明，後來的學者，常常把殿本和戴本混爲一談。其實這是差異頗大的兩種版本，是不能彼此混淆的。殿本卷首雖然也列戴震之名，但事實上是四庫館的一種集體著作。在那個名位制度十分嚴格的時代，戴氏以一個舉人，⑥要想在翰林行中堅持己見，排斥羣議，這顯然是不可想象的。⑦　這就是殿本和真正的戴本，即孔繼涵整理刊行的微波榭本之間存在着許多差異的原因。⑧

我在編首需要説明的事已如上述。有關各類地名的具體問題在下面各類地名中再説。本匯編的編輯，歷時雖不可謂不久，但因我才疏學淺，謬誤不當之處在所難免，敬希各方指正是幸。

本《前言》曾以《水經注·地名匯編·序》爲題，載於《水經注研究二集》（山西人民出版社一九八七年版），并於文末注明"一九八五年十月於杭州大學"。正文中的每一類或數類地名匯編之前的"説明"，也曾以《水經注·地名匯編·説明》爲題，載於《水經注研究二集》（山西人民出版社一九八七年版）。——編者注

---

① 趙一清《水經注附録》下。
② 黄晟本流行甚廣，坊間並有翻刻者，清福建張性馨翻刻本即是其例。清代學者校勘酈注，常有以此爲底本者，如孫星衍手校本、蕭穆手録孫星衍本等均是。事見蕭穆《記孫淵如先生〈水經注〉手校本》（《敬孚類稿》卷八）。
③ 張匡學《水經注釋地》凡例云："酈見黄本，參稽較密，今依照刊刻。"張氏即受欺者之一。
④ 黄晟跋語。
⑤ 據項絪跋，其書合吳琯本及注箋本校勘而成，參與者除項氏外，尚有長洲顧藹、嘉定趙虹及歙縣程鳴等三人，此書校勘常循朱箋，發明不多。
⑥ 任啓珊《四庫全書答問》（上海啓知書局版）第二十八至二十九頁，問十九，戴震在館中成績如何條："時館中以舉人充纂修者，氏一人而已。"
⑦ 清龐鴻書《讀〈水經注〉小識》卷首叙略："聞戴氏之入四庫館，於館中諸公爲後進，戴性又傲不肯下人，諸公頗齮齕之，其所校勘，不盡從也，紀文達雖與戴善而議論亦時有異同（見之文達集中）。故《水經注》武英殿本，卷首題要雖題東原之名，然校録時實出諸公之手，已非戴氏之舊。"
⑧ 殿本與微波榭本的差異，在我匯編的地名之中，就大量存在。僅以河川類地名一項爲例，殿本的洞過水，戴本作同過水（卷六，洞過水注）；殿本的灅餘水，戴本作灤餘水（卷十四，灅餘水注）；殿本的沈水，戴本作沇水（卷十九，渭水注）；殿本的循水，戴本作脩水（卷三十九，贛水注）等等，不勝枚舉。此外，戴本與殿本及其他版本相比，不僅目次大異，其所立篇名亦異。河水只分三篇，江、沔、渭、濟均不分篇，汶水之一爲東汶水，沮水之一爲南沮水，遼水不分大小，江以南至日南郡二十水不列入篇目，併在斤員水（殿本作斤江水）篇之中。至於其他差異，自然也俯拾可得，僅卷三十九，泆水經"泆水出茶陵縣上鄉，西北過其縣西"注中，戴本注文多出殿本即達三十二字。凡此種種，無非略舉數端而已。

《水經注》地名匯編
（上編）

一、河　川

　　河川是《水經注》地名的核心，《唐六典》卷七，工部，水部，郎中註云："桑欽《水經》所引天下之水百三十七，[①]江河在焉。酈善長注《水經》，引其枝流一千二百五十二。"但《水經注》記載的河川地名。實際上遠遠超過此數。在全注各種類別的地名中，河川類地名的數量最大，約佔酈注全部地名的百分之二十。此外，河川這類地名，其稱謂也最複雜，除了習見的河、水、江、川、瀆等以外，還有津、渠、溪、澗、溝、流、宪等等多種多樣的稱謂。隨着河川的大小、水文的變化、地區的不同、方言的差異等，往往就有各種不同的稱謂，增加了地名的複雜性。

　　在河川類地名中，下列情況，應該加以注意：

　　第一，一水多名的現象，注文中非常普遍，這是河川名稱之所以大大超過河川實際數字的主要原因。例如黃河，按不同的習慣、地區和段落，就有河水、河、大河、黃河、濁河、逢留河、上河、孟津河等許多不同的名稱。當然，黃河是全國性的大河，這樣的大河有一些旁名別稱是難免的。但較小的河流也常常擁有許多別名，例如卷二十六巨洋水經"巨洋水出朱虛縣泰山，北過其縣西"注云：

---

　　① 《困學紀聞》卷十，地理，"《水經》引天下之水百三十七，江河在焉"王應麟案："今本《水經》所列僅一百一十六水。"

巨洋水,即《國語》所謂具水矣,袁宏謂之巨蔑,[①]王韶之以爲巨蔑,[②]亦或曰胊瀰,皆一水也。

這裏,一條只有區域意義的巨洋水,却也是一水五名。甚至更小的河流,其名稱有時也並不簡單。卷二十六淄水經"又東過利縣東"注中的時水可以爲證,注云:

淄水又北,時澠之水注之。時水出齊城西北二十五里,平地出泉,即如水也,亦謂之源水,因水色黑,俗又目之爲黑水。

這裏,一條小小的時水,竟也有五種不同的名稱。

有時候,一條河流的名稱,由於它的枝流、旁瀆、故渠、舊道等牽連在一起,再加上俗名異稱,因而出現許多不同的地名。例如在卷七和卷八濟水注中,濟水這條河流,曾有聯水、沇水、濟水枝渠、濟水故瀆、濟水故渠、濟水南瀆、北濟、南濟、濟瀆、濟渠、別濟、清水、清濟等許多不同的名稱。

此外,同一河川名稱,在不同版本之中,又有各種不同的寫法。例如殿本中滹沱水的滹沱二字,在不同版本的不同卷次之中,就出現洿池(大典本)、雩池(大典本、黃本、吳本)、乎池(注箋本、項本)、滹池(七校本、楊慎《山海經補註》本)、滹沲(七校本)、呼池(注釋本)、虖池(孫潛校本、何焯校本、注疏本)等等多種不同的寫法。又如殿本中蒗蕩渠的蒗蕩二字,各本中也有蒗蕩(徐天祐音註《吳越春秋》本、大典本、黃本、吳本、《康熙字典》水部汳所引本、七校本、注疏本)、莨蕩(《通典》本、程大昌《禹貢山川地理圖》本、《玉海本》本)、浪蕩(《御覽》本)、狼蕩(黃鎮成《尚書通考》本)、浪宕(《名勝志》本)等多種寫法。這些實際上都是音讀之轉和書法別體,是在長期以來的傳鈔過程中所造成的。

對於上述每條河流的所有不同名稱和不同版本中出現的不同寫法,本匯編都一一列載,並在備註中加以説明。

第二,異水同名的情況,在注文中也相當普遍。當然,在不同河流、不同地區出現的異水同名,是比較容易分辨的。但有時候,在同一條注文之下,即在鄰近地區,或是在同一河流的若干枝流之中,也出現異水同名的情況,這就必須分辨清楚,以免彼此混淆。

最常見的異水同名,一類是冠以東南西北等方位詞的河流。例如卷二十漾水注中,冠以方位詞"南"的河流有兩條,冠以方位詞"西"的河流有七條,冠以方位詞"東"和"北"的河流各有六條。對於這一類異水同名。爲了便於辨別,在收入匯編時,均冠以附近有關的地名,如僕谷亭北水、洞水南溪(以上卷十五洛水注)、左陽溪西水、河桃

---

① 巨昧,《通鑑》卷四十一,漢紀三十三,光武帝建武五年,"追之巨昧水上"胡註引《水經注》作鉅昧。

② 巨蔑,大典本、注箋本、項本、張本作巨蔑。

谷東水(以上卷十八渭水注)等。另一類常見的異水同名是以水色命名的河流如赤水、黄水、白水、黑水、濁水、清水等等。例如在卷一至卷五河水注中,就有以黑爲名的河流五條,以白爲名的河流四條,以赤或丹爲名的四條,以黄爲名的三條。諸如上述,都造成大量異水同名的現象。

這裏也必須指出,在同一卷篇,甚至同一條經文之下,常常出現異水同名的情況,但在不同經文、不同卷篇之間,同名的河流,倒也未必都是異水。古人有時也會在這種情況下造成錯訛,所以我們必須加以注意。例如卷六涑水注中的涑水和卷四河水經"又南過蒲坂縣西"注中的涑水,實係一水,而全祖望却誤斷爲同名異水。全氏云:

> 聞喜有涑水自爲一篇,雷首又有涑水,附見河水篇注中,則二水也,而義門混爲一之。[1]

更有甚者,全氏還認爲對涑水的訛誤,在酈氏作注時已經產生了,因而辨析甚多,[2]而實際上却正如趙一清所云:"全氏之説甚辨,然涑水實非有二也。"[3]而董祐誠則根據古今水道沿注途徑,證實涑水無二。[4]　爲此,在分辨異水同名時,還要注意像全氏一類的錯誤。

第三種情況是有水無名。全部酈注中,有地無名的情況在許多類地名中都有出現,但以河川類地名中最爲普遍。這種例子是不勝枚舉的,卷二河水經"又東過隴西河關縣北,洮水從東南來流注之"注云:

> 洮水右會二水,左會大夏川水。……洮水又北,翼夷三水,亂流北入河。

這裏,洮水右會的"二水"和翼夷的"三水",都是有水無名的例子。

緊接着這一條經文以後的下一條經文"又東過金城允吾縣北"注云:

> 湟水又東,右控四水,導源四溪,東北流注於湟。

這裏,注文對湟水的這四條枝流,全部不曾記下地名。

上述這樣的情況,在全注非常普遍。雖然,凡屬有水無名的河流,大多是枝水細流,重要性並不很大,但是由於全注中這種情況不少,因此,有水無名的河流,總數就頗爲可觀了。這種有水無名的河川,有時候又以另一種形式的異水同名表現在本匯編之中,卷二,河水經"又東北過安定北界麥田山"注中的高平川水即是其例。高平川水不

① 《再跋何氏水經》(《鮚埼亭集》外編,卷三十二)。

② 《水經涑水篇跋》(《鮚埼亭集》外編,卷三十二):"愚讀涑水篇,但言涑水入張澤而不言張澤之所入,又曰西北去蒲坂十五里,然則聞喜之涑水所入,正與河北之涑水所出相接,而又皆名涑水,道元不細剖之,乃兩處並引左氏伐我涑川之語,則道元自蒙混失,況千餘年後乎。"

③ 注釋本卷四,河水經"又南過蒲坂縣西"注"又南,涑水注之,水出河北縣雷首山"趙一清註。

④ 《水經注圖説殘稿》卷四。

僅有有水無名的枝水，而其枝水本身又擁有枝水（注文中稱爲次水），注文中共記載了高平川水枝水的四條不同的次水，於是，匯編中收入了四條“高平川水枝水次水”，都是無名可考，只是按注文在備註中註明它們各自的發源地而已。

　　酈氏没有記下許多河川的名稱，這當然是不得已的。酈氏雖然十分重視他在原序中所説的“訪瀆搜渠”，即野外實地考察工作，但以他一人一生之力，畢竟有限，所以不免又如他在原序中所説的“輕流細漾，固難辯究”，因而留下了這許多地名上的空白。以後也曾有一些關心地理的人，爲若干酈注佚名的河川補上地名，《雍正陝西通志》和《雍正江南通志》①等所作的均是其例。但問題是，後世所補的畢竟是後世的地名，是不能和酈注同日而語的。而本匯編所收的地名，乃是北魏和北魏以前的地名，自然不能和後世地名混爲一編。爲此，今天我所能做到的，無非是把這些有水無名的河流一一列出，在備註中加上酈注原文，藉資説明而已。

　　河川類地名的第四種情況是有名無水。造成這種情況的主要原因，是因爲水道變遷，有不少在北魏以前存在的河流，到北魏時已經消失，因此，酈注所記下來的就只是一個地名，實際上在當時早已不存在這樣的河川了。注文中稱爲故道、舊瀆、枯渠、死水等名稱的，就都屬於這一種情況。這種徒存地名而實無其地的情況，全注各類地名中都有存在，而且數量很大。在河川方面，像卷三十二陰溝水注中提到的陰溝故瀆、蒗蕩渠故瀆、死潙等，就都是其例。對於這樣一些有名無水的河川，本匯編全部收入，一般也不作什麼説明。對以後其他各類有名無地的地名，也都同樣處理。因爲歷史上既然存在過這樣的河川，則不管其在北魏時代是否仍然存在，作爲歷史地名，在匯編中是應該列入的。同樣，北魏時代的河川和其他地名，其中有不少到今天也早已消失，但匯編也同樣收入，因爲匯編所整理的，本來就是歷史地名，至於以後是否存在，那是另外一個問題。

　　但是另外還有一種有名無水的情況，和上述情況並不相同，却是必須説明的。例如卷十四，濡水經“又東南過海陽縣西，南入於海”注中的贊水。注云：

　　　　又按《管子》，齊桓公二十年，征孤竹，未至卑耳之谿十里，闔然止，瞠然視，援弓將射，引而未發。謂左右曰：見前乎？左右對曰：不見。公曰：寡人見長尺而人物具焉，冠，右袪衣，走馬前，豈有人若此乎？管仲對曰：臣聞豈山之神有偷兒，②長尺人物具，霸王之君興，則豈山之神見，且走馬前。袪衣，示前有水；右袪衣，示從

---

① 《雍正陝西通志》卷八，山川一，大川考，渭水：“又八渡河東北流入之，即《水經注》所謂一水發南山西側者也。”《雍正江南通志》卷十五，輿地志，山川五，徽州府引明吳度《三天子都考》：“黄山雖奇秀，其趾有水，名豐樂溪，亦與衆溪相類，亦《水經注》所謂小溪之一支耳。”

② 孫潛校本作：“臣聞登山之神有俞兒。”

右方涉也。至卑耳之溪,有贊水者,從左方涉,其深及冠;右方涉,其深至膝。已涉大濟,桓公拜曰:仲父之聖至此,寡人之抵罪也久矣。今自孤竹南出,則巨海矣,而滄海之中,山望多矣,然卑耳之川若贊溪者,亦不知所在也。昔在漢世,海水波襄,吞食地廣,當同碣石苞淪洪波也。

這裏,酈氏云贊水"不知所在",認爲已於漢代淪入海中,把贊水作爲一條名存實亡的河流。宋程大昌也引酈注,深信贊水是河川地名不疑。① 趙一清引韋昭説,認爲贊溪是辟耳山的拘夏溪。② 胡渭則又認爲贊水在樂亭縣西南。③

趙、胡諸氏的解釋,看來都是牽強附會的。當然,這個錯誤是從酈氏本人開始的。實際上,贊水並不是一條什麼河流,自然也不是一條有名無水的河流。孫詒讓氏云:

案上引《管子》齊桓公至卑耳之溪,有贊水者,從左方涉,其深及冠;右方涉,其深至膝。文見《小問》篇。房註云:贊水,謂贊引渡水者,是彼水即指卑耳溪水,贊者,謂導贊知津之人,記桓公從右方涉耳。非卑耳之旁,別有溪水名贊者也。酈氏殆誤會其旨。④

孫氏的考證無疑是確鑿的。爲此,本匯編在贊水這個"地名"之下,加上了孫氏的考證作爲備註。

第五,在《水經注》河川類地名中,也存在着相當數量的錯誤地名,我們必須予以注意。這中間,有一部分可能是轉輾傳鈔中造成的錯誤,卷二十五,泗水注中的泇水與治水即是其例,經"又東南過下邳縣西"注云:

武原水又南合武水,謂之泇水。

對此,于鬯氏指出:"泇,蓋治字之誤。沂水篇云:沂水又南遷臨沂縣故城東,有治水注之,水出泰山南武陽縣之冠石山。《地理志》曰:冠石山,治水所出。應劭《地理風俗記》曰:武水出焉,蓋水異名也,是武水又名治水,即泇水矣。泇字爲治字之誤,明甚。治水源流文見於彼,故略於此。惟彼文言治水入沂,此言武原水合之入泗,蓋分流以入泗耳。《漢書・地理志》泰山郡南武陽下及應劭説,皆但云治水入泗,則統指武原水而言之矣。"⑤

如上述,于鬯的考證是言之成理的,爲此,本匯編就將于氏之説作爲泇水這個地名的備註。泇、治字形相類,這種錯誤很可能是後世傳鈔的錯誤。

---

① 《禹貢論》上,十四,碣石:"酈道元之在元魏記叙驪城濡水,謂齊威公征孤竹,固當至卑耳,涉贊水。"
② 注釋本,卷十四,濡水注"然卑耳之川若贊溪者,亦不知所在也"趙一清註云:"按《齊語》云:桓公懸車束馬踰太行與辟耳之谿拘夏。韋昭曰:拘夏,辟耳山之谿也。豈亦贊谿之異名乎。"
③ 《禹貢錐指》卷十一上:"則碣石舊是灤河口之東可知矣,贊水、卑耳之谿淪於海中者,當在樂亭縣西南也。"
④ 《札迻十二卷》卷三。
⑤ 《香草續校書》(中華書局,一九六三年版)下册,第五二〇頁。

但是,除了傳鈔的錯誤以外,酈注本身在河川類地名上造成的錯誤,也是相當大量地存在的。對於一部一千多年前的地理著作,這是毫不足怪的事。因爲儘管酈氏重視"訪瀆搜渠",但靠他一人一生之力,加上當時政治形勢的南北分裂,是不可能跋涉全國的。在那個時代,既沒有比較可靠的地圖,而他所根據的許多地志文獻,也常常以訛傳訛,記載不實,錯誤自然是難免的。對於一部古代地理巨著的這些錯誤,實在瑕不掩瑜。至於歷來有些學者對《水經注》記載的河川水道,存在着一種迷信,①明知其訛,而亦不敢稍私參議。這當然是愛癭嗜痂,不足爲訓的。

關於《水經注》在河川水道方面記載的錯誤和不足,歷來學者提出的已經不少,例如杜佑所云:"不能知黑水所經之處;"②明周嬰所云:"躡法顯之行蹤,想恒流之洄洑,水陸未辨,道理難明;"③而黃宗羲更指出"以曹娥江爲浦陽江,以姚江爲大江之奇,分苕水出山陰縣,具區在餘姚,沔水至餘姚入海,皆錯誤之大者"④等等,都是確鑿的。而事實上,記載中的錯誤又豈止上述而已。每一處河川的記載錯誤,必然同時牽涉到若干地名。且不說輕流細潒,全國性的大河,如長江下游的北江、南江(卷二十九,沔水經"分爲二,其一東北流,其一又過毗陵江"注)之類,雖然自從《漢書·地理志》⑤以來,不少學者,言之鑿鑿。實際上,當時足跡曾達南方的學者如司馬遷,儘管他也提到了《禹貢》"九江"之類的名稱,⑥而在牽涉到具體河川時,他却只記下浙江等地名,⑦絕未言及北江、中江、南江等。至於當時生長在南方的學者如王充,那就更爲明白地留下了"有丹徒大江,有錢唐浙江"的名稱。⑧ 從這些古代目擊者的記載來看,⑨當時在大江和浙

---

① 例如清閻若璩《潛邱劄記》卷三,《釋地餘論》:"後代言水道之可信者,莫過酈道元。"又如清丁謙《水經注正誤舉例小引》(《求恕齋叢書》):"《水經》一書,地學家與《班志》並尊,視同聖經賢傳,不敢稍私參議。"

② 《通典》卷一七五,州郡五。驛案,黑水自《禹貢》以來,説法紛紜,清陶葆廉在其所著《辛卯侍行記》卷五中,曾搜集了歷來關於黑水的二十九家不同的説法。陶云:"《禹貢》黑水,説者紛紛,……二十九家各執所見,莫衷一是。"

③ 《巵林》卷一,《析酈》。

④ 《今水經序》。

⑤ 《漢書·地理志》會稽郡:"南江在南,東入海,揚州川。""北江入海,揚州川。"又丹陽郡:"中江出西南,東至陽羨入海,揚州川。"釋案,今本酈注未記及"中江"之名,但《文選》卷十二,《江賦》"其雲夢、雷池、彭蠡、青草、具區、洮、渦、珠、澨、丹、漢"宋六臣註,引《水經注》及《景定建康志》卷十六,疆域志二,堰埭,考證,引《水經注》,均言"中江"。詳見本匯編〈水經注佚文地名〉。

⑥ 《史記》卷一二九《貨殖列傳》第六十九:"三江五湖之利。"又卷二十九《河渠書》第七:"余南登廬山,觀禹疏九江。"

⑦ 《史記》卷二十八《封禪書》第六:"江水,祠蜀。"又卷六十六《伍子胥傳》第六:"至江。"又卷四十一《越王勾踐世家》第十一:"盡取故吳地至浙江。"

⑧ 《論衡》卷四《書虛篇》。

⑨ 王國維《浙江考》(《觀堂集林》卷十二):"史遷親上會稽,吳越諸水皆所經歷,所記不容有誤。……厥後袁康、趙曄、王充、朱育、韋昭等,凡南人今所云浙江,無不與《史記》合,許叔重之説,自不能無誤。"

江之間，有没有北江、中江、南江這樣的河川，實在大有可疑，這些地名可能就是以訛傳訛，牽强附會。① 所以，由於原注對河川水道記載的錯誤，使酈注河川地名，張冠李戴者有之、枝幹混淆者有之、字音錯訛者有之。但是這是一千多年前的原注所造成的錯誤，我們既不能修改原注，自然也不可能修改這些地名。從另一方面說，儘管《水經注》記載的河川有不少錯誤，有的實際上並不存在，有的在位置和流向等方面與事實不符，但這些河川地名，在古代却確實存在，因此，對這類歷史地名的搜集和整理，也仍然是具有意義的。

除了河川以外，《水經注》在其他方面的記載，也同樣存在一些錯誤，因此，除了河川以外的其他各類地名，也都存在着與河川類地名相同的情況。因爲《水經注》以河川爲主，所以這種情況就在河川類地名中加以説明，以後不再一一贅述了。

第六，《水經注》中還有一些河川地名，據歷來各家考證，尚存有爭論。例如卷一，河水經"屈從其東南流，入渤海"注云：

> 枝扈黎大江出山西北流，東南注大海。枝扈黎即恒水也。

這裏，枝扈黎一名，根據馮承鈞的考證，認爲是拔扈利之誤。馮氏云：

> 《史記》卷一二三《正義》引《括地志》：昆崙山水出，一名拔扈利水，一名恒伽河（Ganga），《水經注》卷一誤枝扈黎。②

但岑仲勉却認爲枝扈黎並非拔扈利之誤，而是扈枝利之誤。岑氏云：

> Phalgumati 亦作 Phalgu，今伽耶區中恒河之一支也，但無"利"字之對音。《南州異物志》云（《御覽》七九○）：扈利國在奴調洲，西南邊海。……知扈利即扈枝利，枝如作技，在古音更與 Hugli 之發音接近，況此口直至現代。尚爲進出海舶所必經，枝扈黎大江即今 Hugli R.，殆無致疑之地，《西域地名》所證，未見其有當也。③

如上所述，對於某一個河川地名，各家説法不一，而且各有所據，本匯編就引各家之説，在備註中加以説明。有時候，各家對某一河川地名有所爭論，但各方都没有提出一定的論據，在這樣的情況下，本匯編也只能列舉各方的説法而已。例如卷四，河水經

---

① 驛案，北江、中江、南江的來源，實始於《禹貢》"三江即入"。《禹貢》"三江"可能是對若干江河的泛指，但班氏和一些《禹貢》的注釋者，却把"三江"臆斷爲北江、中江和南江。在新的地學獲得發展和長江下游的水道情況完全明確以後，近代某些《禹貢》註釋者，又爲北江、中江和南江提出新的解釋，例如曾運乾氏云："三江者，江隨地而異名也，江會漢爲北江，會彭蠡爲南江，會匯爲中江"（《尚書正讀》"三江既入，震澤底定"曾釋）。這種解釋，其實質仍是墨守班氏成規。因爲長江是西東流向的河流，若"江隨地而異名"，則稱西江、中江、東江猶可，何來北江、中江和南江耶？

② 《西域地名》（中華書局，一九五五年版），第五十九頁，Phalgumati 條。

③ 《水經注卷一箋校》（《中外史地考證》上册，第二七一頁）。

“又南過河東北屈縣西”注云：

　　　　河水又南得鯉魚。

　　這裏，大典本、黃本、注箋本、譚本、嚴本、何校明鈔本、王校明鈔本、項本、張本、疏證本等亦均作鯉魚，①並均無註釋，孫潛校本作鯉魚水，沈本加註云：“下疑有脱字。”何焯校本加批云：“鯉魚疑有脱字。”當然，從字面來看，“鯉魚”之下有脱字是很可能的，但所脱何字，各家説法並不一致。殿本加註云：“又有脱文，應作鯉魚澗。”嚴本周夢棠校云：“應作鯉魚澗。”注疏本作“鯉魚澗”。趙一清却認爲“鯉魚下落水字”。但究竟是“鯉魚”、“鯉魚澗”抑或“鯉魚水”，各方都未提出依據。所以我除了將這個地名按殿本以“鯉魚”收入匯編外，在備註中加上殿本和趙一清的意見。②

　　最後需要説明的是，在河川地名的記載中，別本勝於殿本的情況，也時而有之。因爲本匯編是按照殿本編輯的，因此，別本的長處，只能在備註中得到反映。例如卷二十，漾水經“漾水出隴西氐道縣嶓冢山，東至武都沮縣，爲漢水”注云：

　　　　西漢水又西南，得峽石水口，水出苑亭西草黑谷，三溪西南至峽石口，合爲一瀆。

　　這裏，注文記載的是西漢水的支流峽石水，此水發源於苑亭以西的草黑谷，上源包括三條溪水，到峽石口合而爲一。但是使人懷疑的是，既然上源有三條溪水，在發源後單獨流了一段相當長的距離，才在峽石口合而爲一。那就不禁要問，這三條溪水，難道都發源在同一個“草黑谷”之中嗎？在這方面，大典本的記載，看來比殿本能自圓其説。大典本云：

　　　　西漢水又西南，得峽石水口，水出苑亭、白③草、黑谷三溪，西南至峽石口，合爲一瀆。

　　按大典本，則峽石水由上源的苑亭溪、白草溪和黑谷溪這樣三條溪水匯合而成。記載得清楚明白，一目了然，不必像殿本那樣需要作勉强的解釋。

　　假使按照大典本，這裏就有苑亭溪、白草溪和黑谷溪這樣三條殿本所無的河川地名。但是由於本匯編是按殿本編輯的，因此，這三條河川雖然其正確性分明勝於殿本，却不能正式編入河川類地名之中，只能在備註中加以説明。而正式列入匯編的仍然是苑亭這個亭名和草黑谷這個山谷名，儘管這兩個地名的可靠性確實存在問題。由於版本的限制，這是不得已的。而且這樣的情況不僅在河川類地名中存在，其他各類地名中也同樣存在。

---

　　①　《禹貢指南》卷三，龍門，引《水經注》，亦作：“河水又南得鯉魚。”説明宋本已有脱字。
　　②　《水經注箋刊誤》卷二。
　　③　大典本的這個“白”字，殿本作“西”，吳本作“曰”。從字形看“曰”字可能是“白”字的刊誤，却不可能是“西”字的刊誤。故吳本與大典本近似。

河　川

經　　文	地　名	備　　註
卷一　河水		
去嵩高五萬里，地之中也。	河 洛 瀍水	
河水。	四瀆 江 淮 濟	
出其東北陬。	河水 黃河 濁河	 注云："是黃河兼濁河之名矣。"
屈從其東南流，入渤海。	大淵水 六大水 新頭河 甘水 新陶水 蒲那般河 遙奴水 薩罕水 恒伽水 恒水 枝扈黎大江	 注云："山西有大水，名新頭河。郭義恭《廣志》曰：甘水也，在西域之東，名曰新陶水。" 同上註。 大典本、何本作滿那般河，注箋本、項本作蒲那河，注釋本作捕那般河。 馮承鈞《西域地名》五十九頁 phalgumati 條云："《史記》卷一二三《正義》引《括地志》：崑崙山水出，一名拔扈利水，一名恒伽河（Ganga），《水經注》卷一誤枝扈黎。"岑仲勉《水

經　　文	地　　名	備　　註
	希連禪河	經注卷一箋校》云：“phalgumati 亦作 phalgu，今伽耶區中恒河之一支也，但無‘利’字之對音。《南州異物志》云（《御覽》七九〇）：‘扈利國在奴調洲，西南邊海。’……知扈利即扈枝利，枝如作技，在古音更與 Hugli 之發音接近，況此口直至現代，尚爲進出海所必經，枝扈黎大江即今 Hugli R.，殆無致疑之地，《西域地名》所證，未見其有當也。”清沈曾植《海日樓札叢》卷三，希連河，引《水經注》作希禪連河。
	疏蘭那水	
	河南摩强水	《水經注卷一箋校》作河南摩弱水。
	尼連禪河	黃本、吳本作尼連河，《水經注卷一箋校》云：“朱云：《佛本行經》作尼連禪河。全、趙、戴均據增‘禪’字；但古人譯名往往隨意省節以便稱謂。今《外國事》既無本可對，安知其必如《佛本行經》作尼連禪耶？此既增‘禪’字，何以下文《西域志》尼連水又不增‘禪’字，凡是皆自亂其例，不可法也。”
	尼連水	
	天竺江	
	赤水	
	黑水	
	瀘澗	
	黃水	
	丹水	
	洋水	
	弱水	
又出海外，南至積石山下，有石門。	中國河	
卷二　河水		
又南入蔥嶺山，又從蔥嶺出而	河水 嫣水	

經　　文	地　名	備　　註
東北流。		
	蜺羅跂禘水	大典本作呢羅跂禘水。
	弱水	
	岐沙谷二水	注云:"出岐沙谷,出谷分爲二水。"
其一源出于闐國南山,北流與蔥嶺所出河合,又東注蒲昌海。	于闐河	
	蔥嶺河	
	阿耨達大水	王校明鈔本作阿耨達太水。
	且末河	
	蔥嶺南河	注云:"且末河東北流,逕且末北,又流而左會南河。"《西域地名》第四十四頁 khotan daria 條云:"和闐河,即《水經注》之蔥嶺南河。"
	注濱河	七校本、注釋本作注賓河。
	呼沱	《廣博物志》卷六,地形二,引《水經注》作滹沱。
	蔥嶺北河	注云:"北河自岐沙東分南河。"《西域地名》第四十一頁 Kashgar daria 條云:"喀什噶爾河,賈耽《四夷路程》爲赤河,《水經注》爲蔥嶺北河。"
	蔥嶺北河溫宿枝水河	注云:"暨於溫宿之南,左合枝水,枝水上承北河於疏勒之東。"
	疏勒北山水	
	疏勒北溪	注云:"又東北與疏勒北山水合,水出北溪。"
	姑墨川水	
	龜兹川水	
	龜兹川左枝水	注云:"(龜兹川水)又出山東南流,枝水左派焉。"
	東川水	
	東川水右枝水	注云:"(東川水)南流,枝水右出。"
	西川枝水	
	大河	
	敦薧之水	

經　　文	地　　名	備　　註
	敦薨西源左水	注云："西源東流分為二水：左水西南流，……注於敦薨之渚。"
	敦薨西源右水	注云："右水東南流，又分爲二：……同注敦薨之浦。"
	敦薨連城別注	注云："（敦薨之水）又西南流，逕連城別注。"
又東入塞，過敦煌、酒泉、張掖郡南。	逢留河	
	清水川	
又東過隴西河關縣北，洮水從東南來流注之。	大楊川	注箋本、項本、張本作大陽川。
	西平郡左二川	注云："河水又東北流，入西平郡界，左合二川。"
	濟水川	
	濫瀆	
	大谷水	
	北谷水	
	烏頭川水	
	邯川城左水	注云："河水又東逕邯川城南，城之左右，歷谷有二水。"
	邯川城右水	見上註。
	臨津溪水	
	白土川水	
	河水右二水	注云："河水又東北會兩川，右合二水。"
	唐述水	
	研川水	
	黃河	
	灘水	《初學記》卷八，隴右道第六，銷銅，引《水經注》作離水。《乾隆狄道州志》卷一，山川，石門山，引《水經注》作灘水。
	列水	
	黑城溪水	

經　　文	地　　名	備　　註
	黑城溪左枝水	注云："黑城溪水出西北山下，東南流逕黑城南。又東南，枝水左出焉。"
	榆城溪水	
	黑城溪枝津	
	細越川	
	皋蘭山水	
	白石川水	
	白石川水東枝津	注云："（白石川水）出縣西北山下，東南流，枝津東注焉。"
	羅溪水	
	罕开南溪水	黄本、沈本作罕并南溪水。
	故城川水	
	故城川南水	注云："（故城川水）有二源：南源出西南山下，……又東北，與北水會。"
	故城川北水	見上註。
	罕开溪	黄本、沈本作罕并溪。《方輿紀要》卷六十，陝西九，臨洮府，河州，葵谷引《水經注》作罕开渡。
	洮水	
	墊江水	
	白水	
	五溪	
	步和川水	
	求厥川	注釋本作東歷川。《乾隆甘肅通志》卷五，山川，臨洮府，狄道縣，藍川，引《水經注》作來歷川。
	蕈川水	七校本作蕈塪川，注釋本作蕈塪川水，《水經注箋刊誤》卷一云："蕈下落塪字，下文注可證。"
	桑嵐西溪	
	蕈塪川水	
	藍川水	
	求厥川西北溪	

經　　文	地　　名	備　　註
	和博川水	
	隴水	大典本、吳本作壟水。《乾隆甘肅通志》卷五，山川，臨洮府，狄道縣，引《水經注》作壟水。
	灆水	注云："又北，隴水注之，即《山海經》所謂灆水也。"
	洮水右二水	注云："洮水右合二水。"
	大夏川水	
	洮水北三水	注云："洮水又北，翼夷三水，亂流北入河。"
又東過金城允吾縣北。	湟水	
	湟水右四水	注云："湟水又東，右控四水。"
	羌水	
	盧溪水	
	溜溪	
	石川	
	杜川	
	蠡川	
	臨羌溪水	
	龍駒川水	
	長寧川水	
	晉昌川水	
	養女川水	
	長寧水長寧亭枝水	注云："其水東南逕長寧亭南，東入長寧水。"
	牛心川水	
	蔥谷水	
	漆谷常溪	
	甘夷川水	
	安夷川水	《方輿紀要》卷六十四，陝西十三，西寧鎮，湟水廢縣，引《水經注》作安彝川。
	宜春川	

經　　文	地　名	備　　註
	勒且溪水	注云："（勒且溪水）北流逕安夷城東而北入湟水,湟水有勒且之名,疑即此號也。"《通鑑》卷四十六,漢紀三十八,章帝建初二年,"自安夷徙居臨羌"胡註,引《水經注》作勒姐溪水。《方輿紀要》卷六十四,陝西十三,西寧鎮,湟水廢縣,安彝川,引《水經注》作勒姐溪水。《乾隆西寧府新志》卷四,山川志,西寧府,西寧縣,勒姐嶺,引《水經注》作勒姐溪。
	金城河	
	浩亹河	
	承流谷水	
	達扶東溪水	
	達扶西溪水	
	期頓水	
	雞谷水	
	吐那孤川	注云："吐那孤長門兩川。"何焯校本云："句讀未詳。"《天下郡國利病書》卷六十四,陝西十,作吐那孤川、長門川。大典本、黃本、吳本、注箋本、項本、沈本、七校本、張本作吐那孤川。
	長門川	見上沈本、《天下郡國利病書》註。
	來谷水	
	乞斤水	大典本、沈本作乞斤流水。《乾隆西寧府新志》卷五,地理志,山川,來谷,引《水經注》作乞斤流水。
	陽非水	
	流溪水	
	細谷水	
	六谷水	
	破羌水	
	湛水	
	閤門河	注云："湟水又東與閤門河合,即浩亹河也。"
	南流川水	
	鄭伯津	

經　　文	地　　名	備　　註
	潤水	大典本、注箋本、項本、張本作潤水。《乾隆甘肅通志》卷五，山川，蘭州，逆水，引《水經注》作潤水。《乾隆西寧府新志》卷七，地理，古蹟，龍支縣故城，引《水經注》作潤水。
	逆水	
	金城河	
又東過天水北界。	苑川水	大典本、黃本、注箋本、何校明鈔本、項本、沈本、張本、注釋本作苑川水。
	此成川	黃本、沈本作此城州，注箋本、項本、張本作此城川。
	子城川	
又東北過天水勇士縣北。	二十八渡水	
	赤暉川水	
	牛官川	
	三城川	
又東北過安定北界麥田山。	祖厲河	
	祖厲川水	
	麥田泉水	
	高平川水	
	苦水	注云：“又東北，高平川水注之，即苦水也。”大典本、黃本、吳本、注箋本、項本、沈本、張本作若水。《方輿紀要》卷五十八，陝西七，平涼府，固原州，朝那湫，引《水經注》作若水。
	龍泉水	
	高平川水土樓故城門北枝水	注云：“（高平川水）又西北流，逕東西二土樓故城門北，合一水。”
	高平川水枝水東水	注云：“水有五源，咸出隴山西，東水發源縣西南二十六里湫淵。”
	湫水	
	高平川水枝水次水	注云：“西北出長城北，與次水會，水出縣西南四十里長城西山中。”

經　　　文	地　　名	備　　　註
	高平川水枝水次水	注云："又北，次水注之，出縣西南四十里山中。"
	高平川水枝水次水	注云："又北合次水，水出縣西南四十八里。"
	高平川水枝水次水	注云："東北流，又與次水合，水出縣西南六十里酸陽山。"
	石門水	
	石門水東水	注云："苦水又北與石門水合，水有五源：東水導源高平縣西八十里。"
	石門水次水	注云："西北流，次水注之，水出縣西百二十里如州泉。"
	石門水左三川	注云："右入東水亂流，左會三川。"
	自延水	
	肥水	
	若勃溪	注箋本、項本、張本作若勃溪水。
	違泉水	
	河溝	
	上河	注云："河水於此有上河之名也。"
卷三　河水 又北過北地富平縣西。	河 河水	
	河水東枝水	注云："河側有兩山相對，水出其間，即河上峽也。……河水歷峽北注，枝分東出。"
	河水北枝津	注云："河水又東北逕廉縣故城東，……河水又北與枝津合。"
	灘	
	漢	
	潜	
又北過朔方臨戎縣西。	河水東枝渠	注云："河水又北，有枝渠東出。"
	沃野縣南河	注云："東逕沃野縣故城南，……河水又北屈而爲南河出焉。"

經　　文	地　名	備　　註
屈從縣北東流。	窳渾縣北河	注云："河水又屈而東流為北河。"
至河目縣西。	河目縣西河	注云："北河又南合南河，南河上承西河。"
又東過臨沃縣南。	河水枝津 石門水 河水枝津	注云："河水又東，枝津出焉。" 注云："（河水）又東南，枝津注焉。"
又東過雲中楨陵縣南，又東過沙南縣北，從縣東屈南過沙陵縣西。	白渠水 芒干水	 大典本、黃本、何校明鈔本、沈本作芒湖水。吳本、注箋本、王校明鈔本、項本、張本作芒干水。注刪本作芒於水，七校本、注釋本、注疏本作荒干水。《漢志水道疏證》卷一，定襄郡，引《水經注》作荒干水。《山海經箋疏》卷二《西山經》"又西北四百二十里曰鍾山"郝懿行案，引《水經注》作芒千水。
	武泉水 白道中溪水 塞水	 白道，《史記》卷一一〇，列傳五〇《匈奴傳》"北破林胡樓煩築長城"，《正義》引《水經注》作百道。
又南過赤城東，又南過定襄桐過縣西。	河水左枝水 樹頹水 中陵川水 大浴真水 貸敢水 吐文水 沃水 可不埿水 災豆渾水 大谷北堆水	注云："河水又東南，左合一水。" 注云："右合中陵川水，水出中陵縣西南山下，北俗謂之大浴真山，水亦取名焉。" 注箋本、項本、張本作流水。

經　　文	地　　名	備　　註
	詰升袁河	《通鑑》卷一六九,陳紀三,文帝天嘉六年,"南陽公楊薦等"胡註,引《水經注》作詰升爰水。《方輿紀要》卷四十四,山西六,大同府,朔州,神武城,引《水經注》作詰升爰水。
	太羅河	黃本、吳本、沈本作太河羅。
	河水右枝水	注云:"右水西逕故城南,北俗謂之昆新城,其水自城西南流,注於河。"
	湳水	
	細侯水	注云:"河水又左得湳水口,水出西河美稷縣,東南流,《東觀記》曰:郭伋字細侯,爲并州牧,前在州,素有恩德,……羌人因水以氏之。……其水俗亦謂之湍波。"
	湍波	同上註。
	鹹水	
	渾波水	
	河水左枝水	注云:"河水左合一水,出善無縣故城西南八十里。"
又南過西河圜陽縣東。	圜水	
	神銜水	注箋本、項本、七校本、注釋本、張本作神御水。
	梁水	
	桑谷水	
	桑溪	
	端水	
	諸次之水	
	榆溪	
	小榆水	
	首積水	
	湯水	
又南離石縣西。	奢延水	
	生水	注云:"奢延水注之,水西出奢延縣西南赤沙阜東北流,《山海經》所謂生水出孟山者也。"
	洛川	
	朔方水	注云:"俗因縣土,謂之奢延水,又謂之朔方水矣。"注箋本、項本、張本作朔水。

經　　文	地　　名	備　　　　註
	黑水	
	沙溪	
	黑澗	
	交蘭水	
	鏡波水	
	帝原水	
	平水	注箋本、項本、張本作年水。
	走馬水	
	白羊水	
	陵水	
	陵川北溪	
	離石水	
又南過中陽縣西。	汾水	
又南過土軍縣西。	土軍水	
	龍泉水	
	牧馬川	《元一統志》卷四，陝西等處行中書省，古蹟，五龍泉，引《水經注》作牧龍川。《方輿紀要》卷五十七，陝西六，延安府，膚施縣，延利渠，引《水經注》作牧龍川。
	契水	
	禄谷水	
	大蛇水	
	辱水	
	秀延水	注云："右納辱水，……俗謂之秀延水。"
	浣水	
	根水	
	露跳水	
	西露溪	
	信支水	

經　　文	地　　名	備　　註
	東露溪	吳本、注箋本、項本、張本作東露,無溪字。
	石羊水	
又南過上郡高奴縣東。	域谷水	
	長溪	
	孔溪	
	區水	
	清水	注云:"(區水)世謂之清水。"
	老人谷水	注云:"清水⋯⋯又東北流至老人谷,傍水出極溪,便得水源。"《寰宇記》卷三十六,關西道十二,延州,膚施縣,引《水經注》云:"清水出上郡,北流至老人谷,俗謂老人谷水。"
	龍尾水	
	三湖水	
	豐林水	《寰宇記》卷三十六,關西道十二,延州,膚施縣,引《水經注》作豐水。
	洧水	注云:"(豐林水)《地理志》謂之洧水也。"
	奚谷水	注箋本、項本、張本作溪谷水。
	奚川	
	蒲川水	
	黃盧水	
	紫川水	注箋本、項本、張本、注疏本作紫水。
	江水	
	黑水	注箋本、項本、張本作南黑水。
	定水	
	白水	注云:"右合定水,俗謂之白水也。"
卷四　河水 又南過河東北屈縣西。	河水	
	河	
	九河	
	孟門津	注箋本、項本、張本作孟津。

經　　文	地　　名	備　　註
	鯉魚	注云:"河水又南得鯉魚。"沈本註云:"下疑有脱字。"殿本註云:"又有脱文,應作鯉魚澗。"孫潛校本及小山堂鈔全謝山五校本作鯉魚水。《水經注箋刊誤》卷二云:"鯉魚下落水字。"注疏本作鯉魚澗。
	羊求水	
	採桑津	
	赤水	
	赤石川	注云:"赤水出西谷罷谷川東,謂之赤石川。"
	罷谷川	《關中水道記》卷一蒲水,引《水經注》作罷谷山。
	蒲水	
	陰山南水	注云:"西則兩源並發,俱導一山。出西河陰山縣,王莽之山寧也,陰山東麓,南水東北與長松水合,……又東北與北溪會。"
	陰山北溪	見上註。
	丹水	
	白水	
	黑水	
	洛水	
又南出龍門口,汾水從東來注之。	孟津河	
	暢谷水	
	崛谷水	
	橫溪水	
	崛谷側溪	
	陶渠水	
	陶水	注箋本、項本、張本作河水,注釋本作渠水。
	徐水	
又南過汾陰縣西。	汾水	
	大河	
	瀵水	
	郈水	

經　　文	地　　名	備　　註
	孟津	
	陶河	注云："孟津有陶河之稱。"
又南過蒲坂縣西。	媯水	
	汭水	
	涑水	
	雷水	
	涑川	
	陽安澗水	注云："《春秋左傳》謂之涑川者也，世謂之陽安澗水。"
又南至華陰潼關，渭水從西來注之。	渭水	
	濩水	吳本、注箋本、項本、張本作灌水。《山海經·西山經》"曰松果之山"畢沅註，引《水經注》作灌水。殿本註云："案濩，原本及近刻並訛作灌，今據《山海經》改正。"注疏本作灌水，註云："守敬案，灌濩形近，安知非今本《山海經》之誤，何不兩存之。"
	通谷水	
	潼谷水	
	玉澗水	
	閿鄉水	大典本、黃本、吳本、注箋本、何校明鈔本、王校明鈔本、項本、七校本、沈本、張本、注釋本、注疏本作閿鄉水。
	全鳩澗水	
又東過河北縣南。	蓼水	
	永樂澗水	
	永樂溪水	
	蒲坂溪水	注箋本、項本、張本作蒲坂蓼水。
	渠豬之水	注云："永樂溪水又南入於河，余按《中山經》即渠豬之水也。"
	共水	
	槃澗水	
	湖水	
	柏谷水	

經　　文	地　　名	備　　註
	門水	
	鴻關水	
	鴻臚澗	
	邑川二水	注云："門水又東北歷邑川,二水注之。"二水,注箋本、項本、張本作燭水。
	門水左枝水	注云："左水出於陽華之陰,……東北流與右水合,右水出於陽華之陽,……東北與左水合,即《山海經》所謂絬姑之水,出於陽華之陰,東北流,注於門水者也。"
	門水右枝水	同上註。
	絬姑之水	大典本、黃本、吳本、注箋本、項本、沈本、張本作緒茹之水。《方輿紀要》卷四十八,河南三,河南府,陝州,靈寶縣,方伯堆,引《水經注》作緒茹之水。《山海經廣註》卷五《中山經》"絬姑之水出於其陰",吳任臣註,引《水經注》作緒茹之水。《通鑑地理通釋》卷十三,"弘農開方",註引《水經注》作緒茹之水。《漢書地理志補註》卷四弘農郡,"燭水所出北入河",吳卓信註,引《水經注》作緒茹之水。
	燭水	注釋本作爥水,《讀水經注小識》卷一引《水經注》作爥水。
	燭水左水	注云："又東北,燭水注之,水有二源,左水出於衙嶺;……右水出石城山東北。"
	燭水右水	見上註。
	竇門川	
	田渠水	注箋本、項本、張本作田渠川水。
	浢津	《通鑑》卷六十四,漢紀五十六,獻帝建安十年,"遂詭道從郖津渡"胡註,引《水經注》作郖津。
	浢水	
	偃鄉澗水	
	河水左枝水	注云："河水又東,左合一水,其水二源疏引,俱導薄山。"
	曹水	黃本、沈本作會水。
	菑水	
	七里澗	
	弘農澗	
	譙水	注箋本作譙譙,吳本、五校鈔本、七校本、注釋本、注疏本作譙水。

經　文	地　名	備　註
又東過陝縣北。	橐水	
	崖水	吳本、注箋本、項本、張本作于水，五校鈔本、七校本、注釋本作干水。
	干山之水	注箋本、項本、張本作于山之水。
	漫澗	
	漫澗水	
	安陽溪水	
	瀆谷水	
	咸陽澗水	
	黄河	
	霸水	
又東過大陽縣南。	交澗水	
	路澗水	
	沙澗水	
	沙澗水枝水	注云："有小水，西南注沙澗。"
	積石溪	
	土柱溪	
又東過砥柱間。	江	
	沅	
	崤水	
	石崤水	
	西水	
	千崤之流	
	西河	
又東過平陰縣北，清水從西北來注之。	清水	
	倚亳川水	黄本、沈本作倚亳川水。
	南溪水	
	乾棗澗水	注箋本、項本、張本作棗澗水。

經　　文	地　　名	備　　註
	扶蘇水	注云："又東合乾棗澗水，水出石人嶺下，南流，俗謂之扶蘇水。"
	鼓鍾川	
	教水	
	乾澗	注云："（教水），是水冬乾夏流實惟乾河也，今世人猶謂之乾澗矣。"
	畛水	
	正回之水	
	疆川水	《乾隆河南府志》卷十二，山川志六，畛水，引《水經注》作疆水。
	石瓜疇川	黃本、注箋本、項本、沈本、張本作石等瓜川。《乾隆河南府志》卷十二，山川志六，畛水，引《水經注》作石等瓜川。
	庸庸之水	
	長泉水	注云："河水又東合庸庸之水，水出河東垣縣宜蘇山，俗謂之長泉水。"
	瀵水	
卷五　河水 又東過平縣北，湛水從北來注之。	河水	
	孟津河	
	河	
	孟津	
	盟津	注云："故曰孟津，亦曰盟津，……又曰富平津，……又謂之爲陶河。"
	富平津	同上註。
	陶河	同上註。
	淏水	大典本、黃本、沈本作淏水，注箋本、項本、五校鈔本、七校本、張本作淏水。
	濟水	大典本、黃本、吳本、王校明鈔本、項本、沈本、張本作沛水。《禹貢指南》卷三洛汭，引《水經注》作沛水。《尚書後案》"覃懷底績，至於衡漳"，案引《水經注》作沛水。

經　　文	地　　名	備　　註
又東過鞏縣北。	鮦水	
洛水從縣西北流注之。	洛水	
又東過成皋縣北,濟水從北來注之。	濟水故道	
	沇水	
	奉溝水	注箋本、項本、張本作奉濟水。
	濟沇故瀆	注云:"所入者奉溝水耳,即濟沇之故瀆矣。"
	汜水	
	東關水	黃本、吳本、注箋本、項本、沈本、張本、五校鈔本、七校本作車關水。
	石泉水	
	索水	
	楊蘭水	
	清水	注疏本作蒲水。
	石城水	
	鄤水	
	田鄤溪	
又東過滎陽縣北,蒗蕩渠出焉。	淮	
	泗	
	蒗蕩渠	大典本、吳本、何校明鈔本、王校明鈔本、小山堂鈔全謝山五校本作蒗蕩渠。《通典》卷一七七,州郡七,古荆河州,河南府,洛州,河陰,引《水經注》作莨蕩渠。《御覽》卷一五八,州郡部四,東京開封府,引《水經注》作莨宕渠。《玉海》卷二十一,地理,河渠,漢狼湯渠,引《水經注》作莨湯渠。宋陳師道《汳水新渠記》(《古今天下名山勝概記》卷三十五),引《水經注》作莨蕩渠。《嘉靖河南通志》卷十四,河防,引《水經注》作莨蕩渠。《順治河南通志》卷九,河防,引《水經注》作莨蕩渠。《雍正河南通志》卷十二,河防

經　　文	地　　名	備　　　註
又東北過武德縣東，沁水從西北來注之。	汴渠	一，鄭州，板渚，引《水經注》作蒗蕩渠。《治河前策》卷上，《東過洛汭至於大伾考》，引《水經注》作蒗蕩渠。《漢志水道疏證》卷二，陳留郡，河南郡，引《水經注》作蒗蕩渠。
	汳渠	注箋本、項本、注釋本、張本作汴渠。
	濮水	
	延津	
	棘津	
	石濟津	注云：“河水於是有棘津之名，亦謂之石濟津，故南津也。”
	南津	同上註。
	淇水	
	舊河水	
	延壽津	注云：“行於延津是也，……今時人謂此津爲延壽津。”
又東北過黎陽縣南。	黃河	
	黃溝	
	河水故渠	
	白馬瀆	注云：“金隄既建，故渠水斷，尚謂之白馬瀆。”
	長壽津	
	河水故瀆	注云：“《述征記》曰：涼城到長壽津六十里，河之故瀆出焉。”
	漯川	
	龍門北瀆	注云：“歷龍門，二渠以引河，一則漯川，今所流也；一則北瀆，王莽時空，故世俗名是瀆爲王莽河也。”
	王莽河	同上註。
	降水	
	九河	
	徒駭	
	太史	
	馬頰	
	覆釜	

經　文	地　名	備　註
	胡蘇	
	簡	
	潔	
	句盤	
	鬲津	黄本、沈本作隔津河。
	屯氏河	
	河水故瀆	
	大河故瀆	
	鳴犢河	
	屯氏三瀆	三,注釋本作二。
	漳水	
	屯氏故瀆	
	屯氏別河	
	屯氏別河故瀆	
	張甲河	
	張甲河左瀆	注云："張甲河故瀆北絶清河於廣宗縣,分爲二瀆:左瀆逕廣宗縣故城西,……注絳瀆;右瀆東北逕廣宗縣故城南,……與絳瀆水故道合。"
	絳瀆水	
	張甲河右瀆	見張甲河左瀆註。
	絳瀆水故道	見張甲河左瀆註。
	清漳	
	屯氏別河枝津	注云："屯氏別河又東,枝津出焉。"
	屯氏別河北瀆	注云："屯氏別河北瀆,……又東北逕平原縣,枝津北出。"
	屯氏別河北瀆枝津	見上註。
	咸河	
	屯氏別河南瀆	注云："屯氏別河南瀆,……又逕平原縣故城北,枝津右出。"

經　文	地　名	備　註
	屯氏別河南	見上註。
	瀆枝津	
	商河	
	屯氏別河南	注云："屯氏別河南瀆又東北，於平原界，又有枝渠右出。"
	瀆枝渠	
	篤馬河	
	般河	
	白鹿淵水	
	鳴犢河故瀆	
又東北過衛縣南，又東北過濮陽縣北，瓠子河出焉。	戚南河	
	濮陽津	
	郭口津	
	瓠子河	
	盧關津	
	委粟津	
	浮水故瀆	
	繁水	
	浮水	何校明鈔本、注刪本作濕水。《尚書今古文注疏》卷三，《禹貢》第三上，"浮于濟漯達于河"，孫星衍疏引《水經注》作濕水。《尚書後案》"浮于濟漯達于河"案，引《水經注》作濕水。《禹貢古今註通釋》卷一，"浮于濟漯達于河"，侯楨案，引《水經注》作濕水。《山海經地理今釋》卷四《北山經》下"南流注于沁水"，吳承志案，引《水經注》作濕水。
	漯水	
	武水	注云："又有漯水出焉，戴延之謂之武水也。"注箋本、項本、張本作武陽。
又東北過東阿縣北。	倉亭津	
	鄧里渠	

經　　文	地　　名	備　　　　註
又東北過茌平縣西。	磽磝津 將渠 清水 四瀆 濟 江 狄水	
又東北過高唐縣東。	黃溝 郭水 源河 會水	
又東北過楊虛縣東，商河出焉。	澤水 清水	注云："商河首受河水，亦漯水及澤水所潭也，淵而不流，世謂之清水。"
	小漳河	注云："商河首受河水，……逕張公城西又北，重源潛發，亦曰小漳河，商、漳聲相近，故字與讀移耳。"
	沙溝水 商河南水	注云："商河又分爲二水：南水謂之長叢溝；……北水世又謂之百薄瀆。"商河，《初學記》卷八，河北道第五，百薄，引《水經注》作滴河。
	長叢溝	宋本、黃本、注箋本、項本、沈本、張本作長聚溝。注釋本作長藂溝。《初學記》卷八，河北道第五，百薄，引《水經注》作長聚溝。
	商河北水	見商河南水註。
	百薄瀆	大典本、黃本、注箋本、項本、沈本、張本、七校本作白薄瀆。《初學記》卷八，河北道第五，百薄，引《水經注》作百薄溝。《方輿紀要》卷三十一，山東二，濟南府，陽信縣，屯氏故河，引《水經注》作白薄溝。
	甘棗溝	

經　　文	地　　名	備　　註
又東北過漯陽縣北。	厭次河 漯沃津	
又東北過利縣北，又東北過甲下邑，濟水從西來注之，又東北入於海。	河水枝津 繩水 禹瀆	
卷六　汾水 　汾水出太原汾陽縣北管涔山。	河 汾 汾水 東溫溪 西溫溪 石臼河 呼沱之水 酸水 洛陰水 狼馬澗	 大典本、黃本、沈本，作石曰河。 宋本作呼池之水。
又南，洞過水從東來注之。	洞過水	吳本、注箋本、項本、注釋本、小山堂鈔全謝山五校本、張本作洞渦水。戴本作同過水。《乾隆山西志輯要》卷一，太原府，太原縣，山川，引《水經注》作洞渦水。
又南過大陵縣東。	馮水 嬰侯之水	 《寰宇通志》卷八十二，遼州，嬰澗水，引《水經注》作嬰澗之水。《康熙平遥縣志》卷一，星地志，山川，原公水，引《水經注》作嬰澗之水。《乾隆山西志輯要》卷四，汾州府，平遥縣，山川，嬰澗水，引《水經注》作嬰澗之水。

經　　文	地　名	備　　註
	祀水	注箋本、項本、注釋本、張本作汜水。
	中都水	
	侯甲水	
	太谷水	
	鄔水	
	慮水	注云："謂之鄔水,俗亦曰慮水,慮鄔聲相近,故因變焉。"
又南過平陶縣東,文水從西來流注之。	石桐水	
	綿水	注云："汾水又南與石桐水合,即綿水也。"大典本、黄本、沈本作線水。
歷唐城東。	嬈水	
	霍水	
又南過楊縣東。	澗水	注箋本、項本、張本作間水。
西南過高梁邑西。	黑水	
	巢山水	
	勞水	《乾隆山西志輯要》卷二,平陽府,臨汾縣,山川,汾河,引《水經注》作澇水。
	潏水	
又南過平陽縣東。	平水	吴本、注箋本、項本、張本作平陽。
	晉水	
又南過臨汾縣東。	天井水	《乾隆山西志輯要》卷二,平陽府,襄陵縣,山川,洨水,引《水經注》作天井之水。
又屈從縣南西流。	澮水	

經　文	地　名	備　註
又西過長脩縣南。	古水 故溝 脩水 華水	
又西過皮氏縣南。	汾水故渠	注云："漢河東太守潘係穿渠,引汾水以漑皮氏縣,故渠尚存。"
卷六　澮水 澮水出河東絳縣澮交東高山。	澮水 黑水 北川水 諸水 賀水 高泉水 紫谷水 白馬川 乾河 教水 教水枝川 東溪 澮 于家水	大典本、黃本、注箋本、項本、沈本、注釋本、張本作嫁水。《方輿紀要》卷四十一,山西三,平陽府,翼城縣,澮水,引《水經注》作嫁水。
	范壁水 絳水 白水 汾水	
西過其縣南。	汾	

經　　文	地　　名	備　　註
卷六　涑水 涑水出河東聞喜縣東山黍葭谷。	涑水 汾川 汾 洮 洮水	《廣博物志》卷五,地形,總地,山,引《水經注》作涑水。
西過周陽邑南。	景水	
又西南過左邑縣南。	沙渠水	
又西南過安邑縣西。	鹽水 堨水	注云:"故公私共堨水徑防其淫濫,謂之鹽水,亦謂之堨水。"
卷六　文水 文水出大陵縣西山文谷,東到其縣,屈南到平陶縣東北,東入於汾。	文水 泌水 隱泉水 勝水 陽泉水 陽溪 汾水	
卷六　原公水 又東入於汾。	原公水 汾	

經　文	地　名	備　註
卷六　洞過水 　洞過水出沾縣北山。	洞過水	黃本、吳本、注箋本、注刪本、項本、沈本、摘鈔本、七校本、注釋本、小山堂鈔全謝山五校本、張本、疏證本、注疏本作洞渦水。戴本作同過水。《通鑑》卷一，周紀一，威烈王二十三年"簡子使尹鐸爲晉陽"胡註，引《水經注》作同過水。《初學記》卷八，河東道第四，渦水，引《水經注》作洞渦水。《天下郡國利病書》卷四十六，山西二，引《水經注》作同過水。《戰國策釋地》卷上"鑿臺"，引《水經注》作同過水。《名勝志》山西，卷一，太原府，榆次縣，引《水經注》作洞渦水。《方輿紀要》卷四十，山西二，太原府，平定州，洞渦水，引《水經注》作洞渦水。《佩文韻府拾遺》卷三十四，四紙，水，洞渦水，引《水經注》作洞渦水。《駢字類編》卷四十，山水門五，洞渦，引《水經注》作洞渦水。《漢書地理志補註》卷六，太原郡"涂水鄉晉大夫知徐吾邑"吳卓信註，引《水經注》作洞渦水。《讀水經注小識》卷一，引《水經注》作洞渦水。《乾隆太原縣志》卷九，山川，太原縣，洞渦水，引《水經注》作洞渦水。《魏書地形志校錄》卷上，引《水經注》作洞渦水。
	南溪水 黑水 蒲水 原過水	
		《寰宇通志》卷八十二，遼州，源祠水，引《水經注》作源祠水。
西過榆次縣南，又西到晉陽縣南。	涂水 蔣谷水 蔣溪	
卷六　晉水 　晉水出晉陽縣西懸甕山。	晉水	

經　　　文	地　　名	備　　　註
又東過其縣南，又東入於汾水。	沼水 沼水北瀆 智氏故渠 汾水 沼水南瀆 舊溪 汾	注箋本、項本、張本作汾水。 注云：“沼水分爲二派，北瀆即智氏故渠也。”
卷六　湛水 湛水出河内軹縣西北山。	湛水 湛溪 椹水	 注云：“湛水出軹縣南原湛溪，俗謂之椹水。”吴本、注箋本、項本、張本作湛水，七校本作須水。
又東過毋辟邑南。	溴川 隰澗	注箋本作洰川，項本、張本作泪川。
又東南當平縣之東北，南入於河。	河	
卷七　濟水 濟水出河東垣縣東王屋山，爲沇水。	聯水 聯 沇 沇水 濟 濟水	 注云：“聯、沇聲相近，即沇水也。” 《續談助》卷二《北道刊誤志》，引《水經注》作漳水。《尚書後案》“浮于淮泗達于河”又案，引《水經注》作沛水。《欽定書經傳記彙纂》卷四，《禹貢》上“覃懷底績，至于衡漳”案，引《水經注》作沛水。

經　　　文	地　　名	備　　　註
	東流水	注箋本、項本、張本作東沇水。
	衍水	注云：“衍、沇聲相近，轉呼失實也。”
	溴水枝津	
	溴水	
	白澗水	注云：“溴水出原城西北，……俗謂之爲白澗水。”
	陽城南溪	
	漫流水	
	濟水枝渠	
	塗溝水	
	天漿澗水	
	冶水	大典本、黄本、沈本作治水。
	同水	
	河	
又東至溫縣西北爲濟水，又東過其縣北。	濟水故瀆	
屈從縣東南流，過隤城西，又南當鞏縣北，南入於河。	奉溝水 朱溝	
與河合流，又東過成皋縣北，又東過滎陽縣北，又東至礫溪南，東出過滎澤北。	滎澤波水 播水 淮 泗 浚儀渠 石門水 柳泉水 廣武澗	

經　　文	地　　名	備　　註
	滎瀆	注箋本、項本、張本作滎澤。《困學紀聞》卷十六,考史,引《水經注》作滎瀆水。《乾隆滎澤縣志》卷二,地理,山川,須水,引《水經注》作滎瀆水。
	河水	
	大河	
	伊	
	洛	
	宿須水	
	扈亭水	注箋本、項本、張本作扈城水,注釋本作扈城亭水。
	濟水故渠	注云:"劉公於北十里,更鑿故渠通之,今則南瀆通津,川澗是導耳,濟水於此,又兼邲目。"
	濟水南瀆	見上註。
	邲	見濟水故渠註。
	礫石溪水	注箋本、項本、張本、注疏本作南礫石溪水,何校明鈔本作礫石溪水。
	虢亭北池水	
	礫石澗	
	礫溪	
	索水	
	東關水	
	旃然水	注云:"濟水又東,索水注之,水出京縣西南嵩渚山,與東關水同源分流,即古旃然水也。"注箋本、項本、張本作斾水。
	器難之水	
	侵水	
	梧桐澗水	
	須水	
	榆子溝	
	奈榆溝	注云:"水近出京城東北二里榆子溝,亦曰奈榆溝也。"黃本、吳本、沈本作奈楡溝。
	小索水	注云:"索水又東北流,須水右入焉,……又或謂之爲小索水。"
	木蓼溝水	

經　　文	地　　名	備　　註
	車輪淵水	
	汲水	
	汲溝	
	鴻溝水	
	濟隧	
	陰溝	
	十字溝	
	黃水	
	京水	
	魚子溝水	
	石暗澗	
	潻潻水	
	西溪	
	魚水	
	重泉水	
	滎水	
	黃雀溝	
	靖水	
	靖水枝津	五校鈔本、七校本作清水枝津。
	黃淵水	
又東過陽武縣南。	蒗蕩渠	宋本、大典本、黃本、吳本、沈本作蒗蕩渠。《禹貢山川地理圖》卷上"刪酈道元所釋水經",引《水經注》作莨蕩渠。《尚書通考》卷七,滎水,引《水經注》作狼蕩渠。
	白馬溝	注箋本、項本、張本作白溝。
	黃溝	
又東過封丘縣北。	北濟	
	洧水	
	濮水	

經　　文	地　　名	備　　註
又東過冤朐縣南，又東過定陶縣南。	南濟 菏水	大典本、吳本作荷水。《初學記》卷八，河南道第二，三礜，引《水經注》作荷水。《續談助》卷二《北道刊誤志》，引《水經注》作荷水。
又屈從縣東北流。	五丈溝 氾水 濜水 黃水枝渠	注云："右合菏水，水上承濟水於濟陽縣東，世謂之五丈溝。"宋本作五文溝。
卷八　濟水 又東至乘氏縣西，分爲二。	濟 濟水	
其一水東南流，其一水從縣東北流，入鉅野澤。	菏水 濟瀆 濟渠 濮渠 濮水 濮渠水 別濟 濮水故瀆 別濮 河 濮 朝平溝 酸水故瀆 酸水 酸瀆水 百尺溝	何校明鈔本、王校明鈔本作菏水。吳本、注箋本、項本、張本作河水。《困學紀聞》卷十，地理，引《水經注》作菏水。 注箋本、項本、張本作濮溝。 注云："又東北與濮水合，水上承濟水於封丘縣即《地理志》所謂濮渠水。"

經　　文	地　名	備　　註
	北濮 句瀆 濮水枝渠 濟水故瀆 洪水 通濟渠 桓公瀆	
又東北過壽張縣西界,安民亭南,汶水從東北來注之。	清河 馬頰水	
又北過須昌縣西。	趙溝水 清水	注云:"京相璠曰:今濟北東阿東北四十里有故清亭,即《春秋》所謂清者也,是下濟水通得清水之目焉,亦水色清深,用兼厥稱矣,是故燕王曰:吾聞齊有清濟、濁河以爲固,即此水也。"
	清濟 濁河	同上註。 同上註。
又北過穀城縣西。	狼水 西流泉水	
又北過臨邑縣東。	涇 渭	
又東北過盧縣北。	中川水 中川水半水	注云:"濟水又東北與中川水合,水東南出山茌縣之分水嶺,溪一源兩分,泉流半解,亦謂之分流交,半水南出太山入汶,半水出山茌縣,西北流逕東太原郡南,郡治山爐固,北與賓溪水合。"

經　　文	地　　名	備　　註
	中川水半水	見上註。
	賓溪水	吳本、注箋本、項本、張本作漢賓谷水,注釋本作賓溪谷水。
	沙溝水	
	玉水	
	琨瑞溪	注云:"右會玉水,水導源太山朗公谷,舊名琨瑞溪。"
	祝阿澗水	
	濼水	
	娥姜水	注云:"濟水又東北,濼水入焉,……俗謂之爲娥姜水。"
	祀下泉右水	注云:"歷祀下泉,……分爲二水:右水北出,左水西逕歷城北,西北爲陂,謂之歷水。"
	祀下泉左水	見上註。
	歷水	見祀下泉右水註。
	歷水枝津	
	聽水	
	華水	
	聽瀆	
又東北過臺縣北。	巨合水	
	關盧水	
	武原水	
	白野泉水	
	芹溝水	
又東北過菅縣南。	百脈水	《方輿紀要》卷三十一,山東二,濟南府,淄川縣,土鼓城,引《水經注》作百脈泉。
	楊渚溝水	注疏本作楊緒溝水。《寰宇記》卷十九,河南道十九,齊州,禹城縣,引《水經注》作楊緒水。《光緒山東通志》卷二十八疆域志第三,山川,章邱縣引《水經注》作楊緒溝水。
又東過梁鄒縣北。	隴水	大典本、孫潛校本、注疏本作瀧水。《方輿紀要》卷三十五,山東六,青州府,益都縣,孝婦河,引《水經注》作龍水。
	般水	

經　　文	地　名	備　　註
	左阜水	注云:"南與般水會,水出縣東南龍山,俗亦謂之爲左阜水。"
	萌水	
	魚子溝水	
	袁水	注云:"隴水,即古袁水也。"
	時水	
又東北過甲下邑,入於河。	河水枝津	
	漯水	
其一水東南流者,過乘氏縣南。	黃溝枝流	宋本、吳本、注箋本、項本、張本作黃汲枝流。 注云:"東南右合黃溝枝流,俗謂之界溝也。"
	界溝	
	泗水	
	淮	
	泗	
又東過方與縣北,爲菏水。	黃水	
	薛訓渚水	
	洙	
	桓公溝	
又東過彭城縣北,獲水從西來注之。	獲水	大典本作狌水,注箋本、項本、注釋本、張本作睢水。
卷九　清水 清水出河內脩武縣之北黑山。	清水	
	瑤溪	
	瑤澗	注云:"溪曰瑤溪,又曰瑤澗。"
	小瑤水	
	吳澤陂水	
	吳澤水	注箋本、項本、張本作吳溝水。

經　　文	地　　名	備　　註
	長明溝	注箋本、項本、張本作蔡溝,七校本、注釋本作界溝水。
	長明溝北水	注云:"西則長明溝入焉,水有二源:北水上承河内野王縣東北界溝。"
	界溝	注釋本作光溝。
	寒泉水	
	石澗	
	蔡溝水	
	白馬溝	
	苟泉水	
	吳瀆	
	皇母泉水	
	馬鳴泉水	
	長泉水	
	重泉水	注云:"又東,長泉水注之,……世亦謂之重泉水也。"
	鄧瀆	
	白屋水	注云:"其水又東南逕鄧城東,名之爲鄧瀆,又謂之爲白屋水。"
	八光溝	
	長清河	
	清川	大典本作淯川。
	焦泉	注云:"泉發於北阜,南流成溪,世謂之焦泉也。"
	陶水	
又東過汲縣北。	石夾水	
	磻溪	注云:"西北有石夾水,飛湍潎急,人亦謂之磻溪。"
	渭	
	倉水	
	雹水	
	淇水	
又東入於河。	河	

經　　文	地　　名	備　　註
	東川	
	白溝	
	清河故瀆	
卷九　沁水		
沁水出上黨涅縣謁戾山。	沁水	大典本作泌水。
	涅水	大典本作洹水。黃本、注箋本、項本、沈本、張本作洎水。注疏本作少水。《名勝志》山西，卷八，沁州，引《水經注》作洎水。《方輿紀要》卷四十三，山西五，沁州，沁河，引《水經注》作洎水。《山海經補註》卷三《北山經》"沁水出焉，南流注于河"吳註，引《水經注》作洎水。《雍正澤州府志》卷六，山川，沁水縣，沁河，引《水經注》作洎水。
	沁水南三水	注云："三源奇注，逕瀉一隍，又南會三水，歷落出左右近溪，參差翼注之也。"
南過榖遠縣東，又南過隖氏縣東。	驫驫水	
	秦川水	
又南過陽阿縣東。	濩澤水	何校明鈔本作獲澤水。
	清淵水	
	陽泉水	黃本、沈本作陽衆水。
	黑嶺水	
	上澗水	大典本作土澗水。
	陽阿水	
又南出山，過沁水縣北。	朱溝水	
	少水	
	小沁水	
	臺亭水	黃本作臺渟水。《康熙河內縣志》卷二，山川，小沁水，引《水經注》作臺渟水。
	倍澗水	

經　文	地　名	備　註
又東過野王縣北。	邘水	大典本、黃本、吳本、沈本、匯校本作邗水。注刪本作邗水。《晏元獻公類要》卷七,河内縣,邦水,引《水經注》作邦水。《名勝志》河南卷七,懷慶府,河内縣,引《水經注》作邗水,《康熙河内縣志》卷二,山川,沁水,引《水經注》作邗水。
	朱溝枝津	
	丹水	
	源源水	注云:"又東與丹水合,水出上黨高都縣故城東北皋下,俗謂之源源水。"王校明刊本作源漳水。
	絶水	
	長平水	
	流水澗	
	泫水	
	白水	
	天井溪水	
	北流泉	注云:"白水又東,天井溪水會焉,水出天井關,北流注白水,世謂之北流泉。"
	光溝水	
	界溝水	
	長明溝水	
又東過州縣北。	白馬溝水	
	蔡溝	
又東過武德縣南,又東南至滎陽縣北,東入於河。	奉溝水	
	沙溝水	
	沁水枝渠	注云:"其水又東南於野王城西,枝渠左出焉,……又屈逕其城東而北注沁水。"
	朱溝枝渠	
	河	
	濟渠	黃本、吳本、沈本作沛渠。
	濟水	吳本作沛水。
	濟水枝瀆	黃本、吳本、沈本作沛水枝瀆。

經　文	地　名	備　註
卷九　淇水 淇水出河内隆慮縣西大號山。	淇水 沾水	大典本、黄本、吳本、注箋本、何校明鈔本、項本、沈本、張本作活水。《康熙字典》水部,活,引《水經注》作活水。《正字通》巳集上,水部,淇,引《水經注》作活水。《佩文韻府》卷十,十灰,臺,玷臺,引《水經注》作活水。
	金谷水	
	沾臺西溪	大典本、吳本、何校明鈔本作玷臺西溪。
	南羅川	
	女臺水	
	淇陽川	
	西流水	
	菀水	注箋本、項本、張本作宛水。
	舊衛	
	泉源水	吳本、注箋本、項本、注釋本、張本作太和泉源水。
	河	
	馬溝水	
	美溝	
	澳水	
	白溝	
	清水	
	天井溝	
	蓼溝	
	宿胥故瀆	
東過内黄縣南,爲白溝。	蕩水	注箋本、項本、張本作陽水。
屈從縣東北與洹水合。	洹水 新河 洹水枝流 漳水	注云:"左與新河合,洹水枝流也。"

經　　文	地　　名	備　　註
	清漳 淇河	注云："自下，清漳、白溝、淇河，咸得通稱也。" 同上註。
又東北過館陶縣北，又東北過清淵縣西。	阿難河	
又東北過廣宗縣東，爲清河。	清河	
又北過廣川縣東。	長河	
又東過脩縣南，又東北過東光縣西。	張甲屯絳故瀆	
	橫漳枝津故瀆	吳本、注箋本、項本、張本作黃漳板津故瀆。
	大河故瀆	
又東北過南皮縣西。	無棣溝	
	無棣溝東二瀆	注云："無棣溝又東，分爲二瀆。"
	無棣溝枝瀆	注云："又東南逕高城縣故城南與枝瀆合，枝瀆上承無棣溝。"
	滹沱別河故瀆	注箋本作譚地別瀆，七校本作滹池別瀆，《滹沱水考》引《水經注》作滹沱別河故瀆。
又東北過浮陽縣西。	浮水故瀆 浮水	
	滹沱別瀆	吳本作湾池別瀆，孫潛校本作淨池別瀆。
又東北過瀀邑北。	瀀水	

經　　文	地　　名	備　　註
又東北過鄉邑南。	清河枝津	注云："清河又東分爲二水，枝津右出焉。"
又東北過窮河邑南。	滹沱水 笴溝 派河 泉州渠	大典本作涔池水。 大典本作清河。《康熙字典》水部，泒，引《水經注》作泒河。 大典本作泉周縣，吳本作泉周泉，孫潛校本作泉周水。
卷九　蕩水 　蕩水出河內蕩陰縣西山東。	蕩水	《通鑑》卷八十五，晉紀七，惠帝永興元年，"乘輿敗績於蕩陰"胡註，引《水經注》作湯水。《嘉靖彰德府志》卷一，地理志第一之一，湯陰縣，蕩水，引《水經注》作湯水。《嘉靖內黃縣志》卷一，地理，山川，宜師溝，引《水經注》作湯水。
又東北至內黃縣，入於黃澤。	羗水 防水 馬頭澗 長沙溝水 宜師溝 黃雀溝 白溝	《嘉靖內黃縣志》卷一，地理，山川，姜水，引《水經注》作姜水。 《嘉靖內黃縣志》卷一，地理，山川，防水，引《水經注》作馬頭間。
卷九　洹水 　洹水出上黨泫氏縣。	洹水	
東過隆慮縣北。	黃華水 葦泉水 雙泉水 陵陽水	《嘉靖彰德府志》卷一，地理志第一之一，安陽縣，引《水經注》作黃水。《乾隆林縣志》卷四，山川志下，黃水，引《水經注》作黃水。

經 文	地 名	備 註
又東北出山，過鄴縣南。	洹水枝津	注云："洹水又東，枝津出焉。"
	新河	
	新河北水	注云："東北流逕鄴城南，謂之新河，又東分爲二水：一水北逕東明觀下，南水東北逕女亭城北。"
	新河南水	見上註。
	漳	
	坰溝	
	台陂水	
	白溝河	
	洹水枝溝	注云："洹水又東至長樂縣，左則枝溝出焉。"
卷十 濁漳水		
濁漳水出上黨長子縣西發鳩山。	漳水	
	陽泉水	
	繳蓋水	大典本、黃本、沈本、摘鈔本、七校本、張本作散蓋水。
東過其縣南。	堯水	
	梁水	
屈從縣東北流。	陶水	
又東過壺關縣北，又東北過屯留縣南。	絳水	
	濫水	
	漳	
	涷水	大典本、黃本、注箋本、項本、張本作陳水，《山海經北山經》"漳水出焉"畢沅註引《水經注》作陳水。
	銅鞮水	大典本、黃本、吳本、注箋本、何校明鈔本、王校明鈔本、項本、沈本、張本作鞮水。《春秋地名考略》卷五，晉下，銅鞮引《水經注》作鞮水。《佩文韻府》卷三十四上，四紙，水，鞮水，引《水經注》作鞮水。《乾隆沁州志》卷一，山川，銅鞮山，引《水經注》作鞮水。

經　　文	地　名	備　　註
潞縣北。	專池水	七校本作溥沱水。
	女諫水	大典本作女課水。《寰宇記》卷四十五，河東道六，潞州，上黨縣，引《水經注》作八諫水。
	葦池水	
	公主水	
	榆交水	
	皇后水	
	潞水	注云：“闞駰曰：‘有潞水，爲冀州浸，即漳水也。’”
	潞川	
	濁漳	
	黄須水	
	涅水	注箋本、項本、張本作洇水。
	西湯水	
	白雞水	
	清谷水	注云：“南得清谷口，水源出東北長山清谷。”《初學記》卷八，河東道第四，清谷，引《水經注》云：“清水出武鄉縣西，名清谷水。”
	鞞鞈水	大典本、黄本、何校明鈔本、沈本作鞞鞈水，吳本、注箋本、項本、張本作鞞鞈水，七校本、注釋本作鞞鞈水。
	白璧水	大典本、黄本、注箋本、何校明鈔本、項本、沈本、張本、注疏本作白壁水。
	黄水	注箋本、項本、張本作潢水。
	隱室水	
	倉谷水	注箋本、項本、張本作倉石水。《乾隆林縣志》卷四，山川志下，滄溪，引《水經注》作滄水。
	倉谷溪	注箋本、項本、張本作倉石溪。
	倉溪水	注箋本、項本、張本作蒼溪水。《嘉靖彰德府志》卷二，地理志第一之二，林縣，大頭山，引《水經注》作蒼溪水。《乾隆林縣志》卷四，山川志下，磻陽城，引《水經注》作滄溪水。
	白木溪	《乾隆林縣志》卷四，山川志下，滄水，引《水經注》作白木水。

經　文	地　名	備　註
又東過武安縣。	清漳水	
又東出山,過鄴縣西。	汙水	黃本、吳本、注箋本、項本、沈本、張本作汗水。
	漳水枝水 邯水 邯山之水	注云:"漳水右與枝水合,水上承漳水於邯會西。"
	長明溝	《嘉靖彰德府志》卷一,地理志第一之一,安陽縣,洹水,引《水經注》作長鳴溝。
	隍水	注箋本、項本、張本作湟水,注釋本作洹水。
	滏水	大典本、注箋本、項本、張本作溢水,注釋本作濫水,注疏本楊疏云:"朱滏訛作溢,……趙知補滏水,乃不知此溢爲滏之誤,而臆改爲濫,謂濫水見前壺關縣注,不思濫水已於屯留入漳,安得又於是入漳耶? 其誤審矣。"《釜水考》(沈垚《落帆樓文集》卷三,前集三) 云:"從《御覽》引《水經注》作釜水。"
又東過列人縣南。	白渠故瀆 白渠水	
	拘澗水	大典本、吳本、注箋本、項本、張本作拘潤水。
	拘河	注云:"又東與拘澗水合,水導源武始東山白渠北,俗猶謂是水爲拘河也。"
	牛首水 邯鄲城東渚水	注云:"邯鄲之名,蓋指此立稱矣,……其水又東流出城,又合成一川也,又東,澄而爲渚,渚水東南流,注拘潤水。"渚水,大典本作渚沁水。《嘉靖廣平府志》卷三,山川志,郡之川,牛首水,引《水經注》作渚沁水。《康熙畿輯通志》卷四,山川,廣平府,漳河,引《水經注》作渚沁水。《雍正畿輔通志》卷二十三,山川,川,廣平府,沁河,引《水經注》作渚沁水。
	邯溝	

經　文	地　名	備　註
又東北過斥漳縣南。	清水	
	洹水	
	利漕渠	
	衡漳	《方輿紀要》卷十五，直隸六，廣平府，曲周縣，鉅橋，引《水經注》作橫漳。
又東北過曲周東，又東北過鉅鹿縣東。	衡漳故瀆	
	衡水	
	大河	
	降水	注云："故以淇水爲降水。"
	絳水	《名勝志》卷八，冀州，引《水經注》作澤水。《方輿紀要》卷十四，直隸五，真定府，冀州，辟陽城，引《水經注》作澤水。
	淇水	
	屯氏河	
	洛	
	漳津	
	衡漳舊道	
	河	
	九河	
	鬲河	
	般河	
	徒駭河	
	隅水	注云："其水與隅、醴通爲衡津。"殿本註云："按隅，《說文》作渦。"七校本、注釋本作渦，《水經注箋刊誤》卷四云："隅，當作渦。《寰宇記》邢州，龍岡縣，下云：渦水一名澧水。"
	醴水	
	絳瀆	
	絳水故瀆	《通典》卷一七八，州郡八，古冀州，信都郡，引《水經注》作澤故瀆。《名勝志》卷八，冀州，引《水經注》作澤水枯瀆。
	張甲故瀆	

經　　　文	地　　名	備　　　註
又北過堂陽縣西。	長蘆水	《方輿紀要》卷十四,直隸五,真定府,冀州,漳水,引《水經注》作蘆水。
	引葭水	注云:"其右水東北注出石門,……謂之長蘆水。蓋變引葭之名也。"大典本、黃本、吳本、注箋本、項本、沈本、七校本、注釋本、匯校本作列葭水。沈垚《濾水考》從《寰宇記》引《水經注》作列葭水。
	堂水	注云:"長蘆水東逕堂陽縣故城南。應劭曰:縣在堂水之陽,……斯水蓋包堂水之兼稱矣。"
又東北過扶柳縣北,又東北過信都縣西。	斯洨故瀆	
	斯洨水	
	大白渠	
	綿蔓水	
	桃水	
	澤發水	
	井陘山水	
	鹿泉水	注云:"右合井陘山水,水出井陘山,世謂之鹿泉水。"
	綿蔓水枝津	
	白渠水	
	成郎河	《後漢書》卷二十一,列傳十一,《劉植傳》"拜純爲前將軍封耿鄉侯"註,引《水經注》作郎水。
	宋子河	
	百尺溝	
	斯洨水枝津	
	陽縻淵水	
	白渠枝水	五校鈔本、七校本作大白渠枝水。
	泜水	注云:"右納白渠枝水,俗謂之泜水。"大典本、吳本、注箋本、項本、七校本、注釋本、張本、注疏本作秪水。
又東北過阜城縣北,又東北至	滹沱河	大典本作雩池河,吳本作雩池河,孫潛校本作虖池河,注疏本作滹池河、虖池河、呼池河。

經　　文	地　　名	備　　註
昌亭，與滹沱河會。	武強淵水	
	張刀溝	
	張平溝	
	滹沱故瀆	大典本、黃本、吳本、沈本作雩池故瀆，注疏本作淳池故瀆，《寖水考》引《水經注》作虖沱故瀆。
又東北至樂成陵縣北別出。	滹沱別水	大典本、黃本、吳本、沈本作雩池別水，注疏本作虖池別水。
	柏梁淺	
	桑社枝津	吳本作桑杜枝津。
	桑社溝	吳本作桑杜溝。
	盧達從薄	注云："右會桑社溝，溝上承從陂，世稱盧達從薄，亦謂之摩訶河。"
	摩訶河	同上註。大典本、黃本、沈本作河摩河，注箋本、項本、七校本、注釋本、張本作訶摩河。
	楊津溝水	注箋本、項本、七校本、注釋本、張本作陽津溝水。
又東北過成平縣。	滹沱別河故瀆	黃本、吳本、沈本作雩池河故瀆。
又東北過章武縣西，又東北過平舒縣南，東入海。	清漳枝瀆	
	濊水	注云："清漳逕章武縣故城西，故濊邑也，枝瀆出焉，謂之濊水。"
	蔡伏溝	
卷十　清漳水		
清漳水出上黨沾縣西北少山大要谷，南過縣西，又從縣南屈。	清漳	
	梁榆水	
	梁榆北水	
	梁榆南水	
	轑水	

經　　　文	地　名	備　　　註
東過涉縣西，屈從縣南。	漳水 涉河	注云："漳水於此有涉河之稱，蓋名因地變也。"
卷十一　易水		
易水出涿郡故安縣閻鄉西山。	易水	
	子莊溪水	
	女思谷水	
	女思澗	
	樊石山水	《方輿紀要》卷十七，直隸八，永平府，保安州，礬山水，引《水經注》作礬山水。
	易	
	武水	注云："蓋易自寬中歷武夫關東出，是兼武水之稱。"
	濡水	
	濡水枝津故瀆	
	故安河	注云："世又謂易水爲故安河。"
東過范陽縣南，又東過容城縣南。	源泉水	
	北溪	
	渾塘溝水	
	白馬山南溪	
	濡水舊枝	
	白楊水	
	檀水	注箋本、項本、注釋本、張本作檀山水。
	石泉水	
	并溝	
	巨馬水	
	淶	注云："淶、渠二號，即巨馬之異名。"淶，注箋本、項本、注釋本、張本作深。
	渠	同上註。

經　文	地　名	備　註
	巨馬	同上註。
	南濡	
	北濡	
	㶟水	注釋本作濊水
	渾波	
	雹河	
	范水	
	埿水	黄本、吴本、注箋本、項本、沈本、張本作渥水。《名勝志》卷五，保定府二，容城縣，引《水經注》作渥水。《通雅》卷十七，地輿，湖淀，引《水經注》作渥水。《方輿紀要》卷十二，直隸三，保定府，安州，新安縣，渥縣故城，引《水經注》作渥水。《正字通》巳集上，水部，澱，引《水經注》作渥水。《康熙字典》巳集上，水部，渥，引《水經注》作渥水。《佩文韻府》卷三十四上，四紙，水，渥水，引《水經注》作渥水。《駢字類編》卷五十，山水門十五，渥，引《水經注》作渥水。《雍正畿輔通志》卷二十二，山川，川，保定府，大澱淀，引《水經注》作渥水。《河工考》易水，卷二，引《水經注》作渥水。
	滱水	
又東過安次縣南。	滹沱河	黄本、吴本、沈本作雩池河，七校本作滹沲河。
	南易	
卷十一　滱水		
滱水出代郡靈丘縣高氏山。	漚夷之水	大典本、吴本、注箋本、何校明鈔本、王校明鈔本、項本、張本作温夷之水。注釋本、注疏本作嘔夷之水。《康熙字典》水部，滱，引《水經注》作温夷之水。《山海經廣註》卷三《北山經》"滱水出焉"吴註，引《水經注》作温彝之水。《山海經箋疏》卷三《北山經》"滱水出焉"郝案，引《水經注》作温夷之水。《乾隆大同府志》卷四，山川，滱水，引《水經注》作温彝之水。《魏書地形志校録》卷上，引《水經注》作嘔夷之水。《遊歷紀存》"秦燕之道"引《水經注》作温夷之水。

經　　　文	地　　名	備　　註
	㴼水	
	河	
	溫泉水	
	莎泉水	注箋本、項本、張本作泉水。
	洹水	
東南過廣昌縣南。	嘉牙川水	注云："㴼水東逕嘉牙川,有一水南來注之。"七校本作交牙川。
	倒馬關水	注云："又東逕倒馬關,關水出西南長溪下。"
	長溪	
又東南過中山上曲陽縣北,恒水從西來注之。	大嶺水	
	兩嶺溪水	
	懸水	
	鴻水	
又東過唐縣南。	黿水	
	唐水	
	恒水	
	衞	
	㴼	
	馬溺水	
	蘇水	
	盧水	大典本作慮水。黃本、吳本、注箋本、項本、沈本、張本作壼水。注疏本作沈水。《雍正畿輔通志》卷二十二,山川,川,保定府,清苑河,引《水經注》作沈水。
	長星溝	
	長星水	
	洛光水	
	洛光溝	注箋本作洛光涓。
	胡泉水	

經　　文	地　　名	備　　註
又東過安國 縣北。	滱水枝水	注云:"滱水歷縣分爲二水:一水枝分東南流,……入於溏 沱。"
	溏沱	吳本、注箋本、項本、張本作乎池,孫潛校本、注釋本作呼 池,何本作虖池。
又東過博陵 縣南。	博水	
	堀溝	吳本、注箋本、項本、張本作堀溝。
	曲逆水	注云:"張晏曰:濡水於(曲逆)城北,曲而西流,是受此 名。"
	蒲水 陽安壙	注云:"蒲水又東南流,……世俗名斯川爲陽安壙。"大典 本、吳本作安陽壙。《名勝志》卷五,保定府二,完縣,引 《水經注》作安陽壙。
	魚水	吳本作漁水。
	易水	
	易	
	徐水	
	順水	注云:"順水,蓋徐州之別名也。"黃本、沈本、注釋本作: "順水,蓋徐水之別名也。"《後漢書》卷一上,帝紀一上, 《光武皇帝紀》"又戰於順水北"註,引《水經注》作"即徐水 之別名也"。
	泉頭水	
	曹水	《康熙保定府志》卷五,山川,漕河,引《水經注》作漕水。 《康熙畿輔通志》卷四,山川,保定府,漕河,引《水經注》作 漕水。
	岐山之水	
又東北入於 易。	依城河	
卷十二　聖 水		
聖水出上谷。	聖水	

經　　文	地　　名	備　　註
東過良鄉縣南。	防水	
	羊頭溪	
	樂水	
	俠河	黃本、注箋本、孫潛校本、項本、沈本、張本作挾河。《名勝志》卷二，順天府，涿州，引《水經注》作挾河。
	俠活河	注云："又東與俠河合，……世謂之俠活河，又名非理之溝也。"黃本、注箋本、項本、沈本、張本作抚活河。孫潛校本、注釋本、注疏本作挾活河。《名勝志》卷二順天府，涿州，引《水經注》作挾活河。
	非理之溝	黃本、吳本、注箋本、項本、沈本、七校本、注釋本、張本作非漯之溝。《名勝志》卷二，順天府，涿州，引《水經注》作巨馬水。
又東過陽鄉縣北。	垣水	吳本、注箋本、項本、張本作洹水。
	桃水	大典本、吳本、注箋本、項本、張本作杭水。
	淶水	
	南沙溝	注云："世謂之南沙溝，即桃水也。"大典本、黃本、吳本、注箋本、項本、沈本、七校本、注釋本、張本作南涉溝。
	涿水	
	奇溝	
	樂堆泉水	
	灅水	大典本、黃本、注箋本、項本、沈本、張本作濕水。《名勝志》卷一，順天府，宛平縣，引《水經注》作濕水。
	涿耶水	大典本作涿邯水。
	北沙溝	大典本、黃本、吳本、注箋本、項本、沈本、注釋本作北涉溝。
	頃前河	
	洛水	
	獨樹水	
	甘泉水	
	廣陽水	

經　　文	地　　名	備　　註
	福禄水	
	白柂溝	
	白柂水	
	婁城水	
	清淀水	
又東過安次縣南，東入於海。	巨馬河	
卷十二　巨馬水		
巨馬河出代郡廣昌縣淶山。	淶水	注云：“（巨馬河）即淶水也。”《御覽》卷六十四，地部二十九，巨馬河，引《水經注》作漆水。
	白澗溪	
	石槽水	黄本、注箋本、項本、沈本作石曹水。
	桑谷水	
	桑溪	
	紫石溪	
	紫水	
	磊砢溪水	黄本、吳本、沈本、七校本、注釋本作壘砢溪水。
	檐車水	注箋本、項本、沈本、注釋本、張本作擔車水。《方輿紀要》卷十七，直隸八，永平府，保安州，協陽關，引《水經注》作擔車水。
	榆城河	
	淶水故瀆	
	沙溝水	注云：“淶水東逕徐城北，故瀆出焉，世謂之沙溝水。”
	督亢溝	
東過逎縣北。	巨馬河	
	渠水	
	易水	

經　　文	地　　名	備　　註
又東南過容城縣北。	酈亭溝水	《北征日記》引《水經注》作酈溝水。
	桃水	
	督亢水	
	白溝水	
	督亢水枝溝	
	白溝	
	護淀水	吴本、何校明鈔本、王校明鈔本、項本、張本作濩澱水。七校本、注疏本作護澱水。《雍正畿輔通志》卷二十一,山川,川,順天府,護澱河,引《水經注》作護澱水。
	八丈溝水	
	滹沱河枯溝	黄本、吴本、沈本作雩池河枯溝,孫潛校本作虖池河枯溝。
又東過勃海東平舒縣北,東入於海。	河	注云:"《地理志》曰:'淶水東南至容城入於河,河即濡水也。'"
	濡水	
	滹沱	吴本作雩池,王校明鈔本作雩池,孫潛校本作虖池,《南巡名勝圖説》引《水經注》作張甲故溝。
卷十三　灅水		
灅水出鴈門陰館縣,東北過代郡桑乾縣南。	灅水	大典本、黄本、吴本、注箋本、嚴本、何校明鈔本、王校明鈔本、注删本、項本、沈本、摘鈔本、張本作濕水。《玉海》卷二十,地理,漢水經,引《水經注》作濕水。《通鑑》卷一一九,宋紀一,營陽王景平元年"起天師道場於平城東南,重壇五層"胡註,引《水經注》作濕水。又卷一二四,宋紀六,文帝元嘉十九年"謙之又奏作静輪宫"胡註,引《水經注》作灅水。《元一統志》卷一,中書省統山東河北之地,大都路,山川,新河,引《水經注》作濕水。《寰宇通志》卷八十一,大同府,灅水,引《水經注》作濕水。《名勝志》山西,卷五,大同府,應州,引《水經注》作濕水。《林水録》鈔《水經注》作濕水。《天下郡國利病書》卷二,北直一,引《水經注》作濕水。《京東考古録·考薊》,引《水經注》作濕水。《遊歷紀存》"秦燕之道"引《水經注》作濕水,《方輿紀要》卷四十

經　　文	地　　名	備　　註
		四,山西六,大同府,大同縣,桑乾河,引《水經注》作㶟水。《今古地理述》卷二,直隸省,宛平縣,引《水經注》作㶟水。《正字通》巳集上,水部,㶟,引《水經注》作㶟水。《康熙字典》水部,㶟,引《水經注》作㶟水。《佩文韻府》卷二十四上,九青,亭,川亭,引《水經注》作㶟水。《駢字類編》卷三十七,山水門二,山側,引《水經注》作㶟水。《雍正畿輔通志》卷二十四,山川,川,宣化府,桑乾河,引《水經注》作㶟水。《乾隆大同府志》卷四,山川,桑乾河,引《水經注》作㶟水。《游西山記》引《水經注》作㶟水。《永寧祇謁筆記》引《水經注》作㶟水。
	治水	注云:"㶟水出於累頭山,一曰治水。"
	桑乾水	
	㳘涽水	注云:"左會桑乾水,……即㳘涽水者也。"《方輿紀要》卷十,直隸一,桑乾河,引《水經注》作索涽水。《乾隆山西志輯要》卷六,朔平馬邑縣,山川,㶟水,引《水經注》作㳘迪水。
	馬邑川水	
	㶟水枝水	注云:"又東南,右合㶟水亂流,枝水南分。"大典本、黃本、注箋本、項本、沈本、張本作㶟水枝水。
	武州塞水	大典本、黃本、吳本、注箋本、項本、沈本、七校本、注釋本、張本、注疏本作武周塞水。《乾隆大同府志》卷四,山川,武周山,引《水經注》作武周塞水。
	桑乾河枝津	注云:"又東,右合枝津,枝津上承桑乾河。"
	夏屋山水	
	夏屋山東溪	
	桑乾枝水	
	南池水	注箋本、項本、注釋本、張本作池水。
	崞川水	注箋本、項本作崞川。
	如渾水	
	旋鴻池水	
	獨谷孤城水	注云:"東流逕故城南,北俗謂之獨谷孤城,水亦即名也。"
	魚水	
	羊水	注箋本、項本、張本作年水。

經　　文	地　名	備　　註
	如渾水靈泉池枝津	注云："如渾水又南至靈泉池，枝津東南注池。"
	如渾水北苑枝水	注云："如渾水又南分爲二水：一水西出南，屈入北苑中。"
	如渾水白登山枝水	注云："一水逕白登山西。"
	武州川水	大典本、黃本、注箋本、王校明鈔本、注删本、項本、沈本、摘鈔本、七校本、注釋本、張本、注疏本作武周川水。《林水録》鈔《水經注》作武周川水。《方輿紀要》卷四十四，山西六，大同府，白登山，引《水經注》作武周川水。《通鑑》卷一三五，齊紀一，高帝建元二年"五月丙申朔如火山"胡註，引《水經注》作武周川。《駢字類編》卷三十七，山水門二，山堂，引《水經注》作武周川水。《乾隆大同府志》卷四，山川，引《水經注》作武周川水。
	黄水	注箋本、項本、張本作黃山水。
	聖山之水	
	武州川	大典本、黃本、注箋本、王校明鈔本、注删本、項本、沈本、摘鈔本、五校鈔本、七校本、注釋本、張本、注疏本作武周川。《乾隆大同府志》卷四，山川，引《水經注》作武周川。
	火山西溪水	
	武州川枝渠	注云："武州川水又東南流出山，……自山口枝渠東出。"大典本、黃本、注箋本、項本、沈本、七校本、注釋本、張本、注疏本作武周川枝渠。
	火山水	
	火山東溪	
	安陽水	
	太拔迴水	注云："灅水又東，安陽水注之，……北俗謂之太拔迴水。"項本、張本作大拔迴水。
	温水	
	祁夷水	《乾隆大同府志》卷四，山川，壺流河，引《水經注》作祁彝水。
	代水	

經　　　文	地　　　名	備　　　註
	熱水	
	谷水	
	逆水	
	連水	黄本、沈本作蓮水。
	到刺山水	
	石山水	
	協陽關水	
	協溪	
	潘泉故瀆	
	温泉水	
	于延水	
	脩水	注云："于延水出縣北塞外，即脩水也。"吳本作循水。
	河頭	注云："脩水又東南逕馬城縣故城北，……俗謂是水，爲河頭，河頭出戎方，土俗變名耳。"注釋本、注疏本作阿頭。
	延鄉水	
	鴈門水	
	敦水	
	澹水	
	陽門水	大典本作羊門水。
	神泉水	注箋本、項本、張本作神泉。
	託台谷水	
	託台水	
	藂桑河	注云："自下亦通謂之于延水矣，水側有桑林，故時人亦謂是水爲藂桑河也。"
	寧川水	
	黑城川水	
	沽	注箋本、項本、張本作治河。
又東過涿鹿縣北。	涿水	
	阪泉水	
	蚩尤泉水	
	涿邪水	注箋本、項本、張本作涿邪，無水字。

經　文	地　名	備　註
	清夷水	注箋本、項本、張本作清水。《雍正畿輔通志》卷二十四,山川,川,宣化府,桑乾河,引《水經注》作清彝水。
	滄河	注云:"左會清夷水,亦謂之滄河也。"
	平鄉川水	
	牧牛山水	注箋本、項本、張本作牧牛山,無水字。
	滄水	
	谷水	注箋本、項本、七校本、張本作國水。
	浮圖溝水	大典本作浮屠溝水。
	地裂溝	
	分界水	《名勝志》卷十二延慶州,引《水經注》作分冢水。
	粟水	
	陽溝水	
	溫湯水	
	靈亭水	注箋本、項本、張本作靈亭城水。
	馬蘭溪水	
	泉溝水	
	桓公泉水	
又東南出山。	清泉河	
	千水	注云:"灅水自南出山,謂之清泉河,俗亦謂之曰千水。"七校本、注釋本作干水。
	高梁水	
過廣陽薊縣北。	洗馬溝水	
	薊水	
又東至漁陽雍奴縣西,入笥溝。	笥溝	
	潞水	注云:"笥溝,潞水之別名也。"
卷十四　濕餘水		

經　　文	地　　名	備　　註
濕餘水出上谷居庸關東。	濕餘水	七校本、戴本、注釋本、疏證本、注疏本作灢餘水。《讀水經注小識》卷二，引《水經注》作灢餘水。《辛卯侍行記》卷一"至通州舍沙河"陶葆廉自註，引《水經注》作灢餘水。《漢志水道疏證》卷一，上谷郡，引《水經注》作灢餘水。《後漢書》卷二十，列傳十，《王霸傳》"又陳委輸可從溫水漕"註，引《水經注》作溫餘水。
東流過軍都縣南，又東流過薊縣北。	濕餘水故瀆 丁蓼水 虎眼泉水 孤山之水 塔界水 昌平水 芹城水	七校本、戴本、注釋本、注疏本作灢餘水故瀆。
又北屈東南至狐奴縣西，入於沽河。	沽河	
卷十四　沽河		
沽河從塞外來。	沽河 大谷水 九源水	注釋本作沽水。 注箋本、項本、張本作九泉水。《大明一統志》卷一，直隸，順天府，山川，沽水，引《水經注》作九泉水。《萬曆順天府志》卷一，山川，沽水，引《水經注》作九泉水。《康熙畿輔通志》卷四，山川，順天府，沽水，引《水經注》作九泉水。《天府廣記》卷三十六，川渠，沽水，孫承澤引《水經注》作九泉水。
	尖谷水 尖溪 乾溪水	

經　文	地　名	備　註
	沽水	
	赤城河	
	鵲谷水	
	陽樂水	
	橫水	注云："南即陽樂水也，……世謂之橫水，又謂之陽田河。"
	陽田河	同上註。注箋本、項本、七校本、注釋本、張本作陽曲河。
	候鹵水	大典本、吳本、注箋本、項本、小山堂鈔全謝山五校本、張本作舊鹵水。
	高峯水	
	七度水	
	黃頒水	注云："而西南合七度水，水出北山黃頒谷，故亦謂之黃頒水。"
	漁水	
	螺山之水	項本、張本作羸山之水。《萬曆順天府志》卷一山川，沽水，引《水經注》作螺山水。
	西潞水	《萬曆順天府志》卷一山川，沽水，引《水經注》作西潞河。
南過漁陽狐奴縣北，西南與濕餘水合，爲潞河。	陽重溝水	
	濕餘水	
	鮑丘水	
	東潞	注云："左會鮑丘水，世所謂東潞也。"《萬曆順天府志》卷一，山川，沽水，引《水經注》作東潞河。
	潞河	
又東南至雍奴縣西，爲笥溝。	灅水	
又東南至泉州縣，與清河合，東入於海，清河者，派河尾也。	清河	
	淇	
	漳	
	洹	
	滱	

經　　文	地　　名	備　　註
	易	
	淶	
	濡	
	滹沱	黃本、吳本、沈本作虖池。
	派河	七校本、注釋本作泒河。《讀水經注小識》卷二，引《水經注》作泒河。
卷十四　鮑丘水 　鮑丘水從塞外來南過漁陽縣東。	鮑丘水 大榆河 道人溪水 孟廣峂水 白楊泉水 白楊溪 龍芻溪水 北溪水 三城水 石門水 桑谷水 桑溪 沽河	 《方輿紀要》卷十一，直隸二，順天府，密雲縣，霧靈山，引《水經注》作廣峂水。 大典本、黃本、沈本作龍蒭溪水。 注云：“一水西南流注之，是水有桑谷之名。”注釋本作：“桑谷水西南流注之，是水有桑谷之名。”
又南過潞縣西。	潞河 高梁水 灅水 車箱渠 鄭渠	注箋本、項本、注釋本、張本作鮑邱。 注刪本作濕水。

經　　文	地　　名	備　　註
又南至雍奴縣北，屈東入於海。	笥溝水	
	沟河	
	獨樂水	
	沟	
	沟水	
	盤山水	注删本作監山水。
	泇河	
	泇水	
	五百溝水	
	泉水渠	
	潳沱水	黃本、項本、沈本、張本作虖池水，注箋本作宰池水，注釋本作潳池水。
	潳沱	吳本作虖池，《虖沱水考》引《水經注》作虖沱。
	庚水	吳本、注箋本、項本、張本作庾水。《名勝志》卷二薊州，引《水經注》作庾水。
	黑牛谷水	
	沙谷水	
	周盧溪水	
	灄水	
	車耷水	
	温泉水	
	温溪	
	北黃水	
	南黃水	
	藍水	
	柘水	注云：“庚水，州亦謂之柘水。”
	巨梁水	
	觀雞水	
	區落水	
	寒渡水	
	梁河	

經　　文	地　　名	備　　註
	澗於水 五里水	
卷十四　濡水 　濡水從塞外來，東南過遼西令支縣北。	濡水	《漢志水道疏證》卷一，漁陽郡，引《水經注》作洫水。
	連淵水	大典本、黄本、注箋本、何校明鈔本、項本、沈本、注釋本、張本作連泉水。《名勝志》卷三，永平府，遷安縣，引《水經注》作連泉水。
	難河	
	汙水	注箋本、項本、張本作汗水。
	吕泉水	
	三泉水	
	逆流水	
	木林山水	注釋本作松林山水。
	盤泉水	
	濡河	
	曲河	
	要水	
	大要水	
	索頭水	
	武列溪	注箋本、項本、張本作列溪。
	武列水	
	濡	
	西藏水	
	蟠泉水	
	東藏水	

經　　文	地　　名	備　　註
	東溪	
	中藏水	
	中溪	
	三藏水	
	龍泉水	
	龍芻水	大典本、黃本、沈本作龍蒭水。
	龍芻之溪	
	五渡水	
	高石水	
	五渡川	
	黃洛水	《順治盧龍縣志》卷一,山川,引《水經注》作黃雒水。《雍正畿輔通志》卷二十一,山川,川,永平府,黃洛水,引《水經注》作黃雒水。
	洛水	注釋本作敖水。
	玄水	
	小濡水	注云:"左合玄水,世謂之小濡水。"
	肥如水	
	盧水	大典本作玄盧水。
	沮水	
	大沮水	
	陽樂水	
	陽樂縣溪	注箋本、項本、注釋本、張本作陽樂縣,無溪字。
	小沮水	
	冷溪	
	溫泉水	
	溫溪	
又東南過海陽縣西,南入於海。	瓠溝水	
	新河故瀆	
	新河	

經　　文	地　　名	備　　註
	庚水	吳本、注箋本、項本、張本作庾水。
	沟渠之水	
	新河枝渠	枝渠,《順治盧龍縣志》卷一,古蹟,新安平縣,引《水經注》作板渠。
	封大水	注箋本、項本、張本作大水。
	龍鮮水	
	馬頭水	注云:"又東南流,龍鮮水注之,水出縣西北,世謂之馬頭水。"注箋本、項本、張本作馬頭山。
	緩虛水	吳本、注箋本、項本、張本作緩靈水。《名勝志》卷三,永平府,灤州,引《水經注》作緩靈水。
	大籠川	注云:"(緩虛水)出新平縣東北,世謂之大籠川。"注箋本、項本、張本作大籠山。《名勝志》卷三,永平府,灤州,引《水經注》作大籠山。
	素河	
	白水	
	清水	
	木究水	
	卑耳之溪	《嘉靖青州府志》卷十八雜志,山神導水,引《水經注》作卑耳一谿。
	贊水	見下註。
	贊溪	注云:"又按《管子》,齊桓公二十年,征孤竹,未至卑耳之溪十里,闒然止,……至卑耳之溪,有贊水者,從左方涉,其深及冠;右方涉,其深至膝。……然卑耳之川若贊溪者,亦不知所在也。"孫詒讓《札迻十二卷》卷二云:"案上引《管子》齊桓公至卑耳之溪,有贊水者,從左方涉,其深及冠;右方涉,其深至膝。文見《小問》篇,房註云:贊水,謂贊引渡水者,是彼水即指卑耳溪水,贊者,謂導贊知津之人,詔桓公從右方涉耳,非卑耳之旁,別有溪水名贊者也,酈氏殆誤會其旨。"
卷十四　大遼水		

經　　　文	地　　名	備　　　註
大遼水出塞外衞白平山,東南入塞,過遼東襄平縣西。	遼水	
又東南過房縣西。	白狼水	《名勝志》卷三,永平府,昌黎縣,引《水經注》作白浪水。
	石城川水	
	方城川水	
	高平川水	
	自魯水	
	濫真水	
	白狼水右枝水	注云:"白狼水又東北出,東流分爲二水:右水,疑即渝水也。"
	渝水	同上註。
	檻倫水	《方輿紀要》卷十八,直隸九,萬全都指揮使司,大寧衞,凡城,引《水經注》作檻俞水。
	侯水	注云:"世名之曰檻倫水,蓋戎方之變名耳,疑即《地理志》所謂侯水北入渝者也。"
	渝	
又東過安市縣,西南入於海。	大遼水	
卷十四　小遼水		
又玄菟高句麗縣有遼山,小遼水所出。	大梁水	吳本作大渠水。
	小遼水	《扈從東巡日錄》引《水經注》作小遼河。

經　文	地　名	備　註
	梁水 大遼水	七校本、注釋本作大梁水。
卷十四　浿 水 　浿水出樂浪 鏤方縣，東南過臨 浿縣，東入於海。	浿水	黃本、沈本作溴水。
卷十五　洛 水 　洛水出京兆 上洛縣讙舉山。	洛 洛水 丹水 尸水	黃本、吳本、注箋本、項本、沈本、張本作户水。《山海經·中山經》"尸水出焉"畢沅註，引《水經注》作户水。
	乳水 龍餘之水 玄扈之水	《雍正陝西通志》卷十二，山川五，商州，洛南縣，黑潭水，引《水經注》作元扈之水。《乾隆河南府志》卷五十七，古蹟志三，周武氏邑，引《水經注》作元滬之水。《關中水道記》卷四，洛水引《水經注》作元扈之水。
	洛汭 武里水 門水 波 要水 獲水 備水	
	獲輿川	黃本、吳本、注箋本、項本、沈本、張本作獲輿川。

經　　文	地　　名	備　　註
東北過盧氏縣南。	郤川	
	陽渠水	黃本、吳本、注箋本、項本、沈本、七校本、張本作陽渠水。《山海經・中山經》"浮豪之水出焉"畢沅註,引《水經注》作陽渠水。
	浮豪之水	
	盧氏川水	
	葛蔓谷水	
	高門水	
	洛水枝津	
	松陽溪水	黃本、吳本、注箋本、項本、沈本、張本作松楊溪水。《乾隆河南府志》卷九,山川志三,松楊山,引《水經注》作松楊溪水。
	黃亭溪水	注箋本、項本、張本、注疏本作黃城溪水。
	荀公溪水	
	荀公澗	注箋本、項本、張本作荀澗。
	庫谷水	
	鷄鵑澗	
	僕谷亭北水	注云:"洛水又逕僕谷亭北,左合北水。"
	侯谷水	
	宜陽北山水	
	廣由澗水	
	由溪	
	直谷水	
又東北過蠡城邑之南。	塢水	
	金門溪水	
	欺水	
	大欺水	
	黍良谷水	吳本、注箋本、項本、張本作黍艮谷水。

經　文	地　名	備　註
	洛水北溪	注云:"洛水又東,左合北溪。"
又東過陽市邑南,又東北過于父邑之南。	太陰谷水	
	太陰溪	
	白馬溪水	
	昌澗水	
	杜陽澗水	注箋本、項本、張本作杜楊澗水。
	杜陽溪	注箋本、項本、張本作杜楊溪。
	槃谷水	
又東北過宜陽縣南。	西度水	
	厭染之水	注箋本、項本、張本作厭梁之水。《山海經·中山經》"曰傅山"畢沅註,引《水經注》作厭梁之水。《乾隆河南府志》卷八,山川志二,傅山,引《水經注》作厭梁之水。
	五延水	注云:"洛水又東與厭染之水合。……世謂之五延水。"
	黃中澗水	
	禄泉水	注箋本、項本、張本作禄泉。《乾隆河南府志》卷十三,山川志七,洛水,引《水經注》作禄泉。
	共水	
	尹溪水	
	左澗水	大典本作左闊水。
	李谷水	
	李溪	
	蓁水	
	黑澗水	
	臨亭川水	
	長澗水	大典本、注箋本、項本、張本作湖長澗水。
又東北出散關南。	豪水	
	洛水枝瀆	
	惠水	

經　　文	地　名	備　　註
	謝水	孫潛校本、何本作㴖水。
	八關水	注云："惠水右注之,世謂之八關水。"
	穀水	何校明鈔本、王校明鈔本作穀水。
	瞻水	
	交觸之水	
	虢水	
	甘水	
又東北過河南縣南。	澗	
	瀍	
	千金渠	
	澗水故瀆	注云："洛水東北過五零陪尾北與澗瀍合,是二水東入千金渠,故瀆存焉。"
	瀍水故瀆	見上註。
又東過洛陽縣西,伊水從西來注之。	伊	
	合水	
	公路澗	
	光禄澗	注云："東北流注於公路澗,但世俗音訛,號之曰光禄澗。"
	劉水	
	劉澗	
又東過偃師縣南。	休水	
	少室山水	
	少室北溪	
	南溪水	
	休水故瀆	
	陽渠水	
	泂水	
	鄩水	《史記》卷七十,列傳十《張儀列傳》"下兵三川,塞什谷之口"《正義》,引《水經注》作鄩城水。

經　文	地　名	備　註
又東北過鞏縣東，又北入於河。	鄩溪	
	鄩谷水	
	溫泉水	注箋本、項本、張本作溫水泉。
	羅水	
	蒲池水	
	長羅川	大典本作長川羅。
	白馬溪水	
	白桐澗水	大典本、注箋本、項本、張本作白相澗水。
	桐溪	
	九山溪水	注箋本、項本、張本作九山東溪水。
	白桐澗	注箋本、項本、張本作白相澗。
	明樂泉水	注箋本、項本、張本作明樂泉。《乾隆河南府志》卷十三，山川志七，洛水，引《水經注》作明樂泉。
	明溪	
	濁水	
	黃水	注云："又東，濁水注之，即古黃水也。"注箋本、項本、七校本、張本、注疏本作湟水。
	洞水南溪	注云："洞水發自南溪石泉，世亦名之爲石泉水。"洞水，注箋本、項本、張本作洞水。
	石泉水	注箋本、項本、張本作石泉。
	盤谷水	注箋本、項本、張本作鹽谷水。
	河	
卷十五　伊水		
伊水出南陽魯陽縣西蔓渠山。	伊水	
	蕘水	
	鸞水	注云："世人謂伊水爲鸞水，蕘水爲交水。"
	交水	見上註。

經　　文	地　名	備　　註
東北過郭落山。	陽水	
	陽溪	
	鮮水	
	蠻水	大典本作彎水。
又東北過陸渾縣南。	潚潚之水	
	王母澗	
	七谷水	
	蚤谷水	
	温泉水	
	焦澗水	
	涓水	注箋本、項本、注釋本、張本作涓陽水。
	涓水北水	注云："伊水又東北,涓水注之,……其水有二源:……北水東流,合侯澗水。"
	侯澗水	
	侯溪	
	涓水南水	注云："涓水東南流,左合南水,水出西山七谷,亦謂之七谷水。"
	七谷水	同上註。
	襌渚水	注箋本、項本、注釋本、張本作襌渚。《山海經·中山經》"南出蟬渚"畢沅註,引《水經注》作墠渚水。
又東北過新城縣南。	馬懷橋長水	
	明水	
	石澗水	注云："又有明水,……俗謂之石澗水。"
	康水	
	大戟水	
	大戟水北水	注云："伊水又與大戟水會,水出梁縣西,有二源:北水出廣城澤西,南逕楊志塢北與南水合。"
	大戟水南水	見上註。
	老倒澗	
	老倒澗水	

經　　文	地　　名	備　　註
	吳澗水	
	大狂水	
	狂水	注云："伊水又北逕當階城西，大狂水入焉。……《山海經》曰：大苦之山，多琈珚之玉，其陽，狂水出焉。"
	倚薄山水	《康熙登封縣志》卷五，山川志，水屬，大狂水，引《水經注》作倚箔山水。
	八風溪水	
	三交水	注箋本、項本、張本作二交水。
	湮水	
	土溝水	吳本、注箋本、項本、張本作上溝水。
	板橋水	
	厭澗水	
	來儒之水	吳本、注箋本、項本、注釋本、張本、注疏本作來需之水。《山海經廣註》卷五《中山經》"來需之水出於其陽而西流，注於伊水"吳任臣註，引《水經注》作來需之水。《乾隆洛陽縣志》卷三，山川，大石嶺，引《水經注》作來需之水。
	芰澗	吳本作芰澗水，注箋本、項本、七校本、注釋本、張本、注疏本作芰澗。
	小狂水	
	曲水	
又東北至洛陽縣南，北入於洛。	伊水右枝津	注云："伊水自闕東北流，枝津右出焉。"
	洛	
	合水	
	公路澗	
	伊水左枝渠	注云："伊水又東北，枝渠左出焉。"
	洛水	
卷十五　瀍水		

經　　文	地　　名	備　　註
瀍水出河南榖城縣北山。	瀍水	
東與千金渠合。	榖	何校明鈔本、王校明鈔本作穀。
	榖水 千金渠	何校明鈔本、王校明鈔本作穀水。
卷十五　澗水		
澗水出新安縣南白石山。	惠水 洛 澗水	
	赤岸水	注云："澗水出於其陰，……世謂是山曰廣陽山，水曰赤岸水，亦曰石子澗。"
	石子澗	同上註。
東南入於洛。	孝水	《遊蜀日記》引《水經注》作少水。
	慈澗 少水 離山水 榖 榖水 千金渠	
	死水	注箋本、項本、張本作使水。
卷十六　榖水		

經　文	地　名	備　註
穀水出弘農黽池縣南墦塚林穀陽谷。	穀水	宋本、何校明鈔本、王校明鈔本、注删本作穀水。
	洛	
	黽池川	《方輿紀要》卷四十八，河南三，河南府，澠池縣，穀水，引《水經注》作澠池川。
	黽池山北溪	
	澗水	
	雍谷溪	
	北川水	
	廣陽川水	
	石默溪水	《乾隆河南府志》卷十四，山川志八，穀水，引《水經注》作石默溪。
	穀	宋本、何校明鈔本、王校明鈔本、注删本作穀。
	宋水	
	阜澗水	
	爽水	大典本、注箋本、項本、注釋本、張本作桑爽之水。
	絎麻澗	注云："白石山西五十里曰穀山，……爽水出焉，世謂之絎麻澗。"
	澗	
	伊	
	瀍	
	河	
	淵水	
	波水	
	百荅水	注云："婁涿之山，……波水出於其陰，世謂之百荅水。"
	少水	
	慈澗	
	俞隨之水	
	孝水	

經　　文	地　　名	備　　註
東北過穀城縣北。	洛水枝流	
又東過河南縣北，東南入於洛。	死穀	宋本、何校明鈔本、王校明鈔本、注删本作死穀。
	湖溝	
	瀍水	
	洛水	
	五龍渠	
	千金渠	
	代龍渠	
	九龍渠	注云：“（太始）八年四月二十四日畢。代龍渠即九龍渠也。”
	穀水故溝	穀，宋本、何校明鈔本、王校明鈔本、注删本均作穀。
	穀水舊瀆	同上註。
	金谷水	注箋本、項本、張本作金水。
	金谷澗	
	穀水華林園枝水	注云：“穀水又東，枝分南入華林園。”
	池水	
	濟	
	江	
	淮	
	陽渠	
	九曲瀆	
	陽渠水	
	陽渠水石逗枝流	注云：“陽渠水南暨閶闔門，……又枝流入石逗伏流，注靈芝九龍池。”
	陽渠水銅駝街枝流	注云：“渠水又枝分，夾路南出，逕太尉、司徒兩坊間，謂之銅駝街。”

經　　文	地　名	備　　註
	穀水枝水 洛陽溝 七里澗	注云:"穀水於城東南隅,枝分北注。"
卷十六　甘水 甘水出弘農宜陽縣鹿蹏山。	甘水	
東北至河南縣南,北入洛。	非山水 洛	
卷十六　漆水 漆水出扶風杜陽縣俞山東,北入於渭。	漆水 渭 渭水 涇 漆沮 河 洛水 漆 灞 滻 酆 鄠 沮 漆溪	宋本作柒水。 宋本作柒沮。 宋本作柒。 宋本作柒溪。黃本、沈本作柒溪。顧炎武《金石文字記》卷三,《岱岳觀造像記》註,引《水經注》作柒溪。

經　文	地　名	備　註
	漆渠	宋本作柒渠。黃本、項本、沈本、張本作柒渠,《金石文字記》卷三《岱岳觀造像記》註,引《水經注》作柒渠。
	岐水	
卷十六　滻水 　滻水出京兆藍田谷,北入於灞。	滻水。	
	莽谷水	注云:"(滻水)西北流,與一水合,水出西北莽谷。"
	藍田川	
	灞水	《熙寧長安志》卷十一,縣一,萬年,滻水,引《水經注》作霸水。
	霸水	注云:"滻水又北歷藍田川,北流注於灞水,《地理志》曰:滻水北至霸陵入霸水。"宋本、大典本、黃本、注箋本、嚴本、項本、沈本、注釋本、張本、注疏本作灞水。
卷十六　沮水 　沮水出北地直路縣,東過馮翊祋祤縣北,東入於洛。	沮	
	洛	
	檀臺水	
	宜君水	
	黃嶔水	《關中水道記》卷三,沮水,引《水經注》作黃崟水。
	石門水	
	銅官水	
	鄭渠	
	沮水	
	涇	
	涇水	

經　文	地　名	備　註
	冶谷水	注箋本、項本、張本作治谷水。
	鄭渠故瀆	
	清水	
	濁水	孔穎達《尚書正義》，引《水經注》作濯水。
	濁谷水	
	白渠	
	漆水	宋本作柒水，注箋本、項本、張本作渠水，何校明鈔本、注釋本作柒水。
	漆沮水	注云："俗謂之漆水，又謂之爲漆沮水。"何校明鈔本作柒沮水。
	櫟陽渠	
	渭	
	石川水	
	白渠枝渠	
	洛水	
卷十七　渭水		
渭水出隴西首陽縣渭谷亭南鳥鼠山。	渭水	
	渭	
	封溪水	吳本作封湲水。
	廣相溪水	
	共谷水	
	天馬溪水	
	伯陽谷水	
東北過襄武縣北。	廣陽水	
	荊頭川水	
	枲水	

經　　文	地　　名	備　　註
又東過源道縣南。	岑溪水	
	同水	
	過水	
	赤亭水	
	粟水	孫潛校本作栗水。
	新興川水	
	彰川	
	彰縣西南溪	注云：“水出西南溪下，東北至彰縣南。”
	萬年川水	
	南川水	
	新興縣北水	注云：“又東北逕新興縣北，……東北合北水。”
	武城川水	
	鹿部水	
	昌丘水	
	武陽川	
	關城川水	
	安城谷水	
	三谷水	大典本、注箋本、項本、注釋本、張本、注疏本作三府谷水。
	武陽溪水	
	土門谷水	
	温谷水	注箋本、項本、張本作温谷，無水字。
	故城溪水	
	閭里溪水	
	習溪水	注云：“次東有閭里溪水，亦名習溪水。”
	黑水	
	冀川	
又東過冀縣北。	温谷水	
	温溪	
	黄槐川	

經　　　文	地　　名	備　　註
	牛谷水	黃本、注箋本、嚴本、項本、注釋本、張本作午谷水。《禹貢會箋》卷十"西傾朱圉鳥鼠至于太華"徐文靖箋，引《水經注》作午谷水。
	長塹谷水	宋本作長壍谷水。
	安蒲溪水	
	衣谷水	
	冀水	
	濁谷水	
	當里溪水	
	託里水	
	渠谷水	
	黃土川水	
	新陽川	
	赤水	
	蒿水	
	新陽崖水	
	隴水	注云："渭水又東與新陽崖水合，即隴水也。"
	瓦亭川	
	瓦亭水	注箋本、項本、注釋本、張本作瓦亭川。
	清賓溪	
	黑水	
	莫吾南川水	
	潗水	
	燕無水	
	方城川	
	長離水	
	成紀水	
	受渠水	
	略陽川水	
	單溪	

經　　　文	地　　名	備　　　註
	閣川水	黃本、注箋本、嚴本、項本、沈本、張本作閣水。
	石魯水	
	破社谷水	宋本、何校明鈔本作破杜谷水。
	平相谷水	
	金里谷水	
	南室水	
	蹶谷水	大典本、黃本、何校明鈔本、王校明鈔本、沈本作蹄谷水。
	塸渠水	宋本、大典本作涯渠水，黃本、吳本、注箋本、嚴本、王校明鈔本、項本、沈本、張本作渥渠水，何校明鈔本作渥渠水。
	白楊泉水	
	蒲谷水	注箋本、項本、張本作渭谷水。
	蒲谷西川	
	龍尾溪水	
	水洛水	
	犢奴水	《方輿紀要》卷五十八，陝西七，平涼府，靜寧州，水洛川，引《水經注》作奴檟川。
	石門水	
	石宕水	黃本、嚴本、沈本作石岩水，吳本、注箋本、項本、張本、注疏本作石巖水，注疏本疏云："趙據孫潛校改巖作宕，全、戴改同，守敬按，孫潛蓋因下作宕改，不知嚴或省作岩，岩與宕形近，下乃誤作宕耳，則當據此改下作岩，不當依下改此作宕。"
	蝦蟆溪水	吳本作蝦蟆溪水。
	金黑水	
	宜都溪水	
	安夷川	
	夷水川	注釋本作夷川水。
	東陽川水	
	何宕川水	注疏本疏云："守敬按，此宕字疑亦岩之誤。"
	羅漢水	
	夷水	
	大華谷水	

經　　文	地　　名	備　　註
又東過上邽縣。	折里溪水	
	六谷水	大典本、注箋本、項本、張本作六合水。
	蘭渠川水	
	神潤水	
	歷泉水	
	歷泉溪	
	藉水	
	當亭水	
	曾席水	
	大弁川水	注箋本作大弁州。
	竹嶺水	
	占溪水	
	大魯谷水	大典本、注箋本、項本、張本作大魯溪水。
	小魯谷水	
	楊反谷水	
	亂石溪水	
	木門谷水	注箋本、項本、張本作水門谷水。
	羅城溪水	
	山谷水	
	黄瓜水	
	清溪	
	白水	
	大旱谷水	
	旱溪	
	毛泉谷水	
	覉泉水	
	洋水	黄本、嚴本、沈本作浒水，譚本原註云："古本作浒，吳改作洋。"
	濛水	
	陽谷水	

經　　文	地　　名	備　　註
	宕谷水	大典本、黄本、注箋本、嚴本、項本、沈本、張本作宕水谷水。
	段溪水	
	馬門溪	
	東亭水	
	橋水	注云："渭水又歷橋亭南，而逕綿諸縣東，與東亭水合，亦謂之爲橋水也，清水又或爲通稱矣。"
	清水	同上註。
	大祇水	
	小祇水	
	南神谷水	
	埋蒲水	合校本註云："一本埋誤理。"
	延水	
	歎溝水	吳本、注箋本、項本、七校本、注釋本、注疏本作暵溝水。譚本原註云："古本作暵。"
	麴谷水	
	温谷水	
	莎谷水	宋本、大典本、黄本、吳本、嚴本、沈本、七校本、注釋本作莎谷水。
	莎溪	宋本、大典本、黄本、吳本、嚴本、沈本、注釋本作莎溪。
	秦水	
	自亥水	
	松多水	
	羌水	
	小羌水	
	長谷水	
	東部水	
	綿諸水	
	長思水	
	長思溪	注箋本、項本、張本作思溪。

經　文	地　名	備　註
	涇谷水	《通鑑》卷一二二，宋紀四，文帝元嘉十二年，"使鎮童亭"胡註，引《水經注》作谷水。
	橫水	
	軒轅谷水	
	白城溪	注箋本、項本、張本作白城谷溪。
	白娥泉水	
	白城水	
	涇水	
	伯陽谷水	
	白水	
	白水溪	注箋本、項本、張本作白溪水。
	苗谷水	大典本、黃本、吳本、何校明鈔本、沈本作猫谷水。
	伯陽川	
	伯陽東溪水	
	望松水	
	毛六溪水	
	皮周谷水	項本、張本作史周谷水。
	黃杜東溪水	
	明谷水	黃本、注箋本、嚴本、何校明鈔本、項本、沈本、七校本、注釋本作胡谷水。
	丘谷水	
	鉗巖谷水	黃本、吳本、注箋本、何校明鈔本、項本、沈本、七校本、注釋本、張本、注疏本作銅巖谷水。《駢字類編》卷四十，山水門五，丘谷，引《水經注》作銅巖谷水。
	楚水	
	長蛇水	注云："東與楚水合，世所謂長蛇水。"
	洴水	注箋本、項本、張本作沂水。
	汙水	注疏本作扞水。
	龍魚水	
	扞水	注箋本、項本、七校本、注釋本、張本、注疏本作捍水。
	南山五溪水	

經　　文	地　　名	備　　註
又東過陳倉縣西。	陳倉水	
	綏陽溪水	注箋本、項本、張本作陽溪水。
	斜水	
	桃花水	
	汧水東枝水	注云："汧水又東會一水，水發南山西側。"
	磻溪水	
卷十八　渭水		
又東過武功縣北。	渭水	
	斜水	
	武功水	
	渭	
	温泉水	
	雍水	
	中牟溪	《雍録》卷一，祈年宫，引《水經注》作中牟井。
	中牟水	七校本作中牟水。
	冰井水	注云："世謂之中牟水，亦曰冰井水。"
	左陽水	
	左陽溪	
	西水	注云："左會左陽水，世名之西水。"
	河桃谷東水	注云："雍水又與東水合，俗名也，北出河桃谷。"
	淬空水	
	鄧公泉水	
	汧水	
	沮水	
	樹亭川	
	横水	注箋本、項本、七校本、注釋本、張本作杜水。
	漆水	
	横溪	
	漆渠	

經　　　文	地　　　名	備　　　註
	杜陽川	
	大孌水	注箋本、項本、張本作大欒水。
	大道川	
	岐水	注云：“漆渠水南流，大孌水注之，……即故岐水也。”
	漆渠水	
	小橫水	注箋本、項本、張本作小黃水，注釋本作橫水。
	米流川	注云：“南與橫水合，自下通得岐水之目，俗謂之小橫水，亦或名之米流川。”
	姜水	
	中亭川	注箋本、項本、注釋本、張本作中亭川水。
	武水	
	大橫水	
	杜水	
	故縣川	
	二坑水	大典本作二坈水。
	瀵魋水	
	鄉谷水	
	鄉谷川	
	鄉溪	
	莫水	宋本、黃本、注箋本、何校明鈔本、項本、沈本、注釋本、張本作莢水。七校本作莫谷水。《寰宇記》卷二十七，關西道三，雍州三，武功縣，引《水經注》作莫谷水。《熙寧長安志》卷十四，縣四，武功，莫谷水，引《水經注》作莫谷水。《名勝志》陝西，卷三，乾州，武功縣，引《水經注》作莫谷水。《雍正陝西通志》卷八，山川一，大川考，渭水，引《水經注》作莢水。《熙寧長安志》卷十四，縣四，武功，莫谷水，畢沅案，引《水經注》作莢水。
	中亭水	
	洛谷之水	《通鑑》卷七十七，魏紀九，高貴鄉公甘露二年，“維壁於芒水”胡註，引《水經注》作駱谷水。《蜀鑑》卷五，永和五年，引《水經注》作駱谷之水。《方輿紀要》卷十八，陝西二，西安府，盩厔縣，駱谷水，引《水經注》作駱谷水。

經　　文	地　　名	備　　註
又東,芒水從南來流注之。	芒水 芒水枝流	
卷十九　渭水 又東過槐里縣南,又東,澇水從南來注之。	渭水 芒水枝流 芒水 渭 就水 黑水 田溪水	
	田溪水枝水	注云:"又東北與一水合,水上承盩厔縣南源,北逕其縣東,又北逕思鄉城西,又北注田溪。"
	蒙蘢渠	黄本、注箋本、項本、沈本、張本作蒙蘢源。《玉海》卷二十一,地理,河渠,漢靈軹源,引《水經注》作蒙籠源。《名勝志》陝西,卷六,鳳翔府,郿縣,引《水經注》作蒙蘢源。
	成林渠	《名勝志》陝西,卷六,鳳翔府,郿縣,引《水經注》作成林源。
	靈軹渠	黄本、注箋本、項本、沈本、張本作靈軹源。《玉海》卷二十一,地理,河渠,漢靈軹源,引《水經注》作靈軹源。
	堵水 諸水	
	漏水	注箋本、項本、七校本、注釋本、張本作涌水。
	耿谷水 柳泉水 赤水 甘水 澇水	
	美陂水	注箋本、項本、注釋本、張本作渼陂水。《雍正陝西通志》卷八,山川一,大川考,渭水,引《水經注》作渼陂水。

經　　文	地　　名	備　　註
又東,豐水從南來注之。	豐水	《乾隆咸陽縣志》卷一,川原,短陰原,引《水經注》作灃水。《蜀道驛程記》引《水經注》作灃水。
	豐溪	
	豐水枝津	
	交水	
	昆明池水	
	鄗水	宋本、黄本、吳本、注箋本、嚴本、項本、沈本、七校本、注釋本、張本、疏證本作鎬水。《史記》卷六,本紀六《秦始皇本紀》"有人持璧遮使者曰爲吾遺滈池君"《正義》,引《水經注》作滈水。《詩地理考》卷三,雅,鎬京,引《水經注》作滈水。《御覽》卷六十二,地部二十七,鎬,引《水經注》作鎬水。《通鑑》卷十七,漢紀九,武帝建元三年"故酆鎬之間號爲土膏"胡註,引《水經注》作鎬水。《通鑑地理通釋》卷四,"武王徙都鎬"註,引《水經注》作鎬水。《雍録》卷一,鎬,引《水經注》作鎬水。《名勝志》陝西,卷二,西安府屬縣,咸陽縣,引《水經注》作鎬水。《春秋地名考略》卷一,周,"作都於酆",引《水經注》作鎬水。《雍正陝西通志》卷九,山川二,西安府,咸陽縣,渭水,引《水經注》作鎬水。《辛卯侍行記》卷三,"五里泗池鋪"註,引《水經注》作鎬水。《秦蜀驛程記》引《水經注》作滈水。
	滮池水	
	沈水	大典本、黄本、吳本、注箋本、嚴本、項本、沈本、七校本、注釋本、張本作沈水。《雍正陝西通志》卷八,山川一,大川考,渭水,引《水經注》作沈水。《秦蜀驛程記》引《水經注》作沈水。
	樊川	
	沈水故渠	注云:"沈水又西北,枝合故渠。"注釋本作沈水故渠。
	塌水陂水	
	潏水	
	高都水	

經　　文	地　名	備　　　註
又東過長安縣北。	㶟	
	河	
	雍	
	沇水枝津	沇水，大典本、注釋本作沈水。《方輿紀要》卷五十三，陝西二，西安府，逍遥園，引《水經注》作沉水。
	沇水東枝水	注云："水上承沇水，東北流逕鄧艾祠南，又東分爲二水：一水東入逍遥園，注藕池，……其一水北流注於渭。"沇水，大典本、注釋本作沈水。
	沇水北枝水	見上註。
	昆明故渠	
	漕渠	
	沇水枝渠	沇水，大典本、注釋本作沈水。
	飛渠	
	明渠	
	王渠	
	御溝	
	霸水	
又東過霸陵縣北，霸水從縣西北流注之。	滋水	注云："秦穆公霸世，更名滋水爲霸水，以顯霸功。"《漢書地理志補註》卷一，京兆尹，"霸水亦出藍田谷"註，引《水經注》作嶵水。
	銅谷水	大典本、黃本、注箋本、項本、沈本、張本作銅公水。《名勝志》陝西，卷二，西安府屬縣，藍田縣，引《水經注》作銅公水。
	輞谷水	宋本、大典本、黃本、注箋本、嚴本、項本、沈本、張本作輕谷水。《漢書地理志補註》卷一，京兆尹，"霸水亦出藍田谷"註，引《水經注》作輞谷水。《關東水道記》卷三，霸水，引《水經注》作輕谷水。
	浥水	大典本、黃本、吳本、注箋本、何校明鈔本、項本、沈本、張本作渥水。《熙寧長安志》卷十六，縣六，藍田，銅公水，引《水經注》作泥水。《名勝志》陝西，卷二，西安府屬縣，藍田

經　　文	地　　名	備　　註
		縣,引《水經注》作渥水。《雍正陝西通志》卷八,山川一,大川考,渭水,引《水經注》作渥水。
	藍田川	
	滻水	
	長水	
	荆溪	
	狗枷川水	《漢書地理志補註》卷一,京兆尹,故杜伯國註,引《水經注》作拘枷川水。《關東水道記》卷三,滻水,引《水經注》作狗架川水。
	狗枷西川	注云:"左合狗枷川水,水有二源:西川上承塊山之斫槃谷。"
	苦谷二水	注云:"西川上承塊山之斫槃谷,次東有苦谷二水。"《寰宇記》卷二十六,雍州二,藍田縣云:"《水經》云:斫盤谷,若谷二水合於東,流逕風涼原。"
	東川水	
	孟谷水	注云:"其水右合東川水,出南山之石門谷,次東有孟谷,次東有大谷,次東有雀谷,次東有土門谷,五水北出谷,西北歷風涼原東。"
	大谷水	見上註。
	雀谷水	見孟谷水註。
	土門谷水	見孟谷水註。
	西川水	
	温泉水	
	霸水故渠	注云:"霸水又北會兩川,又北,故渠右出焉。"
	成國故渠	
	成國渠	
	汧水	
	涇水	
	白渠枝水	
	五丈渠	

經　文	地　名	備　註
	清水	
	鄭渠	
	曲梁水	
	四瀆	
	白渠	
	魚池水	
	温水	
	陰槃水	
	石川水	
	戲水	
	泠水	王校明鈔本作冷水。《寰宇記》卷二十七,關西道三,雍州三,昭應縣,引《水經注》作冷水。《關中水道記》卷三,渭水,引《水經注》作冷水。
	酉水	注箋本、項本、七校本、注釋本、張本、注疏本作首水,《方輿紀要》卷五十三,陝西二,西安府,渭南縣,酒水,引《水經注》作首水。
	西陽水	
	東陽水	
	竹水	
	大赤水	注云:"渭水又東與竹水合,……俗謂之大赤水。"
	白渠枝渠	
	淮	
	肥	
又東過鄭縣北。	赤水	
	小赤水	
	灌水	注云:"小赤水即《山海經》之灌水也。"
	禹水	注箋本、項本、張本作愚水。《寰宇記》卷二十九,關西道五,華州,鄭縣,引《水經注》作愚水。《山海經廣註》卷二,《西山經》,"禹水出焉"吳任臣註,引《水經注》作愚水。
	招水	

經　　文	地　　名	備　　註
	西石橋水	
	新鄭水	
	東石橋水	注箋本、項本、張本作石橋水。
	石橋水	
	沈水	注云：“渭水又東與東石橋水會，故沈水也。”戴本作沕水。
	敷水	
	糧餘水	注箋本、項本、注釋本、張本、注疏本作餘水。
	宣水	注云：“渭水又東，糧餘水注之，……俗謂之宣水也。”
	黃酸之水	
	千渠水	注云：“渭水又東合黃酸之水，世名之爲千渠水。”注箋本、項本、注釋本、張本作于渠水。
	荊溪	
	長澗水	
又東過華陰縣北。	洛水	沈垚《泥水考》（《落帆樓文集》卷四，前集四）云：“酈注，引泥水之文，今本譌作洛字。”
	漆沮之水	
	沙渠水	《山海經·西山經》“符禺之水出焉”畢沅註，引《水經注》作沙溝水。
	泥泉水	《雍正陝西通志》卷八，山川一，大川考，渭水，引《水經注》作澤泉水。
	符禺之水	注云：“渭水又東合沙渠水，水即符禺之水也。”宋本、注箋本、項本、七校本、張本作符愚之水。
卷二十　漾水		
漾水出隴西氐道縣嶓冢山，東至武都沮縣，爲漢水。	漢水	
	漾水	《史記》卷二，本紀二，《夏本紀》，“嶓冢道瀁東流爲漢”《索隱》，引《水經注》作瀁水。

經　　文	地　　名	備　　註
	漾	
	漢	
	白水	
	沔	
	沔水	
	武遂川	
	西漢水	
	滄浪水	
	江	注釋本作沔。
	醜塗之水	吳本、注箋本、何校明鈔本、項本、張本作配塗之水。《禹貢水道考異·南條水道考異》卷一，"嶓冢導漾，南流爲漢"，引《水經注》作配塗之水。《山海經箋疏》卷二，《西山經》，"又西南流注於醜塗之水"郝案，引《水經注》作配塗之水。
	洋水	
	馬池水	
	龍淵水	
	余吾	大典本、黃本、吳本、注箋本、何校明鈔本、項本、沈本、注疏本作徐吾，注箋本箋云："徐吾當作余吾，《漢書》元狩二年，馬生余吾水中。"注釋本作涂吾。
	馬池川	
	蘭渠溪水	
	山黎谷水	
	鐵谷水	
	石耽谷水	大典本、黃本、何校明鈔本、沈本作石躭谷水。
	南谷水	
	高望谷水	
	西溪水	
	黃花谷水	
	資水	
	峽石水	
	楊廉川水	吳本作陽廉川水。
	西谷水	

經　文	地　名	備　註
	茅川水	
	宕備水	吳本、注箋本、項本、張本、注疏本作巖備水。
	鹽官水	
	左谷水	
	蘭皋水	大典本、王校明鈔本、孫潛校本、何本作蘭單水，吳本、注箋本、何校明鈔本、項本、張本作蘭軍水，譚本謝兆申云：“蘭軍字誤，宋本作蘭單，而下文又有蘭坑，疑作蘭坑。”
	雞水	
	建安川水	
	蘭坑水	
	錯水	
	雉尾谷水	
	太谷水	
	小祁山水	
	東溪	
	胡谷水	
	甲谷水	注箋本、項本、摘鈔本、張本作申谷水。摘鈔本馬曰璐註云：“宋本作甲。”
	武植戍水	
	夷水	
	漢水右兩溪	注云：“漢水又西逕蘭倉城南，右會兩溪，俱出西山。”
	嘉陵水	
	階陵水	注云：“漢水又南入嘉陵道而爲嘉陵水，世俗名之爲階陵水。”黃本、吳本、注箋本、沈本、項本、張本作皆陵水。
	北谷水	
	武街水	黃本、吳本、注箋本、項本、沈本、張本作城階水，孫潛校本、七校本、注釋本作武階水。
	倉谷水	
	西溪	
	洛谷水	
	洛溪水	黃本、注箋本、項本、注釋本、張本作洛漢水。
	龍門水	

經　　文	地　　名	備　　註
	橫水	
	上禄縣北溪	注云："又東南逕上禄縣故城西，修源濬導，逕引北溪。"
	平樂水	吳本、注箋本、項本、注釋本、張本作平洛水。
	武街南溪	注云："水出武街東北四十五里，更馳南溪。"
	修水	
	濁水	
	丁令溪水	
	宏休水	吳本作宏體水。《禹貢錐指》卷十四上，引《水經注》作弘休水。
	白水	注云："濁水即白水之異名也。"
	㓊陽水	黃本、吳本、注箋本、何校明鈔本、王校明鈔本、項本、沈本、張本作渥陽水。《禹貢錐指》卷十四上，引《水經注》作渥陽水。
	仇鳩水	
	鳩溪	
	河池水	
	兩當水	
	故道水	《晏元獻公類要》卷六，陝西路，鳳，兩當縣，引《水經注》作固道水。
	馬鞍山水	
	北川水	
	困冡川	
	廣香川水	
	尚婆水	
	黃盧山水	
	沮水枝津	
	沮水瀆	
	鳳溪水	
	挾崖水	
	北谷水	
	北谷水枝水	注云："又東南與北谷水合，水出武興東北，……南轉逕其城東，而南與一水合，水出東溪。"

經　　文	地　　名	備　　註
	武興東溪	
	除水	
	除溪	
	通谷水	
	通溪	
	寒水	
	廣平水	
	百頃川	
	平阿水	
	漢壽水	
又東南至廣魏白水縣西，又東南至葭萌縣東北，與羌水合。	黑水	
	洛和水	
	和溪	
	大夷祝水	
	夷水	
	羊洪水	
	羊溪	
	安昌水	
	衛大西溪	
	無累水	
	東維水	
	白馬水	
	白馬溪	
	偃溪水	大典本、吳本作偃庶水。
	羌水	
	雍川水	
	雍溪	注箋本、項本、張本作雍漢。
	空泠水	吳本、注箋本、項本、張本作空冷水。
	五部水	
	五部溪	

經　　文	地　名	備　　註
	白水枝水	注云:"白水又東南逕建昌郡東而北與一水合,二源同注,共成一溪,西南流入於白水。"
	西谷水	
	西谷水西溪	注云:"白水又東南與西谷水相得,水出西溪。"
	東流水	
	剌稽水	
	清水	
	小劍水	
又東南過巴郡閬中縣。	強水	
	閬水	
	東游水	
	濩溪水	
	清水	注云:"漢水又東與濩溪水合,水出獠中,世亦謂之爲清水也。"
	宕渠水	
	槃余水	
	巴嶺北水	注云:"又東南合宕渠水,水西北出南鄭縣巴嶺,與槃余水同源,派注南流,謂之北水。"
	難江水	
又東南過江州縣東,東南入於江。	涪水	
	涪内水	注云:"涪水注之,庾仲雍所謂涪内水者也。"
卷二十　丹水		
丹水出京兆上洛縣西北冢嶺山。	丹水	
	清池水	

經　　　文	地　　　名	備　　　註
東南過其縣南。	洛 楚水	
又東南過商縣南，又東南至於丹水縣，入於均。	析水 黃水 均水	《康熙字典》水部，汋，引《水經注》作浙水。 吳本、項本、張本作汋水。《康熙字典》水部，汋，引《水經注》作汋水。
卷二十一 **汝水**		
汝水出河南梁縣勉鄉西天息山。	汝 汝水 潕水 狐白溪水	
東南過其縣北。	三屯谷水 廣成澤水 滎 洛 丹水 温泉水 魯公水 澗水 霍陽山水 三里水 三里水枝水 黃水 承休水	注云："又與一水合，水發注城東坂下，東南流注三里水。"
又東南過潁	張磨泉水	

經　　文	地　　名	備　　註
川郟縣南。	扈澗水	
	養水	
	沙水	
	菫溝水	吳本、注箋本、項本、張本作董溝水。
	潋水	
	桓水	吳本、注箋本、項本、七校本、張本作柏水。
	寡婦水	
	賈復水	注云："水有三源，奇導於賈復城，合爲一瀆，逕賈復城北復南，擊鄲所築也，俗語訛謬，謂之寡婦城，水曰寡婦水，此瀆水有窮通，故有枯渠之稱焉。"
	枯渠	同上註。
	藍水	
	白溝水	
	龍山水	
	龍溪	
	龍山二水	注云："其水又東北流與二水合，俱出龍山，北流注之。"
又東南過定陵縣北。	湛水	
	潁	
	湛	
	百尺溝	
	潁水	
	溮水	
	昆水	
	潩水	
	大隱水	注云："潩水出焉，世亦謂之大隱水。"
	河	
	雍	
	汝別	
	潩	
	隱	

經　　文	地　　名	備　　註
又東南過酈縣北。	醴水	吳本、注箋本、項本作澧水。何校明鈔本作醴口水。《順治河南通志》卷六,山川,南陽府,青山,引《水經注》作澧水。
	臯水	
	燒車水	
	葉西陂水	
	芹溝水	注箋本、項本、張本作芹溝。
	峴水	吳本、注箋本、項本、七校本、注釋本、張本作涀水,孫潛校本作溉水。
	涀水	注釋本作視水。
	潕水	
又東南過汝南上蔡縣西。	汝水枝別	注云:"汝水又東逕懸瓠城北,⋯⋯城之西北,汝水枝別左出。"
又東過平輿縣南。	溱水	《名勝志》河南,卷十一,汝寧府,確山縣,引《水經注》作溸水。
	青衣水	注云:"溱水出浮石嶺北青衣山,亦謂之青衣水也。"大典本、黄本、沈本作表衣水。《康熙汝陽縣志》卷一,山川,邱天英《汝陽治水議》,引《水經注》作表衣水。
	陂水	注箋本、項本、七校本、注釋本、張本、注疏本作汶水。《名勝志》河南,卷十一,汝寧府,汝陽縣,引《水經注》作汶水。
	慎水	《名勝志》河南,卷十一,汝寧府,汝陽縣,引《水經注》作滇水。
	慎陽城塹水	注云:"一水自陂北,繞慎陽四周城塹,⋯⋯塹水又自瀆東北流,注北陂。"
	澺水	《輿地廣記》卷九,京西北路,平輿縣,引《水經注》作億水。
	汝水別流	
	練溝	
	鮦水	
	三嚴水	
	富水	

經　　文	地　名	備　　註
	上慎陂右溝 淮川別流 淮 薄溪水	
卷二十二 **潁水** 　潁水出潁川陽城縣西北少室山。	潁水	《方輿紀要》卷五十，河南五，歸德府，寧陵縣始基城，引《水經注》云："汳水又東，谷水入焉。"案殿本經"又東南至新陽縣北，溝蕩渠水從西北來注之"。注云："潁水又東，右合谷水"，則殿本潁水在顧祖禹本作汳水。
	潁水右水	注云："今潁水有三源奇發，右水出陽乾山之潁谷，……中水導源少室通阜，……左水出少室南溪。"
	潁水中水	見上註。
	潁水左水	見上註。
	灈水	《通鑑》卷二三九，唐紀五十五，憲宗元和十一年，"至項城入灈"胡註，引《水經注》作潵水。
	少室南溪	
	泂水	章宗源《隋經籍志考證》卷十三，雜傳，《逸民傳》七卷，引《水經注》作洞水。
東南過其縣南。	五渡水 太室東溪 龍淵水 潁	
	平洛溪水	《康熙登封縣志》卷五，山川志，水屬，潁水，引《水經注》作平洛水。
	平洛澗 勺水	大典本作汋水。

經　文	地　名	備　註
又東南過陽翟縣北。	潁水枝流 潁水故瀆 崛水	注云："潁水枝流所出也，其故瀆東南逕三封山北，今無水。"
又東過潁陽縣西，又東南過潁陰縣西南。	潳水	
又東南過臨潁縣南，又東南過汝南㶉強縣北，洧水從河南密縣東流注之。	小㶉水 潁別 沙 江別 沱 潩水 洧水	《名勝志》河南，卷三，許州，鄢城縣，引《水經注》作小溵水。
又南過女陽縣北。	汝水枝流 汝水別流 死汝水 大㶉水	 注云："闞駰曰：本汝水別流，其後枯竭，號曰死汝水。" 《名勝志》河南，卷三，許州，偃城縣，引《水經注》作大溵水。
又東南至新陽縣北，㳽蕩渠水從西北來注之。	㳽蕩渠 百尺溝 交口新溝 新水 谷水 細水	黃本、吳本、明練湖書院鈔本、沈本、小山堂鈔全謝山五校本、七校本、注疏本作㳽蕩渠。《續談助》卷二，《北道刊誤志》，引《水經注》作㳽蕩渠。 注云："經云：㳽蕩渠者，百尺溝之別名也。"

經　文	地　名	備　註
	新溝水	注箋本、項本、張本作新溝，無水字。
	汝水枝津	
	汝水別瀆	
	汝水別溝	
又東南至於慎縣東南，入於淮。	上吳水	
	百尺水	
	江陂水	
	淮	
卷二十二 **洧水**		
洧水出河南密縣西南馬領山。	洧水	
	綏水	
	綏溪	
	洧	
	襄荷水	
	子節溪	
	子節水	
	瀝滴泉水	
東南過其縣南。	東承雲水	
	西承雲水	
	微水	
	璅泉水	
	馬關水	
	武定水	
	零鳥水	
	虎牘山水	
	虎牘溪	
	赤澗水	

經　　文	地　　名	備　　註
	潧水	
	濟	
	洛	
	溱	
又東過鄭縣南,潧水從西北來注之。	洧淵水	
	黃水	
	七虎澗水	
	捕獐山水	黃本、吳本、注箋本、項本、沈本、張本、注疏本作捕章山水。
	黃溝	
	七里溝水	
又東南過長社縣北。	南濮水	
	北濮水	
	龍淵水	
	洧水故溝	注云:"西北有故溝,上承洧水。"
	稟水	
	洧水枝水	注云:"洧水又東南分爲二水:其枝水東北流注沙。"
	沙	
	汶水	
	鄢陵陂水	
又東南過茅城邑之東北。	甲庚溝	吳本、注箋本、項本、張本作甲庚溝。
	濩陂水	
又東過習陽城西,折入於潁。	洧水枝水	注云:"洧水又東南分爲二水,枝分東出。"
	五梁溝	
	雞籠水	
	潁	
卷二十二 **潩水**		

經　文	地　名	備　註
溮水出河南密縣大騩山。	溮水	
	南濮水	
	北濮水	
	濮水	
	泗	
	濮	
	洧	
	沙	
	溮水枝水	注云："溮水又南,分爲二水,一水南出逕胡城東。"
	溮水枝渠	
	皇陂水	
	胡城陂水	大典本、注箋本、項本、張本作狐城陂水。
	黄水	
	勑水	
	宣梁陂水	
卷二十二 **渒水** 渒水出鄭縣西北平地。	渒水	《道光尉氏縣志》卷三,河渠志,潠洧河,引《水經注》作潠水。
	渒	
	潠水	
	承雲山水	
	下田川	
	柳泉水	
	河	
	洛	
	濟	
	洧	
	潠	
	鄶水	

經　　文	地　　名	備　　註
東過其縣北，又東南過其縣東，又南入於洧水。	鄔 黃崖水	
卷二十二 渠		
渠出滎陽北河，東南過中牟縣之北。	渠 河 濟	注刪本作滶。 黃本、吳本、注箋本、嚴本、項本、沈本、張本作沛。七校本、注釋本作沛。《詩地理考》卷三，雅，甫草，引《水經注》作沛。
	渠水 大溝 甫水 濮瀆 十字溝 五池溝	注刪本作滶水。
	不家溝水	注箋本、項本、張本作不家溝，孫潛校本作卜家溝水。
	梅山北溪 管水	
	黃雀溝	注箋本、項本、張本、注疏本作黃崖溝。
	百尺水 白溝 清池水 七虎澗水 七虎溪 華水 紫光溝水 紫光澗 期水	

經　　文	地　　名	備　　註
	龍淵水	注云："期水注之,水出期城西北平地,世號龍淵水。"
	虎溪水	
	清口水	
	白溝水	
	白溝水北水	注云："清水又東北,白溝水注之,水有三源:北水出密之梅山東南,……南水出太山。"
	白溝水南水	見上註。
	承水	
	役水	《山海經廣註》卷五,《中山經》"而北流注於役水"吳註,引《水經注》作侵水。
	靖潤水	
	太水	
	禮水	注箋本、項本、張本作澧水。
	黄瓮潤	
	清水	
	清溝	
	官渡水	《續談助》卷二《北道刊誤志》,引《水經注》作官度水。
	焦溝水	
	酢溝	
	魯溝水	注箋本、項本、注釋本、張本、注疏本作魯渠水。
	埿溝水	注疏本作泥溝水。
	八丈溝	
	清水枝津	
	沬水	
	潔水	七校本、注釋本作濕水。
	淵水	
又東至浚儀縣。	渠水故瀆	注云："渠水東南逕赤城北,……左則故瀆出焉。"
	梁溝	
	圃田之水	
	浚水	

經　文	地　名	備　註
	汳	注箋本、項本、七校本、注釋本、張本作汴。
	沙	
	陰溝	
	浚儀	
	洙	
	浚儀水	注箋本、項本、張本作儀水。
	鴻溝	
	汜水	
	役水枝津	
	睢	
	渙	
	新溝	注釋本作新溝水。
又屈南至扶溝縣北。	宋溝	
	魯溝	注釋本作魯溝水。
	沙水	
	渦	
	八里溝水	
	八里溝	
	沙河	《通鑑》卷四十三，漢紀三十五，光武帝建武十七年，"以扶樂侯劉隆爲副"胡註，引《水經注》作砂河。《義門讀書記》，《後漢書》第三卷，"以扶樂侯劉隆爲副"，引《水經注》作砂河。
	百尺陂水	
	野兔水	
	洧水溝	
	康溝水	
	長明溝水	
	龍淵泉水	
	重泉水	
	沙水南水	注云："沙水又南會南水，其水南流，又分爲二水，一水南逕

經　　文	地　名	備　　　註
其一者,東南過陳縣北。		關亭東,又東南流與左水合,其水自枝瀆南逕召陵亭西,……而東南合右水。"
	南水左水	見上註。
	南水枝瀆	見沙水南水註。
	南水右水	見沙水南水註。右水,注箋本作石水。
	鄢陵陂水	吳本、注箋本、項本、張本作隱陵陂水,注釋本作傿陵陂水。
	雙溝	
	蔡澤陂水	
	沙水枝瀆	
	洧水	
	甲庚溝	
	廣漕渠	
	賈侯渠	
	故沙	
	死沙	注云:"城北有故沙,名之爲死沙。"
	百尺溝	
	新溝水	
	谷水	
	潁	
又東南至汝南新陽縣北。	明水	
	沙水枝津	
	細水	
	高陂水	
	夷濮之水	
	渦水枝津	注云:"枝津北逕譙縣故城西,側城入渦。"
	沙水枝津	
	章水	注云:"沙水東南逕城父縣西南,枝津出焉,俗謂之章水。"注釋本作漳水。《乾隆亳州志》卷二,河渠,章河,引《水經注》作漳水。

經　　文	地　　名	備　　註
	濮水 艾水	注云："一水東注,即濮水也,俗謂之艾水。"黃本、注箋本、項本、沈本、張本作欠水,注釋本作父水。
又東南過義城縣西,南入於淮。	淮 沙汭	
卷二十三 **陰溝水** 陰溝水出河南陽武縣蒗蕩渠。	陰溝 大河 陰溝故瀆 陰溝水 河 濟	
	濟隧	注箋本、項本、張本作濟隊。
	陰溝水右瀆	注云："故瀆東分爲二,世謂之陰溝水,……右瀆東南逕陽武城北,東南絕長城,逕安亭北,又東北會左瀆。"
	陰溝水左瀆	見上註。
	蒗蕩渠	黃本、吳本、明練湖書院鈔本、何校明鈔本、王校明鈔本、注刪本、小山堂鈔全謝山五校本、沈本、疏證本作蒗蕩渠。《初學記》卷八,河南道第二,蕩渠,引《水經注》作蒗渠。《玉海》卷二十一,地理,河渠,引《水經注》作莨蕩渠。《方輿紀要》卷二十一,江南三,鳳陽府,懷遠縣,渦水,引《水經注》作蒗蕩渠。《禹貢易知編》卷四,徐州"浮于淮泗達于河"註,引《水經注》作蒗蕩渠。《漢書地理志補註》卷九,河南郡,"有狼湯渠"註,引《水經注》作蒗蕩渠。《宋東京考》卷十八,汴河,引《水經注》作蒗蕩渠。《雍正河南通志》卷十二,河防二,引《水經注》作蒗蕩渠。《乾隆亳州志》卷二,河渠,渦河,引《水經注》作蒗蕩渠。《乾隆祥符縣志》卷三,河渠,歷朝河務,引《水經注》作蒗蕩渠。《康熙上蔡縣志》卷一,輿地志,山川,蔡河,引《水經注》作蒗蕩渠。

經　　文	地　　名	備　　註
	梁溝	
	蒗蕩渠故瀆	黄本、吳本、何校明鈔本、王校明鈔本、注删本、沈本、疏證本作蒗蕩渠故瀆。
	浚儀	
	鴻溝	
	沙水	
	汳水	
東南至沛，爲渦水。	蒗蕩	黄本、吳本、何校明鈔本、王校明鈔本、注删本、沈本、疏證本作蒗蕩。《乾隆陳州府志》卷四，山川，太康縣，渦河，引《水經注》作蒗蕩。
	沙	
	渦水	《乾隆亳州志》卷二，河渠，渦河，引《水經注》作渦水。《乾隆陳州府志》卷四，山川，太康縣，渦河，引《水經注》作渦水。《乾隆潁州府志》卷二，蒙城縣，琱城，引《水經注》作渦水。
	洵	注云："洵，渦水也。"
	死渦	
	谷水	
	渙水	
	渦水枝水	注云："沙水自南枝分，北逕譙城西，而北注渦。"
	沙水枝水	注云："沙水枝分注之。"
	章水	注箋本、項本、注釋本、張本、注疏本作漳水。
又東南至下邳淮陵縣，入於淮。	北肥水	《雍正江南通志》卷三十五，輿地志，古蹟六，鳳陽府，義成，引《水經注》作北淝水。
	渦	
	淮	
卷二十三 **汳水**		
汳水出陰溝於浚儀縣北。	陰溝	

經　　　　文	地　　　名	備　　　註
	蒗蕩渠	注云："陰溝,即蒗蕩渠也。"黄本、吳本、明練湖書院鈔本、何校明鈔本、王校明鈔本、沈本、疏證本作蒗蕩渠。《御覽》卷六十三,地部二十八,引《水經注》作蒗蕩渠。《宋東京考》卷十八,汴河,引《水經注》作蒗蕩渠。《康熙字典》水部,汳,引《水經注》作蒗蕩渠。《汴水説》,引《水經注》作蒗蕩渠。《名勝志》河南,卷四,歸德府,寧陵縣,引《水經注》作汴。
	汳	
	旃然水	
	丹	
	沁	
	河	
	丹水	注云："故汳兼丹水之稱。"
	旃然	
	濟	黄本、沈本作沛水,何本、七校本、注釋本作沛水。
	汳水故渠	
	浚水	
	汲水	蔣廷錫《尚書地理今釋》三亳條,引《水經注》作汲水。《汴水説》,引《水經注》作汳水。
	睢水	《正字通》巳集上,水部,汳,引《水經注》作濉水。
	董生決	注云："汳水又東,有故渠出焉,南通睢水,謂之董生決,或言董氏作亂,引水南通睢水,故斯水受名焉。"
	汳水枝津	
	落架水	注云："汳水又東,枝津出焉,俗名之爲落架口。《西征記》曰:落架,水名也。"黄本、吳本、沈本、注釋本作洛架水。
	龍門故瀆	
	龍門水	注云："《西征記》曰:龍門,水名也。"
	菡獲渠	
又東至梁郡蒙縣爲獲水,餘波南入睢陽城中。	汳水睢陽城 小水	注云："汳水自縣南出,今無復有水,惟睢陽城南側,有小水南流,入於睢城。"

經　　文	地　　名	備　　註
卷二十三 **獲水** 　獲水出汳水 於梁郡蒙縣北。	獲水 甾獲渠 丹水 宋大水 汳水 黄水 穀水 零水 潀水 清水 碭水 洪溝 鴻溝	注疏本作雅水,亦作獲水。 注釋本作甾獲渠。 注云:"《漢書·地理志》曰:獲水首受甾獲渠,亦兼丹水之 稱也。" 注云:"《竹書紀年》曰:宋殺其大夫皇瑗於丹水之上,又曰 宋大水。" 注箋本、項本、注釋本、張本作洪溝。
又東過蕭縣 南,睢水北流注 之。	箕谷水 西流水 獲 梧桐陂水 睢水 淨淨溝水 白溝水	 孫潛校本作淨溝水,何本批云:"宋本但作:名之曰淨溝 也。" 注箋本、項本、張本作白瀆水。
又東至彭城 縣北,東入於泗。	安陂水 泗水 汳 泗	

經　　文	地　　名	備　　註
卷二十四 **睢水**		
睢水出梁郡鄢縣。	睢水 澱蕩渠	大典本、黃本、吳本、注箋本、何校明鈔本、王校明鈔本、項本、沈本、七校本、注釋本、疏證本、張本作澱蕩渠。《名勝志》河南,卷四,歸德府,商丘縣,引《水經注》作浪㳂渠。
	狼湯水	注云:"睢水出陳留縣西澱蕩渠東北流,《地理志》曰:睢水首受陳留浚儀狼湯水也。"吳本、注箋本、項本、七校本、注釋本、張本、注疏本作澱蕩水。《通鑑》卷八,秦紀三,二世皇帝三年,"沛公引兵西過高陽"胡註,引《水經注》作浪蕩水。
	姦梁陂水 雙溝 白羊陂水 汳水 洛架水	
東過睢陽縣南。	河 明水 睢 渙 蘄水	
又東過相縣南,屈從城北東流,當蕭縣南,入於陂。	白溝水	大典本、黃本、注箋本、項本、沈本、張本作白瀆水。《道光安徽通志》輿地志,卷十七,山川七,鳳陽府,引《水經注》作白瀆水。
	穀 泗 梧桐陂水 靈壁水	注云:"睢水又東逕彭城郡之靈壁東,東南流,《漢書》,項羽敗漢王於靈壁東,即此處也,又云:東通穀泗,服虔曰,水名也,在沛國相界。"
	穀水	

經　　文	地　　名	備　　註
	渾湖水	孫潛校本作澤湖水。
	八丈故溝水	
	烏慈水	
	長直故瀆	
	潼水故瀆	
	相水	
卷二十四 **瓠子河** 　瓠子河出東郡濮陽縣北河。	雕 沮 河水 瓠子 河 淮 泗 瓠子之水 濮水 瓠子故瀆 瓠瀆	
東至濟陰句陽縣，爲新溝。	瓠河故瀆 羊里水 新溝 濮水枝津 濮渠 高平渠 濮水故道 瓠河 句瀆	

經　文	地　名	備　註
	沛	大典本、吴本作沛。
又北過東郡范縣東北，爲濟渠，與將渠合。	濟濮枝渠 濟瀆 濟渠 將渠 趙溝	
又東北過東阿縣東。	將渠枝瀆	注釋本作將渠故瀆。
又東北過臨邑縣西，又東北過茌平縣東，爲鄧里渠。	鄧里渠	
又東北過祝阿縣，爲濟渠。	濟水	
其東北者爲濟河，其東者爲時水，又東北至濟西，濟河東北入於海，時水東至臨淄縣西，屈南過太山華縣東，又南至費縣，東入於沂。	時 耏水 耏 澅水 如水 澅 時水	注云："時，即耏水也，音而。……京相璠曰：今臨淄惟有澅水西北入濟，即《地理志》之如水矣，而、如聲相似，然則澅水即耏水也，蓋以澅與時，合得通稱矣。" 同耏水註。 同耏水註。

經　　文	地　　名	備　　註
	時水枝津	注云："時水自西安城西南分爲二水,枝津別出。"
	德會水	
	五里泉水	
	滄浪溝	
	時水故瀆	注云："時水又西,其水又北注故瀆。"
	蓋野溝水	
	蓋野溝	
	死時	
卷二十四 **汶水**		
汶水出泰山萊蕪縣原山,西南過其縣南。	汶水	
	淄水	
	濟	大典本、吳本作沛,黃本、沈本作沛。
屈從縣西南流。	汶	
	牟汶	
	北汶水	
	分水溪	
	天門下溪水	
	環水	
	泰山南溪	
	石汶	
過博縣西北。	柴汶	《康熙山東通志》卷六,山川,汶河,引《水經注》作紫汶。
又西南過蛇丘縣南。	洸水	黃本、注箋本、項本、沈本、張本作洗水。

經　　文	地　　名	備　　註
又西南過剛縣北。	蛇水 濁須水 溝水	
又西南過東平章縣南。	泌水	
又西南過無鹽縣南，又西南過壽張縣北，又西南至安民亭，入於濟。	巨野溝 桓公河 巨良水 洪瀆 長直溝水 漆溝水 東汶	吳本、注箋本、項本、張本作臣良水。
卷二十五 **泗水**		
泗水出魯卞縣北山。	泗水 沇 洙 泗 嫣亭水	
西南過魯縣北。	洙瀆 洙水 沂水	
又西過瑕丘縣東，屈從縣東南流，濄水從東來注之。	濄水 邾 濄	

經　　文	地　　名	備　　註
又南過高平縣西,洸水從西北來流注之。	洸水 洸	
菏水從西來注之。	菏水 濟水 黃水 菏	吳本、王校明鈔本、項本、張本作荷水。 大典本、吳本、王校明鈔本、注箋本、項本、張本作沛水,注釋本作沛水。
又屈東南過湖陸縣南,涓涓水從東北來流注之。	南梁水 南梁水北水 兩溝 南梁水枝渠 西㶟水 濟渠 涓涓水 濟 泗川 沂 商	注云:"泗水又左會南梁水,《地理志》曰:水出蕃縣,……西南流分爲二水,北水枝出,西逕蕃縣北。" 吳本、注箋本、項本、張本作沛渠。 黃本作洧涓水。 吳本、注箋本、項本、張本作沛。
又東過沛縣東。	黃溝 大薺陂水 泡水 豐水 睢水 瓠盧溝水 澧水	《方輿紀要》卷二十九,江南十一,徐州,沛縣,泡河,引《水經注》作苞水。 注箋本、注釋本作潍水。 七校本、注釋本作豐水。

經　　文	地　　名	備　　註
	狂水	注云："澧水又東合黃水,時人謂之狂水",《後漢書》卷八十五,列傳七十五《東夷傳》"倭王處潢池東地方五百里"註,引《水經注》作汪水。
	澧 泡	
	澧水枝水	注云："右合枝水,上承豐西大堰,派流東北,逕豐城北,東注澧水。"注釋本作豐水枝水。
	清水	注云："清水,即泡水之別名也。"
又東南過彭城縣東北。	獲水	注箋本、項本、注釋本、張本作淮水,注疏本作雅水。
又東南過呂縣南。	丁溪水	
又東南過下邳縣西。	武原水 武水 泇水	于鬯《香草續校志》云："泇,蓋治字之誤。沂水篇云:沂水又南逕臨沂縣故城東,有治水注之,水出泰山南武陽縣之冠石山。《地理志》曰:冠石山,治水所出。應劭《地理風俗記》曰:武水出焉,蓋水異名也。是武水又名治水,即泇水矣。泇字爲治字之誤,明甚。"
	桐水	
又東南入於淮。	淮 睢	
卷二十五 **沂水**		
沂水出泰山蓋縣艾山。	沂水南源	注云："水有二源:南源所導,世謂之柞泉;北水所發,俗謂之魚窮泉。"

經　　文	地　　名	備　　註
	沂水北水	見上註。
	洛預水	
	沂水	
	桑預水	
	螳螂水	《乾隆沂州府志》卷二，山川，蒙陰縣，魯山，引《水經注》作螳螂之水。
	連綿之水	
	沂	
	浮來之水	
	甘水	
	小沂水	注箋本、項本、張本作沂水。
	閭山水	
	閭山水枝水	注云："沂水又南與閭山水合，水出閭山，東南流，右佩二水。"
	時密之水	
	桑泉水	
	巨圍水	
	堂阜水	
	叟崮水	
	汶水	
	盧川水	注箋本、項本、張本作廬川水。
	蒙陰水	
	蒙山水	
	温水	
南過琅邪臨沂縣東，又南過開陽縣東。	治水	吳本、注箋本、項本、張本作洛水。
	武水	注云："《地理志》曰：冠石山，治水所出。應劭《地理風俗記》曰：武水出焉，蓋水異名也。"
	泗	

經　　文	地　　名	備　　註
卷二十五 **洙水** 　洙水出泰山蓋縣臨樂山。	洙水 泗水 池	
西南至卞縣，入於泗。	盜泉水 洙 泗 洙水枝津 杜武溝 洸水 汶水 汶 閘 洛 波 洙水枝津	 注云：“洙水又西南，枝津出焉。”
卷二十六 **沭水** 　沭水出瑯邪東莞縣西北山。	沭水 峴水	
東南過其縣東。	箕山之水	
又東南過莒縣東。	袁公水 潯水 葛陂水	大典本、吳本作表公水。

經　　文	地　　名	備　　註
又南過陽都縣，東入於沂。	沭	
	枯沭	
	武陽溝水	
	沭水舊瀆	
	新渠	注云："西注沭水舊瀆，謂之新渠。"
	泗水	
	泗	
	沭水左瀆	
	桑堰水	
	橫溝水	
	沭水故瀆	
	柤水	吳本、何校明鈔本作祖水。
	柤水溝	吳本、何校明鈔本作祖水溝。
	沂	
	游	
卷二十六 **巨洋水**		
巨洋水出朱虛縣泰山，北過其縣西。	巨洋水	
	具水	注云："巨洋水，即《國語》所謂具水矣，袁宏謂之巨昧，王韶之以爲巨蔑，亦或曰胊瀰，皆一水也。"
	巨昧	同上註。《通鑑》卷四十一，漢紀三十三，光武帝建武五年，"追之鉅昧水上"胡註，引《水經注》作鉅昧。
	巨蔑	同具洋水註。大典本、吳本、注箋本、項本、張本作巨㵆。《嘉靖臨朐縣志》卷一，風土志，引《水經注》作巨篾。
	胊瀰	同具水註。
	丹水	
	東丹水	
	西丹水	

經　　文	地　　名	備　　註
	渏薄澗	注疏本熊會貞疏云："河水四有倚亳川水，伊水注有倚薄山水，此渏，疑當作倚。"
	渏水	
又北過臨朐縣東。	熏冶泉水	
	西溪	
	朐川	
	洋水	
	石溝水	
	龍泉水	
	建德水	
又北過劇縣西。	康浪水	
	百尺溝	
又東北過壽光縣西。	堯水	
	蕤水	
	白狼水	注箋本、項本、張本作狼水。
	溉水	
	鹿孟水	
	戾孟水	注云："水曰鹿孟水，亦曰戾孟水。"
	河汭	注釋本作洛汭。
卷二十六 **淄水**		
淄水出泰山萊蕪縣原山。	淄水	孫星衍《尚書今古文注疏》卷三，《禹貢》第三上，"濰淄其道"疏，引《水經注》作甾水。《尚書後案》"濰淄其道"又案，引《水經注》作甾水。
	家桑谷水	
	聖水	
東北過臨淄	天齊水	

經　　文	地　　名	備　　註
縣東。	白狼水	
又東過利縣東。	馬車瀆水	
	濁水	
	溷水	注云:"吕忱曰:濁水一名溷水。"
	澠水	大典本、注箋本、項本、七校本、張本作繩水。
	長沙水	
	陽水	注云:"東北流合長沙水,水出逢山北阜,世謂之陽水也。" 注箋本、項本、張本、注疏本作北楊水。
	石井水	
	西陽水	
	南陽水	
	北陽水	
	洋水	
	女水	
	時澠之水	大典本、吴本、注箋本、注釋本作時繩之水。項本、張本作淄繩之水。《尚書今古文注疏》卷三,《禹貢》第三上,"潍淄其道"疏,引《水經注》作時繩之水。
	時水	注云:"又北,時澠之水注之,時水出齊城西北二十五里,平地出泉,即如水也,亦謂之源水,因水色黑,俗又目之爲黑水。"
	如水	同上註。
	源水	同時水註。
	黑水	同時水註。
	石梁水	
	澅水	大典本作潐水,《方輿紀要》卷三十五,山東六,青州府,臨淄縣,澅水,引《水經注》作潐水。
	宿留水	注云:"俗以澅水爲宿留水。"
	時水枝津	注云:"時水又西至石洋堰,……枝津西北至梁鄒入濟。"
	濟	大典本、吴本作沛,七校本作沛。
	京水	

经　　文	地　　名	备　　註
	系水	注笺本、项本、张本作时水。
	汉溙水	注云:"时水又东北,澠水注之,水出營城东,世谓之汉溙水。"《嘉靖青州府志》卷六,地理志一,山川,澠水水,引《水经注》作汉湊水。《方舆纪要》卷三十五,山东六,青州府,临淄县,澠水,引《水经注》作汉湊水。《春秋地名考略》卷三,齐,"澠",引《水经注》汉湊水。
	昌水	
	濡水	
	淄澠之水	大典本、吴本、王校明钞本作淄繩之水。
卷二十六 **汶水**		
北過其縣东。	汶水	
卷二十六 **潍水**		
潍水出琅邪箕縣潍山。	潍水	
	析泉水	
	潍	
	涓水	
东北過东武縣西。	扶淇之水	
	盧水	
	久台水	注云:"右合盧水,即久台水也。"
	淄	
又北過平昌縣东。	荆水	
	浯水	《魏書地形志校錄》卷上,引《水经注》作涪水。
	浯汶	
又北過高密	密水	

經　　文	地　　名	備　　註
縣東。	百尺水	注云：“應劭曰：縣有密水，故有高密之名也，然今世所謂百尺水者，蓋密水也。”
又北過淳于縣東。	汶水	
卷二十六 **膠水**		
膠水出黔陬縣膠山，北過其縣西。	膠水 拒艾水	注釋本作柜艾水。《方輿紀要》卷三十六，山東七，萊州府，高密縣，柜城，引《水經注》作柜艾水。
	洋水	注箋本、七校本、注釋本作洋洋水。《方輿紀要》卷三十六，山東七，萊州府，膠州，膠水，引《水經注》作洋洋水。《光緒山東通志》卷二十一，疆域志第三，山川，川總，引《水經注》作洋洋水。《山東考古錄》“考洋水”，引《水經注》作洋洋水。
	根艾水	吳本、注箋本作拒艾水，孫潛校本、注釋本作柜艾水。
又北過夷安縣東。	張奴水 膠 濰水枝津	
卷二十七 **沔水**		
沔水出武都沮縣東狼谷中。	沔水 沮水 沔	注云：“沔水一名沮水。”
	泉街水	《寰宇記》卷一三五，山南西道三，興州，順政縣，引《水經注》作街河水。
	沔漢 獻水	

經　文	地　名	備　註
	西漢水	
	漢水	
	漾水	
	瀁水	
	沔川	注箋本、項本、張本作沔州。
	容裘溪水	王校明鈔本、項本、張本作容裘溪，無水字。
	洛水	注云："城東，容裘溪水注之，俗謂之洛水也。"
	度口水	
	度水	
	清檢	《名勝志》陝西，卷五，寧羌州，沔縣，引《水經注》作清澰。
	濁檢	同上作濁澰。
	温泉水	
	黄沙水	
	五丈溪	
	女郎水	
	褒水	《關中水道記》卷四，褒水，引《水經注》作襃水。
	丙水	《方輿紀要》卷五十六，陝西五，漢中府，襃城縣，襃水，引《水經注》作丙穴水。
東南過鄭縣南。	廉水	
	池水	
	獠子水	注云："漢水右合池水，……俗謂之獠子水。"
	盤余水	黄本、沈本作盤余水。
	蜀水	
	文水	
	門水	注云："漢水又左會文水，水即門水也。"
	高橋溪	
	黑水	
又東過成固縣南；又東過魏興	溿水	
	左谷水	

經　文	地　名	備　註
安陽縣南,洬水出自旱山北注之。	壻水	大典本、黃本、吳本、注箋本、嚴本、何校明鈔本、王校明鈔本、項本、沈本、張本作智水。何本、注釋本、注疏本作智水。《名勝志》陝西,卷四,漢中府,城固縣,引《水經注》作智水。《雍正陝西通志》卷十一,山川四,漢中府,南鄭縣,壻水,引《水經注》作智水川。譚本原註云:"六朝壻字皆書作聟,此智水,智鄉即聟水,聟鄉也,後世傳寫作智字。"
	穴水	
	壻鄉溪	何本、注釋本作智鄉溪,王校明鈔本作智鄉水,《佩文韻府》卷三十四上,四紙,水,智水,引《水經注》作智鄉水。
	張良渠	
	益口水	
	洛谷水	《輿地紀勝》卷一九〇,利州路,洋州,景物上,儻水,引《水經注》作駱谷水。《初學記》卷八,山南道第七,駱谷,引《水經注》作路谷水。《關中水道記》卷三渭水,引《水經注》作駱谷水。
	灙水	
	灙水西溪	注云:"右則灙水注之,水發西溪。"
	酉水	
	寒泉水	
	嫣汭	
	蘧蒢溪	
	蘧蒢水	
	洋水	大典本作羊水。
	城陽水	
	洋川	
	祥川	注箋本、項本、張本作洋川。
	直水	
	旬水	
	彭溪	
又東過西城縣南。	坂月水	
	直水枝水	注云:"與直水枝分東注,逕平陽戌,入旬水。"

經　文	地　名	備　註
	柞水	
	柞溪	
	育溪	
	甲水	
	關衬水	吳本作關栵水。注箋本、項本、注釋本、張本關拊水。《方輿紀要》卷五十四,陝西三,西安府下,商州,山陽縣,關栵水,引《水經注》作關栵水。
	平陽水	注云:"與關衬水合,……俗謂之平陽水。"
	豐鄉川水	
	上津	
卷二十八 **沔水**		
又東過堵陽縣,堵水出自上粉縣,北流注之。	堵水	
	粉水	
	堵水別溪	注云:"堵水之旁有別溪。"
	漢	
又東過鄖鄉南。	漢水	
又東北流,又屈東南,過武當縣東北。	滄浪之水	
	漾水	
	沔水	
	平陽川水	
	曾水	
	沔	
又東南過涉都城東北。	均水	

經　　文	地　　名	備　　註
又南過穀城東,又南過陰縣之西。	洛溪	
又南過筑陽縣東,筑水出自房陵縣東,過其縣南流注之。	汎水 宕渠 筑水 彭水	《寰宇記》卷一四三,山南東道二,房州,房陵縣,引《水經注》作筑水。
又東過襄陽縣北。	峴山水 檀溪水 檀溪水北渠 襄水	注云:"沔水又東合檀溪水,……溪水自湖兩分,北渠,即溪水所導也。"
又從縣東屈西南,淯水從北來注之。	淯水 襄陽湖水 白水 昆水 潳水 蔡水 淮 洞水	
又東過中廬縣東,維水出自房陵縣維山,東流注之。	然侯水 維川 疎水	《乾隆襄陽府志》卷四,山川,襄陽縣,襄水,引《水經注》作疎水。
又南過邔縣	木里水	

經　　文	地　　名	備　　註
東北。	木里溝 蠻水	
又南過宜城縣東,夷水出自房陵,東流注之。	夷水	注云:"夷水,蠻水也。"《方輿紀要》卷七十九,湖廣五,襄陽府,宜城縣,沵水,引《水經注》作彝水。
	鄢水	大典本作隔水。
	零水	
	沵水	注云:"夷水又東南流,與零水合,零水,即沵水也。"吳本、注箋本、項本、何本、張本作汴水。
	沵溪	注箋本作瀾溪。
	沮水	
	軨水	大典本作輪水。
	淇水	
	長谷水	注箋本、項本、張本作谷水。
	平路渠	
	白起渠	
	敖水	《方輿紀要》卷七十七,湖廣三,安陸府,鍾祥縣,管城,引《水經注》作激水。
	敖水枝水	注云:"又東,敖水注之,……又西南而右合枝水。"
	臼水	
又東過荊城東。	權水	
	揚水	大典本、注箋本、項本、張本作楊水。《名勝志》湖廣,卷四,荊門州,引《水經注》作陽水。《乾隆荊州府志》卷五,山川,柞溪水,引《水經注》作楊水。
	子胥瀆	
	天井水	
	靈溪	
	靈溪水	注箋本、項本、張本作靈港水。《乾隆荊州府志》卷五,山川,靈港水,引《水經注》作靈港水。
	路白湖水	《名勝志》湖廣,卷四,荊門州引《水經注》作白湖水,《乾隆荊州府志》卷五,山川,三湖,引《水經注》作白湖水。

經 文	地 名	備 註
	大江	
	赤湖水	
	柞溪水	注箋本、項本、張本作祥溪水。
	巾水	
	柘水	
	下揚水	注云:"柘水,即下揚水也。"大典本作下楊水。
	漌水	
又東南過江夏雲杜縣東,夏水從西來注之。	中夏水	
	巨亮水	
	死沔	
	溳水	
	澴水	
	沌水	
	江	
卷二十九 沔水		
沔水與江合流,又東過彭蠡澤。	漢 江	
又東北出居巢縣南。	江水	
	清溪水	
	馬子硯清溪	項本、七校本、注釋本、張本、注疏本作馬子峴清溪。
	栅水	
	白石山水	
	竇湖水	
分爲二:其一東北流,其一又過	北江 南江	

經　　文	地　名	備　　　　註
毗陵縣北，爲北江。	大溪	注箋本作天溪。
	貴長池水	《道光安徽通志》卷十四，輿地志，山川四，池州府，郎山，引《水經注》作貴池水。
	涇水	
	桐水	
	安吳溪	
	旋溪水	
	東溪水	
	大江	
	淮水	
	湘江	
	苕水	大典本作茗水。
	山陰溪水	
	山陰東溪	注云："又有山陰溪水入焉，山陰西四十里，有二溪，東溪廣一丈九尺，冬煖夏冷；西溪廣三丈五尺，冬冷夏煖。"
	山陰西溪	見上註。
	牽山之溝	
	松江	
	三江	
	婁江	
	東江	
	次溪	
	谷水	
又東至會稽餘姚縣，東入於海。	浙江	
	浦陽江	
	南江枝分	注云："今江南枝分，歷烏程縣南通餘杭縣，則與浙江合。"此處："江南"，注箋本、注釋本、注疏本均作"南江"。
	岷江	
	車箱水	

經　　文	地　　名	備　　註
卷二十九 **潛水**		
潛水出巴郡宕渠縣。	潛水 漢水 伏水 漢別 潛 漢 西漢水 沱 白水 羌水 渝水 餘曹水	 注箋本、注釋本作石曹水。
又南入於江。	墊江 墊江別江	
卷二十九 **淯水**		
淯水出酈縣北芬山，南流過其縣東，又南過冠軍縣東。	淯水 菊水 芳菊溪	
又東過白牛邑南。	涅水	
卷二十九 **均水**		

經　文	地　名	備　註
均水出析縣北山，南流過其縣之東。	均水	吳本、何本作沟水。《康熙字典》水部，沟，引《水經注》作沟水。《漢志水道疏證》卷三，弘農郡，引《水經注》作沟水。《乾隆襄陽府志》卷四，山川，均州，襄郡，《漢水經流考》，引《水經注》作沟水。
	丹水	
又南當涉都邑北，南入於沔。	順水 沔水 淯水 沔	注釋本作育水。
卷二十九 **粉水**		
粉水出房陵縣，東流過郢邑南。	粉水	
又東過穀邑南，東入於沔。	沔水	
卷二十九 **白水**		
白水出朝陽縣西，東流過其縣南。	朝水	
卷二十九 **比水**		
比水出比陽縣東北太胡山，東南流過其縣南，泄水從南來注之。	比水	大典本、吳本、注箋本、注釋本作沘水。《通鑑》卷三十八，漢紀三十，王莽地皇三年，“臨沘水”胡註，引《水經注》作沘水。《方輿紀要》卷五十一，河南六，南陽府，唐縣，沘水，引《水經注》作沘水。《戰國策釋地》卷下，“重邱”釋，引《水經注》作沘水。

經　　文	地　　名	備　　註
	泄水	
	沘泄	
	蔡水	
	磐石川	注云:"城南有蔡水,出南磐石山,故亦曰磐石川。"
	澳水	
	灌水	
	馬仁陂水	
	馬仁陂水故瀆	注云:"陂水歷其縣下,……公私引裂,水流遂斷,故瀆尚存。"
	堵水枝津	大典本、注箋本、項本、張本作緒水枝津。
	澧水	
	淮	
	派水	
	溲水	
	趙渠	
	醴渠	注箋本、項本、注釋本、張本作澧渠。
	謝水	
	淳潛水	
又西至新野縣,南入於淯。	南長水	
	故門水	
	板橋水	
	淯水	
卷三十　淮水		
淮水出南陽平氏縣胎簪山,東北過桐柏山。	淮	
	淮水	
	醴水	《尋淮源記》,引《水經注》作澧水。
	陽口水	

經　　文	地　　名	備　　註
	石泉水	
	九渡水	
	九渡水	注云:"有九渡水注之,水出雞翅山,溪澗縈委,沿遡九渡矣,其猶零陽之九渡水,故亦謂之九渡焉。"注釋本作九渡,無水字。
	九渡	見上註。
東過江夏平春縣北。	油水	
	油溪	
	大木水	
	湖水	
	澗口水	
	澗水	《通鑑》卷三十九,漢紀三十一,淮陽王更始九年,"前鍾武侯劉望起兵汝南"胡註,引《水經注》作師水。
	谷水	
	瑟水	
	仙居水	注云:"瑟水注之,……俗謂之仙居水。"
又東過新息縣南。	慎水	大典本、注箋本作慎縣水。
	燋陂水	
	鴻郤陂水	《同治潁上縣志》卷一,輿地,沿革考八,引《水經注》作鴻陂水。
	申陂水	
	蓮湖水	
	壑水	
	柴水	注云:"淮水又東,右合壑水,……俗謂之柴水。"
	潭溪水	
	青陂水	
	青陂東瀆	
	黄水	
	木陵關水	大典本作木陵關,無水字。黄本、沈本作水陵關水。

經　文	地　名	備　註
又東過期思縣北。	淠水	《寰宇記》卷一二七,淮南道五,光州,固始縣,引《水經注》作渼水,吳本加註云:"一作渒。"
	詔虞水	
	白鷺水	《名勝志》河南,卷十一,汝寧府,固始縣,引《水經注》作白露水。
又東過廬江安豐縣東北,決水從北來注之。	決水	
	窮水	
	谷水	
	富水	
	潤水	
	焦陵陂水	
	鮦陂水	
	穎水	
	安風水	大典本、注箋本、孫潛校本、項本、七校本、注釋本、張本作安豐水,吳本作豐豐水。
又東北至九江壽春縣西,沘水、泄水合北注之;又東,穎水從西北來流注之。	沘水	
	椒水	
	清水	
又東過壽春縣北,肥水從縣東北流注之。	肥水	
	夏肥水	
	濮水	
	沙水	注云:"然則濮水即沙水之兼得,得夏肥之通目矣。"
	夏肥	同上註。
	高陂水	
	大漴陂水	大典本作天漴陂水。《道光安徽通志》卷十八,輿地志,山川八,穎州府,江口河,引《水經注》作大崇陂水。

經　　　文	地　　名	備　　　註
又 東 過 當 塗 縣北,渦水從西北 來注之。	雞水 潘溪 洛川 閭溪 鵲甫溪水 洛水 洛澗 濠水 莫邪山東北溪 沙水 蒗蕩渠 渦水	 注云:"淮水又北,沙水注之,經所謂蒗蕩渠也。"大典本、黃本、吳本、注箋本、項本、沈本、注釋本、張本、注疏本作蒗蕩渠。《治河前策》卷上,《淮泗沂考》,引《水經注》作蒗蕩渠。 《道光安徽通志》卷十七,興地志,山川七,鳳陽府,淮水,引《水經注》作渦水。
又 東 過 鍾 離 縣北。	豪水 渙水 明溝水 苞水 白汀陂水 八丈故瀆 洨水 解水 穀水 蘄水 長直故溝 潼水 歷澗水	注釋本作濠水。 黃本、沈本作自汀陂水。 吳本作丈八故溝,注箋本、項本、張本作八丈故溝。 注箋本、項本、張本作長直故瀆。

經　文	地　名	備　　註
	徐陂水 池水 泗水	
又東過淮陰縣北,中瀆水出白馬湖,東北注之。	中瀆水 韓江 邗溟溝	注云:"昔吳將伐齊,北霸中國,自廣陵城東南築邗城,城下挖掘深溝,謂之韓江,亦曰邗溟溝,自江東北通射陽湖,《地理志》所謂渠水也。"吳本作邗溟溝。《方輿紀要》卷二十三,江南五,揚州府,儀真縣,歐陽戍,引《水經注》作邗溝水。
	渠水 射水	同上註。
又東,兩小水流注之。	凌水	
又東至廣陵淮浦縣,入於海。	淮水枝水 游水 沭	注云:"淮水於縣枝分。"
卷三十一 **溰水**		
溰水出南陽魯陽縣西之堯山。	太和川 溰水 溰 澧 藻 濜 小和川 温泉水 湯水	

經　　文	地　　名	備　　註
	房陽川水	
	波水	
	霍陽西川	
	廣陽川	
	汝	
	魯陽關水	
	牛蘭水	
	柏樹溪水	
	彭水	
	小滍水	注云："彭水注之，俗謂之小滍水。"
	橋水	
	應水	
	犨水	
	秋水	注云："滍水又東，犨水注之，俗謂之秋水。"
	西源水	注箋本、項本、注釋本、張本作西流水。
	犨水右水	注云："犨水注之，……東合右水。"右水，注箋本、注釋本作二水。
	滍川	
卷三十一 **淯水** 　淯水出弘農盧氏縣支離山，東南過南陽西鄂縣西北，又東過宛縣南。	淯水	
	魯陽關南水	注云："又東，魯陽關水注之，水出魯陽縣南分水嶺，南水自嶺南流，北水從嶺北注。"
	魯陽關北水	見上註。
	魯陽關水	
	洱水	
	肆水	
	房陽川	
	沔	
	瓜里津	

經　　文	地　　名	備　　註
又南過新野縣西。	梅溪水	
	梅溪	
	石橋水	注云：“梅溪又南，謂之石橋水，又謂之女溪。”
	女溪	同上註。注箋本、項本、注釋本、張本作汝溪。
	淯水枝津	注云：“淯水又南入新野縣，枝津分派。”
	湍水	
	朝水	
	沙渠	
	朝水枝水	注云：“朝水又東南分爲二水，一水枝分東北。”
	六門之水	
	棘水	
	堵水	大典本、黃本、吳本、注箋本、何校明鈔本、王校明鈔本、項本、沈本、注釋本、張本、注疏本作赭水。《後漢書》卷十四，列傳四，《齊武王縯傳》，“南渡黃淳水”註，引《水經注》作諸水。《漢書地理志補註》卷十四，南陽郡“堵陽”，引《水經注》作赭水。《康熙南陽府志》卷一，輿地，新野縣，棘水，引《水經注》作赭水。《雍正河南通志》卷十二，河防一，南陽府，黃淳水，引《水經注》作赭水。
	小堵水	大典本、黃本、吳本、注箋本、項本、沈本、注釋本、張本、注疏本作小赭水。《漢書地理志補註》卷十四，南陽郡，“堵陽”，引《水經注》作小赭水。
	騰沸水	
	滎	
	比	吳本作沘。
	比水	吳本作沘水。
	蔡	
	黃水	《雍正河南通志》卷十二，河防一，南陽府，黃淳水，引《水經注》作潢水。
	黃淳水	
	黃郵水	

經　　文	地　　名	備　　註
南過鄧縣東。	濁水 弱溝水 白水 淯	注云："淯水右合濁水,俗謂之弱溝水。"
卷三十一 **灈水** 灈水出灈強縣南澤中,東入潁。	灈水 潁水 小灈水 潁水南瀆 汝 灈水故瀆 汝水 大灈水 死汝 別汝 練溝 汾溝 汾水 鞏水 青陵陂水	注云："潁水之南有二瀆,其南瀆東南流。"
卷三十一 **瀙水** 瀙水出汝南吳房縣西北奧山,東過其縣北,入於汝。	白羊淵水 瀙水 滶水 汝水	
卷三十一 **潕水**		

經　文	地　名	備　註
瀙水出潕陰縣東上界山。	視水	注云:"(瀙水)《山海經》謂之視水也。"吳本作瀙水。黃本、注箋本、項本、張本作此水。
	泌水	
	殺水	
	瀙	
	瀙水	《名勝志》河南,卷十,南陽府,唐縣,引《水經注》作歠水。
	淪水	
	奥水	
卷三十一 **潕水**		
潕水出潕陰縣西北扶予山,東過其縣南。	潕水	
	滎水	
	堵水	大典本、黃本、吳本、注箋本、何校明鈔本、王校明鈔本、項本、七校本、沈本、注釋本、張本、注疏本作赭水。
	西遼水	
	東遼水	
	澧水	注箋本作河水。
	黄城山溪水	注云:"有溪水出黃城山。"
	東流水	注云:"有東流水,則子路問津處。"《輿地廣記》卷八,京西南路,方城縣,引《水經注》云:"有水出黃城山,東流,注潕水,則子路問津處。"
	瀙水	
	漢水	
又東過西平縣北。	龍泉水	
卷三十一 **淯水**		
淯水出蔡陽縣。	淯水	
	石水	
	小淯水	注云:"石水出大洪山,東北注於淯,謂之小淯水。"
	均水	

經　　文	地　　名	備　　註
東南過隨縣西。	溠水 溮水 義井水 支水	
又南過江夏安陸縣西。	隨水	吳本、注箋本、何校明鈔本、王校明鈔本、注刪本作遼水。《名勝志》湖廣，卷五，德安府，安陸縣，引《水經注》作遼水。
	清水	注云："蓋溳水兼清水之目矣。"
	富水 大富水 小富水 大泌水 土山水	
	章水	注云："左合土山水，世謂之章水。"
	温水 潼水	
又東南入於夏。	灄水 沔	
卷三十二 澪水		
澪水出江夏平春縣西。	澪水 賜水	
	厲水	注云："賜水西南流入於澪，即厲水也，賜、厲聲相近，宜爲厲水矣。"
	澪 隨水	注箋本、項本、注釋本、張本作隋水。
卷三十二 蘄水		

經　　文	地　　名	備　　註
蘄水出江夏蘄春縣北山。	希水枝津 巴水 希水 赤亭水 西歸水 蘄水	《方輿紀要》卷七十六，湖廣二，漢陽府，蘄州，五水，引《水經注》作浠水。
又南至蘄口，南入於江。	大江	
卷三十二 **決水**		
決水出廬江雩婁縣南大別山。	決水	大典本作決水。《嘉靖固始縣志》卷二，輿地志第二，山川，引《水經注》作決水。
又北過安豐縣東。	史水 灌水 淮水 澮水 陽泉水	黃本、沈本作注水。
又北入於淮。	淮津 灌 澮	
卷三十二 **沘水**		
沘水出廬江灊縣西南霍山東北。	灄水 沘水 淠水 泄水	大典本、黃本、吳本、沈本作沘水。 注云："沘字或作淠。"

經　　文	地　　名	備　　註
東北過大縣東。	蹹鼓川水 濡水	
卷三十二 泄水		
泄水出博安縣。	泄水 沘水 麻步川 濡水 濡溪	注箋本作北水。 注箋本作山濡溪。
北過芍陂西，與沘水合。	潩	
卷三十二 肥水		
肥水出九江成德縣廣陽鄉西。	肥水 施水枝津 施水	《方輿紀要》卷二十一，江南三，鳳陽府，壽州，芍陂，引《水經注》作淝水。 《雍正江南通志》卷三十五，輿地志，古蹟六，狄城，引《水經注》作拖水枝津。
北過其縣西，北入芍陂。	芍陂瀆 閻潤水 陽湖水 洛澗 閻漿水 斷神水	大典本、吳本、注箋本、項本、張本作閻潤水。《通鑑》卷一三一，宋紀十三，明帝泰始二年，"馬步八千人東據宛塘"胡註，引《水經注》作閻潤水。《方輿紀要》卷二十一，江南三，鳳陽府，壽州，霍丘縣，成德城，引《水經注》作閻潤水。《雍正江南通志》卷三十五，輿地志，古蹟六，鳳陽府，死虎亭，引《水經注》作閻潤水。

經　文	地　名	備　　註
	豪水	注云:"斷神水又東北逕神跡亭東,又北謂之豪水,雖廣異名,事實一水。"
	香門陂水	
	黎漿水	
又北過壽春縣東。	肥水東溪	注云:"肥水自黎漿北,……又西北,右合東溪。"
	肥水北溪	注云:"肥水逕壽春縣故城北,右合北溪。"
北入於淮。	肥水故瀆	
	羊頭溪水	
	烽水瀆	黄本、沈本作烽水瀆。
	羊頭澗水	
	羊頭溪	
	淮	
卷三十二 **施水**		
施水亦從廣陽鄉肥水別,東南入於湖。	施水	
	夏水	
	肥	
	施水枝水	注云:"施水又東,分爲二水,枝水北出焉。"
卷三十二 **沮水**		
沮水出漢中房陵縣淮水,東南過臨沮縣界。	沮水	
	洛水	
	漆沮	注云:"蓋以洛水有漆沮之名故也。"
	潼水	
	青溪水	
	沮水	
	漳水	

經　　文	地　　名	備　　註
又東南過枝江縣，東南入於江。	江	
卷三十二 **漳水** 　漳水出臨沮縣東荊山，東南過蓼亭，又東南過章鄉南。	漳水 滄水	
又南至枝江縣北烏扶邑，入於沮。	陽水 沔 沮水	
卷三十二 **夏水** 　夏水出江津於江陵縣東南。	夏水 江	
又東過華容縣南。	中夏水 夏楊水 楊水	七校本、注釋本作夏陽水。
又東至江夏雲杜縣，入於沔。	江別 沔 中夏 大夏 滄浪之水 漢水	注云："既有中夏之目，亦苞大夏之名矣。"

經　　文	地　　名	備　　註
卷三十二 **羌水** 　　羌水出羌中參狼谷。	天池白水 羌水 陽部水 陽部溪 羊湯水 湯溪 五部水 五部溪 白水	注云："（羌水）彼俗謂之天池白水。" 吳本作五會水。
卷三十二 **涪水** 　　涪水出廣魏涪縣西北。	涪水 潺水 建始水 西溪 金堂水 涪水枝津 五城水 江	《蜀道驛程記》引《水經注》作屛水。 注云："涪水又南，枝津出焉。"
卷三十二 **梓潼水** 　　梓潼水出其縣北界，西南入於涪。	馳水 五婦水 潼水 涪水	注云："馳水所出，一曰五婦水，亦曰潼水。" 同上註。

經　　文	地　　名	備　　註
又西南至小廣魏南，入於墊江。	漢水 內水 墊江 沈水	注箋本、項本、張本作北漢水。
卷三十二 **涔水** 涔水出漢中南鄭縣東南旱山，北至安陽縣南，入於沔。	涔水 黃水 沔	注云："涔水，即黃水也。"注疏本作鬻水。
卷三十三 **江水** 岷山在蜀郡氐道縣，大江所出，東南過其縣北。	瀆水 汶 江水 大江 江 四瀆 中江 二江 北江 湔水 半浣水 沱 郫江	注云："水曰瀆水，又謂之汶。" 注云："又有湔水入也，……呂忱云：一曰半浣水也。" 《文選》卷十二，《江賦》"峨嵋爲泉陽之揭，玉壘作東別之標"註，引《水經注》作沲。《方輿紀要》卷一二四，川瀆一，禹貢山川，引《水經注》作漢江。

經　文	地　名	備　註
	撿江	七校本、注釋本作檢江。《佩文韻府》卷三,三江,江,檢江,引《水經注》作檢江。
	羊摩江	
	灌江	
	鄗江水	《雍正四川通志》卷二十三,山川志,成都府,新津縣,引《水經注》作鄗江。
	黑水	
	石犀渠	
	南江	
	迴復水	注釋本作迴湢水。
	綿洛	
	五城水	
又東南過犍爲武陽縣,青衣水、沫水從西南來,合而注之。	赤水	
	文井江	
	濛溪	注釋本作蒙溪。
	布僕水	
	貪水	
	僕水	
	青蛉水	大典本、黄本、吴本、注箋本、何校明鈔本、王校明鈔本、項本、沈本、七校本、注釋本、張本、注疏本作蜻蛉水,《校水經江水》(《經韻樓集》卷七)引《水經注》作蜻蛉水。
	即水	
	勞水	
	平模水	大典本、何校明鈔本作平謨水。
	青衣江	
	濛水	注釋本作蒙水。
	大渡水	注云:“縣南峨嵋山有濛水,即大渡水也。”《通鑑》卷一三六,齊紀二,武帝永明二年,“益州大度獠恃險驕恣”胡註,引《水經注》作大度水。
	涐水	七校本、注疏本作渽水,《水經注箋刊誤》卷十一云:“涐,當作渽。”

經　　文	地　　名	備　　　註
	澅水	大典本作浽水。
又東南過僰道縣北，若水、淹水合從西來注之；又東，渚水北流注之。	符黑水	大典本、黄本、吴本、注箋本、項本、張本作符里水，孫潛校本作符黔水。
	大涉水 渚水	黄本、吴本、注箋本作大步水。
又東過江陽縣南，洛水從三危山東過廣魏洛縣南，東南注之。	洛水	《元一統志》卷五，四川等處行中書省，潼川府，山川，支江，引《水經注》作綿水。《尚書今古文注疏》卷三，《禹貢》第三中"三危既宅"孫星衍疏，引《水經注》作雒水。
	黑水 綿水 涪水 渝 牛鞞水 中水	
又東過符縣北邪東南，鰼部水從符關東北注之。	安樂水 鰼部之水	
又東北至巴郡江州縣東，强水、涪水、漢水、白水、宕渠水五水，合南流注之。	强水 羗水 宕渠水 潛水 渝水 巴渠 涪内水 蜀外水 巴水	注云："强水，即羗水也。" 注云："宕渠水，即潛水、渝水矣。" 同上註。

經　　文	地　　名	備　　註
	粉水 粒水	注云："粉水,亦謂之爲粒水矣。"注箋本、項本、張本作立水。
又東至枳縣西,延江水從牂柯郡北流西屈注之。	涪陵水 延江枝津 鹽井溪 黄華水	
又東過魚復縣南,夷水出焉。	將龜溪 南集渠 北集渠	注云："江水又東會南,北集渠。" 見上註。
	陽溪 汜溪 彭水	
	清水	《東歸録》引《水經注》作溝水。
	巴渠水 彭溪 彭溪水 湯溪水	
	湯水	注釋本作湯溪。
	檀溪水 檀井溪 檀井水	
	巴鄉村溪	注云："江之左岸有巴鄉村,……村側有溪。"
	陽元水 丙水 高陽溪 東瀼溪 夷溪	

經　　文	地　　名	備　　註
	佷山清江	注云："縣有夷溪，即佷山清江也，經所謂夷水出也。"注箋本作狼山清江，七校本作佷山清江。
	夷水	同上註。《康熙湖廣通志》卷九，堤防，荊州府，引《水經注》作彝水。
卷三十四 **江水** 　又東出江關，入南郡界。	江水	
又東過巫縣南，鹽水從縣東南流注之。	烏飛水 江 巫溪水 鹽水 大江	
又東過秭歸縣之南。	鄉口溪	注箋本、項本、張本作鄉溪，《讀水經注小識》卷四云："原本無口字，趙從下文增之。"
又東過夷陵縣南。	禹斷江	
又東南過夷道縣北，夷水從佷山縣南，東北注之。	清水	注箋本作青江。
又東過枝江縣南，沮水從北來注之。	江汜 江沱 漢 沮 漳	注釋本作江沱。

經　　文	地　　名	備　　註
又南過江陵縣南。	南江 北江 曾口水 靈溪水 夏水	注云：“湖東北有小水通江，名曰曾口。”
卷三十五 **江水** 　又東至華容縣西，夏水出焉。	中夏水 江水	
又東南當華容縣南，涌水入焉。	涌水 夏水	
又東南，油水從東南來注之。	油水 江 淪水 景水 澧水 高水 故市口水 侯臺水 龍穴水 清水 生江 湘江	大典本作侯臺水口。
又東至長沙下雋縣北，澧水、沅水、資水，合東	沅水 資水 湘水	

經　　文	地　　名	備　　註
流注之。		
湘水從南來注之。	玉澗水	黄本、注箋本、項本、沈本、張本作玉潤水。
	玉溪	
	蒲磯口水	
	陸口水	
	三山溪	
	陸水	
	中陽水	
	塗水	
又東北至江夏沙羨縣西北,沔水從北來注之。	沌水	
	樊口水	
	沔水	
	沔	
	湖口水	
	灄口水	
	湞水	注箋本、注釋本作沔水。
	湖水	
	嘉吳江	《廣博物志》卷六,地形二,引《水經注》作嘉靡江。《方輿紀要》卷八十三,江西一,引《水經注》作加吳江。
	武口水	
	龍驤水	
	大江	
	楊桂水	
又東過邾縣南。	赤溪	
	烏石水	
	舉水	
	垂山之水	
	淠水	

經　　文	地　　名	備　　註
	赤亭水 沮水	
鄂縣北。	巴水 決水 希水 希水枝津	
又東過蘄春 縣南,蘄水從北東 注之。	蘄水	
又東過下雉 縣北,利水從東陵 西南注之。	苦菜水 富水 蘭溪水 青林水 利水	《尚書全解》卷三,引《水經注》作刋水。《釋道南條九江》 (《魏源集》下册,第五四四頁)黃象離按,引《水經注》作刋 水。
卷三十六 **青衣水** 　青衣水出青 衣縣西蒙山,東與 沫水合也。	青衣水 沫水 邛水	
至犍爲南安 縣,入於江。	平鄉江 大江	
卷三十六 **桓水**		

經　　文	地　　名	備　　註
桓水出蜀郡岷山,西南行羌中,入於南海。	沱 潛 桓水 漢 江 沔 黑水 西漢 潛水 渭 沮漾枝津 襃水 斜川 河	《玉海》卷二十,地理,漢水經,引《水經注》作亘水。
卷三十六 **若水** 　若水出蜀郡旄牛徼外,東南至故關,爲若水也。	黑水 若水 鮮水 州江 大度水 繩水 繩水枝水	注云:"若水東南流,鮮水注之,一名州江。" 《水經注西南諸水考》卷一,若水,引《水經注》作大渡水。 《雍正四川通志》卷二十四,山川志,叙州府,屏山縣,馬湖江,引《水經注》作神水。
南過越雋邛都縣西,直南至會無縣,淹水東南流注之。	邛河 寯水 越寯水 繩若 溫水	注云:"越寯水,即繩若矣。"

經　　文	地　　名	備　　註
	駿馬河	
	孫水	
	白沙江	注云："孫水一名白沙江。"
	青蛉水	大典本、黄本、吳本、注箋本、何校明鈔本、王校明鈔本、項本、沈本、七校本、注釋本、張本、注疏本作蜻蛉水。《名勝志》四川,卷二十九,上川南道,邊防,會川衛,引《水經注》作蜻蛉水。《滇繫》卷八之一,藝文繫,引《水經注》作蜻蛉水。《雍正四川通志》卷二十四,山川志,會理州,瀘水,引《水經注》作青蜓水。
	貪水	
	淹水	
	母血水	吳本作毋血水。
	涂水	
	馬湖江	
	卑水	
又東北至犍爲朱提縣西,爲瀘江水。	瀘水	《史記》卷一,本紀一,《五帝本紀》"其二曰昌意降居若水"《索隱》,引《水經注》作盧江水。
	蘭倉水	大典本作蘭蒼水。
	類水	
	禁水	
	瀘津水	
	瀘江	
	黑水	
	羊官水	
	楢溪	
	赤水	吳本作赤木。《丹鉛總録》卷二、《丹鉛雜録》卷七,引《水經注》作赤木。《滇繫》卷八之一,藝文繫,引《水經注》作赤木。
	盤蛇	
	七曲	注云："盤蛇七曲。"注疏本疏云："會貞按,《元和志》七曲水在曲州西北三十里州治朱提縣。"

經　　　文	地　　名	備　　註
又東北至僰道縣，入於江。	大渡水 若 繩 江	《正字通》巳集上，水部，江，引《水經注》作灃。
卷三十六 **沫水** 　　東南過旄牛縣北，又東至越嶲靈道縣，出蒙山南。	沫水	
東北與青衣水合。	青衣水	
卷三十六 **延江水** 　　延江水出犍爲南廣縣，東至牂柯鼈縣，又東屈北流。	鼈水 温水 煖水 黚水 闞水 延江水 漢水	注云："温水一曰煖水。" 注箋本作鼈水。 張澍輯闞駰《十三州志》引《水經注》作符闞水。 注疏本作延水。
至巴郡涪陵縣，注更始水。	更始水 涪陵水 小別江	注云："涪陵水出縣東故巴郡之南鄙，……張堪爲縣，會公孫述擊堪，同心義士，選習水者，筏渡堪於小別江，即此水也。"

經　　文	地　　名	備　　註
	西鄉水	
	西鄉溪	
又東南至武陵西陽縣，入於西水。	酉水	
卷三十六 **存水** 　存水出犍爲郁鄢縣。	存水	吳本、注箋本、項本、注釋本、張本作周水。
東南至鬱林定周縣，爲周水。	毋斂水	大典本、黃本、吳本、沈本作無斂水。
	羘柯水	大典本、黃本、何校明鈔本、王校明鈔本、沈本作牂柯水。 《水經注西南諸水考》卷二，存水，引《水經注》作羘柯水。
	周水	
卷三十六 **温水** 　温水出羘柯夜郎縣。	温水	
	迷水	
	僕水	
	橋水	
	河水	注云："橋水注之，……一名河水。"
	南橋水	
	梁水	
又東至鬱林廣鬱縣，爲鬱水。	文象水	
	蒙水	
	盧惟水	注疏本作盧唯水。
	來細水	

經　　文	地　　名	備　　註
又東至領方縣東，與斤南水合。	伐水 鬱水 朱涯水	 大典本、吳本作朱主水，注箋本、項本、七校本、注釋本、張本、注疏本作朱厓水。
	驪水 牂柯水	注箋本作驪水。 大典本、黃本、吳本、何校明鈔本、王校明鈔本、項本、沈本、張本作牂牁水。《水經注西南諸水考》卷二，溫水，引《水經注》作牂牁水。《黔囊》引《水經注》作牂牁水。
	斤南水	注釋本作斤員水。《續黔書》卷三，豚水，引《水經注》作斤員水。
	侵離水	注箋本作浸離水。
東北入於鬱。	豚水 竹王水 毋斂水 潭水 周水 剛水 留水 浪水 灘水 封水 臨水 嶠水 賀水 封溪水 牢水 西隨三水 郎究	 注箋本作母斂水。 大典本、黃本、注箋本、項本、沈本、張本作浪水。 何本作漓水。 注云：“鬱水又東，封水注水，……亦謂之臨水。” 同上註。 注云：“竺枝《扶南記》：山溪瀨中，謂之究。《地理志》曰：郡有小水五十二，并行大川，皆究之謂也。”大典本作郎究。

經　　文	地　　名	備　　註
	盧容水	
	壽泠水	
	越裳究	
	九德究	
	南陵究	
	九真水	
	文狼究	
	無勞究	
	大源淮水	
	小源淮水	
	船官川	
卷三十七 **淹水** 　淹水出越嶲遂久縣徼外。	淹水 復水	注云："呂忱曰：淹水一曰復水。"
又東過姑復縣南，東入於若水。	若水	
卷三十七 **葉榆河** 　益州葉榆河出其縣北界，屈從縣東北流。	葉榆水	
過不韋縣。	盧倉禁水 淹水	

經　　文	地　　名	備　　註
東南出益州界。	濮水 盤江 盤水	何本、注釋本作僕水。 孫潛校本作盤江。 孫潛校本作盤水。
入牂柯郡西隨縣北，爲西隨水，又東出進桑關。	西隨水 莑泠水 温水	 大典本作麤泠水，黄本、吴本、項本、沈本、七校本、張本作麋泠水。
過交趾莑泠縣北，分爲五水，絡交趾郡中，至南界，復合爲三水，東入海。	金溪究 葉榆水北二水 葉榆水左水 葉榆水南水 浪鬱 涇水 葉榆水中水 扶嚴究	 黄本、注箋本、沈本作浪鬱。
卷三十七 **夷水** 　夷水出巴郡魚復縣江。	夷水 清江 巫城水	
東南過很山縣南。	鹽水 温泉三水 長楊溪 楊溪	 《廣博物志》卷四十二，草木一，引《水經注》作長揚水。
又東過夷道縣北。	丹水	

經　　文	地　　名	備　　註
東入於江。	大江 涇 渭 很山北溪水	《禹貢錐指》卷七,引《水經注》作很山北溪水。
卷三十七 **油水** 　油水出武陵 孱陵縣西界。	油水 洈水	
又東北入於 江。	大江	
卷三十七 **澧水** 　澧水出武陵 充縣西,歷山東, 過其縣南。	澧水 茹水	
又東過零陽 縣之北。	溫泉水 零溪水 九渡水 九渡溪 婁水 渫水 黃水 峭潤	
又東過作唐 縣北。	涔水 澹水	

經　　文	地　　名	備　　註
	赤沙湖水	《方輿紀要》卷七十七，湖廣三，岳州，華容縣，赤沙湖，引《水經注》作赤沙湖。
	沅水	
卷三十七 **沅水** 　沅水出牂柯且蘭縣，爲旁溝水，又東至鐔成縣，爲沅水，東過無陽縣。	無水	
	沅水	
	運水	
	熊溪	
	龍溪水	
	滏水	
	序溪	
	五溪	
	漵水	
	漵溪	注箋本、注釋本作柱溪。
	辰水	
	獨母水	
	獨母溪	
	雄溪	《方輿勝覽》卷三十，常德府，山川，五溪，引《水經注》作雛溪。
	楠溪	大典本作插樞力溪。黄本、沈本作楠溪。明《方輿要覽》湖廣第九，引《水經注》作橫溪。孫潛校本作橫溪。《嘉慶常德府志》卷五，山川考二，沅水，引《水經注》作楠溪。
	無溪	《後漢書》卷二十四，列傳十四，《馬援傳》"武威將軍劉尚擊武陵五溪蠻夷"註，引《水經注》作潕溪。《玉海》卷二十三，地理，陂塘堰湖，漢武陵五溪，引《水經注》作潕溪。《輿地紀勝》卷七十五，荆湖北路，辰州，景物上，引《水經注》作潕溪。《方輿勝覽》卷三十，常德府，山川，五溪，引《水經注》作蕪溪。《寰宇通志》卷五十七，辰州府，五溪，引《水經注》作潕溪。明《方輿要覽》湖廣第九，引《水經注》作潕溪。《通鑑》卷四十四，漢紀三十六，光武帝建武二十四年，"將四萬餘人征五溪"胡註，引《水經注》作潕溪。

經　　文	地　　名	備　　註
		《康熙字典》水部，潕，引《水經注》作潕溪。清宮夢仁《讀書紀數略》卷十一，地部，山川類，武陵五溪，引《水經注》作潕溪。《乾隆湖南通志》卷一百七十二，拾遺一，五溪，引《水經注》作潕溪。《嘉慶常德府志》卷五，山川考二，沅水，引《水經注》作潕溪。
	辰溪	項本、張本作力溪。《乾隆湖南通志》卷十二，山川志七，辰州府，沅陵縣，酉水，引《水經注》作力溪。
	武溪	
	武水	
	施水	
	西鄉溪	
	酉水	
	延江	
	受水	
	溪水	
	諸魚溪水	
	夷水	
又東北過臨沅縣南。	夷望溪	《嘉慶常德府志》卷五，山川考二，彝望溪水，引《水經注》作彝望溪水。
	關溪	
	三石澗	
	枉人山西溪	注云："渚東里許，便得枉人山，山西帶脩溪一百餘里。"
	澹水	
	興水	
	漸水	
	壽溪	
	大溪	
又東至長沙下雋縣西，北入於江。	江	

經　文	地　名	備　註
卷三十七 泿水		
泿水出武陵鐔成縣北界沅水谷。	泿水	《讀水經注小識》卷四，引《水經注》作浪水。
南至鬱林潭中縣，與鄰水合。	鄰水 移溪	《天下郡國利病書》卷一百六，廣西二，引《水經注》作隣水。
又東至蒼梧猛陵縣，爲鬱溪；又東至高要縣，爲大水。	鬱水 鬱溪	
又東至南海番禺縣西，分爲二，其一南入於海。	泿	
其一又東過縣東，南入於海。	牂柯 鬱水枝水	大典本、黃本、沈本作牂牁。《名勝志》湖廣卷十六，常德府，武陵縣，引《水經注》作牂牁。
其餘水又東至龍川爲涅水，屈北入員水。	泿水枝津	
卷三十八 資水		

經　　文	地　　名	備　　註
資水出零陵都梁縣路山。	資水	《名勝志》湖廣,卷十,長沙府,益陽縣,引《水經注》作濱水。《康熙湖廣通志》卷九,堤防,長沙府,引《水經注》作濱水。《乾隆長沙府志》卷五,山川志,益陽縣,濱江,引《水經注》作濱水。
	大溪水 淳水	
東北過夫夷縣。	夫水 邵陵水 邵水	
東北過邵陵縣之北。	高平水 雲泉水 邵陽水 茱萸江	
又東北過益陽縣北。	益水	
又東與沅水合於湖中,東北入於江也。	益陽江	
卷三十八 **漣水** 　　漣水出連道縣西,資水之別。	漣水	
東北過湘南縣南,又東北至臨湘縣西南,東入於湘。	湘水	

經　　文	地　　名	備　　註
卷三十八 **湘水** 　湘水出零陵始安縣海陽山。	湘 灕 灕水 湘川 湘水	 何本作漓。 何本作漓水。
東北過零陵縣東。	越城嶠水 觀水	
又東北過洮陽縣東。	洮水	
又東北過泉陵縣西。	馮水 馮溪 萌渚之水 都溪水 舂溪 泠水 應水 汦水 餘溪水 宜溪水	 大典本作冷水。
又東北過重安縣東,又東北過酃縣西,承水從東南來注之。	承水 武水 丹水 華水 耒水	《楚寶》卷三十八,山水,湘水,引《水經注》作烝水。《奉使紀勝》引《水經注》作烝水。

經　　文	地　　名	備　　註
又北過臨湘縣西,瀏水從縣西北流注。	瓦官水 白露水 麻溪水 三石水 瀏水	
又北,溈水從西南來注之。	溈水 鼻水 高水	《乾隆長沙府志》卷五,山川志,湘陰縣,陵子潭,引《水經注》作喬水。
又北過羅縣西,漬水從東來流注。	錫水 玉水 東湖水 湘水枝津 門水 三溪水 大對水 黃陵水 三陽涇 門涇 三津涇 瀟湘 黃水 漬水 決湖水 汨水 純水 羅水 苟導涇	 七校本、注釋本作三錫逕。 注箋本、注釋本作門逕。 注箋本、注釋本作三津逕。 注箋本、注釋本作苟導逕。

經　文	地　名	備　註
又北過下雋縣西，微水從東來流注。	清水	
	資水	《雍正湖廣通志》卷十一，山川志，益陽縣，資江，引《水經注》作濱水。
	益陽江	注云："資水也，世謂之益陽江。"
	沅水	
	微水	
	江	
	金浦水	
	澧水	
	武陵江	注云："湘水左則澧水注之，世謂之武陵江。"
	大江	
	五渚	《隆慶岳州府志》卷七，職方志，五瀦，引《水經注》作五瀦。
	洞庭五渚	
又北至巴丘山，入於江。	三江	

卷三十八
灘水

經　文	地　名	備　註
灘水亦出陽海山。	灘水	何本作漓水。
	湘水	
	湘	
	灘	何本作漓。
	始安嶠水	《名勝志》廣西，卷三，平樂府，引《水經注》作始安谿水。
	越城嶠水	
	始安水	
	潙水	
	彈丸溪	
	洛溪	
	熙平水	

經　　文	地　　名	備　　註
	北鄉溪水	
	平樂溪	
	謝沭衆溪	
	平樂水	注箋本作平水。《名勝志》廣西,卷三,平樂府,引《水經注》作平水。
南過蒼梧荔浦縣。	瀨水	
	瀨溪	
	濡水	
	靈溪水	
卷三十八 **溱水**		
溱水出桂陽臨武縣南,繞城西北屈東流。	溱水	
	肄水	注云:"肄水,蓋溱水之別名也。"注箋本、項本、張本、注疏本作肄水。
	武溪水	注疏本作武水。
	武溪	
	黃岑溪水	注箋本、項本、張本作黃泠溪水。《乾隆湖南通志》卷十四,山川志九,郴州,宜章縣,玉溪,引《水經注》作黃泠溪水。
	瀧水	
東至曲江縣安聶邑東屈西南流。	泠水	明練湖書院鈔本作冷水。
	林水	
	雲水	
	藉水	
	滄海水	
	北瀧水	
	東溪	
	連水	注釋本作漣水。
	連溪	

經　　文	地　　名	備　　註
	漣水	
	漣溪	
	大庾嶠水	
	東江	注云："東溪亦名東江，又曰始興水。"
	始興水	同上註。
	邪階水	宋本作耶階水。
	邸水	
	利水	
	北江	
過湞陽縣，出洭浦關，與桂水合。	湞水	
	洭水	注箋本、項本、張本作汪水。
	湟水	注云："溱水又西南，洭水入焉。《山海經》所謂湟水出桂陽西北山，東南注肄，入敦浦西者也。"
	一里水	
南入於海。	鬱	
卷三十九 **洭水**		
洭水出桂陽縣盧聚。	洭水	宋本、大典本、吳本、注箋本、明練湖書院鈔本、何校明鈔本、王校明鈔本、注刪本、項本、摘鈔本、張本作匯水。傅增湘所見宋刊殘本作匯水。《玉海》卷二十，地理，漢水經，引《水經注》作匯水。《名勝志》湖廣，卷十二，桂陽州，引《水經注》作匯水。
	盧溪水	
	嶠水	
	都嶠之溪	
	漣水	
	斟水	

經　　文	地　　名	備　　註
東南過含洭縣。	沅 湘水 翁水 陶水	
南出洭浦關，爲桂水。	溱水 湟水 灌水	注云："徐廣曰：湟水一名洭水，出桂陽，通四會，亦曰灌水，……桂水其別名也。"
	桂水	同上註。
卷三十九 **深水**		
深水出桂陽盧聚。	深水 邃水 盧溪 營水 湘	注云："呂忱曰：深水一名邃水。"
卷三十九 **鍾水**		
鍾水出桂陽南平縣都山，北過其縣東，又東北過宋渚亭，又北過鍾亭，與灌水合。	鍾水 嶠水 溱水 湘水 江 灌水 桂水 湘	《乾隆湖南通志》卷一百三十七，古蹟志下，郴州，嘉禾縣，倉禾舊堡，引《水經注》作鐘水。 注云："鍾水即嶠水也。" 注箋本、七校本、注釋本作灌水。

經　　文	地　　名	備　　註
卷三十九 **耒水**		
耒水出桂陽郴縣南山。	耒水 清溪水	明練湖書院鈔本作來水。
又北過其縣之西。	渌水	黃本、吳本、注箋本、明練湖書院鈔本、沈本作綠水。《扈林》卷一,《析酈》,引《水經注》作綠水。《楚寶》卷三十一,山水,耒水,引《水經注》作綠水。
	程鄉溪 黃水 橫流溪 貪流 一涯溪 溱水 黃岑水 武溪 嶠水 北水 湘水 大江 千秋水 除泉水 圓水 桂水 黃溪	
又西北過耒陽縣之東。	肥川	《名勝志》湖廣,卷十二,衡州府,耒陽縣,引《水經注》作肥水。
又北過酈縣東。	大別水	

經　　文	地　　名	備　　　註
卷三十九 **洣水** 　洣水出荼陵縣上鄉,西北過其縣西。	洣水 泥水	注云:"洣水又屈而過其縣西北流注也,《地理志》謂之泥水者也。"
又西北過攸縣南。	攸溪 攸水	
又西北過陰山縣南。	容水 歷水 洋湖水	
卷三十九 **漉水** 　漉水出醴陵縣東漉山,西過其縣南。	淥水 漉 淥	《名勝志》湖廣卷十,長沙府,醴陵縣,引《水經注》作漉水。
卷三十九 **瀏水** 　瀏水出臨湘縣東南,瀏陽縣西北,過其縣東北,與澇水合。	瀏水	
卷三十九 **㵑水** 　西過長沙羅縣西。	㵑水	

經　　文	地　　名	備　　　註
又西至累石山，入於湘水。	羅水 湘	
卷三十九 **贛水**		
贛水出豫章南野縣，西北過贛縣東。	贛水 江 彭水 湖漢水 大庾嶠水 豫章水 章水 貢水	
又西北過廬陵縣西。	廬水	
又東北過漢平縣南，又東北過新淦縣西。	牽水 淦水	
又北過南昌縣西。	盱水 濁水 餘水 鄱水 繚水 上繚水	明練湖書院鈔本作肝水。 大典本、黃本、項本、沈本作僚水。《通鑑》卷六十二，漢紀五十四，獻帝建安三年，"言我已別立郡海昏上繚不受發召"胡註，引《水經注》作僚水。 注云："繚水又逕海昏縣，王莽更名宜生，謂之上繚水，又謂之海昏江。"大典本、黃本、項本、沈本、張本作上僚水。《通

經　　文	地　名	備　　　　　註
		鑑》卷六十二,漢紀五十四,獻帝建安三年,"言我已別立郡海昏上繚不受發召"胡註,引《水經注》作上繚水。
	海昏江 豫章大江 循水	同上註。 孫潛校本、七校本、戴本、注釋本、小山堂鈔全謝山五校本、注疏本作脩水。《寰宇記》卷一〇六,江南西道四,洪州,分寧縣,引《水經注》作修水。《名勝志》江西,卷一,南昌府,南昌縣,引《水經注》作脩水。《方輿紀要》卷八十四,江西二,南昌府,寧州,脩水,引《水經注》作脩水。《長江圖説》卷九,雜説,引《水經注》作脩水。《吳疆域圖説》卷下,引《水經注》作脩水。《乾隆婺源縣志》卷三,引《水經注》作廬水。
卷三十九 **廬江水** 　廬江水出三天子都北,過彭澤縣西,北入於江。	廬江 九江 石門水	
卷四十　漸江水 　漸江水出三天子都。	浙江 浙水 浙江枝溪 絕溪 東長溪 西長溪 桐溪水 桐溪 紫溪	注云:"浙江又北至歙縣東,與一小溪合,水出縣東北翁山。" 注箋本作桐溪,無水字。

經　　　文	地　　名	備　　　註
	赤瀨	注云：“溪水又東南與紫溪合，……中道夾水有紫色磐石，石長百餘大，望之如朝霞，又名此水爲赤瀨，以倒影在水故也。”
北過餘杭，東入於海。	餘干大溪	七校本、注釋本作餘杭大溪，譚本原註云：“餘干疑作餘杭。”
	縠水	《天啓衢州府志》卷一，輿地志，山川，引《水經注》作縠水。《浙中古蹟考》卷四，金華府，吳東陽郡治，引《水經注》作瀔水。《雍正浙江通志》卷四十七，古蹟九，吳東陽郡治，引《水經注》作瀔水。《嘉慶常山縣志》卷一，建置，引《水經注》作縠水。
	永康溪水	注箋本作永康水。
	定陽溪水	
	吳寧溪水	《後漢書》卷八十二下，列傳七十二下，方術下，《徐登傳》“二人遇於烏傷溪水之上”註，引《水經注》作吳寧溪。
	烏傷溪水	同上註《徐登傳》註，引《水經注》作烏傷溪。
	武林水	
	錢水	
	浦陽江	《南江考》，引《水經注》作浦陽，無江字。
	東江	
	租瀆	黃本、吳本、注箋本、嚴本、何校明鈔本、王校明鈔本、沈本作祖瀆。《嘉泰會稽志》卷十，祖瀆，引《水經注》作祖瀆。《古今圖書集成·職方典》卷九八四，祖瀆，引《水經注》作祖瀆。《康熙紹興府志（張志）》卷八，山川志五，祖瀆，引《水經注》作祖瀆。《康熙錢塘縣志》卷一，形勝，引《水經注》作祖瀆。《乾隆紹興府志》卷六，地理志六，祖瀆，引《水經注》作祖瀆。《乾隆蕭山縣志》卷五，山川，浙江，引《水經注》作祖瀆。
	妖皐溪	
	蘭溪	
	長溪	

經　　　文	地　　名	備　　　註
	夕水	注釋本作勺水。
	若邪溪	
	嶕峴麻溪	
	邪溪	
	寒溪	
	張景瀆	注云："吳黃門侍郎楊哀明,居於弘訓里,太守張景數往造焉,使開瀆作堨。"
	炭瀆	
	江水	
	洩溪	《嘉泰會稽志》卷十,五洩溪,引《水經注》作泄溪。明張元忭《三江考》,引《水經注》作泄溪。
	白石山水	
	青溪	
	餘洪溪	
	大發溪	
	小發溪	
	小江	
	上虞江	
	吳瀆	
	胥江	
	柯水	
	潘水	
	三江	
卷四十　斤江水 　　斤江水出交阯龍編縣東北,至鬱林領方縣,東注於鬱。	鬱	

經　　　文	地　　名	備　　　註
卷四十　江以南至日南郡二十水		
侵離。	侵離水 鬱	注箋本、項本、注釋本、張本、注疏本作侵黎水。
勇外。	容容水	
卷四十　禹貢山水澤地所在		
碣石山在遼西臨榆縣南，水中也。	河	
都野澤在武威縣東北。	橫水 馬城河 清澗水 五澗水 河水 長泉水 谷水	注云："河水又東北，清澗水入焉，俗亦謂之爲五澗水。"
流沙地在張掖居延縣東北。	弱水	
熊耳山在弘農盧氏縣東。	穀水	
三澨地在南郡邔縣北沱。	漢水 三澨	

經　　文	地　　名	備　　註
	汅水 句瀅 雍瀅 蓮瀅	 戴本作蓬瀅。《禹貢集解》卷三，"過三瀅"，引《水經注》作蓬瀅。沈本註云："蓮瀅或是《左傳》因上蓮越而誤，本作蓬也。"《水經注箋刊誤》卷十二云："宋紹興間，括蒼李如箎作《東園叢說》引《左傳》正作蓬瀅，可知世本之非，當據六朝舊典以正之也。"
	淯水	

二、伏　流

　　《水經注》對伏流有較多的記載。注文有時稱爲伏流,有時稱爲重源。重源的意思是,河川發源後又潛入地下,潛行後又在另一處重新流出地面,所以和伏流是同一地理事物。全注記載的伏流,共達三十餘處。

　　伏流是一種自然地理現象,它是由地下水所造成的。由於地下水往往溶解有多量的二氧化碳和酸類,其侵蝕力量比雨水要大得多,遇到石灰巖地層,石灰巖易被溶解,因而常常造成伏流和其他喀斯特地形所共有的自然地理現象。

　　由於地學的發展,現在我們已經明白了伏流的道理。但是在古代,情況就不是如此。人們看到河川潛入地下,又入而復出,看到石灰巖溶洞内部光怪陸離的現象,因而常把伏流之類看作是一種神秘莫測的東西,從而發生許多以訛傳訛的説法。因此,《水經注》所記載的伏流,按現代自然地理科學加以鑑核,就未必都可靠,其中有一些更是非常荒誕的,黄河伏流就是這中間最典型的例子。卷一,河水經"去嵩高五萬里,地之中也"注云:

　　　　高誘稱:河出崑山,伏流地中萬三千里,禹導而通之,出積石山。

　　又卷一,河水經"又出海外,南至積石山下,有石門"注云:

　　　　余考羣書,咸言河出崑崙,重源潛發,淪於蒲昌,出於海水。

　　此外,卷二,河水經"又南入蔥嶺山,又從蔥嶺出而東北流"、"其一源出于闐國南山,北流與蔥嶺所出河合,又東注蒲昌海"、"又東入塞,過敦煌、酒泉、張掖郡南",以及

"又東過金城允吾縣北"等各條中,注文又幾次提到黃河伏流重源的情況。

對於黃河伏流重源的這種荒誕不經的説法,歷史上雖然早已有人指出其可疑之點。[①] 但清代以來,不少學者,仍然爲那些以訛傳訛的古籍所迷惑,沈溺於黃河重源的荒謬見解之中,如顧祖禹所云:"《爾雅》:河出崑崙墟;《淮南子》:崑崙之墟,河出其東北陬;《水經注》亦曰:崑崙墟,河水所出。自古言河源者,皆推本於崑崙。"[②]而胡渭更對酈注傳襲的這種謬説,推崇備至。他説:"道元之注,……至蔥嶺以下,發明頗多。"又説:"其言蔥嶺河也,曰河源潛發,分爲二水;其言蒲昌海也,曰洄湍電轉,爲隱淪之脉。正其謬而補其闕,亦可謂精審之矣。"[③]董祐誠則認爲"酈氏之注,辨正積石之河爲蔥嶺之河重所發,至爲詳盡"。[④] 吳省蘭也認爲"《水經注》稱其洄湍電轉,爲隱淪之脉,可以證伏流矣"。[⑤] 更有甚者,並爲酈注黃河重源之説,另外再加上一番牽強附會的臆釋。例如有的提出河自蒲昌伏復出於星宿海。[⑥] 有的則認爲復出於噶達素齊老山。[⑦] 也有的更以爲河出蔥嶺而重源於噶達素齊老山。[⑧] 如此等等,不一而足,從今天看來,自然不值一駁。筆者早年對黃河重源之説,亦曾屢斥其謬,[⑨]這裏也不再贅述了。

與黃河伏流類似的,還有濟水伏流。在我國不少地理古籍中,對濟水有所謂三伏三見的説法,其中《水經注》也記載了它的一伏一見,即卷七,經"濟水出河東垣縣東王屋山,爲沇水"注云:

---

① 下面是歷史上對黃河伏流重源之説提出疑點的主要例子:

一、《史記》卷一二三,列傳六十三,《大宛列傳》贊:"今自張騫使大夏之後也,窮河源,惡睹《本紀》所謂崑崙者乎? 故言九州山川,《尚書》近之矣,至《禹本紀》、《山海經》所有怪物,余不敢言之也。"二、《通典》卷一七四,州郡四,古雍州下,西平郡:"《水經》所云,河出崑崙者,宜出於《禹本紀》、《山海經》;所云南入蔥嶺及出于闐南山者,出於《漢書·西域傳》。而酈道元都不詳正。……自蔥嶺之北,其《本紀》灼然荒唐,撰經者取以爲準的。班固云:言九州山川者,《尚書》近之矣,誠爲愜當。其後《漢書·西域傳》云:河水一源出蔥嶺,一源出于闐,合流東注蒲昌海,皆以潛流地下,南出積石爲中國河云。比《禹紀》、《山經》猶較附近,終是紕繆。"三、《輿地廣記》卷十六,陝西秦鳳路下,積石軍:"河出崑崙,自古言者皆失其實。《禹本紀》、《山海經》、《水經》固以迂怪誕妄,而班固所載張騫窮河源事,亦爲臆説。騫使大夏,見蔥嶺、于闐二河合流注蒲昌海,其水亭居,皆以爲潛行地中,南出於積石爲中國河,此乃意度之,非實見蒲昌海與積石河通流也。"四、清萬斯同《水經積石辨》(《羣書疑辨》卷十):"況東方之積石,乃兩山夾峙,河流其間,非冒也。……酈道元之注最善,於此亦不能辨,孰謂此書爲不刊之定論哉?"

② 《方輿紀要》卷一二五,川瀆二,大河上。
③ 《禹貢錐指》卷十三上。
④ 《水經注圖説殘稿》卷一。
⑤ 《河源圖説》(《小方壺齋輿地叢鈔》四帙,十一册)。
⑥ 卷一,河水注"宜在蒲昌海下矣"殿本加註。
⑦ 《水經注圖説殘稿》卷二。
⑧ 清范本禮《河源異同辨》(《小方壺齋地叢鈔》四帙,十一册):"證諸《爾雅》,河出崑崙虛,色白,所渠并千七百一川,色黃,一一吻合,則蔥嶺所出爲初源,阿勒坦噶達素齊老山所出爲重源無疑。"
⑨ 見拙著《黃河》(益智書店版)第二頁及《祖國的河流》(新知識出版社版)第五十六至五十七頁。

《山海經》曰：王屋之山，聯水出焉，西北流，注於泰澤。郭景純云：聯、沇聲相近，即沇水也。潛行地下，至共山南，復出於東丘。

對於濟水、聯水、沇水等同水異名的現象，後來也被作爲濟水伏流的證據。[1] 諸如此等，岑仲勉曾加以批判，認爲這些"無非承自黃河重源那一套古舊理論"。岑氏所言甚爲詳悉，[2]這裏也就從略。

除了上述黃河、濟水之類的所謂伏流外，酈注中還有另一類伏流，我們也必須分辨清楚。例如卷十，濁漳水經"又東出山，過鄴縣西"注云：

> 舊引漳流自城西東入，逕銅雀臺下，伏流入城東注，謂之長明溝也。

又如卷十六，穀水經"又東過河南縣北，東南入於洛"注云：

> 渠水又東歷金市南，直千秋門右，宮門也，又枝流入石逗伏流，注靈芝九龍池。

像上面所述的長明溝伏流和石逗伏流，顯然是一種人工造成的下水道或涵管之類的東西，並不是自然地理學概念的伏流。

當然，除了上述少數伏流以外，《水經注》記載的大部分伏流，仍是比較可靠的。有些伏流，酈注在記載時還把周圍的喀斯特地形概況，一起描述在內。這樣的地名，乃是更爲有用的資料。例如卷十一，易水經"又東過范陽縣南，又東過容城縣南"注云：

> 易水又東逕孔山北，山下有鍾乳穴，穴出佳乳，採者篝火尋沙，入穴里許，渡一水，潛流通注，其深可涉，於中衆穴奇分，令出入者疑迷不知所趣。每於疑路，必有歷記，返者乃尋孔以自達矣。上又有大孔，豁達洞開，故以孔山爲名也。

我國西南地區，是喀斯特地形非常發育的地方，雖然酈氏足跡未至其地，而當時這個地區的文獻資料顯然也十分缺乏，但酈注中仍可見到卷三十七，葉榆河注和夷水注中，各記載了伏流一處，這些都是相當可貴的資料。

---

① 明許成名《小清河記》（《康熙歷城縣志》卷十三，藝文）："濟水伏見不常，名隨地異。"
② 《黃河變遷史》第七節，四（人民出版社，一九五七年版，第一八八至一九七頁）。

伏　流

經　　文	地　名	備　　註
卷一　河水 　去嵩高五萬里，地之中也。	崑山伏流	注云："高誘稱：河出崑山，伏流地中萬三千里，禹導而通之，出積石山。"
又出海外，南至積石山下，有石門。	蒲昌伏流	注云："河出崑崙，重源潛發，淪於蒲昌，出於海水。"
卷二　河水 　又南入蔥嶺山，又從蔥嶺出而東北流。	蔥嶺伏流	注云："其山高大，上生蔥，故曰蔥嶺也，河源潛發其嶺。"
其一源出于闐國南山，北流與蔥嶺所出河合，又東注蒲昌海。	渤澤伏流	注云："東望渤澤，河水之所潛也。"
又東入塞，過敦煌、酒泉、張掖郡南。	蒲昌伏流	注云："河自蒲昌，有隱淪之證。"
又東過金城允吾縣北。	龍沙堆伏流	注云："釋氏《西域記》曰：牢蘭海東伏流龍沙堆。"
卷四　河水		

經　文	地　名	備　註
又南過汾陰縣西。	灒水伏流	注云:"河水又南,灒水入焉,……與郃陽灒水夾河,河中渚上,又有一灒水,皆潛相通。"
又東過平陰縣北,清水從西北來注之。	教水鼓鍾下峽伏流	注云:"城西阜下,有大泉,西流注澗,與教水合,伏入石下,南至下峽。"
	教水西馬頭山伏流	注云:"其水重源又發,南至西馬頭山東截坡下,又伏流南十餘里復出,又謂之伏流。"
卷五　河水		
又東北過楊虛縣東,商河出焉。	商河張公城伏流	注云:"逕張公城西,又北,重源潛發。"
卷六　涑水		
又南過解縣東,又西南注於張陽池。	涑水百梯山伏流	注云:"故亦云百梯山也,水自山北流,五里而伏。"
卷六　晉水		
又東過其縣南,又東入於汾水。	沼水南瀆石塘伏流	注云:"其南瀆於石塘之下伏流,逕舊溪東南出。"
卷七　濟水		
濟水出河東垣縣東王屋山,爲沇水。	聯水共山伏流	注云:"郭景純云:聯、沇聲相近,即沇水也,潛行地下,至共山南,復出於東丘。"
	濟水軹縣伏流	注云:"今濟水重源,出軹縣西北平地。"
卷九　清水		

經　　文	地　　名	備　　　註
清水出河內 脩武縣之北黑山。	長泉水鄧城 伏流	注云："又東,長泉水注之,源出白鹿山東南,伏流逕十三 里,重源濬發於鄧城西北。"
又東過汲縣 北。	倉水倉谷伏 流	注云："山西有倉谷,……其水東南流,潛行地下,又東南復 出。"
卷九　淇水		
淇水出河內 隆慮縣西大號山。	菀水土軍東 北舊石逗	注云："菀水上承淇水於元甫城西北,……又東南歷土軍東 北,得舊石逗。"《北堂書鈔》卷一五,地部二,穴篇十三,引 《水經注》作五軍東北舊石寶。
卷九　洹水		
東過隆慮縣 北。	黃華水谷口 伏流	注云："其水東流至谷口,潛入地下,東北十里復出。"
卷十　濁漳 水		
又東出山,過 鄴縣西。	長明溝伏流	注云："舊引漳流,自城西東入,逕銅雀臺下,伏流入城東 注,謂之長明溝也。"
卷十一　易 水		
又東過范陽 縣南,又東過容城 縣南。	孔山伏流	注云："易水又東北逕孔山北,山下有鍾乳穴,……入穴里 許,渡一水,潛流通注。"
卷十一　㴲 水		

經　　文	地　　名	備　　註
又東過唐縣南。	黑水池伏流	注云："俗名曰黑水池，……池水逕石竇，石竇既毀，池道亦絕，水潛流出城，潭積微漲。"
又東過博陵縣南。	博水望都縣伏流	注云："左會博水，水出望都縣東，南流逕其縣故城南，……又東南潛入地下。"
	博水清梁亭伏流	注云："其水又伏流循瀆，屈清梁亭西北，重源又發。"
卷十二　聖水		
聖水出上谷。	聖水大防嶺石穴伏流	注云："東南流逕大防嶺之東首山下，有石穴，東北洞開，高廣四、五丈，入穴轉更崇深，穴中有水，……是水東北流入聖水。"
	聖水玉石山伏流	注云："聖水又東逕玉石山，謂之玉石口，……其水伏流里餘，潛源東出。"
卷十二　巨馬水		
巨馬河出代郡廣昌縣淶山。	石槽水白澗口伏流	注云："其水又東北流，謂之石槽水，伏流地下，溢則通津委注，謂之白澗口。"
	淶水遒縣伏流	注云："一水西南出，即淶水之故瀆矣，水盛則長津委注，水耗則通波潛伏，重源顯於遒縣。"
卷十三　漯水		
漯水出鴈門陰館縣，東北過代郡桑乾縣南。	桑乾水燕京山伏流	注云："古老相傳言，嘗有人乘車於池側，忽過大風，飄之於水，有人獲其輪於桑乾泉，故知二水潛流通注矣。"

經　　文	地　　名	備　　註
卷十四　濕餘水　濕餘水出上谷居庸關東。	濕餘水下口伏流	注云："其水南流出關,謂之下口,水流潛伏十許里也。"濕餘水,七校本、戴本、注釋本、注疏本作灅餘水。
卷十四　鮑丘水　又南至雍奴縣北,屈東入於海。	温泉水徐無城伏流	注云："《魏土地記》曰:徐無城東有温湯,即此也,其水南流百步,便伏流入於地下,水盛則通往灅水。"
卷十五　洛水　又東過偃師縣南。	休水大穴口伏流	注云："休水又西南北屈,潛流地下,其故瀆北屈出峽,謂之大穴口。"
卷十六　穀水　又東過河南縣北,東南入於洛。	渠水石逗伏流	注云："又枝流入石逗伏流,注靈芝九龍池。"
卷十七　渭水　又東過冀縣北。	成紀水成紀縣伏流	注云："故瀆東逕成紀縣,……又東,潛源隱發,通入成紀水。"
卷二十　漾水		

經　　文	地　　名	備　　註
漾水出隴西氐道縣嶓冢山，東至武都沮縣，爲漢水。	漾水梓潼漢壽伏流 漾水氐道伏流	注云："劉澄之云：有水從阿陽縣，南至梓潼、漢壽，入大穴，暗通岡山。" 注云："漾水出崑崙西北隅，至氐道，重源顯發而爲漾水。"
卷二十六 淄水 　　又東過利縣東。	女水安平城伏流	注云："《續述征記》曰：女水至安平城南，伏流十五里，然後更流，北注陽水。"
卷二十八 沔水 　　又從縣東屈西南，淯水從北來注之。	習郁魚池石洑逗	注云："又東入襄陽侯習郁魚池，……郁所居也，又作石洑逗，引大池水於宅北作小魚池。"
卷二十九 潛水 　　潛水出巴郡宕渠縣。	潛水通岡山伏流	注云："今爰有大穴，潛水入焉，通岡山下，西南潛出，謂之伏水。"
卷三十　淮水 　　淮水出南陽平氏縣胎簪山，東北過桐柏山。	淮水大復山伏流	注云："西流爲醴，東流爲淮，潛流地下三十許里，東出桐柏之大復山南。"

經　　文	地　　名	備　　註
卷三十三 江水 　又東過魚復縣南,夷水出焉。	巴鄉村溪伏流	注云:"江之左岸,有巴鄉村,……村側有溪,……溪水伏流,逕平頭山内,通南浦故縣陂湖。"
卷三十七 葉榆河 　東南出益州界。	葉榆水漏江伏流	注云:"又東逕漏江縣,伏流山下,復出蝮口,謂之漏江。"
卷三十七 夷水 　東南過佷山縣南。	長楊溪射堂村伏流	注云:"溪水西南潛穴,穴在射堂村東六、七里,谷中有石穴,清泉潰流三十許步,復入穴,即長楊之源也。"長楊溪,《廣博物志》卷四十二,草木一,引《水經注》作長揚水。

三、水　口

　　水口是一種古今常見的地名，《水經注》由於有大量篇幅記載河川，因此常常要牽涉到水口。全注記載的水口地名，將近五百處。

　　《水經注》記載的水口，按其地理位置的不同，大概有下列四種情況：

　　第一種是河川與河川的會合處，亦即幹枝流交會處，全注記載的水口，大部分都屬於這一類，例子不勝枚舉。

　　第二種是河川與湖陂交會之處，凡沿岸富於湖陂的河川，也就同時富於這類水口。例如卷三十五，江水注從公安縣到蘄春縣一段即是其例。這一段河流按現代地理學方法加以考察，乃是古代雲夢澤所在之處。雲夢澤乾涸後，殘留的湖泊星羅棋布。而地形低平，江道紆曲，又常常在沿江形成牛軛湖。這類和江道連通的大小湖泊，即是注文所稱的"江浦"。有些湖泊雖然本身並不和江道連接，但其間常有小河港汊相溝通，舉凡這些相互溝通處，都屬於這一類水口。在江水注的這一段河川中，注文記載的水口多至七十餘處。又如卷三十八，湘水注，湘水從麓山以下以至入江一段，沿途地勢平衍，枝流雜出，江浦紛歧，湖泊棋布，故注文記載的水口地名，爲數也達三十餘處。

　　第三種是河川流入峽谷或流出峽谷之處，和上述第二種水口相反，這類地名常常出現在沿河多山的地區。卷四，河水經"又南過河東北屈縣西"注中的龍門上口、龍門下口，又同卷經"又南過蒲坂縣西"注中的壺口等，都是典型的例子。

　　第四種是河川入海之處。由於在北魏以前，我國東部沿海地帶在經濟上還不很發達。因此，這類地名在注文中記載的不多。卷一，河水經"屈從其東南流，入渤海"注中記載的"海口"、"枝扈黎大江口"、"拘利口"等，都是這種水口的例子。

在注文中，對水口這類地名最普遍的稱謂是"水口"、"河口"或"泉口"等，諸如"淇水口"，"瓠河口"、"隱泉口"等均是其例。

也有一些水口稱爲"交"，這是取兩水交會之意。例如卷十七，渭水經"又東過冀縣北"注中的"取陽交"。注云：

> 瓦亭川又東南合安夷川口，水源東出胡谷，西北流歷夷水川，與東陽川水會，謂之取陽交。

此外如卷六，澮水注的"澮交"；卷八，濟水注的"分流交"；卷九，沁水注的"白水交"等均是其例。交和水口只是名稱上的不同，實際上是一樣的地理事物。

還有一些水口稱爲"會"，意義和上述"交"相同。例如卷十，濁漳水經"又東出山，過鄴縣西"注中的"邯會"。注云：

> 漳水右與枝水合，其水上承漳水於邯會西，而東別與邯水合。水發源邯山，東北逕邯會縣故城西，北注枝水，故曰邯會也。

此外，由於大部分水口在地理位置上是河川的幹枝相交之處，水口所在之處，對於枝流來説，有時目爲河首，有時又視作河尾。因此，水口在地名上也往往以"首"、"尾"相稱。例如卷三十二，夏水經"夏水出江津於江陵縣東南"注中的"夏首"。注云：

> 江津豫章口東有中夏口，是夏水之首，江之汜也。屈原所謂過夏首而西浮，沈龍門而不見也。

又如卷二十二，潁水經"又東南至慎縣東南，入於淮"注中的"潁尾"。注云：

> 《春秋》昭公十二年，楚子狩於州來，次於潁尾，蓋潁水之會淮也。

最後還有一個"汭"的稱謂需要稍作説明。酈注稱"汭"的地名不少，如"嬀汭"、"洛汭"、"沙汭"等等。"汭"是什麼？酈注卷十九，渭水經"東入於河"注中有一些解釋，注云：

> 《春秋》之渭汭也。……杜預曰：水之隈曲曰汭；王肅云：汭，入也；呂忱云：汭者，水相入也。

這裏，按照杜預的解釋，汭應該是河川曲折之處。因此，酈注中凡以汭爲名的地名，本匯編均收入於以下河曲類地名之中。但是由於王肅和呂忱都提出水相入的解釋，所以這類地名同時也收入在這裏。此外，《史記索隱》和《正義》都把汭解釋爲水涯，[①]因此，在以後有關岸的一類地名中，也將汭再次收入其中。

---

① 《史記》卷一，本紀一，《五帝本紀》："舜飭下二女於媯汭"。《索隱》："汭，水涯也，猶洛汭、渭汭然也"。又《正義》："許慎云：水涯曰汭。"

水　口

經　　文	地　名	備　　註
卷一　河水		
屈從其東南流,入渤海。	五河口 枝扈黎大江口 海口 拘利口 天竺江口	七校本、項本、張本、注疏本作五河合口。 枝扈黎,《西域地名》作拔扈利。《水經注卷一箋校》作扈枝利,見河川類地名,卷一河水註。
卷二　河水		
又東過隴西河關縣北,洮水從東南來流注之。	野亭口	注釋本作野城口。
又東過金城允吾縣北。	戎峽口	
又東北過安定北界麥田山。	石門口 自延口	
卷三　河水		
又北過朔方臨戎縣西。	銅口	
又南過赤城東,又南過定襄桐過縣西。	參合口 湳水口	

經　　文	地　　名	備　　註
又南離石縣西。	離石水口	
又南過土軍縣西。	禄谷水口 浣水口	
又南過上郡高奴縣東。	孔溪口 龍尾水口 黄盧水口	注箋本、注釋本作溪口。
卷四　河水		
又南過河東北屈縣西。	龍門上口 龍門下口 白水口	
又南出龍門口，汾水從東來注之。	孟津河口	
又南過蒲坂縣西。	㜍汭 壺口	卷十九渭水經"東入於河"注云："《春秋》之渭汭也。……王肅云：汭，入也；吕忱云：汭者，水相入也。" 《禹貢會箋》卷一，"既載壺口"徐文靖箋，引《水經注》作壺中。
又東過河北縣南。	開方口 漫瀆之口	
卷五　河水 洛水從縣西北流注之。	洛口	

經　　文	地　　名	備　　註
又東過成臯縣北，濟水從北來注之。	氾口 板城渚口	
又東過滎陽縣北，蒗蕩渠出焉。	汴口 渠口	注箋本作淮口。
又東北過武德縣東，沁水從西北來注之。	淇水口 宿胥口	
又東北過黎陽縣南。	白馬之口 鳴犢口	注釋本作靈鳴犢口。
又東北過衛縣南，又東北過濮陽縣北，瓠子河出焉。	瓠河口	
又東北過茌平縣西。	四瀆口	
卷六　汾水 又南過平陽縣東。	壺口	
卷六　澮水		

經　　文	地　　名	備　　註
澮水出河東絳縣東澮交東高山。	澮交	注云："澮水又西南與諸水合,謂之澮交。"
卷六　涑水 　涑水出河東聞喜縣東山黍葭谷。	唅口	
卷六　文水 　文水出大陵縣西山文谷,東到其縣,屈南到平陶縣東北,東入於汾。	隱泉口	
卷七　濟水 　與其河合流,又東過成皋縣北,又東過滎陽縣北,又東至礫溪南,東出過滎澤北。	滎口 宿須水口 龍項口	注釋本作宿胥水口。
卷八　濟水 　其一水東南流,其一水從縣東北流,入鉅野澤。	洪口	

經　　文	地　名	備　　註
又東北過壽張縣西界，安民亭南，汶水從東北來注之。	清口	注箋本、項本、張本作水口。
又北過須昌縣西。	馬頰口	
又東北過盧縣北。	分流交 格馬口 濼口	注云："溪一源兩分，泉流半解，亦謂之分流交。"
又東過梁鄒縣北。	萌水口	
	柳泉口	宋本、大典本、吳本、注箋本、項本、張本作抑泉口。《方輿紀要》卷三十一，山東二，濟南府，長山縣，乾溝縣，引《水經注》作抑泉口。閻若璩《四書釋地續》"於陵"註，引《水經注》作抑泉口。
卷九　清水 又東入於河。	清口 淇河口	孫潛校本作清河。 注云："謂之清口，即淇河口也。"
卷九　沁水 又南過陽阿縣東。	陽泉口	黃本作陽棗水口。
又南出山，過沁水縣北。	沁口	

經　文	地　名	備　註
又東過野王縣北。	丹口 白水交	注云："白水又東南流入丹水,謂之白水交。"
又東過武德縣南,又東南至滎陽縣北,東入於河。	枋口	注箋本、項本作方口。
卷九　淇水 淇水出河內隆慮縣西大號山。	舊淇水口 淇水口 菀口 五穴口 宿胥之口	人典本、注箋本、七校本、項本、張本作宛口。
屈從縣東北與洹水合。	利漕口	
又東北過浮陽縣西。	合口	
卷九　洹水 東過隆慮縣北。	谷口	
又東過內黃縣北,東入於白溝。	洹口	注箋本、項本、注釋本、張本作洹水。
卷十　濁漳水		

經　文	地　名	備　　註
潞縣北。	黃須水口 清谷口 黃水口	
又東過武安縣。	交漳口	
又東出山,過鄴縣西。	邯會	
又東北過曲周縣東,又東北過鉅鹿縣東。	洛汭	
又東北過阜城縣北,又東北至昌亭,與滹沱河會。	交津口 張平口 石虎口 合口	
又東北至樂成陵縣北別出。	向氏口 柏梁口	
又東北過成平縣南。	楊津口 合口	
又東北過章武縣西,又東北過平舒縣南,東入海。	濊口	
卷十　清漳水		

經　文	地　名	備　註
清漳水出上黨沾縣西北少山大要谷，南過縣西，又從縣南屈。	梁榆水口	
卷十一　易水		
易水出涿郡故安縣閻鄉西山。	三會口	
東過范陽縣南，又東過容城縣南。	塞口 白楊水口 湦洞口	大典本、黃本、吳本、何校明鈔本、王校明鈔本、沈本作渥同口。《名勝志》卷五，保定府二，容城縣，引《水經注》作渥洞口。《方輿紀要》卷十二，直隸三，保定府，容城縣，易水，引《水經注》作渥洞口。《佩文韻府》卷三十四上，四紙，水，渥水，引《水經注》作渥同口。《雍正畿輔通志》卷二十二，山川，川，保定府，大澱淀，引《水經注》作渥同口。《河工考》卷二，易水，引《水經注》作渥洞口。
卷十一　滱水		
又東過博陵縣南。	蒲水口	
卷十二　聖水		
聖水出上谷。	玉石口	

經　　文	地　　名	備　　註
又東過陽鄉縣北。	劉公口	
卷十二　巨馬水		
巨馬河出代郡廣昌縣淶山。	白澗口 紫石溪口	
卷十三　㶟水		
㶟水出鴈門陰館縣，東北過代郡桑乾縣南。	崞口 武州塞口	大典本、黃本、注箋本、項本、沈本、注釋本、張本、注疏本作武周塞口。《乾隆大同府志》卷四，山川，武周山，引《水經注》作武周塞口。
	飛狐口 石山水口 於延水口	《乾隆大同府志》卷四，山川，於延水，引《水經注》作於延水，無口字。
又東過涿鹿縣北。	溫湯水口 清夷水口	
卷十四　沽河		
又東南至雍奴縣西，爲笥溝。	合口	
卷十四　鮑丘水		

經　文	地　名	備　註
又南至雍奴縣北，屈東入於海。	泉州口 泃口 石門口 柘口	
卷十四　濡水		
濡水從塞外來，東南過遼西令支縣北。	陽口 溫泉水口	
又東南過海陽縣西，南入於海。	鹽關口 泃口 交流口 白水口	注箋本、注釋本作交流合。《順治盧龍縣志》卷一，古蹟，引《水經注》作交流口。
	九過口	大典本、黃本、注箋本、項本、沈本、張本作九過口。七校本作九過口。《名勝志》卷三，永平府，灤州，引《水經注》作水九過，無口字。《雍正畿輔通志》卷二十一，山川，川，永平府，青河，引《水經注》作九過，無口字。
卷十五　洛水		
洛水出京兆上洛縣讙舉山。	洛汭	
東北過盧氏縣南。	荀公溪口 鵜鶘水口	注箋本作荀公漢口。
又東北過宜陽縣南。	尹溪口	

經　　文	地　　名	備　　註
又東過偃師縣南。	大穴口	
又東北過鞏縣東，又北入於河。	什谷之口	
卷十五　伊水		
又東北過陸渾縣南。	崖口	
又東北過新城縣南。	三交水口	注箋本作二交水口。
卷十六　穀水		
又東過河南縣北，東南入於洛。	洛口	
卷十六　沮水		
沮水出北地直路縣東，過馮翊祋祤縣北，東入於洛。	黃嶔水口 邸瓠口	注箋本、項本、張本作瓠口。《熙寧長安志》卷十七，縣七，涇陽，焦穫藪，引《水經注》作瓠口。《方輿紀要》卷五十三，陝西二，西安府，涇陽縣，宜秋城，引《水經注》作瓠口。《禹貢會箋》卷九"漆沮既從"，徐文靖箋，引《水經注》作瓠口。
卷十七　渭水		

經　　文	地　名	備　　註
又東過冀縣北。	鹿角口	
	水洛口	
	犢奴水口	《方輿紀要》卷五十八，陝西七，平涼府，靜寧州，水洛水，引《水經注》作奴犢水口。
	安夷川口	
	取陽交	注云："水源東出胡谷，而東北流歷夷水川，與東陽川水會，謂之取陽交。"
又東過上邽縣。	藉水口	
	清水口	
	隴口	黃本、注箋本作龍谷。
	六槃口	《名勝志》陝西，卷七，平涼府，華亭縣，引《水經注》作六盤口。
	綿諸水口	
卷十九　渭水		
又東過槐里縣南，又東，澇水從南來注之。	澇水口	
又東過長安縣北。	昆明池東口	
又東過霸陵縣北，霸水從縣西北流注之。	白渠枝口	
	清水口	
	白渠口	
	谷口	
東入於河。	渭汭	
	渭隊	注云："《左傳》閔公二年，虢公敗犬戎於渭隊，服虔曰：隊，謂汭也，……王肅云：汭，入也；呂忱云：汭者，水相入也。"

經　　文	地　　名	備　　註
卷二十　漾水 　漾水出隴西氐道縣嶓冢山，東至武都沮縣，爲漢水。	峽石水口 會口 廣香交 擔潭交	 吳本、注箋本、項本、張本作檐潭交。
又東南至廣魏白水縣西，又東南至葭萌縣東北，與羌水合。	刺稽水口	
又東南過巴郡閬中縣。	東水口	
卷二十　丹水 　又東南過商縣南，又東南至於丹水縣，入於均。	臼口 析口	
卷二十一　汝水 　汝水出河南梁縣勉鄉西天息山。	長白沙口	
東南過其縣北。	魯公水口	

經　　文	地　　名	備　　註
又東南過郾縣北。	醴水口	注箋本作醴口水。
南入於淮。	汝口	
卷二十二 **潁水** 　又東南過南頓縣北,濦水從西來流注之。	交口	
又東南至慎縣東南,入於淮。	潁尾	注云:"《春秋》昭公十二年,楚了狩於州來,次於潁尾,蓋潁水之會淮也。"
卷二十二 **洧水** 　東南過其縣南。	參長口 陰口	
又東南過新汲縣東北。	大穴口	注箋本、項本、張本作穴口。
又東過習陽城西,折入於潁。	籠口	
卷二十二 **溳水** 　溳水出河南密縣大騩山。	合作口	

經　　　文	地　　名	備　　　註
卷二十二 潧水 　潧水出鄭縣西北平地。	五鳴口	
卷二十二 渠 　渠出滎陽北河，東南過中牟縣之北。	五池口 石家水口 清溝口	
又屈南至扶溝縣北。	野兔水口	
其一者，東南過陳縣北。	交口	
又東南過義成縣西，南入於淮。	沙汭	
卷二十三 汳水 　汳水出陰溝於浚儀縣北。	落架口	黃本、吳本、沈本、注釋本作洛架口。
卷二十三 獲水		

經　　文	地　　名	備　　註
獲水出汳水於梁郡蒙縣北。	黃水口	
卷二十四 **睢水**		
睢水出梁郡鄢縣。	洛架口	大典本、黃本、吳本、注箋本、項本、沈本、注釋本、張本作洛架水口。
又東過相縣南，屈從城北東流，當蕭縣南，入於陂。	睢口	
卷二十四 **瓠子河**		
瓠子河出東郡濮陽縣北河。	瓠河口 瓠子口	
又東北過祝阿縣，爲濟渠。	四瀆口	
卷二十四 **汶水**		
又西南過無鹽縣南，又西南過壽張縣北，又西南至安民亭，入於濟。	四汶口	

經　文	地　名	備　註
卷二十五 **泗水** 　　菏水從西來注之。	黃水口	
又東南過下邳縣西。	武原水口 睢水口	
卷二十六 **沭水** 　　又南過陽都縣，東入於沂。	粗口	吳本作祖口。
卷二十六 **巨洋水** 　　巨洋水出朱虛縣泰山，北過其縣西。	魚合口	
又北過臨朐縣東。	石澗口 石溝口 邧泉口	
又東北過壽光縣西。	河汭	
卷二十六 **淄水** 　　淄水出泰山萊蕪縣原山。	萊蕪口	

經　　文	地　　名	備　　註
東北過臨淄縣東。	天齊水口	
又東過利縣東。	五龍口	
	石洋口	大典本作石羊口。
卷二十七 沔水		
沔水出武都沮縣東狼谷中。	沮口 獻水口 瀘口 温泉水口 赤崖口 丙水口	
	褒口	《關中水道記》卷四，褒水，引《水經注》作襃口。
	褒谷南口	注云："褒水又東南歷褒口，即褒谷之南口也，北口曰斜，所謂北出褒斜。"
	褒谷北口	見上註。
	褒斜	見褒谷南口註。
東過南鄭縣南。	磐余口	黃本、沈本作盤余口。
	高橋溪口	
又東過成固縣南，又東過魏興安陽縣南，涔水出自旱山北注之。	三水口 酉口 嬀汭 蓬蒢溪口 蒢口 城陽水口 漅口	《淵鑑類函》卷三十八，地部，漢，引《水經注》作蘧篨口。

經　文	地　名	備　註
	松溪口	
	魚脯谷口	《名勝志》陝西，卷四，興安州，引《水經注》作魚脯溪口。
又東過西城縣南。	嵐谷北口	
	月谷口	《關中水道記》卷四，月川水，引《水經注》作月谷。
	旬口	
	甲水口	
卷二十八 **沔水**		
又東過堵陽縣，堵水出自上粉縣，北流注之。	堵口	七校本、注疏本作膳口。
又東過鄖鄉南。	琵琶谷口	
又東北流，又屈東南，過武當縣東北。	曾口	
又東南過涉都城東北。	均口	
又南過轂城東，又南過陰縣之西。	洛溪口	
又南過筑陽縣東，筑水出自房	汎口	《寰宇記》卷一四三，山南東道二，房州，房陵縣，引《水經注》作筑口。

經　　文	地　　名	備　　註
陵縣東,過其縣南流注之。	築口	
又從縣東屈西南,淯水從北來注之。	宛口 洞口	
又東過中廬縣東,維水自房陵縣維山,東流注之。	疏口	《乾隆襄陽府志》卷四,山川,宜城縣,疏山、引《水經注》作疏口。
又南過邔縣東北。	木里水口	
又南過宜城縣東,夷水出自房陵,東流注之。	泳口 敖口	大典本作灡口,注箋本作泳口。
又東過荊城東。	權口 揚口 赤湖水口 巾口 漼口	注箋本、項本、張本作陽口。 《嘉靖沔陽志》卷一,郡記第一,童承敍按,引《水經注》作中口。
又東南過江夏雲杜縣東,夏水從西來注之。	巨亮水口 合驛口 大斂口 力口 沌水口 沌口	

經　　文	地　　名	備　　註
又南至江夏沙羡縣北，南入於江。	夏口 沔口	
卷二十九 **沔水**		
又東北出居巢縣南。	濡須口 柵口 清溪口 寶湖口	大典本作柵水。
分爲二，其一東北流，其一又過毗陵縣北，爲北江。	貴口 五湖口 洞庭南口 三江口	
卷二十九 **均水**		
又南當涉都邑北，南入於沔。	均口	吳本、何本作沟口。注箋本、項本、張本、注疏本作汋口。《通鑑》卷一四二，齊紀八，東昏侯永元元年，"軍入汋均口"胡註，引《水經注》作汋口。《康熙字典》水部，沟，引《水經注》作沟口。《乾隆襄陽府志》卷四，山川，均州，襄郡漢水經流考，引《水經注》作汋口。
卷二十九 **粉水**		
又東過穀邑南，東入於沔。	粉口	注箋本作粉水。

經　文	地　名	備　註
卷二十九 比水 　比水出比陽東北太胡山，東南流過其縣南，泄水從南來注之。	會口	
卷三十　淮水 　東過江夏平春縣北。	㶏口 谷口	
又東過新息縣南。	慎口 柴口 黃口	
又東過期思縣北。	詔虞水口	
又東北至九江壽春縣西，沘水、泄水，合北注之；又東，潁水從西北來流注之。	沘口 潁口 清水口	大典本、吳本、注箋本、項本、張本作小沘口。 大典本作潁口。
又東過壽春縣北，肥水從縣東北流注之。	肥口 洛口	

經　　文	地　　名	備　　註
又東過鍾離縣北。	池河口	大典本、注箋本、項本、注釋本、張本作池口。
又東北至下邳淮陰縣西，泗水從西北來流注之。	泗口	
又東過淮陰縣北，中瀆水出白馬湖東北注之。	末口 樊梁湖北口 樊梁湖南口 山陽口	
又東，兩小水流注之。	淩口	
卷三十一 滍水		
滍水出南陽魯陽縣西之堯山。	温泉口	
卷三十一 淯水		
又南過新野縣西。	會口 力口 棘口	注云："棘水自新野縣東而南流入於淯水，謂之爲力口也，棘、力聲近，當爲棘口也。"
卷三十一 瀙水		

經　　文	地　名	備　　註
灊水出灊陰縣東上界山。	奧水口	
卷三十二 蘄水		
南過其縣西。	蘄口	《後漢書》卷七十五，列傳六十五，《袁術傳》，"留張勳、橋蕤於蘄陽"註，引《水經注》作蘄陽口，《通鑑》卷六十二，漢紀五十四，獻帝建安二年，"留其將橋蕤等於蘄陽以拒操"胡註，引《水經注》作蘄陽口。
卷三十二 決水		
又北過安豐縣東。	陽泉口	吳本、注箋本、項本、張本作陽泉石。
又北入於淮。	澮口 決灌之口 決口	注箋本、注釋本作決口。 大典本作決灌之口。 大典本作決口。
卷三十二 沘水		
北入於淮。	沘口	
卷三十二 泄水		
北過芍陂西，與沘水合。	濡須口	黃本、注箋本、沈本作濡口，吳本作其濡口。
卷三十二 肥水		

經　　　文	地　　名	備　　　註
北過其縣西，北入芍陂。	黎漿水口	
北入於淮。	肥口	吳本作肥治。
卷三十二 **施水**		
施水亦從廣陽鄉肥水別，東南入於湖。	湖成口 施口	
卷三十二 **沮水**		
又東南過枝江縣東南入於江。	沮口	
卷三十二 **夏水**		
夏水出江津於江陵縣東南。	豫章口 中夏口 夏首 柘口	注云："江津豫章口東有中夏口，是夏水之首，江之汜也，屈原所謂過夏首而西浮，顧龍門而不見也。"
又東至江夏雲杜縣，入於沔。	堵口	大典本、黃本、吳本、沈本作睹口。注釋本，注疏本作睹口。《名勝志》湖廣，卷四，沔陽州，引《水經注》作睹口。《雍正湖廣通志》卷八，山川志，沔陽州，夏水，引《水經注》作睹口。
卷三十二 **梓潼水**		

經　文	地　名	備　註
梓潼水出其縣北界,西南入於涪。	五婦水口	
卷三十二 **涔水** 　涔水出漢中南鄭縣東南旱山,北至安陽縣南,入於沔。	涔水口	注箋本、注釋本、注疏本作三水口。
卷三十三 **江水** 　岷山在蜀郡氐道縣,大江所出,東南過其縣北。	五城水口	《雍正四川通志》卷二十三,山川志,成都府金堂縣、沱江,引《水經注》作五城水。
又東南過僰道北,若水、淹水,合從西夾注之;又東,渚水北流注之。	南廣口	
又東過江陽縣南,洛水從三危山東過廣魏洛縣南,東南注之。	瀑口 綿水口	注箋本作暴口。

經　　文	地　名	備　　註
又東北至巴郡江州縣東，強水、涪水、漢水、白水、宕渠水五水，合南流注之。	涪內水口 蜀外水口	注云："庾仲雍所謂江州縣對二水口，右則涪內水，左則蜀外水。"
又東至枳縣西，延江水從牂柯郡北流西屈注之。	黃華水口	
又東過魚復縣南，夷水出焉。	將龜溪口 南集渠口 陽溪口 北集渠口	《巴船紀程》引《水經注》作龜谿口。
	班口 分水口 氾溪口 清水口 彭溪口 湯口 朝陽道口 陽元口	注云："謂之北集渠口，別名班口，又曰分水口。" 同上註。 注箋本、項本、張本作池溪口。 注釋本作陽元水口。
卷三十四 **江水** 　　又東過巫縣南，鹽水從縣東南流注之。	鳥飛口	

經　　文	地　　名	備　　註
又東過秭歸縣之南。	鄉口	
又東過枝江縣南,沮水從北來注之。	沮口	
又南過江陵縣南。	曾口 馬牧口 豫章口	

卷三十五

江水

又東南當華容縣南,涌水入焉。	涌口	
又東南,油水從東南來注之。	油口	《康熙湖廣通志》卷九,堤防,荊州府,引《水經注》作油河口。
	景口	
	淪口	
	高口	注箋本作江口。
	故市口	
	子夏口	
	龍穴水口	
	俞口	
	清陽口	注箋本、項本、七校本、注釋本、張本、注疏本作清揚口。
	土塢口	
	飯筐上口	
	清水口	注箋本作溝水口。
	生水口	

經　　文	地　　名	備　　註
	飯筐下口	
	湘江口	
湘水從南來注之。	江水會	
	西江口	
	隱口	
	良父口	
	彭城口	
	白馬口	
	鴨蘭口	
	治浦口	
	烏黎口	
	子練口	
	練口	
	蒲磯口	
	陸口	注云："江之右舉得蒲磯口，即陸口也。"
	刀環口	
	景口	
	中陽水口	
	白沙口	
	沙屯	注云："又東得白沙口，一名沙屯，即麻屯口也，本名蔑默口，江浦矣。"
	麻屯口	同上註。
	蔑默口	同沙屯註。
	雍口	
	港口	注箋本作流口。
	洋口	
	駕部口	
	聶口	
	塗口	

經　　文	地　　名	備　　註
又東北至江夏沙羡縣西北,沔水從北來注之。	沌口	
	沔水口	
	湖口	
	瀟口	
	龍驤水口	《天下郡國利病書》卷七十三,湖廣二,引《水經注》作龍驟水口。
	武口	
	楊桂水口	
	武城口	
	郭口	
	廣武口	
又東過邾縣南。	赤溪夏浦浦口	
	秋口	
	舉口	注箋本、項本、張本作舉洲。
	文方口	
	鳳鳴口	
鄂縣北。	樊口	
	谷里袁口	
	巴口	
	希水口	注箋本作希口水。
	厭里口	
又東過蘄春縣南,蘄水從北東注之。	葦口	大典本作韋口,吳本、注箋本作常口。
	東湖口	
	空石口	
	銅零口	
	臧口	
	海口	

經　文	地　名	備　註
	長風口	
	土復口	注釋本作土澓口。
	護口	
又東過下雉縣北,利水從東陵西南注之。	蘭溪水口	
	青林口	
	富口	
卷三十六 **延江水**		
又東南至武陵酉陽縣,入於酉水。	西鄉溪口	
卷三十六 **温水**		
東北入於鬱。	封溪水口	
	古郎究浦内	
	漕口	
	盧容浦口	
	四會浦口	
	黃岡心口	
	治口	注箋本作治日。
	類口	
	九真水口	
	鑿口	
	船官口	
卷三十七 **葉榆河**		

經　　文	地　　名	備　　註
東南出益州界。	蝮口	
卷三十七 **澧水** 　　又東過零陽縣之北。	溇口	
又東過作唐縣北。	澹口	
	沙口	注箋本、項本、張本作決口。《隆慶岳州府志》卷七，職方考，決口，引《水經注》作決口。
又東至長沙下雋縣西北，東入於江。	澧江口	
卷三十七 **沅水** 　　沅水出牂柯且蘭縣，爲旁溝水，又東至鐔成縣，爲沅水，東過無陽縣。	無口 辰溪口 西鄉溪口 酉口	
又東北過臨沅縣南。	鼎口 大溪口	
卷三十八 **資水**		

經　　文	地　　名	備　　註
東北過夫夷縣。	邵陵浦水口	吴本、注箋本、項本、張本作邵陵浦口水。
東北過邵陵縣之北。	高平水口 邵陽水口	
又東與沅水合於湖中,東北入於江也。	益陽江口	
卷三十八 **湘水** 東北過零陵縣東。	觀口	
又東北過泉陵縣西。	洣口 舂水口	
又東北過重安縣東,又東北過酃縣西,承水從東南來注之。	承口	《乾隆衡州府志》卷六,山川,臨烝縣,引《水經注》作烝口。
又北過臨湘縣西,瀏水從縣西北流注。	白露水口 誓口 石槨口 麻溪水口 三石水口	
又北,溈水從西南來注之。	溈口 斷口	

經　　文	地　　名	備　　註
	高口	
	下營口	
	鼻洲上口	
	鼻洲下口	
	下鼻口	
	陵子口	
	上鼻口	
又北過羅縣西，潙水從東來流注。	錫口	
	玉池口	
	門涇口	注釋本作門逕口。
	三溪水口	
	大對水口	
	黄陵水口	
	東町口	
	決湖口	
	羅汭	
	汨羅口	注箋本、項本、張本作汨口。
	懸城口	
	九口	
	青草湖口	
	苟導涇北口	注釋本作苟導逕北口。
	勞口	
	同拌口	
又北過下雋縣西，微水從東來流注。	清水口	注箋本、項本、張本作水青口。《隆慶岳州府志》卷七，職方考，五瀦，引《水經注》作小青口。《楚寶》卷三十八，山水，洞庭湖，引《水經注》作小青口。《嘉慶常德府志》卷五，山川考二，洞庭湖，引《水經注》作小青口。《禹貢會箋》卷六，"九江孔殷"徐箋，引《水經注》作水青口。《乾隆湖南通志》卷十一，山川志六，岳州府，巴陵縣，洞庭湖，引《水經注》作

經　　文	地　　名	備　　註
		小青口。《乾隆長沙府志》卷五，山川志，益陽縣，濱江，引《水經注》作小青口。
	橫房口	
	麋湖口	《禹貢會箋》卷六"九江孔殷"徐箋，引《水經注》作麋湖口。
	翁湖口	
又北至巴丘山，入於江。	三江口	
	養口	
卷三十八 **灘水**		
灘水亦出陽海山。	熙平水口 平樂溪口	
南過蒼梧荔浦縣。	靈溪水口	
卷三十八 **溱水**		
東南至曲江縣安聶邑東屈西南流。	瀧口 東溪口 漣口 東江口	
卷三十九 **洭水**		
洭水出桂陽縣盧聚。	漣口	《康熙字典》水部，漣，引《水經注》作漣水。
東南過含洭縣。	翁水口 洭口	

經　　文	地　　名	備　　註
卷三十九 **耒水** 　耒水出桂陽郴縣南山。	清溪水口	
又北過其縣之西。	郴口	
北入於湘。	耒口	
卷三十九 **洣水** 　又西北過陰山縣南。	容口 歷口 洋湖口	
卷三十九 **漣水** 　又西至累石山，入於湘水。	羅口 東町口	
卷三十九 **贛水** 　又北過南昌縣西。	慨口	
卷四十　漸江水		

經　　文	地　　名	備　　註
北過餘杭,東入於海。	長湖口	

四、河　曲

河曲即是河道曲折之處，這也是沿河常見的地名。事實上，除了人工渠道外，河川多少總是曲折的，却並不都成爲地名。河曲之成爲地名，不是曲折甚大，便是曲折甚多。酈注記載的六十多處河曲，大率如此。

在《水經注》記載中，曲折最大的河曲，當以卷四，河水經"又南至華陰潼關，渭水從西來注之"注中的河曲最爲著名。由於黃河在此南流東折，成爲自然界的偉觀。酈氏在注文中引用了描述這種偉觀的最生動而神秘的語言。注云：

> 華岳本一山擋河，河水過而曲行，河神巨靈，手盪脚蹋，開而爲兩，今掌足之跡仍存。

像黃河在潼關這樣偉大的曲折，自然界當然是並不多見的。因此，酈注記載的河曲，有很多是那種蛇行逶迤、曲折很多的河川。例如卷三十四，江水經"又東過夷陵縣南"注中記載的黃牛灘河曲。注云：

> 江水又東逕黃牛山下，有灘，名曰黃牛灘，南岸重嶺疊起，……此巖既高，加以江湍紆迴，雖途經信宿，猶望見此物。故行者謠曰：朝發黃牛，暮宿黃牛，三朝三暮，黃牛如故。言水路紆深，迴望如一矣。

又如卷三十八，湘水經"又東北過重安縣東，又東北過酃縣西，承水從東南來注之"注，這裏注文記載了湘水河曲：

> 湘水又北逕衡山縣東，……衡山二面臨映，湘川自長沙至此，江湘七百里中，

有九向九背，故漁者歌曰：帆隨湘轉，望衡九面。

在酈注記載中，河曲類地名的稱謂一般以"曲"和"灣"居多數，如"江曲"、"黃鵠灣"等均是其例。曲折甚多的河川，往往在地名上冠以數字，以形容其曲折之多。例如"衡漳九絴（卷十，濁漳水）"、"汝水九曲"（卷二十一，汝水）、"九渡水"（卷三十，淮水，卷三十七，澧水）、"壺頭三十三渡"（卷三十七，沅水）等等。

對於上述衡漳九絴，酈注中尚有一處異地同名的情況需要略加説明。卷十，濁漳水經"又東過下博縣之西"注云：

　　衡漳又東北歷下博城西，逶迤東北注，謂之九絴。①

這個"絴"，注釋本作"崝"。《水經注箋刊誤》卷四云：

　　九崝之名亦見濡水注，此水逶迤屈曲似之，故同其稱。當從山作崝。

按卷十四，濡水經"濡水從塞外來，東南過遼西令支縣北"注云：

　　濡水又東南逕盧龍塞，塞道自無終縣東出，渡濡水，向林蘭陘至清陘，盧龍之險，峻坂縈折，故有九絴之名矣。

非常清楚，濡水注的九絴，是指的盧龍塞道，乃是道路之名，並非河曲，而《刊誤》却混爲一談，顯然是不妥當的。② 而且從字面來説：絴，《説文》云"紛絲絺繩"，③則有屈曲之意。而崝，《説文》作"崝，嶸也"，④乃係崝嶸之意。所以濡水注的盧龍塞道稱爲九崝尚無不可，而衡漳九絴，若改絴爲崝，顯然是不對的。至於注疏本按《御覽》和《寰宇記》，把這個地名改爲九爭曲，雖然字面上與九絴差別較大，但仍不失爲河曲之意，較之趙改的九絴，當然要好得多了。

此外，還有一種必須説明的稱謂是"汭"。酈注中這樣稱謂的地名不少，如"嫣汭"、"洛汭"、"沙汭"、"河汭"、"羅汭"等等。對於"汭"的意義，注文在卷十九，渭水經"東入於河"中有所解釋，在前面水口類地名中已經説明過了。"汭"的解釋不少，但杜預所云："水之隈曲曰汭"，可能比較符合事實。《初學記》亦云："水曲曰汭。"⑤近人童書業解釋"漢汭"云："爲漢水之曲，當在漢水由東西改向南北處。"⑥這種解釋，和杜預及《初學記》都是一致的。爲此，本匯編將以"汭"爲名的地名，都收入於河曲類地名之中。

①　九絴，大典本、黃本、吳本、注箋本、項本、沈本、張本，以及《禹貢山川考》卷二，《兗河考》引《水經注》，均作九爭，注疏本作九爭曲。
②　匯校本楊希閔加註云："絴，趙本作崝，謂亦見濡水注。閔案，此當作九絴，濡水自作九崝，各不同。"案濡水注九絴，大典本、黃本、吳本、注箋本、項本、沈本、七校本、注釋本、匯校本、張本及《順治盧龍縣志》卷一，古蹟，盧龍塞，引《水經注》均作九崝。
③　《説文》卷十三上，糸部。
④　《説文》卷九下，山部，宋徐鉉註："今俗別作峥。"
⑤　《初學記》卷六，總載水第一。
⑥　《春秋楚郢都辨疑》（中華書局《中國古代地理考證論文集》第九十四頁）。

河　曲

經　文	地　名	備　註
卷一　河水 　屈從其東南流，入渤海。	恒曲	
卷二　河水 　又東入塞，過敦煌、酒泉、張掖郡南。	析支之地河曲	
又東北過天水勇士縣北。	二十八渡水	注云："有水出縣西，世謂之二十八渡水，東北流，溪澗縈曲，途出其中，逕二十八渡，行者動於溯涉，故因名焉。"
卷三　河水 　又東過雲中楨陵縣南，又東過沙南縣北，從縣東，屈南過沙陵縣西。	五原河曲 陰山河曲	
卷四　河水 　又南過蒲坂縣西。	嫣汭 河曲	卷十九渭水經"東入於河"注云："春秋之渭汭也，……杜預曰：水之隈曲曰汭。"
又南至華陰潼關，渭水從西來注之。	華岳河曲	注云："華岳本一山當河，河水過而曲行。"

經　　文	地　名	備　　　　註
卷五　河水 　又東北過楊虛縣東，商河出焉。	商河馬嶺城 河曲	注云：“城在河曲之中。”
卷六　涑水 　又西南過左邑縣南。	河曲	
卷九　淇水 　淇水出河內隆慮縣西大號山。	美溝	注云：“又東流與美溝合，水出朝歌西北大嶺下，東流逕駱駝谷，於中逶迤九十曲，故俗有美溝之目矣。”
卷十　濁漳水 　又東北過曲周縣東，又東北過鉅鹿縣東。	洛汭	
又東北過下博縣之西。	衡漳九絳	注云：“衡漳又東北歷下博城西，逶迤東北注，謂之九絳。”九絳，大典本、黃本、吳本、注箋本、項本、沈本、張本作九爭。注釋本及小山堂鈔全謝山五校本作九岬。注疏本作九爭曲。《禹貢山川考》卷二，《兗河考》，引《水經注》作九爭。《治河前策》卷上，《又北播爲九河考》，引《水經注》作九爭。
卷十一　滱水 　又東過安憙縣南。	唐水之曲 曲逆水	注箋本、項本、注釋本、張本作唐水之西。 注云：“其水自源東逕其縣故城南，枉渚迴湍，率多曲復，亦謂之爲曲逆水也。”

經　　文	地　　名	備　　註
卷十四　鮑丘水		
又南過潞縣西。	夏澤南曲渚	注云："鮑丘水又東南入夏澤,澤南紆曲渚十餘里。"
卷十四　濡水		
濡水從塞外來,東南過遼西令支縣北。	濡河曲河	注云："濡河又東南,水流迴曲,謂之曲河。"
	五渡水	注云："濡水又東南,五渡水注之,⋯⋯其水南入五渡塘,於其川也,流紆曲溯,涉者頻濟,故川塘取名矣。"
	五渡塘	見上註。
卷十五　洛水		
洛水出京兆上洛縣讙舉山。	洛汭	
又東北出散關南。	洛水九曲	
卷十五　伊水		
又東北過新城縣南。	高都城曲水	
卷十六　穀水		
又東過河南縣北,東南入於洛。	九曲瀆	
	阮曲	

經　　文	地　　名	備　　註
卷十七　渭水		
又東過上邽縣。	萬石灣	黄本、沈本作石萬灣。
卷十九　渭水		
又東過霸陵縣北，霸水從縣西北流注之。	周氏曲	
東入於河。	渭汭	注云："《春秋》之渭汭也，《左傳》閔公二年，虢公敗犬戎於渭隊，服虔曰：隊，謂汭也，杜預曰：水之隈曲曰汭。"
	渭隊	同上註。
卷二十　漾水		
漾水出隴西氐道縣嶓冢山，東至武都沮縣，爲漢水。	漢曲	
卷二十一　汝水		
又東南過定陵縣北。	汝水九曲	
又東南過汝南上蔡縣西。	馬灣	注云："汝水枝別左出，西北流，又屈西東轉，又西南會汝，形若垂瓠，耆彦云：城北名馬灣。"黄本、吴本、注箋本、沈本作焉灣。

經　　文	地　　名	備　　　註
卷二十二 潁水 　　東南過其縣南。	五渡水	注云："潁水又東,五渡水注之,……石溜縈委,溯者五涉,故亦謂之五渡水。"
又東南過潁陽縣西,又東南過潁陰縣西南。	柏祠曲	
卷二十二 渠 　　又東南過義成縣西,南入於淮。	沙汭	
卷二十四 汶水 　　又西南過奉高縣北。	汶水南曲	
卷二十六 巨洋水 　　又東北過壽光縣西。	河汭	注釋本作洛汭。
卷二十七 沔水		

經　　文	地　　名	備　　註
又東過成固縣南,又東過魏興安陽縣南,淯水出自旱山北注之。	嫣汭	
卷二十八　沔水		
又東過襄陽縣北。	漢皋之曲	
又從縣東屈西南,清水從北來注之。	白沙曲	
卷三十　淮水		
淮水出南陽平氏縣胎簪山,東北過桐柏山。	九渡水	注云:"有九渡水注之,水出雞翅山,溪澗縈委,沿遡九渡矣,其猶零陽之九渡水,故亦謂之九渡焉。"
	九渡水	見上註。
東過江夏平春縣北。	油水東曲	
又東過新息縣南。	申陂水釣臺水曲	
又東過壽春縣北,肥水從縣東北流注之。	淮曲	

經　　文	地　名	備　　註
卷三十一 **淯水** 　又南過新野縣西。	堵水灣 滎源灣	注云:"水決南潰,下注爲灣,灣分爲二,西爲堵水,東爲滎源。" 同上註。
卷三十二 **夏水** 　又東至江夏雲杜縣,入於沔。	漢水曲	
卷三十四 **江水** 　又東過夷陵縣南。	黄牛灘江曲	注云:"江水又東逕黄牛山下,有灘名曰黄牛灘,……江湍紆迴,雖途逕信宿,猶望見此物,故行者謡曰:朝發黄牛,暮宿黄牛,三朝三暮,黄牛如故。"
卷三十五 **江水** 　又東至華容縣西,夏水出焉。	江曲	
又東北至江夏沙羨縣西北,沔水從北來注之。	黄鵠灣	
鄂縣北。	敗舶灣	

經　　文	地　　名	備　　註
又東過下雟縣北，利水從東陵西南注之。	琵琶灣	
卷三十六 温水 　東北入於鬱。	古戰灣 新羅灣 彭龍灣	
卷三十七 夷水 　東南過佷山縣南。	夷城水曲	注云：“夷城石岸險曲，其水亦曲。”
卷三十七 澧水 　又東過零陽縣之北。	九渡水	
卷三十七 沅水 　沅水出牂柯且蘭縣，爲旁溝水，又東至鐔成縣，爲沅水，東過無陽縣。	壺頭三十三渡	注云：“壺頭曲徑多險，其中紆折千灘，……劉澄之曰：沅水自壺頭枝分，跨三十三渡。”

經　　文	地　　名	備　　註
又東北過臨沅縣南。	白壁灣	《楚寶》卷三十八，山水，資水，引《水經注》作白壁灣。《雍正湖廣通志》卷十二，山川，武陵縣，明月池，引《水經注》作白壁灣。《嘉慶常德府志》卷五，山川考二，明月池，引《水經注》作白壁灣。
	枉渚	注云：“沅水東歷小灣，謂之枉渚。”
卷三十八 **湘水**		
又東北過重安縣東，又東北過酈縣西，承水從東南來注之。	湘水長沙衡山江曲	注云：“湘水又北逕衡山縣東，……衡山東南二面臨映，湘川自長沙至此，江湘七百里中，有九向九背，故漁者歌曰：帆隨湘轉，望衡九面。”
又北過羅縣西，湑水從東來流注。	羅汭	
卷四十　漸江水		
北過餘杭，東入於海。	浦陽江江曲	

五、瀑　布

　　瀑布是一種普通的地名，《水經注》記載瀑布，素以生動著名。卷四，河水經"又南過河東北屈縣西"注中所記載的龍門瀑布，即是許多例子中的一個。注云：

　　　　孟門，即龍門之上口也，實爲河之巨阨。……其中水流交衝，素氣雲浮，往來遙觀者，常若霧露沾人，窺深悸魄，其水尚崩浪萬尋，懸流千丈，渾洪贔怒，鼓若山騰，濬波頹疊，迄於下口，方知慎子下龍門，流浮竹，非駟馬之追也。

　　現在，瀑布這一名稱，已經成爲一個固定的自然地理學名詞，但古人使用這類詞匯的要求，並不像現在這樣嚴格。因此，酈注在這類地名的稱謂上是並不統一的。全注記載的五十多處瀑布中，真正以瀑布爲名的，不過十多處，其餘有的稱爲"洪"，有的稱爲"瀧"，此外還有"懸流"、"懸水"、"懸濤"、"懸泉"、"飛泉"、"懸澗"、"懸波"、"頹波"等等許多稱謂，實際上都是稱的瀑布。

　　卷十七，渭水經"又東過冀縣北"注中，還有一種對瀑布的特殊的稱謂，注云：

　　　　川水西得白楊泉，又西得蒲谷水，又西得蒲谷西川，又西得龍尾溪水，與蒲谷水合，俱出南山，飛清北入川水。

　　對於這個"飛清"，治酈前輩已經有所注意。譚元春在此處批云："揚波飛清，止以二字描贊便活現，何其省捷。"注疏本楊守敬疏云："夷水注，激素飛清，其辭例也。"譚、楊二氏是否認爲"飛清"就是瀑布，按他們的批疏還不能斷定。而楊氏的"辭例"二字含義更不清楚。假使把飛清作爲一般河川流水的辭例，這是值得商榷的；要是把飛清作爲瀑布的辭例,那就不錯了。綜觀全注:“飛”字常常作爲瀑布的辭例,例如卷十一,滱水注的“石門飛水”;卷二十,漾水注的“北山飛波”;卷二十六,巨洋水注;卷二十八,湘水注的“飛泉”;卷三十九,贛水注的“飛流”、廬江水注的“飛瀑”[①]飛澍等等。至於“飛清”,除了渭水注和楊氏指出的夷水注以外,酈注中還有卷二十,漾水注的平樂水“飛清”;[②]卷二十七,沔水注的南山巴嶺“飛清”[③]及卷三十四,江水注的孔子泉“飛清”三處,顯然都是指的瀑布。上述渭水注的飛清,是記載得特别清楚的。注文所述的白楊泉、蒲谷水、蒲谷西川、龍尾溪水等四條平行的、南北流向的河川,都以急流瀑布注入略陽川水,説明這裏是一條東西走向的造瀑層(Fall maker)而形成的瀑布綫。

卷九清水經“清水出河南脩武縣之北黑山”。吴本、何校明鈔本、王校明鈔本、注删本等注云:

其水歷澗流飛清洞觀,謂之清水矣。

但殿本却作:

其水歷澗飛流,清泠洞觀,謂之清水矣。

殿本之所以把“飛清”改作“飛流”,其根據是注箋本。[④] 但孫潛校本在這方面早已指出了注箋本的不當。孫云:

朱本,《御覽》引此作清泠洞觀,按注中屢用飛清二字,不必旁引他書以證明也。

由此可見,孫氏是充分明白“飛清”二字在酈注中是瀑布的常用辭例,而殿本以及與殿本相同的注釋本對這段注文的不得其法的更改,恰恰説明了他們對這個辭例的概念的模糊不清。

酈注還有一類記載瀑布的文字,也必須加以注意,例如卷九,沁水經“又南過陽阿縣東”注云:

沁水又東,陽阿水左水焉。……又東南流逕午壁亭東面南入山,其水沿波漱石,瀨澗八丈,環濤轉轂,西南流入於沁水。

在上列注文中,並没有使用任何一個與瀑布相當的稱謂,但“瀨澗八丈,環濤轉轂”,事實上記載的完全是瀑布。對這樣一類的記載,本匯編都收入於瀑布類地名之中,並且都加上“瀑布”這個稱謂。

---

① 廬江水注“懸流飛瀑”,按宋本、傅增湘所見宋刊殘本、大典本、王校明鈔本、注删本等均作“懸流飛澍”。

② 平樂水“飛清”,按吴本、項本、注釋本、張本均作“飛流”。

③ 卷二十七,沔水經“東過南郑縣南”注云:“右會磐余水,水出南山巴嶺上泉流兩分,飛清派注,南入蜀水,北注漢津。”故南山巴嶺飛清,包括南、北兩處瀑布。

④ 注箋本提出《御覽》“清泠洞觀”之説,但注文本身仍與吴本同,未曾改易。改“飛清”爲“飛流”,始於殿本及注釋本。

鄘注記載的瀑布，其中有一些直至今天依然存在，像卷四，河水注的龍門瀑布；①卷四十，漸江水注的五洩瀑布等都是其例。另外有一些瀑布到今天已經不再存在，或者即使存在，而其位置、水量和落差等都已有了變化。這樣的瀑布，爲我們對歷史上河床發育變化的研究，提供了重要的資料。例如卷四十，漸江水經"北過餘杭，東入於海"注中的蘇姥布瀑布。注云：

> 穀水又東，定陽溪水注之，水上承信安縣之蘇姥布。……水懸百餘丈，瀨勢飛注，狀如瀑布。

鄘注記載的這個"水懸百餘丈"的瀑布，到一千多年以後的明朝末葉，已經成爲一個急灘。據《天啟衢州府志》引及鄘注蘇姥布這個地名時云："蘇姥布，即城北之蘇姥灘。"②對比上述兩種記載，則這段河床在一千多年間的發育演變尚可探索。

此外，鄘注記載的另一些瀑布，其退縮或消失，並不是由於河床的自然變代，而是由於人工的力量。例如卷二十五，泗水經"又東南過呂縣南"注中的呂梁瀑布。這個瀑布是古代著名的瀑布之一，原來具有很大的規模。注云：

> 泗水上有梁焉，故曰呂梁也。……懸濤漰渀，實爲泗險，孔子所謂魚鼈不能游。又云：懸水三十仞，流沫九十里。

這個很大的瀑布，成爲古代泗水航行的極大障礙，歷史上一再加以開鑿，③瀑布就逐漸縮小，最後終於在明嘉靖年代完全消失。據胡渭所引云：

> 呂梁山在州東南五十里，山下即呂梁洪也。有上、下二洪，相距凡七里，巨石齒列，波濤洶湧。明嘉靖二十三年，管河主事陳洪範鑿呂梁洪平之，自是運道益便。④

像上述呂梁洪的消失過程，是歷史上航道水利方面的重要資料。

不同版本中對於瀑布地名的某些差異，這裏有必要稍作説明。卷四十，漸江水注中的"五洩瀑布"，據宋本、黃本、吳本、注箋本、何校明鈔本、王校明鈔本、嚴本、注刪本、項本、沈本、張本、摘鈔疏證本以及《嘉泰會稽志》、《名勝志》、《通雅》、《康熙紹興府志（張志）（王志）（俞志）》、《雍正浙江通志》、《越中百詠》⑤等所引《水經注》，均作"三

① 史念海《黄河在中游的下切》（《河山集二集》三聯書店，1983 年版）："這完全是壺口的一幅素描，到現在也還是這樣。"

② 《天啟衢州府志》卷一，輿地志，山川。

③ 《方輿紀要》卷二十九，江南十一，徐州，百步洪："俗傳唐尉遲敬德經略徐州，鑿徐州、呂梁二洪以通水道。宋元祐中亦當修鑿，置月河石隄及上下閘。明永樂中，陳瑄復鑿，亦於洪口置閘。既以運艘損壞，凡再鑿之。嘉靖二十年，管河主事陳穆復鑿百步洪，遂成安流。"

④ 《禹貢錐指》卷五。

⑤ 《嘉泰會稽書》卷十五，五洩溪；《名勝志》浙江，卷四，紹興府，諸暨縣；《通雅》卷十七，地輿，大泉；《康熙紹興府志（張志）（王志）（俞志）》卷四，山川志，山上，五洩山；《雍正浙江通志》卷十五，山川七，五洩山；清杭世駿《浙江山川古蹟記》卷四，紹興府，五洩山；清晉鑣《越中百詠》五洩山。

洩”。由於這個瀑布今天仍然名爲五洩,看來殿本是肯定正確的。周夢棠在校訂嚴忍公刊本時,也因而從嚴本的“三”字改成“五”字。可是也應該考慮到,既然宋、明版本多作三洩,則明以後的版本也有可能是按照這個瀑布的後來的名稱而易“三”爲“五”,瀑布的古名仍有可能是“三洩”,則殿本也未必一定不錯。明朱曰範認爲《水經注》稱“五洩”爲“三洩“,是因爲五洩之中以此三洩爲著名,[1]這就未免牽強附會了。

同注的另一瀑布:

> 水出吳興郡於潛縣北天目山。……山上有霜木,皆是數百年樹,謂之鳳翔林,東面有瀑布,下注數晦深沼,名曰浣龍池。

但王校明鈔本和《名勝志》所引,却頗不相同。王校明鈔本作“南有瀑布”。這當然還只是瀑布方位的不同。而《名勝志》所引則云:

> 東西瀑布,下注成池,名蛟龍池。[2]

這裏,殿本作“東面”而《名勝志》作“東西”。按前者是一處瀑布,而後者則有兩處瀑布,差別就很大了。

最後,在本匯編收入的瀑布類地名中,對卷二十七,沔水注中的上濤、下濤、鱣湍等地名,還必須稍加說明。

經“又東過成固縣南,又東過魏興安陽縣南,涔水出自旱山北注之”注云:

> 漢水又東逕小成固南,……東歷上濤而迄於龍下,蓋伏石驚湍,流屯激怒,故有上、下二濤之名。

又經“又東過西城縣南”注云:

> 漢水又東爲鱣湍,洪波浹盪,潚浪雲頹,古者舊言:有鱣魚奮鰭逆流,望濤直上,至此則暴鰓失濟,故因名湍矣。

按上述注文,則上濤、下濤、鱣湍等三個地名,很可能是急流而非瀑布。由於注文記載的急流地名不多,本匯編不再另設這一類地名,姑且收入在這裏。

---

① 明朱曰範《五洩行贈李武選》(《康熙紹興府志(俞志)》卷四,山川志,山上,五洩山):“《水經》五洩三洩著,其餘二洩不可去。”
② 《名勝志》浙江,卷一,杭州府,於潛縣,引《水經注》。

瀑　布

經　　文	地　　名	備　　註
卷三　河水 　又南過赤城東，又南過定襄桐過縣西。	呂梁洪	注云："其水西流歷呂梁之山而爲呂梁洪，其山巖層岫衍，澗曲崖深，巨石崇竦，壁立千仞，河流激盪濤湧，波襄雷淛電洩，震天動地。"
又南過上郡高奴縣東。	定陽縣西山（瀑布）	注云："水出定陽縣西山，二源奇發，同瀉一壑。"
卷四　河水 　又南過河東北屈縣西。	孟門懸流	注云："孟門，即龍門之上口也，實爲河之巨阨，……其中水流交衝，素氣雲浮，往來遙觀者，常若霧露沾人，窺深悸魄，其水尚崩浪萬尋，懸流千丈，渾洪贔怒，鼓若山騰，濬波頹疊，迄於下口，方知慎子下龍門，流浮竹，非駟馬之追也。"孟門，《玉海》卷二十一，地理，禹九河，引《水經注》作盟門。
	龍門上口懸流	見上註。案龍門上口，《關中水道記》卷一，河水，引《水經注》作龍山上口。
	龍門下口懸流	見孟門懸流註。
又東過陝縣北。	陝城懸水	注云："戴延之云：城南山原，北臨黃河，懸水百餘仞。"
又東過平陰縣北，清水從西北來注之。	鼓鍾上峽懸洪	注云："其水南流歷鼓鍾上峽，懸洪五丈，飛流注壑"。
卷五　河水		

經　　文	地　　名	備　　註
又東過成皋縣北,濟水從北來注之。	石城山瀑布	注云:"其山複澗重嶺,欹疊若城,山頂泉流,瀑布懸瀉。"
卷六　澮水 　澮水出河東絳縣東,澮交東高山。	絳山懸流	注云:"水出絳山東,寒泉奮湧,揚波北注,懸流奔壑,一十許丈。"
卷九　清水 　清水出河內脩武縣之北黑山。	白鹿山瀑布	注云:"瀑布乘巖懸河,注壑二十餘丈,雷赴之聲,震動山谷。"
卷九　沁水 　南過穀遠縣東,又南過陭氏縣東。	巨駿山(瀑布)	注云:"水出東北巨駿山,乘高瀉浪,觸石流響。"
	午壁亭(瀑布)	注云:"又東南流逕午壁亭東而南入山,其水沿波漱石,瀄澗八丈。"
卷九　淇水 　淇水出河內隆慮縣西大號山。	沮洳山頹波	注云:"《山海經》曰:淇水出沮洳山,水出山側,頹波瀄注,衝激橫山。"
卷九　洹水 　東過隆慮縣北。	雞翹洪	《乾隆林縣志》卷四,山川志下,黃水,引《水經注》作雞翅洪。
卷十一　滱水		

經　文	地　名	備　　註
又東南過中山上曲陽縣北,恒水從西來注之。	懸水(瀑布)	注云:"又東,左合懸水,水出山原岫盤谷,輕湍潴下,分石飛懸,一匹有餘,直灌山際,白波奮流。"
又東過博陵縣南。	廣昌嶺(瀑布)	注云:"徐水三源奇發,齊瀉一澗。"
	石門飛水	注云:"徐水又東南流,歷石門中,……飛水歷其間南出之崖傾澗洩注,七丈有餘,渀盪之音,奇爲壯猛。"
卷十二　聖水 聖水出上谷。	玉石山頽波	注云:"聖水又東逕玉石山,……頽波瀉澗,一丈有餘。"
卷十三　灢水 又東南出山。	落馬洪	吳本、注箋本、項本、張本、注疏本作落馬河。《天下郡國利病書》卷二,北直一,引《水經注》作落馬河。
卷十七　渭水 又東過冀縣北。	白楊泉飛清	注云:"川水西得白楊泉,又西得蒲谷水,又西得蒲谷西川,又西得龍尾溪水,與蒲谷水合,俱出南山,飛清北入川水。"
	蒲谷水飛清	見上註。
	蒲谷西川飛清	見白楊泉飛清註。
	龍尾溪水飛清	見白楊泉飛清註。

經　文	地　名	備　註
又東過陳倉縣西。	吳山懸波	注云："山下石穴，廣四尺，高七尺，水溢石空，懸波側注，㵗濟震盪。"
	茲谷（瀑布）	注云："水出南山茲谷，乘高激流，注於溪中。"
卷十九　渭水		
又東過鄭縣北。	馬嶺山懸流	注云："渭水又東，西石橋水南出馬嶺山，積石據其東，麗山距其西，泉源上通，懸流數十。"
又東過華陰縣北。	華山（瀑布）	注云："縣有華山，……山上有二泉，東西分流，至若山雨滂沛，洪津泛灑，挂溜騰虛，直瀉山下。"
卷二十　漾水		
漾水出隴西氐道縣嶓冢山，東至武都沮縣，爲漢水。	高望谷水飛波	注云："西漢水又西南流，……右得高望谷水，次西得西溪水，次西得黃花谷水，咸出北山，飛波南入。"
	西溪水飛波	見上註。
	黃花谷水飛波	見高望谷水飛波註。
	平樂水飛清	注云："又東南會平樂水，水出武街東北四十五里，……山側有甘泉，涌波飛清，下注平樂水。"
卷二十二　洧水		
洧水出河南密縣西南馬領山。	瀝滴泉懸水	注云："洧水又東會瀝滴泉，水出深溪之側，泉流丈餘，懸水散注。"
東南過其縣南。	零鳥塢懸流	注云："塢側有水，懸流赴壑，一匹有餘。"

經　文	地　名	備　註
卷二十五 **泗水** 　又東過呂縣南。	呂梁縣濤	注云:"泗水之上有石梁焉,故曰呂梁也,……懸濤漰渀,實爲泗險,孔子所謂魚鼈不能游,又云懸水三十仞,流沫九十里。"
卷二十六 **巨洋水** 　又北過臨朐縣東。	熏冶泉飛泉	注云:"巨洋水自朱虛北入臨朐縣,熏冶泉水注之,水出西溪,飛泉側瀨於窮坎之下。"
卷二十六 **淄水** 　又東過利縣東。	礐頭山瀑布	注云:"三面積石,高深一匹有餘,長津激浪,瀑布而下,澎贔之音,驚川聒谷,漰渀之勢,狀同洪河。"
卷二十七 **沔水** 沔水出武都沮縣東狼谷中。	丙穴懸泉	注云:"水上承丙穴,……穴口廣五、六尺,去平地七、八尺,有泉懸注。"
東過南鄭縣南。	南山巴嶺南飛清 南山巴嶺北飛清	注云:"水出南山巴嶺上,泉流兩分,飛清派注,南入蜀水,北注漢津。" 見上註。
又東過成固縣南,又東過魏興安陽縣南,洴水出自旱山北注之。	上濤	注云:"漢水東歷上濤而逕於龍下,蓋伏石驚湍,流屯激怒,故有上、下二濤之名"。

經　　文	地　名	備　　註
	下濤 寒泉嶺瀑布	見上註。 注云："泉湧山頂,望之交橫,似若瀑布,頹波激石,散若雨灑"。
又東過西城縣南。	鱣湍	注云："漢水又東爲鱣湍,洪波浚盪,㴸浪雲頹。"
卷二十九 **沔水**		
分爲二,其一東北流,其一又過毗陵縣北,爲北江。	落星山懸水 釣頭泉（瀑布）	注云："縣南有落星山,山有懸水五十餘丈,下爲深潭。" 注云："縣南有釣頭泉,懸湧一仞。"
又東至會稽餘姚縣,東入於海。	車箱山瀑布	注云："乘高瀑布四十餘丈。"
卷三十　淮水		
淮水出南陽平氏縣胎簪山,東北過桐柏山。	固成山（瀑布） 雞翅山頹波	注云："縣南對固成山,山有水,流注數丈,洪濤灌山。" 注云："山有一水,發自山椒下數丈,素湍直注,頹波委壑,可數百丈,望之若霏幅練矣"。
卷三十四 **江水**		

經　　文	地　名	備　　註
又東過巫縣南,鹽水從縣東南流注之。	孔子泉飛清	注云:"有聖泉謂之孔子泉,其水飛清石穴,潔並高泉,下注溪水。"
	巫峽懸泉	注云:"其首尾間百六十里,謂之巫峽,……懸泉瀑布,飛漱其間。"
	巫峽瀑布	同上註。
卷三十七 夷水 　東入於江。	佷山北溪水飛清	注云:"亦謂之佷山北溪水,……冬夏激素飛清。"
卷三十八 湘水 　又東北過重安縣東,又東北過酃縣西,承水從東南來注之。	衡山飛泉	注云:"山上有飛泉下注,下映青林,直注山下,望之若幅練在山矣"。
卷三十八 溱水 　溱水出桂陽臨武縣南,繞城西北屈東流。	瀧中懸湍	注云:"崖峻險阻,巖嶺干天,交柯雲蔚,霾天晦景,謂之瀧中,懸湍迴注,崩浪震山。"
東至曲江縣安聶邑東屈西流。	泠君山懸澗	注云:"泠水東出泠君山,山,羣峯孤秀也,晉太元十八年,崩十餘丈,於是懸澗瀑挂,傾流注壑。"
	巢頭衿瀧	注云:"水有別源曰巢頭,重嶺衿瀧,湍奔相屬。"
卷三十九 鍾水		

經　　文	地　　名	備　　註
鍾水出桂陽南平縣都山,北過其縣東,又東北過宋渚亭,與溈水合。	北界山瀑布	注云:"石泉懸注,瀑布而下。"
卷三十九 **耒水** 又北過其縣之西。	耒水郴縣懸泉	注云:"兩岸連山,石泉懸溜。"
卷三十九 **贛水** 又北過南昌縣西。	散原山飛流	注云:"西行二十里曰散原山,……西北五、六里有洪井,飛流懸注,其深無底。"
卷三十九 **廬江水** 廬江水出三天子都北,過彭澤縣西,北入於江。	石門水飛瀑	注云:"有石門水,水自嶺端,……懸流飛瀑近三百許步,下散漫十許步,上望之連天,若曳飛練於霄中矣。""懸流飛瀑",宋本、傅增湘所見宋刊殘本、大典本、王校明鈔本,注刪本均作"懸流飛澍"。
	黃龍南瀑布	注云:"《廬山記》曰:白水在黃龍南,即瀑布也。"
卷四十　漸江水 漸江水出三天子都。	翔鳳林東瀑布	注云:"山上有霜木,皆是數百年樹,謂之翔鳳林,東面有瀑布。"此處"東面有瀑布",按《名勝志》浙江,卷一,杭州府,於潛縣,引《水經注》作"東西瀑布"。

經　文	地　名	備　註
北過餘杭,東入於海。	蘇姥布瀑布	注云:"水懸百餘丈,瀨勢飛注,狀如瀑布"。
	五洩瀑布	注云:"此是瀑布,土人號爲洩也。"五洩,宋本、黃本、吳本、注箋本、明練湖書院鈔本、何校明鈔本、王校明鈔本、嚴本、注删本、項本、沈本、張本、摘鈔本作三洩。《嘉泰會稽志》卷十,五泄溪,引《水經注》作三泄。《名勝志》浙江,卷四,紹興府,諸暨縣,引《水經注》作三洩。《通雅》卷十七,地輿,大泉,引《水經注》作三洩。《康熙紹興府志(張志)(王志)(俞志)》卷四,山川志一,五洩山,引《水經注》作三洩。《雍正浙江通志》卷十五,山川七,五洩山,引《水經注》作三洩。《林水録》鈔《水經注》作三洩。《浙江山川古蹟記》卷四,紹興府,五洩山,引《水經注》作三洩。《駢字類編》卷四十三,山水門八,水外,引《水經注》作三洩。周晉鑠《越中百詠》五洩山,引《水經注》作三洩。
	剡縣瀑布	注云:"山上有瀑布,懸水三十丈。"

下列五類地名，即湖澤、淵潭、浦、池沼、陂。從現代自然地理學概念來看，這五類就是除了地下水和河流以外，陸地水的第三種存在形式。這是《水經注》地名的重要組成部分，五類地名的總數在七百以上。本匯編按原注的稱謂把這些地名分成下列五類的主要目的，只能説是爲了查檢方便，因爲古人對於地下水和河川以外的各種陸地水的存在形式的命名，並没有像現代的這樣嚴格。下列五類，若按現代自然地理學的要求，其概念有時是混淆不清的。在同類稱謂的地名中，可能有性質不同的地理事物；在不同稱謂的地名中，有時却可能是性質相同的東西。每遇這樣的情況，本匯編都儘可能利用備註加以説明。

六、湖　澤

　　在湖澤這一類地名中，包括澤、藪、湖、淀、泊等，從總的概念來説，這些稱謂一般都是指的較大型的陸地水積聚之處。《初學記》所謂：“水所鍾曰澤，澤無水有草木曰藪。”[①]説得也很明白。《水經注》記載的這類地名中，如渤澤（卷二，河水）、雲夢之藪（卷三十二，夏水）、洞庭湖（卷二十九，沔水；卷三十七，澧水）等，確實都是面積巨大的。但如卷十，濁漳水注的張平澤；卷十三，灅水注的平湖等，雖然同樣名爲湖澤，却不過是小小水面而已。另外，這一類澤藪湖泊，往往都是天然形成的。人工湖泊在酈注中常稱爲陂。但事實也不盡然，例如卷三十九，贛水注的東大湖；卷四十，漸江水注的長湖，却也都是人工湖泊。

　　酈注記載的湖澤，有許多至今仍然存在，但是也有不少，其中包括一些大型湖澤，

---

① 《初學記》卷六，總載水第一。

至今早已乾涸,成爲有名無地的歷史地名了。例如卷三,河水經"又北過朔方臨戎縣西"注中的屠申澤,注云:

> 其水積爲屠申澤,東西百二十里,……闕駰謂之窳渾澤矣。

卷八,濟水經"又東過方與縣北,爲菏水"注中的鉅野澤,也是我國古代的大型湖澤之一。注云:

> 黃水又東逕鉅野縣北,何承天曰:鉅野湖澤廣大,南通洙泗,北連清濟,舊縣故城,正在澤中。

此外,圃田澤在我國古代大型湖澤中也很著名。卷二十二,渠經"渠出滎陽北河,東南過中牟縣之北"注云:

> 澤在中牟縣西,西限長城,東極官渡,北佩渠水,東西四十許里,南北二十許里。

像上述屠申、鉅野、圃田等大型湖澤,至今都早已湮廢消失,僅僅留下一個地名。但是從這些湖澤的湮廢過程中,對我們今天研究古代這些地區氣候的變遷、沙漠的移動、水文的變化等,都是有用的資料。

這裏還有一個必須解釋的稱謂即所謂"坈"。①《水經注》記載的以坈爲名的地名,按其地理位置一般都在河流入海的三角洲地帶,如卷五,河水注的馬常坈、落里坈;卷二十六淄水注的皮丘坈等均是其例。有些稱坈的地名位於河流下游的沿河地帶,如卷四河水注的曹陽坈;卷八,濟水注的深坈等都是如此。在卷五,河水經"又東北過高唐縣東"注中的馬常坈,注文有一段描述,可以窺見這類地名的性質。注云:

> 漯水又東北逕千乘二城間,……又東北爲馬常坈。坈東西八十里,南北三十里,亂河枝流而入於海,河海之饒,兹焉爲最。《地理風俗記》曰:漯水東北至千乘入海,河盛則通津委海,水耗則微涓絶流。

從上述注文中,可見這塊東西八十里、南北三十里的馬常坈,是"亂河枝流而入於海"的地區,乃是一塊河口沼澤地。所以胡渭認爲"坈乃澱泊之類"。② 而合校本在"馬常坈"下加註云:"坈是藪澤之名。"都是符合事實的。而且由於注文又説明了"河盛則通津委海,水耗則微涓絶流"。則可更進一步明白,馬常坈是一塊季節性沼澤地。

不過殿本的"坈",在大典本、黃本、注箋本、項本、沈本等往往作"坑",《光緒山東

---

① 《水經注删》卷一,馬常坈下,朱之臣註云:"而勇切,藪澤名。"張本,卷二十六,膠水注:"以北悉鹽坈",張匡學加註云:"坈,《玉篇》作斻,音亢,云鹽澤也。"《北史》:楊義臣以遼東還兵入豆子斻討賊,誤寫作斻,又省作坈。"疏證本,卷五,河水注"又東北爲馬常坈",沈欽韓云:"《玉篇》,坈,而勇切,地名,按澱泊之類積水者也。"

② 《禹貢錐指》卷三,引《水經注》"又東北爲馬常坈"註。

通志》在引《水經注》平州坈後加案語云：“坈，當作坑，《太平御覽》地部四十，引《述征記》曰：齊人謂湖曰坑。”①酈注稱“坈”的地名，包括濟水注的“平州坈”②在内，總共九處，其中有八處在齊地，則《山東通志》所云，是信而有徵的。不管朱之臣等所引《玉篇》對此字另有音訓，但實際上，“坈”無非是“坑”的别字，宋刊殘本卷五河水注云：“秦坈儒士，伏生隱焉。”何校明鈔本卷二河水注云：“投河墜坈而死者八百餘人。”從這兩個“坈”字可見，“坈”即是“坑”，已毋庸置疑。則大典本等本和《山東通志》都是正確的。

　　最後需要説明的是，本匯編所收地名，統以殿本爲準，其他版本與殿本有出入時，只作爲備註附列於後，這些在前言中已經提及了。這當然並不是説殿本一定比别本正確。在某些情況下，對别本地名，可能需要作更多的注意。湖澤類地名中就有這樣的情況，例如卷六，洞過水注中的“洞過澤”，大典本作“洞過津澤”，吳本、七校本及注疏本均作“洞渦澤”，戴本作“同過澤”，黄本、沈本作“洞渦津”，注箋本、項本、張本作“洞過津”，注釋本作“洞湖津”。這個地名各本不同，吳本、七校本、戴本、注疏本等和殿本之間，尚不過是個别字面的出入，而黄本、注箋、注釋等本和殿本之間却存在地名屬性的差别。又如卷六，汾水注中的“王澤”，宋本、大典本、何校明鈔本、王校明鈔本、孫潛校本、何本、七校本、注釋本、胡三省所據宋本③和《名勝志》本④等均作“王橋”，而黄本、吳本、注箋本、項本、沈本、張本等則均作“正橋”，它們和殿本之間的差别，也是地名屬性的差别。像上述這樣的地名，當然不宜偏信殿本，而必須查對各本，謹慎從事。至於以前的學者對《水經注》有關湖澤地名的研究，例如清于鬯對卷六，汾水注中“鄔澤”的研究⑤等，本匯編已附列於各有關地名的備註之中，這裏不再贅述了。

---

① 《光緒山東通志》卷三十二，疆域志第三，山川，博興縣。
② 卷八，濟水經“又東北過臨濟縣南”注云：“濟水又東北，迤爲淵渚，謂之平州。”此處“平州”，大典本作“平州沉”，戴本及注疏本均作“平州坈”。
③ 《通鑑》卷一，周紀一，安王二十四年，“狄敗魏師於澮”胡註，引《水經注》。
④ 《名勝志》山西，卷四，絳州，引《水經注》。
⑤ 《香草續校書》(中華書局，一九六三年版)下册，第五一五頁。

湖　澤

經　　文	地　　名	備　　註
卷一　河水 　屈從其東南流，入渤海。	陽紆 秦藪	注云："高誘以爲陽紆，秦藪。" 同上註。
又出海外，南至積石山下，有石門。	蒲昌 蒲昌海	
卷二　河水 　又南入蔥嶺山，又從蔥嶺出而東北流。	雷翥海 西海	
其一源出于闐國南山，北流與蔥嶺所出河合，又東注蒲昌海。	牢蘭海 渤澤 敦薨之藪 焉耆近海 蒲昌海 鹽澤	
又東過金城允吾縣北。	卑禾羌海 青海	
卷三　河水 　又北過朔方臨戎縣西。	屠申澤 窳渾澤	注云："故《地理志》曰：屠申在縣東，即是澤也，闞駰謂之窳渾澤矣。"注箋本、項本、張本作渾澤。《方輿紀要》卷六十一，陝西十，榆林鎮，窳渾城，引《水經注》作渾澤。《雍正

經　　文	地　名	備　　註
		陝西通志》卷十三,山川六,葭州,邊外,屠申澤,引《水經注》作渾澤。
至河目縣西。	金連鹽澤 青鹽澤	吳本、注箋本作今連鹽澤。 柳本作青澤鹽澤。
又東過雲中楨陵縣南,又東過沙南縣北,從縣東,屈南過沙陵縣西。	沙陵湖	
又南過西河圜陽縣東。	榆柳之藪	
又南離石縣西	奢延澤	
卷四　河水 又東過河北縣南。	曹陽坑	大典本作曹陽坑。孫潛校本作曹陽坑。《辛卯侍行記》卷一,"八里有石橋溝"陶葆廉自註,引《水經注》作曹陽坑。
卷五　河水 又東過滎陽縣北,蒗蕩渠出焉。	滎澤	《御覽》卷一五八,州郡部四,東京,開封府,引《水經注》作"滎陽澤"。
又東北過黎陽縣南。	大陸	
又東北過東阿縣北。	柯澤 阿澤	注云:"河水右歷柯澤,《春秋左傳》襄公十四年,衛孫文子敗公徒於阿澤者也",注釋本作柯澤。

經　　文	地　名	備　　註
又東北過高唐縣東。	馬常坈	大典本作馬常坑。《方輿紀要》卷三十一,山東二,濟南府,新城縣,魚龍灣,引《水經注》馬常坑。《尚書後案》"浮于濟漯達于河"案,引《水經注》作馬常坑。
又東北過楊虛縣東,商河出焉。	落里坈	大典本作落里坑。《光緒山東通志》卷二十八,疆域志第三,山川,平原縣,引《水經注》作落里坑。
卷六　汾水　又南過大陵縣東。	鄔澤	注云:"汾水於縣左迤爲鄔澤",又云:"出谷西北流,逕祁縣故城南,自縣連延,西接鄔澤。"《香草續校書》下册,五一五頁云:"據此,則鄔澤有二,此鄔澤非上文汾水於縣左迤爲鄔澤之鄔澤也。彼鄔澤在侯甲水,既合嬰侯之水後,下文所謂鄔陂是也;此鄔澤在侯甲水未合嬰侯之水前,是別一鄔澤也。然竊恐此鄔字實祁字之誤,澤在祁縣,故謂之祁澤。下云:是爲祁藪也,即《爾雅》所謂昭餘祁矣,即可證。"
	九澤	注云:"《地理志》曰:九澤在北,并州藪也,《吕氏春秋》謂之大陸,又名之曰漚洟之澤,俗謂之鄔城泊。"
	并州藪	同上註。
	大陸	同九澤註。
	漚洟之澤	同九澤註。吴本作温洟之澤。
	鄔城泊	同九澤註。注箋本作鄔城,無泊字。《乾隆汾州府志》卷三十二藝文,曹學閔《中陽考》,引《水經注》作鄔城。
	祁藪昭餘祁	
又屈從縣南西流。	王澤	大典本、孫潛校本、何本、七校本、注釋本作王橋。黄本、吴本、注箋本、項本、沈本、張本作正橋。《通鑑》卷一,周紀一,安王二十四年,"狄敗魏師於澮"胡註,引《水經注》作王橋。《名勝志》山西,卷四,絳州,引《水經注》作王橋。《乾隆山西志輯要》卷十,絳州,山川,汾河,引《水經注》作王橋。

經　　　文	地　　名	備　　　註
又西過皮氏縣南。	方澤	
卷六　澮水 　　又西至王澤,注於汾水。	王澤	
卷六　涑水 　　西過周陽邑南。	鹽販之澤 少澤	
又西南過安邑縣西。	女鹽澤	
又南過解縣東,又西南注於張陽池。	晉興澤 張澤	
卷六　文水 　　文水出大陵縣西山文谷,東到其縣,屈南到平陶縣東北,東入於汾。	文湖 西湖	注疏本作文湖水。 注云:"文水又南逕茲氏縣故城東,爲文湖,東西十五里,南北三十里,世謂之西湖。"《乾隆山西志輯要》卷四,汾州府,汾陽縣,古蹟,西河故縣,引《水經注》作西河。
卷六　洞過水 　　西過榆次縣	淳湖	

經　文	地　名	備　註
南，又西到晉陽縣南。	洞過澤	注云："洞過水又西南爲淳湖，謂之洞過澤。"大典本作洞過津澤，黃本、沈本作洞渦津，注箋本作洞過津，吳本、項本、七校本、張本、注疏本作洞渦澤，注釋本作洞湖津，戴本作同過澤。
卷七　濟水 　濟水出河東垣縣東王屋山，爲沇水。	泰澤	大典本、黃本、吳本、注箋本、項本、沈本、張本、注疏本作秦澤。《禹貢指南》卷四，沇水註，引《水經注》作秦澤。《山海經箋疏》卷三《北山經》"而西北流注於泰澤"郝案，引《水經注》作秦澤。
與河合流，又東過成臯縣北，又東過滎陽縣北，又東至礫溪南，東出過滎澤北。	滎澤	《通典》卷一七七，州郡七，河南府，洛川，河陰縣，引《水經注》作滎澤。《左傳地名補註》卷二，"戰於滎澤"註，引《水經注》作熒澤。
	滎播 李澤	注云："闞駰曰，滎播，澤名也。"
又東過陽武縣南。	甫田	注箋本、項本、注釋本、張本作圃田。
又東過封丘縣北。	脩澤 原圃 烏巢澤	大典本作鳥巢澤。
卷八　濟水 　又東至乘氏縣西，分爲二。	鉅澤	七校本作巨澤。
其一水東南流，其一水從縣東北流，入鉅野澤。	逋澤 長羅澤 陽清湖 燕城湖	注云："故以南氏縣東爲陽清湖，……亦曰燕城湖。"

經　　文	地　名	備　　　註
又北過臨邑縣東。	湄湖	
又東北過盧縣北。	大明湖	
又東北過臺縣北。	深坑	黃本、吳本、注箋本、沈本、注釋本、注疏本作深坑。《魏書地形志校録》卷上，引《水經注》作深阬。
其一水東南流者，過乘氏縣南。	菏澤孟豬	宋本作孟猪。
又東過方與縣北，爲菏水。	鉅野澤濛淀黃湖	大典本、吳本、項本、七校本、張本、注疏本作濛澱。
卷九　清水　清水出河内脩武縣之北黑山。	大陸吳澤	注云："大陸，即吳澤矣。"
卷九　沁水　又南過陽阿縣東。	濩澤	
又東過州縣北。	白馬湖	
卷九　淇水　東過内黃縣南，爲白溝。	黃澤	

經　　文	地　名	備　　註
卷九　洹水 東過隆慮縣北。	林慮山北澤	
卷十　濁漳水 又東出山,過鄴縣西。	堰陵澤	注箋本、注釋本作晏陂澤。
又東過列人縣南。	雞澤 澄湖	 注箋本作登湖。
又東北過曲周縣東,又東北過鉅鹿縣東。	鉅鹿縣澤 大陸	注云:"衡水又北逕鉅鹿縣故城東,……路温舒,縣之東里人,父爲里監門,使温舒牧羊澤中,取蒲牒用寫書,即此澤也。"
又東北過扶柳縣北,又東北過信都縣西。	扶澤 井陘關下澤	 注云:"又北流逕井陘關下,注澤。"
又東北過阜城縣北,又東北至昌亭,與滹沱河會。	張平澤	
又東北至樂成陵縣北別出。	觀津城北澤藪	注云:"觀津城北方二十里,盡爲澤藪,蓋水所鍾也。"
又東北過章	章武縣淀	

經　　　文	地　　名	備　　　註
武縣西,又東北過平舒縣南,東入海。	平舒縣淀	
卷十一　易水 東過范陽縣南,又東過容城縣南。	梁門淀 大埿淀	大典本、黃本、吳本、何校明鈔本、王校明鈔本、項本、沈本、七校本、張本、注疏本作大渥澱。《名勝志》卷五,保定府二,容城縣,引《水經注》作大渥澱。《通雅》卷十七,地輿,湖淀,引《水經注》作大渥澱。《方輿紀要》卷十二,直隸三,保定府,容城縣,易水,引《水經注》作大渥澱。《佩文韻府》卷三十四上,四紙,永,渥水,引《水經注》作大渥澱。《雍正畿輔通志》卷二十二,山川,保定府,大澱淀,引《水經注》作大渥澱。《河工考》易水,卷二,引《水經注》作大渥澱。
	小埿淀	同上註,作小渥澱。
卷十一　滱水 又東過博陵縣南。	陽城淀	吳本、何校明鈔本、王校明鈔本、七校本、摘鈔本、注疏本作陽城澱。《名勝志》卷四,保定府,博野縣,引《水經注》作陽城澱。《通雅》卷十七,地輿,湖淀,引《水經注》作陽城澱。
	曹河澤	
卷十二　聖水 又東過陽鄉縣北。	鳴澤 西淀	
卷十二　巨馬水		

經　　文	地　　名	備　　註
又東南過容城縣北。	督亢澤	
卷十三　灅水		
灅水出鴈門陰館縣,東北過代郡桑乾縣南。	平湖 平舒縣南澤 代城大澤 綾羅澤	
又東過涿鹿縣北。	馬蘭西澤	
過廣陽薊縣北。	大湖	《天府廣記》卷三十六,川渠,太湖,孫承澤引《水經注》作太湖。
卷十四　鮑丘水		
又南過潞縣西。	夏澤	《寰宇記》卷六十七,河北道十六,幽州,潞縣,引《水經注》作夏謙澤。
	謙澤	同上註。譚本謝兆申云:"一作諫澤。"
又南至雍奴縣北,屈東入于海。	雍奴藪 九十九淀	《虖沱水考》引《水經注》作雝奴藪。 黃本、吳本、何校明鈔本、王校明鈔本、項本、沈本、七校本、摘鈔本、張本作九十九澱。
卷十四　濡水		
又東南過海陽縣西,南入於海。	北陽孤淀	注箋本作孔陽孤淀。《名勝志》卷三,永平府,灤州,引《水經注》作孔陽孤淀。

經　　文	地　名	備　　註
卷十五　洛水 　　又東北出散關南。	八關澤	
卷十五　伊水 　　又東北過新城縣南。	廣成澤	注箋本作廣成,無澤字。
又東北至洛陽縣南,北入於洛。	洛陽縣湖	注云:"伊水又東北,枝渠左出焉,水積成湖。"
卷十五　瀍水 　　瀍水出河南穀城縣北山。	梓澤	
卷十六　穀水 　　又東過河南縣北,東南入於洛。	河南縣湖	注云:"河南王城西北……魏太和四年,暴水流高三丈,此地下停留以成湖渚。"
	景陽山方湖	
卷十六　沮水 　　沮水出北地直路縣東,過馮翊祋祤縣北,東入於	邸閼口 閼中 焦穫	注云:"渠首上承涇水於中山西邸閼口,所謂閼中也,《爾

經　　文	地　名	備　　註
洛。		雅》以爲周焦穫矣。"《熙寧長安志》卷十七，縣七，涇陽，焦穫藪云："在縣北，亦名瓠口，《爾雅》十藪，周有焦穫，郭璞曰：今扶風池陽縣瓠中是也。"宋本、王校明鈔本作焦護，注箋本、何校明鈔本作焦誤。
	沮東澤	
卷十七　渭水		
又東過上邽縣。	上邽縣湖	注云："東流南屈，逕上邽縣故城西側，……舊天水郡治，五城相接，北城中有湖水。"
又東過陳倉縣西。	弦蒲藪	
卷十九　渭水		
又東過槐里縣南，又東，澇水從南來注之。	仙澤	
卷二十　漾水		
漾水出隴西氐道縣嶓冢山，東至武都沮縣，爲漢水。	岡山大澤 天池大澤	
卷二十一　汝水		
東南過其縣北。	廣成澤	

經　　文	地　　名	備　　註
又東南過潁川郊縣南。	西長湖 東長湖	大典本、注箋本、七校本作東長迪湖。
卷二十二 潩水 潩水出河南密縣大騩山。	濁澤	
卷二十二 渠 渠出滎陽北河,東南過中牟縣之北。	滎澤 圃田澤 原圃 具囿 甫田 清口澤 博浪澤 中牟澤 萑蒲	注箋本作滎澤。 注疏本作蘦蒲。
又東至浚儀縣。	牧澤 蒲關澤 紅澤 逢澤	 注云:"北有牧澤,……俗謂之蒲關澤。" 《道光尉氏縣志》卷三,河渠志,引《水經注》作蓬澤。
又屈南至扶溝縣北。	制澤 制田 長樂廄	 注云:"即古制澤也,……杜預曰:澤在滎陽苑陵縣東,即《春秋》之制田也。" 注云:"北有大澤,名曰長樂廄。"

經　　文	地　　名	備　　註
卷二十三 **陰溝水** 　又東南至下邳淮陵縣，入於淮。	山桑縣西北澤藪	
卷二十三 **汳水** 　汳水出陰溝於浚儀縣北。 　又東至梁郡蒙縣，爲獲水，餘波南入睢陽城中。	神坵塢 貫澤	
卷二十三 **獲水** 　獲水出汳水於梁郡蒙縣北。	蒙澤 空桐澤 空澤	
卷二十四 **瓠子河** 　瓠子河出東郡濮陽縣北河。 　又東北過廩丘縣，爲濮水。	雷夏 巨野 雷澤 龍澤	
卷二十四 **汶水**		

經　　文	地　　名	備　　註
又西南過無鹽縣南,又西南過壽張縣北,又西南至安民亭,入於濟。	茂都淀	大典本、黃本、項本、沈本、七校本、張本作茂都澱。
卷二十五 泗水		
泗水出魯卞縣北山。	漏澤	
菏水從西來注之。	巨野澤	
又屈東南過湖陸縣南,涓涓水從東北來流注之。	蕃縣東北平澤	注云:"《地理志》曰:水出蕃縣,今縣之東北,平澤出泉若輪焉。"
又東過沛縣東。	沛澤 大澤 孟諸澤 豐西澤	注箋本作豐西潭。
卷二十六 沭水		
又東南過莒縣東。	辟陽湖	
卷二十六 巨洋水		

經　　文	地　　名	備　　註
又北過臨朐縣東。	臨朐縣湖	注云："巨洋水自朱虛北入臨朐縣,……小東有一湖。"
又東北過壽光縣西。	巨淀湖 別畫湖 朕懷湖	大典本作巨㴸湖。 注云："西入別畫湖,亦曰朕懷湖。"
卷二十六 淄水		
又東過利縣東。	巨淀湖 巨淀 齊藪	
又東北入於海。	皮丘坈	大典本、吳本、注箋本、王校明鈔本作皮丘沈。《尚書今古文註疏》卷三,《禹貢》第三上,"濰淄既道"疏,引《水經注》作皮丘沈。《禹貢會箋》卷三,"濰淄其道"徐文靖箋,引《水經注》作皮丘沈。
卷二十六 濰水		
又北過高密縣西。	夷安澤	吳本作矣安澤。
卷二十六 膠水		
又北過當利縣西。	鹽坈	大典本作鹽坑。
卷二十八 沔水		

經　　文	地　　名	備　　註
又東過襄陽縣北。	鴨湖	
又從縣東屈西南，清水從北來注之。	洄湖 襄陽湖	
又東過荊城東。	赤湖	
	西京湖	
	路白湖	注箋本作路曰湖，又作路自湖。
	中湖	
	昏官湖	
	三湖	
	離湖	
	船官湖	
	女觀湖	
	大滏湖	
	馬骨湖	
	朱	項本、張本作珠。
	滏	
	丹	
	澡	
又東過江夏雲杜縣東，夏水從西來注之。	巨亮湖	注箋本作亮湖。
	大湖	
	太白湖	
卷二十九 **沔水**		
沔水與江合流，又東過彭蠡澤。	彭蠡澤 匯澤	注云："（彭蠡澤）《尚書·禹貢》匯澤也。"

經　　文	地　　名	備　　註
又東北出居巢縣南。	巢澤 巢湖 竇湖 後塘北湖	
分爲二，其一東北流，其一又過毗陵縣北，爲北江。	五湖 長蕩湖	大典本、吳本、注箋本、項本、張本、注疏本作長塘湖。《玉海》卷二十三，周五湖，引《水經注》作長塘湖。《通鑑地理通釋》卷十三，五湖註，引《水經注》作長塘湖。《方輿勝覽》卷二，平江府，山川，五湖，引《水經注》作長塘湖。《景定建康志》卷十八，山川志二，江湖，長塘湖，引《水經注》作長塘湖。《寰宇通志》卷八，南京，長塘湖，引《水經注》作長塘湖。《丹鉛總錄》卷二，地理類，五湖，引《水經注》作長塘湖。《字彙》巳集，水部，湖，引《水經注》作長塘湖。《漢書地理志補註》卷三十八，會稽郡"具區澤在西"註，引《水經注》作長塘湖。《康熙無錫縣志》卷三，水，太湖，引《水經注》作長塘湖。
	太湖	大典本作大湖。
	射湖	大典本、吳本、注箋本、項本、張本作射貴湖。《玉海》卷二十三，周五湖，引《水經注》作射貴湖。《通鑑地理通釋》卷十三，五湖，引《水經注》作上湖。《丹鉛總錄》卷二，地理類，五湖，引《水經注》作上湖。《字彙》巳集，水部，湖，引《水經注》作射貴湖。《佩文韻府》卷七上，七虞，湖，五湖，引《水經注》作射貴湖。
	貴湖	《玉海》卷二十三，周五湖，引《水經注》作上湖。《通鑑地理通釋》卷十三，五湖，引《水經注》作射貴湖。《丹鉛總錄》卷二，地理類，五湖，引《水經注》作射貴湖。《字彙》巳集，水部，湖，引《水經注》作上湖。《康熙無錫縣志》卷三，水，太湖，引《水經注》作射貴湖。
	滆湖	《通鑑》卷一〇八，晉紀三十，孝武帝太元十七年，"兒爲五湖長"胡註，引《水經注》作隔湖。《中江考》，引《水經注》作洮湖。

經　　文	地　名	備　　註
	震澤	注云："韋昭曰：五湖，今太湖也，《尚書》謂之震澤，《爾雅》以爲具區，方圓五百里。"
	具區	同上註。
	洞庭	
	彭蠡	
	宮亭湖	注云："右彭蠡，今宮亭湖也。"
	宜直湖	
	三山湖	
	笠澤	
	吳小湖	
	柘湖	
	當湖	
又東至會稽餘姚縣，東入於海。	臨平湖 穴湖	
卷二十九 比水		
又西至新野縣，南入於淯。	大湖	
卷三十　淮水		
又東過新息縣南。	蓮湖 東蓮湖 西蓮湖	
又東過期思縣北。	孟諸	

經　　文	地　名	備　　註
又東過壽春縣北,肥水從縣東北流注之。	湄湖	
又東過廬江安豐縣東北,決水從北來注之。	焦湖	
又東過淮陰縣北,中瀆水出白馬湖東北注之。	射陽湖 武廣湖 陸陽湖 博芝湖 樊梁湖 淮湖 白馬湖	
卷三十一 **溳水** 　又南過江夏安陸縣西。	新陽縣東澤	
卷三十二 **肥水** 　北過其縣西,北入苟陂。	陽湖	
又北過壽春縣東。	東臺湖	
北入於淮。	船官湖 熨湖	

經　　文	地　　名	備　　註
卷三十二 **施水** 　施水亦從廣陽鄉肥水別,東南入於湖。	巢湖	
卷三十二 **夏水** 　又東過華容縣南。	雲夢之藪 雲夢 江南之夢 巴丘湖	注云:"按《春秋》魯昭公三年,鄭伯如楚,子産備田具以田江南之夢,郭景純言,華容縣東南巴丘湖是也。"
卷三十三 **江水** 　又東過魚復縣南,夷水出焉。	南浦故縣陂湖	
卷三十四 **江水** 　又南過江陵縣南。	高沙湖	
卷三十五 **江水** 　又東南,油水從東南來注之。	淪口東諸陂湖	注云:"景口東有淪口,淪水南與景水合,又東通澧水及諸陂湖。"

經　　文	地　名	備　　　註
又東北至江夏沙羨縣西北,沔水從北來注之。	太白湖	注箋本作白湖。
鄂縣北。	希湖	
又東過蘄春縣南,蘄水從北東注之。	東湖	
又東過下雉縣北,利水從東陵西南注之。	青林湖	
卷三十六 溫水		
溫水出牂柯夜郎縣。	大澤	
東北入於鬱。	郎湖 頓郎湖 無勞湖 東湖	大典本作朗湖。注箋本作狼湖。《佩文韻府》卷七上,七虞,湖,狼湖,引《水經注》作狼湖。
卷三十七 淹水		
又東過姑復縣南,東入於若水。	臨池澤	

經　文	地　名	備　註
卷三十七 **葉榆河** 　　益州葉榆河，出其縣北界，屈從縣東北流。	葉榆澤	
東南出益州界。	滇池澤	注箋本作塡澤。
過交趾麊泠縣北，分爲五水，絡交趾郡中，至南界，復合爲三水，東入海。	浪泊	
卷三十七 **油水** 　　東過其縣北。	孱陵澤	注云："其城背油向澤。"
卷三十七 **澧水** 　　又東過作唐縣北。	赤沙湖	
又東至長沙下儁縣縣西北，東入於江。	洞庭湖	
卷三十七 **沅水**		

經　文	地　名	備　　註
又東北過臨沅縣南。	漢壽縣諸湖	注云："有澹水出漢壽縣西楊山，……而是水又東歷諸湖，方南注沅。"
卷三十七 浪水 其一水又東過縣東，南入於海。	番禺城東南水坑	
卷三十八 資水 又東與沅水合於湖中，東北入於江也。	洞庭湖	
卷三十八 湘水 湘水出零陵始安縣陽海山。	洞庭	
又北過羅縣西，潙水從東來流注。	東湖 大湖 決湖 青草湖	
又北過下雋縣西，微水從東來流注。	微湖 麋湖 翁湖	注云："東對微湖，世或謂之麋湖也。"注箋本作麋湖口，《禹貢會箋》卷六，"九江孔殷"徐文靖箋，引《水經注》作麋湖。
卷三十九 洭水		

經　　文	地　　名	備　　註
東南過含洭縣。	利山湖	
卷三十九 耒水		
又北過酈縣東。	酈湖	
卷三十九 洣水		
又西北過陰山縣南。	洋湖	
卷三十九 潭水		
西過長沙羅縣西。	町湖	
卷三十九 贛水		
贛水出豫章南野縣,西北過贛縣東。	彭澤	
又北過南昌縣西。	彭蠡 東大湖	《康熙江西通志》卷六,山川上,南昌府,東湖,引《水經注》作東太湖。
卷三十九 廬江水		

經　　文	地　　名	備　　註
廬江水出三天子都北,過彭澤縣西,北入於江。	彭蠡之澤	
	彭蠡澤	
	彭湖	
	宮亭	注云:"故彭湖亦有宮亭之稱焉。"
卷四十　漸江水		
北過餘杭,東入於海。	明聖湖	
	詔息湖	
	阼湖	注云:"浙江北合詔息湖,湖本名阼湖。"大典本作作湖。
	臨平湖	
	西陵湖	
	西城湖	注云:"有西陵湖,亦謂之西城湖。"
	長湖	
	太康湖	
	漁浦湖	
	蜂山前湖	
卷四十　《禹貢》山水澤地所在		
都野澤在武威縣東北。	休屠澤	
	豬野	注云:"東北即休屠澤也,《古文》以爲豬野。"
	武始澤	
	西海	注云:"北入休屠澤,俗謂之西海。"
	東海	注云:"一水又東逕百五十里,入豬野,世謂之東海,通謂之都野矣。"
	都野	同上註。
流沙地在張掖居延縣東北。	居延澤	
	流沙	注云:"居延澤在其縣故城東北,《尚書》所謂流沙者也。"

經　文	地　名	備　註
彭蠡澤在豫章彭澤縣西北。	彭蠡	

七、淵　潭

　　淵潭是什麼？從《水經注》中大部分這類地名的情況來看，淵潭大體上是小面積的陸地水積聚之處，而深度往往較大。卷二十一，汝水經"又東南過定陵縣北"注中，有一段對淵潭這類地名的比較清楚的説明，注云：

　　　　左則百尺溝出焉。……溝之東有澄潭，號曰龍淵，在汝北四里許，南北百步，東西二百步，水至清深，常不耗竭。

　　對於淵潭的深度，注文也常有提及。例如卷十一，滱水經"又東過博陵縣南"注中的蒲陽山淵，注云：

　　　　水出西北蒲陽山，西南流，積水成淵，東西百步，南北百餘步，水深不測。

　　由於淵潭一般都有較大的深度，所以它雖然位於溪澗泉流之間，但其水面，一般是不流動的。酈注卷十三，灅水經"灅水出鴈門陰館縣，東北過代郡桑乾縣南"注，記載了淵潭在這方面的自然面貌。注云：

　　　　城東北有淵，潭而不流。

　　這條注文和清包家吉所引及的一條無法查明卷篇的酈佚，有頗爲相似的意義。那條佚文云：

　　　　水生於地而不留（驛案，"留"當是"流"之訛）謂之淵。①

────────────

① 《滇遊日記》（《小方壺齋輿地叢鈔》七帙四册）。

對於不少淵潭的成因，《水經注》也有比較詳細的記載，卷二十二，洧水經“東南過其縣南”注云：

洧水又東合武定水，……迳零鳥塢西，側塢東南流，塢側有水懸流赴壑，一匹有餘，直注澗下，淪積成淵。

又如卷二十二，溳水經“溳水出鄭縣西北平地”注云：

溳水又南，懸流奔壑，崩注丈餘，其下積水成潭，廣四十步，淵深難測。

上述一淵一潭，其位置都在瀑布之下，由於懸流崩注，其下才成爲淵潭。這樣的解釋，即使按現代自然地理學的觀點也是正確的。在瀑布之下，由於下蝕力很强，常常形成極深的淵潭，這種淵潭，在現代自然地理學上稱爲瀧壺（Plunge pool hole），或者稱爲瀑布壺、瀑洞等。

酈注中的另一類淵潭，是由於急流而形成的。在水流湍急的河床中，特別是河流發源地或上游，水流的旋渦，常常磨蝕河床巖石的裂罅，久而久之，便成爲一種井狀的洞穴，這類洞穴，構成酈注記載的淵潭的很大一部分，像卷十一，滱水注的“蒲陽山淵”；卷十二，巨馬水注的“長潭”；卷十五，伊水注的“鸞州淵潭”；卷二十七、二十八，沔水注的“尤淵”和“萬山潭”等都是其例。這種洞穴，在現代自然地理學上稱爲甌穴（Pot hole），或者稱爲壺穴。

淵潭往往也和泉水相聯繫，有時或者就是泉水。卷二十六，淄水經“東北過臨淄縣東”注中的天齊淵即是其例，注云：

水出南郊山下，謂之天齊淵，五泉並出，南北三百步，廣十步。

由於上述的這種淵和泉的類似性質，因此，在不同版本的酈注中，淵和泉這兩類地名，常有混淆的情況。例如卷七，濟水注的黃淵；卷八，濟水注的武原淵；卷二十二，洧水注和卷三十九，深水注的龍淵等，在大典本、注箋本、七校本、注釋本中多稱爲泉。卷十四，濡水注的連淵水，在大典本、黃本、注箋本、項本、沈本及《名勝志》[①]本中，均作連泉水。

淵潭由於深度大，正如注文中所常常提到的如“淵深難測”、“深而不測”等，因此往往被古代人們所神化，所以出現了許多以“龍”、“神”、“靈”等字樣的命名，在地名上造成了許多異地同名的現象。酈注記載的六十多處淵潭中，以“龍淵”爲名的就達七處之多。淵潭也是酈注各類地名中，異地同名現象較多的一種。

最後還有一個地名，需要稍作説明，即卷二，河水經“又東北過安定北界麥田山”注中的湫淵。注云：

①　《名勝志》卷三，永平府，遷安縣，引《水經注》。

東水發源於縣西南二十六里湫淵,淵在四山中。

"湫淵"實際上和"河川"、"山岳"等一樣,是一個没有區域位置的普通地理名詞,還算不上是一個地名。這個湫淵的全稱,應該是朝那湫淵。[①]　卷十三,灢水經"灢水出鴈門陰館縣,東北過代郡桑乾縣南"注中,注文爲了説明燕京山大池,又一次提到了這個湫淵,並且明確了這個湫淵的地理位置。注云:

池在山原之上,世謂之天池,方里餘,澄渟鏡净,潭而不流,若安定朝那之湫淵也。

根據《康熙陝西通志》的記載,朝那湫淵有兩處:"一在州東南四十里,泉流有聲,廣五里,闊一里,餘波入清水,即古朝那湫,秦投詛楚文於此;一在州西南四十里山腰,有泉,東西闊一里,南北長三里。《寰宇記》云:湫淵四十里,渟水不流,冬夏無增減,兩岸不生草木,土人所謂東海、西海。"[②]《乾隆甘肅通志》的説法,與此稍異,特録之以存疑。[③]

河水注和灢水注的"湫淵",肯定就是上述《陝西通志》所記載的。不過酈注所記,是泛指朝那縣境内的上述兩處,抑是僅指其中之一,那就無法肯定了。

---

① 《御覽》卷六十四,地部六十九,桑乾河,引《水經注》作朝郍湫淵。
② 《康熙陝西通志》卷三,山川,固原州,朝那湫。
③ 《乾隆甘肅通志》卷五,山川,平凉府,固原州,朝那湫二:"一在州東南五十里,泉流有聲,廣五里,濶一里,餘波入清水河,即古朝那湫,秦投詛楚文於此;一在州西南四十里六盤之陰,山腰有泉眼,東西濶一里,南山長三里,舊傳祭龍神潤澤侯處,二水相合方四十里,水停不流,冬夏不增減,兩岸不生草木。"

淵　潭

經　　文	地　　名	備　　註
卷一　河水 　屈從其東南流，入渤海。	從極之淵 中極之淵	注云："《山海經》曰：南即從極之淵也，一曰中極之淵，深三百仞。"
卷二　河水 　又南入蔥嶺山，又從蔥嶺出而東北流。	河步羅龍淵	
又東北過安定北界麥田山。	湫淵	
卷五　河水 　又東北過黎陽縣南。	白鹿淵	
又東北過衛縣南，又東北過濮陽縣北，瓠子河出焉。	龍淵 澶淵 繁淵	《名勝志》卷十一，大名府，南樂縣引《水經注》作澶鄉。 注云："澶淵，即繁淵也。"
卷七　濟水 　與河合流，又東過成皋縣北，又東過滎陽縣北，又東至礫溪南，東出過滎澤北。	京城南淵 車輪淵 黃淵	注云："水上承京城南淵，世謂之車輪淵。" 大典本、注箋本、項本、七校本、注釋本、張本作黃泉。

經　　文	地　名	備　　註
又東過陽武縣南。	白馬淵	
卷八　濟水 又東北過臺縣北。	武原淵	大典本、注箋本、項本、注釋本、張本作武原泉。
又東北過臨濟縣南。	平州	注云："濟水又東北迤爲淵渚,謂之平州。"七校本、注釋本、注疏本作平州坑,《水經注箋刊誤》卷三云："《齊乘》引此作平州沉,沉是坑之誤。"
卷九　沁水 又南出山,過沁水縣北。	臺亭淵	黃本、吳本、沈本作臺淳淵。《康熙河內縣志》卷三,山川,小沁水,引《水經注》作臺淳淵。
卷九　淇水 又東北過館陶縣北,又東北過清淵縣西。	清淵	
卷十　濁漳水 又東北過扶柳縣北,又東北過信都縣西。	陽縻淵	
又東北過阜城縣北,又東北至昌亭,與滹沱河會。	武強淵 郎君淵	
又東北至樂成陵縣北別出。	桑社淵	吳本作桑杜淵。

經　　文	地　名	備　　註
卷十一　　滱水		
又東過博陵縣南。	蒲陽淵	注云：“水出西北蒲陽山，西南流積水成淵，東西百步，南北百餘步，深而不測。”
卷十二　　巨馬水		
東過逎縣北。	長潭	
卷十三　　㶟水		
㶟水出鴈門陰館，東北過代郡桑乾縣南。	朝那湫淵	《通鑑地理通釋》卷十四，天池註，引《水經注》作朝郍湫淵。
	道人縣北淵	注云：“㶟水又東逕道人縣故城南，今城北有淵，潭而不流。”
	陽原縣東北淵	注云：“㶟水又東逕陽原縣故城南，……㶟水又東，安陽水注之，水出縣東北潭中。”注箋本、注釋本作“水出縣東北澤中”。
	青牛淵	
卷十四　　濕餘水		
東流過軍都縣南，又東流過薊縣北。	濕餘潭	戴本、注釋本作㶟餘潭。
卷十四　　小遼水		
又玄菟高句	淡淵	

經　　文	地　　名	備　　註
麗縣有遼山,小遼水所出。		
卷十五　伊水		
伊水出南陽魯陽縣西蔓渠山。	鸞川淵潭	
卷二十　漾水		
漾水出隴西氐道縣嶓冢山,東至武都沮縣,為漢水。	龍淵 來淵 擔潭	
卷二十一　汝水		
又東南過定陵縣北。	龍淵	
卷二十二　潁水		
東南過其縣南。	石潭 太室山大潭 龍淵	注云:"其水導源密高縣東北太室東溪,縣,漢武帝置以奉太室山,……山下大潭,周數里,而清深肅潔。"
卷二十二　洧水		

經　　文	地　名	備　　　　註
東南過其縣南。	零鳥塢淵	注云："迳零鳥塢西,側塢東南流,塢側有水,懸流赴壑,一匹有餘,直注澗下,淪積成淵。"
又東過鄭縣南,滄水從西北來注之。	洧淵 龍淵	注箋本、注釋本作龍淵泉。
卷二十二 **滻水**		
滻水出鄭縣西北平地。	鄋城潭	注云："迳鄋城西,……滻水又南,懸流奔壑,崩注丈餘,其下積水成潭,廣四十許步,淵深難測。"
卷二十二 **渠**		
渠出滎陽北河,東南過中牟縣之北。	黄淵 高楡淵	
卷二十五 **泗水**		
西南過魯縣北。	泗淵	
卷二十六 **淄水**		
東北過臨淄縣東。	天齊淵	
又東過利縣東。	葵丘潭	注云："然則葵丘之戍即此地也,系水西,左迤爲潭。"

經　　文	地　　名	備　　註
卷二十六 **濰水** 　濰水出琅邪箕縣濰山。	神淵	
卷二十六 **膠水** 　又北過夷安縣東。	夷安潭	
卷二十八 **沔水** 　又東北流,又屈東南,過武當縣東北。	佷子潭	黃本、沈本作很子潭。《禹貢錐指》卷十四上,引《水經注》作很子潭。
又東過襄陽縣北。	萬山潭	注云:"沔水又東逕萬山北,……山下潭中有杜元凱碑。"
又東過江夏雲杜縣東,夏水從西來注之。	鄭公潭	大典本、王校明鈔本作鄭潭。
卷三十　淮水 　又東過新息縣南。	濯龍淵	注箋本、注釋本作濯子淵。
又東至廣陵	羽淵	

經　文	地　名	備　　註
淮浦縣入於海。		
卷三十一 **瀙水** 　瀙水出汝南吳房縣西北奧山，東過其縣北，入於汝。	白羊淵	
卷三十二 **施水** 　施水亦從廣陽鄉肥水別，東南入於湖。	陽淵	
卷三十三 **江水** 　岷山在蜀郡氐道縣，大江所出，東南過其縣北。	石犀淵	
又東過魚復縣南，夷水出焉。	神淵	
卷三十四 **江水** 　又東南過夷道縣北，夷水從佷山縣南，東北注之。	湖里淵	

經　　文	地　　名	備　　註
卷三十七 夷水		
又東過夷道縣北。	夷道縣淵	
卷三十八 湘水		
又北過臨湘縣西，瀏水從縣西北流注。	昭潭 湘州潭	
又北，溈水從西南來注之。	陵子潭	
又北過羅縣西，潤水從東來流注。	屈潭 汨羅淵	注云："汨水又西爲屈潭，即汨羅淵也。"注箋本作羅淵。《湖南考略》引《水經注》作羅潭。
卷三十九 深水		
西北過零陵營道縣南，又西北過營浦縣南，又西北過泉陵縣，西北七里至燕室邪，入於湘。	龍淵	大典本、黃本、項本、沈本、七校本、注釋本、張本作龍泉。
卷四十　漸江水		

經　　文	地　　名	備　　　註
北過餘杭,東入於海。	麻潭 蘭澤山深潭 白馬潭	
卷　四　十 **《禹貢》山水澤地所在**		
都野澤在武威縣東北。	靈淵	吳本作靈源池,注箋本作靈源。
羽山在東海祝其縣南也。	羽淵	

八、浦

浦作爲一種地名，其意義按酈氏注文，主要約有下列三類：

第一類可以卷二十二，渠經"渠出滎陽北河，東南過中牟縣之北"注中的"二十四浦"爲例。注云：

> 渠水自河與濟亂流，東逕滎澤北，東南分濟，歷中牟縣之圃田澤。……澤在中牟縣西，西限長城，東極官渡，北佩渠水，東西四十許里，南北二十許里，中有沙岡，上下二十四浦，津流徑通，淵潭相接，各有名焉。……浦水盛則北注，渠溢則南播。

從這段注文中可見，圃田澤是一片季節性的沼澤地，也是它附近的黄河、濟水、渠等河川的蓄洪地。而所謂二十四浦，則是這片沼澤地中地勢最低窪的部分，是互相連接、常年積水的二十四個小型湖泊。這種"浦"，在明人的著述中也稱爲"陂"，數量並有了增加。①

第二類以浦爲名的地名，常常可以在平原地區的河流沿岸看到，例如卷三十五，江水注從華容縣到下雉縣一段；卷三十八，湘水注從臨湘縣到下雋縣一段，都是這類浦大量出現的地方，即酈注所稱的"江浦"和"湘浦"。以江水注華容到下雉縣一段爲例，這裏有浦近五十處。因爲這個地區地勢平衍，江道紆曲，因而形成了許多牛軛湖。酈注

---

① 《寰宇通志》卷八十三，開封府上，圃田澤："今爲澤者八，若東澤、西澤之類；爲陂者三十有六，若大灰、小灰之類。其實一圃田澤耳。"

記載的許多江浦,就是這些牛軛湖及其附近的港汊之類。《藝文類聚》所謂"大水小口,別通爲浦",①就屬於這一類。

第三類以浦爲名的地名,大量出現在卷三十六,温水經"東北入於鬱"注中。下面且引幾段注文,以辨明這類浦的性質。

　　　康泰《扶南記》曰:從林邑至日南盧容浦口可二百餘里,從口南發往扶南諸國,常從此出口也。

從這一段注文中可以窺及,盧容浦口是當時一個出海船舶的港口,則盧容浦位置瀕海,可以無疑。

下面再引一段注文:

　　　《林邑記》曰:屈都,夷也。朱吾浦内通無勞湖,無勞宪水通壽泠浦。……元嘉元年,交州刺史阮彌之征林邑,陽邁出婚不在,奮威將軍阮謙之領七千人先襲區粟,已過四會,未入壽泠,三日三夜無頓止處,凝海直岸,遇風大敗。……謙之遭風,餘數船艦,夜於壽泠浦裏相遇,闇中大戰,謙之手射陽邁柁工,船敗。……謙之以風溺之餘,制勝理難,自此還渡壽泠,至温公浦。

上述注文中記載了不少浦的名稱,如朱吾浦、四會浦、壽泠浦、温公浦等,在這些浦中,兩軍可以用船艦作戰,浦内還可以遇到大風浪,足見這一類浦的面積極大,非一般陂湖可比。

根據上述,我認爲這一類面積巨大而又濱臨海邊的所謂浦,實際上就是海濱的潟湖。我的這種推測最後還想借法國漢學家鄂盧梭氏的考證作爲旁證。

鄂氏根據《水經注》卷三十六,温水經"東北入於鬱"的注文,對照現代越南地圖指出:

　　　盧容水就是承天府河,郎湖就是名曰 Câu – hai 大海湖之東湖,四會浦就是順安(Thuân – an)海口,盧容浦就是 Câu – hai 湖在 Chu – may 西岬北邊入海的海口,無勞湖就是大海湖之西湖,朱吾水就是從此湖入廣治河之水道,可見此處的地勢大致與《水經注》所誌相符。②

按鄂氏上述考證,則前述這類浦的位置均在今越南順化到廣治沿海一帶,故把這浦作爲海濱潟湖,大致可以無誤。

如上所述,可見酈注中以浦爲名的地名,其范圍相當廣泛,它包括沼澤地區的小湖小泊、平原地區沿河分布的牛軛湖和港汊,以及海濱潟湖。

----

① 《藝文類聚》卷九,水部下。

② 鄂盧梭(L. Aurousseau)《占城史料補遺》(中華書局版,馮承鈞譯,《西域南海史地考證譯叢二編》第一三五頁)。

浦

經　　文	地　　名	備　　註
卷二　河水 　其一源出于闐國南山,北流與蔥嶺所出河合,又東注蒲昌海。	敦薨之浦	
卷五　河水 　又東過鞏縣北。	淮浦	
卷十　濁漳水 　又東北過阜城縣北,又東北至昌亭,與滹沱河會。	李聰渙	吳本作李聰渙,注疏本作李聰渙,又作李聰侯渙。
卷十四　濡水 　濡水從塞外來,東南過遼西令支縣北。	連淵浦	黃本、注箋本、沈本、七校本、注釋本作連泉浦。
卷十五　洛水 　又東過洛陽縣西,伊水從西來注之。	伊洛之浦	

經　　文	地　　名	備　　註
卷十七　渭水 　又東過上邽縣。	橫水壙	
卷二十一 **汝水** 　又東南過定陵縣北。	湛浦	
卷二十二 **潁水** 　東南過其縣南。	二十八浦	
卷二十二 **渠** 　渠出滎陽北河，東南過中牟縣之北。	二十四浦 大漸浦	 大典本、黃本、吳本、注箋本、明練湖書院鈔本、何校明鈔本、王校明鈔本、注删本、項本、沈本、注釋本、張本作大斬浦。《道光尉氏縣志》卷三，古蹟志，圃田，引《水經注》作大斬浦。《漢書地理志補註》卷九，河南郡"圃田澤在西"註，引《水經注》作大斬浦。
	小漸浦 大灰浦 小灰浦 義魯浦 練秋浦 大白楊浦 小白楊浦	同上註作小斬浦。 注疏本作棟秋浦。

經　文	地　名	備　註
	散嚇浦	
	禺中浦	黃本、吳本、注箋本、注刪本、項本、沈本、張本作禹中浦。《道光尉氏縣志》卷三，古蹟志，圃田，引《水經注》作禹中浦。
	羊圈浦	大典本作年圈浦。黃本、吳本、注箋本、注刪本、項本、沈本、張本作牟圈浦。《道光尉氏縣志》卷三，古蹟志，圃田，引《水經注》作牟圈浦。
	大鵠浦	
	小鵠浦	
	龍澤浦	
	蜜羅浦	大典本、黃本、吳本、注箋本、何校明鈔本、王校明鈔本、注刪本、項本、沈本、張本作邕罷浦。七校本、注疏本作密羅浦。《道光尉氏縣志》卷三，古蹟志，圃田，引《水經注》作邕罷浦。
	大哀浦	
	小哀浦	
	大長浦	
	小長浦	
	大縮浦	
	小縮浦	
	伯丘浦	大典本作泊丘浦。
	大蓋浦	
	牛眼浦	大典本、黃本、吳本、注箋本、何校明鈔本、王校明鈔本、項本、沈本、七校本、注釋本、張本、注疏本作牛眠浦。《漢書地理志補註》卷九，河南郡"圃田澤在西"註，引《水經注》作牛眠浦。《道光尉氏縣志》卷三，古蹟志，圃田，引《水經注》作牛眠浦。
卷二十四 **瓠子河** 　東至濟陰句陽縣，爲新溝。	洞浦	

經　　文	地　　名	備　　註
卷二十九 沔水		
又東北出居巢縣南。	蒲浦	
分爲二,其一東北流,其一又過毗陵縣北,爲北江。	潵浦	注箋本作散浦。
卷三十　淮水		
又東過淮陰縣北,中瀆水出白馬湖東北注之。	公路浦 山陽浦	
又東至廣陵淮浦縣,入於海。	夾口浦	
卷三十五 江水		
又東至華容縣西,夏水出焉。	中郎浦	
又東南,油水從東南來注之。	高口江浦 侯臺水口江浦 龍穴水口江浦	

經　　文	地　名	備　　註
湘水從南來注之。	清陽口江浦	
	土塢口江浦	
	飯筐下口江浦	
	觀詳溠	卷二十九沔水經"又東北至江夏沙羨縣西北,沔水從北來注之"注云:"江水溠曰泆浦。"故"溠"亦是"浦"一類地名。注箋本作觀洋溠。
	上檀浦	《隆慶岳州府志》卷七,職方考,檀子灣,引《水經注》作檀浦。
	二夏浦	
	隱口浦	
	黃金浦	
	東江浦	
	鴨蘭口夏浦	
	治浦口夏浦	
	烏黎口夏浦	
	白沙浦	注云:"歷蒲圻至白沙,方有浦。"
	聶口江浦	
	練浦	
	練口江浦	
	蔑默口江浦	
	大軍山夏浦	
	小軍浦	
	土城浦	
又東至江夏沙羨縣西北,沔水從北來注之。	船官浦	
	泆浦	注箋本作狀浦。
	東城洲南二夏浦	注云:"右岸頻得二夏浦,北南東城洲。"
	西浦	

經　　文	地　　名	備　　註
又東過邾縣南。	黃軍浦 郭口夏浦 苦菜夏浦 廣武口江浦 李姥浦 赤溪夏浦 秋口江浦 山東夏浦 鳳鳴口江浦	
鄂縣北。	次浦	《雍正湖廣通志》卷七,山川志,武昌縣,五磯,引《水經注》作沙浦。
	安樂浦 章浦 赤水浦 孟家溠	注箋本作孟家浽。
又東過蘄春縣南,蘄水從北東注之。	葦口江浦 空石口右江浦 銅零口江浦 臧口江浦 長風口江浦 土復口江浦 護口江浦 朝二浦	戴本作朝江浦,何本批云:"朝二疑有譌,小山堂鈔全謝山五校本作朝江浦,批云:先宗伯以所見宋本校。"
又東過下雉縣北,利水從東陵西南注之。	苦菜水口夏浦	

經　　文	地　名	備　　註
卷三十六 溫水 　東北入於鬱。	四會浦 郎宪浦 壽泠浦 盧容浦 官塞浦 九德浦 都粟浦 門浦 朱吾浦 溫公浦 阿貫浦 大浦 象浦	
卷三十七 葉榆河 　過交趾卷泠縣北，分爲五水，絡交趾郡中，至南界，復合爲三水，東入海。	都官塞浦	
卷三十八 湘水 　又北，潙水從西南來注之。	上鼻浦 下鼻浦 銅官浦	

經　文	地　名	備　註
又北過羅縣西，潙水從東來流注。	錫浦 望屯浦 瀟湘之浦	
又北過下雋縣西，微水從東來流注。	查浦 萬石浦	注箋本、項本、注釋本、張本作萬浦。
卷三十八 **溱水**		
過湞陽縣，出洭浦關，與桂水合。	敦浦	注疏本作郭浦。《山海經·海內東經》"入郭浦西"畢沅註，引《水經注》作郭浦。
卷四十　漸江水		
北過餘杭，東入於海。	上浦 查浦	
	嶀浦	《嘉泰會稽志》卷十，嶀浦，引《水經注》作嶀浦。《名勝志》浙江，卷四，紹興府，嵊縣，引《水經注》作嶀浦。《康熙紹興府志（王志）（俞志）》卷八，山川志五，引《水經注》作嶀浦。《乾隆嵊縣志》卷二，地理志，山川，嶀浦，引《水經注》作嶀浦。張元忭《三江考》（《萬曆紹興府志》卷七），引《水經注》作嶀浦。《康熙紹興府志（張志）》卷七，山川志四，浦陽江，引《水經注》作嶀浦。
	山陰浦	

九、池　沼

　　《水經注》中以池沼爲名的地名，其性質總的説來是比湖澤小的陸地水積聚之處。例如卷十九，渭水注的昆明池、太液池和其他許多池沼，其本身都在宮殿園苑之中，面積當然都是不大的。但是也並不完全如此，其中也有一些以池沼爲名的地名，具有頗大的面積。例如卷三十六，温水經"温水出牂柯夜郎縣"注中的"滇池"，注文記載"周三百許里"；卷六，涑水經"又西南過安邑縣西"注中的"安邑鹽池"，注文記載"東西七十里，南北十七里"。此外如卷三，河水注的"沃陽縣鹽池"；卷十三，灅水注的"旋鴻池"（乞伏袁池）等，也都有較大的面積，只是在稱謂上以池沼爲名而已。實際上，酈注以池沼爲名的地名，不僅是面積的大小懸殊，它們之間在自然地理學上的屬性，也有極大的區別。像滇池之類是排水湖，而注文中記及的許多鹽池都是非排水湖。本匯編將這類地名收在一處，只是它們在名稱上均作池沼而已。

　　本匯編還將酈注中稱爲"渚"的地名收入於此。渚是什麼？歷來説法並不一致，例如《爾雅》認爲渚是小洲，[①]《淮南子》則云："東方曰大渚"，註："水中可居者曰渚"[②]等等。我們且暫時撇開小學書和字典的解釋，看看酈注記載的一些渚的性質。卷十二，聖水經"又東過陽鄉縣北"注云：

---

　　① 《爾雅·釋水》。
　　② 《淮南子·墜形訓》。

又東,洛水注之。水上承鳴澤渚,渚方十五里。

又卷十五,伊水經"又東北過陸渾縣南"注云:

左合禪渚水,水上承陸渾縣東禪渚,渚在原上,陂方十里,佳饒魚葦。

從上述二例中,説明這種渚和池沼之類並無較大區別,而酈注記載的渚多數都屬於這一類。可以從卷三十六,沫水經"東南過旄牛縣北,又南過越嶲靈道縣,出蒙山南"注中再舉一例。注云:

縣有銅山,又有利慈渚。晉太始九年,黃龍二見於利慈池。①

從這裏可見,利慈渚又稱利慈池,則渚、池可以通用,故本匯編把這一類稱渚的地名收入於池沼類之中,這是適當的。

當然,酈注中也有少數以渚爲名的地名,其性質並不和池沼相類,例如卷五,河水經"又東北過鞏縣北"注中的"鮪渚",注云:

其下有穴,謂之鞏穴。……穴有渚,謂之鮪渚。

這裏的鮪渚,如《爾雅》所説,確是小洲。

再如卷二十九,沔水經"又東過牛渚縣南,又東至石城縣"注中的"牛渚"。注云:

牛渚在姑孰、烏江兩縣界中,……蓋經之誤也。

按原經和注文,這裏的牛渚是一個縣名。但殿本在經文下加註云:"按牛渚乃山名,非縣名。"注釋本也在經文下加註云:"牛渚,圻名,漢未嘗置縣也。"這個牛渚,究竟是縣名,抑是山名或圻名,當在以後縣類地名中再作論述。但這個牛渚不是什麼池沼或小洲,在這裏已可肯定無疑了。

此外又如卷三十八,湘水經"又北過下雋縣西,微水從東來流注"注中的"洞庭五渚"。注云:

湘水左會清水口,資水也;……湘水左則澧水注之,世謂之武陵江。凡此四水,同注洞庭,北會大江,名之五渚。《戰國策》曰:秦與荆戰,大破之,取洞庭五渚者也。

這裏記載的"五渚"或"洞庭五渚",分明就是五條河流。

爲了盡可能地使地名分類合理,但同時又便於查檢,對於酈注中少數性質不屬於池沼的以渚爲名的地名,本匯編除了收入於此處並在備註中説明外,同時也收入於其他相應類別的地名之中。

---

① 大典本、黃本、吳本、沈本均作:"山人有劉慈者,大始九年,黃龍二見於利慈池。"

池　沼

經　　　文	地　　名	備　　　註
卷一　河水 　屈從其東南流，入渤海。	迦維羅衛城王園池 藍莫塔塔邊池 卜佉蘭池 瑶池 崑崙虛下池	 黃本、沈本作卜佉下蘭池，注箋本、項本、張本作佉下蘭池。 注云：“禹乃以息土填鴻水，以爲名山，掘崑崙虛以爲下地，高誘曰：地，或作池。”
卷二　河水 　其一源出于闐國南山，北流與蔥嶺所出河合，又東注蒲昌海。	敦薨之渚	
又東過金城允吾縣北。	西海鹽池	《初學記》卷八，隴右道第六，龍城，引《水經注》作藍池。《通鑑》卷二十五，漢紀十七，宣帝元康四年，“斥逐諸羌不使居湟中地”胡註，引《水經注》作仙海鹽池。
又東北過安定北界麥田山。	三水縣鹽池	
卷三　河水 　又東過雲中楨陵縣南，又東過沙南縣北，從縣東，屈南過沙陵縣西。	仇池	

經　　文	地　　名	備　　　註
又南過赤城東，又南過定襄桐過縣南。	沃陽縣鹽池	
又南過土軍縣西。	滇池	
卷四　河水		
又南出龍門口，汾水從東來注之。	華池	
又南至華陰潼關，渭水從西來注之。	蒲池	
又東過河北縣南。	鴻臚圍池	
卷五　河水		
又東過鞏縣北。	鮪渚	
洛水從縣西北流注之。	琅邪渚	
又東過成臯縣北，濟水從北來注之。	板城渚	

經　文	地　名	備　註
又東北過高唐縣東。	堂池	
卷六　涑水		
西過周陽邑南。	古池	注疏本作古董澤。
潞縣北。	仇池	
又東過列人縣南。	邯鄲城東渚	注云："邯鄲之名，蓋指此之稱矣，……其水又東流出城，又合成一川也，又東澄而爲渚。"
又北過堂陽縣西。	博廣池	
又東北至樂成陵縣北別出。	樂成故池	
卷十一　滱水		
又東過唐縣南。	唐池	
	黑水池	大典本作廬水池。吳本作𪉷水池。七校本作盧水池。《後漢書》卷一上，帝紀一上，《光武皇帝紀》"拔盧奴"註，引《水經注》作黑水故池。
	長星渚	
卷十二　聖水		
又東過陽鄉縣北。	鳴澤渚	注箋本作澤渚水。

經　　文	地　　名	備　　註
卷十三　灤水		
灤水出鴈門陰館縣，東北過代郡桑乾縣南。	燕京山大池	大池，七校本、注釋本作天池。《寰宇記》卷四十二，河東道三，憲州，靜樂縣，引《水經注》作天池。《御覽》卷六十四，地部二十九，桑乾河，引《水經注》作天池。《名勝志》山西，卷二，太原府屬縣，靜樂縣，引《水經注》作天池。《山海經·北山經》"曰天池之山"，畢沅註引《水經注》作天池。《雲中紀程》引《水經注》作天池。
	天池	《御覽》卷六十四，地部二十九，桑乾河，引《水經注》作大池。
	燕京山石池 南池 旋鴻池	
	乞伏袁池	注云："東合旋鴻池水，水出旋鴻縣東山下，水積成池，……池方五十里，俗名乞伏袁池。"注箋本、注釋本作乞伏袁河。
	靈泉池 代王魚池	
卷十四　鮑丘水		
又南過潞縣西。	夏澤南曲渚	
卷十四　濡水		
濡水從塞外來，東南過遼西令支縣北。	綠水池	大典、黃本、吳本、注箋本、項本、沈本、七校本、注釋本、張本、注疏本作淥水池。《名勝志》卷三，永平府，遷安縣，引《水經注》作淥水池。

經　　文	地　　名	備　　註
	林山池 冷池	
卷十五　洛水		
又東北過宜陽縣南。	澠池	注箋本、注釋本、注疏本作黽池。
又東過偃師縣南。	計素渚	
卷十五　伊水		
又東北過陸渾縣南。	禪渚	
卷十六　穀水		
穀水出弘農黽池縣南墦塚林穀陽谷。	崤黽之池 彭池 黽池	注云："亦或謂之彭池也,故徐廣《史記音義》曰:黽,或作彭。"
又東過河南縣北,東南入於洛。	綠水池 天淵池 東宮池 九龍池 鴻池	注箋本、七校本、注釋本作淥水池。《乾隆河南府志》卷六十三,古蹟志九,引《水經注》作淥水池。

經　　文	地　名	備　　註
卷十六　漆水		
漆水出扶風杜陽縣俞山東，北入於渭。	漆城池 麗山温池	温池，宋本作温地。
卷十七　渭水		
又東過上邽縣。	靈泉池 萬石灣	注云：“《開山圖》所謂靈泉池也，俗名之爲萬石灣。”
卷十九　渭水		
又東，豐水從南來注之。	鄗池	大典本、吳本、何校明鈔本、項本、張本、疏證本作鎬池。《史記》卷六，本紀六，《秦始皇本紀》“有人持璧遮使者曰爲吾遺滈池君”，《正義》引《水經注》作滈池。《詩地理考》卷三，雅，鎬京，引《水經注》作滈池。《雍録》卷一，鎬，引《水經注》作鎬池。《通鑑地理通釋》卷四“武王徙都鎬”註，引《水經注》作鎬池。《名勝志》陝西，卷二，西安府屬縣，咸陽縣，引《水經注》作鎬池。《春秋地名考略》卷一，周，“作都於鄷”，引《水經注》作鎬池。《關東水道記》卷三，豐水，引《水經注》作滈池。
	昆明池 滮池 昆明故池 太液池	
又東過長安縣北。	藕池 倉池 酒池 蘭池	

經　文	地　名	備　　註
	麗山魚池	
又東過鄭縣北。	鎬池	
卷二十　漾水		
漾水出隴西氐道縣嶓冢山,東至武都沮縣,爲漢水。	河池 仇池	注云:"郡居河池,一名仇池,池方百頃。"
卷二十一　汝水		
又東過其縣北。	涅池	孫潛校本作湟池。
又東過汝南上蔡縣西。	栗渚	
卷二十二　溳水		
溳水出河南密縣大騩山。	玉女池	
卷二十二　渠		
又東至浚儀縣。	梁國池沼 逢池	注云:"其國多池沼。" 《道光尉氏縣志》卷三,古蹟志,引《水經注》作蓬池。

經　　文	地　　名	備　　註
其一者,東南過陳縣北。	東門之池	
卷二十三 **汳水** 　又東至梁郡蒙縣,爲獲水。	湯池	
卷二十四 **睢水** 　東過睢陽縣南。	曲池 城南大池	
又東過相縣南,屈從城北東流,當蕭縣南,入於陂。	烏慈渚	
卷二十四 **汶水** 　過博縣西北。	曲池	
卷二十五 **泗水** 　西南過魯縣北。	孔廟浴池	
又屈東南過湖陸縣南,涓涓水從東北來流注之。	黃池	

經　　文	地　名	備　　註
卷二十六 **巨洋水** 　又北過劇縣西。	方池	注箋本作方地。
卷二十六 **淄水** 　又東過利縣東。	申池	
卷二十七 **沔水** 　又東過成固縣南，又東過魏興安陽縣南，涔水出自旱山北注之。	七女池 明月池	
又東過西城縣南。	鼈池 龍井渚	《書敘指南》卷十四，州郡地理下，引《水經注》作龍井，無渚字。
卷二十八 **沔水** 　又從縣東屈西南，淯水從北來注之。	習郁魚池 習郁小魚池 高陽池	
又東過中廬縣東，維水自房陵縣維山，東流注之。	滇池	

經　　文	地　　名	備　　註
又南過宜城縣東,夷水出自房陵,東流注之。	臭池	
卷二十九 沔水		
又東過牛渚縣南,又東至石城縣。	牛渚	
分爲二,其一東北流,其一又過毗陵縣北,爲北江。	貴長池	
卷三十一 溳水		
東南過隋縣西。	梁大夫池	
卷三十二 羌水		
羌水出羌中參狼谷。	天池	
卷三十三 江水		
岷山在蜀郡氐道縣,大江所出,東南過其縣北。	萬頃池 龍堤池 千秋池	

經　文	地　名	備　註
	柳池 天井池	
卷三十六 沬水		
東南過旄牛縣北,又東至越嶲靈道縣,出蒙山南。	利慈渚 利慈池	七校本作利慈,無渚字。 注箋本、項本、張本作慈池。
卷三十六 若水		
南過越嶲邛都縣西,直南至會無縣,淹水東南流注之。	邛池	
卷三十六 溫水		
溫水出牂柯夜郎縣。	滇池	王校明鈔本作滇池。
卷三十七 沅水		
又東北過臨沅縣南。	明月池 枉渚	
卷三十八 湘水		

經　　文	地　　名	備　　註
又東北過泉陵縣西。	北渚	
又北過羅縣西,潙水從東來流注。	玉池	
又北過下雋縣西,微水從東來流注。	五渚 洞庭五渚	注云:"凡此四水,同注洞庭,北會大江,名之五渚,《戰國策》曰:秦與荆戰,大破之,取洞庭五渚者也。"
卷三十九　耒水 　又西北過耒陽縣之東。	盧塘 蔡子池	注云:"川之北有盧塘,塘池八頃,其深不測。"
卷三十九　贛水 　又北過南昌縣西。	風雨池	
卷四十　漸江水 　漸江水出三天子都。	浣龍池	宋本、大典本、吳本、注箋本、明練湖書院鈔本、注疏本作蛟龍池。《咸淳臨安志》卷二十六,山川五,於潛縣,天目山,引《水經注》作蛟龍池。《名勝志》浙江,卷一,杭州府,於潛縣引《水經注》作蛟龍池。《古今天下名山勝概記》卷十九,浙江七,引《水經注》作蛟龍池。

十、陂

《水經注》記載的陂，總數超過一百五十處，其中大部分是人工修建的水利工程。對於陂的意義，酈氏曾在卷二十一，汝水經"又東南過平輿縣南"注中有所説明。注云：

> 水積之處，謂之陂塘，津渠交絡，枝布川隰矣。

這裏説的是：築塘蓄水，積水成陂，津渠流通，灌溉川隰。這是一個灌溉系統的大體結構。因此，陂常和塘並提，稱爲陂塘。

因爲陂不同於天然湖澤，有的完全由人工建造，有的則在天然湖澤的基礎上加以人工改造。因此，酈注對陂的記載，也往往不同於天然湖澤，而把一些水利設施的過程和内容，一併記載在内。例如卷二十一，汝水經"又東過郾縣北"注中的葉陂，注云：

> 陂東西十里，南北七里，二陂，並諸梁之所堨也。

又如卷三十一，淯水經"又南過新野縣西"注中的六門陂，注云：

> 杜預繼信臣之業，復六門陂，過六門之水，下結二十九陂。

酈注對於陂塘的記載，常常不計其規模大小。大體説來，只要當時搜集得到的，則不論山塘水庫，無不一一記載。因此，酈注中的陂，在面積大小，灌溉多寡等方面，都是相差懸殊的。注内記載了不少當時名聞海内的大陂，如卷二十四，睢水經"又東過相縣南，屈從城北東流，當蕭縣南入於陂"注中的"洨陂"："南北百餘里，東西四十里。"又如卷三十二，肥水經"北過其縣西，北入芍陂"注中的"芍陂"："陂周百二十許里。"但注内同時也記載了許多無名小陂，例如卷二十一，汝水經"又東過郾縣北"注中的"葉西

陂”:“陂塘方二里。”又如卷二十二,渠經“渠出滎陽北河,東南過中牟縣之北”注中的
聖女陂:“陂周二百餘步。”

按陂的地理分布來説,在古代,有些地區和流域中,陂塘的建築是非常發達的。除
了上述清水注中的二十九陂外,例如卷二十一,汝水注,記載了汝水沿岸有陂二十餘
處。卷二十二,潁水注,記載了潁水沿岸有陂近十處。卷三十,淮水注,又記載了淮水
沿岸有陂十餘處。其中經“又東過廬江安豐縣東北,決水從北來注之”注中記載以陂塘
衆多而著名的富陂縣一帶的陂塘云:

> 《地理志》:汝南郡有富陂縣。……《十三川志》曰:漢和帝九年,分汝陰置,多
> 陂塘以溉稻,故曰富陂縣也。

對富於陂塘水利的其他許多地區,酈注都有比較詳細的記載。陂塘是古代重要的
水利設施,酈注對這些水利設施的灌溉效益,也常常記載得相當詳細和具體。對我們
研究古代的農田水利事業,具有重要的意義。例如上面已提到的六門陂,在卷二十九,
湍水經“湍水出酈縣北芬山,南流過其縣東,又南過冠軍縣東”注中,對其灌溉效益有清
楚的記載。注云:

> 湍水又東逕穰縣爲六門陂。漢孝元之世,南陽太守邵信臣以建昭五年斷湍水
> 立穰西石堨,至元始五年,更開三門爲六石門,故號六門堨也,溉穰、新野、昆陽三
> 縣田五千餘頃。

又如卷三十一,潕水經“潕水出潕陰縣西北扶予山,東過其縣南”注云:

> 城之東有馬仁陂,郭仲産曰:陂在比陽縣西五十里,蓋地百頃,其所周溉田萬
> 頃,隨年變種,境無儉歲。

此外如新息牆陂可溉田五百餘頃(卷二十一,汝水注),湖陽縣陂可溉田三百頃(卷
二十九,比水注),豫章大陂可溉田三千許頃(卷三十一,淯水注)等等,諸如此等在以後
田類地名中還要提到。

由於各地對地名的稱謂在習慣上有所不同,酈注記載的有些水利建設,不以陂塘
命名,但實際上仍是陂塘。例如卷三十七,澧水經“又東過作唐縣北”注中的涔坪屯,注
云:

> 左合涔水,水出西北天門郡界,南流逕涔坪屯,屯堨涔水,溉田數千頃。

又如卷四十,漸江水經“北過餘杭,東入於海”注中的長湖,注云:

> 浙江又東北得長湖口,湖廣五里,東西百三十里,沿湖開水門六十九所,下溉
> 田萬頃。

如上述涔坪屯和長湖之類,雖然由於其地名不稱陂而没有收入於此,但實際上都
是陂塘之類,值得加以注意。

在陂類地名中，最後還要指出一個特例。卷二十八，沔水經"又南至江夏沙羨縣北，南入於江"注云：

　　案《地說》言，漢水東行，觸大別之坂。

這個"大別之坂"，在大典本、黃本、吳本、注箋本、項本、沈本、張本等之中都作"大別之陂"，何焯校本始改"陂"爲"阪"。由於《禹貢集解》引酈注作"大別之阪"，① 故知宋本原作阪，何焯的校改是正確的。一般的設想是，"阪"、"陂"形近，大典本等的"陂"，可能"阪"字之誤。殿本是肯定這種設想的，故加註云："案近刻訛作陂"，判定"陂"是誤字。不過歷來對此看法並不盡同。例如《尚書後案》引《水經注》就仍作"大別之陂"，王鳴盛並解釋說："陂者，山脉之靡迆而不盡者耳。"② 姜湘南引沔水注不僅也作"大別之陂"，並且對這個"陂"字也作了類似於王鳴盛的解釋。姜云："陂者，山之餘氣所盡處，非山之麓也。"③ 又云："蓋蘄州以上，南岸有山，北岸無山；至蘄州，則北岸亦有山矣。北岸之山，即大別之陂也，漢水觸之而全入於江。"④ 其實，王、姜二氏對"陂"字的解釋自古有之，《北堂書鈔》引《爾雅》云："陂者曰阪。"⑤ 因此，直到晚近，學者仍有不同意殿本和注釋本等的這個"大別之陂"的。例如曾運乾所引酈注，在此處就不從殿本，而仍作"大別之陂"。⑥ 衆說紛紜，莫衷一是，姑録之以存疑。

---

① 《禹貢集解》卷三，"過三澨"，引《水經注》云："沔水東行過三澨合流觸大別山阪。"
② 《尚書後案》（《皇清經解》卷四〇六下），"過三澨，至於大別，南入於江"，王鳴盛案。
③ 《書水經注沔水篇後》（《七經樓文鈔》卷三）。
④ 《再書水經注沔水篇後》（《七經樓文鈔》卷三）。
⑤ 《北堂書鈔》卷一五七，地部一，阪篇九。
⑥ 《尚書正讀》卷二，"過三澨，至於大別，南入於江"曾註（中華書局，一九六三年版，第七十九頁）。

陂

經　　文	地　　名	備　　註
卷五　河水 　又東北過黎陽縣南。	葛陂	
又東北過楊虛縣東，商河出焉。	著城陂淀	
卷六　汾水 　又南過大陵縣東。	汾陂	
卷六　涑水 　西過周陽邑南。	董澤陂	注疏本作董池陂。
又南過解縣東，又西南注於張陽池。	東陂 西陂	
卷七　濟水 　屈從縣東南流，過隤城西，又南當鞏縣北，南入於河。	李陂	

經　　文	地　　名	備　　註
與河合流，又東過成皋縣北，又東過滎陽縣北，又東至礫溪南，東出過滎澤北。	船塘郟城陂	注云："一水北入滎澤下，爲船塘，俗謂之郟城陂。"
卷八　濟水　　其一水東南流，其一水從縣東北流，入鉅野澤。	高梁陂同池陂	
又東過方與縣北，爲菏水。	鉅澤諸陂盲陂	吳本、注箋本、何校明鈔本、王校明鈔本、項本、注釋本、張本、注疏本作育陂。
卷九　清水　　清水出河內脩武縣之北黑山。	吳陂安陽陂卓水陂百門陂	注釋本作吳陂水。注箋本、注釋本作北門陂。
卷九　沁水　　又東過州縣北。	朱管陂	
又東過武德縣南，又東南至滎陽縣北，東入於河。	武德縣陂	
卷九　淇水		

經　　　文	地　　名	備　　　註
淇水出河內隆慮縣西大號山。	白祀陂	吳本、注箋本、項本、七校本、張本、注疏本作白祠陂。《北堂書鈔》卷一五八,地部二,穴篇十三,引《水經注》作白祠陂。
	同山陂	
卷九　洹水　又東北出山,過鄴縣南。	麤鸘陂	
卷十　濁漳水　又東北至樂成陵縣北別出。	從陂	
卷十一　易水　東過范陽縣南,又東過容城縣南。	金臺陂 城東大陂 梁門陂 范陽陂 鹽臺陂	注云:"陂水北接范陽陂,……俗亦謂之為鹽臺陂。"
卷十一　滱水　又東過博陵縣南。	清梁陂	
卷十二　巨馬水　又東南過容城縣北。	護陂	注釋本作濩陂。

經　　文	地　名	備　　註
卷十三　灤水 灤水出鴈門陰館縣,東北過代郡桑乾縣南。	叱險城陂	注云:"北俗謂之叱險城,鴈門水又東南流,屈而東北,積而爲潭,其陂斜長而不方,東北可二十餘里,廣十五里。"
卷十五　洛水 又東北過宜陽縣南。	傅山大陂 蒲陂	大典本作傅山大陂。 注箋本作南浦陂。
卷十六　穀水 又東南過河南縣北,東南入於洛。	鴻池陂	《通鑑》卷八十四,晉紀六,惠帝永寧元年,"至七里澗及之"胡註,引《水經注》作鴻臺陂。
卷十九　渭水 又東,豐水從南來注之。	皇子陂 河池陂 竭水陂	 宋本、何校明鈔本作揭水陂。
又東過長安縣北。	女觀陂	注云:"東逕河池陂北,亦曰女觀陂。"
又東過霸陵縣北,霸水從縣西北流注之。	金氏陂	

經　　文	地　　名	備　　註
卷二十一 **汝水**		
東南過其縣北。	魯公陂 黃陂	
又東南過潁川郟縣南。	摩陂 龍陂	注云："青龍元年，有龍見於郟之摩陂，明帝幸陂觀龍，於是改摩陂曰龍陂。"
又東南過傿縣北。	葉西陂 葉陂 方城山陂	
又東南過平輿縣南。	慎陽縣南陂	
	慎陽縣北陂	注箋本作慎陽縣七陂。
	鮦陂	注箋本作同陂，又作銅陂，項本、張本作銅陂。
	窖陂	
	土陂	
	壁陂	《吳疆域圖説》卷下，引《水經注》作璧陂。
	太陂	
	黃陵陂	
	葛陂	
	三丈陂	
	橫塘陂	
	青陂	注箋本、注釋本作清陂。
	上慎陂	
	馬城陂	
	綢陂	譚本原註云："一作綱陂。"
	牆陂	譚本原註云："陂，宋本作阪。"
卷二十二 **潁水**		

經　文	地　名	備　註
又東南過陽翟縣北。	鈞臺陂 靡陂	注箋本作臺陂。 注釋本作摩陂。
又東南過潁陽縣西，又東南過潁陰縣西南。	青陵陂 狼陂	
又東南至新陽縣北，蒗蕩渠水從西北來注之。	平鄉諸陂 陽都陂 次塘	注云："細水又東南，積而爲陂，謂之次塘。"
又東南至慎縣東南，入於淮。	細陂 大瀁陂 江陂	吳本作大崈，無陂字，注箋本、項本、張本作大崈陂。
卷二十二 **洧水** 　又東南過長社縣北。	鄢陵陂	注釋本作傿陵陂。
又東南過新汲縣東北。	濩陂 鴨子陂	
又東過習陽城西，折入於潁。	淋陂	
卷二十二 **潩水** 　潩水出河南密縣大騩山。	胡城陂 皇陂	

經　　文	地　　名	備　　註
	宣梁陂 陶陂	吳本作宣帝陂。
卷二十二 渠 　渠出滎陽北河,東南過中牟縣之北。	申陽城陂池 中平陂 聖女陂	
又東至浚儀縣。	百尺陂	
又屈南至扶溝縣北。	野兔陂 白鵰陂	
	染澤陂	吳本、注箋本作染二陂。七校本、注釋本作染工陂。《道光尉氏縣志》卷三,河渠志,引《水經注》作染工陂。譚本原註云:"疑作染工陂,宋本作染澤。"
	蔡澤陂 鄢陵陂	吳本作隱陵陂。
其一者,東南過陳縣北。	龐官陂 澇陂	
又東南至汝南新陽縣北。	陽都陂 高陂	
卷二十三 陰溝水		
又東南至下邳淮陵縣,入於淮。	瑕陂	

經　文	地　名	備　註
卷二十三 **獲水**		
獲水出汳水於梁郡蒙縣北。	黄陂 碭陂	注箋本作陽陂。
又東至彭城縣北，東入於泗。	安陂	
卷二十四 **睢水**		
睢水出梁郡鄢縣。	白羊陂 姦梁陂	黄本、沈本作奸梁陂。
東過睢陽縣南。	逢洪陂	《御覽》卷六十三，地部二十八，睢水，引《水經注》作蓬洪澤。
	逢洪陂西南陂	注云：“睢水於城之陽，積而爲逢洪陂，陂之西南有陂。”
又東過相縣南，屈從城北東流，當蕭縣南，入於陂。	鄭陂 梧桐陂 渒陂 潼陂	注釋本作渾陂。
卷二十五 **泗水**		
又東過沛縣東。	大薺陂	
卷二十五 **沂水**		
沂水出泰山蓋縣艾山。	温泉陂	

經　文	地　名	備　註
卷二十六 濰水		
又北過高密縣西。	高密南都塘	注云："東北逕高密縣故城南，……縣南十里，蓄以爲塘，方二十餘里，古所謂高密之南都也。"
卷二十八 沔水		
又南過穀城東，又南過陰縣之西。	集池陂	
又從縣東屈西南，淯水從北來注之。	白馬陂 白水陂	
又南過宜城縣東，夷水出自房陵，東流注之。	熨斗陂 新陂 朱湖陂 土門陂	
又東過荆城東。	龍陂 甘魚陂 魚陂	
卷二十九 湍水		
湍水出酈縣北芬山，南流過其縣東，又南過冠軍縣東。	楚堨方塘 六門陂	注云："湍水又逕其縣東南，歷冠軍縣西北，有楚堨，高下相承八重，周十里，方塘蓄水，澤潤不窮。"

經　　文	地　　名	備　　註
又東過白牛邑南。	安眾港	注云："涅水又東南逕安眾縣，堨而爲陂，謂之安眾港。"
又東南至新野縣。	鄧氏陂	
卷二十九 比水		
比水出比陽東北太胡山，東南流過其縣南，泄水從南來注之。	馬仁陂	
又西至新野縣，南入於淯。	湖陽縣陂	注云："司馬彪曰：仲山甫封於樊，因氏國也，爰自宅陽，徙居湖陽，能治田殖至三百頃，……波陂灌注，竹木成林。"
	唐子陂 襄鄉陂	
卷三十　　淮水		
又東過新息縣南。	燋陂	
	上慎陂	
	中慎陂	
	下慎陂	
	鴻郤陂	項本、張本作鴻郄陂。
	申陂	
	青陂	
又東過廬江安豐縣東北，決水	富陂	
	高塘陂	

經　　文	地　　名	備　　註
從北來注之。	焦陵陂 鮦陂 窮陂	
又東過壽春縣北,肥水從縣東北流注之。	高陂 大渼陂	大典本、吳本、注箋本、七校本、注釋本作天淙陂。《道光安徽通志》卷十七,輿地志,山川七,鳳陽府,西肥河,引《水經注》作天淙陂。
	雞陂 黃陂 茅陂	
又東過鍾離縣北。	白汀陂 蓬洪陂 徐陂 潼陂	黃本、注箋本、沈本、七校本作自汀陂。 注釋本作逢洪陂。
卷三十一 **淯水**		
淯水出弘農盧氏縣支離山,東過南陽西鄂縣西北,又東過宛縣南。	安衆港	注云:"古人於安衆堨之,今遊水是瀦,謂之安衆港。"
又南過新野縣西。	新野縣陂	注云:"淯水又南入新野縣,……左積爲陂,東西九里,南北十五里。"
	樊氏陂 凡亭陂 六門陂 二十九陂 東陂	注云:"一水枝分東北,爲樊氏陂,……俗謂之凡亭陂。"

經　　文	地　　名	備　　註
	西陂 豫章大陂	
卷三十一 灃水		
灃水出灃強縣南澤中，東入潁。	陶樞陂 汾陂 狼陂 青陵陂	
卷三十一 潕水		
潕水出潕陰縣西北扶予山，東過其縣南。	馬仁陂	
卷三十一 溳水		
又南過江夏安陸縣西。	將陂	
卷三十二 沘水		
東北過六縣東。	都陂 芍陂	
卷三十二 肥水		

經　　文	地　　名	備　　註
北過其縣西，北入苟陂。	苟陂 香門陂	
卷三十八 湘水 　又東北過重安縣東，又東北過酈縣西，承水從東南來注之。	略塘	
卷三十八 灕水 　灕水亦出陽海山。	朝夕塘	
卷三十九 贛水 　又北過南昌縣西。	鸞陂	
卷四十　漸江水 　北過餘杭，東入於海。	上陂	

十一、泉　水

　　泉水不僅是良好的飲水，同時也有助於風景的點綴和農田的灌溉，所以常爲古代記載所重視，是一種習見的地名。《水經注》記載的泉水，爲數在二百處以上。

　　從自然地理學説，泉水是地下水，它與河川是兩種不同概念的地理事物。但古人在這方面，界限並不像現在這樣的嚴格，酈注記載中常有泉河不分的情況。所以，雖然凡是稱泉的地名都收入在這裏，但却未必一定都是泉水。

　　在這類地名中，一部分是單獨稱泉的，如酒泉、肥泉、孔子泉等，這些當然都是泉水。另一部分稱爲泉水，如麥田泉水、葦泉水等，數量甚大，但未必都是泉水，其中有不少是以泉水爲水源的河川。即以上述葦泉水爲例，卷九，洹水經"東過隆慮縣北"注云：

　　　　東流，葦泉水注之，水出林慮山北澤中。……葦泉水又東南流，注黄華水。

　　如上注，説明葦泉水是一條以泉水爲水源的河流，對於這類既稱泉水又是河川的地名，本匯編採取分別收入泉水與河川兩類地名中的辦法。

　　也有一類並不稱泉的地名，其實却是泉水，卷十一，滱水經"又東南過唐縣南"注中的"唐水"即是其例。注云：

　　　　城西又有一水，導源縣之西北平地，泉湧而出，俗亦謂之爲唐水也。

　　又如卷四，河水經"又南過汾陰縣西"注云：

　　　　靈泉二所，一名蒲池，西流注於澗。

　　同注中的"瀵魁"，也是名不稱泉的泉水。注云：

　　平地開源,濆泉上湧,大幾如輪,深則不測,俗呼之爲瀵魁。

　　諸如上述這些名不稱泉的泉水,本匯編均一一收入,並用備註加以説明。

　　從泉水的地理分布來説,由於《水經注》記載在區域範圍上的廣泛性,因此,從注文中可以明顯地看出某些泉水特別豐富的地區。例如卷九,清水注中,從水源到共縣,共記載了泉水達十二處。卷十三,灅水注中,從涿鹿縣到沮陽縣,共記載了泉水八處。至於歷來聞名的濟南泉水,在卷八,濟水經"又東北過盧縣北"注中,也有相當詳細的記載。

　　美中不足的是,酈注中還有一些地區的泉水記載,已爲殿本和其他的習見版本所缺佚,[①]著名的晉祠泉水就是其中之一。據《方輿紀要》所引:

　　　　晉祠南有難老、善利二泉,大旱不涸,隆冬不凍,溉田百餘頃。又有泉出祠下,曰滴瀝泉,其泉導流爲晉水,豬爲晉澤。[②]

　　這段佚文並不單見於顧祖禹本,閻若璩本同樣言及,[③]注釋本中趙一清亦引《方輿紀要》加釋。[④] 像這樣信而有徵的重要佚文,殿本和不少習見的版本竟置於不顧,實在使人悵然。這也説明了本匯編在篇末附加酈注佚文地名的必要性。

　　對於泉水這類地名,最後需要指出的是,這類地名是酈注各類地名中異地同名現象很普遍的一類。這主要是由下列一些原因所造成的。

　　由於泉水是地下水,它不像江河湖澤一樣地讓人們看到水源的來龍去脈。它往往是平地出泉,一泓清水;或者是石罅生水,滴瀝不斷。這就容易使古代的人們產生一種神秘感,於是乎以訛傳訛,替不少泉水製造出種種神話。在酈注記載的全部泉水中,以"龍"爲名的就有十二處之多,此外稱爲"神泉"和"靈泉",也各有四、五處,造成了不少異泉同名的現象。

　　造成異泉同名的另一原因,是泉水的自然地理特徵的共同性。因爲泉水雖然在地理位置上各不相同,但是在形成泉水的原因上和泉水的自然面貌上,都有其共同之處。人們慣於用地理事物的自然特徵,來爲地理事物進行命名。於是就出現了許多名稱相同的泉水。譬如説,許多泉水都從石罅中出來,許多泉水都有巖石構成的四壁和基盤,因此而名爲"石泉";泉水不同於含有泥沙的地表水,一般都是水色清冽,因此而名爲"清泉";除了温泉以外,不少泉水的水温比地表水要低,因此而名爲"寒泉";泉水是人們重要的飲水,而水味常優於地表水,因此而名爲"甘泉"。如上所述的"石泉"、"清泉"、"寒泉"、"甘泉"等名稱,都在酈注中反復出現,造成許多異泉同名的情況。

---

① 請參閱本匯編《水經注佚文地名》泉水類。

② 《方輿紀要》卷四十,山西二,太原府,太原縣,臺駘澤,引《水經注》。

③ 《古文尚書疏證》卷六下,第九十:"晉祠之泉,酈注已詳。"

④ 注釋上,卷六,晉水注"有唐叔虞祠"趙釋。

泉　水

經　　文	地　　名	備　　註
卷一　河水 屈從其東南流，入渤海。	迦維羅衛城泉水	注云：“恒水又東逕迦維羅衛城北，……今有泉水，行旅所資也”。
卷二　河水 又東入塞，過敦煌、酒泉、張掖郡南。	酒泉	
又東過金城允吾縣北。	五泉 龍泉 梁泉	
又東北過武威媼圍縣南。	媼圍縣泉	注云：“縣西南有泉源。”
又東北過安定北界麥田山。	麥田泉水	《方輿紀要》卷六十二，陝西十一，寧夏鎮，靖遠衛，鸇陰城，引《水經注》作麥田泉，無水字。
	龍泉 如州泉 違泉水 三泉	
卷三　河水 又東過雲中楨陵縣南，又東過沙南縣北，從縣東，屈南過沙陵縣西。	武泉水 白道嶺泉	注云：“有高阪謂之白道嶺，沿途惟土穴，出泉，挹之不窮。”

經　　文	地　　名	備　　註
又南過赤城東，又南過定襄桐過縣西。	涼城泉	注云："池西有舊城，俗謂之涼城也，……城西三里有小阜，阜下有泉。"
又南過土軍縣西。	龍泉	
又南過上郡高奴縣東。	神泉　延壽縣南山泉水	注云："《博物志》稱，酒泉延壽縣南山出泉水。"
卷四　河水　又南過汾陰縣西。	潢魁	注云："平地開源，潢泉上湧，大幾如輪，深則不測，俗呼之爲潢魁。"
又南至華陰潼關，渭水從西來注之。	靈泉　蒲池　太上泉	注云："靈泉二所，一名蒲池，西流注於澗；一名太上泉，東注澗下。"
又東過平陰縣北，清水從西北來注之。	輔山泉　鼓鍾城大泉　長泉水	注云："南逕輔山，山高三十許里，上有泉源，不測其深。"
卷五　河水　又東過成臯縣北，濟水從北來注之。	石泉水	
卷六　汾水　歷唐城東。	靈泉	
又南過臨汾縣東。	三泉	

經　　文	地　　名	備　　註
又西過長脩縣南。	靈泉	
卷六　澮水 　澮水出河東絳縣東澮交東高山。	高泉水 絳山寒泉	
卷六　文水 　文水出大陵縣西山文谷，東到其縣，屈南到平陶縣東北，東入於汾。	隱泉 陽泉水	
卷七　濟水 　與河合流，又東過成皐縣北，又東過滎陽縣北，又東至礫溪南，東出過滎澤北。	柳泉 祝龍泉 重泉水	
卷八　濟水 　又北過穀城縣西。	西流泉	
又東北過盧縣北。	歷城縣泉 娥姜水	注云：“水出歷城縣故城西南，泉源上奮，水涌若輪……俗謂之娥姜水。”
	祀下泉 華泉	注箋本、注釋本作祀下湖。

經　　文	地　　名	備　　註
又東北過臺縣北。	白野泉水	
又東北過菅縣南。	百脈水	注云："水源方百步,百泉俱出,故謂之百脈水。"
又東過梁鄒縣北。	柳泉	大典本、注箋本、項本、張本作抑泉。《方輿紀要》卷三十一,山東二,濟南府,長山縣,乾溝河,引《水經注》作抑泉。閻若璩《四書釋地續》"於陵"註,引《水經注》作抑泉。
卷九　清水		
清水出河內脩武縣之北黑山。	寒泉水	
	苟泉水	
	皇母泉	
	馬鳴泉	
	長泉水	
	重泉水	注云："又東,長泉水注之,……世亦謂之重泉水也。"
	七賢祠泉	注云："又逕七賢祠東,……廟南又有一泉東南流,注於長泉水"。
	丁公泉	
	焦泉	
	精舍寺石泉	
	魚鮑泉	
	張波泉	
	三淵泉	
又東過汲縣北。	太公泉	
卷九　沁水		
又南過陽阿縣東。	陽泉水	
	析城山東濁泉	注云："南歷析城山北,山在濩澤南,……山甚高峻,上平下坦,有二泉,東濁西清。"

經　　文	地　名	備　　註
	析城山西清泉	見上註。
又東過野王縣北。	西巖大泉 北流泉	注云:"丹水又東南歷西巖下,巖下有大泉湧發,洪流巨輸,淵深不測。"
卷九　淇水 淇水出河內隆慮縣西大號山。	肥泉	
卷九　蕩水 蕩水出河內蕩陰縣西山東。	石尚山泉	注云:"蕩水出縣西石尚山,泉流逕其縣故城南。"注疏本作"蕩水出縣西石尚山,東流過其縣故城南"。
又東北至內黃縣,入於黃澤。	韓大牛泉	
卷九　洹水 東過隆慮縣北。	雙泉 葦泉水	
卷十　濁漳水 潞縣北。	五會之泉	
卷十一　易水 東過范陽縣南,又東過容城縣南。	源泉水 聖女泉 石泉水	

經　　文	地　　名	備　　註
卷十一　滱水 滱水出代郡靈丘縣高氏山。	莎泉水	
又東過唐縣南。	唐水	注云："城西又有一水,導源縣之西北平地,泉湧而出,俗亦謂之爲唐水也。"
	泉上岸 豆山泉	注云："是城西北豆山西足有一泉源。"
	漢中山王故宮泉	注云："有漢中山王故宮處,……而泉源不絕。"
	胡泉	
又東過博陵縣南。	舜氏甘泉	《玉海》卷二十四,地理,井泉,舜井泉,引《水經注》作舜氏井泉。
	泉頭水	
卷十二　聖水 又東過陽鄉縣北。	樂堆泉 甘泉水	
卷十三　灅水 灅水出鴈門陰館縣,東北過代郡桑乾縣南。	累頭山泉 桑乾泉	注云："灅水出於灅頭山,一曰治水,泉發於山側。"
	漯涫水	注云："縣西北上平,洪源七輪,謂之桑乾泉,即漯涫水者也。"
	靈泉池 白楊泉	
	平舒縣泉	注云："水出平舒縣東,……其水控引衆泉,以成一川。"
	代城二泉 潘泉	

經　　文	地　　名	備　　註
	神泉水	
	比連泉	注云："與神泉水合，……水有二流，世謂之比連泉。"
又東過涿鹿縣北。	張公泉	
	阪泉	吳本、注箋本作陂泉。
	東泉	
	蚩尤泉	
	九十九泉	
	百泉	
	牧牛泉	
	泉溝水	
	桓公泉	
又東南出山。	清泉河	
卷十四　濕餘水 東流過軍都縣南，又東流過薊縣北。	千蓼泉 虎眼泉	
卷十四　沽河 沽河從塞外來。	漁陽縣泉	
卷十四　鮑丘水 鮑丘水從塞外來，南過漁陽縣東。	白楊泉水	

經　文	地　名	備　註
又南至雍奴縣北，屈東入於海。	田繼泉	
卷十四　濡水		
濡水從塞外來，東南過遼西令支縣北。	呂泉水 三泉水 導泉 盤泉 蟠泉水 龍泉水	
卷十五　洛水		
又東北過宜陽縣南。	禄泉水 石頭泉	
又東北出散關南。	翟泉	
又東北過鞏縣東，又北入於河。	明樂泉水 五道泉 明溪泉 石泉	注云："洛水又東，明樂泉水注之，水出南原下，三泉並導，故世謂之五道泉，即古明溪泉也。" 同上註。
卷十五　伊水		
又東北過伊闕中。	伊闕泉	注云："陸機云：洛有四闕，斯其一焉，……靈巖下，泉流東注，入於伊水。"

經　　文	地　　名	備　　註
卷十六　穀水		
又東過河南縣北,東南入於洛。	翟泉	注箋本作狄泉。《乾隆洛陽縣志》卷三,山川,翟泉,引《水經注》作狄泉。
卷十七　渭水		
又東過冀縣北。	白楊泉	
又東過上邽縣。	神澗水 靈泉池 歷泉水 毛泉谷水 覉泉水 大隴山三泉 白娥泉水	注云:"渭水東南與神澗水合,《開山圖》所謂靈泉池也。"
又東過陳倉縣西。	白龍泉 兹泉	注箋本作曰龍泉。
卷十八　渭水		
又東過武功縣北。	返眼泉 鄧公泉	
卷十九　渭水		

經　　文	地　　名	備　　註
又東過槐里縣南，又東，潦水從南來注之。	黑水三泉 柳泉	
又東過霸陵縣北，霸水從縣西北流注之。	龍泉 竇氏泉	
又東過華陰縣北。	華山二泉 泥泉水	
卷二十　漾水 　漾水出隴西氐道縣嶓冢山，東至武都沮縣，爲漢水。	瞿堆泉 甘泉	注云：“漢水又東南逕瞿堆西，又屈逕瞿堆南，……山上豐水泉。”
卷二十一　汝水 　又東南過潁川郟縣南。	張磨泉 魯陽縣泉	
又東南過郾縣北。	方城山湧泉	
卷二十二　潁水 　東南過其縣南。	犢泉	

經　　文	地　　名	備　　註
又東南過陽翟縣北。	崣水	注云："渠中又有泉流出焉，時人謂之崣水。"
卷二十二 洧水		
洧水出河南密縣西南馬領山。	馬領塢泉 瀝滴泉	注云："又東逕馬領塢北，塢在山上，塢下泉流北注。"
東南過其縣南。	璅泉水	
又東過鄭縣南，潧水從西北來注之。	黃泉 華城南岡泉	注云："水出華城南岡，一源兩分，泉流派別。"
又東南過長社縣北。	澑泉	
卷二十二 潧水		
潧水出鄭縣西北平地。	柳泉水	
卷二十二 渠		
渠出滎陽北河，東南過中牟縣之北。	埋泉	
又屈南至扶溝縣北。	龍淵泉 重泉水	

經　　文	地　　名	備　　註
卷二十四 **瓠子河** 　東至濟陰句陽縣,爲新溝。	寒泉	
又東北過廩丘縣,爲濮水。	堯母慶都陵泉	注云:"有堯母慶都陵,……皆立廟,四周列水,潭而不流,澤通泉,泉不耗竭。"
其東北者爲濟河,其東者爲時水,又東北至濟西,濟河東北入於海,時水東至臨淄縣西,屈南過太山華縣東,又南至費縣,東入於沂。	黃阜泉水 延鄉城泉	
卷二十四 **汶水** 　汶水出泰山萊蕪縣原山,西南過其縣南。	萊蕪別谷清泉	
卷二十五 **泗水** 　泗水出魯卞縣北山。	卞縣五泉	
西南過魯縣北。	尼丘山南泉	注云:"沂水出魯城東南尼丘山西北,……山南數里,孔子父葬處,《禮》所謂防墓崩者也,平地發泉。"

經　　文	地　　名	備　　註
又屈東南過湖陸縣南，涓涓水從東北來流注之。	蕃縣泉	注云：“《地理志》曰：水出蕃縣，今縣之東北，平澤出泉若輪焉。”
卷二十五 沂水 　沂水出泰山蓋縣艾山。	柞泉	何校明鈔本作祚泉。《通雅》卷十五，地輿，沂有二源，引《水經注》作祚泉。
	魚窮泉	吳本作魚窮山。
	桑泉水	
	諸葛泉	
卷二十五 洙水 　西南至卞縣，入於泗。	盜泉水	
卷二十六 沐水 　又南過新都縣，東入於沂。	襄賁縣泉	
卷二十六 巨洋水 　又北過臨朐縣東。	熏冶泉水 龍泉水	
卷二十六 淄水 　淄水出泰山萊蕪縣原山。	原泉 神泉	注箋本、七校本、注釋本作神象。

經　　文	地　　名	備　　註
東北過臨淄縣東。	天齊淵五泉	
又東過利縣東。	澠泉 女水泉 齊城泉 寒泉	注箋本、七校本、注釋本作繩泉。 注云："時水出齊城西北二十五里，平地出泉，即如水也。"
卷二十六 濰水 濰水出琅邪箕縣濰山。	析泉水	
卷二十七 沔水 東過南鄭縣南。	南山巴嶺泉	注云："水出南山巴嶺上，泉流兩分，飛清派注。"
又東過成固縣南，又東過魏興安陽縣南，洿水出自旱山北注之。	寒泉	
卷二十九 沔水 分爲二，其一東北流，其一又過毗陵縣北，爲北江。	釣頭泉	

經　　文	地　名	備　　　註
卷二十九 **比水** 　比水出比陽東北太胡山，東南流過其縣南，泄水從南來注之。	潕陰縣北山泉	注云：“水出潕陰縣北山，泉流競湊。”
卷三十　淮水 　淮水出南陽平氏縣胎簪山，東北過桐柏山。	石泉水	
東過江夏平春縣北。	平春縣泉	注云：“東北流逕平春縣故城南，……岸北有一土穴徑尺，泉流下注，沿波三丈。”
卷三十一 **潕水** 　潕水出南陽魯陽縣西之堯山。	寒泉	
卷三十一 **潕水** 　又東過西平縣北。	龍泉水	
卷三十一 **溳水** 　東南過隨縣西。	隨城泉	注云：“水出隨城東南，井泉嘗湧溢而津注，冬夏不異。”

經　文	地　名	備　註
卷三十二 決水 　又北過安豐縣東。	陽泉水	
卷三十二 肥水 　又北過壽春縣東。	北山泉	
卷三十二 沮水 　沮水出漢中房陵縣淮水，東南過臨沮縣界。	濫泉	
卷三十四 江水 　又東過巫縣南，鹽水從縣東南流注之。	聖泉 孔子泉	注云："有聖泉，謂之孔子泉。"
卷三十七 夷水 　東南過佷山縣南。	射堂村清泉 神穴泉 平樂村清泉	
又東過夷道縣北。	武鍾山泉	

經　　文	地　名	備　　註
卷三十七 **澧水** 　又東過零陽縣之北。	層步山泉	
沅水出牂柯且蘭縣，爲旁溝水，又東至鐔成縣，爲沅水，東過無陽縣。	陽欺崖細泉	注云：“有陽欺崖，……下有二石室，先有人居處，其間細泉輕流，望川競注。”
又東北過臨沅縣南。	白壁灣泉	
卷三十八 **資水** 　東北過邵陵縣之北。	雲泉水	
卷三十八 **湘水** 　又東北過重安縣東，又東北過酃縣西，承水從東南來注之。	澧泉	
又北過臨湘縣西，瀏水從縣西北流注。	旋泉	

經　　文	地　　名	備　　註
卷三十八 灘水 　灘水亦出陽海山。	彈丸山泉	
卷三十九 耒水 　又北過其縣之西。	貪泉 除泉水 華山泉	注云:"耒水又西逕華山之陰,……兩岸連山,石泉懸溜。"
卷三十九 盧江水 　盧江水出三天子都北,過彭澤縣西,北入於江。	龍泉	
卷四十　漸江水 　北過餘杭,東入於海。	鄭公泉 龍頭山泉	

十二、温　泉

　　温泉在自然界不是一種常見的現象,作爲地名,也不是常見的地名。但《水經注》記載的温泉,爲數仍達三十餘處。

　　在現代自然地理學中,温泉的水温是一個引起注意的問題。直到今天,對温泉和一般泉水在水温上的界綫,還没有完全統一的定量標準。[①]在冷熱程度没有定量方法

----

　　① 　列舉若干關於温泉水温的定量標準如下:

　　　　一、章鴻釗《中國温泉輯要》(地質出版社,一九五六年版)凡例:"我社編輯所增補的温泉資料,其中温度之劃分,按照温度高於攝氏50°者,則列入温度較高一類;温度在攝氏20℃—50℃者,列入温度較低一類。"

　　　　二、陳剛《中國的温泉》(《地理知識》1973.2):"一般水温在20℃以上的地下水的天然露頭叫做温泉。……就熱能利用而言,其中除有許多低温(20℃—40℃)或中温(40℃—60℃)熱泉外,還有不少60℃以上的高温熱泉,乃至超過100℃以上的過熱泉。"

　　　　三、C. B. 卡列斯尼克《普通地理學原理》(地質出版社,一九五八年版)中册,第二一〇頁:"如果泉水的温度,低於當地年平均温度稱爲冷泉,高於當地年平均温度的稱爲温泉。"

　　　　四、A. C. 巴爾科夫《自然地理辭典》(中國工業出版社,一九六二年版)第二三一頁:"指水温高於該地年平均温度的泉水。按照這種定義,永凍土帶内水温高於 +1℃ 的泉也是温泉。根據礦泉醫療家的定義,凡能滿足前述定義,但水温不能低於20℃的泉才叫温泉,水温在37℃以内的叫暖泉,水温在37℃以上的叫熱泉。"

　　　　五、《地學事典》(東京,平凡社,一九七一年版)第一五三頁おんせん條:"科學的にはその土地年平均氣

和標準的古代,記載溫泉的水溫,當然就更爲困難。儘管如此,酈注在溫泉的記載中,對水溫的定性描述,還是很注意的。所以我們今天仍可從酈注記載中,窺見當時各處溫泉水溫的大概情況。例如卷五,河水經"又東過成臯縣北,濟水從北來注之"注中的"婁山溫泉"。注云:

　　水西出婁山,至冬則煖,故世謂之溫泉。

　　這裏可見,婁山溫泉的水溫是較低的,必須要在當地氣溫下降時,才能感到水溫的相對暖熱。

　　比婁山溫泉水溫較高的溫泉,可以卷三十七,夷水經"東南過佷山縣南"注爲例。注云:

　　夷水又東與溫泉三水合,大溪南北夾岸有溫泉對注,夏煖冬熱。

　　這裏,在沒有溫度的定量標準的古代,酈注用"煖"與"熱"這兩個程度有別的字眼,對這兩處溫泉的水溫,作了定性的記載。

　　比這溫泉的水溫更高一級的溫泉,可再看卷三十七,澧水經"又東北過零陽縣之北"注中的"北山溫泉"。注云:

　　澧水東與溫泉水會,水發北山石穴中,長三十丈,冬夏沸湧,常若湯焉。

　　從上面這些例子中,可見酈注記載溫泉的水溫,等級分明,毫不含糊。此外,酈注還常利用水溫和食物烹調的關係來進行記載。例如卷三十一,滍水經:"滍水出南陽魯

温より高い水温をもっ湧水と定義する,……日本の温泉法では25℃以上を温泉としているガ。"

　　(《地學事典》溫泉條:"溫泉在科學上的定義是水溫高於當地年平均氣溫的湧水。……日本溫泉法以25℃以上爲溫泉。")

　　六、A Dictionary of Geography (Edward Arnold. London. 1970. second edition) P178: hot spring (thermal spring) : "In some areas associated. with past or present volcanicity, hot water (21℃ to near Boiling point) flows out of the ground continuously……。"

　　(《地理學詞典》愛德華特‧埃諾特出版社,倫敦,1970年第二版,第一七八頁:溫泉:"有些地區和過去及現在的火山活動有關,熱水〈從21℃到接近沸點〉從地下不斷地流出來……。")

　　七、McGraw – Hill Encyclopedia of Science and Technology (N. Y. McGraw – Hill Book Company. QNC. 1960) 13. P551. Thermal spring: "A spring with water temperature substantially above the average temperature of spring in the region in which it occurs. The average temperature of spring is ordinarily within a few degree Fahrenheit of the mean annual temperature of the atmosphese. Thus, water of thermal springs rauge in temperature from as low as 60°F, in an area where normal ground water has a temperature of 40 – 50°F, to well above the boiling point"。

　　(《麥克格羅希爾科技全書》第十三卷,五五一頁,溫泉條:"係水溫比當地一般泉水平均水溫相當提高的一種泉水。一般泉水的平均水溫,通常和當地年平均氣溫只有華氏幾度的上下,但若以當地一般地表水溫爲40—50°F,則溫泉的水溫可自60°F起直到超過沸點。")

陽縣西之堯山"注中的"皇女湯",其水温"可以熟米";卷三十一,溳水經"又東南過江夏安陸縣西"注中的"新陽縣温泉",其水温"可以煿雞";卷三十六,若水經"南過越雟邛都縣西,直南至會無縣,淹水東南流注之",注中的"邛都温水",其水温"可煿雞豚"。在温度沒有定量標準的古代,酈注用這樣的方法,對各處温泉的水温進行區別記載,確是別開生面的。

當然,由於泉水和温泉的數量較多,單靠對水温的定性描述,今天要判斷某些泉水是否温泉,有時仍會發生困難。例如卷四十,漸江水經"北過餘杭,東入於海"注中的"鄭公泉"注云:

　　有鄭公泉,泉方數丈,冬温夏涼。

按上述記載,今天要判斷鄭公泉是否温泉是困難的。對於鄭公泉這樣的泉水,本匯編只好採用在加上備註後,分別收入一般泉水和温泉兩者的辦法。

還有一些泉水,其水温的描述在不同版本中很有出入,例如卷三十八,溱水經"東至曲江縣安聶邑東屈西南流"注中的"曲江湯泉"。注云:

　　又與雲水合,水出縣北湯泉,泉源沸湧,浩氣雲浮,以腥物投之,俄頃即熱。

這裏的"俄頃即熱",在大典本、黄本、吳本、明練湖書院鈔本、何校明鈔本、王校明鈔本、沈本、注釋本和注疏本以及明人彭年在其《林水錄》中所鈔的《水經注》等均作"俄頃即熟"。"熱"和"熟"雖然一字之差,但以之描述水温,其差距却是很大的。從《御覽》所載來看,[1]殿本的"熱"不見得比別本的"熟"可靠,還需加以注意。

對於温泉的治療作用及其溶解礦物質的現象,《水經注》的記載,也是比較仔細的。注文常用"療疾有驗"、"可治百病"等字樣,記載温泉在治療上的作用。卷二十七,沔水經"沔水出武都沮縣東狼谷中"注中的"沔陽温泉"是其中一個很好的例子。注云:

　　漢水又東,右會温泉水口,水發山北平地,方數十步,泉源沸湧,冬夏湯湯,望之則白氣浩然,言能瘥百病云。洗浴者,皆有硫磺氣;赴集者,常有百數。

卷十八,渭水經"又東過武功縣北"注云:

　　渭水又東,温泉水注之。水出太一山,其水沸涌如湯。杜彦達曰:可治百病,世清則疾愈,世濁則無驗。

這當然也是一個温泉療疾的例子,但"世清則疾愈,世濁則無驗"一句,實在牽強附會。《康熙隴州志》引《水經注》作"然水清則愈,濁則無驗"。[2]看來比殿本好得多了。

---

① 《御覽》卷七十九,地部,引《幽明録》云:"始興雲水,源有湯泉,每至霜雪,見其上蒸氣高數十丈,生物投之,須臾便熟。"
② 《康熙隴州志》卷一,方輿,温泉。

《水經注》還有一項利用溫泉進行灌溉以提高複種的記載。卷三十九,耒水經"又北過便縣之西"注云:

> 縣界有溫泉水,在郴縣之西北,左右有田數千晦,資之以溉,常以十二月下種,明年三月穀熟,度此水冷,不能生苗,溫水所溉,年可三登。

溫泉用於農業生產的記載,自來並不多見,因此,這項資料是值得寶貴的。

從溫泉在我國的地理分布來説,《水經注》的記載也是比較廣泛的。章鴻釗氏曾將我國溫泉的地理分布列爲七區。[①] 酈注所載,除了其中的山東、遼東區外,其餘六區,均有所及,而特別以太行山區和陝甘區爲最多。前者在酈注記載的達十餘處,後者也有五、六處,包括至今聞名全國的麗山溫泉在内,[②]假使再加上《方輿紀要》所引的澄城縣境内的三處溫泉,[③]則爲數也近十處了。

對於溫泉的稱謂,《水經注》慣用"溫泉"、"溫湯"、"溫水"、"湯泉"、"湯井"等,但上面一般都没有冠以所在地名,本匯編在作爲地名收入時,已將各溫泉所在的地名冠於其上,以符合作爲地名的習慣。

---

① 詳見《中國溫泉之分布與地質構造之關係》(《地理學報》一九三四年第三期)。所分七區的名稱爲:閩、粤、臺區,山東、遼東區,太行山區,雲夢區,陝甘區,雲貴區,淮揚區。

② 卷十六,漆水經:"漆水出扶風杜陽縣俞山東,北入於渭"注云:"《開山圖》曰:麗山西北有溫池。"(黄本、沈本作"麗山西北有溫地"。)又卷十九,渭水經"又北過霸陵縣北,霸水從縣西北流注之"注云:"《三秦記》曰:麗山西北有溫泉。"(麗山,《寰宇記》卷二十七,關西道三,雍州二,昭應縣,及《長安志》卷十五,縣五,臨潼縣,引《水經注》均作驪山。)

③ 《方輿紀要》卷五十四,陝西三,西安府下,同州,澄城縣,甘泉水,引《水經注》:"縣有溫泉三,皆西注於洛。"

温　泉

經　文	地　名	備　註
卷一　河水 　屈從其東南流，入渤海。	迦羅維越國温池	注云："《外國事》曰：迦羅維越國，……遂成二池，今尚一冷一煖矣。"
卷二　河水 　又東北過安定北界麥田山。	三水縣温泉	注云："山東有三水縣故城，……縣東有温泉。"
卷三　河水 　又南離石縣西。	奢延水温泉	
卷五　河水 　又東過成皋縣北，濟水從北來注之。	婁山温泉	
卷十一　㴲水 　㴲水出代郡靈丘縣高氏山。	暄谷温泉	
卷十三　灅水 　灅水出鴈門陰館縣，東北過代郡桑乾縣南。	武州湯井	
	綾羅澤	注云："祁夷水又東北，熱水注之，水出綾羅澤，澤際有熱水亭。"注疏本疏云："今名暖泉，在蔚州西三十里綾羅里，其水夏涼冬暖。"
	桑乾城温湯	

經　　文	地　　名	備　　註
	橋山溫泉	橋山,《方輿紀要》卷十七,直隸八,永平府,保安州,喬山,引《水經注》作喬山。
又東過涿鹿縣北。	大翩山溫湯	
卷十四　沽河 沽河從塞外來。	狼山溫泉	
卷十四　鮑丘水 又南至雍奴縣北,屈東入於海。	北山溫泉	
卷十四　濡水 濡水從塞外來,東南過遼西令支縣北。	溫溪溫泉	
卷十五　洛水 又東過偃師縣南。	北山鄗溪溫泉	
卷十五　伊水 又東北過陸渾縣南。	新城縣溫泉	

經　　文	地　　名	備　　註
卷十六　漆水 漆水出扶風杜陽縣俞山，東北入於渭。	麗山温池	注云："麗山西北有温池。"宋本、黄本、沈本作"麗山西北有温地"，大典本作"麗山西北有温水"。
卷十八　渭水 又東過武功縣北。	太一山温泉	
卷十九　渭水 又東過霸陵縣北，霸水從縣西北流注之。	霸縣温泉 麗山温泉	《寰宇記》卷二十七，關西道三，雍州三，昭應縣，引《水經注》作驪山温泉。《熙寧長安志》卷十五，縣五，臨潼，驪山，引《水經注》作驪山温泉。
卷二十一　汝水 東南過其縣北。	廣成温泉	
卷二十五　沂水 沂水出泰山蓋縣艾山。	温泉陂	
卷二十七　沔水 沔水出武都沮縣東狼谷中。	沔陽温泉	

經　　文	地　　名	備　　註
卷三十一 **湍水** 　　湍水出南陽魯陽縣西之堯山。	北山阜溫泉	注云："又東,溫泉水注之,水出北山阜,七源奇發,炎熱特甚,闞駰曰:縣有湯水,可以療疾。"
	魯陽縣湯水	同上註。
	胡木山溫泉	注云："湍水又東逕胡木山,東流又會溫泉口,水出北山阜,炎勢奇毒。"
	皇女湯	注云："湯側有石銘云:皇女湯,可以療萬疾者也,故杜彥達云:然如沸湯,可以熟米。"《嘉靖魯山縣志》卷一,泉,溫泉,引《水經注》作商后皇女湯。
	紫山湯谷	注云："然宛縣有紫山,山東有一水,東西十五里,南北二百步,湛然沖滿,無所通會,冬夏常溫,世亦謂湯谷也。"
卷三十一 **溳水** 　　又南過江夏安陸縣西。	新陽縣溫水	
卷三十六 **若水** 　　南過越嶲邛都縣西,直南至會無縣,淹水東南流注之。	邛都溫水	
卷三十七 **夷水** 　　東南過佷山縣南。	佷山縣溫泉	注云："大溪南北夾岸有溫泉對注,冬煖夏熱。"

經　　文	地　名	備　　　註
卷三十七 澧水 　東北過零陽縣之北。	北山温泉	
卷三十八 溱水 　東至曲江縣安聶邑東屈西南流。	曲江湯泉	
卷三十九 耒水 　又北過其縣之西。	圓水	注云："村有圓水，廣圓可二百步，一邊暖，一邊冷，冷處極清緑，淺則見石，深則見底，暖處水白且濁，玄素既殊，凉暖亦異，厥名除泉，其猶江乘之半湯泉也。"
	除泉 半湯泉	同上註。 同圓水註。
又北過便縣之西。	便縣温泉水	注云："（便）縣界有温泉水，在郴縣之西北。"
又西北過耒陽縣之東。	侯計山温泉	
卷四十　漸江水 　北過餘杭，東入於海。	鄭公泉	注云："有鄭公泉，泉方數丈，冬温夏凉。"

十三、井

　　和泉水一樣，在陸地水概念中，井水也屬於地下水一類。地下水在一定自然條件下能流出地面的就是泉水，但在没有泉水可以利用的情况下，人們爲了獲得地下水，就採用打井取水的辦法。水井在各地都有存在，以井爲名的地名亦到處可見，《水經注》記載的井，爲數約在五十處左右。

　　酈注在井的記載中，相當重視井的深度，因此，這類記載對於我們了解當時各地的地下水位很有價值。例如卷五，河水經"又東過成皋縣北，濟水從北來注之"注中的虎牢城井。注云：

　　　　魏攻北司州，刺史毛祖德於虎牢，戰經二百日，不克，城惟一井，井深四十丈。

　　又如卷十九，渭水經"又東過華陰縣北"注云：

　　　　《三秦記》曰：長城北有平原，廣數百里，民井汲巢居，井深五十尺。

　　兹將《水經注》記載的井，擇其有深度數字的，表列如下：

卷　　次	經　　　　文	井　　名	深　　度
卷二，河水	其一源出于闐國南山，北流與蔥嶺所出河合，又東注蒲昌海。	疏勒城井	一十五丈，不得水。
卷五，河水	又東過成皋縣北，濟水從北來注之。	虎牢城井	四十丈
同上	又東過往平縣西。	阿井	六、七丈

卷　次	經　文	井　名	深　度
卷六，汾水	又南入河東界，又南過永安縣西。	侯曇山石井	數尺
卷十九，渭水	又東過華陰縣北。	長城北平原井	五十尺
卷二十五，泗水	西南過魯縣北。	曲阜武子臺大井	十餘丈
卷二十六，淄水	又東過利縣北。	礐頭山井	一匹有餘
卷三十，淮水	東過江夏平春縣北。	義陽天井	一丈
卷三十八，資水	又東北過益陽縣北。	益陽資水南井	四、五尺 或 三、五丈

　　《水經注》記載的井，除了大部分是水井外，還有一些並非水井，我們也必須分辨清楚。

　　其中一類是冰井，例如卷五，河水注的"武陽冰井"；卷十，濁漳水注的"鄴縣冰井"等，實際上是古代藏冰的地窖。

　　另一類是鹽井，在卷三十三、三十四，江水注中都有記載，在以後工業地類地名中將再提到。

　　再一類是火井，這實際上是記載了古代的天然氣，卷十三，㶟水注中的"武州火井"可以為例，當在以後礦藏類地名中再作說明。

　　又一類是湯井，例如卷十三，㶟水注的"武州湯井"，其實就是溫泉。

　　最後還有一類井，實際上也並非一般水井。例如卷十一，滱水經"又東北過博陵縣南"注云：

　　　　徐水又東南流，歷石門中，世俗謂之龍門也。其山上合下開，開處高六丈，飛水歷其間南出之崖，傾澗洩注，七丈有餘，渀盪之音，奇為壯猛，觸石成井，水深不測。

　　又如卷二十七，沔水經"又東過西城縣南"注云：

　　　　漢水又東為龍淵，淵上為胡鼻山，石類胡人鼻故也，下臨龍井渚，①淵深數丈。

　　在上述二例中，前者是瀑布之下，觸石成井；後者是淵渚之中，深而稱井。這樣的所謂井，實際上就是現代自然地理學上所稱的瀧壺（plunge-pool hole）和甌穴（pothole），這些名稱，在前面淵潭類地名中都已經提到了。

　　最後，酈注中還有一種稱井的地名，其實也並不是井，乃是山間的洞穴之類。卷四

---

①　宋任廣《書敘指南》卷十四，州郡地理下，引《水經注》作龍井，無渚字。

十,漸江水經“北過餘杭,東入於海”注云:

> 山東有涇井,去廟七里,深不見底,謂之禹井,東遊者多探其穴也。

這裏的所謂“涇井”或“禹井”,在不同版本中原來紛歧甚多。[①] 有的作“硎”,有的作“穴”,總之,不是一般的水井,這在注文中已經清楚地可以分辨了。

① “山東有涇井”,《嘉泰會稽志》卷十一、《明一統志》卷四十五及《雍正浙江通志》卷二十五,引《水經注》均作“山南有硎”。宋本、大典本、吳本、注箋本、何校明鈔本、王校明鈔本、注册本、項本、摘鈔本、張本、《萬曆紹興府志》卷六、《古今圖書集成·職方典》卷九八四、《康熙浙江通志》卷七、《康熙紹興府志(王志)》卷六、《乾隆紹興府志》卷三,引《水經注》均作“山東有硎”。《萬曆會稽縣志》卷二、《康熙會稽縣志(呂志)》卷五、《康熙會稽縣志(王志)》卷五,引《水經注》均作“南有硎”。《通鑑地理通釋》卷五、宋胡淑撰註《事類賦》卷七(地部,山,註)、明何鐘《古今遊名山記》卷首(總錄類考,山類賦註),引《水經注》均作“山東有穴”。

井

經　　文	地　　名	備　　註
卷一　河水 屈從其東南流，入渤海。	崑崙墟九井 大闐之井	黃本、吳本、注箋本、沈本、七校本、注釋本作大活之井。
卷二　河水 其一源出于闐國南山，北流與蔥嶺所出河合，又東注蒲昌海。	疏勒城井	注云："東南流逕疏勒城下，……恭於城中穿井，深一十五丈，不得水。"
卷四　河水 又南至華陰潼關，渭水從西來注之。	天井	
卷五　河水 又東過平縣北，湛水從北來注之。	平縣冰井	
又東過成皋縣北，濟水從北來注之。	虎牢城井	注云："城惟一井，井深四十丈。"
又東過茌平縣西。	阿井	
又東北過高唐縣東。	武陽冰井	

經　　文	地　　名	備　　註
卷六　汾水 　　又南入河東界，又南過永安縣西。	侯曇山石井	
卷六　文水 　　文水出大陵縣西山文谷，東到其縣，屈南到平陶縣東北，東入於汾。	大陵縣井	注云："縣西南山下，武氏穿井給養，井至幽深。"
卷八　濟水 　　其一水東南流，其水從縣東北流，入鉅野澤。	韋城六大井 江井	注云："濮渠又東逕韋城南，……城中有六大井，皆隧道下，俗謂之江井也。" 同上註。
又北過穀城縣西。	夷吾井	
又東北過盧縣北。	野井 舜井 禹井	
又東過方與縣北，爲菏水。	方井	
卷九　沁水 　　又東過野王縣北。	太行山天井	
卷十　濁漳水		

經　　文	地　　名	備　　註
又東出山,過鄴縣西。	鄴縣冰井	
卷十一　易水		
東過范陽縣南,又東過容城縣南。	易京城井	
卷十一　㴲水		
又東過博陵縣南。	龍門井	注云:"世俗謂之龍門也,其山上合下開,開處高六丈,承水歷其間,南出之崖傾瀾洩注,七丈有餘,渀盪之音,奇爲壯猛,觸石成井,水深不測。"
卷十三　灅水		
灅水出鴈門陰館縣,東北過代郡桑乾縣南。	平城綺井 武州火井 武州湯井	
卷十六　穀水		
又東過河南縣北,東南入於洛。	洛陽古玉井	
卷十九　渭水		
又東過霸陵縣北,霸水從西北流注之。	麗山神井 高陵縣井	注云:"《太康地記》謂之高陸也,車頻《秦書》曰:苻堅建元十四年,高陸縣民穿井得龜。"

經　文	地　名	備　註
又東過華陰縣北。	長城北平原井	注云:"《三秦記》曰:長城北有平原,廣數百里,民井汲巢居,井深五十尺。"
卷二十二 穎水 　　又東南至新陽縣北,㴲蕩渠水從西北來注之。	召陵縣大井 女郎臺井	注云:"《春秋》《左傳》僖公四年,齊桓公師於召陵,……城內有大井,徑數丈,水至清深。" 注云:"東北隅有舊臺,翼城若丘,俗謂之女郎臺,……上有一井。"
卷二十三 陰溝水 　　東南至沛,爲濄水。	老君廟九井	
卷二十四 瓠子河 　　又東北過廩丘縣,爲濮水。	成陽縣舜井	
卷二十四 汶水 　　屈從縣西南流。	泰山大井	
卷二十五 泗水 　　西南過魯縣北。 　　又東南過彭城縣東北。	曲阜武子臺大井 亞父井	

經　　文	地　　名	備　　註
卷二十六 淄水 　又東過利縣東。	礐頭山井	
卷二十六 濰水 　又北過昌平縣東。	平昌縣井	
卷二十七 沔水 　又東過西城縣南。	龍井渚	《書敘指南》卷十四，州郡地理下，引《水經注》作龍井，無渚字。
卷二十八 沔水 　又東過荊城東。	方城天井	
卷三十　淮水 　淮水出南陽平氏縣胎簪山，東北過桐柏山。	固成山巨井	
東過江夏平春縣北。	義陽天井	
卷三十一 滇水		

經　　文	地　　名	備　　註
東南過隨縣西。	隨城義井	
卷三十二 澩水 　　澩水出江夏平春縣西。	九井	
卷三十二 肥水 　　北入於淮。	八公石井	
卷三十三 江水 　　又東過魚復縣南，夷水出焉。	南浦僑縣鹽井	
卷三十四 江水 　　又東過巫縣南，鹽水從縣東南流注之。	北井縣鹽井 北井	
又東過秭歸縣之南。	夔城石井	
卷三十八 資水 　　又東北過益陽縣北。	益陽資水南井	注云："水南十里，有井數百口，淺者四、五尺，或三、五丈，深者亦不測其深。"

經　　文	地　名	備　　註
卷三十九 贛水 又東北過石陽縣西。	石陽縣井	
又北過南昌縣西。	散原山洪井	
卷三十九 廬江水 廬江水出三天子都北，過彭澤縣西，北入於江。	廬山巨井	
卷四十　漸江水 北過餘杭，東入於海。	會稽山湮井	注云："山東有湮井。"宋本、黄本、吳本、注箋本、嚴本、項本、沈本、摘鈔本、張本作"山東有硎"。《嘉泰會稽志》卷十一，禹井，《明一統志》卷四十五，紹興府，山川，禹井，及《浙江山川古蹟記》卷四，紹興府，禹井引《水經注》均作"山南有硎"。《萬曆紹興府志》卷六，山川志三，引《水經注》作"山東有硎"。《古今天下名山勝概記》卷十七，浙江五，引《水經注》作山東有硎。《萬曆會稽縣志》卷二，山川，禹井，引《水經注》作"南有硎"。《古今圖書集成·職方典》卷九八七，穴，及《康熙紹興府志（王志）（俞志）》卷六，山川志三，引《水經注》作"山東有硎"。《康熙會稽縣志（王志）》卷五，古蹟志，引《水經注》作"南有硎"。《淵鑑類函》卷二十九，地部，會稽諸山，引《水經注》作山東有井。《康熙會稽縣志（吕志）》卷五，古蹟志，引《水經注》作"南有硎"。《雍正浙江通志》卷十五，山川七，禹井，引《水經注》作"山南有硎"。《乾隆紹興府志》卷七十三，陵墓志一，禹穴，引《水經注》作"山東有硎"。《通鑑地理通釋》

經　　文	地　　名	備　　註
	禹井	卷五,會稽註,引《水經注》作"山東有穴"。宋胡淑《事類賦》卷七,地部,山,"爾其探禹穴"註,引《水經注》作"山東有穴"。《寰宇通志》卷二十九,紹興府,禹井,引《水經注》作"山南有硎"。《古今遊名山記》卷首,總錄類考,山類賦,"爾其探禹穴"註,引《水經注》作"山東有穴"。 《古今遊名山記》卷首,總錄類考,山類賦,"爾其探禹穴"註,引《水經注》作禹穴。《淵鑑類函》卷二十九,地部,會稽諸山,引《水經注》作禹穴。
	葛洪基井 龍頭山石井	注云:"丹陽葛洪,遁世居之,基井存焉"。

十四、海

　　海是很普通的地名，但在北魏及其以前，由於各種條件的限制，人們和海的接觸不多，了解很少，因此，《水經注》對於海的記載，無論在地名方面和地理概況方面，都不是很多的。

　　在古代，海作爲地名來説，其具體位置和四周界限也是並不清楚的。《禹貢》記載及海的凡十三處，①但其中除“導黑水，至於三危，入於南海”，提到了“南海”這個地名外，其餘一律籠統稱海。説明當時對於海的概念，是非常含糊的。漢晉以還，人們與海的接觸有所增加，但除了渤海的範圍當時已經大體明確外，其餘如東海、南海、西海、北海等地名，都是按方位泛指，還談不上明確的地理位置。此外如遼海、巨海、滄海、大海、溟海之類，其概念更爲含糊，其中有的還可能是一種想象。正如童書業、顧頡剛氏所説的：“最古的人實在是把海看作世界的邊際的，所以有‘四海’和‘海内’的名稱。”②這些都是反映了人們對於海洋的認識還比較落後，乃是由於當時人們在經濟活動上和海的關係還不很密切的緣故。關於這方面，與酈道元同時的北魏釋宋雲與烏場國王（即酈注卷一，河水經“屈從其東南流，入渤海”注中的“烏長國”）的一番對答，很足以説明問題：

----

①　其中“四海會同”及“聲教訖於四海”這兩處“四海”不計在内，因爲“四海”泛指“世界”，並不指“海”。《日知録》卷二十二，“四海”云：“所謂四海者，亦概萬國而言之爾。”
②　童書業、顧頡剛《漢代以前中國人的世界觀念與域外交通的故事》（中華書局，一九六二年版《中國古代地理學考證論文集》第二頁）。

> 國王見宋雲,云大魏使來,……遣解魏語人問宋雲曰:卿是日出人也。宋雲答曰:我國東界有大海水,日出其中,實如來旨。[1]

從這裏可見,宋雲雖然是當時一位淵博的高僧,但是對有關我國東部海洋的地理知識,却是籠統而含糊的。當然,宋雲是個和尚,而酈道元是熟悉地理的學者。不過看來酈氏在這方面的知識並不高明多少。對於我國東部的海洋,《水經》往往籠統稱海,不加命名,而酈注在這方面也常常和經文一樣,不能對原經所説的海有更多的描述記載。説明經、注作者在海洋知識方面,同樣不够豐富。這當然是由於時代和科學技術的限制的緣故。可以舉例把經、注在這兩方面的描述對比一下:

卷十四,大遼水,經云:"又東過安市縣,西南入於海。"注則云:"西南至安市入海。"又如卷四十,漸江水,經云:"北過餘杭,東入於海。"注則云:"浙江又東注於海。"這樣的例子,在全部經、注中不勝枚舉。正因爲人們對於海洋的位置、範圍、境域和其他許多情况缺乏較多的了解,因此,當時人們還慣於以陸上的地名,來對接近這些陸地的海洋進行命名。例如卷二十六,汶水注的"琅邪巨海";卷四十,漸江水注的"東武海"等,都是由此而來的地名。也有以入海的河川名稱來對海命名的,卷三十七,葉榆河注的"鬱海"就是如此。

在這裏收入的地名中,也有些稱爲"灣"的地名,例如卷一,河水注的"大灣",卷三十六,温水注的"彭龍灣"等。這類灣,可能是海灣,也可能是河口,總之是可以收入於這類地名之中的。卷三十六,温水經:"東北入於鬱"注云:

> 入彭龍灣,隱避風波,即林邑之海渚。

如上例,彭龍灣是海灣,是没有什麽疑問的。不過,在酈注稱海的地名中,有一些確實不是海。例如蒲昌海、雷藪海、牢蘭海、卑禾羌海等,實際上都是内陸湖澤,即現代自然地理學上所謂的非排水湖。但既然酈注稱海,爲了查檢方便,也就全部收入於此,當然,它們也同時收入於前面的湖澤類地名之中。

---

[1]　沙畹(E. Chavannes)《宋雲行記箋註》(商務印書館版,馮承鈞譯《西域南海史地考證譯叢六編》第三十三頁)。

海

經　　文	地　　名	備　　註
卷一　河水 　屈從其東南流,入渤海。	南海 大海 大灣 東海 西海 北海	 注云:"法顯曰:恒水又東到多摩梨軒國,即是海口也,……康泰《扶南傳》曰:從迦那調洲西南入大灣,可七、八百里。"
又出海外,南至積石山下,有石門。	渤海 蒲昌海	
卷二　河水 　又南入蔥嶺山,又從蔥嶺出而東北流。	雷翥海 西海	
其一源出于闐國南山,北流與蔥嶺所出河合,又東注蒲昌海。	大海 牢蘭海 焉耆近海 蒲昌海	
又東過金城允吾縣北。	卑禾羌海 青海	注云:"闞駰曰:縣西有卑禾羌海者也,世謂之青海。"
卷三　河水		

經　　文	地　　名	備　　註
屈東過九原縣南。	遼海	
卷五　河水 　又東北過黎陽縣南。	東海	
又東北過利縣北,又東北過甲下邑,濟水從西來注之,又東北入於海。	渤海	
卷八　濟水 　又東北過甲下邑,入於河。	渤海	
卷十四　濡水 　濡水從塞外來,東南過遼西令支縣北。	遼海	
又東南過海陽縣西南,入於海。	巨海 滄海	
卷二十四 瓠子河 　又東北過廩丘縣,爲濮水。	東海	

經　　文	地　　名	備　　註
卷二十六 **汶水** 　汶水出朱虛縣泰山。	琅邪巨海	大典本作琅耶巨海
卷二十六 **膠水** 　又北過當利縣西,北入於海。	巨海 濱海	
卷二十九 **沔水** 　分爲二,其一東北流,其一又過毗陵縣北,爲北江。	澉浦巨海	注云:"谷水於縣出爲澉浦,以通巨海。"《康熙嘉興府志》卷三,山川,海鹽縣,谷水,引《水經注》作"谷水出爲澉浦,以通大海"。
卷三十三 **江水** 　岷山在蜀郡氐道縣,大江所出,東南過其縣北。	陸海	
卷三十六 **若水** 　若水出蜀郡旄牛徼外,東南至故關,爲若水也。	南海	
卷三十六 **温水**		

經　文	地　名	備　註
東北入於鬱。	南海 滄海 彭龍灣	注云："入彭龍灣,隱避風波,即林邑之海渚。"
卷三十七 葉榆河 　過交趾耄泠縣北分爲五水,絡交趾郡中,至南界,復合爲三水,東入海。	鬱海	
卷三十七 浪水 　其一又東過縣東,南入於海。	巨海 東海	
員水又東南一千五百里,入南海。	南海	
卷四十　漸江水 　北過餘杭,東入於海。	南海 東武海	
卷四十 《禹貢》山水澤地所在 　都野澤在武威縣東北。	西海	注云："一水北入休屠澤,俗謂之西海;一水又東逕百五十里,入豬野,世謂之東海。"

經　　文	地　　名	備　　註
	東海	同上註。
流沙地在張掖居延縣東北。	西南海	
	南海	

十五、灘　瀨

　　灘、瀨是同一類地名，一般是指的河床淺澀、水流湍急、航行困難之處。灘是習見的稱謂，而瀨和灘實際上並無多大分別。王充所云："溪谷之深，流者安洋；淺多沙石，激揚爲瀨。"①這和《初學記》所説："砂石上曰瀨"，②都是一樣的意思。至於稱灘稱瀨，有時可能是地方習慣。《異語》云："瀨，磧也，吳楚謂之瀨。"③這是符合事實的。凡是《水經注》稱瀨的地名，大概都在吳楚一帶。在這一帶，瀨和灘往往可以兼稱，卷三十八，資水經"又東北過益陽縣北"注云：

　　　　縣有關羽瀨，所謂關侯灘也。

　　這就説明了灘、瀨基本上是一類地理事物。此外，酈注中屬於這一類地名的還有磧、沙、堆、石、究等等，全注記載的這類地名，約近八十處。

　　由於灘瀨是航行的艱危所在，所以酈注常常從航行的角度對這類地名作詳細的記載。例如卷三十四，江水經"又東過夷陵縣南"注中的流頭灘。注云：

　　　　江水又東逕流頭灘，其水並峻急奔暴，魚鱉所不能游，行者常苦之。其歌曰：
　　灘頭白勃堅相持，倏忽淪没別無期。袁山松曰：自蜀至此五千餘里，下水五日，上

---

① 《論衡·書虛篇》。
② 《初學記》卷六，總載水第一。
③ 清錢坫《異語》卷十二，釋水（《玉簡齋叢書》一集）。

水百日也。

又如黄河的砥柱附近一段，注文對這裏的險灘，也記載得非常生動詳細。注云：

　　自砥柱以下，五户以上，其間百二十里，河中竦石傑出，勢連襄陸，……激石雲
　　洄，㵠波怒溢，合有十九灘，水流迅急，勢同三峽，破害舟船，自古所患。

對於在灘瀨類地名中收入以“究”爲名的地名在内，這裏還有稍作説明的必要。

“究”這類地名，在《水經注》中只見於卷三十六，温水注和卷三十七，葉榆河注，説
明這是我國西南地區的一種地方稱謂。卷三十六，温水經“東北入於鬱”注中引《地理
志》云：

　　郡有小水五十二，并行大川，皆究之謂也。

在温水和葉榆河二注中，以“究”爲名的地名凡八處，這八處地名實際上都是一些
較大河川的枝流。因此，《地理志》的解釋是正確的。但是酈注在上述温水注中引《地
理志》的同時，又另引了竺枝《扶南記》的説法，注云：

　　山溪瀨中謂之究。①

據此，則“究”除了《地理志》所説的以外，還有另外的解釋。我並不懷疑《地理志》
的解釋，因爲它與酈注記載的實際情況並無不符之處。但考慮到這些以“究”爲名的河
流，按其地理位置，確是《扶南記》所説的山溪。而山溪之中多灘瀨，這也是合乎邏輯的
事，爲此，《扶南記》的解釋似亦持之成理。所以本匯編對於這些以“究”爲名的地名，
除了在前面已經收入於河川類地名之中以外，現在再次收入於灘瀨類地名之中。

---

①　岑仲勉認爲此句應作：“山溪中瀨謂之究。”岑註云：“原文作瀨中，二字若互倒，似文義更順。”見《晉宋間
　　外國地理佚書輯略》（《中外史地考證》上册，第一八〇頁）。

灘　瀨

經　文	地　名	備　註
卷四　河水		
又東過砥柱間。	砥柱	《嘉靖河南通志》卷十四,河防,引《水經注》作底柱。
	十九灘	
	五戶灘	
卷十六　穀水		
又東過河南縣北,東南入於洛。	王城石磧	
	河南城北石磧	
卷二十七 沔水		
又東過成固縣南,又東過魏興安陽縣南,洛水出自旱山北注之。	上濤	見瀑布類地名註。
	下濤	同上註。
	石門灘	
	媯虛灘	大典本、黃本、沈本作媯墟爲灘,注釋本作媯墟灘。
	媯墟灘	注云:"又東逕媯虛灘,《世本》曰:舜居媯汭,在漢中西城縣,或言媯墟,在西北,舜所居也,或作姚虛。"
	姚虛灘	同上註。
	猴徑灘	注箋本、項本、張本作猴經灘。
	蝦蟆頷	黃本、注箋本、沈本作蝦蟆嶺。見石類地名,卷二十七,沔水,蝦蟆頷註。
	漢陽灘	
	憮口灘	
	彭溪灘	
	龍竈灘	

經　　文	地　　名	備　　註
又東過西城縣南。	鯨灘 白石灘	
卷二十八 沔水		
又東過堵陽縣，堵水出自上粉縣，北流注之。	澇灘 淨灘	
又東過郿鄉南。	郿鄉灘	
又南過筑陽縣東，筑水出自房陵縣東，過其縣南流注之。	漆灘	
又東過山都縣東北。	故縣灘 五女激	孫潛校本作五女礉。
又從縣東屈西南，淯水從北來注之。	東白沙 南白沙	《方輿紀要》卷七十九，湖廣五，襄陽府，襄陽縣，白河，引《水經注》作白沙。
卷三十　淮水		
又東過淮陰縣北，中瀆水出白馬湖，東北注之。	馬瀨	
卷三十三 江水		

經　　文	地　　名	備　　註
又東南過犍爲武陽縣,青衣水、沫水從西南來,合而注之。	壘坻 鹽溉	注云:"懸溉有灘,名壘坻,亦曰鹽溉。"吳本作雷坻,孫潛校本作雷垣。 同上註。
又東過江陽縣南,洛水從三危山東過廣魏洛縣南,東南注之。	大闕 小闕 黃龍堆 樊石灘 大附灘	大典本、吳本、王校明鈔本作大門。《名勝志》四川,卷二十三下,川南道屬,瀘州,引《水經注》作大門。《校水經江水》(《經韻樓集》卷七)引《水經注》作大門。 同上註作小門。
又東過符縣北邪東南,鰼部水從符關東北注之。	成湍灘	注箋本、項本、注釋本、張本作成濡灘。
又東至枳縣西,延江水從牂柯郡北流西屈注之。	文陽灘 黃石 桐柱灘 虎鬚灘 和灘	 注云:"江水又東逕漢平縣二百餘里,左自涪陵東出百餘里,而屈於黃石東。"《後漢書》卷一下,帝紀一下,《光武皇帝紀》"岑彭破公孫述將侯丹於黃石"註云:"即黃石灘也。"注箋本作積石。 注釋本、注疏本作銅柱灘。 大典本作虎鬣灘。
又東過魚復縣南,夷水出焉。	博陽二村盤石 羊腸虎臂灘 使君灘 瞿巫灘 下瞿灘	注云:"江水又東逕石龍而至於博陽二村之間,有盤石,廣四百丈,長六里,阻塞江川,夏沒冬出,基亘通渚。" 注云:"又東逕羊腸虎臂灘,楊亮爲益州,至此舟覆,懲其波瀾,蜀人至今猶名之爲使君灘。" 注云:"江水又東逕瞿巫灘,即下瞿灘也,又謂之博望灘。"

經　　文	地　　名	備　　註
	博望灘	同上註。
	東陽灘	
	破石灘	
	落牛灘	
	淫預石	《樂府詩集》卷八十六，淫豫歌二首，引《水經注》作淫豫石。《寰宇通志》卷六十五，夔州府，灩澦堆，引《水經注》作灩澦石。
	瞿塘灘	
	黃龕灘	注箋本、項本、七校本、注釋本、張本作黃龍灘。
卷三十四 江水		
又東過巫縣南，鹽水從東南流注之。	新崩灘 石門灘	
又東過夷陵縣南。	流頭灘 狼尾灘 人灘 黃牛灘	
卷三十五 江水		
湘水從南來注之。	黃金瀨	
又東過邾縣南。	上磧 大竹磧 小竹磧	注疏本作七磧。
卷三十六 若水		

經　文	地　名	備　註
又東北至僰道縣，入於江。	孝子石	
卷三十六 **溫水** 　　東北入於鬱。	郎究	注云："竺枝《扶南記》：山溪瀨中謂之究。"岑仲勉《晉宋間外國地理佚書輯略》五"宋竺枝《扶南記》作山谿中瀨謂之究"註云："原文作瀨中，二字若互倒，似文義更順。"
	越裳究 九德究 南陵究 無勞究 文狼究	
卷三十七 **葉榆河** 　　過交趾羞泠縣北，分爲五水，絡交趾郡中，至南界，復合爲三水，東入海。	金溪究 扶嚴究	
卷三十七 **夷水** 　　東南過佷山縣南。	陰陽石	
又東過夷道縣北。	虎灘 釜瀨	

經　　文	地　　名	備　　註
卷三十八 **資水** 　又東北過益陽縣北。	關羽瀨 關侯灘	注云:"縣有關羽瀨,所謂關侯灘也。"
卷三十九 **耒水** 　耒水出桂陽郴縣南山。	十四瀨	
卷三十九 **贛水** 　贛水出豫章南野縣,西北過贛縣東。	金雞石	
卷三十九 **廬江水** 　廬江水出三天子都北,過彭澤縣西,北入於江。	落星石	
卷四十　漸江水 　漸江水出三天子都。	四十七瀨 十六瀨 嚴陵瀨	

十六、洲

洲是河川湖澤中的陸地。《詩經・周南・關雎》："在河之洲。"説明洲作爲地名，爲時已經很久了。洲和島實際上是同樣的地理事物，但《水經注》記載的總共超過一百處的洲類地名中，稱島的地名只有三處：①即卷三十七，葉榆河注的"交趾海島"；卷三十七，浪水注的"交州海島"和卷三十八，溱水注的"滄海水島嶼"。《説文》云："海中往往有山可依止曰島。"②《禹貢》："島夷皮服"，《集傳》云："海曲曰島。"據此，則海中的陸地應該稱島。但酈注也並不如此，像今天的海南島這樣的大島，注文中也稱之爲"朱崖州"③（卷三十六，温水注），説明作爲地名，島在當時還不是很流行的稱謂。當然，由於當時人們和海的關係還不很密切，因此，在全部《水經注》記載的洲類地名中，除了上面已經提及的"交趾海島"、"交州海島"和"朱崖州"外，其餘就只有卷三十，淮水注和卷三十七，沅水注中共同提到的"郁州"了。

雖然，酈注記載的洲，絕大部分都是河川湖澤之中的，但它們有時也有頗大的面

---

① 卷四，河水經"又東過河北縣南"注"水西有堡，謂之鴻關堡"。此處的"鴻關堡"，在大典本、黃本、吳本、注箋本、項本、沈本、張本等均作"鴻關島"。又《寰宇記》卷二十二，河南道二十二，海州，東海縣引《水經注》："朐縣東北海中有大洲，謂之郁州。……古老傳言，此島人皆是糜家之隸。"上述兩處稱島的地名，因均爲殿本所無，故未計算在内。
② 《説文》卷九下。
③ 注箋本、項本、張本作崖州。

積。例如卷三，河水經“又北過北地富平縣西”注云：

> 河水又北薄骨律鎮城，在河渚上，赫連果城也。桑果餘林，仍列洲上。

這裏，洲上不僅建有城鎮，而且還有桑林果園，足見範圍已經不小了。

酈注的“洲”，有時也常寫作“州”，除了上述“朱崖州”以外，像卷二十一汝水注的栗州；卷三十五，江水注的黄州等，不勝枚舉。《説文》云：“水中可居曰州”，[1]故“洲”和“州”原來是通用的。但是因爲在行政區劃中，也有一類稱“州”的地名，所以兩者是必須分辨清楚的。例如卷八，濟水經“又東北過臨濟縣南”注中有“平州”；卷十四，大遼水經“大遼水出塞外衛白平山，東南入塞，過遼東襄平縣西”注中也有“平州”。但前者是洲島地名，後者却是行政區劃中的州名，兩者就不能彼此混淆了。在古人由於“洲”“州”通用，常常隨意書寫。例如同一個“郁洲”，在卷三十，淮水注中作“洲”；而卷三十七，沅水注中却又作“州”。又如在殿本中稱“洲”的如“滄浪洲”（卷二十八，沔水注）、蘄陽洲（卷三十，蘄水注）、聶洲（卷三十五，江水注）等，在黄本、注箋本、項本、沈本、注釋本、張本、注疏本等之中，却又往往作“州”。諸如此等，在今天都必須分辨清楚。

除了“洲”和“州”以外，這類地名中也有稱“渚”的，這就是《説文》所謂的“小洲稱渚”[2]了。這在前面池沼類地名中已經提到，這裏不再贅述。

此外還有稱“步”的。卷三十五，江水經“又東北過江夏沙羨縣西北，沔水從北來注之”注云：

> 江水又東逕歎父山，南對歎州，亦曰歎步[3]矣。

又如卷三十九，贛水經“又北過南昌縣西”注云：

> 贛水北出際西，北歷度支步，是晉度支校尉之府處。步，即水渚也。

從上述二例中可見，洲、州、渚、步，都是同一類地理事物。

---

① 《説文》卷十一下。
② 《説文》卷十一上。
③ 歎步，大典本、黄本、沈本、注釋本及《康熙湖廣通志》卷七十九，備遺，炭步，引《水經注》均作炭步。

洲

經　　文	地　　名	備　　註
卷一　河水 屈從其東南流,入渤海。	迦那調洲	大典本、黄本、沈本作加那調洲。
卷二　河水 其一源出于闐國南山,北流與蔥嶺所出河合,又東注蒲昌海。	水間故城 河水之洲	注云:"東流逕龜兹城南合爲一水,水間有故城。"
卷三　河水 又北過北地富平縣西。	骨律鎮城 赫連果城	注云:"河水又北薄骨律鎮城,在河渚上,赫連果城也,桑果餘林,仍列洲上。" 同上註。
卷五　河水 又東北過鞏縣北。	鮪渚	注云:"其下有穴,謂之鞏穴,……穴有渚,謂之鮪渚。"
洛水從縣西北流注之。	琅邪渚	注云:"洛水於鞏縣,東逕洛汭,北對琅邪渚,入於河。"
卷八　濟水 又東北過臨濟縣南。	平州	注云:"濟水又東北迆爲淵渚,謂之平州。"大典本、何校明鈔本、王校明鈔本作平州沇。戴本、注疏本作平州坈。《光緒山東通志》卷三十二,疆域志第三,山川,博興縣,引《水經注》作平川坈。
又東南過留縣北。	泗洲	

經　　文	地　　名	備　　註
卷十五　洛水 　又東過偃師縣南。	計素渚	注云:"洛水東逕計素渚,中朝時,百國貢計所頓,故渚得其名。"
卷二十一汝水 　又東南過汝南上蔡縣西。	栗州	注云:"水渚,即栗州也。"
卷二十八沔水 　又東北流,又屈東南,過武當縣東北。	滄浪洲	何本作按考洲,注釋本作滄浪州。《尚書正讀》卷二"東為北江,入於海",曾運乾註,引《水經注》作滄浪州。
	千齡洲	注云:"縣西北四十里漢水中,有洲,名滄浪洲,庾仲雍《漢水記》謂之千齡洲。"
	石磧洲	
又從縣東屈西南,淯水從北來注之。	三洲 魚梁洲 蔡洲	
又東過中廬縣東,維水自房陵縣維山,東流注之。	繕州	注釋本作繕洲。《乾隆襄陽府志》卷四,山川,均州,襄郡漢水經流考,引《水經注》作繕洲。
	秦洲	注云:"其城下對繕州,秦豐居之,故更名秦洲。"
卷二十九沔水 　又東北出居巢縣南。	竇湖洲 中塘	注云:"柵水又東南,積而為竇湖,中有洲。" 注云:"為中塘,塘在四水中。"

經　文	地　名	備　註
卷三十　淮水 又東過廬江安豐縣東北,決水從北來注之。	關洲	
又東至廣陵淮浦縣,入於海。	郁洲	注釋本作郁州。
卷三十二　蘄水 南過其縣西。	江洲	注箋本、項本、注釋本、張本作江州。
又南至蘄口,南入於江。	蘄陽洲	吳本、注箋本、項本、注釋本、張本、注疏本作蘄陽州。
卷三十二　肥水 北入於淮。	北洲 玄洲	黃本、沈本作此洲。
卷三十三　江水 又東至枳縣西,延江水從牂柯郡北流西屈注之。	豐民洲 平洲	注釋本作豐民州。
卷三十四　江水 又東過夷陵縣南。	故城洲 郭洲	

經　　文	地　　名	備　　註
又東過枝江縣南,沮水從北來注之。	枝江縣治	注云:"縣治洲上,故以枝江爲稱。"
	枝江縣洲	注云:"縣左右有數十洲,槃布江中。"
	百里洲	
	九十九洲	
	迤洲	
	富城洲	
又南過江陵縣南。	枚迴洲	大典本、黄本、吴本、沈本作枝迴洲。注箋本、項本、張本作枝迴洲。《方輿紀要》卷七十八,湖廣四,荆州府,江陵縣,枚迴洲,引《水經注》作枚迴洲。《禹貢水道考異·南條水道考異》卷二,荆州沱,引《水經注》作枝迴洲。《尚書後案》"沱潛既道"案,引《水經注》作枚迴洲。
	故鄉洲	
	龍洲	
	竉洲	
	邴里洲	
	燕尾洲	《方輿紀要》卷七十八,湖廣四,荆州府,江陵縣,柞溪,引《水經注》作燕尾湖。
	江津洲	
卷三十五 **江水** 　又東南,油水從東南來注之。	黄洲	
	虎洲	
	赭要洲	
	北湖洲	
	楊子洲	
	清水洲	
	觀詳羑	七校本、注釋本作觀洋羑。
	大洲	注箋本、項本、張本、注疏本作太洲。
	爵洲	

經　　文	地　　名	備　　註
湘水從南來注之。	練洲	
	蒲圻洲	
	擊洲	注云:"北對蒲圻洲,亦曰擊洲,又曰南洲。"
	南洲	同上註。
	白面洲	
	揚子洲	注箋本、項本、注釋本、張本作楊子洲。
	金梁洲	
	淵洲	注箋本作淵淵,無洲字。
	淵步洲	注云:"洲東北對淵洲,一名淵步洲。"
	沙陽洲	
	龍穴洲	
	聶洲	黃本、沈本作聶州。
又東北至江夏沙羨縣西北,沔水從北來注之。	歈州	《名勝志》湖廣,卷一,武昌府,江夏縣,引《水經注》作歈洲。
	歈步	注云:"江水又東逕歈父山,南對歈州,亦曰歈步矣。"大典本、黃本、沈本、注釋本作炭步。《康熙湖廣通志》卷七十九,備遺,炭步,引《水經注》作炭步。
	鸚鵡洲	
	武洲	
	峥嶸洲	
又東過邾縣南。	烽火洲	
	舉洲	注云:"北岸烽火洲,即舉洲也。"
	蘆洲	
	羅洲	注云:"城南對蘆洲,……亦謂之羅洲矣。"
鄂縣北。	五洲	
	桑步	
	三洲	

經　　文	地　　名	備　　註
又東過蘄春縣南，蘄水從北東注之。	石穴洲	
卷三十六 **温水** 　温水出牂柯夜郎縣。	龍池洲 河源洲 雲平縣洲	 注云："又有雲平縣，並在洲中。"
東北入於鬱。	朱崖洲	注箋本、項本、張本作朱厓州。
卷三十七 **葉榆河** 　過交趾羸泠縣北，分爲五水，絡交趾郡中，至南界復合爲三水，東入海。	交趾海島	注云："《周禮》：南八蠻雕題、交趾，有不粒食者焉，《春秋》不見於傳，不通於華夏，在海島，人民鳥語。"
卷三十七 **沅水** 　沅水出牂柯且蘭縣，爲旁溝水，又東至鐔成縣爲沅水，東過無陽縣。	郁洲	注云："蓋亦蒼梧郁州，東武怪山之類也。"又卷三十，淮水經"又東至廣陵淮浦縣，入於海"注云："東北海中有大洲，謂之郁洲，《山海經》所謂郁山在海中者也，言是山自蒼梧徙此，云山上猶有南方草木。"
又東北過臨沅縣南。	氾洲	大典本、黃本、沈本作泛洲。《方輿紀要》卷八十，湖廣六，常德府，龍陽縣，汜洲，引《水經注》作泛洲。

經　　文	地　　名	備　　註
卷三十七 浪水 　　其一又東過縣東,南入於海。	交州海島	注云:"建安中,吳遣步騭爲交州,……騭登高遠望,覿巨海之浩茫,觀原藪之殷阜,乃曰:斯誠海島膏腴之地。"
卷三十八 湘水 　　又北過臨湘縣西,瀏水從縣西北流注。	橘洲 吉州 南津洲 船官 湘洲	注云:"西對橘洲,或作吉字。" 注云:"又逕船官西,湘洲,商洲之所次也。"
又北,瀘水從西南來注之。	鼻洲	
又北至巴丘山,入於江。	長洲	
卷三十八 溱水 　　東至曲江縣安聶邑東屈西南流。	滄海水島嶼	注云:"又有藉水,上承滄海水,有島嶼焉。"
卷三十九 耒水 　　又西北過耒陽縣之東。	蔡洲	

經　文	地　名	備　註
又北過鄡縣東。	鄡湖洲	注云："縣有鄡湖,湖上有洲。"
卷三十九 **贛水** 　　又北過南昌縣西。	湖南小洲 谷鹿洲 蓼子洲 度支步 王步 釣圻邸閣前洲	 注箋本、項本、張本作谷鹿州。 注云："贛水又逕谷鹿洲,即蓼子洲也。" 注云："步,即水渚也。" 注云："贛水又歷釣圻邸閣下,……舊夏月,邸閣前洲没,去浦遠。景平元年,校尉豫章因運出之力,於渚次聚石爲洲,長六十餘丈,洲裏可容數十舫。"釣圻邸閣,《方輿紀要》卷八十三,江西一,湖口,引《水經注》作鈞圻邸閣。

十七、岸

湖濱河岸，都是很普通的地名。當然，河湖必有岸，但未必一定成爲地名。《水經注》記載的岸，不是自然景色上有特殊之處，便是經濟價值上有重要意義。全注記載的爲本匯編所收入的作爲地名的"岸"，約在一百二十處以上。

作爲地名來說，酈注記載的岸有一部分是概念明確的。例如卷十一，滱水注的"君子岸"；卷三十五，江水注的"黃鵠岸"等等。但另外還有很大一部分，其記載是比較籠統的。例如在江水注中，常常泛稱江北岸、江南岸、江左岸、江右岸等，而大江數千里，這樣的地名反復出現，不讀注文，就不知岸在何處？對於這一類岸，本匯編收入時，大多冠以所在地名，如石門灘北岸、宜昌南岸等，俾使地名得以固定，而查檢始能方便。

在稱謂上，這類地名除了稱"岸"以外，還有"濱"、"涘"、"澨"、"阿"等名稱。"濱"是習見的字匯，不必加以說明。"涘"也是水邊之意，卷四，河水經"又南過汾陰縣西"注云：

> 在河之陽，在渭之涘。

《說文》云："涘，水厓也。"① 則渭涘是渭水之厓，是應該收入於這類地名之中的。

"澨"這個稱謂，在酈注中見到的不少。例如卷十五，洛水注的"洛澨"；卷三十一，淯水注的"南澨"和"北澨"等。卷四十，"《禹貢》山水澤地所在"經"三澨地在南郡邔縣北沱"注云：

---

① 《說文》卷十一上。

　　許慎言:潣者埠增水邊,土人所止也。……京相璠、杜預亦云:水際及邊地名也。

　　如上注,則以潣爲名的地名,是應該收入於此的。其中"薳潣"一名,歷來尚有不同意見,需要稍作説明。卷四十,"《禹貢》山水澤地所在"經"三潣地在南郡邵縣北沱"注云:

　　　　按《春秋·左傳》昭公十二年,司馬薳緤於薳潣。

　　由此"薳潣"這個地名,酈注係自《左傳》引來,而今本《左傳》,此名亦作"薳潣",似乎不致再有異議。但清代某些學者的考據是很仔細的。胡渭認爲"薳潣"應作"蓬潣"。也説:"今《左傳》本作薳潣,蓋以上有薳字而誤。"①趙一清附和胡氏之説,並提出其依據云:"宋紹興間,括蒼李如篪作《東園雜説》引《左傳》正作蓬潣,可知《世本》之非,當據六朝舊典以正之也。"②何焯校本在"三潣"上批云:"薳潣或因《左傳》因上薳越而誤,本作蓬也。"而出戴震一人之手的微波榭本,此處却亦作"蓬潣",與殿本不同,這也是值得注意的。

　　如上所述,可知胡、趙二氏之説,並非泛泛之論。而且《禹貢集解》引《水經注》也作"蓬潣",③説明宋本原作"蓬潣"。這是胡、趙的更爲有力的佐證。

　　在前面洲類地名中已經提到過"步"這個稱謂。并且按贛水注的解釋將其收入於洲類地名之中。但各家對"步"的解釋並不一致。柳宗元《錢爐步志》云:"江之滸,凡舟可縻而上下者曰步。"注:"吳人呼水際爲步,韓文《羅池廟碑》云,步有新船,若瓜步之類是也。"④由此,則"步"也有水邊河岸之意,因而又一次將其收入於岸類地名之中。

　　此外,酈注中也常用"阿"這個稱謂來記載河邊水岸,例如卷五,河水經"又東過平縣北,湛水從北來注之"注云:

　　　　常以十二月採冰於河津之隘,峽石之阿。

　　注文没有另外解釋,但"阿"實際上是水邊。《穆天子傳》:"天子飲於河水之阿",⑤可以爲證。而且從注文内容看,河邊比河心容易結冰,也容易採冰。所以像"峽石之阿"這類地名,應該收入此處是不庸置疑的。

　　最後是"汭"。"汭"這種稱謂在前面水口和河曲兩類地名中均已提到。在《史記》中,《索隱》和《正義》⑥都把"汭"解釋作水涯,因此,酈注中稱"汭"的地名,也同時收入在這裏。

---

① 《禹貢錐指》卷十四上。
② 《水經注箋刊誤》卷十二。
③ 《禹貢集解》卷三,"過三潣",引《水經注》。
④ 《柳河東集》卷二十八。
⑤ 《穆天子傳》卷一:"丙午,天子飲於河水之阿。"郭璞註:"阿,水崖也。"
⑥ 《史記》卷一,本紀一,《五帝本紀》:"舜餞下二女於嬀汭。"《索隱》:"汭,水涯也,猶洛汭、渭汭也。"《正義》:"許慎云:水涯曰汭。"

岸

經　　文	地　　名	備　　註
卷一　河水		
屈從其東南流，入渤海。	新頭河兩岸	
	王園池北岸	
	佛樹東河岸	
	恒水南岸	
	東海東岸	注云："東方朔《十洲記》曰：方丈在東海中央，東、西、南、北岸，相去正等。"
	東海西岸	見上註。
	東海南岸	見東海東岸註。
	東海北岸	見東海東岸註。
卷二　河水		
又東過隴西河關縣北，洮水從東南來流注之。	赤岸	
	河夾岸	
	隴坻山岸	
卷四　河水		
又南出龍門口，汾水從東來注之。	孟津岸	注云："通孟津河口，廣八十步，……岸上並有祠廟。"
又南過汾陰縣西。	渭涘	注云："《詩》云：在郃之陽，在渭之涘。"
又南至華陰潼關，渭水從西來注之。	風陵對岸	注云："隔河有層阜，巍然獨秀，孤峙河陽，世謂之風陵，戴延之所謂風堆者也，南則河濱姚氏之營，與晉對岸。"
卷五　河水		

經　　文	地　　名	備　　註
又東過平縣北，湛水從北來注之。	河南岸 孟津南岸 峽石之阿 河北側岸	注云："大魚見孟津，長數百步，高五丈，頭在南岸。"
又東過成皋縣北，濟水從北來注之。	玉門臨河側岸	
又東北過黎陽縣南。	天橋津東岸 河東岸 河北岸 東海之濱	
又東北過衛縣南，又東北過濮陽縣北，瓠子河出焉。	戚南河北岸 戚南河西岸 河南岸 河北岸	注云："河之南岸，有新城，……北岸，有新臺。" 同上註。
又東北過茌平縣西。	四瀆津側岸	
卷七　濟水 　與河合流，又東過成皋縣北，又東過滎陽縣北，又東至礫溪南，東出過滎澤北。	大伾北岸	
卷八　濟水 　又東北過壽張縣西界，安民亭	濟河東岸	注云："河東岸有石橋。"《名勝志》山東，卷四，濟寧州，定陶縣，引《水經注》作"河東崖有石橋"。

經　　文	地　　名	備　　註
南,汶水從東北來注之。		
又北過穀城縣西。	濟水側岸	
卷九　沁水		
又東過武德縣南,又東南至滎陽縣北,東入於河。	沁河北岸	
卷十一　滱水		
又東過唐縣南。	君子岸 泉上岸	
卷十三　㶟水		
又東過涿鹿縣北。	涿鹿之阿	注箋本、項本、張本作涿鹿之河。
卷十四　濕餘水		
濕餘水出上谷居庸關東。	居庸關下溪東岸	
卷十四　鮑丘水		
又南過潞縣西。	車箱渠北岸 車箱渠長岸	

經　　文	地　　名	備　　註
卷十五　洛水 又東過偃師縣南。	洛滋	卷四十,《禹貢》山水澤地所在經"三澨地在南郡邔縣北沱"注云:"許慎言,澨者,埤增水邊,土人所止也。……京相璠、杜預亦云:水際及邊地名也。"
卷十五　伊水 又東北過陸渾縣南。	伊水之濱	
卷十九　渭水 又東過霸陵縣北,霸水從西北流注之。	霸陵岸	
卷二十六　濰水 又北過高密縣西。	濰水東岸	
卷二十七　沔水 又東過西城縣南。	漢水右岸 漢水左岸	
卷二十八　沔水 又從縣東屈西南,淯水從北來注之。	蔡洲東岸	

經　　文	地　　名	備　　註
又東過荊城東。	荒谷東岸	
卷三十　淮水		
東過江夏平春縣北。	油水岸	
又東過壽春縣北,肥水從縣東北流注之。	淮東岸	
又東過淮陰縣北,中瀆水出白馬湖,東北注之。	淮水右岸 樊梁湖南口東岸	
又東至廣陵淮浦縣,入於海。	淮崖	注箋本作浦岸,注釋本作淮涯。
卷三十一滍水		
滍水出弘農盧氏縣支離山,東過南陽西鄂縣西北,又東過宛縣南。	滍水南灘 滍水北灘	
卷三十二涔水		
涔水出漢中南鄭縣東南旱山,北至安陽縣南,入於沔。	黃水右岸	

經　　文	地　　名	備　　註
卷三十三 江水 　岷山在蜀郡氐道縣,大江所出,東南過其縣北。	筰橋南岸 夷星橋南岸 廣都北岸	注疏本作夷里橋南岸。
又東北至巴郡江州縣東,彊水、涪水、漢水、白水、宕渠水五水,合南流注之。	江州江北岸	
又東至枳縣西,延江水從牂柯郡北流西屈注之。	巴子梁江西岸 雞鳴峽江南岸	
又東過魚復縣南,夷水出焉。	朐忍縣故城江南岸 故陵江左岸 廣溪峽北岸	
卷三十四 江水 　又東過巫縣南,鹽水從縣東南流注之。	石門灘北岸	

經　　文	地　　名	備　　註
又東過夷陵縣南。	宜昌江左岸	
	宜昌南岸	
	人灘南岸	
	黃牛灘南岸	岸,孫星衍校本云:"《御覽》作崖。"
	故城洲北岸	
	陸抗城南岸	
又東過枝江縣南,沮水從北來注之。	土臺北岸	
卷三十五 江水		
又東南,油水從東南來注之。	俞口江北岸	
	楊子洲江右岸	
湘水從南來注之。	隱口浦江右岸	
	沙陽洲江右岸	
	歎步	大典本、黃本、沈本、注釋本作炭步。《康熙湖廣通志》卷七十九,備遺,炭步,引《水經注》作炭步。
又東北至江夏沙羨縣西北,沔水從北來注之。	歎步右岸	
	沙羨縣右岸	
	黃鵠岸	
	夏口城對岸	
	江水嘉吳江右岸	
	雍伏戍右岸	

經　文	地　名	備　註
	廣武口右岸	注云："江水左得廣武口，江浦也，江之右岸，有李姥浦。"《康熙湖廣通志》卷七十九，備遺，李姥浦，引《水經注》作"江陵右岸，有李姥浦"。
又東過邾縣南。	沛岸 貝磯江右岸 黎岸 上磧北岸 文方口江右岸	
鄂縣北。	西陽郡江右岸 希水口大江右岸 孟家溠江右岸 桑步 闕塞北岸	
又東過蘄春縣南。	積布磯右岸	
又東過下雉縣北，利水從東陵西南注之。	苦菜水口江右岸 馬頭岸	
卷三十六 延江水 又東南至武陵酉陽縣，入於酉水。	酉水北岸	

經　　文	地　　名	備　　　註
卷三十六 **温水** 　東北入於鬱。	壽泠岸 林邑海岸	
卷三十七 **夷水** 　夷水出巴郡魚復縣江。	夷水南岸	
東南過佷山縣南。	夷城石岸 夷水大溪南北夾岸	
又東過夷道縣北。	虎灘岸	
卷三十七 **澧水** 　澧水出武陵充縣西,歷山東,過其縣南。	澧水南岸	
卷三十七 **沅水** 　沅水出牂柯且蘭縣,爲旁溝水,又東至鐔成縣,爲沅水,東過無陽縣。	沅水東南岸	

經　　文	地　　名	備　　註
卷三十八 **湘水**		
又東過泉陵縣西。	新平東岸	注云："水出湘東郡之新寧縣西南，新平故縣東，……東岸山下有龍穴。"
又東，溈水從西南來注之。	湘水左岸 湘水右岸	
又北過下雋縣西，微水從東來流注。	洞庭湖右岸	
又北至巴丘山，入於江。	湘水右岸	
卷三十八 **溱水**		
東至曲江縣安聶邑東屈西南流。	瀧水西岸 瀧水東岸	
過湞陽縣，出洭浦關，與桂水合。	湞陽峽兩岸	
卷三十九 **洭水**		
洭水出桂陽縣盧聚。	貞女峽西岸	
東南過含洭縣。	翁水口已下東岸	

經　　文	地　　名	備　　註
卷三十九 **贛水** 　又北過南昌縣西。	度支步 王步	
卷四十　漸江水 　北過餘杭，東入於海。	臨平岸 浙江之濱 浙江西岸	
卷四十 **《禹貢》山水澤地所在** 　三澨地在南郡邔縣北沱。	句澨 漳澨 雍澨 薳澨	見卷十五洛水，洛澨註。 大典本、吳本、注箋本、何校明鈔本、王校明鈔本、項本、戴本、注釋本、張本、注疏本作蓬澨。《禹貢集解》卷三，"過三澨"，引《水經注》作蓬澨。《禹貢古今註通釋》卷五，"過三澨至於大別南入於江"案，引《水經注》作蓬澨。《尚書後案》"過三澨至於大別南入於江"案，引《水經注》作蓬澨。
	淯水之濱 淯水南澨 淯水北澨	

十八、山　岳

　　山名是《水經注》各類地名中非常重要的一類。由於山水相連，在記載水的時候，必然要涉及山，因此，從數量上看，山名也是《水經注》各類地名中最多的種類之一。爲了使分類稍趨細緻，而查檢得以方便，本匯編在各種山名中，又分成山岳、丘阜、巖崖、石、穴窟、峽、谷等七類。當然，古人對這類地名的命名，不可能遵照現代地形學的嚴密邏輯，因此，在上述七類地名中，按照現代標準來説，界限不清、概念模糊的常常有之，只能在大體上有所區別而已。

　　在上列七類中，山岳是最重要的一類，本匯編把注文中凡以山、岳、峯、嶺、坂、岡、固、障、嶧、磯等爲通名的地名，都收入於此類之中，總數約近二千，幾佔《水經注》地名總數的十分之一。由於稱謂多而數量大，情況是比較複雜的。

　　山岳類地名中首先要注意的是有山無名的情況。這也是酈注的美中不足之一。由於羣山綿亘，峯巒起伏，酈氏一人一生之力既不可能躬親跋涉，也不可能盡得之於他人著述，情況和前面河川類地名中所説的一樣。

　　酈注中的有山無名情況，主要有下列三種：

　　第一種有山無名的情況，往往出現在羣山連綿、峯巒起伏的高山大嶺地區。例如卷二，河水經"其一源出于闐國南山，北流與蔥嶺所出河合，又東注蒲昌海"注云：

　　　　《漢書·西域傳》曰：蔥嶺以東，南北有山，相距千餘里，東西六千里，河出其中。

這裏,蔥嶺以東南北兩列東西達六千里的山岳,酈注就沒有記下它們的名稱。又如卷三十四,江水經"又東過夷陵縣南"注云:

> 袁山松言:江北多連山,登之望江南諸山,數十百重,莫識其名,高者千仞,多奇形異勢,自非煙褰雨霽,不辨見此遠山矣。

這裏,無論是江北連山或江南諸山,按注文都是高山大嶺、峯巒重疊,但酈注都不曾留下地名。

從今天來看,酈注對這些高山大嶺,没有記下地名,應該是莫大的缺陷。但是我們必須了解古人對山岳的知識和現代有很大的差别。我們現在懂得從地質構造的角度,把同一地質年代隆起的互相連續的山岳稱爲山脈或山系來加以命名,但古人却不懂得這樣做,他們常常重視孤峯獨嶺,對孤峯獨嶺,無不命名的,而在山岳連亘之中,也往往只對其中幾個傑出的山峯加以命名。在山岳的高度概念上,由於没有現代化的測量技術,因此只重視山岳的相對高度。泰山之所以名震海内,這就是重要原因之一。所以在酈注中,對於那些孤峯獨起的山岳,雖然其絶對高度實在不大,却常常一山多名。而對那些綿亘羣山,儘管其海拔高度可能很大,却又常如酈注所引袁山松的話,"莫識其名"。對於這一類有山無名的高山大嶺,本匯編都逐一收入,並在備註中加以説明。

第二種有山無名的情況,常常發生於那些建有城市或其他居民點的山岳。例如卷七,濟水經"與河合流,又東過成皋縣北,又東過滎陽縣北,又東至礫溪南,東出過滎澤北"注云:

> 《郡國志》:滎陽縣有廣武城,城在山上。

這裏,注文就没有説出廣武城所在的山名。又如卷二十七,沔水經"沔水出武都沮縣東狼谷中"注云:

> 沔水又東逕西樂城北,城在山上,周三十里,甚險固,城側有谷,謂之容裘谷,道通益州,山多羣獠。

這裏,注文對西樂城所在的這座山岳,記載得不能説不仔細,而且西樂城周達三十里,則這座建城的山岳又不能説是座小山,但注文却又偏不留下山名。

像上述這樣的例子,酈注中屢見不鮮,這類山岳不同於第一類峯巒連綿的羣山,應該是有名可按的。是否因爲山名即是城名,記載了城名,就不必再記載山名了。但酈注也並没有明確地指出。在本匯編,則只能按照這種設想,在所有這類有山無名的山岳上冠以城市之名,並在備註中加以説明。

第三種有山無名的情況,往往出現於注文記載某一件主要事物時所附帶提及的山岳。不經意的讀者有時也會忽略了這類山岳,但實際上這類山岳却未必都是小山。例如卷二十七,沔水經"又東過西城縣南"注云:

漢水右對月谷口,山有坂月川,於中黃壤沃衍而桑麻列植,佳饒水田。

這裏,注文所記載的主要對象是坂月川這片富庶的土地,這座不記地名的山岳,是爲了記載坂月川而附帶提及的,有些人甚至會無視這類山岳的存在。但按注文山上既能有坂月川這樣一片佳饒水田的山間盆地,看來這山也並非小山。又例如卷三十九,耒水經"又北過其縣之西"注云:

> 縣有淥水,①出俠公山,西北流而南屈注於耒,謂之程鄉溪。郡置酒官,釀於山下,名曰程酒。

這裏,注文記載的主要事物是程鄉溪所産的程酒。但既然是"郡置酒官,釀於山下",則酒官之旁,亦即程鄉溪沿岸,肯定是有山的,但對於這座山,注文也沒有留下地名。

像上述這類例子,全注中不勝枚舉。既然注文中明明有山,本匯編自亦不能因其無名可稽而置之不顧,所以也都冠以所在地名而收入,並在備註中加以説明。

山岳類地名中另一種需要注意的情況是異山同名。這種情況特別是出現在同一流域中的時候,就更須分辨清楚。例如卷十,濁漳水經"又東出山,過鄴縣西"注和經"又東過列人縣南"注中,各有一"邯山";而卷三十三,江水經"又東過江陽縣南,洛水從三危山東過廣魏洛縣南,東南注之"注和經"又東過魚復縣南,夷水出焉"注中,各有一"方山"。這種異山同名的情況,全注常可看到。

異山同名的另一種情況,可能與上述有山無名有關,即是全注中存在大量方位詞爲名的山岳。這類山名,可能是原有的,也可能是因爲有山無名而酈氏在作注時按方位擬名的。例如在卷二,河水注中,就有南山八處,北山六處,西山四處;卷十七,渭水注中,也有南山六處,西山五處,北山二處。造成大量異山同名的現象。爲了使這些同名的異山有所區別而便於查檢,本匯編在收入這類山岳時,盡可能冠以所在地名,如"于闐南山","疏勒北山"等等。在附近沒有一定縣邑城郭的情況下,則冠以從該山發源的河流名稱,如"蒲谷水南山"、"石宕水北山"等等。

山岳類地名中還有一種應該注意的情況是一山多名。正和以前所述的一水多名一樣,在全注中是一種普遍現象。例如卷四,河水經"又南過蒲坂縣西"注云:

> 河水南逕雷首山西,山臨大河,北去蒲坂三十里,《尚書》所謂壺口雷首者也,俗亦謂之堯山。……闞駰《十三州志》曰:山一名獨頭山。

這裏,雷首山就是一山三名。又如卷十八,渭水經"又東北過武功縣北"注云:

---

① 淥水,黃本、吳本、注箋本、項本、沈本、張本,《卮林》卷一《析酈》引《水經注》,《楚寶》卷三十八山水、耒水,引《水經注》均作綠水。

《地理志》曰：縣有太一山，《古文》以爲終南，杜預以爲中南也，亦曰太白山。

這裏，太一山就是一山四名。

在一山多名的問題中，最後還必須一提崑崙山。即使單從地名的角度説，崑崙山也是山岳中的一個比較複雜的典型。它除了崑崙坵、崑崙墟、崑山、阿耨達太山、[①]阿耨達山、鍾山、無熱丘等許多別名外，還有許多附着於它的山中之山，如樊桐、板桐、[②]玄圃、[③]閬風、層城、[④]天庭等等。儘管在這些地名中，含有大量荒誕不經的神話在内，但其中有一些到後來就成爲真實的地名。即使完全是子虛烏有的，它們畢竟仍反映了不少古代的民間傳説，我們也没有理由把它們排除在歷史地名之外。而且正因爲其比較複雜，我們就更有必要對崑崙山這類地名的來龍去脈作進一步的了解。

在我國，崑崙這個地名，歷史上原有南海崑崙與西域崑崙兩處。南海崑崙將在以後國族類地名中再作探討，這裏僅將西域崑崙之名稍加説明。

西域崑崙，亦即《水經注》所記載的崑崙山，歷來是説法紛紜、莫衷一是的。據清萬斯同的考證，歷來對崑崙山的不同説法，約有十餘家之多。[⑤] 胡渭認爲崑崙山有四處，[⑥]而陶葆廉之所記，更是一個典型的例子。陶記云：

> 按傳記言崑崙凡七處：一在海外，一在西寧，一在肅州，一在新疆，一在青海南，一在衞藏之北，一在北印度。[⑦]

我之所以舉清人的例子，是爲了説明直到清代，崑崙山這個地名還常爲人們所附會。這樣的例子，在清以前，當然更是不勝枚舉的。崑崙山之所以這樣傳説紛紜，言人人殊，因爲它原來只是一個神話中的地名，並非實有其地。此名最早出於《山海經》及《楚辭》。《西山經》云：

> 崑崙之丘，是實惟帝之下都，神陸吾司之。……河水出焉而南流，東注於無達；赤水出焉而東南流，注於氾天之水；洋水出焉而西南流，注於醜塗之水；黑水出焉而西流，注於大杅。

又《海内西經》云：

---

① 阿耨達太山，注箋本、項本、注釋本、張本均作阿耨達大山。

② 板桐，黄本、吴本、注箋本、項本、沈本、七校本、注釋本、張本；萬斯同《崑崙河源考》引《水經注》；《方輿紀要》卷六十五，陝西十四，西蕃，崑崙山，引《水經注》均作板松。

③ 玄圃，《方輿紀要》卷六十五，陝西十四，西蕃，崑崙山，引《水經注》作元圃。

④ 層城，吴本、七校本、注疏本均作增城。楊守敬疏云："《楚辭·天問》作增城，《淮南子·墜形訓》亦作增城。"

⑤ 《崑崙辨》（《羣書疑辨》卷十）："古之論河源者，皆謂出於崑崙，而傳記所載不一，……吾爲博考古書，其言崑崙者約有十餘家。"

⑥ 《禹貢錐指》卷十："傳記言崑崙凡四處：一在西域；……一在海外；……一在酒泉；……一在吐蕃。"

⑦ 《辛卯侍行記》卷五。

海内崑崙之墟在西北，帝之下都，崑崙之墟方八百里，高萬仞。

又《楚辭·天問》云：

崑崙縣圃，其居安在？增城九重，其高幾里？四方之門，其誰從焉？西北辟啟，何氣通焉？

從以上可見，崑崙山乃是古代的一種傳說、一個神話。《西山經》記載了它是眾水之源，《海内西經》記載了它的範圍和高度，而《楚辭》記載了它的内部結構。所有這類古籍中所記載的有關崑崙山的神話，當以《淮南子》爲最完整豐富。① 所有這些，都説明崑崙山乃是古代民間廣泛流傳的一個神話，並非何人所獨創。

崑崙山從一座神話中的山岳成爲一座實有其山的山岳，爲時在漢武帝時代（公元前一二六年以後）。根據《大宛列傳》所載：

漢使窮河源，河源出于闐，其山多玉石，采來，天子案古圖書，名河所出山曰崑崙山。②

這裏的漢使是張騫，天子當然指漢武帝。這裏的所謂河源實際上就是現在的塔里木河支流之一的和田河的河源。至於這個錯誤是張騫造成的，抑或當時當地確有這樣的傳説，那就不得而知。但總之是張騫把這個錯誤傳來的。而漢武帝對照古代圖書，就這樣把所謂河源（即今和田河源）所出的山岳名爲崑崙山。至於當時所案的是些什麼古代圖書，司馬遷是了解事情的始末的。他説：

今自張騫使大夏之後也，窮河源，惡睹《本紀》所謂崑崙者乎？故言九州山川，《尚書》近之矣，至《禹本紀》、《山海經》所有怪物，余不敢言之也。③

這就説明，所謂古圖書，就是《禹本紀》和《山海經》。《禹本紀》是佚書，幸虧司馬遷在《大宛列傳》贊中引了它一句話："《禹本紀》言河出崑崙，崑崙高二千五百餘里，日月所相避隱爲光明也。"則漢武帝所按的無疑就是"河出崑崙"四個字。至於《山海經》，漢武帝所按的除了《西山經》的"河水出焉而西南流"外，大概還同時根據了《海内西經》的"面有九井，以玉爲檻"的説法。因爲這和張騫傳來的"其山多玉石"是可以牽強附會的。這實際上就是清李慈銘所説的："自《山海經》有河出崑崙一語，於是張騫鑿

---

① 《淮南子·墜形訓》："禹乃以息土填洪水，以爲名山，掘昆侖墟以下地，中有增城九重，其高萬一千里百一十四步二尺六寸。……旁有二百四十門，門間四里，里間九純，純丈五尺。旁有九井，玉横維其西北之隅。北門開，以内不周之風。傾宫、旋室、縣圃、涼風、樊桐，在昆侖閶闔之中，是其疏圃。疏圃之池，浸之黄水，黄水三周復其原，是謂丹水，飲之不死。河水、……赤水、……弱水、……洋水、……凡四水者，帝之神泉，以和百藥，以潤萬物。昆侖之丘，或上倍之，或謂涼風之山，登之而不死。或上倍之，是謂縣圃，登之乃靈，能使風雨。或上倍之，乃維上天，登之乃神，是謂太帝之居。"

② 《史記》卷一二三，列傳六十三。

③ 《史記》卷一二三，列傳六十三，《大宛列傳》贊。

空而漢武求之于闐蔥嶺矣。"①

　　如上所述，說明崑崙山一名從傳奇式的記載到真真成爲我國實有的地名，中間是有一段曲折的過程的。雖然從張騫出使回來以後，崑崙山一名已由漢朝的統治者給了它固定的地理位置。但是，由於以前的許多古籍中的記載對於人們的影響，使他們仍然不受《大宛列傳》記載的約束，還是我行我素，各按自己的見聞和興趣來描述崑崙山。是以《漢書·地理志》、《括地志》、《十六國春秋》、康泰《扶南傳》、道安《西域志》等書中。對崑崙山位置的記載，仍然彼此相徑庭。是以在唐代，《藝文類聚》不得不引了包括《水經》在內的十二種書籍中對於崑崙山的五花八門的記載；②而到了宋初，《太平御覽》竟引了二十七種對於崑崙山的光怪陸離的說法。③ 諸如此等，也就是萬斯同的"其言崑崙者約有十餘家"和陶葆廉的"崑崙凡七處"之說的由來。

　　因爲崑崙山在我國歷史地名中是一個比較複雜的地名，而酈注山岳類地名中，有不少地名都和崑崙山相牽連，故略述其梗概如上。

　　最後還有一個問題，順便稍加探討。卷一，河水經"屈從其東南流，入渤海"注云：

　　　　其城空荒，又無人徑，入谷傅山，東南上十五里，到耆闍崛山。

　　這一段文字，其實是從《佛國記》摘引而來的。《佛國記》云：

　　　　那竭城南半由延，有石室，搏山西南向，佛留影此中。④

　　這裏，《佛國記》的"搏山"，酈注作"傅山"。實際上，在黄本、吳本、注箋本等舊本中，原來都作"搏山"，而是注釋本和殿本才改作"傅山"的。不過"搏"和"傅"這兩個字，在一般理解上，其意義並無多大出入，總不離攀緣之義。足立喜六說："搏山者，紆迴行於山中之謂也。"⑤而傅山的意義，也無非如此。這裏之所以提出這個問題，因爲有人把殿本的傅山和舊本的搏山都當作地名。清沈曾植在其《護德瓶齋簡端録》，有專論"搏山"一則云：

　　　　《佛國記》作搏山，《水經注》舊本同，官本校改傅山。

　　《護德瓶齋簡端録》原是沈氏遺稿，我未曾過目，不能妄加評論。但據《海日樓札叢》⑥卷三內輯自此稿各篇，所論多係古代域外地名。故沈氏以搏山和傅山爲地名，實在極有可能。而錢仲聯纂輯沈氏書，在搏山和傅山之旁，都加上了地名號。因此，即使

　　① 《祥琴室日記》，同治七年，十一月二十八日（《越縵堂日記》二函，十一册）。

　　② 《類聚》卷七，山部上，崑崙山。

　　③ 《御覽》卷三十八，地部三，崑崙山。

　　④ "搏山"，在《佛國記》（或《法顯傳》）的某些版本中又作"博山"。《説郛》本即是其例（引六十六）。

　　⑤ 《法顯傳考證》第一一一頁。

　　⑥ 錢仲聯輯，一九六二年中華書局出版。

沈氏是否以搏山和傅山爲地名的問題還不能論定,而錢氏以搏山和傅山爲地名,却是無可置疑的了。我並不附和沈氏和錢氏的意見,也没有把傅山作爲一個地名收入本匯編。但是我認爲這個問題或許不是沈、錢二氏的一時疏忽,他們可能另有一番理由。因爲這個問題牽涉到酈注地名,所以就在這裏提一提。

山 岳

經　　文	地　名	備　　註
卷一　河水 　　崐崘墟在西北。	崐崘丘 崐崘之山	
	樊桐	注云:"《崐崘説》曰:崐崘之山三級:下曰樊桐,一名板桐;二曰玄圃,一名閬風;上曰層城,一名天庭。"
	板桐	黄本、吴本、注箋本、何校明鈔本、項本、沈本、七校本、注釋本、張本作板松。《方輿紀要》卷六十五,陝西十四,西蕃,崐崘山,引《水經注》作板松。萬斯同《崐崘河源考》,引《水經注》作板松。
	玄圃	《方輿紀要》卷六十五,陝西十四,西蕃,崐崘山,引《水經注》作元圃。《康熙山東通志》卷六十四,雜志,登州府,閬風元圃,引《水經注》作元圃。
	閬風 層城	吴本、項本、七校本、注疏本作增城。《佩文韻府》卷十五,十五删,山,崐崘山,引《水經注》作增城。《崐崘河源考》,引《水經注》作增城。
	天庭	
去嵩高五萬里,地之中也。	崐山	趙本作崐崘。注箋本、注釋本作崐崘山。《嘉靖河州志》卷四,藝文志,元柯九思《黄河序》,引《水經注》作崐崘。
	積石山 陽紆之山 崐崘之墟	《禹貢集解》卷三,引《水經注》作崐崘墟。《昆侖異同考》引《水經注》作昆侖之虚。《辛卯侍行記》卷五,一在新疆,陶葆廉註,引《水經注》作崐崘虚。
屈從其東南流,入渤海。	陽紆陵門之山 馮逸之山	吴本、注箋本、項本、注釋本、張本、注疏本作陽紆凌門之山。潘昂霄《河源記》,引《水經注》作凌門之山。

經　文	地　名	備　註
	阿耨達太山	注箋本、項本、注釋本、張本作阿耨達大山。《昆侖異同考》引《水經注》作阿耨達大山。
	崑崙山	釋氏《西域記》曰："阿耨達太山，……山即崑崙山也。"《昆侖異同考》引《水經注》作昆侖山。
	蔥嶺	何校明鈔本、王校明鈔本作蔥嶺，《昆侖釋》引《水經注》作蔥嶺。
	半達鉢愁	注云："半達，楘言白也；鉢愁，楘言山也。"
	白山	同上註。
	曇蘭山	
	小孤石山	
	五山	
	耆闍崛山	
	靈鷲山	注云："羅閱祇國有靈鷲山，胡語云耆闍崛山。"
	鍾山	注云："黑水之前有大山名崑崙，又曰鍾山。"
	崑崙	《昆侖釋》引《水經注》作昆侖。
	阿耨達山	
	無熱丘	注云："而今以後，乃知崑崙山爲無熱丘。"
	小崑崙	
	縣圃	
	涼風	
	涼風之山	何校明鈔本作浪風之山。
	玄圃之山	
	積石圃	
	北戶之室	
	大濶之井	黃本、注箋本、沈本、七校本、注釋本作大活之井。
	承淵之谷	
	閬風巔	
	玄圃臺	
	崑崙宮	
	北戶山	

經　　文	地　　名	備　　註
	承淵山	
	無外之山	
	會計	
卷二　河水 　又南入蔥嶺山，又從蔥嶺出而東北流。	蔥嶺	何校明鈔本、王校明鈔本作蕙嶺，《昆侖釋》引《水經注》作蕙嶺。
	大頭痛之山	
	小頭痛之山	
	赤土身熱之阪	
	南山	
	阿耨達山	
	羅逝西山	注云："城南有水，出羅逝西山，山即蔥嶺也。"
其一源出于闐國南山，北流與蔥嶺所出河合。	于闐南山	
	仇摩置	注云："南源導于闐南山，俗謂之仇摩置。"
	且末南山	
	蔥嶺東南山	注云："《漢書·西域傳》曰：蔥嶺以東，南北有山，相距千餘里，東西六千里，河出其中。"何校明鈔本作蔥嶺東南山。
	蔥嶺東北山	見上註。
	疏勒北山	
	鐵山	
	屈茨北大山	
	赤沙山	
	積梨山	
	敦薨之山	
	焉耆東北大山	注云："《史記》曰：焉耆近海多魚鳥，東北隔大山，與車師接。"
	沙山	
	不周之山	

經　　文	地　　名	備　　註
	諸毗之山	
	崇岳之山	
又東入塞,過敦煌、酒泉、張掖郡南。	積石之山	
	太山	
	東冶之山	
	會稽	
又東過隴西河關縣北,洮水從東南來流注之。	南山	
	層山	
	唐述山	蔣廷錫《尚書地理今釋》積石條,引《水經注》作唐迷山。
	鳳林山	
	黑城西北山	注云:“又東北,右合黑城溪水,水出西北山下。”注箋本、項本、注釋本、張本作“水出西北谿下”。
	細越西北山	
	石門口山	
	皋蘭山	
	白石縣西北山	注云:“水出縣西北山下。”
	白石山	
	羅溪水西南山	注云:“羅溪水注之,水出西南山下。”
	廣大阪	
	陰山	
	金紐大嶺	大典本、黃本、吳本、注箋本作金細北嶺,七校本、注釋本作金紐北嶺。
	强臺山	合校本引孫星衍本云:“《初學記》引此正作强臺。”
	西傾山	
	强臺	
	西傾	注云:“故知强臺,西傾之異名也。”

經　　文	地　　名	備　　註
又東過金城允吾縣北。	洪和山	大典本、黃本、注箋本、項本、沈本、七校本、注釋本、張本作共和山。《方輿紀要》卷六十,陝西九,臨洮府,洮州衞,美相城,引《水經注》作共和山。
	步和亭西山	
	石底橫	吳本、七校本作石底嶺。
	和博城西南山	注云:"又北逕河北城中,左合和博川水,水出城西南山下。"
	鳥鼠山	
	高城嶺	
	隴坻	七校本、項本、注釋本、張本作隴底。
	金紐城西山	
	戎峽口西南山	
	龍駒城西南山	
	松山	
	養女北山	黃本、沈本作養女此山。
	養女山	
	養女嶺	
	浩亹山	注云:"闞駰曰:長寧北有養女嶺,即浩亹山。"
	西平北山	
	長寧水枝水西山	注云:"長寧水又東南與一水合,水出西山。"
	風伯祠南山	注云:"水南山上,有風伯祠。"
	牛心川水西南遠山	注云:"又東,牛心川水注之,水出西南遠山。"七校本作"水出其南遠山"。
	土樓北山	注云:"湟水又東逕土樓南,樓北倚山原,峯高三百尺。"
	達扶東山	注云:"右會達扶東、西二溪水,參差北注,亂流東出;期頓、雞谷二水,北流注之;又東,吐那孤、長門兩川,南流入湟

經　文	地　名	備　註
		水。六山名也。"殿本註云："今考上六水,出六山之溪谷,皆舉山以名其水,故總釋之。"
	達扶西山	見上註。
	期頓山	見達扶東山註。
	雞谷山	見達扶東山註。
	吐那孤山	見達扶東山註。
	長門山	見達扶東山註。
	白嶺	《通鑑》卷一二〇,宋紀二,文帝元嘉元年,"攻河西白草嶺臨松郡皆破之"胡註,引《水經注》作白草嶺。
	霧山	
	南流川北山	注云："左合南流川,水出北山。"
	阿步干鮮卑山	注箋本作河步干鮮卑山。《水經注箋刊誤》卷一云："全氏云:阿步干,鮮卑語也,慕容廆思其兄吐谷渾,因作阿干之歌,蓋胡俗稱其兄曰阿步干。阿干,阿部干之省也。今蘭州阿干山谷、阿干河、阿干城、阿干堡,金人置阿干縣,皆以阿干之歌得名。"
	崑崙	
	金城南山	注云："《十三州志》曰:大河在金城北門,東流有梁泉注之,出縣之南山。"
又東過天水北界。	子城南山	
	隴	
	空同	
	祖厲南山	
	麥田山	
	大隴山	大典本、吳本、何校明鈔本、項本、張本作大壟山。《禹貢錐指》卷十三上,引《水經注》作大壟山。
	隴山	
	湫淵四山	注云："東水發源縣西南二十六里湫淵,淵在四山中。"
	長城西山	
	高平縣西南山	注云："又北,次水注之,水出縣西南四十里山中。"

經　　文	地　　名	備　　註
	酸陽山	大典本作咸陽山，吳本、注箋本、項本、張本作醶陽山。
	百里山	
	牽條山	
卷三　河水		
又北過北地富平縣西。	富平縣河側兩山	注云："河側有兩山相對，水出其間。"
	渾懷障	黃本、注箋本、沈本作渾懷鄣。《初學記》卷八，關內道第三，懷渾障，引《水經注》作懷渾障。《禹貢錐指》卷十三上，引《水經注》作渾懷鄣。
	卑移山	
	石崖山	何校明鈔本作右崖山。
	畫石山	注云："河水又東北歷石崖山西，去北地五百里，山石之上自然有文，盡若虎馬之狀，粲然成著，類似圖畫，故亦謂之畫石山也。"
屈從縣北東流。	梓嶺	
	陰山	
	高闕連山	
至河目縣西。	陽山	
	馬陰山	
屈東過九原縣南。	五原縣故城北連山	注云："西北對一城，蓋五原縣之故城也，……其城南面長河，北背連山。"
又東過臨沃縣南。	石門山	
	石門障	注云："水出石門山，《地理志》曰：北出石門障，即此山也。"吳本、注箋本、何校明鈔本、項本、張本、注疏本作石門鄣。
又東過雲中楨陵縣南，又東過沙南縣北，從縣東	鍾山	注云："南逕鍾山，山即陰山。"大典本作鐘山。
	白道嶺	《史記》卷一一〇，列傳五〇《匈奴傳》"北破林胡樓煩築長城"《正義》，引《水經注》作百道。
	廣德殿西山	

經　　文	地　　名	備　　註
屈南過沙陵縣西。	胡山	
	沙南縣東大山	
	沙南縣西大山	
又南過赤城東，又南過定襄桐過縣西。	契吳東山	
	中陵縣西南山	
	大浴真山	吳本、注箋本、項本、七校本、注釋本、張本作大浴山。
	貸敢山	
	吐文山	
	沃陽城東南山	注云：“又東北逕沃陽城東，又東合可不逕水，水出東南六十里山下。”
	參合縣東南山	注云：“沃水又東逕參合縣南，……其水又東合一水，水出縣東南六十里山下。”
	中陵川枝津	注云：“中陵川水自枝津西北流，右合一水於連嶺北。”
	連嶺	
	沃陽縣東北山	
	烏伏真山	
	樹頹水東山	注云：“北俗謂之樹頹水，水出東山下。”
	呂梁之山	
又南過西河圜陽縣東。	神銜山	大典本、注箋本作銜山。七校本作神御山。《關中水道記》卷一圜水，引《水經注》作銜山。
	虢山	
	諸次山	
	榆林山	
	上申之山	
又南離石縣	孟山	吳本、注箋本、項本、注釋本、張本作盂山。

經　　文	地　　名	備　　註
西。	明山	注云：“郭景純曰：孟或作明。”
	南邪山	
	五龍山	
	橋山	
	上陵畤	注云：“陽周縣故城南橋山，……王莽更名上陵畤，山上有黃帝塚故也。”
	離石北山	
又南過土軍縣西。	道左山	注云：“縣有龍泉，出城東南道左山下”，《元一統志》卷四，陝西等處行中書省，古蹟，五龍泉，引《水經注》云：“龍泉在左山上。”
	道左高山	
	鳥山	
又南過上郡高奴縣東。	孔山	
	申山	
	老人山	
	神泉障北山	吳本作神泉鄣北山。
	三湖水南山	注云：“又東會三湖水，水出南山。”
	延壽縣南山	
	石樓山	
	定陽縣西山	
	定陽縣南山	
卷四　河水 又南過河東北屈縣西。	風山	
	孟門山	
	呂梁山	
	陰山	
	丹陽山	注箋本、注釋本作三陽山。
	丹山	
	獵山	

經　　　文	地　　名	備　　　　註
又南出龍門口,汾水從東來注之。	積石 梁山 三累山	
又南過汾陰縣西。	蒲坂 歷山	吴本作朔坂。《乾隆山西志輯要》卷七,蒲州府,臨猗縣,山川,朔坂,引《水經注》作朔坂。
又南過蒲坂縣西。	歷山 雷首山 堯山 獨頭山	注云:"周處《風土記》曰:舊説舜葬上虞,又記云:耕於歷山,而始寧、剡二縣界上,舜所耕田於山下多柞樹,吳越之間名柞爲櫪,故曰歷山。" 注云:"河水南逕雷首山西,……俗亦謂之堯山,……闞駰《十三州志》曰:山一名獨頭山。" 同上註。
又南至華陰潼關,渭水從西來注之。	華岳 搦嶺 屈嶺 松果之山 黄巷坂 東崤 開山 全鳩水南山	 明李攀龍《太華山記》(《古今天下名山勝概記》卷三十九),引《水經注》作搦領。 黄本、吴本、沈本作松果之上。《古今天下名山勝概記》卷三十九,陝西三,引《水經注》作松果之上。《遊歷紀存》"秦燕之道",引《水經注》作松果之上。《關中水道記》卷一,灌水,引《水經注》作松果之上。 注箋本、項本、張本作黄卷坂。《通雅》卷十三,地輿,黄卷坂,引《水經注》作黄卷坂。《方輿紀要》卷五十二,陝西一,潼關,引《水經注》作黄卷坂。 注箋本作東崤。

經　　文	地　　名	備　　註
又東過河北縣南。	襄山	
	薄山	注云："薄山，即襄山也。"
	首山	
	華山	
	蒲山	
	甘棗之山	吳本、注箋本作甘桑之山。《山海經箋疏》卷五，《中山經》"曰甘棗之山"郝懿行案，引《水經注》作甘桑之山。《山海經廣註》卷五《中山經》"曰甘棗之山"吳任臣註，引《水經注》作甘桑之山。《山海經·中山經》畢沅註，引《水經注》作甘桑之山。
	渠豬之山	
	夸父山	
	荆山	
	石隄山	
	陽華之山	
	衙嶺	大典本、黃本、吳本、注箋本、何校明鈔本、王校明鈔本、項本、沈本、張本、注疏本作衡嶺。《漢書地理志校本》卷上，弘農郡，弘農，汪遠孫註，引《水經注》作衡嶺。
	石城山	注云："左水南出於衙嶺，世謂之石城山。"
	衙山	吳本、注箋本、項本、張本、注疏本作衡山。
	函谷山	
	鹿蹢山	黃本、吳本、沈本作鹿蹄山。
	曹水南山	注云："河之右，曹水注之，水出南山。"
	常烝之山	黃本、何校明鈔本、沈本作常丞之山。《大明一統志》卷二十九，河南，河南府，山川，崙水，引《水經注》作常豖。《嘉靖河南通志》卷六，山川，崙水，引《水經注》作常豖。《順治河南通志》卷六，山川，河南府，崙水，引《水經注》作常豖。
	七里澗南山	注云："河水又東得七里澗，……其水自南山通河。"
	干山	注云："水導源常烝之山，俗謂之爲干山。"黃本、注箋本、項本、沈本、張本作于山。

經　　文	地　　名	備　　註
又東過陝縣北。	橐山 崖水南山 石崤 北虞山 虢山	注云："又有崖水,出南山北谷。"
又東過大陽縣南。	吴山 虞山	
	巔軨坂	《方輿紀要》卷四十一,山西三,平陽府,蒲州,虞山,引《水經注》作顛軨坂,《漢書地理志補註》卷五,河東郡,"吴山在西"註,引《水經注》作顛軨阪。《春秋地名考略》卷十二,虞,"國於夏墟",引《水經注》作顛陵阪。
	大陽之山	黄本、沈本作太陽之山。
	薄山	注云："並北發大陽之山,南流入於河,是山也,亦通謂之爲薄山矣。"
又東過砥柱間。	砥柱山	《嘉靖河南通志》卷十四,河防,引《水經注》作底柱山。《順治河南通志》卷九,河防,引《水經注》作底柱山。《方輿紀要》卷四十六,河南一,底柱,引《水經注》作底柱山。《治河前策》卷上,《東至於底柱考》,引《水經注》作底柱山。《戰國策釋地》卷上"魏有南陽鄭地三川"釋,引《水經注》作底柱山。《漢書地理志補註》卷五,河東郡,大陽註,引《水經注》作底柱山。
	三門山 盤崤山 石崤山 千崤之山 太崤 西崤	

經　　文	地　　名	備　　註
又東過平陰縣北,清水從西北來注之。	清廉山	
	西嶺	
	清營山	
	東山	
	倚亳川水北山	注云:"與倚亳川水合,水出北山礦谷。"
	南山	
	石人嶺	注箋本作左人嶺。
	馬頭山	
	教山	
	輔山	
	平山	
	王屋山	
	鼓鍾之山	
	西馬頭山	
	青要山	
	疆山	注云:"水出新安縣青要山,今謂之疆山。"注箋本、項本、七校本、注釋本、張本作彊山。
	䰠山	
	宜蘇山	
卷五　河水 又東過平縣北,湛水從北來注之。	首陽山	
	首戴	注云:"河水南對首陽山,《春秋》所謂首戴也,夷齊之歌,所以曰登彼西山矣。"
	西山	同上註。
	和山	
	蒉山	
	東首陽山	
	首陽東山	

經　　文	地　　名	備　　註
洛水從縣西北流注之。	崐崘	
又東過成臯縣北,濟水從北來注之。	黃馬坂	
	旋門坂	
	成臯西大坂	
	大伾山	《尚書後案》"東過洛汭至於大伾"案,引《水經注》作大坏山。《禹貢古今註通釋》卷五,"導沇水東流爲濟入于河溢爲滎"案,引《水經注》作大坏山。
	浮戲山	
	方山	注云:"水南出浮戲山,世謂之曰方山也。"
	嵩渚之山	
	非山	
	婁山	
	石城山	
	五龍塢	
又東過黎陽縣北,蕩蕩渠出焉。	赤岸固	
又東北過黎陽縣南。	黎山	
	白馬山	
	沙鹿	《方輿紀要》卷十六,直隸七,大名府,元城縣,沙麓山,引《水經注》作沙麓山。
又東北過茌平縣西。	茌山	注云:"應劭曰:茌,山名也。"
又東北過利縣北,又東北過甲下邑,濟水從西來注之,又東北入於海。	碣石之山	

經　　文	地　　名	備　　註
卷六　汾水 　汾水出太原汾陽縣北管涔山。	管涔之山	
	燕京山	注云："《山海經》曰：北次二經之首，在河之東，其首枕汾，曰管涔之山，……
	管涔	《十三州志》曰："出武州之燕京山，亦管涔之異名也。"
	汾陽縣北山	
	羊腸坂	大典本作羊脹坂。
	少陽之山	
又南過大陵縣東。	謁戾之山	
	祁山	
	胡甲山	
	胡甲嶺	宋本作胡甲領。
又南過平陶縣東，文水從西來流注之。	綿山	
	綿上之山	
	介山	注云："水出介休縣之綿山，……昔介子推逃櫜文公之賞而隱居綿上之山，……因名斯山爲介山。"
歷唐城東。	太岳山	
	岳陽	注云："汾水又南與彘水合，水出東北太岳山，《禹貢》所謂岳陽也，即霍太山矣。"
	霍太山	同上註。《廣博物志》卷六，地形二，引《水經注》作霍山。
	侯曇山	
又南過楊縣東。	穀遠縣西山	
	霍山	
西南過高梁邑西。	黑山	
	牛首之山	
	巢山	
	浮山	

經　　文	地　　名	備　　註
又南過平陽縣東。	壺口山	
又南過臨汾縣東。	東徑山	
	長嶺	
	鈃陘	《通雅》卷十四,地輿,陘峴,引《水經注》作鈃陘。
又西過長脩縣南。	華水北山	注云:"汾水又西與華水合,水出北山華谷。"
	稷山	
	介山	
又西過皮氏縣南。	介山	
	汾山	注云:"在介山北,山,即汾山也。"
卷六　澮水 澮水出河東絳縣東澮交東高山。	絳高山	大典本、黃本、吳本、注箋本、項本、沈本、張本、注疏本作詳高山。《御覽》卷六十四,地部二十九,澮水,引《水經注》作詳高山。《康熙字典》水部,澮,引《水經注》作詳高山。《佩文韻府》卷三十四上,四紙,水,澮水,引《水經注》作詳高山。《乾隆山西志輯要》卷二平陽府翼城縣,山川,澮高山,引《水經注》作翔高山。
	河南山	注云:"澮水東出絳高山,亦曰河南山,又曰澮山。"
	澮山	同上註。
	絳山	
	白馬山	
卷六　涑水 涑水出河東聞喜縣東山黍葭谷。	清野山	
	清襄山	注云:"水源東出清野山,世人以爲清襄山也。"
	大嶺	

經　　文	地　名	備　　註
西過周陽邑南。	周陽邑北山 景山	注云："其城南臨淶水，北倚山原。"
又西南過安邑縣西。	薄山 巫咸山 登葆山 靈山 谷口嶺	
又東過解縣東，又西南注於張陽池。	鹽道山 百梯山	注疏本作壇道山。 注云："南對鹽道山，……乃陟百梯，方降巖側，……故亦曰百梯山也。"
卷六　文水		
文水出大陵縣西山文谷，東到其縣，屈南到平陶縣東北，東入於汾。	大陵縣西南山 謁泉山 狐岐之山 陽泉水西山	 《禹貢蔡傳》引《水經注》作胡岐之山。元王天與《尚書纂傳》卷四，"治梁及岐"註，引《水經注》作胡岐之山。 注云："東合陽泉水，水出西山。"
卷六　洞過水		
洞過水出沾縣北山。	南溪水南山 黑水西山	注云："其水西流與南溪水合，水出南山。" 注云："洞過水又西北，黑水西出山。"注釋本作"黑水出西山"。
西過榆次縣南，又西到楡陽縣南。	大嶮山 軒車嶺	

經　　文	地　　名	備　　註
卷六　晉水 䂮水出䂮陽 縣西懸甕山。	龍山 結紬山	注云：“《䂮書地道記》及《十三州志》並言䂮水出龍山，一名結紬山。”
	懸甕之山	黃本、沈本作懸甕之山。吳本作縣甕山。何校明鈔本、項本、張本作懸甕山。《林水録》鈔《水經注》作懸甕山。《通鑑》卷一，周紀一，威烈王二十三年，“簡子使尹鐸爲䂮陽”胡註，引《水經注》作龍山。《通雅》卷十六，地輿，縣雍山，引《水經注》作縣雍山。
	沼西山	注云：“後人踵其遺跡，蓄以爲沼，沼西際山枕水。”
卷七　濟水 濟水出河東 垣縣東王屋山，爲 沇水。	王屋之山 共山 贊皇山 原山 鍾繇塢 軹縣西南山 軹南皋 軹縣南山	
與河合流，又 東過成皋縣北，又 東過滎陽縣北，又 東至礫溪南，東出 過滎澤北。	大伾 三皇山 皇室山 三室山 廣武城山 敖山 壇山岡 壇臺岡	黃本、沈本、七校本作皇山，注箋本、項本、張本作三山。 注云：“水南帶三皇山，即皇室山，亦謂之爲三室山也。” 同上註。 注云：“《郡國志》，滎陽縣有廣武城，城在山上。” 注云：“《趙世家》成侯二十年，魏獻滎陽，因以爲壇臺岡也。”注釋本註云：“沈氏曰：《史記》魏獻滎椽，趙因以爲檀

經　　文	地　　名	備　　註
		臺,榮橡木材,非地也;檀臺是屋,非岡也。善長不知何以有此誤考。"
	嵩渚山	
	少徑之山	宋本、吳本、注箋本、項本、張本、注疏本作小徑之山,何校明鈔本作小徑山。
	滎陽北山	注云:"其城跨倚岡原,居山之陽。"
	黃堆山	七校本作黃雀山。
卷八　濟水		
其一水東南流,其一水從縣東北流,入鉅野澤。	長羅岡 蘧伯玉岡	
又東北過壽張縣西界,安民亭南,汶水從東北來注之。	梁山 安民山	
又北過須昌縣西。	魚山 吾山	大典本、吳本、注箋本、項本、張本作漁山。 注云:"馬頰水又東北流逕魚山南,山,即吾山也。"
又北過穀城縣西。	穀城山 大檻山	《初學記》卷八,河南道第二,狼水,引《水經注》作大鑑山。《乾隆泰安府志》卷三,山水志,東阿縣,嶬山,引《水經注》作大嶬山。
	穀城東近山	注云:"又北有西流泉,出城東近山。"
又北過臨邑縣東。	巫山	
又東北過盧	分水嶺	項本、張本作分水縣。

經　　文	地　　名	備　　註
縣北。	南格馬山	《方輿紀要》卷三十一,山東二,濟南府,長清縣,隔馬山,引《水經注》作隔馬山。
	琨瑞山	
	玉符山	宋本作王符山。
	獵山	
	歷城南山	注云:"城南對山。"
	茅山	
	歷山	
	華不注山	
又東北過臺縣北。	雞山	
	馬耳山	
	留山	
又東北過菅縣南。	女郎山	
	黄巾固	吳本作黄中固。《雍正山東通志》卷九,古蹟,章邱縣,古城,引《水經注》作黄巾塢。
又東過梁鄒縣北。	龍山	
	甲山	
	萌山	
	長白山	
又東北過臨濟縣南。	狼牙固	
其一水東南流者,過乘氏縣南。	景山	
又東過金鄉縣南。	金鄉山	注箋本作金鄉,無山字。

經　　文	地　　名	備　　　註
又東過方輿縣北，爲菏水。	焦氏山	
又東南過徐縣北。	武原縣東山 徐山	
卷九　清水		
清水出河内脩武縣之北黑山。	黑山 白鹿山	
	天井固 天門山 共山 共北山	注云：“共伯既歸帝政，逍遥於共山之上，山在國北，所謂共北山也。”
又東過汲縣北。	方山	
卷九　沁水		
沁水出上黨涅縣謁戾山。	羊頭山	
南過穀遠縣東，又南過陭氏縣東。	巨駿山	吴本、注箋本、何校明鈔本、項本、注釋本、張本、注疏本作巨峻山。《方輿紀要》卷四十三，山西五，澤州，沁水縣，蘆河，引《水經注》作巨峻山。《雍正澤州府志》卷六，山川，沁水縣，沁河，引《水經注》作巨峻山。
又南過陽阿縣東。	白澗嶺 鹿臺山	
	嶕嶢山	大典本、黄本、吴本、注箋本、項本、沈本、張本作焦燒山。王校明鈔本作焦燒山。《雍正澤州府志》卷六，山川，陽城縣嶕燒山，引《水經注》作焦燒山。

經　　文	地　　名	備　　註
	黑嶺	
	開隥	注云：“水出西北黑嶺下，即開隥也。”何校明鈔本作開蹬。
	輔山	
	析城山	
	砥柱	
	王屋	
又南出山，過沁水縣北。	銅鞮山	大典本、吳本、注箋本作銅鞮山。
	太行	
	孔山	
	五行之山	
又東過野王縣北。	阜山	
	五行	注云：“水出太行之阜山，即五行之異名也。”
	太行山	《晏元獻公類要》卷七，河内縣，邘水，引《水經注》作大行山。
	長平縣西北小山	
	白起臺山	注云：“固山爲臺，崔嵬桀起，今仍號之曰白起臺。”
	長平城山	注云：“長平城在郡南山中。”
	長平北山	
	二石人山	注云：“丹水又逕二石人北，而各在一山，角倚相望。”
卷九　淇水 淇水出河内隆慮縣西大號山。	沮洳山	大典本、注箋本作沮如山。《林水録》鈔《水經注》作沮如山。《正字通》巳集上，水部，淇，引《水經注》作沮如山。《駢字類編》卷三十七，山水門二，山側，引《水經注》作沮如山。
	沾臺	
	東大嶺	
	三女臺	

經　　文	地　名	備　　註
	朝歌西北大嶺	
	黎山	
	同山	
	白祀山	吳本、注箋本、項本、張本作白祠山。
	枉人山	吳本作枉入山，注箋本、孫潛校本作柱人山。
	石柱岡	
又東過南皮縣西。	鹽山	
又東過浮陽縣西。	篋山	
卷九　蕩水		
蕩水出河內蕩陰縣西山東。	石尚山	《嘉靖内黄縣志》卷一，地理，山川，蕩水，引《水經注》作石上山。
又東北至内黄縣，入於黄澤。	蕩陰西山	注云：“《地理志》曰：縣之西山，羑水出焉。”
	黑山	大典本、吳本、注箋本、項本、張本作里山。
	枉人山	大典本、黃本、注箋本、項本、沈本、張本作柱人山，吳本作枉入山。
卷九　洹水		
洹水出上黨泫氏縣。	洹山	
東過隆慮縣北。	隆慮山	
	神囷之山	大典本作神困之山。
	木門帶	注云：“山高十七里，水出木門帶，帶即山之第三級也，去地七里。”

經　　　文	地　　名	備　　　註
	天台 赤城 林慮山	注云:"應劭曰:殤帝曰隆,故改從林也。"注箋本作林慮川。《名勝志》河南,卷五,彰德府,林縣,引《水經注》作林慮川。
卷十　濁漳水 　濁漳水出上黨長子縣西發鳩山。	鹿谷山	吳本作麓谷。孫潛校本作鹿谷。《名勝志》山西,卷六,潞安府,長子縣,引《水經注》作麓谷。《方輿紀要》卷四十二,山西四,潞安府,發鳩山,引《水經注》作麓谷。
	發鳩山	《御覽》卷六十四,地部二十九,漳水,引《水經注》作發搗山。
	發苞山	注云:"漳水出鹿谷山,與發鳩連麓而在南,《淮南子》謂之發苞山。"孫星衍云:"發苞疑發句之訛。"
東過其縣南。	堯水西山 南梁山	注云:"又東,堯水自西山東北流。"
又東過壺關縣北,又東北過屯留縣南。	鹿臺山	
	石隥山	吳本、王校明鈔本、何校明鈔本、注疏本作石磴山。《佩文韻府》卷三十四上,四紙,水,鞮水,引《水經注》作石磴山。
	八特山	大典本、黃本、吳本、注箋本、何校明鈔本、王校明鈔本、項本、沈本、張本、注疏本作八持山。《佩文韻府》卷三十四上,四紙,水,鞮水,引《水經注》作八持山。
	好松山	
	斷梁城山	注云:"城在山阜之上,下臨岫壑,東、西、北三面,阻衺二里,世謂之斷梁城。"
	銅鞮縣故城山	注云:"城在水南山中。"

經　　文	地　　名	備　　註
潞縣北。	望夫山 覆甑山 涅縣西山 武山 長山 隱室山 嶠嶺 抱犢固	 注釋本作武鄉山,《水經注箋刊誤》卷四云:"武山當作武鄉山,《樂書載記》云:石勒居武鄉北原山下是也。" 《嘉靖彰德府志》卷二,地理志第一之二,林縣,大頭山,引《水經注》作橋嶺。《乾隆林縣志》卷三,山川志上,大頭山,引《水經注》作橋嶺。
又東出山,過鄴縣西。	武安縣山 邯山 穀城之山	《史記》卷七,本紀七,《項羽本紀》"項羽悉引兵擊秦軍汙水上"《索隱》,引《水經注》作武安山。 注箋本作殷城之山。
又東過列人縣南。	欽口山 武始東山 堵山 邯山	
又東北過曲周縣東,又東北過鉅鹿縣東。	共北山 大伾	
又東北過扶柳縣北,又東北過信都縣西。	井陘山	

經　文	地　名	備　註
卷十　清漳水　　清漳水出上黨沾縣西北少山大要谷，南過縣西，又從縣南屈。	謁戾山	大典本、吳本、注箋本、王校明鈔本、注疏本作揭戾山。《禹貢指南》卷一"覃懷底績，至於衡漳"註，引《水經注》作揭戾山。
	沾山	注云："清漳出謁戾山，……俗謂之沾山。"吳本、注箋本、項本、七校本、注釋本、張本作漳山。
	鹿谷山	
	大嶰山	
	轅山	
卷十一　易水　　易水涿郡故安縣閻鄉西山。	故安縣西山	
	樊石山	
	覆釜山	
東過范陽縣南，又東過容城縣南。	窮獨山	
	白馬山	
	遒縣西山	注釋本作逎縣西山。
	白楊嶺	
	檀山	
	石泉固	
	郎山	吳本作桹山，孫潛校本作狼山。
	燕王仙臺	注云："而是水出代郡廣昌縣東南，郎山東北燕王仙臺東，臺有三峯，甚爲崇峻。"
	石虎岡	
	孔山	

經　　文	地　　名	備　　註
卷十一　滱水		
滱水出代郡靈丘縣高氏山。	高氏山	《方輿紀要》卷十四，直隸五，真定府，定州，滱水，引《水經注》作高是山。
	靈丘縣南山	注云："滱水自縣南流入，……歷南山，高峯隱天，深溪埒谷。"
又東過廣昌縣南。	恒山	
又東南過中山上曲陽縣北，恒水從西來注之。	大嶺 羊腸 邛崍 鴻山	 黃本、沈本、七校本作邛來。 《初學記》卷八，河北道第五，鴻關，引《水經注》作歷山。
又東過唐縣南。	中山城小山 郎山	注云："水出中山城之西如北，城內有小山。" 黃本、沈本作根山。注箋本、項本作稂山。《雍正畿輔通志》卷十八，山川，山，保定府，狼山，引《水經注》作稂山。
	馬溺山 堯山 都山	注箋本、項本、注釋本、張本作馬溺水。 注箋本作都香山。《雍正畿輔通志》卷十八，山川，山，保定府，堯山，引《水經注》作都香山。《北征日記》引《水經注》作都香山。
	豆山 孤山 慶都山	
又東過博陵縣南。	廣昌東嶺 濁鹿邐	 大典本、黃本、注箋本、項本、沈本、張本、注疏本作濁鹿羅，吳本作濁鹿羅地。

經　文	地　名	備　註
	曲逆縣西南近山	注云:"水出縣西南近山。"
	蒲陽山	
	唐頭坂	
	北岳	
	魚山	
	廣昌嶺	
	五迴嶺	注云:"水出廣昌縣東南大嶺下,世謂之廣昌嶺,嶺高四十餘里,二十里中,委折五迴,方得達其丘嶺,故嶺有五迴之名,下望層山,盛若蟻蛭,實兼孤山之稱。"顧炎武《廣昌道中》自註,引《水經注》作五回嶺。
	孤山	同上註。
	徐水東山	注云:"徐水三源奇發,齊瀉一澗,東流北轉,逕東山下。"
	郎山	
	岐山	
卷十二　聖水		
聖水出上谷。	大防嶺	《北堂書鈔》卷一五八,地部二,穴篇十三,引《水經注》作大房嶺。《方輿紀要》卷十一,直隷二,順天府,涿州,房山縣,聖水,引《水經注》作大房嶺。
	東首山	
	玉石山	
又東過陽鄉縣北。	遒縣北山	注疏本作遒縣北山。
	良鄉西山	
	小廣陽西山	
卷十二　巨馬水		

經　　文	地　　名	備　　註
巨馬河出代郡廣昌縣淶山。	淶山	
	廣陽山	
	聖人城北大亘	
	櫓車硎	注箋本作擔車硎,項本、張本作櫓石硎。
	藏刀山	
卷十三　灅水		
灅水出鴈門陰館縣,東北過代郡桑乾縣南。	累頭山	大典本、黃本、何校明鈔本、王校明鈔本、注删本、沈本、摘鈔本作濕頭山。《丹鉛雜録》卷五,"灅灅二字與濕同",引《水經注》作補頭山。《方輿紀要》卷四十四,山西六,大同府,馬邑縣,洪濤山,引《水經注》作濕頭山。
	燕京山	
	夏屋山	
	玄岳	《淵鑑類函》卷二十七,地部,恒山,引《水經注》作元嶽。《恒山記》,引《水經注》作元嶽。《恒嶽記》,引《水經注》玄嶽。《乾隆大同府志》卷四,山川,北嶽恒山,引《水經注》作元岳。《釋道山北條陽列二》(《魏源集》下册,第五二〇頁),引《水經注》作元嶽。
	崞山	
	旋鴻縣東山	
	方山	
	白登山	
	少室	
	武州縣西南山	注云:"水出縣西南山下。"
	武州縣西山	注云:"聖山之水注焉,水出西山。"
	火山	
	熒臺	吳本、注箋本作滎臺。
	恒山	

經　文	地　名	備　註
	南墳	
	到刺山	
	桓都山	
	隨山	
	石山水南山	注云："灅水又東北逕石山水口,水出南山。"
	笄頭山	
	歷山	
	橋山	《方輿紀要》卷十七,直隸八,永平府,保安州,喬山,引《水經注》作喬山。
	長川城南小山	
	梁渠之山	
	馬城縣西山	
	鴈門之山	
	高柳山	注云："高柳在代中,其山重巒叠巇,霞舉雲高,連山隱隱。"
	少咸山	
	陽門山	
	鳴雞山	
	磨笄山	注云："北有鳴雞山,……因名其山爲磨笄山。"
	馬頭山	
又東過涿鹿縣北。	涿鹿山	
	牧牛山	
	大翩山	注箋本作次翩山。
	小翩山	
	土亭山	
	馬陘山	
又東南出山。	梁山	

經　　文	地　　名	備　　註
卷十四　濕餘水		
濕餘水出上谷居庸關東。	關山 軍都山	
東流過軍都縣南，又東流過薊縣北。	郁山 孤山	
卷十四　沽河		
沽河從塞外來。	丹花嶺	
	赤城山	注云："沽水又西南逕赤城東，……城在山阜之上。"
	大翩山	黃本、吳本、沈本作大融山。
	小翩山	黃本、吳本、沈本作小融山。
	候鹵城西北山	注云："水出西北山，東南流逕候鹵城北。"
	狼山	注云："陽樂水又東南傍狼山南"。吳本作"陽樂水又東南，逕傍狼山南"。
	高峯戍山	注云："水出高峯戍東南，城在山上。"
	漁陽縣北山 漁陽縣城南 小山 螺山	
南過漁陽狐奴縣北，西南與濕餘水合，爲潞河。	狐奴山	

經　　文	地　　名	備　　註
卷十四　鮑丘水		
鮑丘水從塞外來,南過漁陽縣東。	九莊嶺	注疏本作九莊鎮。
	孔山	
	孟廣峒	《昌平山水記》卷下,引《水經注》作孟廣峒山。
	臼里山	注箋本作四里山。
	香陘山	
	伏凌山	注箋本、注删本作伏凌山。《初學記》卷八,河北道第五,桑谷,引《水經注》作伏陵山。《方輿紀要》卷十一,直隸二,順天府,昌平州,密雲縣,密雲山,引《水經注》作伏陵山。
又南過潞縣西。	梁山	
又南至雍奴縣北,屈東入於海。	無終縣西山	
	抱犢固	
	盤山	
	泇河北山	注云:“東南與泇河會,水出北山。”
	博陸城北山	注云:“漁陽有博陸城,謂此也,今城在,且居山之陽,處平陸之上。”
	七山	
	徐無山	
	温泉水北山	注云:“與温泉水合,水出北山温溪。”
	無終山	
	翁同之山	
	西山	
	藍水北山	注云:“藍水注之,水出北山。”
	燕山	
	陳宮山	
	觀雞山	

經　　文	地　　名	備　　註
	土垠縣北山	注云："水出縣北山。"
	土垠縣東北山	注云："水出東北山。"
	五里山	
卷十四　濡水		
濡水從塞外來，東南過遼西令支縣北。	禦夷鎮東南山	注云："濡水出禦夷鎮東南，其水二源雙引，夾山西北流，出山合成一川。"
	東塢	
	箕安山	
	呂泉塢	
	林山	戴本、注釋本作松林山。殿本註云："案後有木林山水，其地即唐之松陘，疑林山及木林山，皆松林山之訛。"
	孤山	
	木林山	
	龍泉水東山	注云："右會龍泉水，水出東山下。"
	丁原山	
	安樂縣東山	
	盧龍山	
	平岡	
	白狼	
	首陽	
	孤竹君祠山	注云："我孤竹君也，……因爲立祠焉，祠在山上。"
又東南過海陽縣西，南入於海。	藍山	
	碣石山	
	大碣石山	
	豈山	孫潛校本作登山。

經　　文	地　名	備　　　註
卷十四　大遼水　大遼水出塞外衞白平山,東南入塞,過遼東襄平縣西。	砥石山	黄本、吳本、注箋本、沈本作砥石山,孫潛校本作砥石山,注釋本作砥石山。
又東南過房縣西。	石城山 白鹿山	
	白狼山	注云:"北逕白鹿山西,即白狼山也。"
	方城川水西南山	注云:"白狼水又東,方城川水注之,水發源西南山下。"
	自魯水西北遠山	注云:"白狼水又東北,自魯水注之,水導西北遠山。"
	龍山	
	濫真水東南重山	注云:"濫真水出西北塞外,東南歷重山。"
卷十四　小遼水　又玄菟高句麗縣有遼山,小遼水所出。	遼山	
卷十五　洛水　洛水出京兆上洛縣讙舉山。	冢嶺山 上洛西山	

經　　　文	地　　名	備　　　註
	讙舉之山	注云：“《山海經》曰：出上洛西山，又曰讙舉之山。”《御覽》卷六十二，地部二十七，洛，引《水經注》作護舉山。夏僎《尚書詳解》卷七，荊河惟豫伊州篇解，引《水經注》作灌舉山。《康熙陝西通志》卷三，山川，商州，冢嶺山，引《水經注》作讙舉山。
	竹山	
	尸山	黃本、吳本、注箋本、項本、沈本、張本作户山。《山海經箋疏》卷五《中山經》“又東四十里曰尸山”郝懿行案，引《水經注》作户山。
	良餘山	
	蠱尾之山	黃本、吳本、注箋本、何校明鈔本、王校明鈔本、項本、沈本、張本作蠱尾之山。
	陽虛山	《關中水道記》卷四洛水，引《水經注》作楊虛山。
	鹿蹏之山	黃本、吳本、何校明鈔本、王校明鈔本、沈本作鹿蹄之山。《春秋地名考略》卷一，周，“甘”，引《水經注》作鹿蹄山。《乾隆河南府志》卷九，山川志三，引《水經注》作鹿蹄山。
	玄扈之山	《雍正陝西通志》卷十二，山川五，商州，雒南縣，黑潭水，引《水經注》作元扈之山。《乾隆河南府志》卷五十七，古蹟志三，周武氏邑，引《水經注》作元滬之山。
	清池山	
	武里山	
	三要山	
	獲輿山	大典本、黃本、注箋本、沈本作獲與山。
	熊耳山	
東北過盧氏縣南。	鶺渠山	黃本、吳本、注箋本、沈本作陽渠山。《山海經彙說》卷八“洛水非一”，陳逢衡引《水經注》作陽渠山。《山海經·中山經》“浮豪之水出焉”畢沅註，引《水經注》作鶺渠山。注云：“鶺渠水出鶺渠山，即荀渠山也。”
	荀渠山	
	太行	
	歸山	

經　　文	地　　名	備　　註
	盧氏山	
	石城山	
	宜陽山	
	蔓葛谷水南山	注云："又有蔓葛谷水,自南山流注洛水。"
	千名之山	
	高門水北山	注云："洛水東與高門水合,水出北山東。"
	松陽山	大典本、黃本、吳本、項本、沈本作松楊山。《乾隆河南府志》卷九,山川志三,松楊山,引《水經注》作松楊山。
	鶄鵬山	
	大鶄鵬峯	注云："水出鶄鵬山,山有二峯,峻極於天,……故有大小鶄鵬之名矣。"
	小鶄鵬峯	見上註。
	苟公溪南山	注云："洛水又東得苟公溪口,水出南山苟公澗。"
	檀山	
	僕谷亭北水北山	注云："洛水又逕僕谷亭北,左合北水,水出北山。"
	侯谷水南山	注云："侯谷水出南山。"
	宜陽北山	
	廣由澗水南山	注云："洛水又東,廣由澗水注之,水出南山由溪。"
	直谷水南山	注云："洛水又東,右得直谷水,水出南山。"
又東北過蠡城邑之南。	蠡城北山	注云："城西有塢水,出北四里山上。"
	金門山	
	金門塢	
又東過陽市邑南,又東北過於父邑之北。	一合塢	注疏本作一全塢。
	女几山	
	雲中塢	
	蘇門山	

經　文	地　名	備　註
又東北過宜陽縣南。	熊耳山	注云："洛水之北,有熊耳山,雙巒競舉,狀同熊耳,此自別山,不與《禹貢》導洛自熊耳同也,昔漢光武破赤眉樊崇,積甲仗與熊耳平,即是山也。"
	熊耳	見上註。
	熊耳	見熊耳山註。
	傅山	
	長石之山	
	陸渾西山	
	長澗水北山	注云："東南與長澗水會,水出北山。"
又東北出散關南。	九曲坂	注云："洛水東逕九曲南,其地十里,有坂九曲。"
	密山	
	石墨山	《大明一統志》卷二十九,河南,河南府,山川,石墨山,引《水經注》作墨山。《名勝志》河南,卷九,宜陽縣,引《水經注》作墨山。《丹鉛總録》卷二,地理類,石墨,引《水經注》作墨山。《佩文韻府》卷十五,十五删,山,墨山,引《水經注》作墨山。
	周山	
	散關南山	注云："即經所謂散關,鄣自南山。"
	白石山	
	婁涿之山	吳本作婁冢之山。
	瞻諸之山	
	麃山	大典本作麂山。
	扶豬之山	大典本作林褚之山。吳本、注箋本、項本、七校本、注釋本、張本作林褚之山。《山海經廣註》卷五《中山經》"虢水出焉而西北流注於海"吳任臣註,引《水經注》作林褚之山。《山海經彙説》卷八"洛水非一",引《水經注》作林褚之山。《乾隆河南府志》卷九,山川志三,扶豬山,引《水經注》作林褚之山。
	非山	

經　　文	地　　名	備　　註
又東北過河南縣南。	郟山	
又東過洛陽縣西,伊水從西來注之。	中提山 半石之山 袁術固 半石東山	
又東過偃師縣南。	少室山 穴山 大穴南山 零星塢	《乾隆河南府志》卷七十一,古蹟志十七,周靈星祠下註云:"《水經注》零星當作靈星,其地在周洛邑之東南,道元時猶存靈星之名。"
	緱氏山 九山 百谷塢	
	鄩水北山 方山 嵩山 白馬塢 百稱山	注云:"而鄩水注之,水出北山鄩溪。" 注箋本、項本、注釋本、張本作崧山。
又東北過鞏縣東,又北入於河。	盤谷塢	
卷十五　伊水		

經　文	地　名	備　註
伊水出南陽魯陽縣西蔓渠山。	蔓渠之山	
	上魏山	
	熊耳山	
	蘁山	
東北過郭落山。	陽山	
	鮮山	
又東北過陸渾縣南。	鼇山	
	王母澗北山	注云:"今水出陸渾縣之西南王母澗,澗北山上有王母祠。"
	三塗山	
	四嶽	
	陽城	
	太室	
	荆山	
	中南	
	大行	
	轘轅	
	崝峗	注箋本、七校本、注釋本、注疏本作崝嵲。
	大谷	
	伊闕	
	女几山	大典本、注箋本、孫潛校本、項本、七校本、注釋本、張本、注疏本作女机山,黃本、吳本、沈本作女桃山。
	七溪山	
	伏流嶺	注云:"伊水又東北逕伏流嶺東,……劉澄之《永初記》稱陸渾縣西有伏流坂者也。"
	伏流坂	同上註。
	狼臯山	注箋本作狼睪山,注釋本作狼睪山。
	伏睯嶺	
	鹿髆山	注箋本作鹿髉山。
	孤山	

經　文	地　名	備　註
	方山	注云:"東流逕孤山南,其山介立豐上,單秀孤峙,故世謂之方山。"
	陸渾西山	
	七谷水西山	注云:"涓水東南流,左右南水,水出西山七谷,亦謂之七谷水。"
又東北過新城縣南。	新城西山	
	放皋之山	
	新城縣西山	注云:"水出縣之西山。"
	大苦山	黃本、沈本作大苦之山。吳本作大苦口。注箋本、注釋本作大苦口。《通雅》卷十六,地輿,大苦山,引《水經注》作大苦口。《康熙登封縣志》卷五,山川志,川屬,大狂水,引《水經注》作大苦口。《山海經·中山經》"曰大苦之山"畢沅註,引《水經注》作大苦山。《乾隆河南府志》卷十一,山川志五,引《水經注》作大苦口。
	倚薄之山	
	八風山	
	缶高山	
	玄望山	注箋本作玄望西山。
	半石之山	
	大石嶺	
	大石山	注云:"其水又西南逕大石嶺南,《開山圖》所謂大石山也。"
	洛陽山	
又東北過伊闕中。	伊闕西嶺	注云:"陸機云:洛有四闕,斯其一也,東巖西嶺,並鐫石開軒。"
卷十五　澗水		

經　　文	地　　名	備　　註
澗水出新安縣南白石山。	白石之山	
	廣陽山	注云:"《山海經》曰:白石之山,惠水出於其陽,……世謂是山曰廣陽山。"
	函谷東坂	
	八特坂	
東南入於洛。	澠池山	注釋本、注疏本作黽池山。
	離山	
	郟山	
卷十六　穀水		
穀水出弘農黽池縣南墦塚林穀陽谷。	傅山	
	千崤	七校本作崤,無千字。
	馬頭山	
	土崤	
	三崤	注箋本作二崤。
	黽池山	
	北川水北山	注云:"左與北川水合,水有二源,並導北山。"
	缺門山	
	廣陽北山	
	微山	
	白超壘山	注云:"《西征記》云:次至白超壘,去函谷十五里,築壘當大道,左右有山夾立。"
	白石山	
	穀山	宋本、何校明鈔本、王校明鈔本、注刪本作榖山。
	婁涿山	
	瞻諸山	
	㡹山	
	平蓬山	
	檀山	吳本、注箋本作擅山。

經　文	地　名	備　註
又東過河南縣北，東南入於洛。	郟山	
	景陽山	
	太行之山	
	穀城之山	
	蓬萊山	
	首陽岑	
	荆山	
	土山	吴本作上山。
	二崤	
	酈食其廟北山	卷三："陽渠水又東流逕漢廣野君酈食其廟南，廟在北山上，成公綏所謂偃師西山也。"
	偃師西山	同上註。
	尸鄉北山	
	吴山	
卷十六　甘水		
甘水出弘農宜陽縣鹿蹄山。	縱山	注云："（鹿蹄）山在河南陸渾縣故城西北，俗謂之縱山。"
	鹿蹄山	
東北至河南縣南，北入洛。	非山	
卷十六　漆水		
漆水出扶風杜陽縣俞山東，北入於渭。	瑜次之山	
	岐山	
	梁山	注箋本作梁上。
	麗山	

經　　文	地　　名	備　　註
卷十六　沮水　沮水出北地直路縣東,過馮翊祋祤縣北,東入於洛。	譙石山	黃本、沈本、注疏本作燋石山。注箋本、七校本、注釋本作燒石山。《方輿紀要》卷五十七,陝西六,延安府,鄜州,中部縣,洛水,引《水經注》作燋石山。
	石門山土門山	
	中山	《禹貢會箋》卷九,"漆沮既從"徐文靖箋,引《水經注》作仲山。《乾隆醴泉縣志》卷一,縣屬第一,"秦曰谷口,亦曰瓠口",引《水經注》作仲山。
	鄭渠北山仲山	注云:"秦鑿涇引水,謂之鄭渠,……爲渠並北山。"
	巀嶭山	宋本作巇嶂山。《方輿紀要》卷五十三,陝西二,西安府,三原縣,漆沮水,引《水經注》作巀櫱山。
	頻山	
卷十七　渭水　渭水出隴西首陽縣渭谷亭南鳥鼠山。	首陽山鳥鼠山高城嶺同穴	注云:"《地說》曰:鳥鼠山,同穴之枝榦也,渭水出其中,東北過同穴枝間,既言其過,明非一山也。"
東北過襄武縣北。	廣陽水西山	注云:"廣陽水出西山。"
又東過獂道縣南。	南安郡東山	注云:"赤亭水出郡之東山。"
	萬年川水南山	注云:"萬年川水出南山。"
	南川水西南山	注云:"其水又東北與南川水合,水出西南山下。"

經　　　文	地　　名	備　　註
	鹿部西山	黃本、沈本作鹿都西山。
	落門西山	
	土門谷水北山	注云："次東得土門谷水，俱出北山。"
	黑水南山	注云："次東有黑水，並出南山。"
又東過冀縣北。	平襄縣南山	
	朱圉山	注釋本作朱圄山。
	冀南山	
	黃土川水南山	注云："次東有黃土川水，俱出南山。"注釋本作"俱出南北山"。
	赤蒿二水南山	注云："赤蒿二水，並出南山。"
	隴山	
	燕無水東山	注云："其水又南與燕無水合，水源延發東山。"
	大隴山	
	蹶谷水南山	注云："又西得蹶谷水，並出南山。"
	堲渠水南山	注云："堲渠水出南山。"
	蒲谷水南山	注云："又西得蒲谷水，……俱出南山。"
	石宕水北山	注云："石宕水注之，水出北山。"
又東過上邽縣。	邽山	黃本、沈本作封山。
	固嶺	
	蘭渠川水北山	注云："蘭渠川水出自北山。"
	藉水西山	注云："又南得藉水口，水出西山。"
	大弁川水西山	注云："又東與大弁川水合，水出西山。"
	竹嶺	

經　文	地　名	備　註
	霢泉水南山	注云："得霢泉水,並出南山。"
	小隴山	譚本云："舊本作小龍山",注刪本作小龍山。
	涇谷之山	《通鑑》卷一二二,宋紀四,文帝元嘉十二年,"使鎮重亭"胡註,引《水經注》作注谷之山。
	莎谷水南山	注云："又西,莎谷水出南山莎溪。"
	軒轅谷水南山	注云："又西北,軒轅谷水注之,水出南山。"
	刑馬之山	
	黃杜東溪水北山	注云："次東得黃杜東溪水,水出北山。"
	鉗巖谷水南山	注云："次東有鉗巖谷水,並出南山。"
	南山	
	五溪水南山	注云："右合南山五溪水。"
又東過陳倉縣西。	陳倉山	
	陳倉坂	注云："昔秦文公感伯陽之言,遊獵於陳倉,遇之於此坂。"
	陳山	
	陳倉縣西山	注云："一水出縣西山,世謂之小隴山。"
	小隴山	同上註。宋本作小龍山。
	隴坂	
	吳山	
	汧山	注云："《地理志》曰:吳山在縣西,古文以爲汧山也。"清王士正《隴蜀餘聞》,引《水經注》作岍山。
	慈山	
	磻溪水南山	注云："磻溪水注之,水出南山。"
卷十八　渭水		
又東過武功縣北。	衙嶺山	《熙寧長安志》卷十四,縣四,武功,斜水,引《水經注》作衙領山。

經　　文	地　　名	備　　註
	馬冢	注云:"馬冢在武功東十餘里,有高勢,攻之不便。"
	太一山	七校本、注釋本作太壹山。
	終南	注云:"《地理志》曰:縣有太一山,古文以爲終南,杜預以爲中南也,亦曰太白山。"
	中南	同上註。
	太白山	同終南註。
	武功山	
	雍山	
	岐山	
	石橋山	
	杜陽縣大嶺	
	赤泥峴	
	杜陽山	
	天柱山	黃本、注箋本、沈本作大柱山。
	五將山	
	梁山	
	大嶺	注箋本作大嶺泉。
	洛谷之水南山	注云:"渭水又東,洛谷之水出其南山。"
又東,芒水從南來流注之。	芒水南山	注云:"芒水出南山芒谷。"
	玉女房山	注云:"北流逕玉女房,水側山際有石室,世謂之玉女房。"
卷十九　渭水		
又東過槐里縣南,又東,澇水從南來注之。	就水南山	注云:"就水注之,水出南山。"
	田溪水南山	注云:"渭水又東合田溪水,水出南山。"
	漏水南山	注云:"東有漏水,出南山赤谷。"
	耿谷水南山	注云:"又東北,耿谷水注之,水發南山。"
	甘水南山	注云:"渭水又東合甘水,水出南山甘谷。"

經　　文	地　　名	備　　註
	潦水南山 黄山	注云:"甘水又東得潦水口,水出南山潦谷。"
又東,豐水從南來注之。	短陰山	《乾隆咸陽縣志》卷一,川原,矩陰原,引《水經注》作矩陰山。
	華山 平舒置	
	阿房宫南山	注云:"池水北逕鄗京東,秦阿房宫西,……可坐萬人,下可建五丈旗,周馳爲閣道,自殿直抵南山。"
又東過長安縣北。	龍首山	
又東過霸陵縣北,霸水從縣西北流注之。	硯山 麗山	《史記》卷六,本紀六《秦始皇本紀》"二年冬,陳涉所遣周章等將西至戲"《正義》,引《水經注》作驪山。《御覽》卷六十五,地部三十,戲水,引《水經注》作驪山。《寰宇記》卷二十七,關西道三,雍州三,昭應縣,引《水經注》作驪山。《熙寧長安志》卷十五,縣五,臨潼,驪山,引《水經注》作驪山。《雍正陝西通志》卷十三,山川六,華州,馬嶺山,引《水經注》作驪山。《關東水道記》卷三,渭水,引《水經注》作酈山。《乾隆同州府志》卷二,山川,華州,馬嶺山,引《水經注》作驪山。
	霸陵山 康陵坂 長山	
	石門山 黄嶮山 麗戎之山	
	藍田	注云:"秦始皇大興厚葬,營建冢壙於麗戎之山,一名藍田。"

經　　文	地　　名	備　　註
	霸城東山	注云:"《關中記》曰:昌陵在霸城東二十里,取土東山,與粟同價。"
	肺浮山	七校本作浮肺山。《寰宇記》卷二十七,關西道三,雍州三,昭應縣,引《水經注》作浮肺山。《熙寧長安志》卷十五,縣五,臨潼,驪山,引《水經注》作浮肺山。《名勝志》陝西,卷二,西安府屬縣,臨潼縣,引《水經注》作浮肺山。《正字通》巳集上,水部,泠,引《水經注》作肺浮山。《康熙字典》水部,泠,引《水經注》作浮肺山。《山海經箋疏》卷二,《西山經》"又西百二十里曰浮山"郝懿行箋,引《水經注》作肺浮山。《秦蜀驛程記》引《水經注》作浮肺山。
	倒虎山	《熙寧長安志》卷十七,縣七,渭南,酉水,引《水經注》作倒獸山。
	竹山	
又東過鄭縣北。	石脆之山	《山海經·西山經》"曰石脆之山"畢沅註,引《水經注》作石脆之山。《山海經箋疏》卷二《西山經》"又西六十里曰石脆之山"郝懿行箋,引《水經注》作石脆之山。
	英山	
	馬嶺山	
	華岳	
	石山	
	糧餘山	注箋本作良餘山。
	升山	
	北條荊山	
	太華之山	《通鑑》卷二,周紀二,顯王七年,"自鄭濱洛以北有上郡"胡註,引《水經注》作泰華之山。
又東過華陰縣北。	小華山	
	泥泉水南山	注云:"渭水又東,泥泉水注之,水出南山。"
	符禺之山	注箋本、項本、七校本作觀愚之山。《山海經廣註》卷二,《西山經》"又西八十里曰符愚之山"吳任臣註,引《水經注》作觀愚之山。

經　文	地　名	備　註
卷二十　漾水　　漾水出隴西氐道縣嶓冢山,東至武都沮縣,爲漢水。	漾山	
	嶓冢山	
	分水嶺	
	岡山	
	崑崙山	
	春山	注箋本、項本、張本作春山。
	神馬山	
	南谷水南山	注云:"次西有南谷水,並出南山。"
	黃花谷水北山	注云:"次西得黃花谷水,咸出北山。"
	左谷水南山	注云:"漢水又西南合左谷水,水出南山窮溪。"
	建威西北山	
	金盤軍山	注云:"逕金盤、歷城二軍北,軍在水南層山上。"
	歷城軍山	同上註。
	塞峽左山	注云:"建安水又東北逕塞峽,……左山側有石穴洞。"
	祁山	
	小祁山	
	南岈	吳本作南岸,何校明鈔本作南圻。
	北岈	吳本作北岸,何校明鈔本作北圻。
	武植戍水北山	注云:"武植戍水發北山"。
	西山	
	鳥鼠山	
	瞿堆	《通鑑》卷八十二,晉紀四,惠帝元康六年,"爲羊腸蟠道三十六回而上"胡註,引《水經注》瞿塘。
	仇夷	注云:"漢水又東南逕瞿堆西,……《開山圖》謂之仇夷。"《方輿紀要》卷五十九,陝西八,鞏昌府,成縣,仇池城,引《水經注》作仇彝。《康熙漢南郡志》卷二古蹟,略陽縣,仇池穴,引《水經注》作仇彝。

經　　文	地　名	備　　註
	大散嶺	
	馬鞍山	
	北洛樠山	
	利喬山	孫潛校本作穆喬山。
	秦岡山	
	黄盧山	
	平阿水東山	注云："又有平阿水出東山。"
	漢壽水東山	注云："而南合漢壽水,水源出東山。"
又東南至廣魏白水縣西,又東南至葭萌縣東北,與羌水合。	西傾山	
	矚累亘	
又東南過巴郡閬中縣。	強山	
	巴嶺	
	小巴山	注箋本、項本、注釋本、張本作巴山。
卷二十　丹水		
丹水出京兆上洛縣西北冢嶺山。	高豬嶺	吳本、注箋本、項本、注釋本、張本、注疏本作高豬山。《山海經廣註》卷一,《南山經》"丹水出焉而南流注於勃海"吳任臣註,引《水經注》作高豬山。
	冢嶺山	《禹貢錐指》卷七,引《水經注》作冢領山。《關中水道記》卷四丹水,引《水經注》作冢領山。
	清池山	
東南過其縣南。	楚山	
	高車嶺	
	兔和山	《禹貢錐指》卷七,引《水經注》作菟和山。

經　　文	地　名	備　　註
又東南過商縣南,又東南至於丹水縣,入於均。	太華 大蒿山 芬山 墨山 丹崖山 南山	 吳本、注箋本、項本、七校本、張本作北予山,孫潛校本作北子山,注釋本作北芬山,注疏本作予山。
卷二十一 **汝水** 　汝水出河南梁縣勉鄉西天息山。	 高陵山 猛山 大孟山	 注云:"《地理志》曰:出高陵山,即猛山也。" 吳本、王校明鈔本作大孟山。《詩地理考》卷一,周南,汝墳,引《水經注》作大孟山。《康熙字典》水部,汝,引《水經注》作大孟山。
	燕泉山 堯山西嶺 堯山 狼臯山	
東南過其縣北。	霍陽山 三屯谷水南山 三塗 嵩嶽 衡 王屋 澗水北山 霍陽水南山	注云:"汝水又東與三屯谷水合,水出南山。" 注云:"合於澗水,水出北山。"北山,注箋本作兆山。 注云:"東合霍陽山水,水出南山,杜預曰:河南梁縣有霍山者也。"

經　文	地　名	備　註
	霍山	同上註,吳本作靈山。
	注城東坂	
	梁山	
又東南過潁川郟縣南。	大劉山	
	將孤山	
	長岡	
	魯陽北山	
	重嶺山	
	龍山	
又東南過定陵縣北。	魚齒山	
	湛阪	吳本、注箋本、項本作湛陂。
	唐山	《順治河南通志》卷六,山川,南陽府,青山,引《水經注》作西唐山。《康熙南陽府志》卷一,輿地,葉縣,昆水,引《水經注》作西唐山。
又東南過郾縣北。	雉衡山	
	衡山	
	皋山	
	章山	注云:"水發皋山,郭景純言或作章山。"
	方城山	注云:"余按《春秋》屈完之在召陵對齊侯曰:楚國方城以爲城,杜預曰:方城,山名也。"
	苦菜山	
又東南過平輿縣南。	浮石嶺	
	青衣山	
	朗陵山	
	上蔡岡	
	桐柏	

經　　文	地　名	備　　註
卷二十二 潁水 　潁水出潁川陽城縣西北少室山。	少室山 陽乾山	
東南過其縣南。	太室山 箕山 陽城山 玉女臺	
又東南過陽翟縣北。	三封山 連山	注云："東南歷大陵西連山，亦曰啓筮亭，啓享神於大陵之上，即鈞臺也。"《札迻十二卷》卷三云："案此文連山亦曰啓筮亭七字有誤，考《御覽》八十二引《歸藏易》云：昔夏后啓筮享神於大陵而上鈞臺枚占，皋陶曰不吉（《初學記》二十二亦引其略）。此文疑當作：《連山易》曰：啓筮享神於大陵之上。蓋《連山》、《歸藏》兩易皆有此文，抑或本出《歸藏》，酈氏誤憶爲《蓮山》，皆未可知。今本連山亦，亦即易之誤（易亦音相近），啓筮亭三字又涉下啓筮享三字而衍（亭、享形相近），文字傳譌，構虛成實，遂若此地自有山名連、亭名啓筮者。不知酈意，但引《連山易》以釋大陵耳，安得陵之外，別有山與亭乎？"
又東南至新陽縣北，滶蕩渠水從西北來注之。 　**卷二十二** 洧水	九山 蔡岡	

經　　文	地　　名	備　　註
洧水出河南密縣西南馬領山。	馬領山	《康熙登封縣志》卷五,山川志,山屬,洧水,引《水經注》作馬嶺山。《道光尉氏縣志》卷三,河渠志,潨洧水,引《水經注》作馬嶺山。
	陽城山	
	馬領塢山	注云:"又東逕馬領塢北,塢在山上。"
	方山	
	浮戲之山	注云:"水出方山綏溪,即《山海經》所謂浮戲之山也。"
	襄荷水北山	注云:"又東,襄荷水注之,水出北山。"
東南過其縣南。	承雲山	
	微山	
	虎牘山	
	虎牘山水南山	注云:"洧水又東與虎牘山水合,水發南山虎牘溪。"
	武定岡	
	零鳥塢	大典本作靈鳥塢。
	皇臺岡	
	外方	
又東過鄭縣南,潧水從西北來注之。	太山	
	華城南岡	注云:"水出華城南岡。"七校本作:"水出兩塘中。"
	捕獐山	黃本、吳本、注箋本、項本、沈本、張本、注疏本作捕章山。
又南過新汲縣東北。	天井岡	注云:"俗謂之天井陵,又曰岡。"
又東南過茅城邑之東北。	茅岡	
卷二十二 **溳水**		

經　　文	地　　名	備　　註
溱水出河南密縣大騩山。	大騩 具茨山 具茨之山 陘山 七女岡	注云：“大騩，即具茨山也。”王校明鈔本作其茨山。 《嘉靖許州志》卷一，山川，襄城縣，具茨山，引《水經注》作具茨山。
卷二十二 潧水 潧水出鄭縣西北平地。	雞絡塢 承雲山 渾子岡 苿騩	吳本作渾于江。
卷二十二 渠 渠出滎陽北河，東南過中牟縣之北。	沙岡 梅山 華城南岡 鹿臺南岡 密之梅山 太山 官渡臺土山 役山 沫山	 注箋本作畢城南岡。 注云：“謂之官渡臺，……即中牟臺也，今臺北土山，猶在山之東。” 注釋本作末山。
又屈南至扶溝縣北。	三里岡 向岡	
卷二十三 陰溝水		

經　文	地　名	備　註
東南至沛,爲過水。	郎山 荆山	
卷二十三 獲水		
獲水出汳水於梁郡蒙縣北。	長樂固 龍礁固 碭山 安山 碭北山	注箋本、注釋本作龍礁國。 注云:"東逕安山北,即碭北山也。"
又東過蕭縣南,睢水北流注之。	蕭城南山 同孝山 冒山	注箋本作蕭縣南山。
卷二十四 睢水		
東過睢陽縣南。	孟霜之山 碭山	大典本、注箋本、注釋本作西霜之山。
又東過相縣南,屈從城北東流,當蕭縣南,入於陂。	梧桐山	
卷二十四 瓠子河		
瓠子河出東郡濮陽縣北河。	吾山	

經　　文	地　　名	備　　註
東至濟陰句陽縣，爲新溝。	蚩山 狄山 崇山 寒泉岡	注云："《山海經》曰：堯葬狄山之陽，一名崇山。"
又東北過廩丘縣，爲濮水。	歷山 雷首山 亢父	
其東北者爲濟河，其東者爲時水，又東北至濟西，濟河東北入於海，時水東至臨淄縣西，屈南過太山華縣東，又南至費縣，東入於沂。	黄山	
卷二十四 **汶水**		
汶水出泰山萊蕪縣原山，西南過其縣南。	原山	
又西南過奉高縣北。	泰山	黄本、沈本作太山。
屈從縣西南流。	弗其山 日觀 龜山 徂徠山	注云："《淮南子》曰，汶出弗其，高誘曰：山名也。"

經　　　文	地　　　名	備　　　註
	尤徠之山	注云:"《鄒山記》曰:徂徠山在梁甫、奉高、博三縣界,猶有美松,亦曰尤徠之山。"
過博縣西北。	亭亭山 梁父山 亢父	
又西南過剛縣北。	馬山	
又西南過無鹽縣南,又西南過壽張縣北,又西南至安民亭,入於濟。	危山 龍山 瓠山 報山 穀陽山 阜山	注云:"汶水又西逕危山南,世謂之龍山也。"
卷二十五 泗水		
泗水出魯卞縣北山。	北山 嬀亭山 陪尾	
西南過魯縣北。	尼丘山	《尚書詳解》卷六,海岱及淮惟徐州篇,夏僎解,引《水經注》作居石山。《康熙山東通志》卷六,山川,沂河,引《水經注》作尼山。
又西過瑕丘縣東,屈從縣東南流,漷水從東來注之。	鄒山 嶧山 郜公嶧 梟嶧 徐州城南山	注云:"漷水又逕魯國鄒山東南而西南流,《春秋左傳》所謂嶧山也。" 注云:"《竹書紀年》:梁惠成王三十一年,邳遷於薛,改名徐州,城南山上,有奚仲冢。"

經　文	地　名	備　註
又南過高平縣西,洸水從西北來流注之。	高平山 高平縣衆山	注云:"泗水南逕高平山,山東西十里,南北五里,高四里,與衆山相連。"
又東過沛縣東。	麗山	
又東南過下邳縣西。	葛嶧山 邳嶧 徐廟山	注云:"泗水歷縣,逕葛嶧山東,即奚仲所遷邳嶧者也。"
卷二十五 **沂水** 　　沂水出泰山蓋縣艾山。	沂山 臨樂山 洛預山 桑預山 魯山 連綿山 浮來之山 公來山 爆山 廣固 黃孤山 閭山 時密山 五女山 巨圍之山 鹿嶺山 蒙山	注云:"沂水又東逕浮來之山,……即公來山也。" 《乾隆沂州府志》卷二,山川,沂水縣,爆山,引《水經注》作曝山。 注箋本、項本、張本作蒙陰山。

經　文	地　名	備　註
南過琅邪臨沂縣東，又南過開陽縣東。	冠石山 泰山	
卷二十五 洙水		
洙水出泰山蓋縣臨樂山。	臨樂山	
西南至卞縣，入於泗。	卞山	
卷二十六 沭水		
沭水出琅邪東莞縣西北山。	大弁山	吳本、注刪本作大葉山。《嘉靖臨朐縣志》卷一，風土志，引《水經注》作太弁山。
	小泰山 大峴山	何校明鈔本、注刪本作小太山。
東南過其縣東。	箕山	
又東南過莒縣東。	清山 巨公之山 三柱山	《乾隆沂州府志》卷二，山川，莒州，潯水，引《水經注》作巨公山。 注箋本作三注山。
又南過陽都縣，東入於沂。	倉山 建陵山 司吾山	注箋本作陵山。

經　文	地　名	備　註
卷二十六 **巨洋水**		
巨洋水出朱虛縣泰山，北過其縣西。	泰山	
	小泰山	項本、張本作小太山。《嘉靖臨朐縣志》卷一，風土志，引《水經注》作東泰山。
	破車峴	
	丹山	
	凡山	注云："峴城東北二十里有丹山，世謂之凡山。"大典本、吳本作几山，注箋本作穴山。
	方山	
又北過臨朐縣東。	臨朐山	劉寶楠《愈愚錄》卷六，"水經注之誤"云："朐縣臨朐山，遂以臨朐爲山名，……是字之虛實不明也。"
	委粟山	
	逢山	《嘉靖臨朐縣志》卷一，風土志，引《水經注》作逢山。
	石膏山	注云："洋水又東南歷逢山下，即石膏山也。"
又北過劇縣西。	嵂山	
又東北過壽光縣西。	角崩山 義山	注云："水出劇縣南角崩山，即故義山也，……亦名爲角林山。"
	角林山	同上註。
	青山	注箋本、注釋本作青水。
	礓頭山	譚元春本作劈頭山，注釋本作劈頭山。
	蛇頭山	注釋本作菀頭山。
	齊桓公冢東山	注云："水西有齊桓公冢，……冢東山下女水泉，有桓公祠。"
	菀頭山	大典本、注箋本作菀頭山。
	黃山	
	愚山	

經　　文	地　　名	備　　註
	杜山	
	潕水南山	注云："又有潕水注之，……水南山西，有王歇墓。"
卷二十六 汶水		
汶水出朱虛縣泰山。	泰山 岱山 峿山 小泰山	
北過其縣東。	柴阜山	《光緒山東通志》卷二十六，疆城志第三，山川，安邱縣，引《咸豐青州府志》，引《水經注》作紫阜山。
	牟山	
卷二十六 濰水		
濰水出琅邪箕縣濰山。	琅邪山 大樂之山 濰山 箕屋山 覆舟山 松山 仲固山 馬耳山 常山	
東北過東武縣西。	東武縣岡	注云："縣因岡爲城。"
	橫縣故山	《愈愚錄》卷六，"水經注之誤"云："橫縣故有橫山，遂以故山爲山名，是字之虛實不明也。"
	盧山	注云：《地理志》曰：水出琅邪橫縣故山，……世謂之盧山也。"

經　　文	地　　名	備　　註
又北過平昌縣東。	浯山	注釋本作峿山。《魏書地形志校録》卷上,引《水經注》作峿山。
	巨平山	注云:"水出浯山,世謂之巨平山也。"
	高枭山	吴本作高原山。
	壷山	七校本作峿一山。
	靈門山	
又北過高密縣西。	弈山	
	鄣日山	注云:"水有二源,西源出弈山,亦曰鄣日山也。"《方輿紀要》卷三十五,山東六,青州府,諸城縣,常山,引《水經注》作障日嶺。
	五弩山	
	碑産山	
又北過淳于縣東。	三户山	
又東北過都昌縣東。	不其山	
	覆甑山	《嘉靖青州府志》卷六,地理志一,山川,胸山,引《水經注》作覆釜山。
	塔山	
卷二十六 **淄水**		
淄水出泰山萊蕪縣原山。	原山	
	飴山	注云:"《地理志》曰:原山,淄水所出,……《淮南子》曰:水出自飴山,蓋山別名也。"
	泰山	
	無山	
	萊柞山	

經　　文	地　　名	備　　註
東北過臨淄縣東。	牛山 臨淄南郊山 丹山 凡山	注云："又東逕臨淄縣故城南,東得天齊水口,水出南郊山下。" 注云："西出丹山,俗謂凡山。"
又東過利縣東。	爲山 冶嶺山 廣固 堯山 逢山 石井水南山	注云："濁水一名溜水,出廣縣爲山,世謂之冶嶺山。"大典本、注箋本作治嶺山。 《嘉靖臨朐縣志》卷一,風土志,引《水經注》作逢山。《康熙山東通志》卷七,山川,南北二陽水,引《水經注》作逢山。 注云："陽水又東北流,石井水注之,水出南山,……俗謂是山爲礓頭山。"
卷二十六 膠水 膠水出黔陬縣膠山北,過其縣西。	 五弩山 膠山 拒艾山 黔艾山	 大典本作弩山。 注云："《齊記》曰:膠水出五弩山,蓋膠山之殊名也。" 《方輿紀要》卷三十六,山東七,萊州府,高密縣,柜城,引《水經注》作柜艾山。 注云："水出縣西南拒艾山,即《齊記》所謂黔艾山也。"
又北過當利縣西,北入於海。	土山	
卷二十七 沔水 沔水出武都沮縣東狼谷中。	 嶓冢 鮒嵎山 鶴鳴山 崤嶺	

經　文	地　名	備　註
	白馬塞	注云："水西山上,有張天師堂,……庾仲雍謂山爲白馬塞,堂爲張魯治。"
	亮壘南山	注云："水南有亮壘,背山向水。"
	定軍山	
	西樂城山	注云："沔水又東逕西樂城北,城在山上。"
	巴嶺山	
	陽平北山	
	黄沙水遠山	注云："漢水又東,黄沙水左注之,水北出遠山。"
	女郎山	
	銜嶺山	
	太白山	
	小石門山	注云："褒水又東南歷小石門,門穿山通道。"
東南過鄭縣南。	旱山	《名勝志》陝西,卷四,漢中府,南鄭縣,引《水經注》作焊山。
	磐余水南山	注云："右會磐余水,水出南山巴嶺上。"
	巴嶺	
	胡城北山	
	黑水北山	注云："漢水又東,黑水注之,水出北山。"
又東過成固縣南,又東過魏興安陽縣南,涔水出自旱山北注之。	聽山	
	雲臺山	
	通關勢	《方輿紀要》卷五十六,陝西五,漢中府,城固縣,通關山,引《水經注》作通關勢山。
	興勢坂	
	秦嶺	
	酉水重山	注云："酉水出秦嶺酉谷,南歷重山。"
	寒泉嶺	
	猴徑灘山	注云："漢水又東逕猴徑灘,山多猴猿。"
	小黄金	注云："漢水又東逕小、大黄金南,山有黄金峭。"沈本作"大、小黄金",並註云："疑漏戌字。"

經　　文	地　　名	備　　註
	大黃金	見上註。
	黃金峭	項本、摘鈔本、張本作黃金陌。
	陽都坂	
	崧	
	岱	
	巴山	
	岩嶺	注云:"水北出子午谷岩嶺下。"《方輿紀要》卷五十六,陝西五,漢中府,漢陰縣,直水,引《水經注》作"水北出子午谷巖下"。
	敖頭山	注云:"漢水又東歷敖頭舊之倉儲之所,傍山通道。"
	蒩閣山	注云:"旬水又南逕蒩閣下,山上有戍,置於崇阜之上。"
又東過西城縣南。	大勢	
	急勢	注云:"漢水又東,右得大勢,勢阻溪急,故亦曰急勢也。"
	月谷口山	注云:"漢水右對月谷口,山有坂月川。"
	旬山	
	旬陽縣北山	注云:"旬水又東南逕旬陽縣南,縣北山有懸書崖。"
	馬跡山	
	青泥西山	注釋本作清泥西山。
	豐鄉東山	
	胡鼻山	
	錫義山	
卷二十八 **沔水**		
又東過堵陽縣,堵水出自上粉縣,北流注之。	白馬山 嶵山	
又東過郾鄉縣南。	郾鄉縣西山	

經　　文	地　　名	備　　註
又東北流,又屈東南,過武當縣東北。	荆山 伏親山 武當山 太和山 嶻上山 仙室 香爐 謝羅山 龍巢山	 注云:"水導源縣南武當山,一曰太和山,亦曰嶻上山,山形特秀,又曰仙室。" 同上註。《楚寶》卷三十九,山水,武當山,引《水經注》作嵾上,無山字。《楚遊紀略》引《水經注》作案上山。 同太和山註。 注云:"峯首狀博山香爐,亭亭遠出。"《楚遊紀略》引《水經注》作香鑪。 注云:"(武當山)槃咸和中,歷陽謝允舍羅邑宰,隱遁斯山,故亦曰謝羅山焉"。
又南過穀城東,又南過陰縣之西。	穀城山	
又南過筑陽縣東,筑水出自房陵縣東,過其縣南流注之。	闕林山 高亭山	
又東過山都縣東北。	樂山	
又東過襄陽縣北。	萬山 漢皋 峴山 柳子山 馬鞍山 望楚山	注箋本、小山堂鈔全謝山五校本作方山。 注云:"漢皋,即萬山之異名也。"

經　　文	地　名	備　　註
又從縣東屈西南,淯水從北來注之。	大父山 安昌城東南小山 金山 陽中山	注云:"水導源城東南小山。" 注箋本作今山。
又東過中廬縣東,維水自房陵縣維山,東流注之。	中廬縣西山 馬穴山	注云:"縣故城南有水,出西山,山有石穴,出馬,謂之馬穴山。" 同上註。
又南過宜城縣東,夷水出自房陵,東流注之。	康狼山 默城山 宜城西山 土門山 太山 石山 太陽山 大洪山 聊屈山 盧屈山	 注釋本作大陽山。 大典本、注箋本、項本、張本作耶屈山。 注云:"水出竟陵縣東北聊屈山,一名盧屈山。"
又東過荆城東。	章山 内方 大別 赤坂岡	 注釋本作内方山。
又東南過江夏雲杜縣東,夏水從西來注之。	池河山	注箋本、注釋本作河池山。

經　　文	地　　名	備　　註
又南至江夏沙羨縣北,南入於江。	小別 二別 大別之坂	 大典本、黄本、吳本、注箋本、何校明鈔本、王校明鈔本、項本、沈本、小山堂鈔全謝山五校本、張本作大別之陂。《尚書後案》"過三澨至於大別南入於江"案,引《水經注》作大別之陂。《書水經沔水篇後》(《七經樓文鈔》卷三),引《水經注》作大別之陂。《尚書正讀》卷二,"東爲北江,入於海"曾運乾註,引《水經注》作大別之陂。
卷二十九 **沔水** 　又東北出居巢縣南。	 附農山 馬子硯 白石山 韓綜山 刺史山 格虎山	 項本、七校本、注釋本、張本、注疏本作馬子峴。 注箋本、注釋本作韓縱山。
分爲二,其一東北流,其一又過毗陵縣北,爲北江。	郎山 陵陽山 南里山 蜀由山 落星山 苞山 夫椒山 青山 夏架山 苞山旁小山 包山	 何本作包山。 注云:"湖有苞山,《春秋》謂之夫椒山。" 注云:"旁有青山,一名夏架山。"《乾隆長興縣志》卷三,山,夏駕山,引《水經注》作夏駕山。 注云:"故《吳記》曰:太湖有苞山,……旁有小山,山有石穴,南通洞庭。" 注釋本、注疏本作苞山。

經　文	地　名	備　註
	浮玉之山	
	句餘縣東山	
	鳥道山	
	羅浮山	
	浮山	
	會稽山	
	大雷	
	小雷	
	三山	
	岼嶺	
	穹隆	
	岼嶺山	注疏本作岼嶺。宋葉廷珪《海録碎事》卷三上,地部,總載山門,岈崢山,引《水經注》作岈嶺山。《雍正江南通志》卷十二,輿地志,山川二,蘇州府,岈崢山,引《水經注》作岈嶺山。
	岼嶺東小山	注云:"太湖之東,吴國西十八里有岼嶺山,俗説此山本在太湖中,禹治水移進近吴,又東及西南,有兩小山。"
	岼嶺西南小山	見上註。
	牽山	
	筜嶺山	《方輿紀要》卷二十四,江南六,蘇州府,吴縣,天平山,引《水經注》作岈嶺山。
	丞山	
	胥山	
	秦延山	注疏本作秦逕山。
	秦望山	
又東至會稽餘姚縣,東入於海。	車箱山	
	赭山	注箋本、注删本、注疏本作緒山。《乾隆餘姚志》卷三,山水,龍泉山,引《水經注》作緒山。
	句餘山	

經　　文	地　　名	備　　註
卷二十九 **潛水** 　潛水出巴郡宕渠縣。	岡山	
卷二十九 **湍水** 　湍水出酈縣北芬山,南流過其縣東,又南過冠軍縣東。	翼望山 石澗山	
又東過白牛邑南。	岐棘山	
卷二十九 **均水** 　均水出析縣北山,南流過其縣之東。	熊耳山 析縣北山	
又南當涉都邑北,南入於沔。	石山	
卷二十九 **比水** 　比水出比陽縣東北太湖山,東南流過其縣南,泄水從南來注之。	太胡山	注釋本、疏證本作大胡山。《通鑑》卷三十八,漢紀三十,王莽地皇三年,"臨沘水"胡註,引《水經注》作大胡山。《御覽》卷四十三,地部八,太狐山,引《水經注》作大胡山。《山海經廣註》卷二《西山經》,"沘水出焉"吳任臣註,引《水經注》作太湖山。

經　文	地　名	備　註
	太狐	注釋本作太胡。
	天封	
	磐石山	
	芘丘山	《方輿紀要》卷五十一，河南六，南陽府，唐縣，沘水，引《水經注》作芘丘山。《戰國策釋地》卷下，"重丘"釋，引《水經注》作芘丘山。
	長岡	
	潕陰北山	
	桐柏山	
	湖陽北山	注箋本、項本、注釋本、張本作湖南北山。
又西至新野縣，南入於淯。	隆山	
	隆山南小山	注云："隆山南有一小山。"
	石虎山	
	唐子山	
卷三十　淮水		
淮水出南陽平氏縣胎簪山，東北過桐柏山。	胎簪山	胎簪山，《藝文類聚》卷八，山部上，淮水，引《水經》作昭稽山。
	餘山	
	桐柏	
	大復山	
	固成山	
	雞翅山	
東過江夏平春縣北。	大木山	
	大潰山	
	賢首山	
	金山	
	石城山	
	葙山	

經　　文	地　　名	備　　註
	七井岡	
	鮮金山	
	具山	
	青山	
	羅山	
又東過新息縣南。	浮光山	
	扶光山	注云："淮水又東逕浮光山北，亦曰扶光山，即弋陽山也。"
	弋陽山	同上註。注箋本作弋山。
	白沙山	
	黃武山	
	木陵山	
又東過期思縣北。	南垂山	《名勝志》河南，卷十一，汝寧府，固始縣，引《水經注》作南嶽山。
	詔虞水南山	注云："又東北得詔虞水口，……水出南山。"
又東過壽春縣北，肥水從縣東北流注之。	硤石對岸山	
	馬跡山	注云："西岸山上有馬跡，世傳淮南王乘馬昇僊所在也。"
	八公山	注箋本作八山。
又東過當塗縣北，渦水從西北來注之。	莫邪山	大典本作莫耶山。
	塗山	注釋本作當塗山。
	荊山	
	會稽之山	
又東過鍾離縣北。	嵇山	
	巉石山	
	浮山	
	四隤山	
	客山	

經　　文	地　　名	備　　註
又東過淮陰縣北，中瀆水出白馬湖，東北注之。	五岳	
又東至廣陵淮浦縣，入於海。	朐山	
	郁山	
	蒼梧之山	
	羽山	
	秦始皇碑山	注云：“東側巨海有秦始皇碑，在山上。”
卷三十一 **潕水**		
潕水出南陽魯陽縣西之堯山。	西山	
	堯山	注云：“立堯祠於西山，謂之堯山。”
	胡木山	
	紫山	
	女靈山	
	大嶺	
	歇馬嶺	注云：“水出霍陽西川大嶺東谷，俗謂之歇馬嶺。”
	孤山	
	魯山	
	分頭山	
	橫嶺	
	牛蘭山	
	彭山	
	蟻塢	
	北恃山	黃本、沈本作北恃，無山字。注箋本作東恃山。
	應山	
	魚齒山	
	踐犢山	
	頗山	

經　　文	地　　名	備　　註
卷三十一 **淯水** 　淯水出弘農盧氏縣支離山，東南過南陽西鄂縣西北，又東過宛縣南。	支離山	大典本、黃本、吳本、注箋本、何校明鈔本、王校明鈔本、沈本、注疏本作攻離山。《通鑑》卷三十九，漢紀三十一，淮陽王更始元年，"設壇場於淯水上沙中"胡註，引《水經注》作攻離山。《山海經・中山經》"曰支離之山"畢沅註，引《水經注》作攻離山。《山海經廣註》卷一，《南山經》"而南流注於淯"吳任臣註，引《水經注》作攻離山。
	衡山 雉衡山 魯陽縣分水嶺 分頭	注云："水出魯陽縣南分水嶺，南水自嶺南流，北水從嶺北注，故世俗謂此嶺爲分頭也。"
	魯陽關連山 熊耳山 預山 獨山 紫山	注云："其水南流逕魯陽關，左右連山插漢。" 注云："淯水又南逕預山東，……俗名之爲獨山也。"
又南過新野縣西。	赤石山 棘陽縣北山	
南過鄧縣東。	鄧塞	注云："濁水又東逕鄧塞北，即鄧城東南小山也，方俗名之爲鄧塞。"
卷三十一 **灈水** 　灈水出灈強縣南澤中，東入潁。	少室山	

經　文	地　名	備　註
卷三十一 **瀙水** 　瀙水出潕陰 縣東上界山。	葳山 中陽山 旱山 大熟之山 宣山 奥山	 吳本作草山。 吳本作大孰之山。
卷三十一 **潕水** 　潕水出潕陰 縣西北扶予山，東 過其縣南。	朝歌之山 東遼水北山 雉衡山 於東山 黃城山 苦菜 黃城 方城 方城山 長山	 注云："又東，東遼水注之，俱導北山。" 注云："有溪水出黃城山，……苦菜，即黃城也，及於東，爲方城矣，世謂之方城山。" 同上註。 見黃城山註。 見黃城山註。 見黃城山註。
卷三十一 **淯水** 　淯水出蔡陽 縣。	大洪山 懸鈎峯 淯山 土山	大典本、注箋本、注疏本作洪山。

經　　文	地　名	備　　註
東南過隨縣西。	黃山 桐柏山 隨城山	
又南過江夏安陸縣西。	石龍山 橫尾山 陪尾山 鄖城岡 石巖山 大陽山 潼山	注云："歷橫尾山，即《禹貢》之陪尾山也。" 注云："故鄖城也，因岡爲墉。"
卷三十二 **潕水** 　潕水出江夏平春縣西。	大義山 大紫山 重山 烈山	注釋本作童山。 注云："水南有重山，即烈山也。"
卷三十二 **蘄水** 　蘄水出江夏蘄春縣北山。	蘄春縣北山 蘄柳 蘄山	注云："（蘄春縣北）山，即蘄柳也。"注箋本、項本、張本作近柳。
卷三十二 **決水** 　決水出廬江雩婁縣南大別山。	檀公峴 大別	注云："俗謂之爲檀山峴，蓋大別之異名也。"大典本、注箋本、項本、注釋本、張本作檀山峴。

經　　文	地　名	備　　註
又北過安豐縣東。	大蘇山	
卷三十二 **泚水**		
泚水出廬江灅縣西南霍山東北。	灅山 大山 霍山	
	泚山	吳本作沘山。
	渒山	注云："《地理志》曰：泚水出泚山，不言霍山，泚字或作渒。"
卷三十二 **肥水**		
肥水出九江成德縣廣陽鄉西。	良餘山 連枷山 獨山	注云："肥水出良餘山，俗謂之連枷山，亦或以爲獨山也。" 同上註。
又北過壽春縣東。	壽春縣北山	注云："肥水西逕壽春縣故城北，……右合北溪，水導北山泉源。"
北入於淮。	八公山	
卷三十二 **沮水**		
沮水出漢中房陵縣淮水，東南過臨沮縣界。	景山 荆山 發阿山	注云："沮水出東汶陽郡沮陽縣西北景山，即荆山首也。"
	錫城西表重山	注云："郡治錫城，……西表悉重山。"重山，孫潛校本作童山。

經　　文	地　名	備　　註
	青山 當陽縣故城 岡 長坂	注云："沮水又東南逕當陽縣故城北,城因岡爲沮。"
卷三十二 **漳水** 　漳水出臨沮縣東荆山,東南過蓼亭,又東過章鄉南。	荆山 景山 宜諸之山	
卷三十二 **涪水** 　涪水出廣魏涪縣西北。	潺山	《蜀道驛程記》引《水經注》作孱山。
卷三十二 **梓潼水** 　梓潼水出其縣北界,西南入於涪。	五婦山 五婦候	注云："因氏山爲五婦山,又曰五婦候。"注箋本作五婦候,注釋本作五婦堠。
卷三十二 **涔水** 　涔水出漢中南鄭縣東南旱山,北至安陽縣,南入於沔。	成固南城山	注云："逕成固南城北,城在山上。"成固,注箋本、項本、張本、注疏本作城固。

經　　文	地　　名	備　　　註
卷三十三 **江水** 　岷山在蜀郡氐道縣，大江所出，東南過其縣北。	岷山 瀆山 汶阜 羊膊嶺 白馬嶺 湮坂 天彭山 崍山 邛崍山 新道南山 九折坂 崌山 嶰山 玉輪坂 玉壘山 觀坂	 注云："岷山即瀆山也，……又謂之汶阜。" 同上註。 注云："崍山，邛崍山也，在漢嘉嚴道縣，一曰新道南山。"注箋本、七校本、注釋本、注疏本作邛來山，《方輿勝覽》卷五十六，黎州，山川，邛徠山，引《水經注》作邛來山。 同上註。注箋本、孫潛校本、注釋本作新道山。
又東南過犍爲武陽縣，青衣水、沫水從西南來，合而注之。	天社山 北山 邛莋 青城山 牛蘭山 熊耳峽連山 汶山 巫山 峨眉山	吳本、注箋本、項本、張本作大杜山，何校明鈔本作大社山。 殿本註云："案《華陽國志》，邛崍山，本名邛莋，故邛人、莋人界也。" 大典本、黃本、吳本、沈本作青域山。 注云："有熊耳峽，連山競險。" 大典本作俄眉山。

經　　文	地　　名	備　　註
又東南過僰道縣北,若水、淹水,合從西來注之;又東,渚水北流注之。	僰道山 汾關山	注云:"縣本僰人居之,……山多猶猢。"
又東過江陽縣南,洛水從三危山東過廣魏洛縣南,東南注之。	漳山 柏山 三危山 方山	
又東北至巴郡江州縣東,強水、涪水、漢水、白水、宕渠水五水,合南流注之。	巴嶺山 塗山	
又東過魚復縣南,夷水出焉。	高梁山 方山 大石城勢 小石城勢 高陽山 平頭山 柏枝山 永安宮山 白帝山 赤岬山	注云:"東逕永安宮南,……城周十餘里,背山面江。" 注云:"南連基白帝山,甚高大,不生樹木,其石悉赤,土人云:如人袒脾,故謂之赤岬山。"大典本作赤甲山,何校明鈔本、王校明鈔本、注删本,《初學記》卷八,山南道第七,白帝,引《水經注》作赤甲山。《蜀鑑》卷一,建武六年,引《水

經　　　文	地　　名	備　　　　註
		經注》作赤甲山。《晏元獻公類要》卷八,梓州路,夔,白帝城,引《水經注》作七甲山。
	馬嶺	
	廣溪北岸山	注云:"江水又東逕廣溪峽,……北岸山上有神淵。"
	魚復縣山	注云:"常璩曰:縣有山。"
卷三十四 江水 　又東過巫縣南,鹽水從縣東南流注之。	巫城山	注云:"吳孫休分爲建平郡,治巫城,城緣山爲埔。"
	巫山	
	大巫山	
	岷	
	峨	
	衡	
	疑	
	丹山	
	三峽兩岸連山	注云:"自三峽七百里中,兩岸連山,略無闕處。"
	石門灘北岸山	注云:"江水又東逕石門灘,灘北岸有山。"
又東過秭歸縣之南。	秭歸東北山	注云:"縣城東北依山即坂。"
	丹陽城江南山	注云:"江水又東逕一城北,其城憑嶺作固,……據山枕江,北對丹陽城,城據山跨阜。"
	丹陽城山	同上註。
又東過夷陵縣南。	空泠峽峯	注云:"峽甚高峻,即宜都、建平二縣界也,其間遠望,勢交嶺表,有五、六峯,參差互出。"空泠峽,大典本、黃本、注箋本、沈本作空冷峽。
	黃牛山	
	黃牛灘東兩岸高山	注云:"《宜都記》曰:自黃牛灘東入西陵界至峽口百許里,山水紆曲,而兩岸高山重障,非日中夜半,不見日月。"

經　文	地　名	備　註
	七谷村兩山	注云："峽北有七谷村，兩山間有水清深。"
	陸抗城山	注云："江水又東逕故城北，所謂陸抗城也，城即山爲墉，四面天險。江南岸有山孤秀，從江中仰望，壁立峻絶。"
	陸抗城江南山	見上註。
	夷山	
	江北連山	注云："袁山松言：江北多連山，登之望江南諸山，數十百重，莫識其名，高者千仞，多奇形異勢。"
	江南諸山	見上註。
	荆門	《後漢書》卷一下，帝紀一下，《光武皇帝紀》"遣將田戎、任滿據荆門"註，引《水經注》作荆門山。《通典》卷一八三，州郡十三，夷陵郡，峽州，宜都縣，引《水經注》作荆門山。《通鑑》卷四十二，漢紀三十四，光武帝建武九年，"因據荆門、虎牙"胡註，引《水經注》作荆門山。
	虎牙	同上註作虎牙山。
又東南過夷道縣北，夷水從佷山縣南，東北注之。	佷山諸嶺	大典本作佷山諸嶺。《名勝志》湖廣，卷八，夷陵州，宜都縣，引《水經注》作狼山諸嶺。
又東過枝江縣南，沮水從北來注之。	宜城西山 衡山	
又南過江陵縣南。	荆山 塗山 豫章岡	
卷三十五 **江水**		

經　　文	地　　名	備　　註
又東南,油水從東南來注之。	陽岐山	大典本作揚岐山,注箋本作楊岐北山,七校本、注釋本、注疏本作楊岐山。
	石首山	
	牛皮山	
湘水從南來注之。	忌置山	
	城陵山	
	微落山	《初學記》卷六,江第四,引《水經注》作“微落山”。
	暉落磯	注云:“東接微落山,亦曰暉落磯。”磯,注釋本作磯,下同。
	玉山	
	如山	
	白螺山	《雍正湖廣通志》卷十二,山川志,臨湘縣,鴨欄磯,引《水經注》作白贏山。
	彭城磯	
	隱磯	
	鴨蘭磯	《晏元獻公類要》卷二,荆湖北路,岳,引《水經注》作鴨欄磯。
	蒲磯山	
	魚嶽山	
	石子岡	
	百人山	
	赤壁山	《方輿勝覽》卷五十,黃州,山川,赤壁山,引《水經注》作赤鼻山。《嘉靖漢陽縣志》卷二,方域志,赤壁,引《水經注》作赤壁,無山字。
	大軍山	
	金山	注箋本作泰山。
	小軍山	
	雞翅山	
又東北至江夏沙羨縣西北,沔水從北來注之。	歃父山	
	魯山	
	翼際山	注云:“江水又東逕魯山南,右翼際山也。”
	黃鵠山	

經　文	地　名	備　註
又東過邾縣南。	龍驤水北山	注云："東會龍驤水口，水出北山蠻中。"
	苦菜山	
	白虎磯	
	貝磯	注箋本作具磯。
	烏石山	
	黎磯	
	上磧	注云："又東逕上磧北，山名也，仲雍謂之大、小竹磧也。"
	大竹磧	同上註。
	小竹磧	同上註。
	龜頭山	
	垂山	
	黃武山	
鄂縣北。	樊山	
	赤鼻山	《康熙湖廣通志》卷九，堤防，黃州府，引《水經注》作赤嶼山。
	袁山	注云："今武昌郡治城南有袁山，即樊山也。"
	五磯	
	五圻	注云："東逕五磯北，有五山，沿次江陰，故得是名矣，仲雍謂之五圻。"
	下靈山	
	大別山	注云："水出零婁縣之下靈山，即大別山也。"
	分水山	
	巴山	注云："故世謂之分水山，亦或曰巴山。"
	霍山	
	天柱山	注云："《地理志》曰：縣南有天柱山，即霍山也。"
	南陽山	
	芍磯	注云："江水又東逕南陽山南，又曰芍磯，亦曰南陽磯，仲雍謂之南陽圻，一名洛至圻，一名石姥。吳本作苟巇。"
	南陽磯	同上註。
	南陽圻	同芍磯註。

經　　文	地　　名	備　　註
	洛至圻	同芍磯註。
	石姥	同芍磯註。
	黃石山	
	黃石磯	注云:"江水右岸有黃石山,水逕其北,即黃石磯也,一名石茨圻。"
	石茨圻	同上註。
	西陵縣東山	注云:"有西陵縣,縣北則三洲也,山連延江側,東山偏高,謂之西塞。"
	西塞	同上註。
	黃公九磯	
	九圻	注云:"東對黃公九磯,所謂九圻者也。"
	於行山	
	小難山	
又東過蘄春縣南,蘄水從北東注之。	葦山	
	空石山	
	蝦蟆山	
	長風山	
	積布山	
	積布磯	注云:"江水又東逕積布山南,俗謂之積布磯,又曰積布圻,庾仲雍所謂高山也。"
	積布圻	同上註。
	高山	同積布磯註。
	江山	
又東過下雉縣北,利水從東陵西南注之。	琵琶山	
	望夫山	
	青溢山	
	青林山	
	大雷	

經　　文	地　名	備　　註
卷三十六 **青衣水** 　　青衣水出青衣縣西蒙山,東與沫水合也。	岷山 蒙山 邛來山	
至犍爲南安縣,入於江。	峨眉山	譚本云:"峨,當作蛾。"
卷三十六 **桓水** 　　桓水出蜀郡岷山,西南行羌中,入於南海。	岷 嶓 蔡 蒙 蜀山 西傾山 雍州之山 桓坂	 注云:"桓,是隴坂之名,其道盤桓,旋曲而上,故名曰桓,是今其下,民謂是坂曲爲盤也。"
	盤坂 衙嶺	同上註。
卷三十六 **若水** 　　若水出蜀郡旄牛徼外,東南至故關,爲若水也。	灰野之山 崑崙山 巴遂之山	

經　　文	地　　名	備　　註
南過越巂邛都縣西,直南至會無縣,淹水東南流注之。	蟀巂山	大典本、注箋本、何校明鈔本、王校明鈔本、項本、張本作蛙巂山。《雍正四川通志》卷二十四,山川志,寧遠府,瀘山,引《水經注》作蛙巂山。
	邛都縣東高山	注云:"縣有駿馬河,水出(邛都)縣東高山。"
	石豬圻	
	東農山	
	牧靡南山	何本作收靡縣南山,注釋本作牧靡縣南山。
	烏句山	
	牧靡山	何本作收靡山。
又東北至犍爲朱提縣西,爲瀘江水。	朱提山	
	堂琅縣西北高山	注云:"郡西南二百里,得所綰堂琅縣,西北行,上高山。"
	博南山	
	不韋縣兩岸高山	注云:"瀘津水東北逕不韋縣而東北流,兩岸皆高山數百丈。"
	瀘峯	
	曲羅巂	
	盤羊	
	烏櫳	注云:"盤羊、烏櫳,氣與天通。"《天下郡國利病書》卷一百八,雲南二云:"烏櫳在東川,即絳雲弄,其山雪四時不消,金沙遶其下。"《丹鉛總録》卷二,地理類,引《水經注》作烏攏。《丹鉛雜録》卷七,引《水經注》作烏攏。
	牛叩頭坂	
	馬搏頰坂	《方輿紀要》卷七十,四川五,敍州府,宜賓縣,朱提廢縣,引《水經注》作馬搏穎坂。
卷三十六沫水		

經　　文	地　　名	備　　註
東南過旄牛縣北，又東至越嶲靈道縣，出蒙山南。	銅山 岷山 蒙山	
卷三十六 **延江水**		
延江水出犍爲南廣縣，東至牂柯鼈縣，又東屈北流。	犍山 不狼山	
又東南至武陵酉陽縣，入於酉水。	武陵東山	注云："貴郡何以名武陵，……光武時移治東山之上，遂爾易號。"
卷三十六 **溫水**		
溫水出牂柯夜郎縣。	談虜山 建寧郡高山 橋山	注云："劉禪建興三年，分益州置建寧郡於此，水側皆是高山。"
東北入於鬱。	牂山	注云："牂柯，亦江中兩山名也。"牂，大典本、黄本、吴本、沈本作牂。
	柯山	見上註。柯，大典本、黄本、吴本、嚴本、何校明鈔本、王校明鈔本、沈本作柯。《太平廣記》卷二九一，竹三，引《水經注》作柯。
	玉山 牛屯山 萌渚嶠	

經　　　文	地　　　名	備　　　註
	羅山	
	金山	
	區粟城南高山	
	五嶺	
	九嶺	
	橫山	
	烽火	注云:"越烽火至比景縣。"注疏本楊守敬疏云:"《史記·周本紀》《正義》:烽燧皆山上安之,此烽火蓋即所安之山取以爲名也。"
	陰陽圻	注箋本作陰陽折。
	林邑西南高山	注云:"(林邑)城西南角,高山長嶺,連接天鄣。"
	典沖城西南山	注云:"合淮流以注典沖,其城西南際山。"
	石山	
卷三十七 淹水 　東南至青蛉縣。	禺同山	
卷三十七 葉榆河 　益州葉榆河出其縣北界,屈從縣東北流。	弔鳥山	黃本、項本、沈本、張本作弔烏山。李元陽《西洱海志》(《古今遊名山記》卷十六),引《水經注》作烏弔山。《滇繫》卷八之一,藝文繫,引《水經注》作弔烏山。
過不韋縣。	牢山	

經　　文	地　　名	備　　註
東南出益州界。	盤町山	大典本、黄本、吴本、注箋本、何校明鈔本、項本、沈本、張本、注疏本作盤町山。《滇繫》卷八之一，藝文繫，引《水經注》作盤町山。譚本云："既稱盤江，盤水，則亦當爲盤町，不則俱當作盤。"
過交趾麊泠縣北，分爲五水，絡交趾郡中，至南界，復合爲三水，東入海。	越嶺 浪泊 龍編縣高山	注云："又東逕浪泊，馬援以其地高，自西里進屯此。"
卷三十七 **夷水**		
東南過佷山縣南。	難留城山 佷山	注云："東逕難留城南，城即山也。" 《林水録》鈔《水經注》作狼山。《禹貢錐指》卷七，引《水經注》作佷山。《佩文韻府》卷三十四上，四紙，水，夷水，引《水經注》作狼山。《長江圖説》卷十一，雜説三，引《水經注》作佷山。
	恒山	注云："夷水又東逕佷山縣故城南，縣，即山名也。孟康曰：音恒，出藥草，恒山，今世以銀爲音也。"
	風井山	
又東過夷道縣北。	望州山 武鍾山	注云："登城望見一州之境，故名望州山，俗語訛今名武鍾山。"
東入於江。	佷山北溪石山	注云："亦謂之佷山北溪，水所經皆石山，略無土岸。"
卷三十七 **油水**		

經　　文	地　　名	備　　註
油水出武陵屏陵縣西界。	白石山 涚山	
卷三十七 澧水		
澧水出武陵充縣西,歷山東,過其縣南。	龍茹山	
又東過零陽縣之北。	温泉水北山 零陽之山 九渡山 連巫山 嵩梁山 層步山	注云:"澧水又東與温泉水會,水發北山。" 黄本、項本、沈本作陵陽之山。 大典本作九度山。
卷三十七 沅水		
沅水出牂柯且蘭縣,爲旁溝水,又東至鐔成縣,爲沅水,東過無陽縣。	許山 移山 怪山 龍嶠之山 扶陽之山 鄜梁山 龍門山 武山 南山 施山 西源山 茗山 諸魚山	注箋本作佐山。 黄本、吴本、注箋本、項本、沈本、張本作龍橋之山。

經　　文	地　　名	備　　　註
	夷山	
	壺頭山	大典本、黃本、注箋本、項本、沈本、張本作胡頭山。《嘉慶常德府志》卷四,山川考一,壺頭山,引《水經注》作胡頭山。
又東北過臨沅縣南。	夷望山	大典本作望山夷。
	關下山	
	綠蘿山	
	平山	
	枉人山	
	西楊山	《乾隆湖南通志》卷十二,山川志七,常德府,武陵縣,漸水,引《水經注》作西陽山。
卷三十七 **浪水**		
浪水出武陵鐔成縣北界沅水谷。	禱過之山	
其一又東過縣東,南入於海。	番山	
	馬鞍岡	
卷三十八 **資水**		
資水出零陵都梁縣路山。	唐糾山	《方輿紀要》卷七十五,湖廣一,濱水,引《水經注》作唐斜山;卷八十一,湖廣七,寶慶府,武岡州,都梁山,引《水經注》又作唐糾山。
	路山	注云:"資水出武陵郡無陽縣界唐糾山,蓋路山之別名也。"
	武岡縣左岡	注云:"縣左右二岡對峙。"
	武岡縣右岡	見上註。
	都梁山	
東北過夫夷縣。	少延山	

經　文	地　名	備　註
東北過邵陵縣之北。	首望山 雲泉山	
卷三十八 漣水		
漣水出連道縣西，資水之別。	石魚山	
卷三十八 湘水		
湘水出零陵始安縣陽海山。	陽海山	《方輿紀要》卷七十五，湖廣一，湘水，引《水經注》"湘水出陽海山"註云："即海陽山。"
	陽朔山	注云："（陽海山）即陽朔山也，應劭曰：湘出零山，蓋山之殊名也。"
	零山	同上註。注箋本作零陵山。
東北過零陵縣東。	越城之嶠 五嶺	
又東北過洮陽縣東。	洮陽縣西南大山	注云："洮水出縣西南大山。"
又東北過泉陵縣西。	南山	黃本、注箋本、注疏本作流山，七校本、注釋本作留山，沈本註云："疑當作營。"
	九疑山 馮岡 萌渚之嶠	
	錫方	注云："水南出於萌渚之嶠，五嶺之第四嶺也，其山多錫，亦謂之錫方矣。"
	仰山	
	五山	《輿地紀勝》卷五十六，荊湖南路，永州，景物上，都溪，引《水經注》作五色山。

經　　文	地　　名	備　　註
	羅山	
	石燕山	
	潭山	
又東北過重安縣東,又東北過酈縣西,承水從東南來注之。	邪薑山	大典本、注刪本作耶薑山。《乾隆衡州府志》卷六,山川,衡陽縣,湘水,引《水經注》作耶薑山。
	表山	
	衡山	
	紫蓋峯	
	石囷峯	
	芙容峯	黃本、沈本作容峯。注箋本作芙峯。《楚寶》卷三十八,山川,鄧顯鶴考異,引《水經注》作容峯。《雍正湖廣通志》卷十一,山川志,衡山縣,引《水經注》作容峯。
	岣嶁	注箋本、注釋本作岣嶁山。
	南嶽	
	日華山	注箋本作華山。
	耒山	
	麓山	
又東北過陰山縣西,洣水從東南來注之;又北過醴陵縣西,漉水從東南來注之。	醴陵縣大山	
又北過臨湘縣西,瀏水從縣西北流注。	石潭山	
	昭山	
	三石山	
又北,溈水從西南來注之。	馬頭山	
	銅官山	

經　文	地　名	備　註
	雲母山	注云："湘水又北逕銅官山，西臨湘水，山土紫色，内含雲母，故亦謂之雲母山也。"
又北過羅縣西，潰水從東來流注。	純山 桓山 玉笥山	
	地脚山	注云："汨水又西逕玉笥山，……一曰地脚山。"《乾隆湖南通志》卷六，山川一，長沙府上，湘陰縣，玉笥山，引《水經注》作九脚山。
	磊石山	吳本、注箋本、項本、注釋本、張本、注疏本作壘石山。《通鑑》卷一六二，梁紀十八，武帝太清三年，"湘州刺史河東王譽軍於青草湖"胡註，引《水經注》作壘石山。《楚寶》卷三十八，山水，洞庭湖，引《水經注》作壘石山。《方輿紀要》卷八十，湖廣六，長沙府，湘陰縣，青草湖，引《水經注》作壘石山。《雍正湖廣通志》卷十一，山川志，湘陰縣，引《水經注》作壘石山。《乾隆湖南通志》卷六，山川一，長沙府上，長沙縣，湘江，引《水經注》作壘石山。
又北過下雋縣西，微水從東來流注。	青草山 鹿角山 洞庭之山 君山	
	編山	《乾隆湖南通志》卷十一，山川志六，岳州府，巴陵縣，艑山，引《水經注》作艑山。
	包山	黃本、沈本作苞山。
	笛烏頭石	注云："湖之右岸有山，世謂之笛烏頭石。"
又北至巴丘山，入於江。	巴丘山	
卷三十八 灕水		

經　　文	地　　名	備　　註
灕水亦出陽海山。	陽海山	
	始安嶠	《康熙廣西通志》卷十四，古蹟，桂林府，越王城，引《水經注》作始嶠。
	越城嶠	注云："湘灕之間，陸地廣百餘步，謂之始安嶠，即越城嶠也。"黃本、沈本作越成嶠。
	五嶺	
	彈丸山	《康熙廣西通志》卷五，山川志一，桂林府，臨桂縣，彈圓江，引《水經注》作彈圓山。
	洛溪山	
	羊瀨山	
	雞瀨山	
	龍山	
	北鄉山	
	朝夕塘東山	注云："縣南有朝夕塘，水出東山。"
南過蒼梧荔浦縣。	魯山	
	濡山	
	符靈岡	
卷三十八 **溱水**		
溱水出桂陽臨武縣南，繞城西北屈東流。	桐柏山	
	黃岑山	宋本、項本、張本作黃泠山。《乾隆湖南通志》卷十四，山川志九，郴州，宜章縣，玉溪，引《水經注》作黃泠山。
	藍豪山	《今古地理述》卷十五，廣東省，樂昌縣，引《水經注》作監豪山。
東至曲江縣安聶邑東屈西南流。	泠君山	明練湖書院鈔本作泠君水山。
	洹山	
	靈鷲山	
	虎郡山	注云："瀧水又南歷靈鷲山，山，本名虎郡山，亦曰虎市山，以多虎暴故也。"譚本原註云："疑作虎羣山。"

經　文	地　名	備　註
	虎市山	同上註。
	曲紅山	
	石閣山	
	涼熱山	
	大庾嶺	注云："水出南康縣涼熱山連溪,即大庾嶺也,五嶺之最東矣,故曰東嶠山。"
	五嶺	
	東嶠山	同大庾嶺註。
	邪階山	宋本作耶階山。
	浮岳山	
	韶石北山	
過湞陽縣,出洭浦關,與桂水合。	湞石山	
	皋口山	
	太尉山	
	桂陽西北山	
卷三十九 **洭水**		
洭水出桂陽縣盧聚。	上驛山	
	都嶠	
	貞女山	吳本作真女山。
	陽山	
東南過含洭縣。	堯山	
	白鹿岡	
卷三十九 **深水**		
深水出桂陽盧聚。	南平縣南山	注云："山在南平縣之南。"
	九疑山	

經　　文	地　　名	備　　註
卷三十九 **鍾水** 　　鍾水出桂陽南平縣都山，北過其縣東，又東北過宋渚亭，又北過鍾亭，與灄水合。	都山	大典本、黄本、沈本作部山。宋本、傅增湘所見宋刊殘本作部山。《乾隆湖南通志》卷十五，山川志十，桂陽州，臨武縣，石柱山，引《水經注》作部山。
	都麗之嶠	宋本、大典本、黄本、吳本、注箋本、何校明鈔本、王校明鈔本、沈本、七校本、注釋本作部龍之嶠。《丹鉛總録》卷二，地理類，《五嶺考》及《譚苑醍醐》卷三《五嶺考》，引《水經注》作部龍之嶠。明黄嘉惠《五嶺考》（《古今天山名山勝概記》卷四十二）引《水經注》作部龍之嶠。《禹貢錐指》卷七，引《水經注》作部龍之嶠。《乾隆湖南通志》卷十五，山川志十，桂陽州，臨武縣，石柱山，引《水經注》作部龍之嶠。
	五嶺 北界山	
卷三十九 **耒水** 　　耒水出桂陽郴縣耒山。	烏龍白騎山 黄皮山 郴縣南山	
又北過其縣之西。	俠公山	注箋本作侯公山。《厄林》卷一，《析酈》，引《水經注》作侯公山。《楚寶》卷三十八，山水，耒水，引《水經注》作侯公山。
	黄岑山	黄本、沈本作黄芩山。
	程鄉溪山	注云：“謂之程鄉溪，郡置酒官，醞於山下。”
	騎田嶺	
	五嶺	
	萬歲山	
	馬嶺山	
	華山	
	華石山	注云：“耒水又西逕華山之陰，亦曰華石山。”

經　　文	地　　名	備　　註
	耒水兩岸連山	注云："耒水東流沿注,不得過其縣西也,兩岸連山。"
又西北過耒陽縣之東。	侯計山	
又北過酈縣東。	太山	
卷三十九 洣水		
洣水出茶陵縣上鄉,西北過其縣西。	太平山	
又西北過攸縣南。	封侯山	
又西北過陰山縣南。	侯曇山 樂藪岡 羑山 武陽龍尾山	
卷三十九 㴩水		
㴩水出醴陵縣東漉山,西過其縣南。	翁陵山	
卷三十九 瀏水		

經　　文	地　　名	備　　註
瀏水出臨湘縣東南,瀏陽縣西北,過其縣東北,與溈水合。	首裨山	注釋本作首裨山。
卷三十九 **潙水** 又西至累石山,入於湘水。	累石山 五木山	注云:"累石山在北,亦謂之五木山。"
卷三十九 **贛水** 贛水出豫章南野縣,西北過贛縣東。	聶都山 大庾嶠	
又北過南昌縣西。	散原山	七校本、注釋本作厭原山。《今古地理述》卷七,江西省,引《水經注》作厭原山。
	鸞岡 鵠嶺	注箋本作鶴嶺。
卷三十九 **廬江水** 廬江水出三天子都北,過彭澤縣西,北入於江。	三天子都	《淳祐臨安志》卷十,山川,江,浙江,引《水經注》作天子都山。《山海經廣註》卷十三,《海內東經》"廬江水出三天子都入江彭澤西"吳任臣註,引《水經注》作五天子都。
	天子鄣 廬山	注云:"《山海經》:三天子都,一曰天子鄣。"《乾隆婺源縣志》卷三,引《水經注》作鄣山。

經　　文	地　　名	備　　註
	彭澤之山	注云："王彪之《廬山賦敍》曰:廬山,彭澤之山也。"
	宮庭之山	注箋本、項本作洞庭之山。
	鍾	注云："望九江而眺鍾,彭焉。"注釋本註云："鍾、彭,謂石鍾山及彭蠡澤也。"
	南嶺	
卷四十　漸江水 　漸江水出三天子都。	博山	
	黟山	
	翁山	
	黟歙山	
	林歷山	
	烏山	吳本作鳥山。
	天目山	《雍正浙江通志》卷二十二,形勝,於潛縣,引《水經注》作北山。
	百丈山	
	潛山	注云："水出縣西百丈山,即潛山也。"
	白石山	注箋本、項本、張本作白山。
	嚴陵山	注云："第二瀨是嚴陵瀨,瀨帶山,山下有一石室,漢光武帝時,嚴子陵之所居也,山及瀨,皆即人姓名之"。
	富春縣江南山	注云："浙江又東北逕富春縣南,縣,故王莽之誅歲也,江南有山。"
	亭山	
北過餘杭,東入於海。	臨安縣岡	注云："槃改曰臨安縣,因城爲岡。"
	大壁山	孫潛校本作大滌山,小山堂鈔全謝山五校本作大滌山。
	懸室坂	
	雲黃山	
	長山縣北高山	注云："溪水又東逕長山縣北,北對高山。"
	靈隱山	

經　　文	地　　名	備　　　註
	靈隱四山	注云："浙江又東逕靈隱山,山在四山之中。"
	稽留山	
	武林山	
	定山	
	包山	注云："縣東有定,包諸山。"黃本、注箋本、明練湖書院鈔本、項本、沈本、張本作"縣東有定,已諸山"。合校本註云："朱作已,箋曰:疑作包,趙改包。"但合校本卷首,乾隆《廣陵濤疆域辨》,莊有恭等跋語仍云:"按《水經注》,浙江逕錢唐定,已諸山。"《雍正浙江通志》卷九,山川一,定山,引《水經注》作"定已諸山"。
	胥山	
	重山	注釋本作種山。
	湖城山	
	夏架山	《嘉靖餘姚縣志》卷五,山川記,夏蓋湖,引《水經注》作夏駕山。《乾隆蕭山縣志》卷五,山川,西陵湖,引《水經注》作夏駕山。
	天柱山	
	覆斝山	《嘉泰會稽志》卷十八,拾遺,引《水經注》作覆斗山。
	鼓吹山	
	鼓吹山西嶺	
	秦望山	
	嶕峴	《名勝志》浙江,卷四,紹興府,會稽縣,引《水經注》作譙峴。《方輿紀要》卷九十二,紹興府,會稽縣,越王城,引《水經注》作礁峴,《康熙紹興府志(王志)》卷八,山川志五,若邪溪,引《水經注》作譙峴。《春秋地名考略》卷十一,越,"國於會稽",引《水經注》作譙峴。
	無餘國南山	注云："句踐語范蠡曰:先君無餘國,在南山之陽。"
	會稽之山	
	防山	注云："又有會稽之山,古防山也,亦謂之爲茅山,又曰棟山。"
	茅山	同上註。
	棟山	同防山註。

經　　文	地　　名	備　　註
	會稽山	注箋本、注釋本作稽山。
	覆釜山	
	石匱山	
	射的山	
	石帆山	
	白鹿山	
	銅牛山	
	侯山	
	鹿野山	
	陳音山	
	玉笥	
	竹林	
	雲門	
	天柱	
	怪山	《今古地理述》卷九，浙江省，山陰縣，引《水經注》作恠山。
	東武縣山	注云：“西門外百餘步有怪山，本琅邪郡之東武縣山也，飛來徙此，壓殺數百家，《吳越春秋》稱怪山者，東武海中山也，一名自來山，……遠望此山，其形似龜，故亦有龜山之稱也。”
	東武海中山	同上註。
	自來山	同東武縣山註。
	龜山	同東武縣山註。
	五洩高山	注云：“中道有兩高山夾溪，造雲壁立，凡有五洩。”
	烏山	
	白石山	
	簟山	
	黃山	
	浦陽江兩旁高山	注云：“浦陽江又東，……溪水兩旁悉高山。”
	嵊山	《乾隆紹興府志》卷十七，物産志一，木屬，松，引《水經注》作剡山。

經　　文	地　　名	備　　註
	嶀山	大典本作嶠山。《嘉泰會稽志》卷九,嶀山,引《水經注》作嶠山。《剡録》卷二,山水志,引《水經注》作嶀山。《名勝志》浙江,卷四,紹興府,上虞縣,引《水經注》作嶀山。《康熙紹興府志(張志)》卷五,山川志二,嶀山,引《水經注》作嶠山。《康熙紹興府志(王志)(俞志)》卷六,山川志三,引《水經注》作嶀山。《雍正浙江通志》卷二十二,形勝,引《水經注》作嶀山。《乾隆嵊縣志》卷二,地理志,古蹟,許元度宅,引《水經注》作嶠山。《嘉慶上虞縣志》卷一,地理三,嶀山,引《水經注》作嶠山。張元忭《三江考》(《萬曆紹興府志》卷七),引《水經注》作嶀山。丁謙《水經注正誤舉例》作嶀山,並註云:"嶠,原作嶀,以字形相似而誤。"
	成功嶠	大典本、黃本、吳本、注箋本、明練湖書院鈔本、何校明鈔本、注删本、沈本、項本、小山堂鈔全謝山五校本、摘鈔本、張本作成工嶠。《嘉泰會稽志》卷九,嶀山,引《水經注》作成工嶠。《佩文韻府》卷八,八齊,谿,通谿,引《水經注》作成工嶠。
	壇譙山	
	趨山	注釋本作趣山。
	琵琶坼	
	姚山	
	茮山	
	蘭風山	
	大獨山	
	小獨山	
	覆舟山	
	青山	
	黃山	
	澤蘭山	
	蜂山	
	龍頭山	
	馬目山	
	蕭山	

經　　文	地　　名	備　　註
卷 四 十 **《禹貢》山水澤地** **所在**		
嵩高爲中嶽，在潁川陽城縣西北。	九山 崧高 少室 太室	《康熙登封縣志》卷五，山川志，山屬，嵩高山，引《水經注》作嵩高。
泰山爲東嶽，在泰山博縣西北。	岱宗 泰山	
霍山爲南嶽，在廬江灊縣西南。	天柱山 霍	
華山爲西嶽，在弘農華陰縣西南。	惇物山	
王屋山在河東垣縣東北也。	王屋山	
碣石山在遼西臨渝縣南水中也。	碣石山	
西傾山在隴西臨洮縣西南。	中條山	
嶓冢山在隴西氐道縣之南。	南條山	

經　文	地　名	備　註
鳥鼠同穴山在隴西首陽縣西南。	鳥鼠之山 同穴之山	
積石在隴西河關縣西南。	積石山	
都野澤在武威縣東北。	姑臧南山	
合離山在酒泉會水縣東北。	合黎山	
流沙地在張掖居延縣東北。	鍾山 崦嵫之山 鳥山 崑山 過瀛之山 不死山	大典本作鐘山。 大典本作不死，無山字。
三危山在燉煌縣南。	三危之山 鳥鼠山 鳴沙山	
朱圉山在天水北冀城南。	朱圉山 天鼓山 石鼓山	注云：“（朱圉山）有石鼓，《開山圖》謂之天鼓山，……又云：石鼓山有石鼓。”
岷山在蜀郡湔氐道西。	瀆山	

經　　文	地　　名	備　　註
熊耳山在弘農盧氏縣東。	熊耳山	
荊山在南郡臨沮縣東北。	東條山	
內方山在江夏竟陵縣東北。	章山	
衡山在長沙湘南縣南。	衡山	
羽山在東海祝其縣南也。	羽山	
大邳地在河南成皋縣北。	大邳山	
三澨地在南郡邔縣北沱。	大別山阪	大典本、黃本、吳本、注箋本、何校明鈔本、王校明鈔本、項本、沈本、張本作大別山陂。《禹貢水道考異·南條水道考異》卷一,"過三澨",引《水經注》作大別山陂。《禹貢會箋》卷十一,"過三澨至於大別南入於江"徐文靖箋,引《水經注》作大別山陂。

十九、丘　阜

　　丘阜類地名和前面山岳類地名的區別，總的説來是山岳較高而丘阜較低。在現代自然地理學名詞中，山地和丘陵二詞的區別是界限分明的。但古代不能與現代相比，《水經注》記載的山岳和丘阜，只能説大體有别而已。《北堂書鈔》引《周官注》云："高土曰丘"；引《博雅》云："小陵曰丘"；①又引《釋名》云："土山曰阜。"②説明丘阜都是不高的。但實際上，高山大嶺也有稱丘的，如卷一，河水注的崑崙丘；卷二，河水注的無熱丘等都是其例。而在許多以山岳爲名的地名中，論其高度，其中有些也不過丘阜而已。對於這種情況，本匯編不可能一一鑑别而進行分類，而且爲了查檢方便，像這樣按注文的稱謂所作的分類也不無好處。全注中，以丘阜爲名的地名在一百八十處以上。

　　收入於這類地名中的，除了以丘阜爲主外，還有堆、塢、冢、原等等其中以丘爲名的特多，這是因爲丘是我國古代一種極普通的地名。在平原地區，古代的居民點往往依附於若干零星分布的孤丘。這是因爲對飲水的來源，薪炭的取得，在冬季的避風禦寒以及禦敵自衛等方面，丘阜都能替依附於它的居民點帶來好處。而這些依附於孤丘的居民點，大率以丘爲名。以後甚至取而代之，即丘阜的名稱逐漸爲人們所遺忘，而以丘阜爲名的大小居民點，却一直存在，爲人們所熟知。這樣的情況在酈注中十分普遍，下

---

① 《北堂書鈔》卷一五七,地部一,丘篇二。
② 《北堂書鈔》卷一五七,地部一,阜篇七。

面可以舉幾個例子。卷九,淇水經"淇水出河内隆慮縣西大號山"注云:

> 淇水右合宿胥故瀆,瀆受河於頓丘縣遮害亭,……《爾雅》曰:山一成謂之頓丘。《釋名》謂一頓而成丘無高下大小之殺也。

頓丘是古代一個著名的居民點,但實際上這個居民點的得名,還是由於頓丘這座小小的丘阜。再看卷九,洹水經"又東出山,過鄴縣南"注云:

> 又北逕斥丘縣故城西,縣南角有斥丘蓋因丘以氏縣。

這裏説得很明白,斥丘縣之得名,是因爲縣南角有斥丘這座丘阜。卷十三,灅水經"過廣陽薊縣北"注中説得更爲清楚。注云:

> 昔周武王封堯後於薊,今城内西北隅有薊丘,因丘以名邑,猶魯之曲阜,齊之營丘矣。

這裏不僅指出了薊縣之名得自薊丘,而且還舉一反三,指出了曲阜、營丘等地,也都因丘阜而得名。

另外還有一些以丘爲名的居民點,注文雖然並不明言其有丘阜,但實際上却是確有丘阜的。例如卷五,河水經"又東過衞縣南,又東北過濮陽縣北,瓠子河出焉"注中的鐵丘。注云:

> 河水又東逕鐵丘南,《春秋左氏傳》哀公二年,鄭罕達帥師,郵無邮御簡子,衞太子爲右,登鐵上,望見鄭師,衞太子自投車下,即此處也。

對鐵丘這個居民點,注文雖然不明言其有丘阜。但既然《左傳》記載:"登鐵上,望見鄭師。"説明丘阜實際上是存在的。則居民點同樣也是因丘阜而得名的。

還有一些丘阜,在居民點建立以後,由於丘阜本身原來很小,加上自然的侵蝕風化和人爲的其他原因,到後來逐漸夷平消失,但以丘爲名的居民點,却仍然以丘爲名,長期沿用不改,不管丘阜本身實際上早已消失。卷二十二,渠經"其一者,東南過陳縣北"注中的宛丘即是其例。注云:

> 故《詩》所謂坎其擊鼓,宛丘之下。宛丘在陳城南道東,王隱云:漸欲平,今不知所在矣。

以丘爲名的居民點的得名原因既如上述。故本匯編將以丘爲名的居民點盡行收入於丘阜類地名之中,看來是適當的。

另外還須稍加説明的一個稱謂是"堆"。堆的意義在酈注中雖然並不完全固定,但大部分都屬於丘阜一類。例如卷四,河水經"又東過河北縣南"注云:

> 水側有阜,謂之方伯堆。

又如卷二十四,汶水經"屈從縣西南流"注云:

> 汶出牟縣故城西南阜下,俗謂之胡盧堆。

　　從上面二例可見，方伯堆、胡盧堆這類以堆爲名的地名，實在都是丘阜，當然，也有少數以堆爲名的地名具有其他意義，例如卷二，河水注的白龍堆乃是沙漠，卷三十三，江水注的黃龍堆則是灘瀨之類，對於少數不是丘阜的堆，本匯編都在備註中加以説明，并且同時收入於它們應該所屬的地名類別之中。

丘　阜

經　　文	地　　名	備　　　註
卷一　河水 崑崙墟在西北。	崑崙丘	
屈從其東南流，入渤海。	無熱丘	
卷二　河水 其一源出于闐國南山，北流與蔥嶺所出河合。	白龍堆	
又東過金城允吾縣北。	牛心堆 龍沙堆	吳本作牛心川。
又東北過安定北界麥田山。	獨阜 風堆	注云："西十里有獨阜，阜上有故臺，臺側有風伯壇，故世俗呼此阜爲風堆。"
卷三　河水 至河目縣西。	石跡阜 南河沙阜 北河沙阜 安陽縣南沙阜	注云："余按南河、北河及安陽縣以南，悉沙阜耳。" 見上註。 見南河沙阜註。
又南過赤城東，又南過定襄桐	涼城西小阜 大谷北堆	注云："（涼）城西有小阜，……北俗謂之大谷北堆。"注箋

經　　文	地　名	備　　註
過縣西。		本作大谷此佳,七校本作大谷阜,注釋本作大谷堆。《水經注箋刊誤》卷一云:"箋曰:此佳二字疑誤。案大谷下落堆字,佳字衍文。"
又南離石縣西。	赤沙阜	
卷四　河水		
又南出龍門口,汾水從東來注之。	崑崙邱	注箋本作崑邱,注釋本作崑崙。
又南過汾陰縣西。	汾陰脽	注云:"河水東際汾陰脽,縣故城在脽側,《魏土地記》曰:河東郡北八十里有汾陰城,北去汾水三里,城西北隅曰脽丘。"又卷六,汾水經"又西至汾陰縣北,西注於河"注云:"水南有長阜,背汾帶河,阜長四、五里,廣二里餘,高十丈,汾水歷其陰,西入河,《漢書》謂之汾陰脽,應劭曰:"脽,丘類也。"吳本作汾陰睢。
	脽丘	同上注。
又南至華陰潼關,渭水從西來注之。	風陵 風堆	注云:"隔河有層阜,巍然獨秀,孤峙河陽,世謂之風陵,戴延之所謂風堆者也。"
又東過河北縣南。	方伯堆 故丘	
又東過平陰縣北,清水從西北來注之。	壺丘	
卷五　河水		

經　　　文	地　　　名	備　　　註
又東過鞏縣北。	崟原丘	注疏本作崟崞丘。《乾隆河南府志》卷七，山川志一，引《水經注》作崟崞邱。
又東北過黎陽縣南。	女娍之丘 貝丘 重丘	
又東北過衛縣南，又東北過濮陽縣北。	鐵丘	
又東北過高唐縣東。	雍丘	
又東北過楊虛縣東，商河出焉。	句瀆之丘	
卷六　汾水 歷唐城東。	觀阜	
又西過長脩縣南。	黃阜	
又西過皮氏縣南。	郊丘	注云："汾水西逕郊丘北，故漢氏之方澤也。賈逵云：漢法，三年祭地，汾陰方澤，澤中有方丘，故謂之方澤丘，即郊丘也。"大典本、吳本、注箋本、何校明鈔本、王校明鈔本、注刪本、項本、張本作鄈丘，胡天游《鄈丘亭考》（《石笥山房文集》卷五）引《水經注》作鄈丘。
	方丘 方澤丘	見上註。 見郊丘註。
又西至汾陰縣北，西注於河。	汾陰脽	見卷四，河水，汾陰脽註。吳本作汾陰睢。

經　　文	地　　名	備　　註
卷六　涑水 　涑水出河東聞喜縣東山黍葭谷。	商丘	
卷六　洞過水 　洞過水出沾縣北山。	原過祠阜	注云：“水西阜上有原過祠。”
卷七　濟水 　屈從縣東南流，過隤城西，又南當鞏縣北，南入於河。	邢丘	
又東過封丘縣北。	長丘	
又屈從縣東北流。	陶丘 釜丘	
卷八　濟水 　其一水東南流，其一水從縣東北流，入鉅野澤。	襄丘 楚丘 穀丘 句瀆之丘	
又北過須昌縣西。	桃丘	

經　　文	地　　名	備　　　註
又東北過菅縣南。	陽丘 章丘	
其一水東南流者，過乘氏縣南。	梁丘 乘丘	
又東過方與縣北，爲菏水。	咸丘	
卷九　清水 清水出河內脩武縣之北黑山。	覆釜堆 蘭丘 陸真阜 勑丘 攢茅	大典本作薗丘。 注云："又有一丘際山，世謂之勑丘，……疑即古攢茅也。"
卷九　沁水 又東過野王縣北。	高都縣故城東北阜	
又東過懷縣之北。	邢丘	
卷九　淇水 淇水出河內隆慮縣西大號山。	頓丘	
卷九　洹水 又東北出山，過鄴縣南。	斥丘	

經　　文	地　名	備　　註
卷十　濁漳水 　又東出山，過鄴縣西。	葵丘	
又東過列人縣南。	邯鄲阜	
又東北過扶柳縣北，又東北過信都縣西。	初丘	
又東北過下博縣之西。	鄔阜 樂丘	
卷十一　滱水 　滱水出代郡靈丘縣高氏山。	靈丘 北阜	
又東過唐縣南。	郎阜	黃本、吳本、注箋本、沈本作郎中阜，注釋本作狼山阜，趙註云：“《隋書地理志》：唐有郎山，即此，蓋郎、狼音同通用。”《蜀道驛程記》引《水經注》作郎中阜。
	京丘 京陵	注云：“滱水又東逕京丘北，世謂之京陵。” 注箋本作京，無陵字。
又東過安國縣北。	任丘	
卷十二　聖水		

經　　文	地　　名	備　　註
東過良鄉縣南。	羊頭阜	
卷十三　灅水		
灅水出鴈門陰館縣，東北過代郡桑乾縣南。	黃瓜阜 黃瓜堆 白狼堆 黃阜 南墳	
過廣陽薊縣北。	薊丘	
卷十四　濕餘水		
東流過軍都縣南，又東流過薊縣北。	鮑丘	
卷十五　洛水		
又東過偃師縣南。	覆釜堆 撫父堆	
卷十五　伊水		
又東北過新城縣南。	黃阜	
又東北至洛	圜丘	

經　文	地　名	備　註
陽縣南,北入於洛。		
卷十六　穀水		
又東過河南縣北,東南入於洛。	狐丘 芒阜	孫潛校本作邙阜。
卷十七　渭水		
又東過上邽縣。	壽丘	
卷十九　渭水		
又東過槐里縣南,又東,澇水從南來注之。	大丘 廢丘 舒丘	注云:"(大丘)秦以爲廢丘,亦曰舒丘。" 同上註。
又東過長安縣北。	圜丘	《熙寧長安志》卷五,宮室三,章丘,引《水經注》作圓丘。
又東過霸陵縣北,霸水從縣西北流注之。	風涼原	注云:"《關中圖》曰:麗山之西,川中有阜,名曰風涼原。"
又東過鄭縣北。	鄭父之丘	
卷二十　漾水		

經　　文	地　　名	備　　註
漾水出隴西氐道縣嶓冢山,東至武都沮縣爲漢水。	瞿堆 犬丘 戎丘	
卷二十一 **汝水** 　又東南過潁川郟縣南。	木蓼堆 永仁三堆 北阜 黃阜	黃本、注箋本、沈本作水蓼堆。
又東南過平輿縣南。	壺丘 黃丘	
卷二十二 **潁水** 　潁水出潁川陽城縣西北少室山。	通阜	
又東南過潁陽縣西,又東南過潁陰縣西南。	岡丘 汾丘	
又東南至新陽縣北,滍蕩渠水從西北來注之。	丘頭 武丘 郟丘 寢丘	注云:"《魏書郡國志》曰:宣王軍次丘頭,王凌面縛水次,故號武丘矣。"

經　　文	地　名	備　　註
卷二十二 洧水		
東南過其縣 南。	零鳥塢	
又東過鄭縣 南,潧水從西北來 注之。	鄭父之丘	
又東南過新 汲縣東北。	桐丘	
又東過習陽 城西,折入於潁。	淋陂北阜 新亭臺 赭丘	注云:"長平東南淋陂北畔有一阜,東西減里,南北五十許 步,俗謂之新亭臺。" 同上註。
卷二十二 渠		
渠出滎陽北 河,東南過中牟縣 之北。	陽丘	
又屈南至扶 溝縣北。	陵丘 平丘	
其一者,東南 過陳縣北。	宛丘	
卷二十三 陰溝水		

經　文	地　名	備　註
東南至沛,爲渦水。	蛇丘 層丘	
卷二十三 **汳水** 　又東至梁郡蒙縣爲獲水,餘波南入睢陽城中。	丹丘	
卷二十四 **睢水** 　睢水出梁郡鄢縣。	雍丘	
東過睢陽縣南。	太丘 敬丘	
又東過相縣南,屈從城北東流,當蕭縣南,入於陂。	甾丘 善丘	
卷二十四 **瓠子河** 　瓠子河出東郡濮陽縣北河。	商丘 帝丘 楚丘 清丘	注云:"昔顓頊自窮桑徙此,號曰商丘,或謂之帝丘。"
東至濟陰句陽縣,爲新溝。	沮丘 封丘	

經　　文	地　　名	備　　註
	廩丘 犬丘	
又東北過廩丘縣,爲濮水。	歷山北小阜 陶丘 泥中小阜	注云:"《詩》所謂胡爲乎泥中,毛云:泥中,邑名,疑此城也,土地汙下,城居小阜。"
南至費縣,東入於沂。	黃阜	
卷二十四 汶水		
屈從縣西南流。	胡盧堆 弗其	注云:"《淮南子》曰:汶出弗其。高誘曰:山名也,或斯阜矣。"
又西南過蛇丘縣南。	蛇丘	
卷二十五 泗水		
泗水出魯卞縣北山。	陪尾	注云:"《博物志》曰:泗出陪尾,蓋斯阜者矣。"
西南過魯縣北。	曲阜 圜丘	注箋本、注釋本作圓丘。
又西過瑕丘縣東,屈從縣東南流,瀤水從東來注之。	瑕丘	

經　　文	地　　名	備　　　註
又屈東南過湖陸縣南，涓涓水從東北來流注之。	公丘	
又東過沛縣東。	葵丘 楚丘	
卷二十五 **沂水** 　沂水出泰山蓋縣艾山。	堂阜	
南過琅邪臨沂縣東，又南過開陽縣東。	中丘	
卷二十五 **洙水** 　西南至卞縣，入於泗。	閭丘 瑕丘 乘丘	
卷二十六 **沭水** 　又南過陽都縣，東入於沂。	即丘 祝丘 厚丘	注云：“沭水又南逕東海郡即丘縣，故《春秋》之祝丘也。”
卷二十六 **巨洋水** 　巨洋水出朱虛縣泰山，北過其	朱虛丘阜	

經　　文	地　　名	備　　註
縣西。		
又北過臨朐縣東。	逢山阜	《嘉靖青州府志》卷六,地理志一,山川,七里河,引《水經注》作逢山。
又東北過壽光縣西。	帝丘	注箋本作南丘。
卷二十六		
淄水		
東北過臨淄縣東。	營丘	
	逢山北阜	《嘉靖臨朐縣志》卷一,風土志,引《水經注》作逢山北阜。
	鄑丘	
	渠丘	
	葵丘	
	貝丘	《嘉靖青州府志》卷六,地理志一,山川,澠水,引《水經注》作具丘。
卷二十六		
汶水		
北過其縣東。	安丘	
	渠丘	
卷二十六		
濰水		
東北過東武縣西。	令丘	
又北過平昌縣西。	荊山阜	
又北過高密縣西。	厲阜	注箋本作鴈阜,注釋本作礪阜,《光緒山東通志》卷二十六,疆域志第三,山川,安邱縣,引《水經注》作礪阜。

經　　文	地　　名	備　　註
又北過淳于縣東。	密阜	
卷二十六 膠水 　又北過夷安縣東。	夷安縣東南阜	
卷二十七 沔水 　沔水出武都沮縣東狼谷中。	漢廟堆 漢武堆	
卷二十八 沔水 　又東過中廬縣東,淮水自房陵縣維山,東流注之。	犁丘	《通鑑》卷三十九,漢紀三十一,淮陽三更始二年,"自號楚黎王"胡註,引《水經注》作黎丘。
卷三十　淮水 　又東過新息縣南。	深丘	
又東過鍾離縣北。	夏丘	
卷三十一 澺水		

經　　文	地　　名	備　　註
滍水出南陽魯陽縣西之堯山。	北山皐 蟻塢	
卷三十一 溳水 　　東南過隨縣西。	斷蛇丘	
卷三十二 肥水 　　肥水出九江成德縣廣陽鄉西。	荻丘	注箋本作荻江。《雍正江南通志》卷三十五，輿地志，古蹟六，狄城，引《水經注》作狄丘。
卷三十二 沮水 　　沮水出漢中房陵縣淮水，東南過臨沮縣界。	昭丘	
卷三十三 江水 　　又東過江陽縣南，洛水從三危山東過廣魏洛縣南，東流注之。	黃龍堆	
卷三十四 江水 　　又東過秭歸縣之南。	丹陽城皐 夔城皐	注云：“北對丹陽城，城據山跨皐。” 注云：“江水又東逕夔城南，跨據川皐。”

經　　文	地　　名	備　　　　註
卷三十九 深水 深水出桂陽盧聚。	燕室丘	
卷四十 《禹貢》山水澤地所在。 都野澤在武威縣東北。	黃沙阜	
流沙地在張掖居延縣東北。	員丘	
陶丘在濟陰定陶縣之西南。	陶丘	

巖崖、石、穴窟　　巖崖、石、穴窟三者，稱謂不同，但實際上都是巖石，無非大小有別，形狀不同而已。大凡山嶽地區，巖石是常見的地理事物，但巖石未必一定成爲地名，巖石之成爲地名，總有它的某些特殊條件，以下當稍加説明。酈注中有關各種巖石的地名，包括巖崖、石、穴窟三者，總數在二百處以上。

　　巖崖大多是巨大的懸崖絶壁，它們有的因高大險峻而得名，例如卷四，河水經“又南至華陰潼關，渭水從西來注之”注中的“胡越寺懸崖”：“兩箱懸崖數萬仞。”又如卷三十七，夷水經“東南過佷山縣南”注中的“仙人室懸崖”：“懸崖千仞”等等。有的以形狀奇特而得名，例如卷二，河水經“又東過隴西河關縣北，洮水從東南來注之”注中的“積書巖”：“亭亭桀豎，競勢爭高遠望參參，若攢圖之托霄上”等等。有的以顔色特緻而得名，例如卷三十三，江水注中的“五色懸巖”：“其處懸巖，猶有五色焉。”①又如卷三十七，沅水注中的“陽欺崖”：“崖色純素，望同積雪”等等。有的則上述幾種特色兼而有之，例如卷三十三，江水經“又東過魚復縣南，夷水出焉”注中的“白鹽崖”：“高可千餘丈，俯臨神淵，土人見其高白，故因名之。”上述許多巖崖，因爲各具特色，而爲酈注所記載，成爲固定的地名。

　　酈注記載的石，往往是形態奇特的巖石。自然界的巖石，因爲巖性不同，在地殻的内力和外力作用的影響下，常常具有不同的體態。像花崗巖的雄偉挺拔，石灰巖的體態多變，頁巖、砂巖等沉積巖的層理分明等等，經過人們的模擬以後，常被稱作石人、石鼓、石牀、石履等事物而成爲固定的地名。由於各地區的這類巖石在體態上的相似性，人們模擬時就常常得到相似的稱謂，因而出現了許多異石同名的情況。全注記載的以石爲名的地名中，有石鼓和磐（盤）石各七處，石牀和石柱各四處，其他如石人、碣石、立石、孤石等，也都存在着異石同名的現象。凡遇這類情況，本匯編都在石名之上，冠以所在地名，以資識别。

---

　　① 大典本、黄本、吴本、沈本等均作：“其處懸巖，猶有赤、白、玄、黄五色焉。”此外，注箋本、項本、注釋本、張本，《名勝志》四川，卷二十一，下川南道，敘州府，宜賓縣，引《水經注》；《方輿紀要》卷七十，四川五，敘州府，宜賓縣，引《水經注》等，文字小異，但均有“赤、白、玄、黄五色”字樣。

在以石爲名的地名中,需要注意的是,其中也夾雜着名爲石而實非石的情況。例如卷三十,淮水經"又東過鍾離縣北"注中的"巉石";①卷三十一,滍水經"滍水出南陽魯陽縣西之堯山"注中的積石,都是名爲石而實爲山。又如卷三十三,江水經"又東至枳縣西,延江水從牂柯郡北流西屈注之"注中的"黄石",是名爲石而實爲灘。② 卷十六,穀水經"穀水出弘農黽池縣南墦塚林穀陽谷"注中的峽石,其實是曲折的道路。③上述這些地名,由於其名爲石,爲了查檢方便,所以都收入於這類地名之中,並加備註説明。當然,它們同時也都收入於山嶽、灘瀨、道路等各相應類別的地名之中。另外,也有一些地名,名不稱石而其實是石。卷二十,漾水經"漾水出隴西氐道縣嶓冢山,東至武都沮縣爲漢水"注中的"鳳凰臺"④即是其例,所以也收入於這類地名之中。

酈注記載的穴窟,常和喀斯特地形有關,包括喀斯特溶洞、溶斗、溶溝、盲谷、天生橋等等,應有盡有。有的在地名上就稱爲鍾乳穴,例如卷十三,瀁水注中的"馬頭山鍾乳穴"。有的從注文中可以明顯地看出其爲喀斯特溶洞,例如卷二十五,泗水經"又西過瑕丘縣東,屈從縣東南流,漷水從東來注之"注云:

> 山東西二十里,高秀獨出,積石相臨,殆無土壤,石間多孔穴,洞達相通,往往有如數間屋處,其俗謂之嶧孔。

又如卷十二,聖水經"聖水出上谷"注中的"大防嶺石穴",注云:

> 大防嶺之東首山下有石穴,東北洞開,高廣四、五丈,⑤入穴更轉崇深,穴中有水,……是水東北流入聖水。

在以上二例中,描述的都是喀斯特溶洞,在大防嶺這個喀斯特溶洞中,並且還有一條注入聖水的伏流。

酈注中也有一些穴窟,由於記載不詳,從注文中無法判定其是否喀斯特溶洞,但是若把穴窟所在的這個地區,從歷史地理上加以復原,就能立刻確定其爲喀斯特溶洞無疑。卷四十,漸江水注中的"靈隱山洞穴"即是其例。

當然,除了喀斯特溶洞以外,酈注記載的穴窟地名中,也有其他一些洞穴或土穴,但是數量是不多的。卷四十,漸江水注中的"會稽山湮井"即是其例。湮井實際上是一種普通的山間洞穴,前面井類地名中已經提到,這裏不再贅述了。

---

① 巉石,注箋本、項本、張本作巉石山。
② 《後漢書》卷一下,帝紀一下,《光武皇帝紀》:"岑彭破公孫述將侯丹於黄石"註:"即黄石灘也。《水經注》曰:江水自涪陵東出百里而屈於黄石,在今涪州涪陵縣。"
③ 注云:"又東逕雍谷溪,回岫縈紆,石路阻峽,故亦有峽石之稱矣。"
④ 注云:"南逕鳳溪中,有二石雙高,其形若闕,漢世有鳳止焉,故世謂之鳳凰臺。"
⑤ "高廣四、五丈",《北堂書鈔》卷一五,地部二,穴篇十三,引《水經注》作"濶地一丈四尺"。

二十、巖　崖

巖　崖

經　　文	地　名	備　　　註
卷二　河水 　又東過隴西河關縣北，洮水從東南來流注之。	積書巖 河峽崖	
卷四　河水 　又南至華陰潼關，渭水從西來注之。	百丈崖 胡越寺懸崖	注云："又至一祠，名曰胡越寺，神像有童子之容，從祠南歷夾嶺，廣裁三丈餘，兩箱懸崖數萬仞，窺不見底。"
又東過大陽縣南。	傅巖	
卷六　澮水		

經　　文	地　　名	備　　註
澮水出河東絳縣東澮交東高山。	范壁	
卷九　沁水 又南過陽阿縣東。	銅于崖	大典本作銅子崖。
又東過野王縣北。	西巖	
卷九　淇水 淇水出河內隆慮縣西大號山。	沾臺石壁 十二崿	大典本作玷臺石壁。
卷九　蕩水 又東北至內黃縣，入於黃澤。	韓附壁	
卷九　洹水 東過隆慮縣北。	黃華谷北崖 木門帶	注云：“縣有黃華水，出於神囷之山黃華谷北崖上，山高十七里，水出木門帶。”
卷十　濁漳水 潞縣北。	臺壁 張諱巖 魯班門	黃本、注箋本、沈本作壁臺。 黃本、吳本、沈本作張譚巖。 注云：“東北逕魯班門西，雙闕昂藏，石壁霞舉。”
卷十一　滱水 又東過博陵縣南。	廣昌嶺南崖 廣昌嶺東崖	注箋本、七校本、注釋本作廣昌嶺南巖。

經　　文	地　　名	備　　註
卷十三　灅水 灅水出鴈門陰館縣,東北過代郡桑乾縣南。	南崖 靈巖 葦壁	注箋本、注釋本作南岸。
卷十五　伊水 又東北過伊闕中。	伊闕東巖	注云:"伊水又北入伊闕,……東巖西嶺,並鐫石開軒,高甍架峯,西側靈巖下,泉流東注入伊水。"
	伊闕靈巖	見上註。
	伊闕左壁	注云:"傅毅《反都賦》曰:因龍門以暢化,開伊闕以達聰也,闕左壁有銘云:……右壁又有銘云:"
	伊闕右壁	見上注。
卷十七　渭水 又東過冀縣北。	新陽崖	
卷二十　漾水 漾水出隴西氐道縣嶓冢山,東至武都沮縣,爲漢水。	挾崖	
卷二十二洧水		

經　　文	地　　名	備　　註
又東過鄭縣南,潧水從西北來注之。	黃崖	
卷二十四 **睢水** 　又東過相縣南,屈從城北東流,當蕭縣南,入於陂。	靈壁	
卷二十五 **泗水** 　又西過瑕丘縣東,屈從縣東南流,漷水從東來注之。	嶧山北絶巖	注云:"《春秋左傳》所謂嶧山也,……山北有絶巖。"
卷二十七 **沔水** 　沔水出武都沮縣東狼谷中。	赤崖	
又東過西城縣南。	懸書崖	
卷三十　淮水 　又東至廣陵淮浦縣,入於海。	淮崖	注箋本作淮岸,注釋本作淮涯。

經　　文	地　　名	備　　註
卷三十三 **江水** 　　又東南過棘道縣北，若水、淹水，合從西來注之，又東，渚水北流注之。	五色懸巖	注云："故其處縣巖，猶有五色焉。"黃本云："故其處縣巖，猶有赤、白、玄、黃五色焉。"吳本、注箋本、何校明鈔本、王校明鈔本、注刪本、項本、沈本、注釋本以及《名勝志》四川，卷二十一，下川南道，敘州府，宜賓縣，引《水經注》；《方輿紀要》卷七十，四川五，敘州府，宜賓縣，引《水經注》等，文字小異，但均有"赤、白、玄、黃五色"字樣。
又東過魚復縣南，夷水出焉。	白鹽崖	
卷三十四 **江水** 　　又東過夷陵縣南。	插竈	宋本、大典本、黃本、吳本、注箋本、何校明鈔本、王校明鈔本、項本、沈本、張本作埵竈。《楚寶》卷三十九，山水，三峽，引《水經注》作錪竈。同卷，鄧顯鶴考異，引《水經注》作埵竈。《名勝志》湖廣，卷八，夷陵州，宜都縣，引《水經注》作埵竈。《東歸錄》引《水經注》作埵竈。《康熙湖廣通志》卷九，堤防，荊州府，引《水經注》作堶竈。
卷三十六 **沫水** 　　東入於江。	澗崖	
卷三十七 **夷水** 　　東南過佷山縣南。	仙人室懸崖	注云："夷水又東逕石室，在層巖之上，石室南向，水出其下，懸崖千仞，……鄉人今名爲仙人室。"

經　　文	地　名	備　　註
卷三十七 沅水 　沅水出牂柯且蘭縣，爲旁溝水，又東至鐔成縣，爲沅水，東過無陽縣。	陽欺崖	
卷三十八 湘水 　又東北過重安縣東，又東北過酃縣西，承水從東南來注之。	裴巖	
卷三十九 洭水 　東南過含洭縣。	堯山赭嵒	注云：“水東出堯山，山盤紆數里，有赭嵒迭起。”
卷三十九 贛水 　又北過南昌縣西。	大蕭崖 小蕭崖	
卷四十　漸江水 　北過餘杭，東入於海。	靈隱山高崖 浦陽江高山石壁	注云：“浙江又東逕靈隱山，山在四山之中，有高崖洞穴。” 注云：“浦陽江又東，……溪兩旁悉高山，山有石壁，二十許丈。”

二十一、石

石

經　　文	地　　名	備　　註
卷一　河水 　屈從其東南流，入渤海。	烏長國曬衣石	注云："烏長國，即是北天竺佛所到國也，……曬衣石尚在。"
	巴連弗邑塔南石柱	注云："（巴連弗邑）塔南有石柱，大四、五圍，高三丈餘。"
	泥犁城石柱	注云："阿育王於此作泥犁城，城中有石柱，亦高三丈餘。"
	耆闍崛山青石	注云："（耆闍崛山）山是青石，石頭似鷲鳥。"
卷二　河水 　又南入蔥嶺山，又從蔥嶺出而東北流。	河步羅龍淵浣石	注云："有河步羅龍淵，佛到淵上浣衣處，浣石尚存。"

經　　文	地　　名	備　　註
其一源出于闐國南山,北流與蔥嶺所出河合,又東注蒲昌海。	利刹寺石轆	注云:"有利刹寺,中有石轆。"
又東過金城允吾縣北。	西王母石釜 馬蹄谷盤石	
卷四　河水 　又南出龍門口,汾水從東來注之。	東廂石	
又東過河北縣南。	鹿蹄山石	注云:"其水又逕鹿蹄山西,山石之上有鹿蹄,自然成著,非人功所刊。"
卷五　河水 　又東北過高唐縣東。	武陽新城石	注云:"(武陽新)城内有一石,甚大。"
又東北過利縣北,又東北過甲下邑,濟水從西來注之,又東北入於海。	碣石	
卷七　濟水 　與河合流,又東過成皋縣北,又東過滎陽縣北,又東至礫溪南,東出過滎澤北。	李君祠石蹠 李君祠石的	注云:"號曰李君祠,廟前有石蹠,蹠上有石的,石的銘具存。" 見上註。

經　　文	地　　名	備　　註
卷八　濟水 　　又東過方輿縣北，爲菏水。	金鄉山石牀	注云："水南有金鄉山，……又有石牀，長八尺，磨瑩鮮明，叩之聲聞遠近。"
卷九　沁水 　　又東過野王縣北。	二石人	黄本、沈本作二石入。
卷九　淇水 　　淇水出河内隆慮縣西大號山。	北陵石	
又東北過廣宗縣東，爲清河。	李氏石柱	
卷十　濁漳水 　　潞縣北。	望夫山石人	注云："漳水又東北歷望夫山，山之南有石人，竚於山上，狀有懷於雲表。"
卷十一　滱水 　　滱水出代郡靈丘縣高氏山。	北海王詳石碣 御射碑石柱	
又東過博陵縣南。	巨魚石	注云："（魚水）出北平縣西南魚山，山石若巨魚。"
卷十三　灅水		

經　文	地　名	備　註
灅水出鴈門陰館,東北過代郡桑乾縣南。	石人城石人	注云:"城北有石人,故世謂之石人城。"
卷十四　鮑丘水		
又南至雍奴縣北,屈東入於海。	右北平伏石	注云:"秦始皇二十二年,滅燕,置右北平郡,治此,⋯⋯漢世李廣爲郡,出遇伏石,謂虎也,射之飲羽,即此處矣。"
	燕山石鼓	注云:"南逕燕山下,懸巖之側有石鼓,去地百餘丈,望若數百石囷,有石梁貫之,鼓之東南,有石援枹,狀同擊勢。"
	燕山石梁	見上註
	燕山石援枹	見上註。注釋本作燕山石人援枹。
卷十四　濡水		
濡水從塞外來,東南過遼西令支縣北。	武列水石挺	注云:"(武列水)東南歷石挺下,挺在層巒之上,孤石雲舉,臨崖危峻,可高百餘仞。"注釋本作石梃。
又東南過海陽縣西,南入於海。	絫縣碣石	
	驪成縣枕海石	注云:"《地理志》曰:大碣石山在右北平驪成縣,⋯⋯今枕海有石如甬道數十里,當山頂有大石如柱形,往往而見立於巨海之中,潮水大則隱,及潮波退,不動不没,不知深淺,世名之天橋柱也。"
	驪成縣山頂大石	見上註。
	天橋柱	見驪成縣枕海石註。
卷十六　穀水		
穀水出弘農黽池縣南嶓塚林穀陽谷。	峽石	

經　　文	地　名	備　　　註
卷十七　渭水北。		
又東過冀縣	朱圉山石鼓	注云："（朱圉）山在梧中聚，有石鼓，不擊自鳴。"
	冀南山大石	注云："冀南山有大石，自鳴，聲隱隱如雷，……石長丈三尺，廣厚略等，著崖脅，去地百餘丈，民俗名曰石鼓。"
	冀南山石鼓	見上註。
卷十九　渭水		
又東，豐水從南來注之。	石墩	
又東過華陰縣北。	符石	注釋本作符右。
卷二十　漾水		
漾水出隴西氐道縣嶓冢山，東至武都沮縣，爲漢水。	鳳凰臺	注云："南逕鳳溪中，有二石雙高，其形若闕，漢世有鳳凰止焉，故世謂之鳳凰臺。"
卷二十一　汝水北。		
東南過其縣	石碣	注箋本、項本、張本作石竭。
卷二十二　潁水南。		
東南過其縣	太室山大潭立石	注云："（太室山）下大潭，周數里而清深蕭潔，水中有立石，高十餘丈，廣二十許步，上甚平整。"
卷二十四　汶水		

經　文	地　名	備　註
又西南過無鹽縣南，又西南過壽張縣北，又西南至安民亭，入於濟。	瓠山立石	注云："又瓠山石轉立，晉灼曰：《漢注》作報山，山脅石一枚，轉側起立，高九尺六寸，旁行一丈，廣四尺。"
	報山立石	同上註。
卷二十五 泗水 　又東南過彭城縣東北。	天竺二石	
卷二十六 巨洋水 　又北過臨朐縣東。	石膏山石鼓	注云："即石膏山也，山麓三成，壁立直上，山上有石鼓。"
卷二十六 濰水 　濰水出琅邪箕縣濰山。	馬耳山二石	注云："水出馬耳山，山高百丈，上有二石並舉，望齊馬耳。"
卷二十七 沔水 　沔水出武都沮縣東狼谷中。	女郎山擣衣石	注云："漢水南有女郎山，……下有女郎廟及擣衣石。"
東南過鄭縣南。	旱山下十二石	注云："水出旱山，山下有祠，列石十二，不辨其由。"
又東過成固縣南，又東過魏興安陽縣南，洈水出自旱山北注之。	蝦蟆頷	黃本、注箋本、沈本作蝦蟆嶺。《水經注箋刊誤》卷十云："黃省曾本作頷，蓋頷字之誤，音都回切，地及高阜隆起，形似蝦蟆，故以名之，亦謂之蝦蟆培，趙次公《東坡詩註》云：昔先生與子由自眉州鄉里舟行，趨京師，過峽州蝦蟆培，從舟中望之，頤頷口吻，甚類蝦蟆，即此石也。"

經　　文	地　　名	備　　註
卷二十八 沔水 　又東過鄖鄉 南。	石蝦蟆	
又南過筑陽 縣東,筑水自房陵 縣東,過其縣南流 注之。	承受石	注箋本作受石。
又東過山都 縣北。	五女激	注云:"沔水北岸數里,有大石激,名曰五女激。"
卷二十九 沔水 　分爲二,其一 東北流,其一又過 毗陵縣北,爲北 江。	夏架山石鼓 岝嶺山東小 山卷筜石 岝嶺山西南 小山卷筜石 胥山壇石	注云:"旁有青山,一名夏架山,……山上有石鼓,長丈餘。" 注云:"有岝嶺山,……又東及西南有兩小山,皆有石如卷 筜。" 見上註。 注云:"胥山上今有壇石。"
卷三十　　淮 水 　又東過壽春 縣北,肥水從縣東 北流注之。	硤石	《通鑑》卷一〇五,晉紀二十七,孝武帝太元八年,"退保硤 石"胡註,引《水經注》作峽石。
又東過鍾離 縣北。	巉石	注釋本作巉石山。
卷三十一 濡水		

經　文	地　名	備　註
溢水出南陽魯陽縣西之堯山。	積石	注云："溢水之北,有積石焉,世謂女靈山。"
卷三十三 **江水** 　又東至枳縣西,延江水從牂柯郡北流西屈注之。	黃石	見灘磧類地名,卷三十五江水,黃石註。
又東過魚復縣南,夷水出焉。	博陽二村盤石	注云："江水又東逕石龍而至於博、陽二村之間,有盤石,廣四百丈,長六里。"
	東陽灘破石	注云："江水又東逕東陽灘,江上有破石,故亦通謂之破石灘。"
	淫預石	
卷三十四 **江水** 　又東過秭歸縣之南。	女嬃廟擣衣石	
又東過夷陵縣南。	空泠峽奇石	注云："(空泠峽)有五、六峯,參差互出,上有奇石,如二人像,攘袂相對。"
	人灘青石	注云："人灘水至峻峭,南岸有青石,夏没冬出,其石嶔崟,數十步中,悉作人面形,或大或小,其分明者,鬚髮皆具。"
卷三十五 **江水** 　湘水從南來注之。	獨石 節度石	
鄂縣北。	節度石	

經　　文	地　　名	備　　註
卷三十六 **若水** 　南過越嶲邛都縣西,直南至會無縣,淹水從東南流注之。	石豬坼石豬	注云:"有石豬坼,長谷中有石豬,子母數千頭。"
又東北至僰道縣,入於江。	孝子石	
卷三十六 **温水** 　東北入於鬱。	興安縣平石 興安縣石履	注云:"盛弘之《荆州記》云:興安縣水邊有平石,上有石履。"見上註。
卷三十七 **夷水** 　東南過佷山縣南。	陰陽石 夷城平石 鹽石 陽石 東亭村石牀	 注云:"夷城石岸險曲,……上有平石,方二丈五尺。" 注云:"又有鹽石,即陽石也。" 注云:"東亭村北,山甚高峻,……中有石牀。"石牀,注箋本作石林。
卷三十七 **澧水** 　澧水出武陵充縣西,歷山東,過其縣南。	充縣雙白石	注云:"(充縣)水之南岸,白石雙立,厥狀類人,高各三十丈,周四十丈。"
又東過零陽縣之北。	仙樓	注云:"九渡水北逕仙樓下,傍有石,形極方峭,世名之爲仙樓。"

經　　文	地　　名	備　　註
卷三十七 **沅水** 　沅水出牂柯且蘭縣,爲旁溝水,又東至鐔成縣,爲沅水,東過無陽縣。	盤瓠石	注云:"水源石上有盤瓠,跡猶存矣。"
卷三十八 **湘水** 　又東北過泉陵縣西。	石燕山石燕	注云:"(石燕山)其山有石,紺而狀燕,因以名山,其石或大或小,若母子焉。"
又東北過重安縣東,又東北過酃縣西,承水從東南來注之。	臨承縣石鼓	注云:"(臨承)縣有石鼓,高六尺。"
	裴巖石鼓	注云:"觀陽縣東有裴巖,其下有石鼓,形如覆船。"
	衡山縣印石	注云:"湘水又北歷印石,在衡山縣南,湘水右側,盤石或大或小,臨水,石悉有跡,其方如印,纍然行列,無文字,如此可二里許,因名爲印石也。"
又北過臨湘縣西,瀏水從縣西北流注。	石潭山石牀	注云:"縣南有石潭山,……有石室、石牀。"
	陶侃廟石牀	注云:"郡廨西有陶侃廟,……傍有一脚石牀,纔容一人坐形。"
又北過下雋縣西,微水從東來流注。	笛烏頭石	
卷三十八 **溱水** 　東至曲江縣安聶邑東屈西南流。	韶石 靈石 逃石	注云:"靈石一名逃石。"

經　　文	地　　名	備　　註
卷三十九 **洭水** 　　洭水出桂陽縣盧聚。	貞女峽	注云："山下際有石如人形,高七尺,狀如女子,故名貞女峽。"
東南過含洭縣。	聖鼓杖 陽山鼓杖	注云："東岸,有聖鼓杖,即陽山之鼓杖也,橫在川側,雖衝所激,未嘗移動。"
卷三十九 **贛水** 　　贛水出豫章南野縣,西北過贛縣東。	金雞石	
又北過南昌縣西。	盤石 石頭	注云："水之西岸有盤石,謂之石頭。"
卷三十九 **廬江水** 　　廬江水出三天都北,過彭澤縣西,北入於江。	石門雙石	注云："廬山之北,有石門水,水出嶺端,有雙石高竦,其狀若門,因有石門之目焉。"
	石門磐石 石鏡 上霄石 大禹刻石 落星石	注云："下有磐石,可坐數十人。"
卷四十　漸江水 　　漸江水出三	博山石	注云："有博山,山上有石,特起十丈,上峯若劍秒。"

經　　文	地　　名	備　　註
天子都。	烏山大石	注云:"縣地有烏山,山下有廟,在縣東七里,廟渚有大石,高十丈,圍五尺。"
	紫溪磐石	注云:"山水東南流,名爲紫溪,中道夾水有紫色磐石,石長百餘丈,望之如朝霞。"
	巖陵山磐石	注云:"(巖陵)山下有磐石,周迴十數丈。"
北過餘杭,東入於海。	蘇姥布石牀	注云:"水上承信安縣之蘇姥布,……瀨邊有石如牀,牀上有石牒,長三尺許,有似雜采帖也。"
	蘇姥布石牒	見上註。
	靈隱山孤石	注云:"浙江又東逕靈隱山,……又有孤立壁立,大三十圍,其上開散狀如蓮花。""大三十圍",《雍正浙江通志》卷九,山川一,蓮花峯,引《水經注》作"四十圍"。
	石匱山石匱	注云:"又有石匱山,石形似匱。"
	石帆山孤石	注云:"北側石帆山,山東北有孤石,高二十餘丈,廣八丈,望之如帆。"
	麻溪潭孤石	注云:"溪水上承嶕峴麻溪,溪之下,孤潭周數畮,甚清深,有孤石臨潭。"
	浦陽江石橋方石	注云:"浦陽江又東逕石橋,廣八丈,高四丈,……橋上有方石,長七尺,廣一丈二尺,橋頭有磐石,可容二十人坐。"
	浦陽江石橋磐石	見上註。
	成功嶠十二方石	注云:"(成功嶠)樹下有十二方石,甚光潔。"
	蘭風山三石頭	注云:"縣南有蘭風山,山少木多石,……謂此三嶺爲三石頭。"
卷 四 十《禹貢》山川澤地所在。		
朱圉山在天水北冀城南。	天鼓山石鼓	注云:"(朱圉)山有石鼓,《開山圖》謂之石鼓山。"

二十二、穴　窟

穴　窟

經　　文	地　名	備　　註
卷一　河水 　屈從其東南流，入渤海。	耆闍崛山石窟 鵬鷲窟 迦那石窟	注云："到耆闍崛山，未至頂三里，有石窟。" 注云："西逕迦那城南三十里，……從此東北行二十里，到一石窟。"
卷二　河水 　又東過隴西河關縣北，洮水從東南來流注之。	唐述窟 時亮窟	
卷三　河水		

經　　　文	地　　名	備　　　註
又東過雲中槙陵縣南,又東過沙南縣北,從縣東,屈南過沙陵縣西。	長城窟	
又南過上郡高奴縣東。	孔山窟	
卷四　河水		
又東過河東北屈縣西。	風山穴 鞏穴	注云:"西四十里有風山,上有穴如輪。"
又東過大陽縣南。	聖人窟	
卷五　河水		
又東過鞏縣北。	鞏穴 鮪穴	
又東過成皋縣北,濟水從北來注之。	玉門土穴 石城山石窟	注云:"河水南對玉門,……門東對臨河,側岸有土穴。" 注云:"水出石城山,……巖側有石窟數口。"
又東北過高唐縣東。	武陽東門石竇	注云:"引水自(武陽)東門石竇北注於堂池。"
卷八　濟水		
又東北過盧縣北。	歷城南山大穴	注云:"(歷)城南對山,……山下有大穴。"

經　　文	地　名	備　　註
又東過方與縣北，爲菏水。	金鄉山穴口	注云："水南有金鄉山，縣之東界也，金鄉數山，皆空中穴口。"
	秦王陵冢口	注云："有冢，謂之秦王陵，山上二百步，得冢口，塹深十丈，兩壁峻峭，廣二丈。"
卷九　清水 　　清水出河內脩武縣之北黑山。	天門山石穴	注云："天門山石自空，狀若門焉，……東五百餘步，中有石穴。"
卷九　沁水 　　又南出山，過沁水縣北。	孔山石穴	注云："水西有孔山，山上石穴洞開。"
卷十　濁漳水 　　又東出山，過鄴縣西。	命子窟	
卷十二　聖水 　　聖水出上谷。	東首山石穴丙穴	注云："東首山下有石穴，東北洞開，高廣四、五丈。"
卷十三　灅水 　　灅水出鴈門陰館縣，東北過代郡桑乾縣南。	武州南崖風穴	注云："北流逕武州縣故城西，……南崖下有風穴。"
	馬頭山鍾乳穴	注云："有馬頭山，其側有鍾乳穴。"
卷十四　鮑丘水		

經　　文	地　　名	備　　註
鮑丘水從塞外來,南過漁陽縣東。	孔山洞穴石窟	注云:"其水西逕孔山南,上有洞穴開明。"
卷十五　洛水		
又東過偃師縣南。	大穴口 僵人穴	注箋本作重人穴。
卷十七　渭水		
又東過陳倉縣西。	吳山石穴	注云:"《地理志》曰:吳山在縣西,……山下石穴,廣四尺,高七尺。"
卷十八　渭水		
又東過武功縣北。	杜陽谷地穴	注云:"山北有杜陽谷,有地穴北入,亦不知所極。"
卷二十　漾水		
漾水出隴西氐道縣嶓冢山,東至武都沮縣,爲漢水。	梓潼漢壽大穴 岡山穴 塞峽石穴洞	注云:"南至梓潼漢壽,入大穴,暗通岡山。" 注云:"(塞峽)左山側有石穴洞。"
卷二十二　洧水		
又東南過新汲縣東北。	大穴口	

經　　文	地　　名	備　　註
卷二十四 **汶水** 　　汶水出泰山萊蕪縣原山,西南過其縣南。	別谷石穴	注云:"有別谷在孤山,……有石穴二口,容人行入,穴丈餘,高九尺許,廣四、五丈。"
卷二十五 **泗水** 　　又西過瑕丘縣東屈從縣東南流,漷水從東來注之。	嶧孔	注云:"石間多孔穴,洞達相通,往往有如數間屋處,其俗謂之嶧孔。"
卷二十七 **沔水** 　　沔水出武都沮縣東狼谷中。	丙穴	
東過南鄭縣南。	胡城北山石穴 仙人宮石穴	注云:"長老云:杜陽有仙人宮,石穴,宮之前門。"
卷二十八 **沔水** 　　又東過中廬縣東,維水自房陵縣維山,東流注之。	西山石穴 馬穴山	注云:"出西山,山有石穴,出馬,謂之馬穴山。"
卷二十九 **沔水**		

經　　文	地　　名	備　　註
又東北出居巢縣南。	右塘穴	
分爲二，其一東北流，其一又過毗陵縣北，爲北江。	夫椒山洞室	注云：“《春秋》謂之夫椒山，有洞室，入地潛行，北通琅邪東武縣，俗謂之洞庭。”
	洞庭 包山洞庭 巴陵地道	同上註。
卷二十九 **潛水** 　潛水出巴郡宕渠縣。	潛水大穴	注云：“今爰有大穴，潛水入焉。”
卷三十　淮水 　東過江夏平春縣北。	油水土穴	注云：“油水又東曲，岸北有一土穴。”
又東過鍾離縣北。	陽亭石穴	注云：“豪水出陰陵縣之陽亭北，小屈，有石穴，不測所窮，言穴出鍾乳，所未詳也。”
卷三十一 **溳水** 　溳水出蔡陰縣。	大洪山鍾乳穴	
卷三十二 **澐水** 　澐水出江夏平春縣西。	烈山穴	注云：“即烈山也，山下有一穴。”

經　　文	地　　名	備　　註
卷三十三 江水 　又東北至巴郡江州縣東，強水、涪水、漢水、白水、宕渠水五水，合南流注之。	清水穴	
又東過魚復縣南，夷水出焉。	柏枝山丙穴 褒漢丙穴	注云：“水發縣東南柏枝山，山下有丙穴。”
卷三十四 江水 　又東過巫縣南，鹽水從縣東南流注之。	孔子泉石穴	注云：“縣之東北三百步有聖泉，謂之孔子泉，其水飛清石穴。”
又東過夷陵縣南。	夷陵縣石穴 馬穿	注云：“（夷陵）縣北三十里，有石穴，名曰馬穿。” 同上註。
卷三十五 江水 　湘水從南來注之。	龍穴	
卷三十六 若水 　又東北至犍爲朱提縣西，爲瀘江水。	珠光穴	大典本、注箋本作光珠穴。《山海經補註》“騩山是錞於西海其中多采石”楊慎註，引《水經注》作光珠穴。《滇繫》卷八之一，藝文繫，引《水經注》作光珠穴。

經　　文	地　　名	備　　註
卷三十七 夷水 　東南過佷山縣南。	難留城石穴	注云："東逕難留城南，城即山也，獨立峻絶，西面上里餘，得石穴。"
	射堂村石穴	注云："穴在射堂村東六、七里，谷中有石穴。"
	風井山穴口 神穴	注云："水源東北之風井山，迴曲有異勢，穴口大如盆。"
	平樂村石穴	注云："縣東十許里，至平樂村，又有石穴。"
又東過夷道縣北。	亭下石穴	注云："丹水又逕亭下，有石穴甚深。"
卷三十七 澧水 　又東過零陽縣之北。	北山石穴	
卷三十八 湘水 　又東北過泉陵縣西。	龍穴	
又北過下雋縣西，微水從東來流注。	君山石穴	注云："君山有石穴。"
卷三十八 灘水 　灘水亦出陽海山。	彈丸山石竇	注云："水出於彈丸山，……驗其山有石竇，下深數丈，洞穴深遠，莫究其極。"

經　　文	地　名	備　　　註
卷三十九 洭水 　　洭水出桂陽縣盧聚。	東巖穴石	注云："水導源近出東巖下,穴口若井。"
卷三十九 洣水 　　又西北過陰山縣南。	容口大穴	注云："容水自侯曇山下注洣水,謂之容口,水有大穴,容一百石。"
卷四十　漸江水 　　北過餘杭,東入於海。	靈隱山洞穴 禹穴	注云："浙江又東逕靈隱山,山在四山之中,有高崖洞穴。" 注云："山東有湮井,去廟七里,深不見底,謂之禹井,云東遊者多探其穴也。"宋胡淑撰註《事類賦》卷七,地部,山,"爾其探禹穴"註,引《水經注》作"會稽山東有穴,深不見底,謂之禹穴"。明何鎧輯《古今遊名山記》卷首,總錄類考,山類賦,"爾其探禹穴"註,引《水經注》與《事類賦》同。

峽、谷　在自然地理學名詞中,峽谷是一個詞滙,是指的那種兩山之間的高山深谷地形。但在《水經注》中,峽和谷是分開的。不過從注文的内容看,兩者基本上仍是同一類地理事物,所以在匯編中,爲了便於查檢而兩者分列,而在説明中,兩者仍可結合在一起。

《水經注》稱"峽"的地名(包括少數稱"門"或"隘門"的在内)凡七十餘處,觀其内容,都是指的河川通過兩山逼岸的地段,是水道險峻之處,幾無例外。因此,凡兩岸多山的河川如卷三十三、三十四,江水注中,沿岸就常見這類地名。其中卷三十四,江水經"又東過巫縣南,鹽水從縣東南流注之"注中記載的三峽,是歷來傳誦的、描寫峽谷河流的傑出典範。注云:

> 自三峽七百里中,兩岸連山,略無闕處,重巖疊嶂,隱天蔽日,自非停午夜分,不見曦月。至於夏水襄陵,沿泝阻絶。或王命急宣,有時朝發白帝,暮到江陵,其間千二百里,雖乘奔御風,不以疾也。春冬之時,則素湍綠潭,迴清倒影,絶巘多生怪柏,懸泉瀑布,飛漱其間,清榮峻茂,良多趣味。每至晴初霜旦,林寒澗肅,常有高猿長嘯,屬引淒異,空谷傳響,哀轉久絶。故漁者歌曰:巴東三峽巫峽長,猿鳴三聲淚沾裳。

酈注記載的峽,絶大部分是地名和地理位置都很明確的。但也有若干有峽無名的情况。例如卷四,河水經"又東過河北縣南"注云:

> 門水又東北歷陽華之山,……又東北歷峽,謂之鴻關水。

又如卷二十,漾水經"漾水出隴西氏道縣嶓冢山,東至武都沮縣,爲漢水"注云:

> 下辨東三十里有峽,峽中白水生大石,阻塞水流。

以上二例中,鴻關水以上的峽及下辨東三十里的峽,注文都沒有記下名稱。這樣的峽,本匯編在收入時都冠以相應的地名。

《水經注》中以"谷"爲名的地名,比"峽"要多得多,總數在二百處以上。而且從注文内容分析,"谷"的情况也比"峽"要複雜得多。

谷是兩山之間的低處,這和峽基本上是一樣的。但酈注的峽,都是河川所逕;而酈注的谷,絶大部分却都是河源所出。這是一個最重要的區别,例如卷三,河水經"又南

過赤城東,又南過定襄桐過縣西"注云:

> 鹹水出長城西鹹谷,東入漯水。

又如卷十五,洛水經"東北過宜陽縣南"注云:

> 洛水又東,共水入焉,水北出長石之山,山無草木,其西有谷焉,厥名共谷,共
> 水出焉。

像上述這樣的例子,全注中是舉不勝舉的。而且從這二例中還可以看到,谷的名稱往往與發源於谷中的河川的名稱一致。

酈注中的峽和谷,還有另外一些區別。峽在注文中總是兩山夾峙,一水奔流的形勢,全注幾無例外。但谷的情況就比較複雜,除了上述河源所出的兩山間低處外,有時還泛指兩山間的坡地和山間盆地等。例如卷八,濟水經"又東北過盧縣北"注云:

> 濟水又北,右會玉水,水導源太山朗公谷,舊名琨瑞溪。有沙門竺僧朗,少事
> 佛圖澄,碩學淵通,尤明氣緯,隱於此谷,因謂之朗公谷。……而朗居琨瑞山,大起
> 殿舍,連樓累閣,雖素飾不同,並以靜外致稱,即此谷也。

按上例,在谷中可以"大起殿舍,連樓累閣",這谷當然不小,可能就是一片山間盆地。又如卷二十四,汶水經"汶水出泰山萊蕪縣原山西南,過其縣南"注云:

> 有別谷在孤山,谷有清泉。……薪爨煙墨,猶存谷中,林木緻密,行人鮮有能
> 至矣。又有少許山田,引灌之跡尚存。

按上例,谷中有林木山田,則此谷可能是指的一片山間坡地。

此外,《水經注》記載的谷,有時實際上即是指的谷中的河流,例如卷九,淇水經"淇水出河內隆慮縣大號山"注云:

> 金谷,即沾臺之西溪也。

順便需要說明的是,在以谷爲名的地名中,冠以東、南、西、北等方位詞的谷名比較多見,造成不少異谷同名的現象,這些谷,在收入本匯編時,均已冠以所屬地名以資區別。

最後還要指出,在峽、谷二類地名中,各種版本間頗有差異。例如卷三十四,江水注中的"狗峽",《輿地紀勝》本作"白狗峽"。[①] 卷三十八,湘水注中的"空泠峽",《方輿紀要》本作"空靈峽"。[②] 谷名的差異所見更多,除了卷二十七,沔水注中的"洛谷",在別本作"路谷"或"駱谷"已在前言中舉例外,此外如卷十九,渭水注中的"馮公谷",據

① 《輿地紀勝》卷七十四,荊湖北路,歸州,景物下,引《水經注》。
② 《方輿紀要》卷八十,湖廣六,長沙府,湘潭縣,引《水經注》。

《寰宇記》、《熙寧長安志》、《名勝志》等本均作"鴻谷"。① 又同注的"研槃谷"和"苦谷"，《寰宇記》本②作"研盤谷"和"若谷"。這類例子很多，其中很大部分甚難判斷誰是誰非。本匯編惟有將各本差異，一一寫入備註中而已。

① 《寰宇記》卷二十七，關西道三，雍州三，昭應縣；《熙寧長安志》卷十五，縣五，臨潼縣；《名勝志》陝西，卷二，西安府屬縣，臨潼縣，各引《水經注》。
② 《寰宇記》卷二十六，關西道二，雍州二，藍田縣，引《水經注》。

二十三、峽

峽

經　　文	地　　名	備　　註
卷二　河水 　　又東入塞,過敦煌、酒泉、張掖郡南。	河峽	大典本作河狹。《通鑑》卷四十八,漢紀四十,和帝永元五年,"作大航,造河橋,欲度兵擊迷唐"胡註,引《水經注》作河狹。
又東過隴西河關縣北,洮水從東南來流注之。	狄周峽 石門口峽 門峽 偏橋峽	 注云:"灕水又東北,逕石門口山,高險峻絶,對岸若門,故峽得厥名矣。" 注云:"洮水又北歷峽,逕偏橋。"
又東過金城允吾縣北。	戎峽 漆峽	《乾隆甘肅通志》卷六,山川,西寧府,西寧縣,硤口山,引《水經注》作漆峽山。

經　文	地　名	備　註
又東北過安定北界麥田山。	石門口峽 自延口峽 肥水峽	注云:"混濤歷峽,峽即隴山之北垂也,謂之石門口。" 注云:"東流歷峽,謂之自延口。" 注云:"肥水又東北出峽。"
卷三　河水		
又北過北地富平縣西。	上河峽 青山峽	七校本作上河峽谷。 注云:"水出其間,即上河峽也,世謂之青山峽。"
又南過赤城東,又南過定襄桐過縣西。	土壁亭峽	注云:"西流逕土壁亭南,西出峽。"
又南過西河圜陽縣東。	神銜山峽	注云:"水出縣南神銜山,出峽。"
卷四　河水		
又南過河東北屈縣西。	孟門 龍門	
又東過河北縣南。	鴻關水峽	注云:"又東北歷峽,謂之鴻關水。"
又東過陝縣北。	崖峽	
又東過砥柱間。	三門	
又東過平陰縣北,清水從西北來注之。	清廉山峽 鼓鍾上峽 鼓鍾下峽	注云:"清水出清廉山之西嶺,……其水東南流出峽。"

經　文	地　名	備　註
卷十　濁漳水 　　又東出山,過鄴縣西。	三戶峽	
卷十一　滱水 　　滱水出代郡靈丘縣高氏山。	靈丘縣隘門	注云:"滱水自(靈丘)縣南流入峽,謂之隘門。"
卷十四　鮑丘水 　　鮑丘水從塞外來,南過漁陽縣東。	大榆河峽	注云:"大榆河又東南出峽。"
又南至雍奴縣北,屈東入於海。	石門峽	
卷十四　濡水 　　濡水從塞外來,東南過遼西令支縣北。	濡河峽	注云:"濡河又東南,水流迴曲,謂之曲河,鎮東北三百里,又東出峽。"
卷十五　伊水 　　又東北過陸渾縣南。	崖口峽	注云:"伊水歷崖口,山峽也。"

經　　文	地　　名	備　　註
卷十七　渭水		
又東過獂道縣南。	黑水峽	注箋本、項本、張本作黑水，無峽字。
又東過冀縣北。	岑峽	殘宋本、大典本、黃本作崟峽。
	懸鏡峽	
	破石峽	
	僵人峽	
	湦峽	
	石門峽	
	顯親峽	
	新陽峽	
又東過上邽縣。	細野峽	
	涇谷峽	
卷二十　漾水		
漾水出隴西氐道縣嶓冢山，東過武都沮縣，爲漢水。	資峽	
	始昌峽	注云："漢水又西南逕始昌峽……亦曰清崖峽。"
	清崖峽	
	塞峽	
	下辨東峽	注云："下辨東三十餘里，有峽。"
卷二十一　汝水		
東南過其縣北。	汝陃	注云："汝水自狼皋山東出峽，謂之汝陃。"
卷二十二　澧水		

經　　文	地　　名	備　　註
澬水出鄭縣西北平地。	岡峽	
卷三十　淮水		
又東過壽春縣北，肥水從縣東北流注之。	硤石	注云："淮水又北逕山硤中，謂之硤石。"《通鑑》卷一〇五，晉紀二十七，孝武帝太元八年，"退保硤石"胡註，引《水經注》作峽石。
卷三十一 滍水		
滍水出南陽魯陽縣西之堯山。	魯山北峽谷	
卷三十三 江水		
又東南至犍爲武陽縣，青衣水、沫水從西南來，合流注之。	熊耳峽 巫山峽	
又東至枳縣西，延江水從牂柯郡北流西屈注之。	黃葛峽 明月峽 雞鳴峽 東望峽	
又東過魚復縣南，夷水出焉。	漢豐縣峽	注云："東南流逕漢豐縣東，……檀井溪水出焉，又西出峽，到漢豐縣東。"
	南鄉峽 廣溪峽 三峽 巴東之峽	

經　　文	地　　名	備　　　　註
卷三十四 江水 　又東過巫縣南，鹽水從縣東南流注之。	巫峽 三峽	
又東過秭歸縣之南。	狗峽	《輿地紀勝》卷七十四，荊湖北路，歸州，景物下，引《水經注》作白狗峽。
又東過夷陵縣南。	東界峽 空泠峽	注云："江水自建平至東界峽，盛弘之謂之空泠峽。"大典本、黃本、吳本、注箋本、何校明鈔本、項本、沈本、張本作空冷峽。
	西陵峽 禹斷江	注云："江水歷禹斷江南，峽北有七谷村，兩山間有水清深，潭而不流，又耆舊傳言，昔是大江，及禹治水，此江小，不足瀉水，禹更開今峽口。"
卷三十七 浪水 　又東至蒼梧猛陵縣，爲鬱溪；又東至高要縣，爲大水。	高要峽	
卷三十八 資水 　東北過邵陵縣之北。	茱萸江峽	注云："其間逕流山峽，名之爲茱萸江。"

經　　文	地　名	備　　　註
卷三十八 湘水		
又東北過泉陵縣西。	營陽峽	
	觀陽縣大峽	注云："又北至觀陽縣而出於峽,大、小二峽之間,爲沿游之極艱矣。"
	觀陽縣小峽	見上註。
又東北過陰山縣西,泩水從東南來注之;又北過醴陵縣西,漉水從東南來注之。	空泠峽	大典本作空泠峽。《楚寶》卷三十八,山水,湘水,引《水經注》作空舲峽。《名勝志》湖廣卷十,長沙府,湘潭縣,引《水經注》作空靈峽。《方輿紀要》卷八十,湖廣六,長沙府,湘潭縣,空靈峽,引《水經注》作空靈峽。
	三峽	
卷三十八 溱水		
東至曲江縣安聶邑東屈西南流。	瀧口峽	注云："瀧水又南出峽,謂之瀧口。"
過湞陽縣,出洭浦關,與桂水合。	湞陽峽	
卷三十九 洭水		
洭水出桂陽縣盧聚。	貞女峽	吳本作真女峽。

二十四、谷

谷

經　　文	地　　名	備　　註
卷一　河水 　屈從其東南流，入渤海。	承淵之谷	
卷二　河水 　又南入蔥嶺山，又從蔥嶺出而東北流。	岐沙谷 蒲犁谷	黃本、沈本作滿梨谷。
其一源出于闐國南山，北流與蔥嶺所出河合，又東注蒲昌海。	烏孫赤谷 鐵關谷	

經　　　文	地　　名	備　　　註
又東入塞,過敦煌、酒泉、張掖郡南。	大榆谷 小榆谷	
又東過隴西河關縣北,洮水從東南來流注之。	大谷 祥檣谷	大典本作祥襠谷,注箋本箋云:"一作檻檣。"
又東過金城允吾縣北。	漆谷 白岸谷 黑石谷 允街谷 參街谷 馬蹏谷	
又東北過天水勇士縣北。	赤蒿谷	
又東北過安定北界麥田山。	麥田山西谷 苦水谷	注箋本作麥田山西,無谷字。 大典本、黃本、吳本、注箋本、項本、沈本、張本作若水谷。
卷三　河水		
又東過雲中楨陵縣南,又東過沙南縣北,從縣東,屈南過沙陵縣西。	白道南谷 中溪水谷	白道,《史記》卷一一〇,列傳五十,《匈奴傳》"北破林胡樓煩築長城"《正義》,引《水經注》作百道。 注云:"白道中溪水注之,水發源武川北塞中,……其水西南流,歷谷,逕魏帝行宮東。"
又南過赤城東,又南過定襄桐過縣西。	鹹谷 窮谷	
又南過西河圖陽縣東。	圖谷 梁谷	

經　　文	地　　名	備　　註
又南離石縣西。	交蘭谷	
又南過土軍縣西。	禄谷	
又南過上郡高奴縣東。	老人谷 三湖谷 江谷 黃盧谷	注云："其水南出得黃盧水口，東出蒲子城南，東北入谷，極溪便水之源也。"七校本作"東北入黃盧谷，極溪便水之源也"。
	紫川谷 定水谷	
卷四　河水 　　又南過河東北屈縣西。	崿谷	
又南至華陰潼關，渭水從西來注之。	通谷 閺鄉南谷	黃本、注箋本、沈本、注釋本、注疏本作閿鄉南谷。
又東過河北縣南。	蓼谷 柏谷 衙嶺下谷	黃本、注箋本、何校明鈔本、王校明鈔本、沈本、注疏本作衡嶺下谷。
	白石谷	
又東過陝縣北。	南山北谷 干山東谷	
又東過平陰縣北，清水從西北來注之。	礦谷	

經　　文	地　　名	備　　註
卷五　河水 　又東過成臯縣北,濟水從北來注之。	田鄖谷	
卷六　汾水 　汾水出太原汾陽縣北管涔山。	石臼谷	黃本、沈本作石曰谷。
又南過大陵縣東。	太谷	
又南過冠爵津。	雀鼠谷	
西南過高梁邑西。	巢山東谷	
又西過長脩縣南。	華谷	
卷六　澮水 　澮水出河東絳縣東澮交東高山。	黑水谷 紫谷 于家谷	《方輿紀要》卷四十一,山西三,平陽府,翼城縣,澮水,引《水經注》作家谷。
卷六　涑水 　涑水出河東聞喜縣東山黍葭谷。	華谷	

經　　文	地　　名	備　　　註
西過周陽邑南。	景山北谷	
卷六　洞過水		
洞過水出沾縣北山。	蒲谷	
西過榆次縣南，又西到晉陽縣南。	涂谷 蔣谷	
卷七　濟水		
濟水出河東垣縣東王屋山，爲沇水。	勳掌谷	
與河合流，又東過成皐縣北，又東過滎陽縣北，又東至礫溪南，東出過滎澤北。	三谷 梧桐谷	
又東過封丘縣北。	亥谷	
卷八　濟水		
又東北過盧縣北。	賓溪谷 朗公谷	
卷九　清水		

經　　文	地　　名	備　　註
又東過汲縣北。	倉谷	《名勝志》河南,卷六,衛輝府,汲縣,引《水經注》作蒼峪山。
卷九　沁水 　　沁水出上黨涅縣謁戾山。	世靡谷	大典本、黃本、沈本作靡谷。
又東過野王縣北。	莞谷 楊谷 泫谷	 注箋本、項本、張本作陽谷。 注箋本、項本、張本作玄谷。
卷九　淇水 　　淇水出河內隆慮縣西大號山。	金谷 駱駝谷	 大典本、吳本作駱馳谷。《春秋地名考略》卷七,衛,"國於朝歌",引《水經注》作駱馳谷。
卷九　蕩水 　　又東北至內黃縣,入於黃澤。	黑山北谷	大典本、吳本、注箋本作里山北谷。《嘉靖彰德府志》卷一,地理志第一之一,湯陰縣,蕩水,引《水經注》作黑山北坎谷。
卷九　洹水 　　東過隆慮縣北。	黃華谷	
卷十　濁漳水 　　又東過壺關縣北,又東北過屯留縣南。	發鳩之谷	
潞縣北。	湯谷 清谷	

經　　文	地　　名	備　　註
	石門谷	
卷十　清漳水 清漳水出上黨沾縣西北少山大要谷，南過縣西，又從縣南屈。	大要谷	大典本、注箋本作大亹谷。注釋本、注疏本作大叟谷。《名勝志》山西，卷二，太原府屬縣，樂平縣，引《水經注》作大亹谷。《禹貢指南》卷一，"覃懷底績，至於衡漳"註，引《水經注》作大亹谷。《尚書地理今釋》"衡漳"註，引《水經注》作大亹谷。《欽定書經傳記彙纂》卷四《禹貢》上"覃懷底績，至於衡漳"地理今釋，引《水經注》作大亹谷。《順治潞安府志》卷一，地理二，山川，漳水，引《水經注》作大亹谷。《雍正畿輔通志》卷二十三，山川，川，廣平府，漳河，引《水經注》作大亹谷。《尚書地理今釋》衡漳條，引《水經注》作大亹谷。《康熙畿輔通志》卷四，山川，廣平府，漳河，引《水經注》作大亹谷。
卷十一　易水 易水出涿郡故安縣閻鄉西山。	寬中谷	
東過范陽縣南，又東過容城縣南。	窮獨山南谷	
卷十一　滱水 滱水出代郡靈丘縣高氏山。	暄谷	
卷十二　聖水		

經　　文	地　　名	備　　註
聖水出上谷。	上谷 聖水谷	
東過良鄉縣南。	甘泉原東谷	
卷十二　巨馬水		
又東南過容城縣北。	淶谷	
卷十三　灢水		
灢水出鴈門陰館縣，東北過代郡桑乾縣南。	獨谷 八風谷 東西谷 飛狐谷 代谷 託台谷	
卷十四　濕餘水		
濕餘水出上谷居庸關東。	上谷	
卷十四　沽河		
沽河從塞外來。	黃頒谷	
卷十四　鮑丘水		

經　　文	地　名	備　　註
又南至雍奴縣北,屈東入於海。	白楊谷 黑牛谷	
卷十五　洛水		
東北過盧氏縣南。	苟公谷	
又東北過宜陽縣南。	共谷 尹谷 蓁谷	
又東過偃師縣南。	百稱山東谷	
又東北過鞏縣東,又北入於河。	什谷	
卷十五　伊水		
東北過郭落山。	太陽谷 蠻谷	注釋本作大陽谷。
又東北過陸渾縣南。	女几山東谷 七谷	
又東北過新城縣南。	湮谷	
卷十六　穀水		

經　　文	地　　名	備　　註
穀水出弘農黽池縣南墦塚林穀陽谷。	穀陽谷函谷	
又東過河南縣北，東南入於洛。	金谷	
卷十六　甘水		
東北至河南縣南，北入洛。	非山東谷	
卷十六　滻水		
滻水出京兆藍田谷，北入於灞。	藍田谷莽谷	
卷十六　沮水		
沮水出北地直路縣東，過馮翊祋祤縣北，東入於洛。	黃嶔谷	
卷十七　渭水		
渭水出隴西首陽縣渭谷亭南鳥鼠山。	渭首亭南谷 渭水谷	南谷，《乾隆甘肅通志》卷五，山川，臨洮府，渭源縣，高城嶺，引《水經注》作南谷山。

經　文	地　名	備　註
東北過襄武縣北。	荆谷 雀富谷	
又東過獂道縣南。	東山赤谷 安都谷 南安城谷	
又東過冀縣北。	冀谷 新陽下城南 溪谷 香谷 蒲谷 胡谷	
又東過上邽縣。	黃瓜西谷	注云:"籍水又東,黃瓜水注之,其水發源黃瓜西谷。"《通鑑》卷一八五,唐紀一,高祖武德元年,"宗室黃瓜公白駒爲平原王"胡註,引《水經注》作"黃瓜水發源黃瓜谷西"。《方輿紀要》卷五十九,陝西八,鞏昌府,伏羌縣,黃瓜城,引《水經注》作"黃瓜水發源黃瓜谷西"。
	赤谷 細野谷 清池谷 秦谷 羌谷 涇谷 橫谷 軒轅谷 伯陽谷 苗谷 丘谷 周道谷	

經　　文	地　　名	備　　註
又東過陳倉縣西。	斜谷	
	綏陽小谷	
	弦中谷	孫潛校本作維中谷。
	茲谷	
	丸谷	大典本、注箋本、項本、張本作几谷，七校本、注釋本作凡谷。
卷十八　渭水		
又東過武功縣北。	斜谷	
	河桃谷	
	杜陽谷	
	洛谷	《通鑑》卷七十七，魏紀九，高貴鄉公甘露二年“維壘於芒水”胡註，引《水經注》作駱谷。《方輿紀要》卷五十三，陝西二，西安府，盩厔縣，駱谷水，引《水經注》作駱谷。
又東，芒水從南來流注之。	芒谷	注箋本作南芒谷。《蜀鑑》卷三，延熙二十年，引《水經注》作南芒谷。
卷十九　渭水		
又東過槐里縣南，又東，澇水從南來注之。	就谷	
	田谷	
	赤谷	
	耿谷	
	甘谷	
	澇谷	《漢書地理志補註》卷三，右扶風，“皆北過上林苑入渭”註，引《水經注》作潦谷。
又東過霸陵縣北，霸水從縣西北流注之。	藍田谷	
	研槃谷	《寰宇記》卷二十六，關西道二，雍州二，藍田縣，引《水經注》作研盤谷。《名勝志》陝西，卷二，西安府，屬縣，藍田縣，引《水經注》作砍槃谷。

經　　文	地　　名	備　　註
	苦谷	《寰宇記》卷二十六，關西道二，雍州二，藍田縣，引《水經注》作若谷。
	石門谷	
	孟谷	
	大谷	
	雀谷	
	土門谷	
	馮公谷	《寰宇記》卷二十七，關西道三，雍州三，昭應縣，引《水經注》作鴻谷。《熙寧長安志》卷十五，縣五，臨潼，戲水，引《水經注》作鴻谷。《名勝志》陝西，卷二，西安府屬縣，臨潼縣，引《水經注》作鴻谷。 注箋本、項本、張本作鄘加谷。
	媚加谷	
	池陽谷	
又東過鄭縣北。	蕭加谷	
	敷谷	
又東過華陰縣北。	靈谷	
卷二十　漾水		
漾水出隴西氐道縣嶓冢山，東至武都沮縣，爲漢水。	東狼谷	
	蔓葛谷	《輿地紀勝》卷一八三，利州路，興元府，景物下，葛蔓水，引《水經注》作葛蔓谷。
	草黑谷	注云：“西漢水又西南，得峽石水口，水出苑亭西草黑谷三溪，西南至峽石口，合爲一瀆。”大典本作“水出苑亭、白草、黑谷三溪，西南至峽石口，合爲一瀆”。按大典本，草黑谷應作黑谷溪。吳本、注箋本、項本、張本作草里谷。

經　　文	地　　名	備　　註
	西谷	
	五交谷	注箋本、項本、張本作交谷。
	雞谷	注疏本作南雞谷。
	胡谷	
	甲谷	
	洛谷	
	龍門谷	
	丁令谷	
	湦谷	黃本、吳本、注箋本、沈本作渥谷。王校明鈔本作渥谷。《禹貢錐指》卷十四上,引《水經注》作渥谷。
	河池北谷	
	通谷	
又東南至廣魏白水縣西,又東南至葭萌縣東北,與羌水合。	維谷 郎谷 劍谷	
卷二十　丹水 又東南過商縣南,又東南至於丹水縣,入於均。	黃谷	
卷二十一 汝水 汝水出河南梁縣勉鄉西天息山。	蒙柏谷	注箋本、孫潛校本作黃柏谷。

經　　文	地　名	備　　註
卷二十二 **潁水** 　潁水出潁川陽城縣西北少室山。	潁谷	《史記》卷四十二，世家十二，《鄭世家》"居歲餘已悔思母潁谷之考叔"《正義》，引《水經注》作潁谷。
卷二十三 **獲水** 　又東過蕭縣南，睢水北流注之。	箕谷	
卷二十四 **汶水** 　汶水出泰山萊蕪縣原山西南，過其縣南。	萊蕪谷 別谷 愚公谷 齊川谷	
屈從縣西南流。	天門下谷	
卷二十六 **淄水** 　淄水出泰山萊蕪縣原山。	萊蕪谷	
又東過利縣東。	愚公谷	項本、張本作愚公，無谷字。

經　文	地　名	備　註
卷二十七 **沔水** 　　沔水出武都沮縣東狼谷中。	容裘谷 褒谷	
又東過成固縣南，又東過魏興安陽縣南，洤水出自旱山北注之。	益谷 洛谷	《輿地紀勝》卷一九〇，利州路，洋州，景物上，儻水，引《水經注》作駱谷。《初學記》卷八，山南道第七，駱谷，引《水經注》作路谷。《諸葛思武侯故事》卷五，遺蹟篇，引《水經注》作駱谷。
	酉谷 黃金谷 就谷 子午谷 直谷 王谷	
又東過西城縣南。	嵐谷 月谷 長利谷	
卷二十八 **沔水** 　　又東過堵陽縣，堵水出自上粉縣，北流注之。	故亭谷	
又東過鄖鄉南。	琵琶谷	

經　文	地　名	備　註
又東過荊城東。	荒谷	
卷二十九 淯水		
淯水出酈縣北芬山，南流過其縣東，又南過冠軍縣東。	析谷	大典本、吳本作祈谷。
卷三十　淮水		
東過江夏平春縣北。	鮮金山谷	注云："淮水又東至谷口，谷水南出鮮金山。"
又東過新息縣南。	潭谷	
又東過廬江安豐縣東北，決水從北來注之。	窮谷	
又東過壽春縣北，肥水從縣東北流注之。	鵲甫谷	
又東至廣陵淮浦縣，入於海。	夾谷	
卷三十一 渦水		

經　　文	地　　名	備　　註
滍水出南陽魯陽縣西之堯山。	湯谷 大嶺東谷 橫嶺下夾谷	
卷三十二 羌水 　　羌水出羌中參狼谷。	孔函谷	
卷三十二 涪水 　　涪水出廣魏涪縣西北。	景谷	
卷三十三 江水 　　岷山在蜀郡氐道縣，大江所出，東南過其縣北。	天彭谷	黃本、沈本作天谷。項本、張本作天彭，無谷字。《禹貢集解》卷三，引《水經注》作天谷。《通鑑》卷三十二，漢紀二十四，成帝元延三年，"蜀郡岷山崩"胡註，引《水經注》作天谷。
又東過魚復縣南，夷水出焉。	永谷	
卷三十五 江水 　　鄂縣北。	蘆洲谷	
卷三十六 若水		

經　　　文	地　　名	備　　　註
南過越雋邛都縣西，直南至會無縣，淹水東南流注之。	母血谷 臘谷	大典本作臛谷。
卷三十六 **延江水**		
延江水出犍爲南廣縣，南至牂柯鼈縣，又東屈北流。	闞谷	注箋本作闚谷。
卷三十七 **沅水**		
沅水出牂柯且蘭縣，爲旁溝水；又東至鐔成縣，爲沅水，東過無陽縣。	三山谷	

二十五、沙

　　《水經注》記載的沙，即是今天所稱的沙漠。由於沙漠不像河川湖澤那樣容易滄桑交替，酈注記載的沙，直到今天，在地理位置上的變化不大。其中某些地名，例如卷二，河水注的"白龍堆"，至今仍然沿用未改。從歷史地理角度説，沙漠是較易復原的一種。

　　有些沙漠，儘管在當時還没有固定的名稱，但《水經注》事實上已經把它們記載下來了。例如卷一，河水經"其一源出于闐國南山，北流與蔥嶺所出河合，又東注蒲昌海"注中，酈氏利用曾經親身經歷其境的晉僧法顯的記載作注。注云：

　　　　釋法顯自烏帝西南行，路中無人民，沙行艱難，所經之苦，人理莫比。在道一
　　月五日，得達于闐。

　　這裏的"烏帝"，《法顯傳》作"烏夷國"，[①]據足立喜六考證，即今新疆焉耆縣。[②] 于闐，即今新疆和田縣。[③] 則所記的沙漠，顯然就是今天塔里木盆地中的塔克拉瑪干沙漠。

　　對於沙漠的若干自然地理現象，當時雖然了解不多，但酈注也有所記載。例如對

---

① 《法顯傳》："復西行十五日到烏夷國。……法顯等蒙苻公孫供給，遂得直進西南，行路中無居民，沙行艱難，所經之苦，人理莫比。在道一月五日，得到于闐。"
② 足立喜六《法顯傳考證》（何建民、張小柳譯，前國立編譯館版）下編，校釋，第三十九頁。驛案，梵語作Uigurs。
③ 同上書，第四十頁。驛案，梵語作Kustana。

沙丘的移動，注文曾幾次記到流沙（卷一，河水注）和移沙（卷三，河水注）。在卷四十，《禹貢》山水澤地所在經"流沙地在張掖居延縣北"注中，酈注還對以前的地理著作記載的流沙加以補充和解釋。對於這個地區的流沙，《禹貢》認爲即是居延澤的別名。①《漢書·地理志》也説："居延在東北，《古文》以爲流沙。"②但酈注却説：

> 居延澤在其縣故城東北，《尚書》所謂流沙也。……弱水入流沙。流沙，沙與水流行也。

按照上述酈注的補充和解釋，使人明白，這個所謂流沙，不僅是一個湖澤，而且還有一片沙漠。"沙與水流行也"一語，替居延澤以後的發展變化作了科學的説明。後世的事實證明，居延澤和羅布泊（蒲昌海）是相似的，在沙與水流行的情況下，湖面不斷縮小，位置經常移動，是一個現代自然地理學中所謂的"交替湖"。

《水經注》記載的各種有關沙漠的自然現象中，卷四十，《禹貢》山水澤地所在經"三危山在燉煌縣南"注中的"鳴沙山"這個地名，是一項值得重視的資料。這個地名説明我國古代對於沙漠中沙粒自然鳴叫的現象發現甚早。鳴沙的原因，按照現代自然地理學的解釋，是因爲沙粒由於其中石英的壓電性質所發生的帶電過程，從而產生的一系列能量變換而引起的現象。古人當然不了解產生這種現象的原因，但是能够發現這樣的現象，並且表之以地名這就已經難能可貴了。美中不足的是酈注對這個地名没有作進一步的解釋，但以後各書頗有記載，《乾隆甘肅通志》收輯各種記載云："鳴沙山在沙州城南七里，其山積沙爲之，峯巒危峭，踰於山石，四面皆沙，隴背有如刀刃，人登之即鳴，隨足墮落。……《舊唐志》又名沙角山，天氣晴朗時，沙鳴聞於城内，又五代晉高居誨記云：在瓜州南十里，冬夏殷殷有聲如雷。"③特録之，以補酈注之不足，

此外還有一個地名需要説明一下。卷二十四，瓠子河經"瓠子河出東郡濮陽縣北河"注云：

> 元封二年，上使汲仁、郭昌發卒數萬人，塞瓠河決口，於是上自萬里沙還。

這裹的萬里沙是什麽？按《漢書·郊祀志》："元封元年，……是歲旱，天子既出亡名，迺禱萬里沙。"《漢書·地理志》東萊郡、曲成縣云："有參山，萬里沙祠。"《寰宇記》④記載其沙長三百里，並引《史記》註云："在掖縣東北三百里，夾萬歲水兩岸。"據上述，可知萬里沙乃是一片漫長的河岸沙灘地。既然以沙爲名，而且範圍不小，就把它收入於此。

---

① 《禹貢》："導弱水，至於合黎，餘波入於流沙。"

② 《漢書·地理志》張掖郡，居延縣。

③ 《乾隆甘肅通志》卷六，山川，直隸肅州，安西衞。

④ 《寰宇記》卷二十，河南道二十，萊州，掖縣。

　　與萬里沙相似的還有另一處沿河沙灘地,即卷三十九,贛水經:"又北過南昌縣西"注中的"龍沙"。注云:

　　　　贛水又北逕龍沙西,沙甚潔白高峻而阤有龍形,連亘五里中,舊俗九月九日升高處也。

　　《方輿紀要》所引與殿本頗有差異,該本云:

　　　　高峻逶迤若龍形,連四十里,舊爲九日登高處。①

　　不管是殿本的五里或顧本的四十里,總之其範圍也是不小的,因此也將它收入於這一類地名之中。

---

　　①　《方輿紀要》卷八十四,江西二,南昌府,梅嶺,引《水經注》。

沙

經　　文	地　　名	備　　註
卷一　河水 　屈從其東南流,入渤海。	流沙 流沙之濱	
卷二　河水 　其一源出于闐國南山,北流與蔥嶺所出河合,又東注蒲昌海。	烏帝西南沙 白龍堆 岐沙 三沙	注云:"釋法顯自烏帝西南行,路中無人民,沙行艱難,所逕之苦,人理莫比。" 注云:"土地沙鹵少田,仰穀旁國,國出玉,多葭葦、檉柳、胡桐、白草,國在東垂,當白龍堆,乏水草。"
又東過隴西河關縣北,洮水從東南來流注之。	澆河西南黃沙 沙州	注云:"段國曰:澆河西南百七十里有黃沙,沙南北百二十里,東西七十里,西極大川,望黃沙,猶若人委乾糒於地,都不生草木,蕩然黃沙,周迴數百里,沙州於是取號焉。" 同上註。
又東過金城允吾縣北。	龍沙堆	
卷三　河水 　至河目縣西。	南河沙阜 北河沙阜 安陽縣南沙阜 朔方郡北移沙	注云:"余按南河、北河及安陽縣以南悉沙阜耳。" 見上註。 見南河沙阜註。
卷六　汾水		

經　　文	地　　名	備　　　　註
又南過大陵縣東。	中陽縣北沙	
卷二十四 **瓠子河** 　　瓠子河出東郡濮陽縣北河。	萬里沙	
卷二十八 **沔水** 　　又從縣東屈西南,淯水從北來注之。	東白沙 南白沙	《方輿紀要》卷七十九,湖廣五,襄陽府,襄陽縣,白河,引《水經注》作白沙。
卷三十九 **贛水** 　　又北過南昌縣西。	龍沙	注云:“贛水又北逕龍沙西,沙甚潔白,高峻而阤有龍形,連亘五里中。”《方輿紀要》卷八十四,江西二,南昌府,梅嶺,引《水經注》作“高峻逶迤若龍形,連四十里”。
卷四十 **《禹貢》山水澤地所在** 　　流沙地在張掖居延縣東北。	流沙	
三危山在燉煌縣南。	鳴沙山 沙州	

二十六、平川原野

平川原野是習見的地名，這類地名爲《水經注》所記載的，爲數在二百六十處以上。

所謂平川，即酈注中所常用的"川"、"平地"、"平原"等，它包括現代自然地理學中所稱的冲積平原、三角洲、河谷平原、河漫灘、盆地等許多概念，甚至還包括今日所稱的草原①在内。

酈注記載的"川"，具有兩種意義，一是河流，二是平川，例子是很多的，卷十七，渭水經"又東過上邽縣"注云：

> 又西與秦水合，水出東北大隴山秦谷，二源雙導，歷三泉，合成一水，而歷秦川，川有故秦亭。

這裏，秦水是一條河流，秦川則是一片平川，兩者是不能混淆的。

又如卷二十七，沔水經"東過南鄭縣南"注云：

> 漢水又左會文水，水即門水也，出胡城北山石穴中。長老云：杜陽有仙人宫，石穴宫之前門，故於其川爲門川，水爲門水。

這裏，門川和門水這兩個不同的概念，注文是分得清清楚楚的。從以上二例可以看到，平川的名稱，常和流經這片平川上的主要河流的名稱一致。按照現代自然地理學的習慣，也就是説，平川就是流經平川的這條河流的流域。以上二例中的這兩片平

---

① 《書敍指南》卷十四，州郡地理上："好牧馬地曰廣川薦草。"

川,按照現代的稱法,就是秦水流域和門水流域。

上面提到酈注記載的平川包括現代自然地理學中有關平原地形的許多概念,這在注文中是可以窺見的。例如卷二十七,沔水經"又東過西城縣南"注云:

漢水右對月谷口,山有坂月川,①於中黄壤沃衍,而桑麻列植,佳饒水田。故孟達與諸葛亮書,善其川土沃美也。

這裏,注文寫得很明白,坂月川是一塊山間盆地,而月谷口則是盆地水系流入漢水的通道。

同卷經"又東過成固縣南,又東過魏興安陽縣南,涔水出自旱山北注之"注云:

漢水又東,右會洋水,川流漫闊,廣幾里許,……洋川者,漢戚夫人所生處也。

這裏,注文清楚地寫出了這塊寬僅里許,由河漫灘和河谷低地構成的狹小平川,即洋川的大致面貌。

又如卷十七,渭水經"又東過上邽縣"注云:

渭水又歷橋亭南,而逕綿諸縣東與東亭水合。……水源東發小隴山,衆川瀉注,統成一水,西入東亭川,爲東亭水。與小祇、大祇二水合,又西北得南神谷水,三川並出東南差池瀉注,又有埋蒲水,翼帶二川,與延水並西南注東亭水。

這裏可見,東亭水是一條枝流衆多的河流,而東亭水流域即東亭川,也是一片較爲廣闊的河谷平原。

以上所舉的數例,記載的都是有關平原地形的各種概念,一般都寫得清楚明白。酈注描述平川,大率類此。

此外,這類地名中,還有許多以"原"爲名的地名。古人所稱的原,其概念並非現代的平原,多是指的高而平曠之地,大體上和現代地形學中所稱的階地或上升的夷平面等相類。卷二,河水經"又東過隴西河關縣北,洮水從東南來注之"注中的"枹罕原",很可説明這個問題。注云:

《秦川記》曰:枹罕原北名鳳林川,川中則黄河東流也。

這裏説明,鳳林川是一片黄河沿岸的河谷平原,而枹罕原則是鳳林川以南的一片高地。歷史上有名的五丈原,也同樣是一片高地。卷十七,渭水經"又東過陳倉縣西"注云:

諸葛亮據渭水南原,司馬懿謂諸將曰:亮若出武功,依山東轉者,是其勇也。若西上五丈原,諸君無事矣。

既然是"西上五丈原",足見五丈原是渭水以西的一片高地。又如卷二十七,沔水

---

① 據合校本引孫星衍校本作:"有月坂,有月川。"孫彤《關中水道記》卷四,月川水,引《水經注》與孫星衍校本同。則坂月川一處地名成爲月坂和月川二處地名,孫本恐非恰當。

經"沔水出武都沮縣東狼谷中"注云：

> 漢水又東逕萬石城下，城在高原上，原高十餘丈，四平臨平，形若覆瓮。

這裏所説的"高原"，也並非現代地形學中的高原。因其高不過十餘丈，而且四面臨平。高原也者，大概就是漢水沿岸的河谷階地。

酈注所記的"原"，主要在黄土高原範圍之内，這些地名，至今仍大部存在。當然，由於長期來的侵蝕切割，高度降低、面積縮小，溝壑增加，地理面貌已經有了不小的變化。我曾乘車馳騁於卷十八，渭水經"又東過武功縣北"注中的周原[①]之上，直至岐山之麓，南北縱貫整個周原，得以目擊此原概貌。周原是一片自北向南緩傾的廣大原野，海拔高度在南部爲五百餘米，北部岐山山麓可達九百餘米。極目遠眺，除了微地形的變化和目力所不及的南北向溝壑外，基本上是一片平坦的原野。

另外還有一個地名需要稍作説明，即卷十九，渭水經"又東過鄭縣北"注中的"積石"。注云：

> 渭水又東，西石橋水南出馬嶺山，積石據其東，麗山距其西。

這裏的積石，也就是卷十七，渭水經"又東過陳倉縣西"注中的積石原。《雍正陝西通志》所謂"積石原在渭水北"，[②]即此。直到今天，這個地名仍然沿襲不變。我曾從扶風縣舊城隍廟南眺，見此原聳立於渭河谷地之南，距扶風縣城不過二千米，相對高度約二百米，東西橫亘於扶風、岐山二縣之間，頂平如砥。酈注所記黄土高原的"原"，其地理面貌大率類此。

最後看一看酈注中以"野"爲名的地名。這類地名除了有原野、曠野等意義外，還有一種意義是灌溉墾殖之地。例如卷九，淇水經"淇水出河内隆慮縣西大號山"注中的"臺陰野"。注云：

> 一水逕土軍東，分爲蓼溝，東入白祀陂，又東南分入同山陂，溉田七十餘頃。二陂所結，即臺陰野矣。

更著名的如卷十六，沮水經"沮水出北地直路縣東，過馮翊祋祤縣北，東入於洛"注中的"關中沃野"。注云：

> 渠成而用注填閼之水，溉澤鹵之地四萬餘頃，皆畝一鍾，關中沃野，無復凶年，秦以富彊，卒並諸侯，命曰鄭渠。

此外，"野"有時往往又是一個大區域的泛稱。例如卷十三，灅水注的"涿鹿之野"；卷三十八，湘水注的"蒼梧之野"等等。

平川原野

經　文	地　名	備　註
卷一　河水 　　屈從其東南流，入渤海。	新頭河兩岸平地	注云："新頭河又西南流，屈西東南流，逕中天竺國，兩岸平地，有國名毗荼。"
又出海外，南至積石山下，有石門。	重野	
卷二　河水 　　其一源出于闐國南山，北流與蔥嶺所出河合，又東注蒲昌海。	姑墨川 龜茲川 東川 西川 焉耆之野	
又東入塞，過敦煌、酒泉、張掖郡南。	允川 清水川	
又東過隴西河關縣北，洮水從東南來流注之。	大楊川 遠川 濟水川 烏頭川 白土川 研川 枹罕原 鳳林川 細越川	注箋本、項本、張本作大陽川。

經　文	地　名	備　註
	河夾岸	注云："《秦州記》曰：枹罕有河夾岸，廣四十丈。"
	白石川	
	故城川	
	步和川	
	求厥川	注釋本作東歷川。
	桑嵐川	
	蕈川	
	蕈塏川	
	藍川	
	和博川	
又東過金城允吾縣北。	石川	
	杜川	
	蠡川	
	龍駒川	
	長寧川	
	晉昌川	
	養女川	
	牛心川	
	甘夷川	
	吐那孤川	大典本、黃本、注箋本、項本、沈本、張本、七校本作吐郍孤川。
	長門川	
	破羌川	
	南流川	
又東過天水北界。	此成川	黃本、沈本作此城州，注箋本、項本、張本作此城川。
	子成川	
	苑川水地	注箋本、項本、注釋本、張本作菀川水地。
又東過天水勇士縣北。	赤暉川	
	牛官川	
	三城川	

經　文	地　名	備　註
又東北過安定北界麥田山。	祖厲川 高平川	
卷三　河水		
屈東過九原縣南。	九原 五原	
又東過雲中楨陵縣南，又東過沙南縣北，從縣東，屈南過沙陵縣西。	武川	
又南過赤城東，又南過定襄桐過縣西。	中陵川	
又南離石縣西。	陵川	
又南過土軍縣西。	牧馬川	《元一統志》卷四，陝西等處行中書省，古蹟，五龍泉，引《水經注》作牧龍川。
又南過上郡高奴縣東。	域谷水荒原	注云：“域谷水東啓荒原。”荒原，注箋本、項本、張本作荒源。
	奚川 紫川	
卷四　河水		
又南過河東北屈縣西。	羊求川 赤石川	
	罷谷川	《關中水道記》卷一，蒲水，引《水經注》作罷谷山。

經　　文	地　　名	備　　註
又南出龍門口，汾水從東來注之。	梁山原 彊梁原	
又南至華陰潼關，渭水從西來注之。	曹公壘東原 皇天原 桃原	注云："今際河之西有曹公壘，道東原上云李典營。" 注箋本，注釋本作桃園。
又東過河北縣南。	竇門川 田渠川 閑原	注云："又東北逕邑川城南，即漢封竇門之故邑，川受其名，亦曰竇門。"
又東過大陽縣南。	虞原	
又東過平陰縣北，清水從西北來注之。	白水原 彊川	
卷五　河水 　又東北過黎陽縣南。	漯川	
又東北過武德縣東，沁水從西北來注之。	棗野	
又東北過衛縣南，又東北過濮陽縣北，瓠子河出	五鹿之野	

經　　文	地　　名	備　　　　　註
焉。		
又東北過楊虛縣東,商河出焉。	穢野薄	
卷六　汾水 　　東南過晉陽縣東,晉水從縣南東流注之。	太原	
又南過大陵縣東。	九原	
又南過平陽縣東。	汾水東原	
又西過長脩縣南。	清原 冀野	
卷六　澮水 　　澮水出河東絳縣東澮交東高山。	北川 白馬川	
卷六　涑水 　　又西南過左邑縣南。	南原	
卷六　湛水 　　湛水出河內	軹縣南原	注箋本、項本、張本作軹縣南源。

經　　文	地　　名	備　　註
軹縣西北山。		
又東過毋辟邑南。	溴川	
卷七　濟水		
濟水出河東垣縣東王屋山，爲沇水。	軹縣西北平地	注箋本、項本、注釋本、張本作温城西北平地。《通鑑》卷四，周記四，赧王二十八年，"拔新垣曲陽" 胡註，引《水經注》作温西北平地。
	南原	注箋本、項本、張本作南源。
卷八　濟水		
其一水東南流，其一水從縣東北流，入鉅野澤。	棗野	注云："文堙棗野。"注箋本、項本、張本作"大堙酸棗"，注釋本作"文堙酸棗。"
又東北過盧縣北。	中川	
又東過方與縣北，爲菏水。	涿鹿之野	
卷九　清水		
又東過汲縣北。	坶野 牧野	
卷九　沁水		
又南過陽阿縣東。	陽阿川	
卷九　淇水		
淇水出河内	南羅川	

經　文	地　名	備　註
隆慮縣西大號山。	淇陽川 大鹿之野 淇川 臺陰野 九原	
又北過廣川縣東。	廣川	
卷十　濁漳水		
潞縣北。	潞川 白木川	
卷十一　滱水		
滱水出代郡靈丘縣高氏山。	候塘	注云："其水又南逕候塘,川名也。"
東南過廣昌縣南。	嘉牙川	七校本作交牙川。
又東過唐縣南。	唐縣西北平地	注云："城西又有一水,導源(唐)縣之西北平地。"
卷十二　聖水		
東過良鄉縣南。	甘泉原	
卷十三　灅水		

經　　文	地　　名	備　　註
灅水出鴈門陰館縣,東北過代郡桑乾縣南。	馬邑川 馬邑西川 磨川 崞川 武州川 寧川	 大典本、黃本、注箋本、項本、沈本、七校本、注釋本、張本、注疏本作武周川。
又東過涿鹿縣北。	涿鹿之野 平鄉川	
過廣陽薊縣北。	薊縣西北平地	注云:"水俱出(薊)縣西北平地。"
卷十四　沽河		
沽河從塞外來。	漁陽縣東南平地	注云:"水出(漁陽)縣東南平地。"
卷十四　濡水		
濡水從塞外來,東南過遼西令支縣北。	沙野 索頭川 三藏川 五渡川	
又東南過海陽縣西,南入於海。	卑耳之川	
卷十四　大遼水		

經　文	地　名	備　　註
又東南過房縣西。	石城川 城川 高平川 昌黎西北平川	注云："水出（昌黎）西北平川。"
卷十五　洛水		
洛水出京兆上洛縣讙舉山。	獲輿川 郃川	黃本、注箋本、項本、沈本、張本作獲輿川。
又東北過盧氏縣南。	盧氏川	
又東北過宜陽縣南。	臨亭川	
又東過偃師縣南。	緱氏原 羅川 長羅川	大典本作長川羅。
又東過鞏縣東，又北入於河。	南原	
卷十五　伊水		
又東北過陸渾縣南。	伊川	
卷十五　瀍水		

經　　文	地　　名	備　　註
澶水出河南 穀城縣北山。	澶水西原 越街郵	注云："(澶)水西有一原，其上平敞……即潘安仁《西征賦》所謂越街郵者也。" 同上註。
卷十六　穀水 穀水出弘農黽池縣南墦塚林穀陽谷。	黽池川 北川	《方輿紀要》卷四十八，河南三，河南府，黽池縣，穀水，引《水經注》作澠池川。
又東過河南縣北，東南入於洛。	太白原	《乾隆洛陽縣志》卷三，山川，金水，引《水經注》作大白原。
卷十六　漮水 漮水出京兆藍田谷，北入於灞。	藍田川	
卷十六　沮水 沮水出北地直路縣東，過馮翊祋祤縣北，東入於洛。	檀臺川 宜君川 銅官川 土門南原 北原 太上陵南原 關中沃野	
卷十七　渭水		

經　　文	地　　名	備　　　註
又東過襄武縣北。	荆頭川	
又東過獂狁道縣南。	新興川 彰川 萬年川 南川 武城川 關城川 秦川 隴川 伯陽川	
又東過冀縣北。	黄槐川 長離川 略陽川 犢奴川 夷水川	《方輿紀要》卷五十八,陝西七,平涼府,靜寧州,水洛川,引《水經注》作奴檻川。
又東過陳倉縣西。	龍魚川 積石原 北原 五丈原 渭水南原	注箋本作石原。
卷十八　渭水 　又東過武功縣北。	五丈原 樹亭川 杜陽川	

經　　文	地　　名	備　　註
	大道川	
	米流川	
	周原	
	中亭川	
	故縣川	
	鄉谷川	
卷十九　渭水		
又東過槐里縣南，又東，澇水從南來注之。	諸川	
又東，豐水從南來注之。	樊川 高陽原	
又東過霸陵縣北，霸水從縣西北流注之。	藍田川 白鹿原 霸川 狗枷川 狗枷西川 狗枷東川 風涼原 杜東原 姜原 壽陵亭原 藕原 陰槃原 新豐原	 項本作白鹿源。 《關中水道記》卷三，滋水，引《水經注》作狗架川。 注云："又西北，左合狗枷川水，水有二源：西川上承魂山之斫槃谷……其水右合東川，水出南山之石門谷。" 見上註。 《通鑑》卷八十四，晉紀六，惠帝太安元年，"李含屯陰盤"胡註，引《水經注》作陰盤原。

經　　文	地　　名	備　　註
	廣鄉原	
	石川	
又東過鄭縣北。	孤柏原	注箋本作孤相原。《雍正陝西通志》卷十三,山川六,華州,豐原,引《水經注》作孤相原。《乾隆同州府志》卷二,山川,華州,豐原,引《水經注》作孤相原。
	積石	注云:"積石據其東,麗山距其西。"《雍正陝西通志》卷十三,山川六,華州:"積石原在渭水北。"
又東過華陰縣北。	長城北平原	注云:"長城北有平原,廣數百里。"長城,注釋本作長安城。
卷二十　漾水		
漾水出隴西氐道縣,東至武都沮縣,爲漢水。	武遂川	
	馬池川	
	資川	
	楊廉川	
	茅川	
	建安川	
	故道川	
	北川	
	困冢川	
	廣香川	
	尚婆川	
	寒川	
	百頃川	
又東南至廣魏白水縣西,又東南至葭萌縣東北,與羌水合。	雍川	

經　　文	地　名	備　　　註
又東南過巴郡閬中縣。	強川	
卷二十　丹水		
東南過其縣南。	倉野	
卷二十一　汝水		
汝水出河南梁縣勉鄉西天息山。	狐白川	
又東南過潁川郟縣南。	沙川	
卷二十二　洧水		
東南過其縣南。	大辰之野	注箋本、注釋本作辰火之野。
卷二十二　潧水		
潧水出鄭縣西北平地。	下田川	
卷二十二　渠		
渠出滎陽北	鄭隰	

經　　文	地　　名	備　　註
河,東南過中牟縣之北。	期城西北平地	
	太山東平地	
又屈南至扶溝縣北。	苑陵故城西北平地	注云:"(苑陵)故城西北平地出泉,謂之龍淵泉。"
	苑陵城西北平地	注云:"水出(苑陵)城西北平地。"
卷二十四 **睢水** 睢水出梁郡鄢縣。	牧野	
卷二十四 **瓠子河** 其東北者爲濟河,其東者爲時水,又東北至濟西,濟河東北入於海,時水東至臨淄縣西屈南過太山華縣東,又南至費縣,東入於沂。	延鄉城東北平地	
過博縣西北。	郎之野	
又西南過東平章縣南。	白原	注箋本作自源。

經　　文	地　名	備　　註
卷二十五 泗水 　西南過魯縣 北。	尼丘山南平地 巨野之坰	注云：“（尼丘山）南數里，孔子父葬處，《禮》所謂防墓崩者也，平地發泉。”
卷二十六 巨洋水 　又北過臨朐縣東。	朐川	
卷二十六 淄水 　又東過利縣東。	齊城西北平地	注云：“時水出齊城西北二十五里，平地出泉。”
卷二十七 沔水 　沔水出武都沮縣東狼谷中。	沔川 山北平地 五大原 萬石城高原	注箋本作沔州。 注釋本作山北平池。 注云：“漢水又東逕萬石城下，城在高原上，原高十餘丈，四面臨平，形若覆瓮。”
東過南鄭縣南。	廉川 門川	
又東過成固縣南，又東過魏興安陽縣南，洧水出	壻鄉平川	注云：“穴水東南流，歷平川中，謂之壻鄉，水曰壻水。”壻鄉何本作聓鄉。《名勝志》陝西，卷四，漢中府，城固縣，引《水經注》作智鄉。

經　　文	地　　名	備　　註
自旱山北注之。	洋川 祥川	注箋本作洋川。
又東過西城縣南。	坂月川	注云:"山有坂月川。"合校本引孫星衍校本作"有月坂,有月川"。《關中水道記》卷四,月川水,引《水經注》作"有月阪,有月川。"
卷二十八 **沔水**		
又東北流,又屈東南,過武當縣東北。	平陽川	
又東過山都縣東北。	沔川	
又東過中廬縣東,維水出自房陵縣維山,東流注之。	維川	
卷三十　淮水		
又東過壽春縣北,肥水從縣東北流注之。	洛川	
又東至廣陵淮浦縣,入於海。	羽山之野	
卷三十一 **滍水**		

經　　文	地　　名	備　　註
滍水出南陽魯陽縣西之堯山。	太和川 小和川 房陽川 霍陽西川 廣陽川	
卷三十二 沘水 　東北過六縣東。	蹹鼓川	注箋本作踰川。
卷三十二 泄水 　泄水出博安縣。	麻步川	
卷三十二 沮水 　沮水出漢中房陵縣淮水，東南過臨沮縣界。	沮川	
卷三十三 江水 　岷山在蜀郡氐道縣，大江所出，東南過其縣北。	陸海	注云："故《記》曰：水旱從人，不知饑饉，沃野千里，世號陸海。"
	望川原	大典本作望穿，注釋本作望穿原。

經　　文	地　　名	備　　註
又東過江陽縣南,洛水從三危山東過廣魏洛縣南,東南注之。	洛縣沃野	注云:"洛水又南逕洛縣故城南,……濱江澤鹵泉流所溉盡爲沃野。"
卷三十六 **桓水** 　桓水出蜀郡岷山,西南行羌中,入於南海。	雍野 戎野 漢川 斜川	
卷三十六 **若水** 　若水出蜀郡旄牛徼外,東南至故關爲若水也。	若水之野	
卷三十七 **沅水** 　沅水出牂柯且蘭縣,爲旁溝水,又東至鐔成縣,爲沅水,東過無陽縣。	沅川	
卷三十八 **湘水** 　又東北過泉陵縣西。	蒼梧之野	

經　　文	地　　名	備　　註
又東北過重安縣東,又東北過酈縣西,承水從東南來注之。	麓山西原隰	注云:"湘水又北逕麓山東,其山東臨湘川,西旁原隰。"
卷四十 **《禹貢》山水澤地所在** 　都野澤在武威縣東北。	豬野 都野	《釋道北條弱水黑水》(《魏源集》下册,第五三九頁)引《水經注》作瀦野。

二十七、田

田即是墾殖的土地，這是很普通的地名。《水經注》記載的這類地名達七十餘處。

酈注記載的田，有一些是固定的地名，如介推田（卷六，汾水注）、鄴田（卷十，濁漳水注）、龜陰之田（卷二十四，汶水注）等，但也有一些只是比較籠統地提出田的稱謂，沒有冠以所在地的地名。關於這一類田，在收入本匯編時，都冠以所在地或所在灌溉系統的名稱，如富平田（卷三，河水注）、鄭渠田（卷十六，沮水注）等，以符合作爲地名的習慣。

在田這類地名中，《水經注》往往同時記下有關田的其他資料。例如從軍事意義上記載了西域地區的駐軍屯田，像"樓蘭屯田"、"莎車屯田"、"輪臺屯田"（均在卷二，河水注）等。又例如從種植的作物中記載了各地的農產，像"狐奴縣稻田"（卷十四，沽河注），"江州縣北稻田"（卷三十三，江水注）等。此外，在田的記載中，酈注還常常聯繫到當時一些農田水利工程的灌溉效益，其中不少還記載了可灌面積的具體數字。兹表列於下，以明梗概。

卷　次	經　　文	田	水利工程	灌溉效益
卷九，沁水	又南出山，過沁水縣北。	沁水稻田	沁水石門	頃畮之數
淇水	淇水出河内隆慮縣西大號山。	臺陰野田	白祀陂① 同山陂	七十餘頃

---

① 吳本、注箋本、項本、七校本、張本、注疏本、《北堂書鈔》卷一五八地部二六篇十三引《水經注》均作白祠陂。

卷　次	經　文	田	水利工程	灌溉效益
卷十四，鮑丘水	又南過潞縣西。	車箱渠田	車箱渠	凡所含潤，四百五十里，所灌田萬有餘頃。
卷十六，沮水	沮水出北地直路縣東，過馮翊祋祤縣北，東入於洛。	鄭渠田	鄭渠	四萬餘頃
卷二十一，汝水	又東南過平輿縣南。	褒信田	新息牆陂	五百餘頃
卷二十六，濰水	又北過高密縣西。	百尺水田	百尺水堨	數十頃
卷二十八，沔水	又南過宜城縣東，夷水出自房陵，東流注之。	木里溝白起渠田	木里溝白起渠	七百頃三千頃①
卷二十九，湍水	湍水出酈縣北芬山，南流過其縣東，又南過冠軍縣東。	穰、新縣、昆陽田	六門陂	五千餘頃
比水	又西至新野縣，南入於淯。	湖陽田	湖陽縣陂	三百頃
卷三十一，淯水	又南過新野縣西。	豫章大陂田	豫章大陂	三千許頃
潕水	潕水出撫陰縣西北扶予山，東過其縣南。	馬仁陂田	馬仁陂	萬頃
卷三十三，江水	岷山在蜀郡氏道縣，大江所出，東南過其縣北。	成都兩江田	成都兩江	萬頃
同上卷	同上經	繁田	湔澳	千七百頃
卷三十七，澧水	又東過作唐縣北。	涔坪屯田	涔坪屯	數千頃
沅水	沅水出牂柯且蘭縣，爲旁溝水，又東至鐔成縣，爲沅水，東過無陽縣。	序溪田	序溪	數百頃
卷三十九，耒水	又北過便縣之西。	郴縣田	溫泉	數千晦
卷四十，漸江水	北過餘杭，東入於海。	長湖田	長湖	萬頃

---

　① 宋曾鞏《襄州宜城縣長渠記》(《元豐類稿》卷十九)，引《水經注》作“三千餘頃”。《天順襄陽郡志》卷四，《襄州宜城縣長渠記》，引《水經注》作“三千餘頃。”

　　在田的記載中,酈注甚至也記下了一些地方的耕作制度,卷三十六,温水經"東北入於鬱"注中,對林邑的耕作制度,記載得相當詳細.注云:

　　　　知耕以來,六百餘年,火耨耕藝,法與華同。名白田,①種白穀,七月火作,十月登熟;名赤田,種赤穀,十二月作,四月登熟。所謂兩熟之稻也。

　　這裏,另外還必須解釋的是卷四十,漸江水經"北過餘杭,東入於海"注中的"會稽鳥田"。注云:

　　　　昔大禹即位十年,東巡狩,崩於會稽,因而葬之。有鳥來爲之耘,春拔草根,秋啄其穢,是以縣官禁民不得妄害此鳥,犯則刑無赦。

　　此外,卷十三,灅水經:"灅水出鴈門陰館縣,東北過代郡桑乾縣南"注中也提到:"若會稽之耘鳥也。"

　　上面所説的,其實就是會稽鳥田。按《越絶書》:"大越濱海之民,獨以鳥田。"②《吳越春秋》:"雖有鳥田之利,租貢纔給宗廟祭祀之費。"③會稽鳥田的傳説,並不是什麽神話。它和蒼梧象耕④一樣,王充曾經對此作過一番解釋。他説:

　　　　實者,蒼梧多象之地,會稽衆鳥所居。《禹貢》曰:"彭蠡既瀦,陽鳥攸居。天地之情,鳥獸所行也。象自蹈土,鳥自食蘋,土躩草盡,若耕田狀,壤靡泥易,人隨種之。⑤

　　不管王充的這番解釋是否有些道理,由於酈注所記的,確實是會稽鳥田這個傳説,所以本匯編也將這一地名收入在内,並説明如上。

①　《晉書》卷四十七,列傳十七,《傅玄傳》:"白田收至十餘斛,水田收數十斛。"是則白田當爲旱田。

②　《越絶書》卷八。

③　《吳越春秋》卷六。

④　卷一,河水經:"屈從其東南流,入渤海"注云:"若蒼梧象耕,會稽鳥耘矣。"《初學記》卷二十九,象第二,引皇甫謐《帝皇世紀》:"舜葬於蒼梧下,有羣象,常爲之耕。"

⑤　《論衡·書虛篇》。

田

經　　文	地　　名	備　　註
卷一　河水 　屈從其東南流，入渤海。	王田	
卷二　河水 　其一源出于闐國南山，北流與蔥領所出河合，又東注蒲昌海。	伊循城屯田	注云："國有伊循城，土地肥美，願遣將屯田積粟。"
	樓蘭屯田	
	莎車屯田	注云："枝河又東逕莎車國南，……漢武帝開西城，屯田於此。"
	輪臺屯田	注云："川水也東南流逕於輪臺之東也，昔漢武帝初通西域，置校尉屯田於此。"
	連城西屯田	注云："桑弘羊曰：臣愚以爲連城以西，可以屯田。"
	渠犂屯田	注云："漢武帝通西域，屯渠犂，即此處也。"
	樓蘭城屯田	注云："又東逕樓蘭城南而東注，蓋壖田士所屯。"
又東入塞，過敦煌、酒泉、張掖郡南。	西海郡縣屯田	注云："宜及此時，建復西海郡縣，規固二榆，廣設屯田。"
	二榆屯田	見上註。
	金城西部都尉屯田	注云："上拜鳳爲金城西部都尉，逐開屯田二十七部，列屯夾河。"
卷三　河水 　又北過北地富平縣西。	富平田	注云："水受大河，東北逕富平城所在分裂，以漑田圃。"
又北過朔方臨戎縣西。	沃野田	注云："東逕沃野縣故城南，……枝渠東注以漑田。"
又東過臨沃縣南。	臨沃田	注云："水上承大河於臨沃縣，東流七十里，北漑田。"

經　　文	地　名	備　　　註
卷四　河水 　又南過汾陰縣西。	灌魁稻田	注云："俗呼之爲灌魁,古人壅其流以爲陂水,種稻。"
又南過蒲坂縣西。	舜所耕田 首山田	注云："昔趙盾田首山。"
又東過河北縣南。	虞芮所爭田	注云："世謂之閑原,言虞、芮所爭之田。"
卷六　汾水 　又南過平陶縣東,文水從西來流注之。	介子推田	
又西過皮氏縣南。	介推田	
卷六　澮水 　西過其縣南。	新田	
卷六　涑水 　又西南過安邑縣西。	鹽田	
卷九　清水 　清水出河內脩武縣之北黑山。	大陸田 蘇忿生之田	注云："魏獻子田大陸。"
卷九　淇水 　淇水出河內隆慮縣西大號山。	臺陰野田	注云："東入白祀陂,又南分,東入同山陂,溉田七十餘頃,二陂所結,即臺陰野矣。"

經　　文	地　名	備　　註
卷十　濁漳水 　　又東出山，過鄴縣西。	鄴田	
卷十四　沽河 　　南過漁陽狐奴縣北，西南與濕餘水合，爲潞河。	狐奴縣稻田	注云："漁陽太守張堪，於（狐奴）縣開稻田，教民種植，百姓得以殷富。"
卷十四　鮑丘水 　　又南過潞縣西。	車箱渠田	注云："水流乘車箱渠，自薊西北逕昌平東，盡漁陽潞縣，凡所潤含，四、五百里，所灌田萬百餘頃。"
又南至雍奴縣北，屈東入於海。	玉田	
卷十六　沮水 　　沮水出北地直路縣東，過馮翊祋祤縣北，東入於洛。	鄭渠田	注云："渠成而用注填閼之水，溉澤鹵之地四萬餘頃，皆畮一鍾，關中沃野無復凶年，秦以富強，卒併諸侯，命曰鄭渠。"
卷十七　渭水		

經　　文	地　　名	備　　註
又東過陳倉縣西。	汧田	
卷十八　渭水		
又東過武功縣北。	汧田	
卷十九　渭水		
又東過霸陵縣北，霸水從縣西北流注之。	漕渠田	注云："又東北逕新豐縣，右合漕渠，……其渠自昆明池，南傍山原，東至於河，且田且漕，大以爲便。"
	成國渠田	注云："渭水又東會成國故渠，魏尚書左僕射衞臻征蜀所開也，號成國渠，引以澆田。"
	池陽谷口田	注云："民歌之曰：田於何所，池陽谷口。"
卷二十　漾水		
漾水出隴西氐道縣嶓冢山，東至武都沮縣，爲漢水。	百頃田	注云："上有平田百頃，煮土成鹽，因以百頃爲號。"
卷二十一　汝水		
又東南過平輿縣南。	襃信田	注云："淮川別流入於㵎澩，逕新息牆陂，衍入襃信界，灌溉田百餘頃。"
卷二十二　潁水		

經　　文	地　名	備　　註
又東南至新陽縣北,滰蕩渠水從西北來注之。	次塘田	注云:"細水又東南,積而爲陂,謂之次塘,公私引裂,以供田溉。"
卷二十二 溵水		
溵水出河南密縣大騩山。	夷濮西田 夷田	
卷二十四 汶水		
汶水出泰山萊蕪縣原山,西南過其縣南。	別谷山田	注云:"有別谷在孤山,……又有少許山田,引灌之蹤尚存。"
屈從縣西南流。	龜陰之田	
又西南過剛縣北。	汶陽之田	
卷二十五 泗水		
又西過瑕丘縣東,屈從縣東南流,漷水從東來注之。	漷東田 沂西田	
又屈東南,過湖陸縣南,涓涓水從東北來流注之。	兩溝田	注云:"故以此水溉我良田,遂及百稌,故有兩溝之名也。"

經　　文	地　名	備　　　　註
卷二十五 **沂水** 　　南過琅邪臨沂縣東，又南過開陽縣東。	許田	
卷二十六 **沭水** 　　又東南過莒縣東。	潯水堨田	注云："沭水又南，潯水注之，水出巨公之山，西南流，舊堨以溉田。"
卷二十六 **淄水** 　　又東過利縣東。	澅水田 貝丘田	注云："又有澅水注之，……水側有田引水，溉跡尚存。"
卷二十六 **濰水** 　　又北過高密縣西。	百尺水田	注云："俗謂之百尺水，古人堨以溉田數十頃。"
	高密南都田	注云："縣南十里，蓄以爲塘，方二十餘里，古所謂高密之南都也，溉田一頃許。"
卷二十七 **沔水** 　　東過南鄭縣南。	獠子水田	注云："俗謂之獠子水，夾溉諸田。"
又東過西城縣南。	坂月川水田	注云："山有坂月川，於中黃壤沃衍，而桑麻列植，佳饒水田。"

經　　文	地　　名	備　　註
卷二十八 **沔水** 　又東過中廬縣東,維水出自房陵,東流注之。	維川田	注云:"南壅維川,以周田溉。"
又南過邔縣東北。	木里溝田	注云:"漢南郡太守王寵又鑿之,引蠻水灌田,謂之木里溝。"
又南過宜城縣東,夷水出自房陵,東流注之。	臭池田 朱湖陂田 白起渠田	注云:"其水又東出城,東注臭池,臭池溉田。" 注云:"陂水散流,又入朱湖陂,朱湖陂亦下灌諸田。" 注云:"白起渠溉三千頃,膏良肥美,更爲沃壤也。"
卷二十九 **湍水** 　湍水出酈縣北芬山,南流過其縣東,又南過冠軍縣東。	六門堨田	注云:"至元始五年,更開三門爲六石門,故號六門堨也,溉穰、新野、昆陽三縣五千餘頃。"
卷二十九 **比水** 　比水出比陽東北太胡山,東南流過其縣南。	馬仁陂田	注云:"謂之馬仁陂,陂水歷其縣下,西南堨之,以溉田疇。"
又西至新野縣,南入於淯。	湖陽田	注云:"司馬彪曰:仲山甫封於樊,因氏國焉,爰氏宅陽,徙居湖陽,能治田殖,至三百頃。"

經　文	地　名	備　註
卷三十　淮水		
又東過廬江安。	富陂稻田	注云:"《十三州志》曰:漢和帝永元九年分汝陰置,多陂塘以溉稻田,故曰富陂。"
又東過壽春縣北,肥水從縣東北流注之。	淮北之田 許男田 夷濮西田 夷田	注箋本、項本、注釋本、張本作許夷田。
卷三十一 淯水		
又南過新野縣西。	豫章大陂田	注云:"左有豫章大陂,下灌良疇三千許頃。"
卷三十一 潕水		
潕水出潕陰縣西北扶予山,東過其縣南。	馬仁陂田	注云:"城之東有馬仁陂,……蓋地百頃,其所周溉田萬頃。"
卷三十三 江水		
岷山在蜀郡氐道縣,大江所出,東南過其縣北。	成都兩江田	注云:"《風俗通》曰:秦昭王使李冰爲蜀守,開成都兩江,溉田萬頃。"
	繁田	注云:"江北則左對繁田,文翁又穿湔澳,以溉灌繁田千七百頃。"

經　　　文	地　　名	備　　　註
又東北至巴郡江州縣東，強水、涪水、漢水、白水、宕渠水五水，合南流注之。	江州縣北稻田	注云：“（江州）縣北有稻田，出御米也。”
卷三十六 温水		
東北入於鬱。	林邑白田 林邑赤田	注云：“名白田，種白穀，七月火作，十月登熟，名赤田，種赤穀，十二月作，四月登熟，所謂兩熟之稻也。” 見上註。
卷三十七 葉榆河		
過交趾羸泠縣北，分爲五水，絡交趾郡中，至南界，復合爲三水，東入海。	雒田	
卷三十七 澧水		
又東過作唐縣北。	溇坪屯田	注云：“南流過溇坪屯，屯堨岑水，漑田數千頃。”溇坪屯，大典本、黃本、沈本作溇評屯。
卷三十七 沅水		
沅水出牂柯且蘭縣，爲旁溝	序溪田	注云：“所治序溪，最爲沃壤，良田數百頃，特宜稻，修作無廢。”

經　　文	地　　名	備　　註
水，又東至鐔成縣，爲沅水，東過無陽縣。 　　卷三十九 耒水 　　又北過便縣之西。	 便　縣、郴　縣田	 注云："（便）縣界有温泉水，在郴縣之西北，左右有田數千畮，資之以漑，……温水所漑，年可三登。"
卷四十　漸江水 　　北過餘杭，東入於海。	 長湖田	 注云："浙江又東北得長湖口，湖廣五里，東西百三十里，沿湖開水門六十九所，下漑田萬頃。"
	會稽鳥田	注云："有鳥來，爲之耘，春拔草根，秋啄其穢，是以縣官禁民不得妄害此鳥，犯者刑無赦。"《越絶書》卷八云："大越海濱之民，獨以鳥田。"《吳越春秋》卷六云："雖有鳥田之利，租貢纔給宗廟祭祀之費。"
	查浦良田	注云："江邊有查浦，……浦裏有六里，有五百家，並夾浦居，列門向水，甚有良田。"

二十八、堤塘堰堨

这一类地名中收入的是堤、塘、堰、堨,此外還有水門、石逗、梁、埭、堋、磴等等,都是古代的農田水利工程。由於水利工程一旦在某個地區建成,它就往往成爲當地的地名。以後,即使這個水利工程湮廢消失,而地名仍能長期流傳下來。《水經注》記載的這類地名,共有一百多處。

對於這些古代的農田水利工程的作用,酈注常常是記載得很完整的。其中大多數是爲了灌溉,例如卷十,濁漳水經"又東出山,過鄴縣西"注中的"天井堰",就是引漳灌溉的一項農田水利工程。注云:

> 昔魏文侯以西門豹爲鄴令也,引漳以溉鄴,民賴其用。其後魏襄王以史起爲鄴令,又堰漳水以灌鄴田,咸成沃壤,百姓歌之。魏武王又堨漳水,迴流東注,號天井堰。

另一部分水利工程是爲了防洪。其中有的是防捍河流的洪水,如卷五,河水經"又東過滎陽縣北,蒗蕩渠出焉"注中的"八激堤"。注云:

> 漢安帝永初七年,令謁者太山於岑於石門東積石八所,皆如小山,以捍衝波,謂之八激堤。

也有的是爲了防捍河口的海潮,卷四十,漸江水經"北過餘杭,東入於海"注中的"防海大塘"可以爲例。注云:

> 《錢唐記》曰:防海大塘在縣東一里許,郡議曹華信家議立此塘以防海水。始

開募能有置一斛土者,即與錢一千,旬月之間,來者雲集。塘未成而不復取,於是載土石者皆棄而去,塘以之成,故改名錢塘也。

上述《錢唐記》是劉宋錢塘令劉道真的著作,此書早佚,賴酈注而留下了這段記載。[①] 雖然語涉無稽,但這是我國歷史上有關海塘建築的最早記載,是一項可貴的歷史水利資料。

此外也有一些水利工程是爲了航運。卷十六,穀水經"又東過河南縣北,東南入於洛"注中的"洛堰"即是其例,注云:

> 後張純堰洛以通漕,洛中公私穰贍。

還有少數水利工程,則是爲了水產養殖,例如卷二十八,沔水經"又從縣東屈西南,淯水從北來注之"注云:

> 郁依范蠡《養魚法》[②]作大陂,陂長六十步,廣四十步,池中起釣臺。……又作石洑逗,引大池於宅北作小魚池。

從酈注記載中,可以窺見我國古代水利工程的巨大規模和卓越技術。從隄防工程來説,注文記載的黃河隄防,規模是非常偉大的。卷五,河水經"又東過滎陽縣北,蒗蕩渠出焉"注中的金隄即是其中之一。注文引《漢書·溝洫志》云:

> 在淇水口東十八里,有金隄,隄高一丈。自淇口東,地稍下,隄稍高。至遮害亭,高四、五丈。

至於黃河河隄的起迄長度,卷五河水注及卷二十四瓠子河注中都有記載。瓠子河經"瓠子河出東郡濮陽縣北河"注云:

> 永平十二年,顯宗詔樂浪人王景治渠築堤,起自滎陽,東至千乘,一千餘里。

如上二注,可見黃河的隄防,高達一丈至四、五丈,長達一千餘里,其規模之巨大可以想見。

除了黃河隄防以外,長江大隄在卷二十八,沔水經"又東過荊城東"注中也已提及。注云:

---

① 除《水經注》外,我國古籍引及《錢塘記》有關防海塘建築者,尚有《後漢書》註及《通典》。文字稍有出入。《後漢書》卷七十一,列傳六十一,《朱雋傳》"更封錢塘侯"註:"《錢塘記》云:昔郡議曹華信,義立此塘以防海水,始開募有能致土一斛與錢一千,旬日之間,來者雲集,塘未成而譎不復取,皆棄土石而去,塘以之成也。"《通典》卷一八二,州郡十一,餘杭郡,杭州,錢塘縣,所引與《後漢書》註相似,但書名作《錢塘郡記》。

② 姚振宗《隋書經籍志考證》卷三十一:"梁有陶朱公《養魚法》一卷,亡。"《水經注》所指即此。按此書《舊唐書經籍志》卷下及《唐書藝文志》卷三等著録,均作《養魚經》。書早佚,唯《齊民要術》輯存。唐以後各家著録如《遂初堂書目》譜録類;《澹生堂書目》卷八,牧養類;《述古堂書目》卷四,鳥獸;《也是園書目》卷二,豢養等,均係《齊民要術》本。今所存如《説郛一百卷》本,《説郛正續合刊》本,《輟耕録》本,《玉函山房輯佚書》本等,亦均自《齊民要術》轉鈔而來。

又東北，路白湖水注之。……春夏水盛，則南通大江，否則南迄江堤。

雖然，因爲酈氏足跡未到南方，對大江隄防語焉不詳，但此注至少説明，長江在當時已經建成了完整的隄防。

在《水經注》記載的許多堰堨水利工程中，卷三十三，江水經"岷山在蜀郡氏道縣，大江所出，東南過其縣北"注中的"都安大堰"是一個傑出的水利工程。注云：

李冰作大堰於此，壅江作堋，堋有左右口，謂之湔堋，江入郫江、撿江以行舟。《益州記》曰：江至都安，堰其右，撿其左，其正流遂東。郫江之右也，因山頹水，坐致竹木，以溉諸郡。又穿羊摩江、灌江，西於玉女房下白沙郵作三石人立水中，刻要江神，水竭不至足，盛不没肩，是以蜀人旱則藉以爲溉，雨則不遏其流。故記曰：水旱從人，不知饑饉，沃野千里，世號陸海，謂之天府也。

從上注可見，都安大堰是一個包括防洪、灌溉、航行等各種效益的綜合性水利工程。可惜殿本等缺佚了關於歲修的六字碑文，實應按《名勝志》所引加以補足，[1]就更爲完備地記載了這個卓越的古代水利工程。

在酈注記載的許多古代的涵閘水利工程中，卷四十，漸江水經"北過餘杭，東入於海"注中的"長湖水門"，乃是一個典型的例子。注云：

浙江又北得長湖口，湖廣五里，東西百三十里，沿湖開水門六十九所，下溉田萬頃。

如上述，長湖所修建的水門竟達六十九所之多，[2]而其灌溉面積又是如此之大，這是何等複雜巨大的一個涵閘灌溉工程。

《水經注》記載的古代水利工程很多，由此而牽涉到的這類地名不少。在前面陂和田兩類地名中也已各有提及，此處就不再贅述了。

---

① 《名勝志》四川，卷六，成都府六，灌縣，引《水經注》："李冰作大堰於此，立碑六字曰：深淘潭，淺包鄢。鄢者，於江作堋，堋有左右口。"則六字碑文顯佚於殿本"李冰作大堰於此"與"壅江作堋"此二句之間。

② 按拙著《古代鑒湖興廢與山會平原農田水利》（《地理學報》28卷第3期，1962年），長湖水門，包括斗門八處，閘七處，堰二十八處，陰溝三十三處，計七十六處。

堤 塘 堰 堨

經　　文	地　　名	備　　註
卷五　河水 又東過滎陽縣北,蒗蕩渠出焉。	金隄 八激隄	
又東北過黎陽縣南。	沙丘堰	
又東北過衛縣南,又東北過濮陽縣北,瓠子河出焉。	宣房堰	
又東北過楊虛縣東,商河出焉。	長隄	
卷六　晉水 晉水出晉陽縣西懸甕山。	晉水堨	注云:"昔智伯之遏晉水以灌晉陽。"
又東過其縣南,又東入於汾水。	石塘	
卷七　濟水 濟水出河東垣縣東王屋山,爲沇水。	溴梁	注云:"《爾雅》曰:梁莫大於溴梁,梁,水堤也。"

經　　文	地　　名	備　　註
與河合流，又東過成皋縣北，又東過滎陽縣北，又東至礫溪南，東出過滎澤北。	金堤 八激堤 濟堤 船塘	
卷九　沁水 又南出山，過沁水縣北。	沁口石門	
卷九　淇水 淇水出河內隆慮縣西大號山。	白溝石堰 舊淇水口枋堰 土軍舊石逗 黎山石堰	
卷十　濁漳水 又東出山，過鄴縣西。	天井堰 漳水十二墱 石竇堰	注箋本、項本、張本作石竇，無堰字。
又東北過扶柳縣北，又東北過信都縣西。	烏子堰	
又東北至樂成陵縣北別出。	青山堤 桑社淵堤	注云："堤東出青山。" 注云："亦謂之桑社淵，從陂南出，夾堤東派。"
卷十一　易水		

經　　文	地　　名	備　　註
東過范陽縣南，又東過容城縣南。	武陽城舊堨 濡水堨 塞口古堨	注云："濡水自堨，又東逕紫池堡西。" 注云："濡水又東至塞口，古累石堨水處也。"
卷十一　滱水 　滱水出代郡靈丘縣高氏山。	侯塘	
又東過唐縣南。	唐城堨	注云："東流至唐城西北隅，堨而爲湖。"
卷十四　鮑丘水 　又南過潞縣西。	戾陵堰 車箱渠水門	
卷十四　濡水 　濡水從塞外來，東南過遼西令支縣北。	五渡塘	
卷十五　灅水 　東與千金渠合。	千金堨	
卷十六　穀水		

經　　文	地　　名	備　　註
又東過河南縣北,東南入於洛。	穀洛遺堨 千金堨 九龍堨 洛堨 鴻池橫塘	注云:"余按史傳,周靈王之時,穀洛二水,鬥毀王宮,王將堨之,太子晉諫王不聽,遺堨三堤尚存。" 注云:"後張純堰洛以通漕。"
卷十九　渭水 　又東過槐里縣南,又東,澇水從南來注之。	槐里環堤	
卷二十一　汝水 　又東南過定陵縣北。	百尺堤	
又東過平輿縣南。	蔡塘 青陂東塘	
卷二十二　潁水 　又東南過陽翟縣北。	陽翟縣故堨 靡陂堰	
又東南至新陽縣北,湏蕩渠水從西北來注之。	新陽堰 山陽堨 次塘	
卷二十二　洧水		

經　　文	地　　名	備　　註
又東南過新汲縣東北。	許昌長堤洧水南堤	
又東南過茅城邑之東北。	洧堤	
卷二十二 **潩水** 潩水出河南密縣大騩山。	洪堤	
卷二十二 **渠** 渠出滎陽北河,東南過中牟縣之北。	鄭之堰	七校本、注釋本作鄭之疆。
又屈南至扶溝縣北。	康溝上口堨	注云:"沙水又東與康溝水合,水首洧水於長社縣東,東北逕向岡西,即鄭之向鄉也,後人遏其上口。"
其一者,東南過陳縣北。	交口大堰	注云:"又東南注於潁,謂之交口,水次有大堰,即古百尺堰也,《魏書國志》曰:司馬宣王討太尉王淩,大軍掩至百尺堨,即此堨也,今俗呼之爲山陽堰。"
	百尺堰	同上註。
	百尺堨	同交口大堰註。
	山陽堰	同交口大堰註。
卷二十四 **睢水** 又東過相縣南,屈從城北東	蕭相二縣陂堰	注云:"昔鄭渾爲沛郡太守,於蕭、相二縣興陂堰,民賴其利。"

經　　文	地　　名	備　　註
流，當蕭縣南，入於陂。		
卷二十四 **瓠子河**		
瓠子河出東郡濮陽縣北河。	瓠子堰 宣房堰 滎陽千乘堤	注云：“於是卒塞瓠子口，築宮於其上，名曰宣房宮，故亦謂瓠子堰爲宣房堰。”
卷二十四 **汶水**		
過博縣西北。	亭亭山石門	
卷二十五 **泗水**		
又東過沛縣東。	豐西大堰	
又東過呂縣南。	泗水七拕	注云：“晉太元九年，……用工九萬，擁水立七拕，以利漕運者。”
卷二十五 **洙水**		
西南至卞縣，入於泗。	瑕丘城石門	
卷二十六 **沭水**		
又東南過莒縣東。	潯水舊堨	

經　　文	地　　名	備　　註
又南過陽都縣，東入於沂。	建陵山大堨 沭水故瀆大堰 沭水故瀆下堰	
卷二十六 淄水		
又東過利縣東。	陽水堨	注云："陽水又北屈逕漢城陽景王劉章廟東，東注於巨洋，後人堨斷，令北注濁水。"
	石洋堰	大典本作石羊堰。
卷二十六 濰水		
又北過平昌縣東。	平昌縣古堨	
又北過高密縣西。	百尺水堨 碑産山故堰	
卷二十八 沔水		
又從縣東屈西南，淯水從北來注之。	習郁魚池石洑逗	
又南過宜城縣東，夷水出自房陵，東流注之。	長谷水舊堨	

經　　文	地　　名	備　　　註
又東過荆城東。	靈溪東江堤 路白湖南堤 大江堤 天井臺舊堤	
卷二十九 沔水		
又東北出居巢縣南。	後塘 右塘 中塘 東興堤	
又東至會稽餘姚縣，東入於海。	穴湖塘	
卷二十九 湍水		
湍水出酈縣北芬山，南流過其縣東，又南過冠軍縣東。	楚堨 穰西石堨 六門堨	大典本作石碣。
又東過白牛邑南。	安衆縣堨	
卷二十九 比水		
比水出比陽東北太湖山，東南流過其縣南，泄水從南來注之。	馬仁陂西南堨	

經　　文	地　　名	備　　註
卷三十　淮水		
又東過新息縣南。	鴻郤陂塘	
又東過廬江安豐縣東北,決水從北來注之。	窮陂塘堰	注云:"流結爲陂,謂之窮陂,塘堰雖淪,猶用不輟。"
又東過鍾離縣北。	解塘	
	浮山巉石山堰	注云:"淮水又東逕浮山,山北對巉石山,梁氏天監中,立堰於二山之間。"
又東過淮陰縣北,中瀆水出白馬湖東北注之。	歐陽埭	注箋本、項本、七校本、注釋本、張本作歐陽,無埭字。
卷三十一　淯水		
淯水出弘農盧氏縣支離山,東南過南陽西鄂縣西北,又東過宛縣南。	安衆堨	
又南過新野縣西。	六門堨	
卷三十二　肥水		

經　　文	地　名	備　　註
北過其縣西，北入苟陂。	死虎塘	注箋本作死馬塘。
北入於淮。	船官湖堨 肥水舊瀆橫塘	注云："肥水又西，分爲二水，右即肥水之故瀆，遏爲船官湖，以置船艦也。"
卷三十三 江水 　岷山在蜀郡氐道縣，大江所出，東南過其縣北。	湔堋 都安大堰 湔堰 金堤	注箋本、注釋本、注疏本作湔灄。 注箋本、注釋本作都安之堰。 注云："俗謂之都安大堰，亦曰湔堰，又謂之金堤。" 同上註。
又東南過犍爲武陽縣，青衣水、沫水從西南來，合而注之。	武陽縣大堰 常氏堤	
卷三十四 江水 　又南過江陵縣南。	金堤	
卷三十六 温水 　東北入於鬱。	象浦塘	注云："昔馬文淵積石爲塘，達於象浦。"
卷三十七 澧水		

經　　文	地　　名	備　　　　註
又東過作唐縣北。	涔坪屯堨	大典本、黃本、沈本作涔評屯堨。
卷三十八 **湘水** 　又東北過重安縣東，又東北過酈縣西，承水從東南來注之。	略塘	
卷三十八 **灘水** 　灘水亦出陽海山。	朝夕塘	
卷三十九 **耒水** 　又西北過耒陽縣之東。	盧塘	注箋本作石盧塘。
卷三十九 **贛水** 　又北過南昌縣西。	東大湖南塘 東大湖水門	
卷四十　漸江水 　北過餘杭，東入於海。	餘杭大塘 防海大塘 錢塘	

經　　文	地　　名	備　　註
	柤塘	黃本、吳本、注箋本、何校明鈔本、王校明鈔本、項本、沈本、張本作祖塘。《嘉泰會稽志》卷十,祖瀆,引《水經注》作祖塘。《古今圖書集成·職方典》卷九八四,祖瀆,引《水經注》作祖塘。《康熙紹興府志》卷八,山川志五,祖瀆,引《水經注》作祖塘。《康熙錢塘縣志》卷一,形勝,引《水經注》作祖塘。《乾隆紹興府志》卷六,地理志六,祖瀆,引《水經注》作祖塘。《乾隆蕭山縣志》卷五,山川,浙江,引《水經注》作祖塘。
	白鹿山湖塘	
	練塘	注釋本作鍊塘。《嘉泰會稽志》卷十,隄塘,引《水經注》作鍊塘。
	楊堁	注云:"吳黃門郎楊哀明,⋯⋯使開瀆作堁,堁之西作亭,亭、堁皆以楊爲名。"
	蜂山前湖堁	

二十九、橋　梁

《水經注》以水道爲綱，橋梁是附着於水道的建築物，因此成爲注文中常見的一種地名。全注記載的各種橋梁在一百處左右。在稱謂上，包括橋、梁、衍、圯、汜①等等。

酈注記載的橋梁，絕大部分是石橋，其中有一些是石拱橋，很足以説明我國古代的橋梁建築技術。卷三十六，穀水經"又東過河南縣北，東南入於洛"注中的"旅人橋"即是其例。注云：

橋去洛陽宮六、七里，悉用大石，下圓以通水，可受大舫過也。②

這裏記載的是一座淨空很大的石拱橋，可以窺見古代橋梁建築的技術和風格。

記載中的另一些橋梁是木石混合結構的。卷二，河水經"又東入塞，過敦煌、酒泉、張掖郡南"注中的"河厲"，即是這類橋梁中的一座。注云：

按段國《沙州記》：吐谷渾於河上作橋，謂之河厲，長百五十步，兩岸壘石作基陛，節節相次，大木從橫更鎮，兩邊俱平，相去三丈，並大材以板橫次之，施鈎欄甚

---

① 卷二十三，獲水經"又東至彭城縣北，東入於泗"注云："季珪《述初賦》曰：想黄公於邳圯。"卷二十五，沂水經"又南過良城縣西，又南過下邳縣西，南入於泗"注云："水上有橋，徐泗間以爲圯，昔張子房遇黄石公於圯上，即此處也。"按圯，又作汜，卷四十，漸江水經"北過餘杭，東入於海"注云："城東郭外有靈汜，下水甚深。"《乾隆紹興府志》卷八建置志二，關梁，靈汜橋云："山陰城東有橋名靈汜。……汜一作圯。"

② 大典本、黄本、吴本、注箋本、項本、沈本、七校本、注釋本、匯校本、張本、注疏本等，於"可受大舫過也"後尚有"奇製作"三字。注疏本疏云："朱箋曰：奇製作未詳，《玉海》引此無此三字。趙云：按奇製作，所謂橋之製作甚奇，即上製作甚佳之意，豈可因《玉海》所引無之而遂疑之。戴以爲衍文而删去。"

嚴飾。橋在清水以東也。

記載中也有一些橋梁是木橋。例如卷十，濁漳水經"潞縣北"注云：

> 崿路中斷四、五丈，中以木爲偏橋，劣得通行，亦言故有偏橋之名矣。

記載中也涉及一些竹橋。例如卷十八，渭水經"又東過武功縣北"注云：

> 《諸葛亮表》云：臣遣虎步監孟琰據武功水東，司馬懿因水長攻琰營，臣作竹橋，越水射之，橋成馳去。

此外，酈注中記載的還有一些橋梁，可能是用藤一類的材料製作的。卷三十，若水經"若水出蜀郡旄牛徼外，東南至故關，爲若水也"注云：

> 其一水南逕旄中道，至大莋與若水合。

這裏的大莋，當然是《漢書·地理志》越嶲郡的大莋縣。但所以名爲莋，胡渭解釋云：

> 凡言莋者，夷人於大江上置藤橋，謂之莋，其定莋（驛案，《漢書·地理志》越嶲郡，定莋縣）、大莋，皆是近水置莋橋處，莋與莋同。①

胡氏的解釋是言之成理的。這一類稱莋或莋的橋梁，實際上已經屬於下面將要提到的索橋一類了。

除了上述按建橋的材料不同，分爲石橋、木石橋、木橋、竹橋等以外，卷五，河水注；卷十，濁漳水注；卷二十九，沔水注；卷四十，漸江水注等篇中，還記載了各種浮橋。例如卷四十，漸江水經"北過餘杭，東入於海"注中記載的"剡縣浮橋"。注云：

> 西渡通東陽，併二十五船爲橋航。

還有一種工程險峻的閣橋。卷三十八，溱水經"過湞陽縣，出洭浦關，與桂水合"注中記及的"湞陽峽閣橋"即是其例。注云：

> 溱水又西南，歷皋口、太尉二山之間，是曰湞陽峽，兩岸傑秀，壁立虧天，昔嘗鑿石架閣，令兩岸相接。

又如卷四十，漸江水經"北過餘杭，東入於海"注中的"蘭風山飛閣"。注云：

> 緣山之路，下臨大川，皆作飛閣欄干，乘之而渡。

至於各種索橋，在當時稱爲絙橋或懸度，酈注也記載了不少。卷一，河水經"屈從其東南流，入渤海"注中就有兩處提到這種橋梁。一處是"新頭河絙橋"。注云：

> 有水名新頭河，昔人有鑿石通路施倚梯者，凡七百梯，度已，躡懸絙過河，河兩岸相去咸八十步。

另一處是罽賓境內的絙橋。注云：

---

① 《禹貢錐指》卷十九。

罽賓之境,有盤石之隥,道狹尺餘,行者騎步相持,絚橋相引。

注文另外還記載了一些"懸度",這可能是比絚橋更爲原始簡單的懸索橋。和上述同一經文又注云:

郭義恭曰:烏秅之西,有懸度之國,①山溪不通,引繩而度,故國得其名也。

不僅是西部多山地區有這類懸索橋,注文也記載了我國東部地區也有這類懸索橋。卷二十四,汶水經"汶水出泰山萊蕪縣原山,西南過其縣南"注中就記載了萊蕪縣的懸度。注云:

《從征記》曰:汶水出縣西南流。又言自入萊蕪谷,夾路連山數百里,……危蹊斷徑,過懸度之艱。

在列舉了《水經注》記載的古代的各種材料和各種型式的橋梁後,再來看看記載中的一些著名大橋,由此可以窺見我國古代橋梁工程的宏偉。例如卷三十三,江水經"又東南過犍爲武陽縣,青衣水、沫水從西南來,合而注之"注中的"安漢橋"。注云:

江上舊有大橋,廣一里半,謂之安漢橋。

又如卷六,汾水經"又屈從縣南西流"注云:

汾水西逕虒祁宮北,横水有故梁,截汾水中,凡有三十柱,柱徑五尺,裁與水平,蓋晉平公之故梁也。

如上二例,安漢橋長達一里半。而春秋時代建築的汾水故梁,其柱徑竟達五尺,規模之大,也就可以想見了。

規模更爲宏偉的是"渭橋",據卷十九,渭水經"又東過長安縣北"注云:

南有長樂宮,北有咸陽宮,欲通二宮之間,故造此橋。廣六丈,南北三百八十步,六十八間,七百五十柱,百二十二梁。②

這座巨大的秦代橋梁,以後雖然毁壞,但橋柱却長期存在。據《乾隆咸陽縣志》所載:"中渭橋,橋柱七百五十,明時水落猶見一二。"③説明當時的工程是相當堅固的。

最後還必須説明,在橋梁類地名中有一些稱梁的地名,其實並非橋梁。例如卷八,濟水經"又東過方與縣北,爲菏水"注中的"秦梁"。注云:

菏水又東逕秦梁,夾岸積石一里,高二丈,言秦始皇東巡所造,因以名也。

這裏的秦梁,很可能是古代堤防的遺跡。又如卷十四,鮑丘水經"又南至雍奴縣北,屈東入於海"注中的"燕山石梁"。注云:

---

① 大典本作:"烏托之西,有懸渡之國。"吳本作"縣渡之國"。
② 大典本作:"南北二百八十步,……有一百一十二梁。"《長安志》卷十三,縣三,咸陽中渭橋,引《水經注》作:"廣六丈,南北三百八十步,洞六十八間,柱七百五,梁二百二。"
③ 《乾隆咸陽縣志》卷二十二,雜記,引《高陵志》。

懸巖之側有石鼓，去地百餘丈，望若數百石囷，有石梁貫之。鼓之東南，有石援桴，狀同擊勢。

上述注文中記載的很可能是一種喀斯特地形，其中所説的石梁，現代自然地理學中稱爲天生橋，也是石灰巖因流水溶蝕的産物。又如卷二十五，泗水經"又東南過呂縣南"注中的"呂梁"。注云：

泗水之上有石梁焉，故曰呂梁也。……懸濤漰渀，實爲泗險。

對於上述呂梁，胡渭有一段註釋可資補充：

呂梁山在州東南五十里，山下即呂梁洪也。有上、下二洪，相距七里，巨石齒列，波濤洶湧，明嘉靖二十三年，管河主事陳洪範鑿呂梁洪平之，自是運道益便。①

注文説"懸濤漰渀，實爲泗險"，以之和胡氏註釋相印證，可以斷定呂梁決非橋梁，而是呂梁山在泗水河牀中延伸崛起的部分，是河牀中天然隆起的一列石磧，到明代已藉人工鑿平了。

① 《禹貢錐指》卷五。

橋　梁

經　　文	地　　名	備　　註
卷一　河水 　　屈從其東南流，入渤海。	新頭河懸絚 罽賓絚橋	注云："有水名新頭河，昔人有鑿石通路施倚梯者，凡度七百梯，度已，躡懸絚過河，河兩岸相去咸八十步。" 注云："罽賓之境，有盤石之隥，道狹尺餘，行者騎步相持，絚橋相引。"
卷二　河水 　　又東入塞，過敦煌、酒水、張掖郡南。 　　又東過隴西河關縣北，洮水從東南來注之。	河峽橋 河厲 枹罕飛橋 偏橋 夷始梁	注云："於河峽作橋渡兵。" 注云："按段國《沙州記》：吐谷渾於河上作橋，謂之河厲，……橋在清水以東也。"
卷三　河水 　　屈從縣東北流。	北河梁	注云："漢武帝元朔二年，大將軍衛青絕梓嶺，梁北河是也。"
卷四　河水 　　又東過大陽縣南。 　　又東過砥柱間。	軝橋 鴨橋	《史記》卷一，本紀一，《五帝本紀》"虞舜者"《正義》，引《水經注》作幹橋。《辛卯侍行記》卷二，"歷山，潙汭在府東南百里"陶葆廉自註，引《水經注》作軝轎。
卷五　河水 　　又東過平縣北，湛水從北來注之。	富平津橋	注云："杜預造河橋於富平津，所謂造舟爲梁也。"

經　文	地　名	備　註
又東北過武德縣東，沁水從西北來注之。	延津浮橋	
卷六　汾水 東南過晉陽縣東，晉水從縣南東流注之。	晉陽城東汾水梁	注云："（晉陽）城東有汾水南流，……水上舊有梁。"
又南過冠爵津。	魯般橋	宋本作魯股橋，大典本作魯股橋，吳本、何校明鈔本、注删本作暮般橋。
又屈從縣西南流。	虒祁宮北汾水梁	注云："汾水西逕虒祁宮北，橫水有故梁，截汾水中，凡有三十柱，柱徑五尺，裁與水平，蓋晉平公之故梁也。"
卷六　晉水 晉水出晉陽縣西懸甕山。	唐叔虞祠飛梁	注云："有唐叔虞祠，水側有涼堂，結飛梁於水上。"
卷七　濟水 與河合流，又東過成臯縣北，又東過滎陽縣北，又東至礫溪南，東出過滎澤北。	雀梁	
卷八　濟水 又東北過壽張縣西界，安民亭南，汶水從東北來注之。	濟水東岸石橋	注云："河東岸有石橋，橋本當河，河移，故廁岸也。"

經　　文	地　　名	備　　　註
又北過臨邑縣東。	溴梁	吳本作溴渠。
又東北過盧縣北。	朝陽橋	
又東過方與縣北，爲荷水。	秦梁	注云："菏水又東逕秦梁，夾岸積石一里，高二丈，言秦始皇東巡所造，因以名焉。"
卷九　清水 　又東過汲縣北。	清水石梁	注云："清水又東逕故石梁下。"
卷九　淇水 　又東北過廣宗縣東，爲清河。	界城橋 鬲城橋	注云："水上有大梁，謂之界城橋，……世謂之鬲城橋。"
卷九　洹水 　又東北出山，過鄴縣南。	建春門石梁	
卷十　濁漳水 　潞縣北。	偏橋	《古文尚書疏證》卷六下，第九十，引《水經注》作便橋。
又東出山，過鄴縣西。	紫陌浮橋	《初學記》卷八，河東道第四，紫陌，引《水經注》作紫陌浮圖。
又東北過曲周縣東，又東北過鉅鹿縣東。	巨橋	

經　　文	地　　名	備　　　　註
又北過堂陽縣西。	旅津渡	注云：“水上有梁,謂之旅津渡,商旅所濟故也。”
又東北過扶柳縣北,又東北過信都縣西。	成郎橋	
卷十一　滱水		
又東過博陵縣南。	勺梁 將梁	
卷十三　灅水		
灅水出鴈門陰館縣,東北過代郡桑乾縣南。	鄯城東門石橋 平城兩石橋	注云：“(平城)郭南結兩石橋,橫水爲梁。”
卷十四　鮑丘水		
又南至雍奴縣北,屈東入於海。	燕山石梁	注云：“南逕燕山下,懸巖之側有石鼓,望之若數百石囷,有石梁貫之。”
卷十四　濡水		
又東南過海陽縣西,南入於海。	天橋柱 秦始皇石橋	注云：“《三齊略記》曰：秦始皇於海中作石橋。”

經　　文	地　名	備　　　　註
卷十五　伊水 又東北過新城縣南。	馬懷橋 板橋	
卷十六　穀水 又東過河南縣北，東南入於洛。	晉惠帝石梁	注云："晉惠帝造石梁於水上。"
	皐門橋	吳本、注箋本作睪門橋，注釋本作睪門橋。
	制城西梁	
	建春門石橋	
	馬市石橋	
	閶闔門石橋	注云："陽渠水南暨閶闔門，……其水北乘高渠，枝分上下，歷故橋，東入城。"
	東陽門石橋	
	洛水浮桁	
	旅人橋	注云："澗有石梁，即旅人橋也。"《通鑑》卷八十四，晉紀六，惠帝永寧元年，"至七里澗及之"胡註，引《水經注》作"武帝泰始十年，立城東七里澗石橋。"
卷十八　渭水 又東北過武功縣北。	武功水竹橋	注云："是以諸葛亮《表》云：臣遣虎步監孟琰據武功水東，司馬懿因水長攻琰營，臣作竹橋，越水射之，橋成馳去。"《熙寧長安志》卷十四，縣四，武功，斜水，引《水經注》作"司馬懿因水出騎萬人來攻琰營，亮作車橋，懿見橋垂成，便引兵退。"
卷十九　渭水		

經　　文	地　　名	備　　註
又東,豐水從南來注之。	便門橋	
又東過長安縣北。	渭橋 便門橋	注云:"水上有梁,謂之渭橋,秦制也,亦曰便門橋,……橋之北首,壘石水中,故謂之石柱橋也。"
	石柱橋 楊橋 青門橋 飲馬橋	同上註。 注云:"一水逕楊橋下,即青門橋也。"
又東過霸陵縣北,霸水從縣西北流注之。	霸橋 長存橋	注云:"水上有橋,謂之霸橋,……欲以興成新室,統一長存之道,其名霸橋爲長存橋。"
又東過鄭縣北。	鄭城西石橋 鄭城東石梁 鄭城西石梁	注云:"其水北逕鄭城西,水上有橋,……東去鄭城十里。" 注云:"《述征記》曰:鄭城東,西十四里,各有石梁。" 見上註。
卷二十二 **洧水** 　東南過其縣南。	陰坂梁	注云:"洧水又東逕陰坂北,水有梁焉。"
又東南過新汲縣東北。	桐門橋	
卷二十三 **陰溝水** 　東南至沛,爲渦水。	渦水石梁	注云:"渦水又屈而南流,出石梁。"

經　　文	地　　名	備　　註
卷二十三 **獲水** 　　又東過蕭縣南，睢水北流注之。	蕭縣石橋	注云："（蕭縣）城南舊有石橋耗處，積石爲梁，高二丈，今荒毀殆盡，亦不具誰所造也。"
又東至彭城縣北，東入於泗。	玄注橋 邳圮	注云："季珪《述初賦》曰：想黃公於邳圮。"卷二十五，沂水經"又南過良城縣西，又南過下邳縣西，南入於泗"。 注云："水上有橋，徐、泗間以爲圮，昔者，張子房遇黃石公於圮上，即此處也。"
卷二十四 **汶水** 　　汶水出泰山萊蕪縣原山，西南過其縣南。	萊蕪谷懸度	注云："自入萊蕪谷，夾路連山數百里，……危蹊斷徑，過懸度之艱。"
卷二十五 **泗水** 　　又東過沛縣東。	泡橋	《方輿紀要》卷二十九，江南十一，徐州，沛縣，泡河，引《水經注》作苞橋。
	小沛縣石梁	注云："泗水南逕小沛縣東，……水中有故石梁處，遺石尚存。"
又東南過呂縣南。	吕梁	
卷二十五 **沂水**		

經　文	地　名	備　註
又南過良城縣西,又南過下邳縣西,南入於泗。	小沂水橋 黃石公圯	注云:"謂之小沂水,水上有橋。" 注云:"水上有橋,徐、泗間以爲圯,昔張子房遇黃石公於圯上,即此處也。"
卷二十六 淄水 　又東過利縣東。	愚山石梁	注云:"又北歷愚山東,……水有石梁。"
卷二十八 沔水 　又南過邔縣東北。	豬蘭橋 木蘭橋	注云:"沔水又東逕豬蘭橋,橋本名木蘭橋。"黃本、吳本、項本、沈本、張本作荻蘭橋。
又東過荊城東。	魯宗之壘大橋	注云:"東流逕魯宗之壘南,當驛路,水上有大橋。"
卷二十九 沔水 　又東北出居巢縣南。	東關城浮梁	注云:"率衆攻東關三城,將毀堤堨,諸軍作浮梁,陳於堤上。"
又東至會稽餘姚縣,東入於海。	黃橋	
卷三十　淮水 　又東過鍾離縣北。	蘄縣石梁	注云:"渙水又東南逕蘄縣故城,……水上有古石梁處,遺基尚存。"

經　　文	地　　名	備　　　　註
又東過淮陰縣北,中瀆水出白馬湖,東北注之。	洛橋	
卷三十一 濰水 　濰水出南陽魯陽縣西之堯山。	州苞冢石橋	注云:"水南有漢中常侍長樂太僕吉成侯州苞冢,……起石橋,歷時不毀。"
卷三十一 淯水 　淯水出弘農盧氏縣支離山,東南過南陽西鄂縣西北,又東過宛縣南。	淯水三梁	注云:"淯水又西南逕史定伯碑南,又西爲瓜里津,水上有三梁,謂之瓜里渡。"
	瓜里渡	同上註。
又南過新野縣西。	黃淳水橋	注云:"謝沈《後漢書》:甄阜等敗光武於小長安東,乘勝南渡黃淳水,前營背阻兩川,謂臨比水,絶後橋,示無還心。"
卷三十二 肥水 　北入於淮。	石橋門石梁	注云:"又西逕石橋門北,……外有石梁,渡北洲。"
卷三十二 施水 　施水亦從廣陽鄉肥水別,東南入於湖。	逍遙津舊梁	注云:"又東有逍遙津,水上有舊梁。"

經　　文	地　名	備　　註
卷三十二 **溹水** 　溹水出漢中南鄭縣東旱山,北至安陽縣,南入於沔。	成固南城桁	注云:"義熙九年,索邈爲果州刺史,自成固治此,故謂之南城,……城北水舊有桁,北渡溹水,水北有趙軍城,城北又有桁。"
	趙軍城桁	見上註。
卷三十三 **江水** 　岷山在蜀郡氐道縣,大江所出,東南過其縣北。	笮橋	注箋本、項本、張本作莋橋,何本、注釋本作筰橋。
	沖治橋	大典本作沖里橋,黃本、注箋本、項本、沈本、注釋本、張本作沖里橋。注釋本註云:"《華陽國志》作沖治橋,此云沖里,是唐時寫本避高宗諱耳,章懷《後漢註》作沖里橋可證也。"《雍正四川通志》卷二十三,崇慶州,新繁縣,沱江,引《水經注》作沖里橋。
	市橋 江橋 萬里橋	
	夷星橋	大典本、黃本、吳本、沈本作夷橋。何本、注釋本、注疏本作夷里橋。《方輿紀要》卷六十七,四川二,成都府,笮橋,引《水經注》作彝橋。
	笮橋	注釋本作筰橋。
	長昇橋	項本作長升橋。
	昇僊橋 七橋	大典本作升僊,無橋字。黃本、沈本作升僊,無橋字。
又東南過犍爲武陽縣,青衣水、沫水從西南	安漢橋	《校水經注江水》(《經韻樓集》卷七),引《水經注》作漢安橋。

經　　文	地　名	備　　註
來,合而注之。		
又東至軹縣西,延江水從牂柯郡北流西屈注之。	巴子梁	
卷三十六　若水		
南過越嶲邛都縣西,南直至會無縣,淹水東南流注之。	孫水橋	注云:"司馬相如定西南夷、橋孫水,即是水也。"《史記》卷一一七,列傳五十七,《司馬相如列傳》云:"通靈關道,橋孫水。"韋昭曰:"爲孫水作橋。"
卷三十六　温水		
東北入於鬱。	淮水高橋東橋	注云:"水上懸起高橋,渡淮北岸,即彭龍、區粟之通逵也。"
卷三十八　溱水		
過湞陽縣,出洭浦關,與桂水合。	湞陽峽閣	注云:"溱水又西南,歷臯口、太尉二山之間,是曰湞陽峽,兩岸傑秀,壁立虧天,昔嘗鑿石架閣,令兩岸相接。"
卷四十　漸江水		
北過餘杭,東入於海。	剡縣橋航靈汜	注云:"西渡通東陽,併二十五船爲橋航。" 注云:"城東郭外有靈汜,下水甚深。"《乾隆紹興府志》卷八,建置志二,關梁,靈汜橋,引《輿地志》云:"山陰城東有橋名靈汜。"《乾隆志》又云:"汜,一作圯。"

經　　文	地　　名	備　　註
	浦陽江石橋 百官橋	注云:"浦陽江又東逕石橋,廣八丈高四丈。"

三十、津　渡

　　和橋梁一樣，津渡一般總是和河流交錯的陸上交通要道相聯繫，因此，在記載河流時，經常要牽涉到津渡，所以津渡也是《水經注》常見地名的一種，全注記載的津渡近一百處。由於古代在橋梁建築技術上不能與今日相比，稍爲寬闊的河流，都只能依靠津渡。以黄河爲例，在黄河上建橋，那是很晚近的事，跨越黄河，在歷史上曾長期依靠津渡。卷五，河水經"又東北過茌平縣西"注云：

　　　　《述征記》曰：碻磝，[①]津名也，自黄河泛舟而渡者，皆爲津也。

　　黄河如此，其他河流當然也一樣，在古代的技術條件下，在寬闊的河流上，有時甚至連濟渡也有困難。卷四十，漸江水經"北過餘杭，東入於海"注云：

　　　　秦始皇三十七年，將遊會稽，至錢唐，臨浙江，所不能渡，故道餘杭之西津也。

　　這裏，"所不能渡"的原因，據《秦始皇本紀》所述，是因爲"水波惡"。[②] 由此説明，在當時，因爲錢唐浙江的江面很寬，也可能是懾於這條潮汐河口的滾滾湧潮，横渡就有困難，因而渡江只能上溯到餘杭江面較窄處進行。因此，古代河川沿岸津渡的設置，常與河面寬度、地形、水文等條件有密切關係。酈注記載的每一處津渡，在這些方面也都

----

①　碻磝，吴本、注箋本作罍磝。七校本、注釋本均作罍磝。

②　《史記》卷六，本紀六，《秦始皇本紀》："三十七年十月癸丑，始皇出遊。……至錢唐，臨浙江，水波惡，乃西百二十里，從狹中渡。"《通鑑》卷七，秦紀二，始皇帝三十七年十一月，胡註："所謂水波惡處，則今之由錢唐渡西陵者是也，西陬中渡，則今富陽、分水之間。"

有可能提供我們以有用的歷史資料。

《水經注》記載的津渡，其中不少是古代交通大道上的、衆所周知的津渡。卷十，濁漳水經"又東北過曲周縣東，又東北過鉅鹿縣東"注中的"薄落津"即是其例。注云：

> 漳水又東歷經縣故城西，水有故津，謂之薄落津，①昔袁本初還自易京，上已居此，率其賓從，禊飲於斯津矣。

如上注，説明漳水上的這個薄落津，位於易京大道之上，是一處條件良好、設備完善的津渡。在這樣的津渡上，一般都設有專門的船舶以供濟渡之需。卷四十，漸江水經"漸江水出三天子都"注云：

> 又東迤遂安縣南，溪廣二百步，上立杭以相通。

又經"北過餘杭，東入於海"注云：

> 故有東渡、西渡焉，東、南二渡通臨海，並汎單船爲浮航。

以上所記載的，都是有船舶設備的古代津渡。酈注記載的津渡並非都屬此類，其中有一些只是選擇河狹水淺之處，跋涉渡越而已。例如卷十四，濡水經"又東南過海陽縣西，南入於海"注中的卑耳溪渡。注云：

> 至卑耳之溪，有贊水者，從左方涉，其深及冠；右方涉，其深至膝。

又如卷三十一，滍水經"滍水出南陽魯陽縣西之堯山"注云：

> 《春秋》襄公十八年，楚伐鄭，次於魚陵，涉於魚齒之下，甚雨，楚師多凍，役徒幾盡。……所涉，即滍水也。

像上述這類渡口，在古代戰爭中特別重要，常爲兵家所重視。二例所記，也都是古代征戰故事。卷二十八，沔水經"又東過山都縣東北"注就説得更爲清楚。注云：

> 沔水又東偏淺，冬月可涉渡，謂之交湖，兵戎之交，多自此濟。

如上所述，説明酈注的津渡地名，除了和歷史上交通道路的密切關係外，在古代軍事征戰上，也具有重要意義。

在酈注津渡地名中，還有一些地名需要加以説明。有些河流迂迴曲折，沿河道路就經常需要往復濟渡，這些地區的津渡就常常用數字命名，如卷十四，濡水注的"五渡塘"；卷三十七，沅水注的"壺頭三十三渡"等均是其例。經"沅水出牂柯且蘭縣，爲旁溝水，又東至鐔成縣，爲沅水，東過無陽縣"注云：

> 壺頭徑曲多險，其中紆折千灘。……沅水自壺頭枝分，跨三十三渡。

---

① 七校本作薄絡津。《後漢書》卷七十四上，列傳六十四上，《袁紹傳》"大會賓客於薄落津"註，引《水經注》作落津。《方輿紀要》卷十五，直隸六，順德府，廣宗縣，漳水，引《水經注》作薄洛津。《雍正畿輔通志》卷二十三，山川，川，順德府，落漠水，引《水經注》作薄洛津。

　　足見所謂三十三渡,實際上並不是一個津渡地名,而是壺頭附近沅水的許多津渡的總稱。又如卷三十三,江水經"又東南過犍爲武陽縣,青衣水、沫水從西南來,合而注之"注云:

　　　　自蜀西渡邛莋,其道至險,有弄棟八渡之難,揚母閣路之阻。[①]

　　這裏的弄棟八渡和上述三十三渡又不相同。它只是弄棟縣境內的渡口的總稱,既不知道這些渡口位於何處,也不知道這些渡口在哪些河川之上。

　　《水經注》記載的津渡,絕大部分都位於河川之上,但也有橫渡湖泊和海洋的。卷三十,淮水經"又東過淮陰縣北,中瀆水出自白馬湖,東北注之"注云:

　　　　陳敏因穿樊梁湖北,下注津湖逕渡,渡十二里,方達北口。

　　上述是湖泊津渡的例子,渡程當然比河川要長得多了。卷三十六,溫水經"東北入於鬱"注云:

　　　　王氏《交廣春秋》曰:……清朗無風之日,徑望朱崖州,如囷廩大,從徐聞對渡,
　　北風舉帆,一日一夜而至。

　　上注所記載的徐聞、朱崖州渡,即今日的瓊州海峽,這是酈注記載中的唯一海渡。

---

　　① 大典本、黃本、沈本作"揚母閣路之岨"。《校水經江水》(《經韻樓集》卷七)引《水經注》作"楊母閣路之阻"。

津　渡

經　　文	地　　名	備　　註
卷二　河水 　又東過隴西河關縣北，洮水從東南來流注之。	左南津 白土城渡	注云：“《十三州志》曰：左南津西六十里有白土城，城在大河之北，而爲緣河濟渡之處。”
又東過金城允吾縣北。	鄭伯津 石城津	
卷三　河水 　又南過赤城東，又南過定襄桐過縣西。	君子濟	
卷四　河水 　又南過河東北屈縣西。	孟門津 採桑津	注箋本、項本、張本作孟津。
又南出龍門口，汾水從東來注之。	夏陽縣故城渡	注云：“溪水又東南逕夏陽縣故城北，……昔韓信之襲王豹也，以木罌自此渡。”
又東過河北縣南。	涅津	《通鑑》卷六十四，漢紀五十六，獻帝建安十年，“遂詭道從郖津渡”胡註，引《水經注》作涅津。《名勝志》山西，卷四，解州，芮城縣，引《水經注》作涅澤。
	寶津	注云：“河水於此有涅津之名，……今寶津是也。”
又東過陝縣北。	茅津 陝津	
卷五　河水		

經　　文	地　　名	備　　註
又東過平縣北,湛水從北來注之。	漢祖渡 孟津 盟津 富平津	 注云:"故曰孟津,亦曰盟津,……又曰富平津。" 同上註。《史記》卷二,本紀二,《夏本紀》"又東至於盟津"《正義》,引《水經注》作小平津。
又東過鞏縣北。	五社津 五社渡	
又東過成皋縣北,濟水從北來注之。	板城渚口	注云:"河水又東逕板城北,有津,謂之板城渚口。"
又東北過武德縣東,沁水從西北來注之。	延津 靈昌津 棘津 石濟津 南津 延壽津	 注云:"通謂之延津,石勒之襲劉曜,途出於此,以河冰泮津,爲神靈之助,號是處爲靈昌津。" 注云:"河水於是有棘津之名,亦謂之石濟津,故南津也。" 注箋本、項本、張本作濟津。 見上註。
又東北過黎陽縣南。	天橋津 鹿鳴津 白馬濟 韋津 長壽津 官渡 鬲津 棘津 石濟南津	章宗源《隋經籍志考證》卷六,地理,《西征記》二卷,引《水經注》作天津橋。 《史記》卷五十四,世家二十四,《曹參世家》"渡圍津"《索隱》,引《水經注》作白馬津。 同上註,作韋津城。

經　　文	地　　名	備　　註
又東北過衞縣南，又東北過濮陽縣北，瓠子河出焉。	濮陽津 郭口津 盧關津 委粟津	《讀水經注小識》卷一，引《水經注》作國口津。 注箋本、項本、張本作廬關津。
又東北過東阿縣北。	倉亭津	
又東北過茌平縣西。	碻磝津 四瀆津	吳本、注箋本、何校明鈔本作𥐟磝津，王校明鈔本、七校本、注釋本作嚻磝津。
又東過楊虛縣東，商河出焉。	張公渡	
又東北過漯陽縣北。	鹿角津 厭次津 漯沃津	 《方輿紀要》卷一二五，川瀆二，大河上，引《水經注》作濕沃津。
卷六　汾水 　又南過冠爵津。	冠爵津	黃本、吳本、何校明鈔本、王校明鈔本、注刪本、項本、沈本、摘鈔本、張本作冠爵津。黃本、吳本註云：“一作冠。”《初學記》卷八，河東道第四，汾關，引《水經注》作鶴雀津。《禹貢錐指》卷二，引《水經注》作冠雀津。《佩文韻府》卷十一下，十一真，津，冠雀津，引《水經注》作冠雀津。《蜀道驛程記》引《水經注》作寇爵津。
卷六　湛水 　又東南當平縣之北。	鄧津	

經　　文	地　　名	備　　註
卷七　濟水 　與河合流,又東過成皋縣北,又東過滎陽縣北,又東至礫溪南,東出過滎澤北。	濟隧	注云:"《春秋左傳》襄公十一年,諸侯伐鄭,西濟於濟隧。"
卷八　濟水 　又東北過盧縣北。	朝陽橋渡	注云:"建武五年,耿弇東擊張步,從朝陽橋濟渡兵,即是處也。"
卷九　清水 　清水出河內脩武縣之北黑山。	玉門津	
卷九　淇水 　又北過廣川縣東。	歷口渡	
卷十　濁漳水 　又東出山,過鄴縣西。	三户津	
又東北過曲周縣東,又東北過鉅鹿縣東。	薄落津	七校本作薄絡津。《後漢書》卷七十四上,列傳六十四上,《袁紹傳》"大會賓徒於薄落津"註,引《水經注》作落津。《方輿紀要》卷十五,直隸六,順德府,廣宗縣,漳水,引《水經注》作薄洛津。《雍正畿輔通志》卷二十三,山川,川,順德府,落漠水,引《水經注》作薄洛津。
又東北過扶柳縣北,又東北過信都縣西。	袁譚渡	

經　　文	地　名	備　　註
卷十一　易水		
東過范陽縣南,又東過容城縣南。	武隧津	吳本作武遂津。
卷十四　濡水		
濡水從塞外來,東南過遼西令支縣北。	五渡塘	注云:"其水南入五渡塘,於其川也,流紆曲溯,涉者頻濟,故川塘取名矣。"
又東南過海陽縣西,南入於海。	卑耳之溪渡	注云:"至卑耳之溪,有贊水者,從左方涉,其深及冠;右方涉,其深至膝。"
卷十六　穀水		
又東過河南縣北,東南入於洛。	孟津	
卷十九　渭水		
又東過鄭縣北。	渭水鄭縣渡	注云:"乘白蓋小車與崇及尚書一人,相隨向鄭,北渡渭水,即此處也。"
卷二十一　汝水		
東南過其縣北。	周公渡	

經　　文	地　　名	備　　註
卷二十二 潁水		
又東南過陽翟縣北。	上棘渡	注云:"《春秋左傳》襄公十八年,楚師伐鄭,城上棘以涉潁者也。"
卷二十二 洧水		
東南過其縣南。	陰坂	注云:"洧水又東逕陰坂北,水有梁焉,俗謂是濟爲參辰口,……杜預曰:陰坂,洧津也。"
	參辰口	同上註。
卷二十二 渠		
渠出滎陽北河,東南過中牟縣之北。	官渡	
卷二十七 沔水		
東南過鄭縣南。	長柳渡	
又東過成固縣南,又東過魏興安陽縣南,洊水出自旱山北注之。	千渡	
又東過西城縣南。	上津	

經　　文	地　名	備　　註
卷二十八 沔水		
又東過山都縣東北。	交湖渡	注云："沔水又東偏淺,冬月可涉渡,謂之交湖,兵戎之交,多自此濟。"
又南過宜城縣東,夷水出自房陵,東流注之。	沔津	
又東過荊城東。	漢津	
卷三十　淮水		
又東過廬江安豐縣東北,決水從北來注之。	安風津	大典本、吳本、注箋本、項本、七校本、注釋本、張本作安豐津。《通鑑》卷七十六,魏紀八,高貴鄉公正元二年,"安風津民張屬就殺儉"胡註,引《水經注》作安豐津。《方輿紀要》卷二十一,江南三,鳳陽府,壽州,霍丘縣,安風城,引《水經注》作安豐津。《乾隆潁州府志》卷十,雜志,辨誤,引《水經注》作安豐津。
又東北至九江壽春縣西,沘水、泄水,合北注之,又東,潁水從西北來流注之。	中陽渡	黃本、沈本作中陽渡水。
又東過淮陰縣北,中瀆水出白馬湖,東北注之。	津湖渡	

經　文	地　名	備　註
卷三十一 **滍水** 　　滍水出南陽魯陽縣西之堯山。	魚齒山渡	注云："《春秋》襄公十八年，楚伐鄭，次於魚陵，涉於魚齒之下，……所涉即滍水也。"
卷三十一 **淯水** 　　淯水出弘農盧氏縣支離山，東南過南陽西鄂縣西北，又東過宛縣南。	瓜里津 瓜里渡	注箋本作瓜里野津。
卷三十二 **肥水** 　　又北過壽春縣東。	長瀨津	
卷三十二 **施水** 　　施水亦從廣陽鄉肥水別，東南入於湖。	逍遥津	
卷三十三 **江水** 　　岷山在蜀郡氐道縣，大江所出，東南過其縣北。	璧玉津	注箋本、項本、張本作壁玉津。

經　文	地　名	備　註
又東南過犍爲武陽縣，青衣水、沫水從西南來，合而注之。	弄棟八渡	
卷三十五 **江水** 鄂縣北。	闕塞濟	注云："于行、小難兩山之間爲闕塞，從此濟於土復，土復者，北岸地名也。"
卷三十六 **若水** 又東北至犍爲朱提縣西，爲瀘江水。	瀘津 蘭倉津	《滇行日錄》引《水經注》作蘭倉江。
卷三十六 **温水** 東北入於鬱。	徐聞朱崖州渡	注云："王氏《交廣春秋》曰：……清朗無風之日，徑望朱崖州，如囷廩大，從徐聞對渡，北風舉帆，一日一夜而至。"
卷三十七 **葉榆河** 過交趾羸泠縣北，分爲五水，絡交趾郡中，至南界復合爲三水，東入海。	龍編縣南津 龍編縣北津	注云："建安二十三年立州之始，蛟龍蟠編於南、北二津，故改龍淵以龍編爲名。" 見上註。
卷三十七 **沅水**		

經　　文	地　名	備　　註
沅水出牂柯且蘭縣，爲旁溝水，東至鐔成縣，爲沅水，東過無陽縣。	三十三渡	
卷三十七 浪水 　其一又東過縣東，南入於海。	離津	
卷三十八 溱水 　過湞陽縣，出洭浦關，與桂水合。	湞石山石室渡	注云："縣東有湞石山，……其陽有石室，漁叟所憩，昔欲於山北，開達郡之路，輒有大蛇斷道，不果，是以今行者，必於石室前，汎舟而濟也。"
卷三十九 贛水 　又北過南昌縣西。	石頭津 海昏縣東津	注云："水之西岸有盤石，謂之石頭，津步之處也。" 注云："（海昏）縣東津上有亭，爲濟渡之要。"
卷四十　漸江水 　漸江水出三天子都。	遂安縣南杭	注云："又東逕遂安縣南，溪廣二百步，上立杭以相通。"
北過餘杭，東入於海。	餘杭西津 剡縣東渡 剡縣西渡	注云："逕剡縣東，……江水翼縣轉注，故有東渡、西渡焉。" 見上註。

三十一、道　路

　　《水經注》有關交通運輸的記載，除了水道以外，也包括許多陸上道路。對於這些陸上道路，注文不僅記載了路名。有的記載了道路的起迄經過，有的記載了道路的平夷險要，有的記載了道路的歷史沿革，也有的記載了沿途的自然風光。全注記載的道路地名，約在一百二十處以上。

　　酈注記載的道路，在稱謂上有道、路、衢、街、徑、陌、隥等。其中記載最多的，是那些崎嶇險要的道路。這些道路在地名上常被稱爲棧道、閣道、陡道、山道、谷道、側道、蹊徑、石隥等等。

　　棧道和閣道，多是指的旁山險路。卷二十七，沔水經"沔水出武都沮縣東狼谷中"注中寫得十分清楚。注云：

　　　　歷故棧道下谷，俗謂千梁無柱也。諸葛亮與兄瑾書云：前趙子龍退軍燒壞赤崖以北閣道，緣谷百餘里，閣梁一頭入山腹，其一頭立柱於水中。

　　從上述注文中，不僅看到棧道和閣道的險要，同時也看到其工程的艱巨。

　　山道和谷道，一般是指那些羣山之中的山間道路，例如卷三十六，若水經"又東北至犍爲朱提縣西，爲瀘江水"注中的"堂琅西北山道"。注云：

　　　　西北行上高山，羊腸繩屈八百餘里，或攀木而升，或繩索相牽而上，緣涉者若將階天。

　　注文又云：

自朱提至僰道,有水道步道。……行者苦之,故俗謂之語曰:楮溪赤水,①盤蛇七曲,盤羊烏櫳,②氣與天通,看都護沘,住柱呼伊,庲降賈子,左擔七里。又有牛叩頭、馬搏頰坂,其艱險如此也。

"庲降賈子,左擔七里。"這樣的道路在古代稱爲左擔路,③今天常稱爲旁山險路。意謂道路狹窄險峻,負者不能易肩。這當然是十分艱險的道路了。

注文中的側道、蹊徑等,多是崎嶇險窄的山間小路,例如卷二十,漾水經"漾水出隴西氐道縣嶓冢山,東至武都沮縣,爲漢水"注中的"祁山蹊徑"。注云:

《開山圖》曰:漢陽西南有祁山,蹊徑透迤,山高嶺險。

又如卷四十,漸江水經"北過餘杭,東入於海"注中的"成功嶠欹路"。注云:

浦陽江又東北逕始寧縣嶀山之成功嶠,嶠壁立臨江,欹路峻狹,不得併行,行者牽木稍進,不敢俯視。

至於石隥,則是指的登山階路,例如卷一,河水經"屈從其東南流,入渤海"注中的"罽賓道"。

余證諸史傳,即所謂罽賓之境,有盤石之隥,道狹尺餘,行者騎步相持,絚橋相引,二十許里方到懸度,險阻危害,不可勝言。

除了上述險要的山道外,酈注也記載了不少平夷的大道,在地名上往往稱爲大道、通衢、驛路、馳道、馬步徑等,這些稱謂,意義都是很明確的。

在這類道路中,對於卷五,河水經"又東過黎陽縣南"注中的"鄭馳道",有些學者還有不同的意見。注云:

余按《竹書紀年》,梁惠成王十一年,鄭釐侯使許息來致地,平丘、戶牖、首垣諸邑及鄭馳道,我取枳道與鄭鹿,即是城也。

上述注文在"鄭馳道"的"道"字之下,殿本加註云:"案近刻訛作地。"④

這裏,孫詒讓指出:"案戴改地爲道,蓋據今本《紀年》及《通鑑地理通釋》⑤校,以馳道爲地名也,趙校亦同,並非是。馳地者,易地也。《戰國策·秦策》云:秦攻陘使人馳

① 吳本、注刪本、《丹鉛雜錄》卷七、《林水錄》鈔《水經注》、《滇繫》卷八之一藝文繫引《水經注》均作"楮溪赤水"。
② 《丹鉛總錄》卷二,引《水經注》作烏櫳;《丹鉛雜錄》卷七,引《水經注》作烏攏。
③ 《通鑑》卷七十八,魏紀十,元帝景元四年,"鑿山通道造閣作橋"胡註:"不得易所負,謂之左擔路。"匯校本楊希閔引李克《蜀記》云:"蜀山自綿谷道徑險窄,北來擔負者,不容易肩,謂之左擔道。"
④ 大典本、黃本、吳本、注箋本、項本、沈本、張本均作"鄭馳地"。注釋本作"鄭馳道"。《水經注箋刊誤》卷二云:"馳地,《竹書紀年》作馳道,《通鑑地理通釋》校同。"
⑤ 《通鑑地理通釋》卷九,"軹"註,引《水經注》也作"鄭馳地",說明宋本原作"鄭馳地"。未知趙一清、孫詒讓所據何本。

南陽之地,正與《紀年》義同,梁取韓枳道而與韓鹿(鄭即韓也),即馳地之義。今本《紀年》乃明人摭拾僞託,不足據校。"①

　　按照孫氏的考證,則鄭馳道應爲鄭馳地,就不能作爲一個地名了。

---

①　《札迻十二卷》卷三。

道　路

經　　文	地　名	備　　註
卷一　河水 　　屈從其東南流，入渤海。	蔥嶺天竺道	注云："釋法顯曰：度蔥嶺已，入北天竺境，於此順嶺西南行十五日，其道艱阻，崖岸險絕，其山惟石，壁立千仞，……昔人有鑿石通路施倚梯者，凡渡七百梯，度已，躡懸絚過河，河兩岸相去咸八十步，漢之張騫、甘英皆不至也。"
	罽賓道	注云："余證諸史傳，即所謂罽賓之境，有盤石之隥，道狹尺餘，行者騎步相持，絚橋相引，二十許里方到，懸度險阻，危害不可勝言。"
	林楊金陳步道	注云："竺枝《扶南記》曰：林楊國去金陳國，步道二千里，車馬行，無水道。"
卷二　河水 　　其一源出于闐國南山，北流與蔥嶺所出河合，又東注蒲昌海。	烏帝于闐道	注云："釋法顯自烏帝西南行，路中無人民，沙行艱難，所逕之苦，人理莫比，在道一月五日，得達于闐。"
	大月氏大宛康居道	
又東過隴西河關縣北，洮水從東南來流注之。	安故五溪龍桑舊路	注云："馬防以建初二年，從安故五溪出龍桑，開通舊路者也。"
又東過金城允吾縣北。	天馬徑	
卷三　河水 　　又北過朔方臨戎縣西。	窳渾縣出雞鹿塞道	注云："有道，自（窳渾）縣西北出雞鹿塞。"
又南過赤城	參合陘	

經　　文	地　　名	備　　註
東,又南過定襄桐過縣西。	倉鶴陘	注云:"魏因參合陘,以即名也,北俗謂之倉鶴陘。"
卷四　河水 又南至華陰潼關,渭水從西來注之。	函谷關澗道	注云:"通謂之函谷關也,邃岸天高,空谷幽深,澗道之峽,車不方軌。號曰天險,……《西征記》曰:沿路逶迤入函道。"
	函道	同上註。
	曹公壘道	注云:"今際河之西,有曹公壘;道東原上,云李典營。"
又東過大陽縣南。	巔軨坂道	注云:"傅巖東北十餘里,即巔軨坂也,《春秋左傳》所謂入自巔軨者也,有東西絶澗,左右幽空窮深,地塹中則築以成道,指南北之路,謂之爲軨橋也。"巔軨,《名勝志》山西,卷四,解州,芮城縣,引《水經注》作真軨。《方輿紀要》卷四十一,山西三,平陽府,蒲州,虞山,引《水經注》作顛軨。
	軨橋	同上註,見橋梁類地名卷四河水軨橋註。
又東過砥柱間。	千崤山巴漢南路	注云:"水南導於千崤之山,其水北流,纏絡二道,漢建安中,曹公西討巴漢,惡南路之險,故更開北道,自後行旅率多從之。"
	千崤山巴漢北道	見上註。
卷五　河水 又東北過黎陽縣南。	鄭馳道	注云:"余按《竹書紀年》,梁惠成王十一年,鄭釐侯使許息來致地,平丘、户牖、首垣諸邑及鄭馳道,我取枳道與鄭鹿,即是城也。"大典本、黄本、吴本、注箋本、項本、沈本、張本作鄭馳地,《水經注箋刊誤》卷二云:"馳地,《竹書紀年》作馳道,《通鑑地理通釋》校同。"《札迻十二卷》卷三,孫詒讓云:"案戴改地爲道,蓋據今本《紀年》及《通鑑地理通釋》校,以馳道爲地名也。趙校亦同,並非是。馳地者,易地也。《戰國策·秦策》云:秦攻陘使人馳南陽之地,正與《紀年》義同,梁取韓枳道而與韓鹿(鄭即韓也),即馳地之義。今本《紀年》乃明人摭拾偽託,不足據校。"驛案,《通鑑地理通釋》卷九,"軹"註,引《水經注》作鄭馳地,趙、孫

經　　文	地　　名	備　　註
		所引,或係別本。
又東北過高唐縣東。	衞齊莘亭道	注云:"京相璠曰:今平原陽平縣北十里有故莘亭,陀限蹊要,自衞適齊之要道也。"
	聊城南門馳道	注云:"(聊城)南門有馳道。"
卷六　汾水 又南過冠爵津。	雀鼠谷道	注云:"俗謂之雀鼠谷,數十里間道險隘,水左右悉結偏梁閣道,纍石就路,縈帶巖側,或去水一丈,或高五、六尺,上戴山阜,下臨絶澗。"
又南過臨汾縣東。	長嶺東西通道	注云:"北有長嶺,嶺上東西有通道,即銒陘也。"
	銒陘	同上註。宋本作銒蹬。《通雅》卷十四,地輿,陘峴,引《水經注》作銒陘。
卷六　涑水 又西南過安邑縣西。	石門陘	注云:"澤南面層山,天巖雲秀,地谷淵深,左右壁立,間不容軌,謂之石門,路出其中,名之曰陘,南通上陽,北暨鹽澤。"
卷六　洞過水 西過榆次縣南,又西到晉陽縣南。	蔣谷大道	
卷七　濟水 又東過陽武縣南。	甫田之路	

經　　文	地　名	備　　　註
卷八　濟水 　其一水東南流,其一水從縣東北流,入鉅野澤。	韋城長垣馳道	注云:"有馳道自(韋)城屬於長垣。"
卷九　沁水 　又南過陽阿縣東。	沁水沿流步徑	注云:"沁水又南五十餘里,沿流上下,步陘裁通。"
又東過野王縣北。	野王道 太行南路	
卷十　濁漳水 　又東出山,過鄴縣西。	祭陌 紫陌	《嘉靖彰德府志》卷一,地理志第一之一,安陽縣,洹水,引《水經注》作祭陌河。
又東北過扶柳縣北,又東北過信都縣西。	陳餘壘間道	注云:"東北流屈逕陳餘壘西,……昔在楚漢,韓信東入,餘拒之於此,不納左車之計,悉衆西戰,信遣奇兵自間道出。"
卷十一　易水 　東過范陽縣南,又東過容城縣南。	送荊陘	注箋本、項本、張本作荊陘。
卷十一　滱水		

經　　文	地　名	備　　　註
滱水出代郡靈丘縣高氏山。	石銘陘	
又南過中山上曲陽縣北,恒水從西來注之。	恒山兩嶺石陘	注云:"東北流歷兩嶺間,……石陘逶迆,沿途九曲,歷睇諸山,咸爲劣矣,抑亦羊腸、邛崍之類者也,齊宋通和,路出其間。"
卷十二　巨馬水		
又東南過容城縣北。	督亢陌	
卷十三　灢水		
灢水出鴈門陰館縣,東北過代郡桑乾縣南。	中山故關舊道	注云:"舊道出中山故關也。"
	飛狐口安次道	注云:"晉建興中,劉琨自代出飛狐口,奔於安次,即於此道也。"
	協陽關道	注云:"《魏土地記》曰:下洛城西南九十里有協陽關,關道西通代郡。"
	如口城大道	注云:"《魏土地記》曰:(如口)城在鳴雞山西十里,南通大道。"
過廣陽薊縣北。	燕王陵伏道	注云:"灢水又東逕燕王陵南,陵有伏道。"
卷十四　濕餘水		
濕餘水出上谷居庸關東。	居庸關側道	注云:"山岫層深,側道褊狹,林鄣邃險,路才容軌。"

經　　文	地　　名	備　　註
卷十四　濡水 　濡水從塞外來，東南過遼西令支縣北。	林蘭陘 清陘	注釋本作青陘，《水經注箋刊誤》卷五云：“《永平府志》、《方輿紀要》俱作青陘。”
	九緈	注云：“塞道自無終縣東出，渡濡水，向林蘭陘東至清陘，盧龍之險，峻坂縈折，故有九緈之名矣。”大典本、黃本、吳本、注箋本、何校明鈔本、王校明鈔本、注刪本、項本、七校本、注釋本、匯校本、張本作九峥。《順治盧龍縣志》卷一，古蹟，盧龍塞，引《水經注》作九峥。
	盧龍塞道	
卷十五　洛水 　又東北出散關南。	郟鄏陌	
卷十六　穀水 　穀水出弘農黽池縣南墦塚林穀陽谷。	峽石	注云：“又東雍谷溪，回岫縈紆，石路阻峽，故亦有峽石之稱矣。”
	白超壘大道	注云：“戴延之《西征記》云：次至白超壘，去函谷十五里，築壘當大道。”
	函谷關西路	注云：“又南逕函谷關西，關高險陜，路出塵郭。”
又東過河南縣北，東南入於洛。	東宮街 銅駝街 閶闔南街 御街	
卷十七　渭水		

經　文	地　名	備　註
又東過冀縣北。	安民略陽山道	注云："元始二年,平帝罷滹沱苑以爲安民縣,起官寺市里,從番須回中,伐樹木開山道至略陽。"
又東過上邽縣。	蜀口棧道	
又東過陳倉縣西。	陳倉道	注云："故《諸葛亮與兄瑾書》曰:有綏陽小谷,雖山崖絶險,溪水縱橫,難用行軍,昔邏候往來,要道通入,今使前軍斫治此道,以向陳倉。"
卷十九　渭水		
又東,豐水從南來注之。	阿城閣道	注云："乃作朝宮於渭南,亦曰阿城也,……周馳爲閣道,自殿直抵南山。"
又東過霸陵縣北,霸水從縣西北流注之。	嶢柳道 新豐路 邯鄲道 枳道 鴻門北舊大道	
又東過鄭縣北。	平舒城南通衢 平舒道	注云："渭水又東逕平舒城北,……南面通衢。"
卷二十　漾水		
漾水出隴西氐道縣嶓冢山,東	祁山蹊徑	注云："《開山圖》曰:漢陽西南有祁山,蹊徑透迤,山高巖險。"

經　文	地　名	備　註
至武都沮縣,爲漢水。	瞿堆蟠道	注云:"漢水又東逕瞿堆西,……高二十餘里,羊腸蟠道三十六迴。"
	修城道	
	沮縣下辨山道	注云:"從沮縣至下辨,山道險絶。"
又東南至廣魏白水縣西,又東南至葭萌縣東北,與羌水合。	陰平道	
	小劍戍大劍通衢	注云:"又東南逕小劒戍北,西去大劒三十里,連山絶險,飛閣通衢。"
卷二十　丹水		
又東南過商縣南,又東南至於丹水縣,入於均。	楚通上洛阸道	
卷二十二　洧水		
又東南過茅城邑之東北。	長社城茅岡堤道	注云:"陂之西北,即長社城,陂水東翼洧堤,西面茅邑,自城北門,列築堤道,迄於此岡,世尚謂之茅岡。"
卷二十二　渠		
其一者,東南過陳縣北。	陳城南道	
卷二十三　陰溝水		
東南至沛,爲濄水。	廣鄉道	
	苦縣南門列道	

經　　文	地　　名	備　　註
	苦縣西門馳道 苦縣北門馳道	
卷二十三 汳水 　又東至梁郡蒙縣,爲獲水。	徵陌	
卷二十四 瓠子河 　又東北過廩丘縣,爲濮水。	衛陽晉之道	
卷二十四 汶水 　過博縣西北。	魯道	
卷二十七 沔水 　沔水出武都沮縣東狼谷中。	漢中谷道 容裘谷道 女郎道 故棧道 千梁無柱 赤崖閣道 石牛道	注云:"初平中,劉焉以魯爲督義司馬,住漢中,斷絶谷道。" 注云:"城側有谷,謂之容裘谷,道通益州。" 注云:"歷故棧道下谷,俗謂千梁無柱也。" 注云:"《諸葛亮與兄瑾書》云:前趙子龍退軍,燒壞赤崖以北閣道。"
東過南鄭縣南。	南鄭黑水道	注云:"《諸葛亮牋》云:"朝發南鄭,暮宿黑水,四、五十里,指謂是水也,道則百里也。"

經　　文	地　名	備　　　　註
又東過成固縣南,又東過魏興安陽縣南,涔水出自旱山北注之。	漢中關中北道	注云:"蕭何守漢中,欲修北道通關中,故名爲通關勢。"
	通關勢	同上註。
	敖頭傍山通道	注云:"漢水又東歷敖頭,舊立倉儲之所,傍山通道,水陸險湊。"
	王谷谷道	注云:"又東逕魏興郡廣城縣,縣治王谷,谷道南出巴獠。"
卷二十八 沔水 　又南過筑陽縣東,筑水出自房陵縣東,過其縣南流注之。	宕渠汎口別道	注云:"魏遣夏侯淵與張郃下巴西,進軍宕渠,劉備軍汎口,即是水所出也,張飛自別道襲張郃於此水。"
	闕林山東陸道	注云:"沔水又南逕闕林山東,本郡陸道之所由。"
	梁州大路	
又從縣東屈西南,淯水從北來注之。	習郁魚池西大道	注云:"(習郁魚池)西枕大道。"
又東過荆城東。	魯宗之壘南驛路	注云:"東流逕魯宗之壘南,當驛路。"
卷二十九 沔水 　分爲二,其一東北流,其一又過毗陵縣北,爲北江。	太湖九折路	注云:"下有九折路,南出太湖。"
卷三十一 淯水		

經　　文	地　名	備　　　註
清水出弘農盧氏縣支離山，東南過南陽西鄂縣西北，又東過宛縣南。	宛城堵陽道 宛城方城道	注云："自宛（城）道逕東出堵陽，西道方城。" 見上註。
卷三十二 **肥水** 　北入於淮。	東都街 玄康南路馳道	
卷三十二 **羌水** 　羌水出羌中參狼谷。	孔函谷北道	注云："從孔函谷，將出北道。"
卷三十二 **涪水** 　涪水出廣魏涪縣西北。	陰平景谷步道	
卷三十三 **江水** 　又東南過犍爲武陽縣，青衣水、沫水從西南來，合而注之。	揚母閣路	注釋本作楊母閣路。《校水經注江水》（《經韻樓集》卷七），引《水經注》作楊母閣路。

經　　文	地　　名	備　　註
又東南過僰道縣北，若水、淹水，合從西來注之；又東，渚水北流注之。	南中建寧山道	注云："乃鑿石開閣，以通南中，迄於建寧，二千餘里，山道廣丈餘，深三、四丈，其鑿鑿之迹猶存。"
卷三十四 **江水** 　又東過巫縣南，鹽水從縣東南流注之。	夔道	
又東過夷陵縣南。	荆門虎牙陸道	注云："江水又東歷荆門、虎牙間，……將兵數萬，據險爲浮橋，橫江以絕水路，營壘跨山以塞陸道。"
又東南過夷道縣北，夷水從佷山縣南，東北注之。	夷道	
又南過江陵縣南。	馬徑	
卷三十六 **若水** 　南過越寯邛都縣西，直南至會無縣，淹水東南流注之。	天馬徑	

經　　文	地　名	備　　註
又東北至犍爲朱提縣西,爲瀘江水。	堂琅縣西北山道	注云:"郡西南二百里,得所縮堂琅縣,西北行,上高山,羊腸繩屈八百餘里,或攀木而升,或繩索相牽而上,緣涉者若將階天。"
	博南山道	
	瀘水左右馬步徑	注云:"(瀘)水之左右,馬步之陘裁通。"
	朱提僰道步道	注云:"自朱提至僰道,有水、步道。"
卷三十六 **溫水**		
東北入於鬱。	九真路	
	彭龍區粟通達	注云:"渡淮北岸,即彭龍區粟之通達也。"
	扶南林邑步道	注云:"按竺枝《扶南記》曰:扶南去林邑四千里,水、步道通。"
卷三十七 **夷水**		
夷水出巴郡魚復縣江。	巫城水南岸山道	
卷三十九 **涎水**		
涎水出桂陽縣盧聚。	聖鼓道	
卷三十九 **贛水**		
又北過南昌縣西	南塘南路	注云:"南緣迴折至南塘,……漢永元中,太守張躬築塘以通南路。"

經　　文	地　　名	備　　註
卷三十九 **廬江水** 　廬江水出三天子都北,過彭澤縣西,北入於江。	南嶺南大道	注云:"南嶺,即彭蠡澤西天子鄣也,……嶺南有大道。"
卷四十　漸江水 　北過餘杭,東入於海。	秦望山懸嶝山陰道	注云:"自平地以取山頂七里,懸嶝孤危,徑路險絕。"
	山陰道	注云:"故王逸少云:從山陰道上,猶如鏡中行也。"
	成功嶠欹路	注云:"浦陽江又東北迳始寧縣嶀山之成功嶠,嶠壁立臨江,欹路峻狹。"成功嶠,大典本、黃本、注箋本、項本、沈本、張本作成工嶠。《嘉泰會稽志》卷九,嶀山,引《水經注》作成工嶠。
	太康湖湖中路	注云:"浦陽江自嶀山東北迳太康湖,……湖中築路,東出趨山,路甚平直。"
	蘭風山驛路	注云:"縣南有蘭風山,山少木多石,驛路帶山傍江,路邊皆作欄干。"

三十二、關　塞

　　關塞是《水經注》常見的地名,其稱謂有關、塞、隘、壘、障等,全注中約有這類地名一百六十餘處。

　　古來關塞的建立,總是選擇地形特殊、位置衝要、形勢險峻之處。酈注記載關塞,也常常在這些方面進行描述。例如卷三,河水經"屈從縣東北流"注中的高闕。注云:

　　　　《史記》:趙武靈王既襲胡服,自代並陰山下至高闕爲塞,山下有長城,長城之際,連山刺天。其山中斷,兩岸雙闕,善能雲舉,望若闕焉,即狀表目,故有高闕之名也。

　　又如卷四。河水經"又南至華陰潼關,渭水從西來注之"注中的"函谷關"。注云:

　　　　歷北出東崤,通謂之函谷關也,邃岸天高,空谷幽深,澗道之峽,車不方軌,號曰天險。

　　由於關塞多是古來兵家所爭之地,酈注在記載關塞時,又常常聯繫到當地的軍事形勢,甚至還記載了歷史上爭奪這一關塞的某個戰役。例如卷二十,漾水經"又東至廣魏白水縣西,又東南至葭萌縣東北,與羌水合"注中的"劍閣"。注云:

　　　　連山絶險,飛閣通衢,故謂之劍閣也。張載銘曰:一人守險,萬夫趑趄。信然。

　　又如卷十,濁漳水經"又東北過扶柳縣北,又東北過信都縣西"注中的"陳餘壘"。注云:

　　　　東北流屈逕陳餘壘西,俗謂之故壁城。昔在漢楚,韓信東入,餘拒於此,不納左車之計,悉衆西戰,信遣奇兵自間道出,立幟於其壘,師奔失據,遂死泜上。

像上述這樣的例子,在酈注關塞類地名中是不勝枚舉的。爲此,酈注中的這類地名,對研究古代軍事征戰,也是一種有用的資料。

在關塞類地名中,也把長城收入在內。因爲長城的建築,本來就是爲了軍事上的需要,而古來的許多著名關塞,常常設置在長城沿綫。上面提到的高闕,即是其中之一。一般所稱的長城,大概都是指的秦代修建的所謂萬里長城。[①] 但《水經注》記載的長城,內容比後世所稱的萬里長城要廣泛得多。當然,對於秦代的萬里長城,酈注也作了不少記載。例如卷三,河水經"屈東過九原縣南"注云:

> 始皇三十三年,起自臨洮,東暨遼海,西並陰山,築長城。……蒙恬臨死曰:夫起臨洮,屬遼東,城塹萬餘里。

此外,卷三,河水經"又東過雲中楨陵縣南,又東過沙南縣北,從縣東屈南過沙陵縣西"注中的"趙長城";卷十一,易水經"易水出涿郡故安縣閻鄉西山"注中的"燕長城"等,由於秦始皇修築長城時都被利用在內,所以也是萬里長城的一部分。

但是酈注所記載的長城,還不只上述幾處。例如卷十九,渭水經"又東過鄭縣北"注云:

> 魏築長城,自鄭濱洛者也。

又如卷七,濟水經"又東過封丘縣北"注云:

> 按《竹書紀年》,梁惠成王十二年,龍賈率師築長城於西邊,自亥谷以南,鄭所城矣。《竹書紀年》云:梁惠成王十五年築也。《郡國志》曰:長城自卷逕陽武至密者是矣。

上述二處長城,雖然在建築年代上與前面的趙、燕諸長城相似,但却未包括在後來秦代修築的長城之內,與一般所謂的萬里長城不能同日而語。

又如卷八,濟水經"又東過臨邑縣東"注云:

> 平陰城南有長城,東至海,西至濟河。

這裏的長城可能是齊長城的一部分。對於齊長城,卷二十六,汶水經"汶水出朱虛縣泰山"注中記載得更爲明確。注云:

> 山上有長城,西接岱山,東連琅邪,千有餘里,蓋田氏之所造也。《竹書紀年》梁惠成王二十年,齊築防以爲長城。

卷三十一,溮水經"溮水出溮陰縣西北扶予山,東過其縣南"注中,甚至還記載了楚

---

① 《史記》卷八十八,列傳第二十八,《蒙恬列傳》:"築長城,因地形,用制險塞,起臨洮,至遼東,延袤萬餘里。"此爲現存的對秦長城的最早記載,萬里長城一名,當由此而來。

長城,這是其他文獻所很少見的可貴資料。注云:

> 盛弘之云:葉東界有故城,始犫縣,東至瀙水,達比陽界,南北聯,聯數百里,號
> 爲方城,一謂之長城云。酈縣有故城一面,未詳里數,號爲長城,此即城之西隅,其
> 間相去六百里,北面雖無基築,皆連山相接,而漢水流其南。故屈完答齊桓公云:
> 楚國方城以爲城,漢水以爲池。

如上所述,足見《水經注》記載的長城,遠遠超過後世所謂萬里長城的概念,對研究
古代長城建築方面,是一項有用的資料。

關　塞

經　　文	地　　名	備　　註
卷二　河水 　其一源出于闐國南山,北流與蔥嶺所出河合,又東注蒲昌海。	玉門 陽關 烏壘 蒲昌海北隴	 注云:"西接鄯善,東連三沙,爲(蒲昌)海之北隴矣。"
又東入塞,過敦煌、酒泉、張掖郡南。	西塞 河關	
又東過隴西河關縣北,洮水從東南來流注之。	皋蘭山門 白石縣西塞	注云:"疑即皋蘭山門也,漢武帝元狩三年,驃騎霍去病出隴西至皋蘭,謂是山之關塞也。"
又東過金城允吾縣北。	令居縣西北塞 敦煌北塞	
又東北過安定北界麥田山。	秦長城	注箋本、項本、張本作秦城。
卷三　河水 　又北過北地富平縣西。	渾懷障	黃本、注箋本、沈本作渾懷鄣。《初學記》卷八,關內道第三,懷渾障,引《水經注》作懷渾障。《禹貢錐指》卷十三上,引《水經注》作渾懷鄣。
又北過朔方臨戎縣西。	雞鹿塞	
屈從縣北東流。	高闕塞	注云:"《史記》:趙武靈王既襲胡服,自代並陰山下至高闕爲塞,山下有長城。"

經　　文	地　　名	備　　註
	長城	見上註。
屈東過九原縣南。	河上塞 長城	注云：“秦始皇三十三年，起自臨洮，東暨遼海，西並陰山，築長城。”
又東過臨沃縣南。	石門障	注箋本、項本、張本、注疏本作石門郭。
又東過雲中楨陵縣南，又東過沙南縣北，從縣東，屈南過沙陵縣西。	長城 武川北塞	注云：“《虞氏記》云：趙武侯自五原河曲築長城，東至陰山。”
又南過西河圜陽縣東。	榆林塞 榆溪舊塞	注云：“其水東逕榆林塞，……即《漢書》所謂榆溪舊塞者也。”《關中水道記》卷一諸次水，引《水經注》作榆林舊塞。
又南過上郡高奴縣東。	神泉障	
卷四　河水		
又南過汾陰縣西。	蒲津關 蒲坂關	注云：“南對蒲津關，汲冢《竹書紀年》魏襄王七年，秦王來見於蒲坂關。”
又南至華陰潼關，渭水從西來注之。	函谷關 潼關 曹公壘 李典營	

經　　文	地　　名	備　　註
又東過河北縣南。	姚氏關 姚氏之營 桃林塞 鴻關堡 劉項裂地處 鴻關	注云："北臨大河，南對高山，姚氏置關以守峽。" 注云："水西有堡，謂之鴻關堡，世亦謂之劉項裂地處。"
又東過平陰縣北，清水從西北來注之。	清營山峽左右關防 灢關 天井關 軹關	注云："世亦謂之清營山，其水東南流出峽，峽左有城，蓋古關防也。"
卷五　河水 又東北平縣北，湛水從北來注之。	河津之隘 鉤陳壘	
又東過成臯縣北，濟水從北來注之。	黃馬關 虎牢關	
又東北過黎陽縣南。	逯明壘 白馬塞	大典本、吳本、何校明鈔本作違明壘，孫潛校本、項本、張本作逮明壘。
卷六　汾水 汾水出太原汾陽縣北管涔山。	三百八十九隘	注云："苦役連年，轉運所經，凡三百八十九隘。"
卷七　濟水		

經　　文	地　名	備　　註
濟水出河東垣縣東王屋山，爲沇水。	軹關 鍾公壘	
又東過封丘縣北。	長城	注云：“按《竹書紀年》：梁惠成王十二年，龍賈率師築長城於西邊。”
卷八　濟水 　又北過穀城縣西。	尹卯壘	
又北過臨邑縣東。	長城 防門	注云：“平陰城南有長城，東至海，西至濟河。”
卷九　沁水 　南過穀遠縣東，又南過陭氏縣東。	陭氏關	大典本、吳本作猗氏開。
又東過野王縣北。	上黨關 秦壘 天井關	
卷九　淇水 　淇水出河内隆慮縣西大號山。	馮都壘	
又北過廣川縣東。	羌壘	
卷九　蕩水		

經　　文	地　名	備　　　　註
又東北至內黃縣,入於黃澤。	晉鄙故壘	
卷十　濁漳水 又東過壺關縣北,又東北過屯留縣南。	壺口關	
又東北過扶柳縣北,又東北過信都縣西。	陳餘壘 肥壘 敬武壘	
卷十一　易水 易水出涿郡故安縣閻鄉西山。	子莊關 燕長城 武夫關	注云:"易水又東歷燕之長城。"
卷十一　滱水 滱水出代郡靈丘縣高氏山。	隘門	
東南過廣昌縣南。	倒馬關	
又東南過中山上曲陽縣北,恒水從西來注之。	鴻上關	

經　　文	地　　名	備　　註
又東過唐縣南。	委粟關 馬溺關	
又東過博陵縣南。	陽安關	大典本、注疏本作安陽關。
卷十三　灢水		
灢水出鴈門陰館縣，東北過代郡桑乾縣南。	武州塞	大典本、黃本、吳本、注箋本、項本、沈本、注釋本、張本、注疏本作武周塞。《名勝志》山西，卷五，大同府，大同縣，引《水經注》作武周塞。《乾隆大同府志》卷四，山川，武周山，引《水經注》作武周塞。
	石門關 中山故關 飛狐關 協陽關 遼塞	注箋本作飛狐門。
卷十四　濕餘水		
濕餘水出上谷居庸關東。	居庸關 軍都關	
卷十四　沽河		
沽河從塞外來。	獨固門	
卷十四　鮑丘水		
鮑丘水從塞	禦夷北塞	

經　　文	地　名	備　　註
外來,南過漁陽縣東。	廣長塹	注云:"水出縣北廣長塹南,太和中,掘此以防北狄。"
又南過潞縣西。	鄧隆故壘	注云:"光武遣游擊將軍鄧隆伐之,軍於是水之南,……遺壁故壘存焉。"
又南至雍奴縣北,屈東入於海。	徐無縣北塞	
卷十四　濡水 濡水從塞外來,東南過遼西令支縣北。	盧龍塞	
卷十四　浿水 浿水出樂浪鏤方縣,東南過臨浿縣,東入於海。	遼東故塞	
卷十五　洛水 東北過盧氏縣南。	鶪渠關	黃本、吳本、注箋本、沈本、項本、張本作陽渠關。《山海經·中山經》"浮豪之水出焉"畢沅註,引《水經注》作鶪渠關。
又東北出散關南。	散關 函谷關 廣城關	

經　　文	地　　名	備　　　註
	伊闕關	大典本作伊關。
	大谷關	
	轘轅關	
	旋門關	大典本作挺門關，吳本作挺門。
	小平津關	大典本、注箋本作平津關。
	孟津關	
	八關	
卷十五　伊水		
又東北過新城縣南。	楊亮壘	
又東北過伊闕中。	伊闕	
	闕塞	注云：“兩山相對，望之若闕，伊水歷其間北流，故謂之伊闕矣，《春秋》之闕塞也。”
	四闕	注疏本作四關。
卷十六　穀水		
穀水出弘農黽池縣南墦塚林穀陽谷。	白超壘 函谷關	孫潛校本、項本、張本作白起壘。
又東過河南縣北，東南入於洛。	洛陽壘	
卷十七　渭水		

經　　文	地　　名	備　　註
又東過上邽縣。	散關 大散關	
卷十九　渭水		
又東，豐水從南來注之。	柏谷關	
又東過霸陵縣北，霸水從縣西北流注之。	嶢關 武關 鴻門	
又東過華陰縣北。	長城 潼關	注云："水出南山，西北流入長城，城自華山，北達於河。"注箋本、項本、注釋本、張本、注疏本作長安城。
卷二十　漾水		
漾水出隴西氐道縣嶓冢山，東至武都沮縣，爲漢水。	諸葛亮故壘	
又東至廣魏白水縣西，又東南至葭萌縣東北，與羌水合。	劍閣	
卷二十　丹水		

經　　文	地　名	備　　　註
又東南過商縣南，又東南至於丹水縣，入於均。	武關	
卷二十一 汝水		
東南過其縣北。	函谷關	
又東南過潁川郏縣南。	山符壘 沛公壘	
又東南過定陵縣北。	陽關	
卷二十二 潁水		
東南過其縣南。	陽關	注箋本、項本、張本、注疏本作陽城關。《康熙登封縣志》卷五，山川志，水屬，潁水，引《水經注》作陽城關。
卷二十二 洧水		
東南過其縣南。	馬關	
卷二十二 渠		
渠出滎陽北	長城	

經　　文	地　　名	備　　註
河，東南過中牟縣之北。	曹太祖壘 曹公壘	《後漢書》卷七十四上，列傳六十四上，《袁紹傳》"操還屯官渡"註，引《水經注》作曹公壘。
卷二十三 **陰溝水** 　陰溝水出河南陽武縣蒗蕩渠。	長城	
卷二十四 **瓠子河** 　東至濟陰句陽縣，爲新溝。	都關	
又東北過廩丘縣，爲濮水。	亢父之險	
卷二十六 **巨洋水** 　又北過臨朐縣東。	劉武皇營壘	
卷二十六 **淄水** 　又東過利縣東。	五龍口	注云："水側山際，有五龍口，……若塞五龍口，城當必陷。"
卷二十六 **汶水**		

經　　文	地　　名	備　　註
汶水出朱虛縣泰山。	長城	注云："山上有長城,西接岱山,東連琅邪巨海,千有餘里,蓋田氏之所造也。"
卷二十七 沔水		
沔水出武都沮縣東狼谷中。	白馬塞 陽平關 武侯壘 亮壘 八陣圖	注釋本作白馬寨。
又東過西城縣南。	木蘭寨	大典本作木蘭塞。《通鑑》卷七十,魏紀二,明帝太和元年,"向西城安橋木蘭塞以救達"胡註,引《水經注》作木蘭塞。《駢字類編》卷四十,陵,陵城,引《水經注》作木蘭塞。
卷二十八 沔水		
又東過堵陽縣,堵水出自上粉縣,北流注之。	白馬塞	注釋本作白馬寨。
又東過郹鄉南。	郹關	
又東過荊城東。	魯宗之壘	
卷二十九 沔水		
又東北出居巢縣南。	東關	

經　　文	地　名	備　　註
卷三十　淮水 　東過江夏平春縣北。	冥阨	注云：“《史記》曰：魏攻冥阨，《音義》曰：冥阨，或言在郾縣菌山也，按《呂氏春秋》，九塞其一也。”
又東過期思縣北。	陰山關	
又東過新息縣南。	木陵關	黃本、沈本作水陵關。
卷三十一　溠水 　溠水出南陽魯陽縣西之堯山。	魯陽關	
卷三十一　淯水 　淯水出弘農盧氏縣支離山，東南過南陽西鄂縣西北，又東過宛縣南。	魯陽關 桓温故壘	
南過鄧縣東。	鄧塞	
卷三十一　潕水 　潕水出潕陰縣西北扶予山，東過其縣南。	長城	

經　　文	地　名	備　　註
卷三十三 江水		
岷山在蜀郡氐道縣，大江所出，東南過其縣北。	汶關 桃關	
又東過符縣北邪東南，鰼部水從符關東北注之。	巴符關	
又東至枳縣西，延江水從牂柯郡，北流西屈注之。	陽關	
又東過魚復縣南，夷水出焉。	諸葛亮圖壘 八陣圖	《諸葛忠武侯故事》卷五，遺蹟篇，引《水經注》作八陳圖。 《長江圖説》卷十二，新説四，引《水經注》作八陳圖。
卷三十四 江水		
又東出江關，入南郡界。	江關 弱關 捍關	注釋本作扞關。
又東過夷陵縣南。	楚之西塞	
卷三十五 江水		

經　　文	地　名	備　　註
卷三十八 灘水 　南過蒼梧荔浦縣。	灘水關	注云："灘水之上，有關。"《名勝志》西，卷三，平樂府，荔浦縣，引《水經注》云："灘水之上，有灘水關。"
卷三十八 溱水 　過湞陽縣，出洭浦關，與桂水合。	觀岐	注云："其處隘，名之爲觀岐，連山交枕，絕崖壁竦。"
卷三十九 洭水 　南出洭浦關，爲桂水。	洭浦關	
卷四十　漸江水 　北過餘杭，東入於海。	辟塞	

三十三、礦　藏

　　古代人民雖然不具備現代的地質學和礦物學知識,但是他們通過生産實踐,仍然掌握了許多有用礦物的開採技術,並且懂得了它們的冶鍊、加工和利用。與此同時,我國古代的許多地理著作中,都記載了各種礦物的分布情況、礦山鹽池等等,早已成爲古代常見的地名。《水經注》記載的這類地名,共達一百處以上。

　　當然,由於科學知識的限制,古代記載的礦物,在品種上是較少的。酈注記載的全部礦藏類地名中,最多見的是古代統治階級所喜愛的各種玉石礦,數達二十餘處。其次是民生所必需的食鹽礦,包括池鹽、巖鹽、井鹽、海鹽四類,爲數也近二十處。再次是所謂五金的金、銀、銅、鐵、錫等金屬礦。此外還有雲母、石墨、石英、雄黄、琥珀等等。特別應該提出的是,對於今天常用的可燃礦物如石油、天然氣和煤炭,《水經注》也已經有了記載。這些資料都是相當珍貴的。以石油爲例,卷三,河水經“又南過上郡高奴縣東”注中,就記載了高奴和延壽的石漆礦。注云:

　　　　故言高奴縣有洧水,肥可燋①水上有肥,可接取用之。《博物志》稱酒泉延壽縣南出泉水,大如筥,注地爲溝,水肥如肉汁。② 取著器中,始黄後黑,如凝膏,然極明,③

----

①　沈本加註云:“燋,古燃字。”《正字通》巳集上,水部,油,引《水經注》作“肬”。
②　王校明鈔本作:“涇地爲溝,有肥如肉汁。”
③　注疏本作:“如不凝膏,然之極明。”

與膏無異,膏車及水碓缸甚佳,彼方人謂之石漆。水肥亦所在有之,非止高奴縣洧水也。

如上例,高奴縣和延壽縣的石漆礦資料,不僅清楚地描述了石油的性狀和用途,而且指出了這種礦物在我國西北地區分布的廣泛性,確是一項值得珍視的資料。

關於天然氣,酈注卷三,河水注的"圜陰火井";卷十三,㶟水注的"武州火井",以及卷三十三,江水注的"臨邛火井",都是記的這種礦物。卷十三,㶟水經"㶟水出鴈門陰館縣,東北過代郡桑乾縣南"注云:

> 山上有火井,南北六、七十步,廣減尺許,源深不見底,炎勢上升,常若微雷發響,以草爇之,則煙騰火發。

同注,在記載了武州火井以後,接着又記載了武州石炭礦,這就是今天的煤炭。注云:

> 山有石炭,火之,熱同樵炭也。

卷十四,鮑丘水經"又南至雍奴縣北,屈東入於海"注云:

> 《開山圖》曰:山出不灰之木,生火之石。按注云:其木色黑,似炭而無葉,有石赤色如丹,以二石相磨,則火發,以然無灰之木。

這裏,"生火之石"當然是一種燧石,而"不灰之木"看來也是指的煤炭。

總的説來,《水經注》記載的礦藏類地名,不僅内容豐富,而其資料,在今天看來也相當可貴。但當然不是説没有缺陷,主要的缺陷乃在於資料的引用不能盡如人意。在酈注礦藏類地名中,引用了爲數較多的《山海經》的資料。而《山海經》由於成書較早,受當時條件的限制,所記載的礦藏資料未必可靠。在這方面,晚出的各種區域地志,當然遠勝於《山海經》。卷三十三,江水注中所引《華陽記》(驛案,即《華陽國志》)以説明朐忍縣鹽井,即是一個很好的例子。但是在這方面,由於當時科學知識的限制,也可能由於酈氏選用資料時,在一定程度上存在着偏重於資料的傳奇性的傾向,[①]因而錯過了對若干好資料的引用。卷三十九,贛水經"又北過南昌縣西"注中的"建成燃石礦",即是這方面的明顯例子。關於這一礦藏,雷次宗在《豫章記》[②]中曾有清楚的記載:

> 縣有葛鄉,有石炭二頃,可燃以爨。

---

① 此非我一人私見,歷來諸家已有所論。例如:一、《通典》卷一七四,州郡四:"《水經》所作,殊爲詭誕,全無憑據。"二、《通鑑釋文辯誤》卷十,《通鑑》二一九:"《地理志》止有成固縣,不載洋川。戚夫人生於洋川,本之酈道元《水經注》,道元好奇之過也。"三、楊慎《水經序》:"若酈氏注衍爲四十卷,厭其枝蔓太繁,頗無關涉,首注河水二字,氾引佛經怪誕之説,幾數千言,亦贅已。"四、全祖望《水經注釋序》:"乃以過於嗜奇,稱繁引博。"五、凌揚藻《蠡勺編》卷二十一:"但嗜奇博,讀者眩焉。"

② 《豫章記》撰於南北朝宋文帝元嘉元年(公元四二九年),書已佚,此條輯存於《後漢書·郡國志》建城註。

對於古代我國境內的煤炭資源的記載，以及"石炭"這一科學稱謂的應用，《豫章記》乃是最早的資料，這是我在早年已經指出的。[①] 酈氏在卷三十九，贛水注中，曾經兩次提及雷次宗，同卷廬江水注中，也引用了《豫章記》，說明《豫章記》是他作注時的常用參考書之一。但在建成石炭這一礦藏的記載中，酈氏却偏偏不用《豫章記》而採用了《異物志》的資料，把這種礦物稱爲"燃石"。注云：

> 《異物志》曰：石色黄白而理疎，以水灌之，便蒸；以鼎著其上，炊足以熟。置之則冷，灌之則熱，如此無窮。

如上所述的兩種資料，一種是如實反映的科學記載，另一種則是傳奇式的牽強附會。幸虧《豫章記》的記載從别的書上保存了下來，使我們今天仍然可以見到這項資料。

---

① 參閱拙著一九六〇年商務印書館版《世界煤炭地理》第一頁註釋。

礦　藏

經　　文	地　名	備　　註
卷一　河水 　　屈從其東南流,入渤海。	新頭河石鹽礦	注云:"山西有大水,名新頭河,……有石鹽,白如水精,大段則破而用之。康泰曰:安息、月氏、天竺至伽那調御,皆仰此鹽。"
卷二　河水 　　其一源出于闐國南山,北流與蔥嶺所出河合,又東注蒲昌海。	于闐國玉石礦	注云:"逕于闐國西治西城,土多玉石。"
	樓蘭國玉礦	注云:"(樓蘭)國出玉。"
	莎車國鐵山	注云:"枝河又東逕莎車國南,……有鐵山,出青玉。"
	莎車國青玉礦	見上註。
	姑墨國銅礦	注云:"北河又東逕姑墨國南,……土出銅、鐵及雌黃。"
	姑墨國鐵礦	見上註。
	姑墨國雌黃礦	見姑墨國銅礦註。
	龜兹國北山石炭礦	注云:"北河又東逕龜兹國南,……釋氏《西域記》曰:屈茨北二百里有山,夜則火光,晝日但煙,人取此山石炭,冶此山鐵,恒充三十六國用。"
	龜兹國北山鐵礦	見上註。
	龍城鹽礦	注云:"因名龍城,地廣千里,皆爲鹽而剛堅也,……掘發其下,有大鹽,方如巨枕。"
又東入塞,過敦煌、酒泉、張掖郡南。	金城金礦	注云:"金城,城下得金。"

經　　文	地　　名	備　　　　註
又東過金城允吾縣北。	西海鹽池	
又東過安定北界麥田山。	三水縣鹽池	注云:"(三水)縣東有温泉,温泉東有鹽池。"
卷三　河水 至河目縣西。	金連鹽澤 青鹽澤 大鹽池	
又南過赤城東,又南過定襄桐過縣西。	沃陽縣鹽池	注云:"今鹽池西南去沃陽縣故城六十五里。"
又南過西河圁陽縣東。	圁陰縣火井	注云:"《地理風俗記》曰:圁陰縣西五十里有……火井廟,火從地中出。"
	虢山泠石礦	注云:"水西出虢山,《山海經》曰:……是多泠石。"泠石,注箋本、項本、張本作泠石。
	上申之山硌石礦	注云:"《山海經》曰:水出上申之山,上無草木而多硌石。"
又南過土軍縣西。	鳥山北鐵礦 鳥山南玉礦	注云:"《山海經》曰:辱水出鳥山,……陰多鐵,陽多玉。" 見上註。
又南過上郡高奴縣東。	高奴縣石漆礦	注云:"故言高奴縣有洧水,肥可爇,水上有肥,可接取用之。《博物志》稱:酒泉延壽縣南山出泉水,大如筥,注地爲溝,水有肥如肉汁,取著器中,始黃後黑,如凝膏,然極明,……彼方人謂之石漆。"
	延壽縣南山石漆礦	見上註。
	申山南金礦	注云:"曰申山,……其陽多金玉。"
	申山南玉礦	見上註。

經　　文	地　　名	備　　註
卷四　河水 　又南過河東北屈縣西。	孟門山金礦	注云:"《山海經》曰:孟門之山,其上多金玉,其下多黃堊涅石。"
	孟門山玉礦	見上註
	孟門山黃堊礦	見孟門山金礦註。
	孟門山涅石礦	見孟門山金礦註。
又東過河北縣南。	首山銅礦	注云:"黃帝採首山之銅。"
	夸父山南玉礦	注云:"《山海經》曰:西九十里曰夸父之山,……其陽多玉,其陰多鐵。"
	夸父山北鐵礦	見上註。
卷五　河水 　又東過平縣北,湛水從北來注之。	和山瑤碧礦	注云:"《山海經》曰:和山上無草木而多瑤碧,……其陽多蒼玉。"
	和山南蒼玉礦	見上註。蒼玉,注釋本作倉玉。
卷六　汾水 　汾水出太原汾陽縣北管涔山。	管涔之山玉礦	注云:"《山海經》曰:……管涔之山,其上無木而下多玉。"
卷六　涑水 　西過周陽邑南。	景山北赭礦	注云:"《山海經》曰:景山南望鹽販之澤,……其陰多赭,其陽多玉。"
	景山南玉礦	見上註。
	鹽販之澤	
	解縣鹽池	注云:"郭景純曰:鹽販之澤,即解縣鹽池也。"

經　文	地　名	備　註
又西南過安邑縣西。	監鹽縣故城南鹽池	注云:"涑水西南逕監鹽縣故城,城南有鹽池。"
	安邑鹽池	注云:"《地理志》曰:鹽池在安邑西南。"
	河東鹽池	
	女鹽澤	
	猗氏鹽池	注云:"故杜預曰:猗氏有鹽池。"
卷八　濟水 　　又北過穀城縣西。	穀城山文石礦	注云:"縣有穀城山,山出文石。"
又東北方與縣北,爲菏水。	金鄉山金礦	注云:"鑿而得金,故曰金鄉山。"
卷九　清水 　　又東過汲縣北。	倉谷倉玉礦	注云:"山西有倉谷,谷有倉玉、珉石。"
	倉谷珉石礦	見上註。
卷九　淇水 　　又東北過漂榆邑,入於海。	角飛城鹽場	注云:"俗謂之角飛城,《趙記》云:石勒使王述煮鹽於角飛。"
	漂榆邑鹽場	注云:"清河又東逕漂榆邑故城南,……《魏土地記》曰:高城縣東北百里,北盡漂榆,東臨巨海,民咸煮海水,藉鹽爲業。"
卷十二　聖水 　　聖水出上谷。	玉石山珉玉礦	注云:"鹽水又東逕玉石山,謂之玉石口,山多珉玉、燕石。"
	玉石山燕石礦	見上註。

經　　文	地　　名	備　　註
卷十三　灢水		
灢水出鴈門陰館縣,東北過代郡桑乾縣南。	八風谷黑石礦	注云:"採洛陽八風谷、黑石爲之。"
	八風谷緇石礦	注云:"石是洛陽八風谷之緇石也。"
	武州縣火井	注云:"北流逕武州縣故城西,……山上有火井,南北六、七十步,廣減尺許,源深不見底,炎勢上升,常若微雷發響。"
	武州縣石炭礦	注云:"(武州縣)山有石炭,火之,熱同樵炭也。"
	梁渠之山金礦	注云:"《山海經》曰:梁渠之山,無草木,多金玉。"
	梁渠之山玉礦	見上註。
卷十四　鮑丘水		
又南至雍奴縣北,屈東入於海。	徐無山不灰之木礦	注云:"《開山圖》曰:(徐無)山出不灰之木,生火之石,按注云:其木色黑,似炭而無葉;有石赤色如丹,以二石相磨,則火發,以然無灰之木,可以終身。"
	徐無山生火之石礦	見上註。
	無終山金礦	注云:"又西南逕無終山,即帛仲理所合神丹處也,又於是山作金五千斤以救百姓。"
	無終山玉礦	注云:"(無終)山有陽翁伯玉田。"
卷十五　洛水		
又東北出散關南。	石墨山石墨礦	注云:"有石墨山,山石盡黑,可以書疏。"

經　　文	地　　名	備　　註
卷十五　伊水 　又東北過新城縣南。	大菩山玉礦	注云："水出陽城縣之大菩山，《山海經》曰：大菩之山，多琈珧之玉。"
卷十六　穀水 　穀水出弘農黽池縣南墦塚林穀陽谷。	墦塚珚玉礦	注云："《山海經》曰：傅山之西，有林焉，曰墦塚，穀水出焉，東流注於洛，其中多珚玉。"珚玉，注箋本、項本、七校本、張本、注疏本作珚玉，何本作珚玉。
	穀山碧綠礦	注云："《山海經》曰：白石山西五十里曰穀山，……其中多碧綠。"
	婁涿之山金礦	注云："《山海經》曰：……婁涿之山，無草木，多金玉。"
	婁涿之山玉礦	見上註
	婁涿之山茈石礦	注云："（婁涿之山）其中多茈石、文石。"
	婁涿之山文石礦	見上註。
	瞻諸之山南金礦	注云："《山海經》曰：……瞻諸之山，其陽多金，其陰多文石。"
	瞻諸之山北文石礦	見上註。
	厬山南玉礦	注云："《山海經》曰：平蓬山西十里厬山，其陽多琈珧之玉。"
又東過河南縣北，東南入於洛。	太行穀城之山白石英礦	注云："取白石英及紫石英及五色大石於太行穀城之山。"

經　文	地　名	備　註
	太行穀城之山紫石英礦	見上註。
	太行穀城之山五色大石礦	見太行穀城之山白石英礦註。
卷十九　渭水		
又東過霸陵縣北,霸水從縣西北流注之。	藍田北金礦	注云:"麗戎之山一名藍田,其陰多金,其陽多玉。"
	藍田南玉礦	見上註。
卷二十　漾水		
漾水出隴西氐道縣嶓冢山,東至武都沮縣,爲漢水。	西縣鹽官	注云:"水北有鹽官,在嶓冢西五十許里,相承營煮不輟,味與海鹽同,故《地理志》云:西縣有鹽官是也。"
	仇夷百頃鹽田	注云:"《開山圖》謂之仇夷,……上有平田百頃,煮土成鹽,因以百頃爲號。"
卷二十　丹水		
又東南過商縣南,又東南至於丹水縣,入於均。	丹水縣墨山石墨礦	注云:"南逕丹水縣,南注丹水。黃水北有墨山,山石悉黑,……今河南新安縣有石墨山,斯其類也。"
	新安縣石墨山石墨礦	見上註。
卷二十三　獲水		
獲水出汳水於梁郡蒙縣北。	碭山文石礦	注云:"應劭曰:縣有碭山,山在東,出文石。"

經　　文	地　名	備　　註
卷二十六 膠水		
又東過當利縣西,北入於海。	土山鹽坑	注云:"海南土山以北悉鹽坑,相承脩煮不輟。"
卷二十七 沔水		
又東過成固縣南,又東過魏興安陽縣南,洛水出自旱山北注之。	巴獠鹽井	注云:"谷道南出巴獠,有鹽井。"
又東過西城縣南。	錫縣錫礦	注云:"漢水又東逕魏興郡之錫縣故城北,……縣,故《春秋》之錫穴地也,故屬漢中,王莽之錫治也。"
卷二十九 沔水		
分爲二,其一東北流,其一又過毗陵縣北,爲北江。	鹽官縣馬臯城鹽場	注云:"《太康地道記》:吳有鹽官縣,……有馬臯城,故司鹽都尉城,吳王濞煮海爲鹽于此縣也。"
卷三十　淮水		
又東過新息縣南。	浮光山玉礦 浮光山黑石礦	注云:"淮水又東逕浮光山,……出名玉及黑石。" 見上註。
卷三十一 潕水		

經　　文	地　名	備　　註
又東過西平縣北。	西平縣鐵礦	注云："(西平)縣出名金,古有鐵官。"
卷三十二 沮水		
沮水出漢中房陵縣淮水,東南過臨沮縣界。	景山金礦	注云："西北景山,即荊山首也,……《山海經》云:金、玉是出。"
	景山玉礦	見上註。
卷三十二 涪水		
涪水出廣魏涪縣西北。	潺山金礦	注云："縣有潺水,出潺山,水源有金、銀礦。"
	潺山銀礦	見上註。
卷三十三 江水		
岷山在蜀郡氐道縣,大江所出,東南過其縣北。	臨邛縣火井 臨邛縣鹽水	注云："江水又逕臨邛縣,……縣有火井、鹽水。" 見上註。
又東至枳縣西,延江水從牂柯郡北流西屈注之。	臨江縣鹽井	注云："江水又東逕臨江縣南,……有鹽井營戶。"
又東過魚復縣南,夷水出焉。	南浦僑縣鹽井	注云："北流逕巴東郡之南浦僑縣西,溪硤側,鹽井三口,相去各數十步,以木爲桶,徑五尺,脩煮不絕。"
	朐忍縣鹽井	注云："江水又東,右逕朐忍縣故城南,……翼帶鹽井一百所,巴川資以自給。"

經　　文	地　名	備　　註
卷三十四 **江水** 　　又東過巫縣南，鹽水從縣東南流注之。	北井縣鹽井	注云："又逕北井縣西，東轉歷其縣北，水南有鹽井。"
卷三十六 **若水** 　　南過越嶲邛都縣西，直南至會無縣，淹水東南流注之。	駿馬河銅礦	注云："縣有駿馬河，……河中有貝子胎銅。"
又東北至犍爲朱提縣西，爲瀘江水。	蘭倉水金沙	注云："蘭倉水出金沙，越人收以爲黃金。"
	蘭倉水珠光穴	注云："蘭倉水，……又有珠光穴。"大典本、注箋本作光珠穴，見穴窟類地名。
	蘭倉水琥珀礦	注云："蘭倉水，……又有琥珀、珊瑚。"
	蘭倉水珊瑚礦	見上註。
卷三十六 **沫水** 　　東南過旄牛縣北，又東至越嶲靈道縣，出蒙山南。	靈道縣銅山	注云："靈道縣，……縣有銅山。"
卷三十七 **澧水**		

經　文	地　名	備　註
又東過零陽縣之北。	連巫山雄黃礦	注云:"黃水出零陽縣西北連巫山,溪出雄黃。"
卷三十八 資水		
又東北過益陽縣北。	益陽縣金沙	注云:"茱萸江又東逕益陽縣北,……水南十里,有井數百口,淺者四、五尺或三、五丈,深者亦不測其深,古老相傳,昔人以杖撞地,輒便成井,或云古人采金沙處,莫詳其實也。"
卷三十八 漣水		
漣水出連道縣西,資水之別。	石魚山玄石礦	注云:"石魚山下多玄石。"
卷三十八 湘水		
又東北過泉陵縣西。	萌渚之嶠錫礦礦 錫方	注云:"水南出於萌渚之嶠,五嶺之第四嶺也,其山多錫,亦謂之錫方矣。" 見上註。
又北,潙水從西南來注之。	銅官山雲母礦	注云:"湘水又北逕銅官山,西臨湘水,山土紫色,内含雲母,故亦謂之雲母山也。"
卷三十九 洭水		
東南過含洭縣。	堯山白石英礦	注云:"水東出堯山,……山上有白石英。"
卷三十九 贛水		

經　　文	地　　名	備　　註
又北過南昌縣西。	建成縣燃石礦	注云："（建成）縣出燃石。"
	黄金采	黄本、注箋本、項本、沈本、七校本、注釋本、張本作黄金可采。注釋本註云："《漢志》鄱陽縣下云：武陽鄉右十餘里有黄金采，師古曰：采者，謂采取金之處，可字衍。"
卷四十　漸江水		
北過餘杭，東入於海。	會稽之山金礦	注云："又有會稽之山，……上多金玉，下多砆石。"
	會稽之山玉礦	見上註
	會稽之山砆石礦	見會稽之山金礦註。砆石，注疏本作玞石。
	若邪溪銅礦	注云："東夷若邪溪，《吳越春秋》所謂歐冶涸而出銅。"
	銅牛山銅穴	注云："東有銅牛山，山有銅穴三十許丈。"
卷四十 **《禹貢》山水澤地所在**		
荆山在南郡臨沮縣東北。	東條山玉礦	注云："東條山也，卞和得玉璞於是山。"

三十四、工 業 地

古代工業不發達，所有的一些手工業，都是零星分散的。因此，和工業有關的地名，不可能有像現代一樣，有什麼工業城鎮之類。但儘管如此，《水經注》中的不少地名，仍因工業而得名。像卷二十九，粉水注中，因製粉工業得名的"上粉縣"和"粉水"；卷三十三，江水注中，因織錦工業而得名的"錦里"等都是其例。同時，也有不少工業產品，都冠以產區地名而名聞海內。例如卷五，河水注中，東阿縣出產的一種藥物，稱爲阿膠；卷三十九，耒水注中，酃縣釀造的一種美酒，稱爲酃酒。在全部酈注中，工業地類地名約有四十餘處。

《水經注》的工業地類地名，其中有一些在時代上是十分古老的，這類記載當然非常可貴。例如卷二十二，渠經"其一者東南過陳縣北"注中所記載的陶器工業。注云：

> 又東南逕陳城北，故陳國也。伏羲、神農並都之，城東北三十許里猶有羲城實中，舜後媯滿爲周陶正，武王賴其器用，妻以元女太姬，而封諸陳。

這裏，媯滿在作陶正之官時，曾在何處製造陶器，注文當然尚未明確。但後來既然封於陳，則陳爲西周的一個製陶工業中心，這是很可能的。這樣的記載，是有關我國古代工業地理分布的最早資料之一。

按酈注工業地類地名所記載的內容，記載最多的是製鹽工業，全注記載的鹽產地近二十處。由於製鹽業對古代國計民生的重要性，故注文記載得非常詳細。例如卷三十三，江水經"又東南過魚復縣南，夷水出焉"注云：

　　南流歷縣，翼帶鹽井一百所，巴川資以自給，粒大者方寸，中央隆起，形如張
繖，故因名之曰繖子鹽。有不成者，形亦必方，異於常鹽矣。王隱《晉書地道記》
曰：入湯口四十三里，有石煮以爲鹽，石大者如升，小者如拳，煮之水竭鹽成，蓋蜀
火井之倫，水火相得，乃佳矣。

　　這裏，注文把産區位置、鹽井規模、産品性狀、供銷範圍、製作方法等都作了記載。

　　冶金工業佔酈注工業地類地名中的第二位，爲數也達十餘處。舉凡金、銀、銅、鐵、
錫等常見金屬都有冶煉，而以銅、鐵的冶煉最爲普遍。卷二，河水經"其一源出于闐國
南山，北流與蔥嶺所出河合，又東注蒲昌海"注中的龜兹國冶鐵工業是一個很好的例
子。注云：

　　釋氏《西域記》曰：屈茨北二百里有山，夜則火光，晝日但煙，人取此山石炭，冶
此山鐵，恒充三十六國用。故郭義恭《廣志》云：龜兹能鑄鐵。

　　對於當時冶金工業的技術情況，注文記載的"白超壘冶官"是值得重視的。卷十
六，穀水經"穀水出弘農黽池縣南墦塚林穀陽谷"注云：

　　穀水又逕白超壘南，……壘側舊有塢，故冶官所在。魏晉之日，引穀水爲水
冶，以經國用，遺跡尚存。

　　案《農書》，水冶即水排，後漢杜詩始作。[1]《後漢書》註所謂"冶鑄者爲排以吹炭，
令激水以鼓之也"。[2]《三國志》以爲水排始于韓暨，所謂："舊時冶，作馬排，每一熟石
用馬百匹；更作人排，又費功力，暨乃因長流爲水排，計其利益，三倍于前。"[3]不管是杜
詩或韓暨，總之説明這是一種利用水力鼓風以進行冶鑄的機器。根據《嘉靖彰德府志》
引《舊經》的記載，在酈道元所在的北魏時代，洹水支流上也曾設置這類水冶。[4]　可惜
這種有可能爲酈氏所目擊的冶鑄機器，在其注文洹水篇内却偏偏没有記載，使我們不
得其詳。但這個時期水冶在冶金工業中的廣泛應用，已足以説明我國古代冶金工業發
展的技術水平。

　　在冶金工業方面，還有一事需要提及，卷三十五江水經"又東北至江夏沙羨縣西
北，沔水從北來注之"注云：

　　通金女、大文、桃班三治，吴舊屯所，在荆州界。

　　這裏，金女、大文、桃班三治的"治"字，注疏本作"冶"字。楊疏云：

① 王禎《農書》卷十九，農器圖譜十四。
② 《後漢書》卷三十一，列傳二十一，《杜詩傳》"造作水排，鑄爲農器"李賢註。
③ 《三國志》卷二十四，《魏書》二十四，《韓暨傳》。
④ 《嘉靖彰德府志》卷一，地理志第一之一，安陽縣，水冶條："周圍二十步，在縣西四十里。《舊經》曰：後魏
時引水鼓爐名水冶，僕射高隆之監造，深一尺，闊一步。"

　　《隋志》，江夏縣有鐵。《寰宇記》，冶唐山在江夏縣南二十六里。《舊記》云：
晉宋時依山置冶，故名。疑即注所指之冶。

　　又同卷經"鄂縣北"注云：

　　　　江津南入，歷樊山上下三百里，通新興、馬頭二治。

　　這裏，新興、馬頭二治的"治"字，注疏本亦作"冶"字。熊疏云：

　　　　《晉志》，武昌縣有新興、馬頭鐵官。《唐志》武昌有鐵。《御覽》八百三十三引
　　　　《武昌記》：北濟湖當是新興冶塘湖，元嘉初發水冶。……《一統志》，新興冶在大
　　　　冶縣南。

　　如上所述，楊、熊二氏，認爲"治"係"冶"之誤，特別是熊氏所引，確是持之有據的。
則金女、大文、桃班、新興、馬頭諸地，都是古代冶金工業的中心。這就更進一步地説明
了我國古代冶金工業發達的情況。

　　除了上述製鹽和冶金工業外，《水經注》工業地類地名中記載的工業，還有礦山採
掘、絲綢織造、釀造、製粉、造船等等。至於卷三十九，耒水經"又西過耒陽縣之東"注中
的造紙工業，由於記載中並未與地名相聯繫，因此没有收入於這一類地名之中。

工 業 地

經 文	地 名	備 註
卷一 河水 屈從其東南流,入渤海。	新頭河石鹽場	注云:"山西有大水,名新頭河,……有石鹽,白如水精,大段則破而用之,康泰曰:安息、月氏、天竺至伽那調御,皆仰此鹽。"
卷二 河水 其一源出于闐國南山,北流與蔥嶺所出河合,又東注蒲昌海。	龜兹鑄冶	注云:"釋氏《西域記》曰:屈茨北二百里有山,夜則火光,晝日但煙,人取此山石炭,冶此山鐵,恒充三十六國用,故郭義恭《廣志》云:龜兹能鑄冶。"
又東北過安定北界麥田山。	三水縣鹽官	注云:"故《地理志》曰:(三水)縣有鹽官。"
卷三 河水 至河目縣西。	廣牧縣鹽官	注云:"又東逕廣牧縣故城北,東部都尉治,王莽之鹽官也。"
	朔方縣鹽官	注云:"又按《魏土地記》曰:(朔方)縣有大鹽池,其鹽大而青白……漢置典鹽官。"
又南過赤城東,又南過定襄桐過縣西。	沃陽縣鹽池	注云:"今鹽池西南去沃陽縣故城六十五里。"
卷四 河水 又南過河東北屈縣西。	丹陽城冶官	注云:"東北逕冶官東,俗謂之丹陽城,城之左右,猶有遺銅矣。"冶官,注箋本無官字。
又南過蒲坂縣西。	蒲坂縣桑落酒	注云:"民有姓劉名墮者,宿擅工釀,採挹河流,醞成芳酎,懸食同枯枝之年,排於桑落之辰,故酒得其名矣。"

經　文	地　名	備　註
又東過平陰縣北,清水從西北來注之。	鼓鍾城冶官	注云:"一水歷冶官西,世人謂之鼓鍾城,城之左右猶有遺銅及銅錢也。"
	疆冶鐵官	
卷五　河水 又東北過茌平縣西。	東阿縣阿膠	注云:"東逕東阿縣故城北,……大城北門内西側皋上有大井,其巨若輪,深六、七丈,歲嘗煮膠以貢天府,《本草》所謂阿膠也。"
	東阿縣縑縑	注云:"(東阿)縣出縑縑。"
卷六　涑水 又西南過安邑縣西。	安邑鹽池 河東鹽池 猗氏鹽池	注云:"《地理志》曰:鹽池在安邑西南。" 注云:"故杜預曰:猗氏有鹽池。"
卷九　淇水 又東北過漂榆邑,入於海。	角飛城鹽場	注云:"俗謂之角飛城,《趙記》云:石勒使王述煮鹽於角飛。"
	漂榆邑鹽場	注云:"清河又東逕漂榆邑故城南,……《魏土地記》曰:高城縣東北百里,北盡漂榆,東臨巨海,民咸煮海水,藉鹽爲業。"
卷十六　穀水 穀水出弘農黽池縣南墦塚林穀陽谷。	白超壘冶官	
卷二十　漾水 漾水出隴西氏道縣嶓冢山,東至	西縣鹽官 仇夷百頃鹽	注云:"故《地理南》云:西縣有鹽官是也。" 注云:"《開山圖》謂之仇夷……上有平田百頃,煮土成鹽,

經　　文	地　名	備　　註
武都沮縣,爲漢水。	田	因以百頃爲號。"
卷二十二 渠 　　其一者,東南 過陳縣北。	陳陶正	注云:"又東南逕陳城北,……舜後媯滿爲周陶正,武王賴 其器用,妻以元女而封諸陳。"
卷二十六 巨洋水 　　又北過臨朐 縣東。	臨朐縣古冶 官	注云:"巨洋水自朱虛北入臨朐縣,……蓋古冶官所在。"
卷二十六 膠水 　　又北過當利 縣西,北入於海。	平度縣鹽坑	注云:"(平度)縣有土山,……海南土山以北悉鹽坑,相承 脩煮不輟。"
卷二十七 沔水 　　又東過成固 縣南,又東過魏興 安陽縣南,涔水出 自旱山北注之。	巴獠鹽井	注云:"谷道南出巴獠,有鹽井。"
又東過西城 縣南。	錫縣錫穴地	注云:"(錫)縣,故《春秋》之錫穴地也,故屬漢中,王莽之 錫治也。"
卷二十九 沔水 　　分爲二,其一 東北流,其一又過 毗陵縣北,爲北江。	鹽官縣馬皋 城鹽場	注云:"《太康地道記》:吳有鹽官縣,……有馬皋城,故司鹽 都尉城,吳王濞煮海爲鹽於此縣也。"

經　文	地　名	備　註
卷二十九 **粉水** 　粉水出房陵縣,東流過郢邑南。	上粉縣漬粉	注云:"粉水導源東流,逕上粉縣,取此水以漬粉,則皓耀鮮潔。"
卷三十　淮水 　又東至廣陵淮浦縣,入於海。	南莒鹽官	注云:"有鹽官,故世謂之南莒也。"
卷三十一 **溮水** 　又東過西平縣北。	西平縣刀劍	注云:"晉《太康地記》曰:(西平)縣有龍泉水,可以砥礪刀劍,特堅利。"
	西平縣鐵官	注云:"(西平)縣出名金,古有鐵官。"
卷三十二 **涪水** 　涪水出廣魏涪縣西北。	涪縣金銀	注云:"(涪)縣有潺水,出潺山,水源有金、銀礦,洗取火合之,以成金銀。"
卷三十三 **江水** 　岷山在蜀郡氐道縣,大江所出,東南過其縣北。	臨邛縣製鹽 成都縣錦官	注云:"江水又逕臨邛縣……,縣有火井、鹽水。" 注云:"(成都縣)道西城,故錦官也,言錦工織錦,則濯之江流而錦至鮮明,濯以他江,則錦色弱矣,遂命之爲錦里也。"
	錦里	見上註。

經　　　文	地　　名	備　　　註
又東北至巴郡江州縣東，強水、涪水、漢水、白水、宕渠水五水，合南流注之。	江州墮林粉	注云："巴人以此水爲粉，則皛燿鮮芳，貢粉京師，因名粉水，世謂之江州墮林粉。"
又東至枳縣西，延江水從牂柯郡，北流西屈注之。	臨江縣鹽官	注云："東接朐忍縣，有鹽官。"
又東過魚復縣南，夷水出焉。	南浦僑縣鹽井	注云："北流逕巴東郡之南浦僑縣西，溪硤側，鹽井三口，相去各數十步，以木爲桶，徑五尺，脩煮不絕。"
	朐忍縣鹽井	注云："江水又東，右逕朐忍縣故城南，⋯⋯翼帶鹽井一百所，巴川資以自給。"
	湯口火井煮鹽	注云："王隱《晉書地道記》曰：入湯口四十三里，有石煮以爲鹽，石大者如斗，小者如拳，煮之，水竭鹽成，蓋蜀火井之倫，水火相得，乃佳矣。"
	巴鄉清郡名酒	注云："江之左岸有巴鄉村，村人善釀，故俗稱巴鄉清郡出名酒。"
卷三十四 **江水** 　　又東過巫縣南，鹽水從縣東南流注之。	北井縣鹽井	注云："水南有鹽井，井在縣北，故縣名北井。"
又南過江陵縣南。	江陵今城楚船官	注云："江水又東逕江陵縣故城南，⋯⋯今城，楚船官地也。"楚船官，《輿地紀勝》卷六十四，荊湖北路，江陵府上，景物上，渚宮，引《水經注》作楚船宮。

經　　文	地　　名	備　　註
卷三十五 江水 　又東南，油水從東南來注之。	錢官	
卷三十六 若水 　又東北至犍爲朱提縣西，爲瀘江水。	蘭倉水金沙	注云："蘭倉水出金沙，越人收以爲黃金。"
卷三十六 温水 　東北入於鬱。	林邑國冶鐵	注云："（林邑國）有范文，……文入山中，就石冶鐵。"
卷三十七 澧水 　又東過零陽縣之北。	連巫山採雄黄	注云："黄水出零陽縣西北連巫山，溪出雄黄，……採常以冬月祭祀，鑿石深數丈，方得佳黄。"
卷三十八 湘水 　又北過臨湘縣西，瀏水從縣西北流注。	長沙郡船官	注云："又逕船官西，湘洲商舟之所次也，北對長沙郡。"
卷三十九 耒水 　又北過其縣西。	程鄉溪酒官	注云："謂之程鄉溪，郡置酒官，醖於山下，名曰程酒。"

經　　文	地　　名	備　　註
又北過鄮縣東。	鄮湖洲釀酒	注云："縣有鄮湖，湖中有洲，洲上居民，彼人資以自給，釀酒甚醇美，謂之鄮酒，歲常貢之。"
卷四十　漸江水		
北過餘杭，東入於海。	若邪溪製劍	注云："東帶若邪溪，《吳越春秋》所謂歐冶涸而出銅，以成五劍。"
	銅牛山冶官	注云："東有銅牛山，……山上有冶官。"
	練塘里冶銅	注云："有練塘里，《吳越春秋》云：句踐鍊冶銅錫之處。"練塘里，注釋本作鍊塘里。《嘉泰會稽志》卷十，隄塘，引《水經注》作鍊塘里。
	練塘里冶錫	見上註。
	炭瀆	注云："采炭於南山，故其間有炭瀆。"

三十五、倉　庫

　　倉庫也是一種地名。當然，倉庫的本身只不過是一種建築物，但是由於這種建築物在政治、經濟、軍事等方面具有重要意義，所以倉庫一旦建立，其社會影響往往很大，久而久之，倉庫就成爲當地的一個地名了。有時候，作爲地名的僅僅是倉庫本身。像卷十，濁漳水注的“巨橋倉”；卷十九，渭水注的“藉田倉”等均是其例。有時候，倉庫的影響更爲擴大，連倉庫所在地的整個城鎮，都以倉庫爲名，如卷二十，漾水注的唐倉城；卷二十三，汲水注的倉垣城等，就都是這類例子。《水經注》以倉庫爲名的地名並不多，總共不過二十處而已。

　　從倉庫的性質來看，酈注記載的倉庫，絕大部分是糧倉。此外也有鹽倉（如卷十，濁漳水注的“鄴縣鹽窖”）和武庫（如卷二十五，泗水注的“有炎之庫”）等。

　　有一個問題需要稍作探討。卷二十二，洧水經“又東南過長社縣北”注云：

　　　　洧水東入洧倉城內，俗以是水爲汶水，故有汶倉之名。非也，蓋洧水之邸閣耳。

　　對此，注疏本熊會貞疏云：

　　　　河水五、淇水、濁漳水、贛水等篇，並言邸閣，此以洧水邸閣釋汶倉，是邸閣即倉之殊目矣。

　　熊疏所云顯然是有依據的。按《通典》所記，後魏時，“有司請於水運之次，隨便置倉,乃於小平、石門、白馬津、……凡八所,各立邸閣。① 而《通鑑》亦記:"諸葛亮勸農講武,……運米集斜谷口,治斜谷邸閣",②"乞運河北邸閣米十五萬斛以賑陽翟饑民"。③《三國志》卷四十六,《吳書》一,《孫破虜討逆傳》第一,裴松之註引《江表傳》:"策渡江攻䢷牛渚營,盡得邸閣糧穀戰具"等,不勝枚舉。所以胡三省說:"魏延所謂橫門邸閣,足以周食,王基所謂南頓有大邸閣,計足軍人四十日糧。"④邸閣一名,按胡氏的解釋:"邸,至也,言所歸至也。閣,庋置也。邸閣,謂轉輸之歸至而庋置之也。"⑤由此可見,古人建邸閣以儲藏糧食和其他物資,這是非常清楚的。當然,熊疏提及的酈注邸閣,注文並不都記及倉儲。例如卷五,河水經"又東北過衛縣南,又東北過濮陽縣北,瓠子河出焉"注和卷九,淇水經"又東過脩縣南,又東北過東光縣西"注中所記載的兩處邸閣,都稱爲邸閣城,僅從注文,看不出與倉庫有什麼關係。卷三十九,贛水經"又北過南昌縣西"注中的邸閣,稱爲鈎圻邸閣,⑥注文也不曾和倉庫加以聯繫。此外,注內還有兩處熊疏未曾提及的邸閣,一處是卷三十一,淯水經"又南過新野縣西"注中的"士林戍邸閣"。注云:

　　　　淯水又東逕士林東,戍名也,戍有邸閣。

　　戍是軍事守備之所,戍而建立倉儲,這是很必然的事。

　　另一處邸閣是卷三十八,湘水經"又北至巴丘山,入於江"注中的"巴丘邸閣城"。注云:

　　　　山有巴陵故城,本吳之巴丘邸閣城也。⑦

　　對於這一處邸閣,《晉書》記得很清楚:

　　　　玄擊仲堪,頓巴陵而館其穀。……仲堪既失巴陵之積,又諸將皆敗,江陵震驚,城內大饑。⑧

　　這就完全說明,這一處吳所建立的邸閣,直到晉代仍作倉儲之用。

　　從上面兩處邸閣,還可以聯繫到卷二十七,沔水注的莍閣。經"又東過成固縣南,又東過魏興安陽縣南,涔水出自旱山北注之"注云:

　　　　旬水又南逕莍閣下,山上有戍,置於崇阜之上。

　　① 《通典》卷十,食貨十,漕運。
　　② 《通鑑》卷七十二,魏紀四,明帝青龍元年。
　　③ 《通鑑》卷八十四,晉紀六,惠帝永寧元年。
　　④ 《通鑑釋文辯誤》卷三,明帝青龍元年。
　　⑤ 《通鑑》卷六十一,漢紀五十三,獻帝興平二年,"盡得邸閣糧穀戰具"胡註。
　　⑥ 《方輿紀要》卷八十三,江西一,湖口,引《水經注》作"鈎圻邸閣"。
　　⑦ 《隆慶岳州府志》卷一,郡邑紀,魯肅屯巴丘爲城條,引《水經注》作:"巴陵岸上,有吳邸閣城。"
　　⑧ 《晉書》卷八十四,列傳五十四,《殷仲堪傳》。

此處的葰閣，與上述士林戍邸閣具有同樣的性質，也很可能是倉庫一類。

上述幾處邸閣，雖然注文並未明及倉儲，但其間關係，已可推索。再看看熊疏提及的卷十，濁漳水經"又東北過曲周縣東，又東北過鉅鹿縣東"注云：

> 衡漳又北逕巨橋邸閣①西，舊有大梁橫水，故有巨橋之稱。昔武王伐紂，發巨橋之粟以賑殷之饑民。服虔曰：巨橋，倉名。……今臨側水湄，左、右方一、二里中，狀若墟丘，蓋遺屯故窖處也。

這裏，正和洰水注一樣，巨橋邸閣和巨橋倉的關係，與熊疏所云是完全一致的。注文中另外還有兩處邸閣，熊疏也未曾提到，即卷二十五，泗水經"又東南過下邳縣西"注中的"宿預城邸閣"。注云：

> 泗水又逕宿預城之西，又逕其城南，故下邳之宿留縣也，王莽更名之曰康義矣。晉元皇之爲安東也，督運軍儲而爲邸閣也。

又卷三十五，江水經"又東南，油水從東南來注之"注中的"大城邸閣"，記得也很清楚。注云：

> 故側江有大城，相承云倉儲城，即邸閣也。

這裏，宿預城邸閣和大城邸閣，按注文所記，分明也都是倉庫。這就告訴我們，歷史地名中凡以邸閣爲名的，都是古代倉儲之處，爲此，《水經注》中所有邸閣，不管其是否記及倉儲，本匯編都將其收入於倉庫類地名之中。

---

① 大典本作"巨橋抵閣"，黃本、吳本、注箋本、項本、沈本均作"巨橋祇閣"，孫潛校本、七校本、注釋本均作"巨橋柢閣"。

倉　庫

經　　文	地　　名	備　　　　　註
卷五　河水 　又東北過衛縣南，又東北過濮陽縣北，瓠子河出焉。	邸閣城	
卷六　汾水 　汾水出太原汾陽縣北管涔山。	羊腸倉	宋本、大典本、何校明鈔本、王校明鈔本作羊脹倉。
卷七　濟水 　與河合流，又東過成臯縣北，又東過滎陽縣北，又東至礫溪南，東出過滎澤北。	敖倉城	
卷八　濟水 　又東北過盧縣北。	什城邸閣	注云："濟水又逕什城北，城際水湄，故邸閣也。"
卷九　淇水 　又東過脩縣南，又東北過東光縣西。	邸閣城	孫潛校本作邸閣城。
卷十　濁漳水		

經　　文	地　名	備　　註
又東出山,過鄴縣西。	冰井臺粟窖	注云:"北曰冰井臺,亦高八丈,有屋百四十五間,上有冰室,……又有粟窖及鹽窖,以備不虞。"
	冰井臺鹽窖	見上註。《古今天下名山勝概記》卷三十一,河南一,引《水經注》作:"又有粟窖及鹽。"
又東北過曲周縣東,又東北過鉅鹿縣東。	巨橋邸閣	黃本、吳本、注箋本、項本、沈本、何本、張本作巨橋祇閣,王校明鈔本、孫潛校本、七校本、注釋本作巨橋枳閣。
	巨橋倉	注云:"服虔曰:巨橋,倉名。"
卷十五　洛水 又東北出散關南。	洛陽太倉	
卷十六　穀水 又東過河南縣北,東南入於洛。	洛陽太倉	
卷十七　渭水 又東過陳倉縣西。	陳倉	
卷十九　渭水 又東過長安縣北。	藉田倉	注箋本作耤田倉。

經　　文	地　名	備　　　註
卷二十　漾水		
漾水出隴西氐道縣嶓冢山，東至武都沮縣，爲漢水。	唐倉城	
卷二十二洧水		
又東南過長社縣北。	汶倉	
卷二十二渠		
又屈南至扶溝縣北。	石倉城	注箋本作右倉城。
卷二十三汳水		
汳水出陰溝於浚儀縣北。	倉垣城	注云："汳水東逕倉垣城南，……征東將軍苟晞之西也，遼走歸東，晞使司馬東萊王讚代據倉垣，斷留運漕。"
	莠倉	
卷二十五泗水		
西南過魯縣北。	大庭氏之庫有炎之庫	大典本、吳本作有災之庫。
又東南過下邳縣西。	宿留縣邸閣	注云："泗水又逕宿預城之西，又逕其城南，故下邳之宿留縣也，王莽更名之曰康義矣，晉元皇之爲安東也，督運軍儲而爲邸閣也。"

經　　　文	地　　名	備　　　註
卷二十七 沔水 　又東過成固縣南,又東過魏興安陽縣南,溠水出自旱山北注之。	敖頭倉儲 葮閣	注云:"漢水又東歷敖頭,舊立倉儲之所。"
卷二十九 沔水 　又東至會稽餘姚縣,東入於海。	官倉	《嘉靖餘姚縣志》卷六,風物記,古蹟,黃昌宅,引《水經注》作百官倉。
卷三十一 淯水 　又南過新野縣西。	士林戍邸閣	注云:"淯水東南逕士林東,戍名也,戍有邸閣。"
卷三十五 江水 　又東南,油水從東南來注之。	倉儲城 大城邸閣	注云:"故側江有大城,相承云倉儲城,即邸閣也。"
卷三十八 湘水 　又北至巴丘山,入於江。	巴丘邸閣城	
卷三十九 贛水 　又北過南昌縣西。	釣圻邸閣	《方輿紀要》卷八十三,江西一,湖口,引《水經注》作鈞圻邸閣。

三十六、壇　臺

　　壇和臺都是古代建築物,由於這類建築物的高大宏偉,加上它們在古代宗教、祭祀、典禮、旌表等各方面的作用而產生的社會影響。因此,壇臺一經建立,往往就成爲地名。以後,即使壇臺本身塌毀,但以壇臺爲名的地名,却往往仍然存在,並且流傳於後世。《水經注》中的壇臺類地名多至一百七十餘處,其中絕大部分是臺,壇只佔少數。

　　據《漢書》註,"築土而高曰壇"。[①]　説明壇的建築只不過是築土而高,則其工程並不像下面要談到的臺那樣宏偉艱巨。但是由於壇的建築往往和古代的某種典禮、祭祀或宗教活動有關,所以社會影響很大。例如卷二十二,潁水經"又東南過潁陽縣西,又東南過潁陰縣西南"注中的"繁昌靈壇"。注云:

　　　　昔魏文帝受禪於此,自壇而降曰:舜、禹之事,吾知之矣。

　　又如卷二十七,沔水經"又東過西城縣南"注中的"石壇"。注云:

　　　　上有石壇,長數十丈,世傳列仙所居。今有道士被髮餌术,恒數十人。

　　上述二例中,前者是一種盛大的典禮,後者則是一種宗教活動,它們都是通過壇這種建築物來進行的,這是壇之所以能够名聞遐邇的重要原因。

　　酈道元所在的北魏,統治者篤信道教。壇是道教的建築物,因此盛行一時。據《通

---

　　①　《漢書》卷一上,帝紀一上,《高祖紀》上,"於是漢王齋戒設壇場,拜韓信爲大將軍"註。

鑑》所記:"魏主備法駕,詣道壇受符籙,旗幟皆青,自是每帝即位皆受籙。"①這裏的所謂道壇,在酈注卷十三,灅水經"灅水出鴈門陰館縣,東北過代郡桑乾縣南"注中即有記載。注云:

　　　　　水左有大道壇廟,始光二年,少室道士寇謙之所議也。……皇輿親降,受錄靈壇。

　　像上述這樣的壇,在當時當然是十分著名的地名了。

　　臺和壇不同,臺的建立,多數不和宗教、典禮、祭祀等有關。它有時候是統治階級的一種窮奢極欲的享受,是他們的消遣游樂場所(如卷十,濁漳水注的銅雀臺),有時候是某一歷史事物的紀念(如卷八,濟水注的黃山臺),有時候也可能爲了其他特殊目的的(如卷三,河水注的講武臺;卷九,淇水注的望海臺等)。在建築上,臺有的高大宏偉,有的結構精緻,有的裝璜瑰麗,可以由此窺及我國古代建築技術的高度水平。

　　《水經注》對各種臺的記載非常詳細,有時兼及高度和面積的具體數字。茲將記載中有數字可稽的臺,表列如下:

卷　篇	經　　文	臺　名	高　度	廣　度
卷五,河水	又東過衛縣南,又東北過濮陽縣北,瓠子河出焉。	新臺	數丈	
同上	又東北過楊虚縣東,商河出焉。	蒲臺	八丈	方二百步
卷八,濟水	其一水東南流,其一水從縣東北流,入鉅野澤。	韓王聽訟臺	十五仞	
同上	又東北過方與縣北,爲菏水。	武棠亭臺	二丈許	
卷九,淇水	又東北過鄉邑南。	武帝臺	基高六十丈	
卷十,濁漳水	又東出山,過鄴縣西。	銅雀臺	二十七丈	
		金虎臺	八丈	
		冰井臺	八丈	
卷十一,易水	東過范陽縣南,又東過容城縣南。	金臺		東西八十許步,南北如減。
		小金臺	數丈	
		蘭馬臺	數丈	

---

①　《通鑑》卷一二四,宋紀六,文帝元嘉十九年。

卷 篇	經 文	臺 名	高 度	廣 度
卷十六,穀水	又東過河南縣北,東南入於洛。	靈臺	六丈	方二十步
卷十九,渭水	又東,豐水從南來注之。	神明臺	五十餘丈	
		漸臺	三十丈	
卷二十二,潁水	又東南至新陽縣北,滇蕩渠水從西北來注之。	公路臺		方百步
渠	又東至浚儀縣。	吹臺	二層基,高一丈餘。	方百許步,二層基,方四、五十步。
卷二十三,汳水	汳水出陰溝於浚儀縣北。	龍門土臺	三丈餘	
卷二十五,泗水	西南過魯縣北。	周公臺	五丈	周五十步
卷二十六,濰水	濰水出琅邪箕縣濰山。	琅邪臺	臺基二層,層高五丈。	方二百餘步,廣五里。
卷二十七,沔水	又東過成固縣南,又東過魏興安陽縣南,涔水出自旱山北注之。	樊噲臺	五、六丈	
		韓信臺	十餘丈	
卷二十八,沔水	又東過荆城東。	楚莊王釣臺	三丈四尺	南北六丈,東西九丈。
		大暑臺①	六丈餘	縱廣八尺
		章華臺	十丈	基廣十五丈
卷三十一,淯水	淯水出弘農盧氏縣支離山,東南過南陽西鄂縣西北,又東過宛縣南。	荆州古臺	三丈餘	
卷三十七,浪水	其一又東過縣東,南入於海。	朝臺	直峭百丈	圓基千步

　　除了從上表可以看到不少臺的高度和面積外,酈注還記載了許多關於臺的宏偉外觀和精緻內部結構的資料。卷十,濁漳水經"又東出山,過鄴縣西"注中的"鄴西三臺",就是這方面的典型例子。三臺中以銅雀臺工程最大。注云:

　　　　中曰銅雀臺,高十丈,有屋一百間。……石虎更增二丈,立一屋,連棟接榱,彌

覆其上,盤迴隔之,名曰命子窟。又於屋上起五層樓,高十五丈,去地二十七丈。又作銅雀於樓巔,舒翼若飛。

對於鄴西三臺中的其他兩臺,即金虎臺和冰井臺,注云:

南則金虎臺,高八丈,有屋百九間。北曰冰井臺,亦高八丈,有屋百四十五間。上有冰室,室有數井,井深十五丈,藏冰及石墨焉。……又有粟窖及鹽窖,以備不虞,今窖上猶有石銘存焉。

從上例可知,鄴西三臺是三座擁有屋宇數百間的巨型樓臺。其中最高的銅雀臺是一座將近十層的高層建築,高達二十七丈,而頂部的銅雀高度尚未計算在內。則鄴西三臺的宏偉瑰麗,可見一斑。

又如卷十三,灅水經"灅水出鴈門陰館縣,東北過代郡桑乾縣南"注中的"白臺"。注云:

臺甚高廣,臺基四周列壁,閣道自內而升。

卷二十八,沔水經"又東過荊城東"注中的"大暑臺"。注云:

高六丈餘,縱廣八尺,一名清暑臺,秀宇層明,通望周博,遊者登之,以暢遠情。

以上二例,文字不多,却清楚地寫出了這兩座臺的建築技巧與風格。"閣道自內而升",不僅是升登方便,而且在結構上也不致影響外觀的宏偉。"秀宇層明,通望周博",説明這臺的設計者非常重視臺的視野,使遊覽者登高眺望,可以將四周風景一覽無餘。

附帶還要説明的是,在酈注以臺爲名的地名中,也有少數非人工建築物。例如卷二十,漾水注中的"鳳凰臺",實際上是巖石;卷十三,灅水注中的"燕王仙臺"和卷二十二,潁水注中的"玉女臺"等,實際上是山岳;卷二十二,淯水注中的"新亭臺",實際上是丘阜。諸如此等,已經分別收入相應的各類地名之中。但爲了查檢方便,這裏也同時收入,並在備註中説明。

壇　臺

經　文	地　名	備　註
卷一　河水 　屈從其東南流，入渤海。	堯壇 玄圃臺 金臺	注云："後堯壇於河，受龍圖。" 《康熙山東通志》卷六十四，雜志，登州府，閬風元圃，引《水經注》作元圃臺。
卷二　河水 　其一源出于闐國南山，北流與蔥嶺所出河合，又東注蒲昌海。	輪臺	
又東北過安定北界麥田山。	獨阜故臺 風伯壇	注云："西十里有獨阜，阜上有故臺。"
卷三　河水 　又東過雲中楨陵縣南，又東過沙南縣北，從縣東，屈南過沙陵縣西。	講武臺	
卷四　河水 　又南至華陰潼關，渭水從西來注之。	漢武帝思子臺	
又東過河北縣南。	歸來望思臺	

經　文	地　名	備　註
卷五　河水 　又東北過黎陽縣南。	青壇 滑臺 鹿鳴臺	
又東北過衛縣南,又東北過濮陽縣北,瓠子河出焉。	新臺	
又東北過荏平縣西。	荏平城故臺	注云:"(荏平)城內有故臺。"
又東北過高唐縣東。	武陽臺 新臺	
	聊城縣故城東門層臺	注云:"潔水又北逕聊城縣故城西,……東門側有城臺,秀出雲表。"
	博平縣故城層臺	注云:"又東北逕博平縣故城南,城內有層臺秀上。"
又東過楊虛縣東,商河出焉。	蒲臺	
卷六　汾水 　歷唐城東。	霍太山壇 侯曇山靈壇	注云:"飛廉先爲紂使北方,還無所報,乃壇於霍太山。" 注云:"湘東陰山縣有侯曇山,上有靈壇。"
又南過平陽縣東。	汾水東原小臺	注云:"《魏土地記》曰:平陽城東十里汾水東原上,有小臺。"
卷六　涑水 　又西南過安邑縣西。	安邑城南門臺	注云:"安邑,禹都也,禹娶塗山氏女,思戀本國,築臺以望之,今城南門臺基猶存。"

經　　文	地　　名	備　　註
卷六　洞過水　西過榆次縣南，又西到晉陽縣南。	鑿臺	
卷七　濟水　又東至溫縣西北，爲濟水，又東過其縣北。	虢公臺	
與河合流，又東過成臯縣北，又東過滎陽縣北，又東至礫溪南，東出過滎澤北。	廣武高壇項羽堆壇山岡壇臺岡	注云："羽還廣武，爲高壇，……今名其壇曰項羽堆。"見上註。
卷八　濟水　其一水東南流，其一水從縣東北流，入鉅野澤。	韓王望氣臺韓王聽訟觀臺	
又北過穀城縣西。	黄山臺	
又東北過臨濟縣南。	薄姑城内高臺	注云："史遷曰：獻公徙薄姑，城内有高臺。"
又東過方與縣北，爲菏水。	武棠亭臺	注云："菏水又東逕武棠亭北，公羊以爲濟上邑也，城有臺，高二丈許。"

經　　文	地　　名	備　　註
卷九　清水 又東過汲縣北。	鳳皇臺	注箋本、注釋本作屬皇臺。
卷九　沁水 又東過野王縣北。	邘臺	大典本、黃本、吳本、沈本、匯校本作邗臺。
卷九　淇水 淇水出河內隆慮縣西大號山。	沾臺	大典本、何校明鈔本、王校明鈔本、吳本作玷臺。《康熙字典》水部，活，引《水經注》作玷臺。《佩文韻府》卷十，十灰，臺，玷臺，引《水經注》作玷臺。
	三女臺	
	鹿臺	
	南單之臺	注云：「南單之臺，蓋鹿臺之異名也。」
	頓丘臺	
屈從縣東北與洹水合。	武侯臺	
又東北過浮陽縣西。	望海臺	
又東北過鄉邑南。	漢武帝故臺	
	武帝臺	注云：「東逕漢武帝故臺北，《魏土地記》曰：章武縣東百里有武帝臺，南北有二臺，相去六十里，基高六十丈。」
	武帝臺南臺	見上註。
	武帝臺北臺	見武帝臺南臺註。
卷九　蕩水 又東北至內黃縣，入於黃澤。	夏臺	
卷九　洹水		

經　　文	地　　名	備　　註
又東北出山，過鄴縣南。	玄武池釣臺	注云："苑舊有玄武池，以肆舟楫，有魚梁、釣臺。"
卷十　濁漳水		
潞縣北。	臺壁	注箋本、項本、沈本作壁臺。
又東出山，過鄴縣西。	銅雀臺	《通鑑》卷六十六，漢紀五十八，獻帝建安十四年，"曹操作銅爵臺於鄴"胡註，引《水經注》作銅爵臺。
	鄴西三臺	注箋本、項本、張本作鄴西臺。
	金虎臺	注箋本作金雀臺。
	閲馬臺	
又東過列人縣南。	叢臺	
	趙王之臺	注云："其水又東逕叢臺南，六國時趙王之臺也。"
又東北過曲周縣東，又東北過鉅鹿縣東。	沙丘臺	
又東北過扶柳縣北，又東北過信都縣西。	陳臺	
	上陽臺	
又東北至樂成陵縣北別出。	樂成陵縣層臺	注云："今（樂成陵縣）城中有故池，……池北對層臺。"
卷十一　易水		
易水出涿郡故安縣閻鄉西山。	金臺	

經　　文	地　名	備　　註
又東過范陽縣南,又東過容城縣南。	故安城二釣臺	注云:"一水逕故安城西側,……有二釣臺。"
	金臺陂釣臺	注云:"其一水東出注金臺陂,……側陂西北有釣臺。"
	金臺	
	小金臺	
	蘭馬臺	《名勝志》卷五,保定府二,易州,引《水經注》作蘭馬,無臺字。
	燕王仙臺	注云:"而是水出代郡廣昌縣東南郎山東北燕王仙臺東,臺有三峯,甚爲崇峻。"
卷十一　滱水		
滱水出代郡靈丘縣高氏山。	御射臺	
卷十三　灅水		
灅水出鴈門陰館縣,東北過代郡桑乾縣南。	郊天壇	
	白臺	
	蓬臺	
	白登臺	
	大道壇	《通鑑》卷一二四,宋紀六,文帝元嘉十九年,"謙之又奏作靜輪宮"胡註,引《水經注》作道壇。
	柏梁臺	注云:"壇之東北,舊有靜輪宮,魏神廳四年造,抑亦柏梁之流也。"按柏梁臺見卷十九渭水,經"又東過長安縣北"注。
	熒臺	注云:"右合火山西溪水,水導源火山,……其山以火從地中出,故亦名熒臺矣。"吳本、注箋本作榮臺。
	代王臺	
	三臺	
卷十四　鮑丘水		

經　　文	地　　名	備　　註
又南至雍奴縣北，屈東入於海。	陽公壇社	
卷十五　洛水		
又東北過鞏縣東，又北入於河。	堯壇	
卷十六　穀水		
又東過河南縣北，東南入於洛。	陵雲臺	
	九華臺	
	天淵池釣臺	注云："其水東注天淵池，……今造釣臺於其上。"
	皇女臺	
	謻臺	
	照臺	
	靈臺	
卷十九　渭水		
又東，豐水從南來注之。	靈臺	
	清泠臺	注箋本、項本、注釋本、張本作溪靈臺。
	昆明臺	
	神明臺	
	九子臺	注云："《三輔黃圖》曰：神明臺在建章宫中，上有九室，今人謂之九子臺。"
	漸臺	

經　　　文	地　　名	備　　　註
又東過長安縣北。	靈臺	
	倉池漸臺	注云:"東爲倉池,池在未央宮西,池中有漸臺。"
	柏梁臺	
	章臺	
	走狗臺	
	酒池層臺	注云:"殿之東北池,池北有層臺,俗謂是池爲酒池。"
卷二十　漾水 漾水出隴西氏道縣嶓冢山,東至武都沮縣,爲漢水。	鳳凰臺	注云:"南逕鳳溪中,有二石雙高,其形若闕,漢世有鳳凰止焉,故謂之鳳凰臺。"
卷二十一 **汝水** 東南過其縣北。	白茅臺	
又東南過潁川郟縣南。	紀氏臺	
又東南過汝南上蔡縣西。	高臺	
卷二十二 **潁水** 東南過其縣南。	玉女臺	

經　　文	地　名	備　　註
又東南過陽翟縣北。	鈞臺	何校明鈔本作釣臺。
又東南過潁陽縣西，又東南過潁陰縣西南。	繁昌臺	
又東南至新陽縣北，澺蕩渠水從西北來注之。	公路臺 女郎臺	
卷二十二 **洧水**		
洧水出河南密縣西南馬領山。	陽子臺	
又東過鄭縣南，潧水從西北來注之。	鄭莊公望母臺 積粟臺 新亭臺	
卷二十二 **潩水**		
潩水出河南密縣大騩山。	皇臺	注釋本作皇亭。
卷二十二 **渠**		
渠出滎陽北河，東南過中牟縣之北。	鹿臺 中陽城內舊臺	注云：“北逕中陽城西，城內有舊臺。”

經　文	地　名	備　註
	官渡臺	《後漢書》卷七十四上，列傳六十四上，《袁紹傳》"操還屯官度"註，引《水經注》作官度臺。
	中牟臺	注云："謂之官渡臺，渡在中牟，故世又謂之中牟臺。"
又東至浚儀縣。	吹臺	
	乞活臺	
	繁臺城	注云："世謂之乞活臺，又謂之繁臺城。"注箋本、項本、注釋本、張本、注疏本作婆臺城。
	玉臺	
	梁臺	
其一者，東南過陳縣北。	東門之池故臺	注云："水中有故臺處，《詩》所謂東門之池也。"
卷二十三 **陰溝水**		
東南至沛，爲濄水。	伍員釣臺	
	苦縣故城故臺	注云："濄水又東南屈逕苦縣故城南，……越水直指故臺西面。"
	谷陽臺	
卷二十三 **汳水**		
汳水出陰溝於浚儀縣北。	龍門土臺	注云："故《西征記》曰：龍門，水名也，門北有土臺。"
卷二十三 **獲水**		
又東至彭城縣北，東入於泗。	項羽故臺	

經　　文	地　名	備　　註
卷二十四 睢水 　　東過睢陽縣南。	蠡臺 升臺	 注云："謂之蠡臺,亦曰升臺焉,……則蠡臺即是虎圈臺也。"
	虎圈臺 女郎臺 涼馬臺	同上註。 《佩文韻府》卷十,十灰,臺,掠馬臺,引《水經注》作掠馬臺。
	雀臺 吹臺 釣臺 清泠臺 平臺	 黄本、注箋本、項本、沈本、張本作吹宫。 大典本作清冷臺。
卷二十四 瓠子河 　　又東北過廩丘縣,爲濮水。	靈臺	黄本、吴本、沈本作靈都。
卷二十四 汶水 　　過博縣西北。	文姜臺	
卷二十五 泗水 　　西南過魯縣北。	雩壇 武子臺 周公臺	《通雅》卷十五,地輿,沂有二源,引《水經注》作雲壇。 《光緒山東通志》卷三十,疆域志第三,山川,曲阜縣,引《水經注》作季武子臺。

經　　文	地　　名	備　　註
	浴池釣臺	注云："闕之東北有浴池,方四十許步,池中有釣臺,方十步。"
	泮宮臺	注云："殿之東南,即泮宮也,⋯⋯宮中有臺。"
又東南過彭城縣東北。	項羽涼馬臺	
卷二十六巨洋水		
巨洋水出朱虛縣泰山,北過其縣西。	望海臺	大典本、注箋本作望臺。
又北過臨朐縣東。	古壇	
又北過劇縣西。	劇縣故城故臺	注云："巨洋又東北逕劇縣故城西⋯⋯城之北側,有故臺。"
卷二十六淄水		
又東過利縣東。	臧氏臺梧宮之臺	
卷二十六濰水		
濰水出琅邪箕縣濰山。	琅邪臺	《泰山道里記》引《水經注》作瑯邪臺。
又北過平昌縣東。	龍臺	

經　　文	地　名	備　　註
卷二十七 **沔水** 　　沔水出武都沮縣東狼谷中。	漢廟堆釣臺	注云："漢水又東逕漢廟堆下，……側水爲釣臺。"
又東過成固縣南，又東過魏興安陽縣南，洋水出自旱山北注之。	樊噲臺 韓信臺	
又東過西城縣南。	石壇	
卷二十八 **沔水** 　　又東過襄陽縣北。	漢陰臺	
又從縣東屈西南，淯水從北來注之。	景升臺 習郁魚池釣臺	注云："水又東入侍中襄陽侯習郁魚池……池中起釣臺。"
又南過宜城縣東，夷水出自房陵，東流注之。	古烽火臺	
又東過荊城東。	楚莊王釣臺 天井臺 大暑臺	注箋本、項本、張本作大置臺。《乾隆荊州府志》卷六，古蹟，大暑臺，引《水經注》作大置臺。

經　文	地　名	備　註
	清暑臺	注云："湖東北有大暑臺,高六丈餘,縱廣八尺,一名清暑臺。"
	章華臺	
卷二十九 汸水 　分爲二,其一東北流,其一又過毗陵縣北,爲北江。	姑胥之臺	大典本作胥之臺。
卷三十　淮水 　又東過新息縣南。	釣臺 琴臺	
卷三十一 淯水 　淯水出弘農盧氏縣支離山,東南過南陽西鄂縣西北,又東過宛縣南。	荆州城西古臺	注云："(荆州)城西三里,有古臺。"
卷三十二 肥水 　又北過壽春縣東。	東臺	
卷三十三 江水		

經　　文	地　名	備　　註
又東至枳縣西，延江水從牂柯郡，北流西屈注之。	界壇	
卷三十四 江水 　又東過枝江縣南，沮水從北來注之。	土臺	
又南過江陵縣南。	豫章臺	
卷三十五 江水 　鄂縣北。	釣臺	
	墮臺	注云："江上有釣臺，權極飲其上，曰墮臺。"
卷三十七 浪水 　其一又東過縣東，南入於海。	朝臺	
卷四十　漸江水 　北過餘杭，東入於海。	賀臺	
	龜山靈臺	注云："遠望此山，其形似龜，故亦有龜山之稱也，越起靈臺於山上。"

經　　　文	地　　名	備　　　　註
卷四十 《禹貢》山水澤地所在 　嵩高爲中嶽，在潁川陽城縣西北。	玉女臺	

宮殿、樓閣 宮殿、樓閣都是宏大精緻的建築物。宮殿是帝王所居,或是祭祀之所;樓閣有時是單獨存在的建築物,有時又往往是宮殿的一部分。《水經注》記載的宮殿樓閣,當然都是比較著名的。這些宮殿樓閣,除了其本身都是當時很講究的建築物以外,同時也是地名。而且在宮殿樓閣毀壞以後,這些地名大都仍然存在。全注中宮殿類地名多至一百二十餘處,樓閣類地名近三十處。

酈注記載的宮殿,其中大部分在北魏時代已不存在,由於酈注的記載,讓我們至今仍可略知這些建築物的梗概。通過這些宮殿建築,我們一方面可以看到歷史上統治階級大興土木、窮奢極欲的情況,另一方面也可以看到我國古代建築技術的發展水平。

酈注記載的宮殿,有一些具有十分宏偉的規模。卷十九,渭水經"又東豐水從南來注之"注中的"阿房宮",是我國歷史上最早和最宏大的宮殿之一。注云:

> 《史記》曰:秦始皇三十五年,以咸陽人多,先王之宮小,乃作朝宮於渭南,亦曰阿城也。始皇先作前殿阿房,可坐萬人,下可建五丈旗,周馳爲閣道,自殿直抵南山。……《關中記》曰:阿房殿在長安西南二十里,殿東西千步,南北三百步,庭中受十萬人。

如上注"可坐萬人",言其面積之大;"下可建五丈旗",言其建築之高。則其規模可以想見。

在同注中,又記載了漢代的"建章宮",其規模也不下於秦代的阿房宮。注云:

> 建章宮,漢武帝造,周二十餘里,千門萬戶。

這裏,注文寫得十分簡潔,但宮殿的規模已歷歷可見。"周二十餘里",其範圍何等廣大。而這中間的多多少少宮殿樓閣,亭臺苑榭,注文只用"千門萬戶"一語以概括,寫得何等生動扼要。

對於建章宮的內部結構,酈注又引用另一種材料加以描述。注云:

> 《漢武帝故事》曰:建章宮北有太液池,池中有漸臺三十丈。……南有壁門三層,高三十餘丈,中殿十二間,階陛皆玉爲之,鑄銅鳳五丈,飾以黃金,樓屋上椽首,

薄以玉璧,因曰璧玉門也。①

同卷經"又東過長安縣北"注中,又記載了另一著名宮殿"未央宮"的宏大規模。注云:

> 高祖在關東,令蕭何成未央宮,何斬龍首山而營之。山長六十餘里,頭臨渭水,尾達樊川,頭高二十丈,尾漸下,高五、六丈,土色堅而赤。……山即基,闕不假築。高出長安城,北有玄武闕,即北闕也;東有蒼龍闕,闕內有閶闔、止車諸門。未央宮東有宣室、玉堂、麒麟、含章、白虎、鳳皇、朱雀、鵷鸞、昭陽諸殿,天祿、石渠、麒麟三閣。未央宮北,即桂宮也,周十餘里,內有明光殿、走狗臺、柏梁臺,舊乘複道,用相逕通。

這裏,注文對未央宮的記載,從宮殿建築的地基開始,一直寫到它的附屬宮殿的名稱和位置,以及各宮殿之間的道路聯繫等等,記載得非常細緻。使我們今天仍能大致復原出未央宮的平面示意圖。

酈注中的樓閣,有很多實際上就是宮殿的附屬建築。例如卷十六,穀水經"又東過河南縣北,東南入於洛"注中的"白樓",即是晉宮的一部分。注云:

> 《晉宮閣名》曰:金鏞有崇天堂,即此。地上架木爲榭,故白樓矣,皇居創徙,宮極未就,止蹕於此。

又如卷十九,渭水經"又東,豐水從南來注之"注中的"井榦樓",乃是建章宮的一部分。注云:

> 建章中作神明臺、井榦樓,咸高五十餘丈,皆作懸閣,輦道相屬焉。

當然,注文中也有一些樓閣不在上述之例。像卷二十七,沔水注的"諸葛亮烽火樓",乃是爲了軍事上的需要。卷三十二,羌水注的"劍閣",乃是一種棧道上的閣橋,實際上是屬於關塞一類。此外,注文中常常見到稱爲邸閣的地名,邸閣實際上是古代的倉儲,已在前面倉庫類地名中説明,這裏不再贅述了。

注文中還有一些稱樓的地名,實際上也不一定是樓。例如卷二,河水經"又東過金城允吾縣北"注中的土樓。注云:

> 湟水又東逕土樓南,樓北倚山原,峯高三百尺,有若削成。

《乾隆甘肅通志》在土樓山條下引了酈注這一段注文。②《乾隆西寧府新志》更指

---

① 按《漢武帝故事》關於漢武帝營造宮殿一節,除《水經注》外,我國其他古籍如《史記・孝武本紀・正義》,《史記・封禪書・索隱》,《初學記》卷二十四,《藝文類聚》卷六十二、六十五,《三輔黃圖》卷五,《續談助》卷三,《北堂書鈔》卷一四〇,《御覽》卷一七三、三八〇、四九三、七七四等均有引及,但此處所引自"南有璧門三層"至"因曰璧玉門也"一段,爲酈注所獨引,故尤足珍貴。

② 《乾隆甘肅通志》卷六,山川,西寧府,西寧縣。

出“土樓山在縣治北”，然後也引了這段注文。[①]　由此看來，土樓實爲山名，其所以稱樓，恐怕即是酈注所云的“有若削成”之故。

卷二，河水經“又東北過安定北界麥田山”注中也有稱爲土樓的地名。注云：

　　又西北流，逕東、西二土樓故城門北。

對於這東、西二土樓，《乾隆甘肅通志》[②]在他樓廢縣條下云：“《水經注》太嫛[③]故城，太嫛即他樓之訛。”據此，則這裏的土樓很可能是一個廢縣和故城的名稱。

當然，上面論證的兩處土樓，所據不過是清代方志，並不一定可靠。而且既然酈注稱樓，爲了檢閱方便，仍按本匯編慣例收入於這類地名之中。

---

①　《乾隆西寧府新志》卷四，地理志，山川，西寧縣。
②　《乾隆甘肅通志》卷二十二，古蹟，平涼府，固原州。
③　此處土樓，注箋本、七校本、注釋本等均作太嫛，《甘肅通志》所引《水經注》亦作太嫛。

三十七、宫　殿

宫　殿

經　文	地　名	備　註
卷一　河水 屈從其東南流，入渤海。	黃帝宮	大典本、黃本、吳本、項本、沈本、張本作雷電龍。七校本作雷電壟。《禹貢山川考》卷一，崑崙山考，引《水經注》作雷電龍。《水經注卷一箋校》作雷電龍。
	阿耨達宮	注云："黃帝宮，即阿耨達宮也。"
	拘夷那褐國王宮	注云："有拘夷那褐國，……送出王宮。"
	大城裏宮	
	淨王宮	《水經注卷一箋校》作白淨王宮，岑仲勉校云："朱、全、趙三本均作'故曰淨王宮也'，戴則以曰字爲衍文。按酈注自上文《法顯傳》起，至下文'行旅所資飲也'一段，全是傳文之略出，此句亦不能在例外；但今傳文云，'白淨王故宮處作太子母形像，及太子乘白象入母胎時，太子出城東門見病人迴車還處，皆起塔'，兩爲比勘，便知曰淨乃白淨之舛。"

經　　文	地　名	備　　　註
	巴連弗邑宮殿	注云："到摩竭提國巴連弗邑,邑是阿育王所治之城,城中宮殿,皆起牆闕。"
	迦梨郊龍王宮	注云："迦梨郊龍王接取在宮供養。"
	崑崙宮	
	金玉琉璃之宮	
卷二　河水		
又東北過安定北界麥田山。	魏行宮 魏行宮故殿	
卷三　河水		
至河目縣西。	平城宮	
又東過雲中楨陵縣南,又東過沙南縣北,從縣東屈南過沙陵縣西。	魏雲中宮 魏帝行宮 阿計頭殿 廣德殿	注云："逕魏帝行宮東,世謂之阿計頭殿。"
卷四　河水		
又南出龍門口,汾水從東來注之。	高陽宮 漢武帝登仙宮	《關中水道記》卷一,徐水,引《水經注》作漢武登仙宮。
又南過汾陰縣西。	萬歲宮	
又東過河北縣南。	漢武帝思子宮	

經　　文	地　　名	備　　註
又東過陝縣北。	阿房宮 未央宮 鄸宮	
卷五　河水 　又東北過衛縣南，又東北過濮陽縣北，瓠子河出焉。	龍淵宮	
卷六　汾水 　又屈從縣西南流。	虒祁宮	
又西至汾陰縣北，西注於河。	甘泉宮	
卷六　澮水 　又西過虒祁宮南。	虒祁宮	
卷六　洞過水 　西過榆次縣南，又西到晉陽縣南。	虒祁之宮	
卷七　濟水 　又東過陽武縣南。	濟陽宮	
卷十　濁漳水		

經　　文	地　　名	備　　註
又東出山，過鄡縣西。	北宮 文昌殿 東太武殿 西太武殿 臨漳宮	 注云："石氏於文昌故殿處，造東、西太武二殿。" 見上註。
又東過列人縣南。	溫明殿	項本作溫明尉。
卷十一　滱水		
又東過唐縣南。	漢中山王故宮 下階神殿	注箋本作漢王故宮。
卷十三　灢水		
灢水出鴈門陰館縣，東北過代郡桑乾縣南。	白狼堆故宮	注云："灢水又東北逕白狼堆南，魏烈祖道武皇帝，於是遇白狼之瑞，故斯阜納稱焉，阜上有故宮。"
	長楊宮	注云："池渚舊名白楊泉，泉上有白楊樹，因以名焉，其猶長楊、五柞之流稱矣。"案卷十九，渭水經"又東過槐里縣南，又東，澇水從南來注之"注云："長楊、五柞二宮，相去八里，並以樹名宮。"
	五柞宮 北宮	見上註。
	安昌諸殿	注云："太和十六年，破安昌諸殿"。注箋本、項本、七校本、注釋本、張本、注疏本作"太和十六年，破太華、安昌諸殿"。《通鑑》卷一二八，宋紀十，孝武帝大明二年，"魏高宗還平城，起太華殿"胡註，引《水經注》作"魏太和十六年，破太華、安昌諸殿"。
	太極殿 太和殿 寧先宮 靜輪宮 洛陽殿	

經　　文	地　　名	備　　註
過廣陽薊縣北。	萬載宮 光明殿	
卷十四　大遼水 　　又東南過房縣西。	和龍宮	
卷十六　穀水 　　又東過河南縣北，東南入於洛。	金鏞宮 瑤華宮 洛陽南宮 太極殿 崇德殿 北宮 南宮 洛陽宮	注云："起層於東北隅，《晉宮閣》名曰金鏞。" 注箋本作南陽南宮。
卷十六　沮水 　　沮水出北地直路縣東，過馮翊祋祤縣北，東入於洛。	捨車宮 櫟陽宮 頻陽宮 漢武帝殿	《關中水道記》卷三，冶谷水，引《水經注》作拾車宮。
卷十七　渭水 　　又東過陳倉縣西。	羽陽宮	注箋本、項本作羽隱宮。

經　文	地　名	備　註
卷十八　渭水 又東過武功縣北。	虢宮 祈年宮 橐泉宮 雍宮 梁山宮	 注云："所謂祈年宮也，孝公又謂之爲橐泉宮。"
卷十九　渭水 又東過槐里縣南，又東，澇水從南來注之。	黃山宮 長楊宮 望仙宮 五柞宮 蒉陽宮	
又東，豐水從南來注之。	阿房 秦孝公離宮 阿房宮 渭南朝宮 阿城 朝宮前殿 阿房殿 建章宮 傅子宮	 注云："秦孝公之所居離宮也。" 注云："秦始皇三十五年，以咸陽人多，先王之宮小，乃作朝宮於渭南，亦曰阿城也。" 見上註。 注云："乃作朝宮於渭南，……始皇先作前殿。"
又東過長安縣北。	秦始皇離宮 長樂宮 咸陽宮 未央宮	注云："秦始皇作離宮於渭水南北。"

經　文	地　名	備　註
	未央殿	
	宣室殿	
	玉堂殿	
	麒麟殿	
	含章殿	
	白虎殿	
	鳳皇殿	
	朱雀殿	
	鵷鸞殿	
	昭陽殿	
	桂宮	
	明光殿	
	漢高祖長樂宮	注云："明渠又東逕漢高祖長樂宮北,本秦之長樂宮也。"
	秦長樂宮	見上註。
	長信殿	
	長秋殿	
	永壽殿	
	永昌殿	
又東過霸陵縣北,霸水從西北流注之。	龍淵宮	
	蘭池宮	
	曲梁宮	
	步高宮	
	步壽宮	
又東過鄭縣北。	集靈宮	
卷二十　漾水		

經　　文	地　　名	備　　　註
漾水出隴西氐道縣嶓冢山，東至武都沮縣，爲漢水。	西垂宮	
卷二十一 汝水 　　又東南過平輿縣南。	洛陽宮	
卷二十二 洧水 　　又東南過長社縣北。	景福殿	
卷二十三 獲水 　　獲水出汳水於梁郡蒙縣北。	如沃宮	
卷二十四 睢水 　　東過睢陽縣南。	迢明寺故宮 離宮	
卷二十四 汶水 　　過博縣西北。	漢章帝行宮	
卷二十五 泗水		

經　　文	地　名	備　　註
西南過魯縣北。	季氏之宮 靈光殿 泮宮	
又東過沛縣東。	沛宮	
卷二十六 沭水		
又南過陽都縣,東入於沂。	武宮	
卷二十六 淄水		
又東過利縣東。	梧宮	
卷二十七 沔水		
東過南鄭縣南。	仙人宮	
卷三十一 淯水		
淯水出弘農盧氏縣支離山,東南過南陽西鄂縣西北,又東過宛縣南。	荆州城舊殿	注云:"故亦謂之荆州城,……其東城內有舊殿基。"

經　　文	地　名	備　　　註
卷三十二 **梓潼水** 　又西南至小廣魏南入於墊江。	沈水宮	
卷三十三 **江水** 　又東過魚復縣南,夷水出焉。	永安宮	
卷三十四 **江水** 　又南過江陵縣南。	渚宮	
卷三十九 **洭水** 　東南過含洭縣。	堯行宮	
卷三十九 **贛水** 　又北過南昌縣西。	齊王離宮	《雍正江南通志》卷三十八,古蹟,南昌府,齊城,引《水經注》作孫奮離宮。
卷四十 **《禹貢》山水澤地所在** 　都野澤在武威縣東北。	四時宮	

三十八、樓　閣

樓　閣

經　文	地　名	備　註
卷一　河水 　屈從其東南流,入渤海。	大林重閣 玉樓	
卷二　河水 　又東過金城允吾縣北。	土樓	
又東北過安定北界麥田山。	東土樓	注云:"迤東、西二土樓故城門北。"注箋本、何校明鈔本、王校明鈔本、七校本、注釋本作"迤東、西二太婁故城門北",《乾隆甘肅通志》卷二十二,古蹟,平涼府,固原州,他樓廢縣,引《水經注》作太婁。
	西土樓 西樓	見上註。 注箋本作西婁,七校本作西太婁城,注釋本作西太婁。

經　　文	地　　名	備　　註
卷八　濟水 又東北過盧縣北。	什城邸閣	注云："濟水又逕什城北,城際水湄,故邸閣也。"
卷九　淇水 淇水出河内隆慮縣西大號山。	石樓	
卷十　濁漳水		
又東出山,過鄴縣西。	齊斗樓	注箋本、項本、張本作齊午樓。
又東過列人縣南。	雲閣	
又東北過曲周縣東,又東北過鉅鹿縣東。	巨橋邸閣	黄本、注箋本、項本、沈本、張本作巨橋衹閣,七校本、注釋本作巨橋柢閣。
卷十一　易水		
東過范陽縣南,又東過容城縣南。	易京樓	
卷十二　巨馬水		
又東南過容城縣北。	酈亭樓	

經　　文	地　名	備　　註
卷十三　灅水 　灅水出鴈門陰館縣,東北過代郡桑乾縣南。	白樓	
卷十六　穀水 　又東北過河南縣北,東南入於洛。	白樓	
卷十九　渭水 　又東,豐水從南來注之。	井榦樓	
卷二十三獲水 　又東至彭城縣北,東入於泗。	彭祖樓	
卷二十五泗水 　又東南過下邳縣西。	宿留縣邸閣	注云:"泗水又逕宿預城之西,又逕其城南,故下邳之宿留縣也,王莽更名之曰康義矣,晉元皇之爲安東也,督運軍儲而爲邸閣也。"
卷二十七沔水		

經　　文	地　　名	備　　註
又東過成固縣南,又東過魏興安陽縣南,涔水出自旱山北注之。	諸葛亮烽火樓 葭閣	注云:"諸葛亮出洛谷,戍興勢,置烽火樓處。"
卷二十九 沔水 　　分爲二,其一東北流,其一又過毗陵縣北,爲北江。	石樓	
卷三十一 淯水 　　淯水出弘農盧氏縣支離山,東南過南陽西鄂縣西北,又東過宛縣南。	洱水南二石樓	注云:"淯水又南,洱水注之,……水南道側,有二石樓,相去六、七丈,雙時齊竦,高可七、八丈。"
	王子雅墓樓	注云:"題言蜀郡太守姓王,字子雅,南陽西鄂人,有三女無男,而家累千金,父没當葬,……二女建樓,以表孝思,銘云墓樓。"
又南過新野縣西。	士林戍邸閣	注云:"淯水又東南逕士林東,戍名也,戍有邸閣。"
卷三十二 肥水 　　北入於淮。	逍遥樓	

經　　文	地　名	備　　註
卷三十二 **羌水** 　羌水出羌中參狼谷。	劍閣	
卷三十四 **江水** 　又南過江陵縣南。	栖霞樓	
卷三十五 **江水** 　又東南,油水從東南來注之。	大城邸閣	注云:"故側江有大城,相承云倉儲城,即邸閣也。"
卷三十八 **湘水** 　又北至巴丘山,入於江。	巴丘邸閣	
卷三十九 **贛水** 　又北過南昌縣西。	釣圻邸閣	《方輿紀要》卷八十三,江西一,湖口,引《水經注》作鈎圻邸閣。
卷四十　漸江水 　北過餘杭,東入於海。	桐亭樓	

三十九、塔

　　和壇臺一樣,塔也是較高的建築物。但壇臺是我國古有的建築形式,而塔却是外來的建築形式。我國古代不但沒有塔的建築,也沒有塔這個詞匯。[①] 塔是古代印度的建築,即梵文的 Stûpa,我國通常譯作窣堵波或窣覩波,[②]而塔則是窣堵波的省譯。[③] 我國古籍與佛經中,也有譯作藪斗婆、私偷簸、兜婆、塔婆、佛圖、浮圖、浮屠的。其中浮圖與浮屠二者,也見之於酈注。除了 Stûpa 外,梵語中還有一種稱爲 Tchaitya 的建築物,我國通常譯作脂帝浮圖、支提、難提、制多等,但也有譯作塔或刹的。窣堵波與支提的區別,按《一切經音義》和《翻譯名義集》等書的解釋,前者瘞有佛骨,而後者不瘞佛骨。[④] 據此,則我國所建的塔,大部分應該屬於支提一類。由於支提可以省譯作刹,因而我國古籍中也有稱塔爲刹的。《南史》所謂"帝以故宅起湘宮寺,費極奢侈,以孝武莊嚴刹七層,帝欲起十層,不可立,分爲兩刹,各五層"。[⑤] 這裏的刹,分明就是塔。酈注卷三十二,肥水經"又北過壽春縣東"注中的"導公寺五層刹",即同此例。至於像洪頤煊

---

① 元應《一切經音義》卷六:"塔字,諸書所無。"慧琳《一切經音義》卷二十七:"古書無塔字。"
② 《大唐西域記》卷一:"窣堵波,所謂浮圖也。"元應《一切經音義》卷六,寶塔條:"正言窣覩波,此譯云廟,或云方墳,此義翻也,或云大聚,或云聚相,謂累石等高以爲相也。"慧琳《一切經音義》卷十三:"窣覩波,上蘇沒反,古譯云藪斗婆,又云偷婆,或云兜婆,曰塔婆,皆梵語訛轉不正也,此即如來舍利塼塔也。"
③ 慧琳《一切經音義》卷二十七:"塔婆無舍利云支提。"《翻譯名義集》卷七:"有舍利名塔,無舍利名支提。"
④ 《實用佛學辭典》第一五三一頁塔條認爲塔的種種稱謂,都是窣堵波的"訛略"。
⑤ 《南史》卷七十,列傳六十,《虞愿傳》。

那樣從《玉篇》中去找尋“刹”字的解釋，以爲“刹，書無此字，即刹字略也，刹，初一反，浮圖名刹者訛也”，①其實，訛者乃是洪氏和他所引的《玉篇》，洪氏不諳梵語，宜有此訛。提到刹，梵文中還有一個與此有關的詞 Buddhakchêtra，此詞我國通常譯作差多羅、掣多羅或紇差多羅，但也有譯作刹、佛刹或金刹的。《一切經音義》云：“西域別無旛竿，即於塔覆鉢柱頭懸旛，今言刹者，應訛略也。”②從此可見，由差多羅省譯的這個刹，乃是塔頂上的竿柱，《洛陽伽藍記》所記永寧寺浮圖：“舉高九十丈，有刹，復高十丈”，③所指即此。因此，雖然 Tchaitya 與 Buddhakchêtra 均可省譯作刹，但兩者的意義是不同的。我國古籍中凡稱塔爲刹的，應該是前者而不是後者。至於差多羅這個詞，在以後寺觀類地名中還要提到，此處不再贅述了。

　　塔的建築是隨着佛教而傳入我國的。佛教在前漢就已傳入我國。④ 但我國境內建塔的記載，在前漢似乎尚無任何資料。卷二十三，汳水經“汳水出陰溝於浚儀縣北”注中的“襄鄉浮圖”，是目前已知的我國建塔的最早記載。注云：

　　　　《續述征記》曰：西去夏侯塢二十里，東一里，即襄鄉浮圖也，汳水出其南，熹平中某君所立。⑤

　　熹平是後漢靈帝年號，爲時在公元一七二至一七八年，則我國建塔的最早記載在紀元後二世紀，這個年代，是不會有較大出入的。⑥ 對於我國建塔的時期，國外學者也頗有論證，但是他們有的失之於過早（以 Emest. J. Eitel 氏爲例），⑦有的則又顯然過晚

---

① 《讀書叢錄》卷十一，《玉篇》，寶刹。

② 元應《一切經音義》卷六，金刹條。

③ 《洛陽伽藍記》卷一。

④ 《洛陽伽藍記》卷四：“白馬寺，漢明帝所立也，佛入中國之始。”但法人馬司帛洛及伯希和都認爲比此猶早，見馬氏《漢明帝感夢、遣使、求經事考證》（《西域南海史地考證叢編》四編）及伯氏《牟子考》（同上，五編）。《法顯傳》亦云：“衆僧問法顯，佛法東過，其始可知耶？ 顯云：訪問彼土人，皆云古老相傳，自立彌勒菩薩像後，便有天竺沙門齎經律過此河者，像立在佛泥洹後三百許年，計始周平王時。由茲而言，大教宣流，始自此像。非夫彌勒大士繼軌釋迦，若能令三寶宣通，邊人識法。固知冥運之開，本非人事，則漢明之夢，有由而然矣。”

⑤ 大典本、黃本、吳本、何校明鈔本作：“漢熹平君所立。”沈本以爲黃本等有訛，加註云：“按熹平是漢靈帝年號，此當云熹平某年某君所立，死因葬之，方順，今但云熹平君所立，似有脫訛。”

⑥ 《通鑑》卷一二四，宋紀六，文帝元嘉二十三年“詔曰：昔後漢荒君信惑邪偽以亂天常”。胡註：“佛法自漢明帝時入中國，楚王英最先好之，至桓帝始事浮圖。”如此說屬實，則我國建塔的最早記載，還可比襄鄉浮圖提早約二十年左右，但桓帝時所建浮圖爲何，不得而知，而且浮圖一字又可能是梵文 Tchaitya 的轉譯，原意自指佛陀，即釋迦牟尼佛。與 Stûpa 之轉譯浮圖不同，因而胡註所言，是否建塔也未可定。

⑦ Emest. J. Eitel. “Handbook of Chinese Buddhism being a Samkirt – Chinese Dictionary with vocabularies of Buddhism Terms” Tokyo, sanshusha, 1904. P. 160 “All ancient stâpae were built in the shape of towers, inmounted by a copula and one or more tehhatra（pararole）. The chinese stâpae built since 25—220A. D, have no copula but 7—13 tehhatra”.

　　（艾德爾《中國佛教手冊》第一六〇頁：“所有古代的窣堵波都建成塔形，冠以圓頂及一個以上的級〔傘形建築〕。中國的窣堵波，建於公元 25—220 年間，沒有圓頂，僅有 7—13 個級。）

（以 N. B. Thapa、D. p. Thapa 二氏爲例）。① 在這方面，《水經注》的記載稱得上是信而有徵的。當然，襄鄉浮圖，可能是我國建塔的開端，我國各地普遍建塔，爲時還要晚得多，所以國內各地的許多名塔，《水經注》多還不及記載。② 因而在這類地名中記載的數約三十餘處的浮圖中，在當時我國境內的只佔三分之一而已。

雖然我國各地許多名塔的建築，爲時猶在酈注之後，因而酈注記載的塔爲數不多，但其中畢竟也有規模宏偉的名塔。北魏熙平元年（公元五一六年）所建的洛陽永寧寺九層浮圖，即是酈氏所目擊的海內名塔。卷十六，穀水經"又東過河南縣北，東南入於洛"注云：

　　水西有永寧寺，熙平時始創也。作九層浮圖，浮圖下基方十四丈，自金露槃下至地四十九丈，取法代都七級③而又高廣之。雖二京之盛，五都之富，利刹靈圖，未有若斯之構。④

酈氏並把他所目擊的這座浮圖，與晉釋法顯在西域見到的著名浮圖加以對比，注文續云：

　　按《釋法顯行傳》，西國有爵離浮圖，⑤其高與此相狀，東都西域，俱爲莊妙矣。

---

① N. B. Thapa and D. P. Thapa, "Geography of Nepal（physical, Economic, Cultural and Regional）" orient Longmans Ltl. 1969. calcutta. p. 96 "The art of making stupas or pagoda style may be traced to the third century which later spread to India, China and southeast Asia during the seventh century".

　　（N. B. 塔帕及 D. P . 塔帕《尼泊爾地理〔自然、經濟、文化及區域〕》第六十九頁：建造窣堵波或塔型的藝術可以上溯到第三世紀，它稍後於第七世紀傳入印度、中國及東南亞。）

② 《法苑珠林》卷五十一，敬塔篇，故塔部所載全國名塔十九處中，建於北魏以前的僅四處，建於北魏以後的達十五處。

③ "代都七級"見卷十三，灅水經"灅水出鴈門陰館縣，東北過代郡桑乾縣南"注。注云："又南逕永寧七級浮圖西，其制甚妙，工在寡雙。""工在寡雙"，按《名勝志》山西，卷五，大同府，朔州，引《水經注》作"工緻寡雙"。

④ 中國科學院考古研究所洛陽工作隊《漢魏洛陽城初步勘查》（《考古》一九七三年第四期）："永寧寺九層浮圖塔基位於寺院正中，今殘存高大夯土臺基，殘高約 8 米左右，塔基平面呈方形，分三層而上，頂上兩層在今地面上屹立可見。底層夯基近方形，東西約 101 米，南北約 98 米，基高約 2.1 米；中層夯基面積小，呈正方形，東西，南北各長 50 米，高約 3.6 米；頂層臺基係用土坯疊砌，呈正方形，面積約有 10 米見方，殘高 2.2 米。這與《水經注》所載永寧寺'浮圖下基方十四丈'面積相近。"據此，則酈注所記與現代實地勘查基本符合。

⑤ 《釋法顯行傳》即《法顯傳》。今本《法顯傳》無爵離浮圖之名，但記載了這座名塔的建造傳說："從犍陀衛國南行四日，到弗樓沙國。佛昔將諸弟子遊行此國，語阿難云：吾般泥洹後，當有國王名罽膩伽於此處起塔。後罽膩伽王出世，出行遊觀，時天帝釋欲開發其志，化作牧牛小兒，當道起塔。王問言：汝作何等？答曰：作佛塔。王言大善。於是王即於小兒塔上起塔，高四十餘丈。衆寶校餝，凡所經見塔廟，壯麗威嚴，都無此比。"《法顯傳》的這段文字，酈注曾加節錄。卷二，河水經"又南入蔥嶺山，又從蔥嶺出而東北流"注云："又有弗樓沙國，天帝釋變爲牧牛小兒，聚土成佛塔，王因而成大塔。"

　　按爵離浮圖亦譯雀離浮圖,①即弗樓沙國罽膩伽王所起塔,②這座浮圖造得十分高大壯麗,法顯説它"壯麗威嚴,都無此比"。後來另一位目擊此塔的北魏釋宋雲,更譽之爲西域第一。③ 但根據記載的實際數字,此塔在高度上還稍遜於永寧寺九層浮圖。④ 則永寧寺九層浮圖的建築,乃是我國古代建築技術高度發展的又一有力證明。可惜這座花了人民大量資財勞力所興建的巨塔,從熙平元年建成後,到永熙三年(公元五三四年)就付之一炬,⑤其存在時間還不到二十年。

　　在塔類地名中,還有一點需要稍作説明。卷一,河水經"屈從其東南流,入渤海"注云:

　　　　彼日浮圖盡壞,條王彌更脩治一浮圖,私訶條王送物助成,⑥今有十二道人住其中。

　　上述注文中的"條王彌"和《御覽》所引的支僧載《外國事》頗有出入。《御覽》云:

　　　　斯訶條國有大富長者條三彌,與佛作金薄承塵,一佛作兩重承塵。⑦

　　這裏,《外國事》作條三彌而酈注作條王彌。看來,酈注的"條王彌"很可能因下文的"私訶條王"而致訛。這個地名,本匯編雖然按酈注以"條王彌浮圖"收入,但很可能是以訛傳訛的。看來《外國事》的"條三彌"可靠性要大得多。

---

① 吳本作鬱離浮圖,譚本原註云:"爵,一作鬱。"
② 爵離浮圖或雀離浮圖爲佛教世界之名塔。此後各地建寺立塔,常有以爵離或雀離爲名者,頗易與弗樓沙國的爵離浮圖相混淆。趙一清《水經注箋刊誤》卷六,爵離浮圖下云:"爵離寺見河水注引《釋氏西域記》。"即是這種混淆的一個例子。按酈注卷二,河水經"其一源出于闐國南山,北流與蔥嶺所出河合,又東注蒲昌海"注云:"《釋氏西域記》曰:國北四十里,山上有寺,名雀離大清淨。"此雀離大清淨寺在龜兹國,與弗樓沙國爵離浮圖全不相涉。
③ 《洛陽伽藍記》卷四:"塔内物事,悉是金玉,千變萬化,難得而稱。旭日開始,則金盤晃朗;微風漸發,則寶鐸和鳴。西域浮圖,最爲第一。"
④ 《水經注》記載的永寧寺九層浮圖,其高度按注文係從金露槃以下算起。金露槃的高度,以及金露槃以上的金寶瓶和刹的高度,都未計算在内,故非塔之全部高度。《洛陽伽藍記》卷一云:"舉高九十丈,有刹,復高十丈,合去地一千尺。去京師百里,遥已見之。"故塔之全高實爲百丈。(驛案,《方輿紀要》卷四十八,河南三,河南府,洛陽縣,永寧寺,引《水經注》:"榖渠南流出太尉、司徒兩坊間,水西爲永寧寺,有九層浮圖,高百丈,最爲壯麗。"足見酈注原有"高百丈"的記載,爲殿本等所佚。)至於爵離浮圖的高度,按《法顯傳》所記:"高四十餘丈。"當亦非全塔高度。據《慈恩傳》卷二所記:"高四百尺,基周一里半,高一百五十尺。"則塔基計算在内,共高五十五丈。此數恐仍未包括塔頂的附屬建築物在内。據《法苑珠林》卷五十一,敬塔篇所記:"上有鐵根高三百尺,金盤十三重,合去地七百尺。"又據《續高僧傳》卷四《玄奘傳》所記:"元魏靈太后胡氏,奉信情深,遣沙門道生等齎大幡長七百餘尺,往彼掛之,脚纔着地。"則高達七十餘丈。又據《北史》卷九十七,列傳八十五,西域,小月氏國云:"其城東十里有佛塔,周三百五十步,高八十丈。"當爲爵離浮圖的全高,但仍不及永寧寺九層浮圖。
⑤ 《通鑑》卷一四八,梁紀四,武帝天監十五年:"是歲,胡太后又作永寧寺,……爲九層浮圖。"又《通鑑》卷一五六,梁紀十二,武帝中大通元年:"魏永寧浮圖災,觀者皆哭,聲振城闕。"
⑥ 黄本、吳本、注箋本、項本、沈本、張本均作:"私訶條王迸物助成。"
⑦ 《御覽》卷七〇一,服用部三,承塵條。

塔

經　　文	地　　名	備　　註
卷一　河水 　　屈從其東南流，入渤海。	阿育王浮屠	注云："阿育王起浮屠於佛泥洹處，雙樹及塔，今無復有也。"
	大林重閣塔	注云："釋法顯云：城北有大林重閣，佛住於此，本奄婆羅女家施佛起塔也。"
	放弓仗塔	注云："城之西北三里，塔名放弓仗。"
	阿育王寶階塔	注云："阿育王於寶階處作塔。"
	父王迎佛處浮圖	注云："釋氏《西域記》曰：城北三里恒水上，父王迎佛處，作浮圖。"
	迦維羅越國浮圖	注云："《外國事》曰：迦維羅越國，今無復王也，城池荒穢，……彼曰浮圖壞盡。"
	條王彌浮圖藍莫塔	注云："條王彌更脩治一浮圖，私訶條王送物助成。"
	七塔	注云："阿育王壞七塔，作八萬四千塔，最初作大塔，在城南二里餘。"
	八萬四千塔	見上註。
	大塔	見七塔註。
	阿闍世王阿難舍利塔	注云："阿難從摩竭國向毗舍利，欲般泥洹，諸天告阿闍世王，王追至河上，梨車聞阿難來，亦復來迎，俱到河上，阿難思惟，前則阿闍世王致恨，卻則梨車復怨，即于中河，入火光三昧，燒具兩般泥洹。身二分，分各在一岸，二王各持半舍利還，起二塔。"
	梨車阿難舍利塔	見上註。
	梵天來詣佛處塔	注云："梵天來詣佛處，四天王捧鉢處，皆立塔。"

經　文	地　名	備　註
	四天王捧鉢處塔	見上註。
卷二　河水 　又南入蔥嶺山,又從蔥嶺出而東北流。	四大塔 紎尸羅國東塔	注云:"釋法顯所謂紎尸羅國,……國東,有投身餓虎處,皆起塔。"
	揵陀衛國大塔	注云:"又西逕揵陀衛國北,是阿育王子法益所治邑,佛爲菩薩時,亦於此國以眼施人,其處亦起大塔"。
	聚土佛塔	注云:"又有弗樓沙國,天帝釋變爲牧牛小兒,聚土爲佛塔,王因而成大塔。"
	弗樓沙國大塔	見上註
	大月支國浮圖	注云:"佛鉢在大月支國起浮圖,高三十丈,七層。"
卷五　河水 　又東北過黎陽縣南。	平晉城五層浮圖	注云:"又東逕平晉城南,今城中有浮圖五層。"
卷十一　易水 　東過范陽縣南,又東過容城縣南。	白楊寺刹	注云:"固上宿有白楊寺,是白楊山神也,寺側林木交蔭,叢柯隱景,沙門釋法澄建刹於其上,更爲思玄之勝處也。"
卷十一　滱水 　又東過唐縣南。	漢中山王故宮利刹靈圖	注云:"有漢中山王故宮處,臺殿觀榭,皆上國之制……歲久頹廢,今悉加土,爲利刹靈國。"

經　文	地　名	備　註
卷十三　灅水 灅水出鴈門陰館縣，東北過代郡桑乾縣北。	皇舅寺五層浮圖	注云："又南逕皇舅寺西，……有五層浮圖。"
	思遠靈圖	
	永寧七級浮圖	
	靜輪宮水右三層浮圖	注云："壇之東北，舊有靜輪宮，……水右有三層浮圖。"
過廣陽薊縣北。	燕王陵浮圖	注云："灅水又東逕燕王陵南，……景明中造浮圖。"
卷十六　穀水 又東過河南縣北，東南入於洛。	永寧寺九層浮圖	注云："水西有永寧寺，熙平中始創也，作九層浮圖。"
	代都七級浮圖	注云："（永寧寺九層浮圖）取法代都七級，而又高廣之。"案《魏書》卷一一四，《釋老志》云："天安二年，……其歲高祖誕載，於時永寧寺構七級浮圖，高三百餘尺，基架博敞，爲天下第一。"
	爵離浮圖	吳本、孫潛校本作鬱離浮圖。譚本原註云："爵一作鬱。"
	愍懷太子浮圖	
卷二十三　汳水 汳水出陰溝於浚儀縣北。	襄鄉浮圖	

經　　文	地　　名	備　　　註
卷三十二 肥水 　又北過壽春 縣東。	導公寺五層 刹	注云："西南流逕導公寺,寺側因溪建刹五層。"
卷三十六 温水 　東北入於鬱。	鬼塔	

四十、屋舍室宅①

　　屋舍室宅類地名與上述宮殿類及樓閣類不同，從建築形式說，它們都是較小的建築物；從建築物的性質說，它們一般都是私人所居。這樣一類建築物之能够在歷史上聞名，並且成爲歷史地名，主要依靠其社會影響。《水經注》記載的這類地名近一百三十處。

　　在這類地名中，最多的是故宅，或者稱爲故居、舊宅、宿居等。單稱宅或居的也包括在內，因爲在北魏時稱宅，從後世說也就成爲故宅了。故宅之所以能流傳後世，成爲歷史地名，因爲它們並不一定是一般的民居。它們之中，有的原來是帝王所居，例如卷十八，渭水注的"秦惠公故居"，卷二十三，陰溝水注的"曹太祖故宅"，卷二十八，沔水注的"漢光武故宅"等；也有的是統治階級中某個方面的代表人物的住宅，例如卷二十五，泗水注的"孔子舊宅"，卷三十一，淯水注的"百里奚故宅"，卷三十四，江水注的"屈原故宅"等。

　　在這類地名中另一種很多的是石室，石室之所以能留入記載，有的是因爲它們曾經爲歷史上某一知名人物所居住或遊憩之處，例如卷四，河水注的"子夏石室"；卷四十，漸江水注的"嚴陵瀨石室"等。有的則和古代記載中的某一傳奇式人物有關，如卷二，河水注的"西王母石室"。也有的是因爲石室包含着一個民間流傳的神話故事，例

---

　　① 此類地名內容比較複雜，慧琳《一切經音義》卷二十五按《大般涅槃經》有"屋舍室宅"一條，遂據以命名。

如卷三十八,溮水注的"洹山石室"等。

在這類地名中,還有一種常見的是精舍,或者也稱爲精廬。《水經注》記載的精舍,主要有兩種不同的性質。第一種是古代宗教活動的場所,如《晉書》所云:"帝初奉佛法,立精舍於殿内,引諸沙門居之,"①或《冥祥記》所云"於宅中立精舍一間,時設齋集"②等,即屬此類。這類精舍也稱佛舍,其實和庵堂寺觀相仿,乃是梵文 Vihâra 的意譯,此詞音譯毗訶羅,意譯常作精舍、精廬,或作僧坊、僧遊履處,甚或譯作佛寺。酈注中的精舍,多半屬於這一類,像卷一,河水注的"曠野精舍";③卷九,清水注的"比丘釋僧訓精舍";卷三十九,贛水注的"沙門竺曇顯精舍"等均是其例。另一種精舍或精廬是學者講學或研究學問的場所。《後漢書》所謂"立精舍講授",④《後漢書》註所謂"精廬講讀之舍",⑤均屬於這一類。這類精舍或精廬,在酈注中有時也稱爲隱室、隱居等,例如卷四,河水注的"傳説隱室",卷十一;巨馬水注的"霍原隱居"等均是。此外,由於古人慕精舍或精廬的雅名,而把自己的住宅或別墅也名爲精舍或精廬的,其實既不是精舍,也不是講學之所。這樣的精舍或精廬,酈注中也有不少。

除了上列故宅、石室、精舍等以外,在這類地名中還有堂、館、廳、屋等稱謂。至於像卷三,河水注和卷十,濁漳水注中記載的冰室,實際上是一種藏冰的地窖,因其既然稱室,也就收入於此。

---

① 《晉書》卷九,紀九,《孝武帝紀》。
② 據《法苑珠林》卷六十二所引。
③ 經"屈從其東南流,入渤海"注云:"法顯從此東南行,還巴連弗邑,順恒水西下,得一精舍,名曠野。"足立喜六《法顯傳考證》"法顯還向巴連弗邑,順恒水西下十由延,得一精舍,名曠野"文下引東寺本及宮内省圖書寮本《法顯傳》,均作:"得一精舍,多曠野。"又引石山寺本《法顯傳》作:"得一精舍,名順野。"按前者,則曠野非精舍之名,按後者,則此精舍應名順野精舍。
④ 《後漢書》卷七十九下,列傳六十九,儒林下,《包咸傳》。
⑤ 《後漢書》卷七十九下,列傳六十九,儒林下,論曰:"精廬暫建"註。

屋 舍 室 宅

經　　文	地　名	備　　　　　註
卷一　河水 　屈從其東南流，入渤海。	維詰家 小孤石山石室 曠野精舍	注疏本作維摩詰家。 注云："恒水又東南逕小孤石山，山頭有石室。" 注云："法顯從此東南行，還巴連弗邑，順恒水西下，得一精舍，名曠野。"王校明鈔本作壙野。《水經注卷一箋校》岑仲勉校云："曠野，梵言曰 Ataui，依烈維考證，其地應在舍衞東南。"《法顯傳考證》"法顯還向巴連弗邑，順恒水西下十由延，得一精舍，名曠野"，足立喜六引東寺本及宮内省圖書寮本《法顯傳》，均作："得一精舍，多曠野。"又引石山寺本《法顯傳》作："得一精舍，名順野。"驛案，按東寺本及宮内省圖書寮本，曠野非精舍之名；按石山寺本，此精舍應名順野。
	北户之室	
卷二　河水 　又東過隴西河關縣北，洮水從東南來流注之。	層山石室	注云："河北有層山，……懸巖之中，多石室焉。"
又東過金城允吾縣北。	西王母石室	
卷三　河水 　又東過雲中楨陵縣南，又東過沙南縣北，從縣東，屈南過沙陵縣西。	煌煌堂	

經　　文	地　　名	備　　註
卷四　河水		
又南過河東北屈縣西。	魏文侯洛陰館	注云："昔魏文侯築館洛陰。"
又南出龍門口,汾水從東來注之。	三累山石室	注云："水出三累山,……山下水際,有二石室,蓋隱者之故居矣。"
	子夏石室	注云："山南有石室,西面有兩石室,北面有二石室,皆因阿結牖,連局接闈,所謂石室相距也,……似是栖遊隱學之所,昔子夏教授西河,疑即此也。"
	殷濟精廬	
	司馬子長墓石室	注云："又東南逕司馬子長墓北……永嘉四年,漢陽太守殷濟瞻仰遺文,大其功德,遂建石室,立碑樹垣。"
又東過陝縣北。	漫口客舍	
又東大陽縣南。	傅說隱室	
卷五　河水		
又東過平縣北,湛水從北來注之。	首陽山冰室	注云："河水南對首陽山,……朝廷又置冰室於斯阜。"
又東過成皋縣北,濟水從北來注之。	周襄館	注云："弔周襄之鄙館者也。"
卷六　汾水		
又南過平陽縣東。	堯神屋	
卷六　涑水		

經　　文	地　　名	備　　註
又南過解縣東，又西南注於張陽池。	猗頓故居	注云："縣南對澤，即猗頓之故居也。"
卷六　文水 　文水出大陵縣西山文谷，東到其縣，屈南到平陶縣東北，東入於汾。	謁泉山石室	注云："水出謁泉山之上頂……崖半有一石室，去地可五十餘丈。"
卷六　晉水 　晉水出晉陽縣西懸甕山。	唐叔虞祠涼堂	注云："枕水有唐叔虞祠，水側有涼堂。"
卷八　濟水 　又北過臨邑縣東。	巫山石室孝子堂	注云："今巫山之上，有石室，世謂之孝子堂。" 同上註。
又東過方與縣北，爲菏水。	李剛墓石室	
又東南過徐縣北。	徐山石室	注云："因名其山爲徐山，山上立石室。"
卷九　清水 　清水出河內脩武縣之北黑山。	山陽舊居 嵇公故居 比丘釋僧訓精舍 天門石室	

經　　文	地　　名	備　　註
又東過汲縣北。	太公故居	注云:"相傳云:太公之故居也。"
卷九　淇水		
又北過廣川縣東。	姚氏故居	注云:"水側有羌壘,姚氏之故居也。"
卷十　濁漳水		
又東出山,過鄴縣西。	冰井臺冰室	注云:"北曰冰井臺,……上有冰室。"
卷十一　易水		
又東過范縣南,又東過容城縣南。	樊於期館荊軻館	
卷十一　滱水		
又東南過中山上曲陽縣北,恒水從西來注之。	祇洹精廬	
卷十二　聖水		
又東過陽鄉縣北。	終仁故居	注云:"或曰:終仁之故居也。"
卷十二　巨馬水		

經　文	地　名	備　註
巨馬河出代郡廣昌縣淶山。	小鬻	注云:"淶水又北逕小鬻東,又東逕大鬻南,蓋霍原隱居教授處也。"
	大鬻	見上註。
	霍原隱居	見小鬻註。
卷十三　灅水		
灅水出鴈門陰館縣,東北過代郡桑乾縣南。	永固堂	吴本作水固堂。
	齋堂	
	皇信堂	
	橋山温泉祭堂	注云:"有橋山,山下有温泉,泉上有祭堂。"
卷十四　濕餘水		
濕餘水出上谷居庸關東。	居庸關石室	注云:"耿况迎之於居庸關,即是關也,……南流歷故關下溪之東岸,有石室三層。"
卷十四　鮑丘水		
又南至雍奴縣北,屈東入於海。	陽公故居	注云:"有陽公壇社,即陽公之故居也。"
卷十五　洛水		
又東過偃師縣南。	肸子鄩羅宿居	注云:"亦曰羅中也,蓋肸子鄩羅之宿居。"
卷十五　伊水		

經　　文	地　名	備　　　　註
又東北過陸渾縣南。	郭文故居	注云："尋郭文之故居。"
卷十六　穀水　穀水出弘農黽池縣南墦塚林穀陽谷。	馬氏兄弟故居	注云："摯仲治《三輔決錄注》云：馬氏兄弟五人，共居澗、穀二水之交，作五門客，因舍以爲名，……水會尚有故居處。"
又東過河南縣北，東南入於洛。	石崇故居 崇天堂 茅茨堂 曹爽故宅 宣陽冰室 明堂 國子堂 阮嗣宗故居	注云："東南流逕晉衞尉卿石崇之故居。"　　　　　　　　　　　注云："穀水又東南轉，屈而東注，謂二阮曲，云阮嗣宗之故居也。"
卷十七　渭水　又東過陳倉縣西。	太公石室	注云："東南隅有一石室，蓋太公所居也。"
卷十八　渭水　又東過武功縣北。	秦惠公故居 故秦德公居	注云："蓋秦惠公之故居，所謂祈年宮也。"　注云："（雍）縣，故秦德公所居也。"
又東，芒水從南來注之。	玉女房	

經　　文	地　名	備　　註
卷二十一 **汝水** 　又東南過汝南上蔡縣西。	栗堂	
卷二十二 **渠** 　又東至浚儀縣。	周梁伯故居	注云："於戰國爲大梁，周梁伯之故居矣。"
卷二十三 **陰溝水** 　東南至沛，爲渦水。	曹太祖舊宅	
卷二十三 **汳水** 　汳水出陰溝於浚儀縣北。	胡罔家	
又東至梁郡蒙縣，爲獲水，餘波南入睢陽城中。	睢陽城東石室	注云："（睢陽）城東百步，有石室。"
卷二十三 **獲水** 　又東至彭城縣北，東入於泗。	龔勝宅	
卷二十四 **睢水**		

經　文	地　名	備　註
又東過相縣南，屈從城北東流，當蕭縣南，入於陂。	伯姬黃堂	
卷二十四 瓠子河 　東至濟陰句陽縣，爲新溝。	堯堂	
卷二十四 汶水 　屈從縣西南流。	漢武帝明堂	注云："漢武帝元封元年，封泰山，降坐明堂。"
卷二十五 泗水 　西南過魯縣北。	季氏宅 夫子故宅 孔子舊宅	注云："則孔廟，即夫子之故宅也。"
又東南過彭城縣東北。	居巢廳	
又東南過下邳縣西。	徐廟山石室	注云："縣東有徐廟山，……山上有石室。"
卷二十六 巨洋水 　又東北過壽光縣西。	孔子石室	《水經注異聞錄》卷下，八六，頡室，任松如引全祖望云："按于欽曰：《水經》之言，非也，乃是倉頡墓中石室。"

經　　文	地　　名	備　　註
卷二十六 **淄水** 　又東過利縣東。	晏嬰冢宅 晏嬰之宅	
卷二十七 **沔水** 　沔水出武都沮縣東狼谷中。	張天師堂	
卷二十八 **沔水** 　又東過山都縣北。	孔明舊宅	
又東過襄陽縣北。	徐元直故宅 崔州平故宅	注云："有徐元直、崔州平故宅。" 見上註。
又從縣東屈西南,淯水從北來注之。	司馬德操宅 蔡瑁居 楊儀居 漢光武故宅	
又南過邔縣東北。	習郁宅	
又南過宜城縣東,夷水出自房陵,東流注之。	宋玉宅	

經　　文	地　名	備　　註
卷二十九 **沔水** 　又東至會稽餘姚縣，東入於海。	黃昌宅 虞國舊宅	
卷二十九 **湍水** 　又東南至新野縣。	鄧禹故宅 鄧晨故宅	
卷三十　淮水 　又東過鍾離縣北。	嵇氏故居	
又東至廣陵淮浦縣，入於海。	僊士石室	
卷三十一 **淯水** 　淯水出弘農盧氏縣支離山，東南過南陽西鄂縣西北，又東過宛縣南。	雉衡山石室 百里奚故宅 范蠡故宅 何進故宅 孔嵩舊居	注云：“（雉衡）山有石室。” 注云：“城側有范蠡祠，蠡宛人，祠，即故宅也。”
又屈南過淯陽縣東。	樂廣故宅	

經　　文	地　　名	備　　　　　　註
又南過新野縣西。	樊氏故宅	
卷三十二 肥水		
又北過壽春縣東。	陸道士解南精廬	
北入於淮。	曲水堂	
卷三十三 江水		
岷山在蜀郡氐道縣，大江所出，東南過其縣北。	南城講堂 南城石室	注云："始，文翁爲蜀守，立講堂，作石室於南城。" 見上註。
又東過江陽縣南，洛水從三危山東過廣魏洛縣南，東南注之。	姜士遊居	注云："縣有沈鄉，去江七里，姜士遊之所居。"
卷三十四 江水		
又東過秭歸縣之南。	屈原舊田宅 屈原故宅	
又東南過夷道縣北，夷水從佷山縣南，東北注之。	望堂	

經　文	地　名	備　註
又東過枝江縣南,沮水從北來注之。	劉凝之故宅范儕精廬	
卷三十七 夷水 東南過佷山縣南。	夷水石室 仙人室	注云:"夷水又東逕石室,在層巖之上,……鄉人今名爲仙人室。" 見上註。
卷三十七 沅水 沅水出牂柯且蘭縣,爲旁溝水;又東至鐔成縣,爲沅水,東過無陽縣。	南山石室 陽欺崖二石室	注云:"盤瓠負女入南山,上石室中。" 注云:"有陽欺崖,崖色純素,望同積雪,下有二石室。"
卷三十八 湘水 又北過臨湘縣西,瀏水從縣西北流注。	石潭山石室 賈誼宅	注云:"縣南有石潭山,湘水逕其西,有石室。"
卷三十八 溱水 東至曲江縣安聶邑,東屈西南流。	洹山石室	注云:"林水出縣東北洹山,王歆之《始興記》曰:林水源裏有石室。"

經　　文	地　名	備　　註
過湞陽縣，出湟浦關，與桂水合。	湞石山南石室	注云："縣東有湞石山，……其陽有石室。"
卷三十九 耒水		
又北過其縣之西。	萬歲山石室	注云："水出西南萬歲山，山有石室。"
又西北過耒陽縣之東。	蔡倫故宅	
卷三十九 贛水		
又北過南昌縣西。	沙門竺曇顯精舍	
卷三十九 廬江水		
廬江水出三天子都北，過彭澤縣西，北入於江。	龍泉精舍	
卷四十　漸江水		
漸江水出三天子都。	嚴陵瀨石室	注云："第二是嚴陵瀨，瀨帶山，山下有一石室。"
北過餘杭，東入於海。	郭文宅	
	靈隱山三石室	注云："浙江又東逕靈隱山，山在四山之中，有高崖洞穴，左右有石室三所。"

經　　文	地　　名	備　　註
	射的山石室 射堂	注云："又有射的山，……射的之西有石室，名之爲射堂。" 見上註。
	何次道精廬	注云："何次道作郡，常於此水中得烏賊魚，南對精廬。"
	鹿野山石室	注云："湖北有三小山，謂之鹿野山，……山有石室。"
	玉笥精舍	注云："又有玉笥、竹林、雲門、天柱精舍，並疏山創基，架林 裁宇，割澗延流，盡泉石之好。"
	竹林精舍	見上註。
	雲門精舍	見玉笥精舍註。
	天柱精舍	見玉笥精舍註。
	諸暨縣射堂	注云："江水又東逕諸暨縣南，縣臨對江流，江南有射堂。"
	嶀山三精舍	注云："(嶀)山中有三精舍。"

四十一、門　闕

門和闕都是比較常見的地名。《水經注》以門闕爲名的地名，多達三百三十餘處。

酈注記載的門，主要是城門和宮殿門，像卷十，濁漳水注中的"鄴城七門"；卷十六，穀水注中的"洛陽城諸門"；卷十九，渭水注中的"長安城十二門"等，注文都記載得非常詳細。又如卷十，濁漳水注中對北魏宮殿諸門；卷十九，渭水注中對未央宮諸門等，注文也都有所記載。酈注記載的城門，其中有不少具有十分宏偉的規模。例如卷十，濁漳水經"又東出山，過鄴縣西"注中的"鄴城七門"。注云：

　　三臺洞開，高三十五丈。①

又如卷十六，穀水經"又東過河南縣北，東南入於洛"注中的"洛陽大夏門"。注云：

　　陸機與弟書曰：門有三層，高百尺，魏明帝造。

從以上二例中，我國古代若干著名城門的高大宏偉，已可見一斑。

在酈注以門爲名的地名中，也有一些實際上既非城門，亦非宮殿門。例如卷四，河水注的"孟門"、"龍門"和"三門"等，乃是水門；卷二，河水注的"皋蘭山門"，卷三十一，溳水注的"大洪山石門"等，則是山門。水門和山門，其實都屬於峽谷一類。

闕是古代宮門兩側的門觀，用以升登望遠；又因古代常在此處懸示各種頒布的法

---

① 《嘉靖彰德府志》卷八，鄴都宮室志第八，鳳陽門，引《水經注》作"高二十五丈"。

令,稱爲象魏。闕、門觀、象魏,實際上是一件事物。總之,是附着於宮門的一種建築。《水經注》本身對闕這種名稱有較詳的解釋。卷十六,穀水經"又東過河南縣北,東南入於洛"注云:

> 周官太宰以正月懸法於象魏。《廣雅》曰:闕謂之象魏。《風俗通》曰:魯昭公設兩觀於門,是謂闕,從門欮聲。《爾雅》曰:觀謂之闕。《説文》曰:闕,門觀也。……《白虎通》曰:門必有闕者何? 闕者,所以飾門,别尊卑也。

酈注記載的闕,其中也有一些具有極大的規模。卷十六,穀水經"又東過河南縣北,東南入於洛"注中的"朱雀闕",即是其中之一。注云:

> 《漢官職典》曰:偃師去洛四十五里,望朱雀闕,其上鬱然與天連。

四十五里以外猶可望見,朱雀闕的高大是可想而知了。

卷十九,渭水經"又東,豐水從南來注之"注中所記載的建章宮鳳闕,其高大並且還有具體的數字可據。注云:

> 《漢武帝故事》云:闕高二十丈。《關中記》曰:建章宮圓闕,臨北道,有金鳳在闕上,高丈餘,故號鳳闕也。故繁欽《建章鳳闕賦》曰:秦漢規模,廓然毁泯,惟建章鳳闕,巋然獨存,雖非象魏之制,亦一代巨觀也。

從上例可見,建章宮的鳳闕,竟高達二十多丈,僅闕頂的金鳳裝餙,就高達一丈多,其規模之宏大可以想見。

酈注記載的還有另一類闕,是陵墓的石闕,爲數也不少,像卷二十二,洧水注中的"張伯雅墓石闕";卷二十八,沔水注中的"黃公闕"等均是其例。

此外,注文中還有一些以闕爲名的地名,其實是峽谷之類的地理事物,例如卷十五,伊水注中的"伊闕",卷三十三,江水注中的"天彭闕"等,都是水門;而卷三,河水注的"高闕",則是山門。情況與上述孟門和皋蘭山門等一樣。

門　關

經　　文	地　　名	備　　註
卷一　河水		
屈從其東南流，入渤海。	沙祇城南門	
	崑崙四百四十門	注云："又按《淮南子》書，崑崙之上……旁有四百四十門，門間四里，里間九純，純丈五尺。"
	玉闕	
卷二　河水		
其一源出于闐國南山，北流與蔥嶺所出河合，又東注蒲昌海。	龍城西門	注云："龍城，故姜賴之虛，胡之大國也，蒲昌海溢，盪覆其國，城基尚存而至大，晨發西門，暮達東門"。
	龍城東門	見上註。
	玉門	
又東入塞，過敦煌、酒泉、張掖郡南。	鴈門	
又東過隴西河關縣北，洮水從東南來流注之。	石門	
	皋蘭山門	
	枹罕城南門	注云："灘水在（枹罕）城南門前東過也。"
又東過金城允吾縣北。	臨羌城東門	注云："（臨羌）城有東西門。"
	臨羌城西門	見上註。
	長寧亭東門	注云："南逕長寧亭東，城有東、西門。"
	長寧亭西門	見上註。
	安夷縣故城東門	注云："湟水又東逕安夷縣故城，城有東、西門。"
	安夷縣故城西門	見上註。
	破羌縣故城南門	注云："東逕破羌縣故城南，應劭曰：漢宣帝神爵二年，置城省南門。《十三州志》曰：湟水河在南門前東過。"

經　　文	地　名	備　　　註
	金城北門	
又東北過安定北界麥田山。	東西二土樓故城門	土樓,注箋本、七校本、注釋本作太婁。《乾隆甘肅通志》卷二十二,古蹟,平涼府,固原州,他樓廢縣,引《水經注》作太婁。
卷三　河水 屈從縣東北流。	高闕	
又南過赤城東,又南過定襄桐過縣西。	孟門橋門	
又南離石縣西。	長城門	
卷四　河水 又南過河東北屈縣西。	橐風之門	
	孟門龍門	《玉海》卷二十一,地理,禹九河,引《水經注》作盟門。
又南出龍門口,汾水從東來注之。	高門	七校本、注釋本作高門原。
又東過砥柱間。	三門	
又東過平陰縣北,清水從西北來注之。	伊洛門	

經　　文	地　名	備　　註
卷五　河水 　　又東過成皋縣北，濟水從北來注之。	旋門 玉門	
又東過黎陽縣南。	龍門	
又東過荏平縣西。	東阿大城北門	注云：“（東阿）大城北門内西側皋上有大井。”
又東過高唐縣東。	武陽新城東門	注云：“西北逕武陽新城東，……引水自東門石竇北注於堂池。”
	冰井門	
	聊城縣故城南門	注云：“漯水又北逕聊城縣故城西，……南門有馳道，絶水南出自外泛舟而行矣，東門側有層臺。”
	聊城縣故城東門	見上註。
卷六　汾水 　　汾水出太原汾陽縣北管涔山。	狼孟縣故城南門	注云：“洛陰水又西，逕狼孟縣故城南，……有南、北門，門闉故壁尚在。”
	狼孟縣故城北門	見上註。
又西過皮氏縣南。	龍門	
卷六　涑水 　　又西南過安邑縣西。	安邑城南門 石門	注云：“今（安邑）城南門，臺基猶存。”

經　　文	地　　名	備　　註
卷六　晉水 　又東過其縣南，又東入於汾水。	晉陽城門	注云："太守孫福，匿於(晉陽)城門西下空穴中。"
卷七　濟水 　與河合流，又東過成皋縣北，又東過滎陽縣北，又東至礫溪南，東出過滎澤北。	敖城石門 滎口石門 滎陽縣故城東門	注云："靈帝建寧四年，於敖城西北，壘石爲門，以遏渠口，謂之石門。" 注云："索水又東逕滎陽縣故城南，……信乃乘王車出東門，稱漢降楚，楚軍稱萬歲，震動天地，王與數十騎出西門，得免楚圍。"
	滎陽縣故城西門 鞏闕	見上註。
卷八　濟水 　又北過穀城縣西。	周首北門	注云："埋其首於周首之北門。"
又北過臨邑縣東。	臨邑縣石門 濟水之門 防門	注云："(臨邑)縣有濟水祠，……水有石門，以石爲之，故濟水之門也。" 見上註。
又東北過臺縣北。	東平陵縣故城東門	注云："又北逕東平陵縣故城西，……城東門外，有樂安任照先碑。"
又東過方與縣北，爲菏水。	李剛墓石闕 埏門	注云："水南有漢荊州刺史李剛墓……有石闕。"

經　　文	地　名	備　　　註
卷九　清水 　清水出河內脩武縣之北黑山。	天門	
又東過汲縣北。	汲縣城東門	注云："（汲縣）城東門北側，有太公廟。"
卷九　沁水 　又南出山，過沁水縣北。	沁口石門	注云："沁水南逕石門，謂之沁口。"
卷九　淇水 　淇水出河內隆慮縣西大號山。	頓丘門	注云："《皇覽》曰：頓丘者，城門名。"
卷九　洹水 　東過隆慮縣北。	魯般門	
又東出山，過鄴縣南。	建春門	
卷十　濁漳水 　潞縣北。	魯班門 魯班門西雙闕	注釋本作魯般門西闕。
又東出山，過鄴縣西。	止車門 鳳陽門	

經　文	地　名	備　註
	中陽門	
	廣陽門	
	建春門	黃本、注箋本、沈本作達春門。
	廣德門	
	廄門	
	金明門	
又北過堂陽縣西。	石門	
卷十一　易水		
易水出涿郡故安縣閻鄉西山。	燕長城門	
東過范陽縣南，又東過容城縣南。	汾門	吳本、注箋本、項本、張本作分門。《名勝志》卷四，保定府，安肅縣，引《水經注》作分門。注箋本、項本、張本作分水門。
	汾水門	
	梁門	
卷十一　滱水		
滱水出代郡靈丘縣高氏山。	隘門	
	石門	
	龍門	注云：“徐水又東南流，歷石門中，世俗謂之龍門也。”
卷十三　灅水		
灅水出鴈門陰館縣，東北過代郡桑乾縣南。	南門	
	南門二石闕	注云：“南門表二石闕。”
	鴈門	

經　　文	地　　名	備　　註
	陽端門	
	東掖門	
	西掖門	
	雲龍門	
	神虎門	
	中華門	
	承賢門	
	鄴城東門	
	汾門	
	代城九門	注云：“祁夷水又東北流逕代城西，……營城自護，結葦爲九門。”
	代城西門	注云：“《魏土地記》曰：城内有二泉，一泉流出城西門，一泉流出城北門。”
	代城北門	見上註。
又東南出山。	孟門	
過廣陽薊縣北。	薊城東掖門	注云：“（薊）城有萬載宮、光明殿，東掖門下，舊慕容儁立銅馬像處。”
	薊城東門	注云：“（薊城）大城東門内道左，有魏征北將軍建成鄉景侯劉靖碑。”
	薊城南門	注云：“湖水東流爲洗馬溝，側（薊）城南門東注。”
卷十四　沽河		
沽河從塞外來。	獨固門	
卷十四　鮑丘水		

經　　文	地　名	備　　註
又南過潞縣西。	車箱渠北岸水門	注云："開車箱渠，……北岸立水門。"
又南至雍奴縣北，屈東入於海。	石門	
卷十五　洛水		
東北過盧氏縣南。	地門 高門	
又東北過蠡城邑之南。	金門	
又東北過宜陽縣南。	宜陽城西門	
卷十五　伊水		
又東北過伊闕中。	伊闕 四闕 龍門	注云："陸機云：洛有四闕。"注疏本作四關。
卷十六　穀水		
穀水出弘農黽池縣南墦塚林穀陽谷。	缺門	

經　　文	地　　名	備　　註
又東過河南縣北，東南入於洛。	鼎門	
	梁門	
	乾祭門	
	乾光門	
	含春門	
	遑門	注箋本作退門。
	大夏門	
	夏門	
	廣莫門	吳本作廣墓門。
	穀門	
	建春門	
	上東門	
	上升門	
	建陽門	
	東陽門	
	閶闔門	
	上西門	
	千秋門	
	神虎門	
	雲龍門	
	通門	
	掖門	
	皋門	
	庫門	
	雉門	
	應門	
	路門	
	畢門	
	虎門	
	朱雀闕	

經　文	地　名	備　註
	白虎闕	
	蒼龍闕	
	北闕	
	南宮闕	
	鐵柱門	
	司馬門	
	宣陽門	
	西陽門	
	西明門	注箋本作西門。
	雍門	
	廣陽門	
	青陽門	注箋本、項本、張本作清陽門。
	津陽門	
	津門	
	苑門	《通鑑》卷七十五,魏紀七,邵陵厲公嘉平元年,"授兵出屯洛水浮橋"胡註,引《水經注》作小苑門。《方輿紀要》卷四十八,河南三,河南府,小苑門,引《水經注》作小苑門。
	平城門	
	正陽之門	
	謻門	
	冰室門	
	平昌門	
	平門	
	開陽門	
	開陽縣南城門	注云:"琅邪開陽縣上言:縣南城門,一柱飛去。"
	清明門	
	稅門	
	芒門	
	中東門	

經　文	地　名	備　註
卷十七　渭水		
又東過獂道縣南。	落門	
又東過上邽縣。	魯東門 石門	
卷十八　渭水		
又東過武功縣北。	櫟南門 光門	
卷十九　渭水		
又東，豐水從南來注之。	便門 磁石門 卻胡門 冀闕 鳳闕 建章宮圓闕 璧門 璧玉門	 注箋本、項本、張本作壁門。
又東過長安縣北。	宣平門 春王門 東都門 清明門 凱門 藉田門 宣德門	 注箋本、項本、注釋本、張本作東城門。 注箋本作耤田門

經　　文	地　　名	備　　註
	霸城門	
	青門	
	仁壽門	
	青城門	
	青綺門	
	覆盎門	
	永清門	
	下杜門	
	端門	
	安門	
	鼎路門	
	光禮門	
	平門	
	便門	
	信平門	
	西安門	注箋本、項本、注釋本、張本作西安亭。
	章門	
	萬秋門	
	光華門	宋本、注箋本、項本、注釋本、張本作光畢門。
	直門	
	直道門	
	龍樓門	
	西城門	
	雍門	
	章義門	注箋本、項本、注釋本、張本作章誼門。
	函里門	
	奕門	
	橫門	
	霸都門	
	光門	
	都門	

經　　文	地　　名	備　　註
	棘門	
	通門	
	亥門	
	廚門	注箋本、項本、注釋本、張本作洛門。
	朝門	
	建子門	
	高門	
	長安城北門	
	廣門	
	杜門	
	利城門	
	進和門	
	客舍門	
	洛門	
	直城門	
	玄武闕	
	北闕	
	蒼龍闕	
	閶闔門	
	上車門	
又東過霸陵縣北，霸水從縣西北流注之。	江陵北門	
	鴻門	
	安門	
	霸城南門	
卷二十　丹水		
又東南過商縣南，又東南至於丹水縣，入於均。	南鄉故城南門	注云："至永和平，徙治南鄉故城，南門外，舊有郡社。"

經　　文	地　　名	備　　註
卷二十一 汝水		
又東南過定陵縣北。	昆陽城南門	注云："夜與十三騎出(昆陽)城南門。"
又東南過郾縣北。	葉公廟雙闕	注云："(葉公廟)道有雙闕。"
卷二十二 洧水		
洧水出河南密縣西南馬領山。	庚門 張伯雅墓石闕	注云："東南流,逕漢弘農太守張伯雅墓,……庚門表二石闕。"
東南過其縣南。	密縣城東門	注云："今(密)縣城東門南側,有漢密令卓茂祠。"
又東過鄭縣南,潧水從西北來注之。	時門 鄭城南城南門	注云："而東南流,逕鄭城南城之南門內。"
又東南過茅城邑之東北。	長社城北門	注云："陂之西北,即長社城,……自城北門,列築堤道。"
卷二十二 潩水		
潩水出河南密縣大騩山。	岸門	
卷二十二 渠		

經　　文	地　　名	備　　註
又東至浚儀縣。	夷門 臺門	
其一者，東南過陳縣北。	栗門 陳城東門	注云：“（陳）城之東門內，有池。”
卷二十三 **陰溝水**		
東南至沛，爲過水。	苦縣故城南門	注云：“逕苦縣故城南，……南門列道徑取廣鄉道；西門馳道，西屈武平；北門馳道，暨於北臺。”
	苦縣故城西門	同上註。
	苦縣故城北門	見苦縣故城南門註。
	老子廟雙石闕	注云：“（老子廟）碑北有雙石闕。”
卷二十三 **汳水**		
汳水出陰溝於浚儀縣北。	龍門	
卷二十四 **睢水**		
東過睢陽縣南。	睢陽城西門 睢陽城南門 盧門 宋城南門 楊之門 左陽門	注云：“廣睢陽城七十里，……城西門，即寇先鼓琴處也。” 注云：“（睢陽城）南門曰盧門也。” 見上註。 黃本、吳本、注箋本、項本、沈本、張本作楊州之門，七校本、戴本作楊門。 注釋本作楊門。

經　　文	地　名	備　　註
	睢陽東門	注云:"左陽門,即睢陽東門也。"
卷二十四 汶水 　屈從縣西南流。	天門	
過博縣西北。	亭亭山石門	注云:"汶水又西南逕亭亭山東,……山有神廟,水上有石門。"
	萊門	
	汶陽縣城門	注云:"汶水又西南逕魯國汶陽縣北,……城門基堙存焉。"
卷二十五 泗水 　西南過魯縣北。	闕里北門	注云:"闕里背洙面泗,……四門各有石闕,北門去洙水百步餘。"
	魯縣故城東門	注云:"流逕魯縣故城南,水北東門外,即爰居所止處也。"
	魯城東門	
	稷門	
	南門	注云:"《春秋》僖公二十年,經書,春,新作南門,《左傳》曰:書不時也,杜預曰:本名稷門,僖公更高大之,今猶不與諸門同,改名高門也,其遺基猶在,地八丈餘矣,亦曰雩門。"
	高門	同上註。
	雩門	同南門註。《通鑑地理通釋》卷五,沂,註,引《水經注》作"雲門"。
	孔廟雙石闕	云:"孔廟東南五百步,有雙石闕。"
又西過瑕丘縣東,屈從縣東南流,漷水從東來注之。	畫門	吳本作畫門,孫潛校本作書門。

經　　　文	地　　名	備　　　註
又東南過下邘縣西。	下邘縣故城南門	注云："泗水又東南逕下邘縣故城西,……南門謂之白門。"
	白門	同上註。
卷二十五 **洙水**		
西南至卞縣,入於泗。	瑕丘城石門	注云："又南逕瑕丘城東而南入石門。"
卷二十六 **沭水**		
又東南過莒縣東。	莒縣南門	注云："其城三重,並悉崇峻,惟南開一門。"
卷二十六 **淄水**		
淄水出泰山萊蕪縣原山。	萊蕪縣故城南門	注云："逕其縣故城南,《從征記》曰:城在萊蕪谷,當路阻絕兩山,間道由南、北門。"
	萊蕪縣故城北門	見上註。
又東過利縣東。	申門	
	雍門	大典本作雔門。
	陽門	
	稷門	
	魯城上東門	注云："然棘下又是魯城内地名,《左傳》定公八年,陽虎劫公,伐孟氏,入自上東門,戰於南門之内,又戰於棘下者也。"
	魯城南門	見上註。
	齊城北門	注云："(齊城)北門外東北二百步,有齊相晏嬰冢宅。"
	臨淄城西門	

經　文	地　　名	備　　註
卷二十七 沔水		
沔水出武都沮縣東狼谷中。	大石門 小石門 石門	《遊蜀日記》引《水經注》作大小石門。
又東過西城縣南。	錫義山四門	注云:"縣有錫義山,方圓百里,形如城,四面有門。"
卷二十八 沔水		
又東過襄陽縣北。	襄陽縣故城南門	注云:"城北枕沔水,即襄陽縣之故城也,……城南門道東有三碑。"
	襄陽縣故城東門	注云:"(襄陽縣故)城東門外二百步劉表墓,太康中,爲人所發。"
又南過邔縣東北。	黃公闕	
又南過宜城縣東,夷水出自房陵,東流注之。	宜城縣南門	注云:"其水又逕金城前(宜城)縣南門。"
卷二十九 沔水		
分爲二,其一東北流,其一又過毗陵縣北,爲北江。	長水城門	注云:"《神異傳》曰:由卷縣,秦時長水縣也,始皇時,縣有童謠曰:城門當有血。"
卷三十　淮水		

經　　文	地　　名	備　　註
又東過新息縣南。	新息縣故城外城北門	注云："淮水又東逕新息縣故城南，……外城北門內，有新息長賈彪廟。"
又東至廣陵淮浦縣，入於海。	秦之東門秦門 紀郫故城西門	注云："游水又東北逕紀郫故城南，……啟西門而出。"
卷三十一 溳水		
溳水出蔡陰縣。	大洪山石門	注云："溳水出縣東南大洪山，……山下有石門。"
卷三十二 肥水		
北過其縣西，北入芍陂。	井門	
北入於淮。	石橋門 草市門 芍陂門 象門 沙門 金城西門	
卷三十二 夏水		
夏水出江津於江陵縣東南。	龍門 郢城東門	注云："龍門，即郢城之東門也。"
卷三十二 涔水		

經　文	地　名	備　註
涔水出漢中南鄭縣旱山,北至安陽縣南,入於沔。	成固南城東門	注云:"東北流逕成固南城北,……東門傍山。"
卷三十三 江水		
岷山在蜀郡氐道縣,大江所出,東過其縣北。	天彭闕	《禹貢集解》卷三,引《水經注》作天彭關。《通鑑》卷三十二,漢紀二十四,成帝元延三年,"蜀郡岷山崩"胡註,引《水經注》作天彭關。
	天彭門 石牛門 市橋門	
又東過江陽縣南,洛水從三危山東過廣魏洛縣南,東南注之。	大闕 小闕	
又東北至巴郡江州縣東,強水、涪水、漢水、白水、宕渠水五水,合南流注之。	蒼龍白虎門	
卷三十六 溫水		
東北入於鬱。	林邑城前門	注云:"(林邑)城東爲前門。"
	林邑城西門	注云:"(林邑城)西門當兩重塹,北迴上山,山西即淮流也,南門度兩重塹,對溫公壘。"
	林邑城南門	見上註。

經　　文	地　　名	備　　註
	林邑城北門	注云："（林邑城）北門濱淮，路斷不通。"
卷三十九 **贛水** 　又北過南昌縣西。	南昌縣故城南門 松楊門	注云："贛水又北逕南昌縣故城西，……城之南門曰松楊門。" 同上註。
卷三十九 **廬江水** 　廬江水出三天子都北，過彭澤縣西，北入於江。	廬山石門	注云："廬山之北，有石門水，水出嶺端，有雙石高竦，其狀若門，因有石門之目焉。"
卷四十　漸江水 　北過餘杭，東入於海。	臨安縣南門 山陰縣雙闕 山陰縣北門 雷門 山陰縣西門 剡縣東門 剡縣南門	注云："晉改曰臨安縣，因岡爲城，南門尤高。" 注云："秦改爲山陰縣，會稽郡治也，……雙闕在北門外。" 見上註。 注云："浙江又北逕山陰縣西，西門外百餘步有怪山。" 注云："江水又東南逕剡縣，……縣開東門向江，江廣二百餘步，自昔耆舊傳，縣不得開南門，開南門則有盜賊。" 見上註。
卷　四　十 **《禹貢》山水澤地所在** 　都野澤在武威縣東北。	涼州城西雙闕	注云："涼州城西，泉水當竭，有雙闕起其上。"

四十二、園　苑

　　園苑也是地名,《水經注》記載的這類地名,常用園、苑、圃、林等稱謂。其中林的概念比較廣泛,包括森林在內,如卷九,沁水注的"丹林";卷十六,榖水注的"墦塚林"等均是。全注記載的園苑類地名近八十處。

　　在酈注記載的園苑中,有不少是我國歷史上的著名園苑,這些園苑具有優美的布局和精緻的結構。充分説明了我國古代造園藝術上的卓越成就。卷十六,榖水經"又東過河南縣北,東南入於洛"注中的"芳林園"和"華林園"即是其例。注云:

　　　　雕飾觀閣,取白石英及紫石英及五色大石於太行榖城之山,起景陽山於芳林園,樹松竹草木,捕禽獸以充其中。……陸機《洛陽記》曰:九江直作圓水,水中作圓壇三破之,夾水得相徑通。《東京賦》曰:濯龍、芳林,九谷八溪,芙蓉覆水,秋蘭被涯。

對另一處華林園,注文續云:

　　　　榖水又東,枝分南入華林園,歷疏圃南,圃中有古玉井,井悉以珉玉爲之,以緇石爲口,工作精密,猶不變古,燦焉如新。又逕瑤華宮南,歷景陽山北,山有都亭,堂上結方湖,湖中起御坐石也。御坐前建蓬萊山,曲池接筵,飛沼拂席,南面射侯,夾席武峙。背山堂上則石路崎嶇,巖嶂峻險,雲臺風觀,纓巒帶阜。遊觀者升降阿閣,出入虹陛,望之狀鳧没鸞舉矣。其中引水飛皋,傾瀾瀑布,或枉渚聲溜,潺潺不斷,竹柏蔭於層石,繡薄叢於泉側,微飆暫拂,則芳溢於六空,實爲神居矣。

這一段記載華林園的布局、結構和景緻,何等的生動細膩,可以讓我們看到這個古代勞動人民精心布置和建築的著名園苑的大致輪廓。

在園苑的記載中,注文也常常涉及園苑中的各種植物,爲我們提供了不少歷史植物地理資料。像卷十八,渭水注的"竹圃";卷二十三,獲水注的"櫟林";卷三十三,江水注的"官橘園"和"官荔枝園"等均是其例。卷九,淇水經"淇水出河内隆慮縣西大號山"注云:

> 《詩》云:瞻彼淇澳,菉竹猗猗。……漢武帝塞決河,斬淇園之竹木以爲用。寇恂爲河内,伐竹淇川,治矢百餘萬,以輸軍資。今通望淇川,無復此物。

這裏,在淇園的記載中,寫到歷史上大量分布的竹類,也寫到了在北魏時代,這個地區已經沒有竹類的生長了。

又如卷十三,灅水經"灅水出鴈門陰館縣,東北過代郡桑乾縣南"注中記載的"桑林"。注云:

> 水側有桑林,故時人亦謂是水爲藂桑河也。斯乃北土寡桑,至此見之,因以名焉。

如上二例,通過園林中的植物分布,讓我們可以探索歷史上各種植物分布區域的遷移和消長的梗概。

有一個地名需要略作説明。卷一,河水經"屈從其東南流,入渤海"注云:

> 城之東北十里許,即鹿野苑,本辟支佛住此,常有野鹿棲宿,故以名焉。

從上述注文的句讀來看,這個地名可以稱爲"鹿野苑",但也可以稱爲"鹿野",因此,地名的屬性是否即是園苑,還必須加以考證。兹據艾德爾所釋,此地梵名Mrigadâva,漢譯通常作鹿野、鹿苑或鹿林,其意確係園苑無疑,[①]所以就此收入於園苑類地名之中。

最後,對於卷一,河水經"崑崙墟在西北"注中的"玄圃"這個地名,也尚有稍加説明的必要。注云:

> 《崑崙説》曰:崑崙之山三級,下曰樊桐,一名板桐;二曰玄圃,一名閬風;上曰層城,一名天庭,是爲太帝之居。

---

① Emest. J. Eitel. "Handbook of Chinese Buddism being a Sanskrit – Chinese Dictionary with vocabularies of Buddhist Terms". Tokyo, sanshusha. 1904. P. 101 "Mrigadâva. A park N. E. of varânadi, favoured by Sâkyamuni now, sârañganâtha, near Benares. "

（艾德爾《中國佛教手册》第一〇一頁:"鹿野苑,婆羅疤斯國東北的一個園苑,爲釋迦牟尼所垂愛,今名 Sârañganâtha,在迦尸國附近。"）

　　按上注中的玄圃，《楚辭·天問》及《淮南子·墜形訓》均作縣圃，其意是懸於高處之園圃。這本來是一個神話中的地名，但曾經有人提出縣圃和古代巴比倫的縣園（驛案，英文爲 hanging garden，通常亦譯作空中花園）之間，説法有許多相似之處，因此懷疑崑崙山的縣圃，可能就是巴比倫的縣園。從而認爲崑崙山一類的傳説，可能是從西方來的。[1]　童書業、顧頡剛二氏並由此推論古代東、中、西交通之盛。[2]　對於希臘史上稱爲"七奇"之一的巴比倫空中花園，我素無研究，不敢妄加臆斷。我只是從《坤輿圖説》[3]中讀到，巴比倫的所謂空中花園，只不過是建築在巴比倫城樓之上的花園。這樣的空中花園，即在現代城市中亦所在多有，美國紐約即是其例，[4]恐怕不足稱奇，似乎不能和神話故事中的崑崙山縣圃相並論。

①　徐球《黃帝之圃與巴比倫之縣園》（《地學雜誌》一九三一年第一期）："《山海經·西山經》曰：槐江之山，實惟帝之平圃。郭璞註：平圃即玄圃。《楚辭·離騒》皆作縣圃，或懸圃。揚子雲《甘泉賦》縣圃註曰：即玄圃，縣者猶言縣繫空中，形容圃之高也。其文與巴比倫之 gardiue suepeudce 二字同。……審是，則二者之名與義皆符，黃帝之縣圃，即巴比倫之縣園歟？合漢族西來之説，未嘗不可解。"

②　童書業、顧頡剛《漢代以前中國人的世界觀念與域外交通的故事》（《中國古代地理學考證論文集》第三十一頁）。

③　南懷仁《坤輿圖説》卷下，七奇圖，亞細亞洲巴必鸞城："瑟彌辣米德王后創造京都城池，形勢矩方，每方長五十里，周圍計二百里，城門統共一百，皆淨銅作成。城高十九丈，闊厚四丈八尺，用美石砌成。城樓上有園圃，樹木景緻接山水，湧流如小河然，造工者每日三十萬。"

④　W. H. Camp. "The World in Your Garden" （"The National Geographic Magazine" July, 1947. p9.）："New York has its hanging garden like Nebuchadnezzars ancient capital".

　　〔W. H. 肯普.《花園大觀》（《美國國家地理雜誌》1947 年 7 月號，第九頁）："紐約的空中花園，宛如古代尼布甲尼撒（驛案，605—562 B. C. 巴比倫王）的首都的空中花園。"〕

園　苑

經　　文	地　名	備　　註
卷一　河水 　崑崙墟在西北。	玄圃	
屈從其東南流，入渤海。	王園 隨樓那果園 鹿野苑 縣圃 疏圃 積石圃	大典本作王國。
卷二　河水 　又東過隴西河關縣北，洮水從東南來流注之。	鳳林	
又東過天水北界。	牧師苑	大典本、黃本、吳本、項本、沈本、張本作牧師菀。
卷三　河水 　又東過雲中楨陵縣南，又東過沙南縣北，從縣東，屈南過沙陵縣西。	單于苑圃	注云："陰山東西千餘里，單于之苑圃也。"
又南過西河圜陽縣東。	天封苑	大典本、黃本、沈本作天封菀，吳本作天封宛。

經　　文	地　　名	備　　註
卷五　河水 又東過成皋縣北，濟水從北來注之。	鄭圃	
卷七　濟水 又東過冤朐縣南，又東過定陶縣南。	恭皇之園	
卷九　沁水 又東過野王縣北。	丹林	
卷九　淇水 淇水出河內隆慮縣西大號山。	淇園	
卷九　洹水 又東出山，過鄴縣南。	玄武故苑	《正德臨漳縣志》卷二，池，玄武池，引《水經注》作玄武苑。
卷十　濁漳水 又東出山，過鄴縣西。	桑梓苑	
卷十一　滱水 東南過廣昌縣南。	松園 東圃	

經　　文	地　名	備　　註
卷十三　灅水 　　灅水出鴈門陰館縣,東北過代郡桑乾縣南。	平城縣西苑 北苑 虎圈 藥圃 桑林	注云:"水出平城縣之西苑外武州塞。"
卷十六　穀水 　　穀水出弘農黽池縣南墦塚林穀陽谷。	墦塚林	
又東過河南縣北,東南入於洛。	芳林園 華林園 疏圃 土山苑 鹿苑	 注云:"坂上有土山,漢大將軍梁冀所成,築土爲山,植木成苑。"
卷十七　渭水 　　又東過冀縣北。	溥沱苑	吳本作呼他苑。七校本作呼沱苑。劉寶楠《愈愚録》卷六,"水經注之誤",引《水經注》作呼沱苑。
卷十八　渭水 　　又東,芒水從南來注之。	竹圃	《方輿紀要》卷五十三,陝西二,西安府,盩厔縣,芒水,引《水經注》作竹園。

經　　文	地　　名	備　　註
卷十九　渭水		
又東過槐里縣南，又東，澇水從南來注之。	竹圃 葦圃 上林故地 上林苑	注箋本作葦圃。
又東過長安縣北。	逍遙園 博望苑 戾園 廉明苑 悼園 益園	注箋本、項本、七校本、注釋本、張本、注疏本作廣明苑。
又東過鄭縣北。	沙苑	注箋本、項本、張本作池苑。
卷二十一　汝水		
東南過其縣北。	廣成遊獵地 靈囿	注箋本、項本、張本作靈圃。
又東南過汝南上蔡縣西。	栗園	
卷二十二　渠		
渠出滎陽北河，東南過中牟縣之北。	具囿 棐林 北林	

經　　文	地　　名	備　　註
卷二十三 **汳水** 　又東至梁郡蒙縣，爲獲水，餘波南入睢陽城中。	漆園	
卷二十三 **獲水** 　獲水出汳水於梁郡蒙縣北。	櫟林 九里柞	注云：“獲水又東入櫟林，世謂之九里柞。”注箋本、項本作九里柞。
卷二十四 **睢水** 　東南過睢陽縣南。	兔園 東苑 竹圃 梁王竹園	
卷二十四 **瓠子河** 　東至濟陰句陽縣，爲新溝。	穀林	清盧文弨《駁堯塚在平陽再議》（《抱經堂文集》卷十二），引《水經注》作穀，無林字。
南至費縣，東入於沂。	高苑	
卷二十四 **汶水** 　又西南過剛縣北。	蛇淵囿 魯囿	

經　　文	地　名	備　　註
卷三十二 決水 　又北過安豐縣東。	嘉林	
卷三十二 沮水 　沮水出漢中房陵縣淮水，東南過臨沮縣界。	緑林	
卷三十三 江水 　又東北至巴郡江州縣東，強水、涪水、漢水、白水、宕渠水五水，合南流注之。	官荔枝園	
又東過魚復縣南，夷水出焉。	橘圃	
卷三十五 江水 　湘水從南來注之。	上烏林 中烏林 下烏林	注箋本作止烏林。 注箋本作烏林。
卷三十六 存水		

經　　文	地　　名	備　　　　註
存水出犍爲郁鄢縣。	雍無梁林	
卷三十六 溫水		
東北入於鬱。	王祠竹林	
卷四十　漸江水		
漸江水出三天子都。	翔鳳林 樓林	
北過餘杭,東入於海。	西園 麋苑 竹林	
卷四十 《禹貢》山水澤地所在。		
積石山在隴西河關縣西南。	鄧林	
都野澤在武威縣東北。	玄武圃	
熊耳山在弘農盧氏縣東。	熊耳山北林	

四十三、陵　墓

　　《水經注》記載的陵墓，大概都是歷史上比較著名的陵墓，這些陵墓所在之處，同時也就成爲地名。全注記載的陵墓類地名，爲數多至二百六十餘處。這類地名，在稱謂上有陵、墓、冢、墳、窆等，此外，也有稱山或丘的。卷十九，渭水經"又東過霸陵縣北，霸水從縣西北流注之"注中，對於古代陵墓的稱謂，有較詳的解釋。注云：

　　　　又東逕長陵南，亦曰長山也。秦名天子冢曰山，漢曰陵，故通曰山陵矣。《風俗通》曰：陵者，天生自然者也。今王公墳壠稱陵。《春秋左傳》曰：南陵，夏后皋之墓也。《春秋説題辭》曰：丘者，墓也，冢者，種也，種墓也。羅倚於山，分尊卑之名者也。

　　酈注記載的陵墓，其中有一些只不過是傳説，其實並不是什麼陵墓，例如卷三，河水注的"黄帝塚"；卷九，淇水注的"帝嚳冢"和"顓頊冢"；卷二十四，瓠子河注的"堯冢"；卷三十二《洈水注》的皋陶冢；卷三十八，湘水注的"大舜窆"；卷四十，漸江水注的"禹冢"等等。也有一些則更是荒誕不經的傳説，例如卷八，濟水注中的蚩尤冢："有赤氣出如絳"；卷四十，漸江水注中越王允常冢的"冢中生風飛沙射人"等等之類，這些都是記載中的糟粕。但是酈注中的陵墓，大部分都還是可以查考的。而上述黄帝塚、顓頊冢之類雖屬無稽，但應該考慮到這些地區可能存在着一些無名的古代塚墓而被後人所傳訛的，則記載仍然不無意義。所以《水經注》記載的各種陵墓，不管其陵墓本身是否存在，它們畢竟總是歷史地名，而且對於今天在考古學、歷史學等方面，多少總也還能提供一些有用的綫索和資料。

對於卷四,河水注;卷二十一,汝水注;卷二十六,巨洋水注等篇中一再提到的"汲冢",這裏也順便稍作説明。《水經注》所提到的汲冢,實際上是指的《汲冢書》,亦即《竹書紀年》的代稱。[①] 不過汲冢本身,則是戰國時代的塚墓。按《晉書武帝紀》:"咸寧五年,汲郡人不準掘魏襄王冢,得竹簡小篆古書十餘萬言。"杜預在其《左傳後序》中云:"太康元年,汲郡人發冢,大得古書,皆簡編,科斗文字。"根據上述,可知汲冢乃是魏襄王和其他一些戰國魏冢的總稱。

在陵墓類地名中,還存在一個陵、縣同名的問題。例如卷十九,渭水注中,不少陵墓如茂陵、霸陵等,都存在着與陵墓同名的縣。造成這種同名的原因,是因为漢代初期,朝廷每建築一帝王陵墓,必在陵墓地區設置一與陵同名的縣,強迫人民從別處遷徙而來,以供奉帝王園陵。[②] 這樣的縣,稱爲陵縣,或稱陵邑。這種制度,直到漢元帝時才廢除。[③] 在元帝以前留下的這種陵縣,見於《漢書·地理志》的有九處,其中惠帝安陵、文帝霸陵、武帝茂陵、昭帝平陵、宣帝杜陵等五處,也見之於酈注(均在卷十九,渭水注)。以後,許多陵墓都早已塌毀平夷,徒成空名,但以陵爲名的縣,却很長期地繼續存在。

在這類地名中,注文還記載了古代帝王卿相耗資巨萬、大興土木,爲自己營造陵墓的許多事實。卷十九,渭水經"又東過霸陵縣北,霸水從縣西北流注之"注中的"漢成帝昌陵",即是其中一個典型的例子。注云:

> 漢成帝建始二年,造延陵爲初陵,以爲非吉,於霸曲亭南更營之,鴻嘉元年,於新豐戲鄉爲昌陵縣以奉初陵。永始元年,詔以昌陵卑下,客土疏惡,不可爲萬歲居,其罷陵作,令吏民反,故徙將作大匠解萬年燉煌。《關中記》曰:昌陵在霸城東二十里,取土東山與粟同價,所費巨萬,積年無成。

按昌陵之建,爲時已在漢元帝明令廢設陵縣以後,但昌陵却仍然設置陵縣,竟從遠

① 《晉書》卷五十一,列傳二十一《束皙傳》:"太康二年,汲郡人不準盜發魏襄王墓,得竹書數十車,其《紀年》三十篇,紀夏以來至周幽王爲犬戎所滅,以事接之三家分,仍述魏事至安釐王之二十年,蓋魏之史書,大略與《春秋》皆多相應。"

② 卷十九,渭水經"又東過長安縣北"注云:"東迤奉明縣廣成鄉之廉明苑南,史皇孫及王夫人葬於郭北,宣帝遷苑南,卜以爲悼園,益園民千六百家立奉明縣,以奉二園。"這説明在漢代不僅帝王陵墓可以設置縣治,移民供奉,甚至皇子皇孫和皇子皇孫的妻妾的墳墓,也可以設縣移民,奉明縣即是例。

③ 《漢書》卷九,帝紀九,《孝元皇帝紀》:"永光四年冬十月乙丑,罷祖宗廟在郡國者,諸陵分屬三輔。以渭城壽陵亭部原上爲初陵,詔曰:安土重遷,黎民之性,骨肉相附,人情所願也。頃者,有司緣臣子之義,奏徙郡國民以奉園陵,令百姓遠棄先祖墳墓,破業失産,親戚別離,人懷思慕之心,家有不安之意,是以東垂被虛耗之害,關中有無聊之民,非久長之策也。……今所謂初陵者,勿置縣邑,使天下咸安土樂業,亡有動搖之心,布告天下,令明知之。"

地搬運土石,以致其陵墓的泥土與粟同價,荒唐靡費,可見一斑。所以酈注記載中的每一處帝王陵墓地名,都是古代大量黎民血汗所構成的。

最後還需要提及的是,酈注中有些以冢爲名的地名,實際並不是冢墓。《詩·小雅·十月之交》:"山冢崒崩。"故冢有時是指的山岳。卷四,河水注的"五家冢";卷十八,渭水注的"馬冢"等均是其例。卷四,河水經"又東過大陽縣南"注云:

> 城東有山,世謂之五家冢,冢上有虞公廟。

如上注,冢而稱山,山上還建有廟宇,説明此山並不是一座小山。對於這一類稱冢的地名,在前面山岳類地名中均已收入。爲了查檢方便,在這裏再次收入,並在備註中註明。

陵　墓

經　　文	地　名	備　　註
卷三　河水		
又南離石縣西。	黃帝塚	
卷四　河水		
又南出龍門口,汾水從東來注之。	司馬子長墓 子夏陵	
又南過汾陰縣西。	汲塚	
又南過蒲坂縣西。	古塚 夷齊墓	注云:"山南有古塚,陵柏蔚然,攢茂丘阜,俗謂之夷齊墓也。"
又東過河北縣南。	段干木塚	
又東過大陽縣南。	五家塚	
又東過砥柱間。	石崤山南陵	注云:"水出石崤山,山有二陵,南陵夏后皋之墓也;北陵,文王所避風雨矣。"
	夏后皋墓	見上註。
	石崤山北陵	見石崤山南陵註。
	文王墓	見石崤山南陵註。
卷五　河水		

經　文	地　名	備　註
又東北過黎陽縣南。	甘陵 唐侯冢	注云:"尊陵曰甘陵,……世謂之唐侯冢。"
又東北過衛縣南,又東北過濮陽縣北,瓠子河出焉。	子路冢	
又東北過高唐縣東。	伏生墓	
又東北過楊虛縣東,商河出焉。	東方朔冢	
卷六　汾水 歷唐城東。	飛廉墓	
又南過平陽縣東。	晉襄公陵	
卷七　濟水 又東至溫縣西北,爲濟水,又東過其縣北。	虢公冢	
與河合流,又東過成臯縣北,又東過滎陽縣北,又東至礫溪南,東出過滎澤北。	管叔冢 紀信冢 周苛冢	
又東過冤朐	魏冉冢	

經　　文	地　　名	備　　註
縣南,又東過定陶縣南。	安平陵 恭王陵 傅太后墳 丁姬冢 丁昭儀墓 長隧陵	注云:"(丁姬冢)世尚謂之丁昭儀墓,又謂之長隧陵。"同上註。
卷八　濟水 　其一水東南流,其一水從縣東北流,入鉅野澤。	蘧伯玉冢 蚩尤冢	
又東北過壽張縣西界安民亭南,汶水從東北來注之。	吕仲梯墓 微子冢	
又北過穀城縣西。	項羽冢	《方輿紀要》卷三十三,山東四,東平州,東阿縣,引《水經注》作項王冢。
又東北過臨濟縣南。	任光等冢	
又東過東昏縣北。	朱鮪冢	
又東過方與縣北爲菏水。	李剛墓 肩髀冢 闞冢 秦王陵 哀王陵	注箋本、項本、張本作闞冢。

經　　文	地　　名	備　　註
	范巨卿冢	
又東南過徐縣北。	徐君墓	
卷九　清水 東北過獲嘉縣北。	趙越墓	
又東過汲縣北。	比干冢	
卷九　沁水 又東過武德縣南，又東南至滎陽縣北，東入於河。	張禹墓	
卷九　淇水 淇水出河內隆慮縣西大號山。	帝嚳冢 顓頊冢 殷王陵	
又東北過廣宗縣東，爲清河。	李雲墓	
卷十　濁漳水 又東過壺關縣北，又東北過屯留縣南。	李熹墓	

經　　文	地　　名	備　　　註
又東出山,過 鄡縣西。	浮圖澄墓	
又東北至樂 成陵縣北別出。	竇少翁冢	
卷十一　　易 水		
東過范陽縣 南,又東過容城縣 南。	柏冢 中山簡王焉 窆	七校本、注釋本作相冢。
卷十一　　滱 水		
又東過唐縣 南。	京陵 中山頃王陵 憲王陵 康王陵 哀王陵 兩女陵 張氏墓	注箋本無陵字。
又東過博陵 縣南。	博陵	
卷十二　　巨 馬水		
又東南過容 城縣北。	盧植墓	
卷十三　　灅 水		

經　　文	地　　名	備　　註
灅水出鴈門陰館縣，東北過代郡桑乾縣南。	文明太皇太后陵 高祖陵	
過廣陽薊縣北。	燕王陵	《天府廣記》卷三十六，川渠，高梁水，孫承澤引《水經注》作燕山陵。
	薊城西北大陵	注云："通（薊）城西北大陵，而是二墳基趾磐固，猶自高壯，竟不知何王陵也。"
卷十四　鮑丘水		
又南過潞縣西。	燕刺王旦陵 戻陵	注云："山有燕刺王旦之陵，故以戾陵名堰。" 同上註。
卷十五　洛水		
又東北出散關南。	清女冢 周靈王冢 二王陵	
又東過偃師縣南。	潘岳父子墓	
卷十五　伊水		
又東北過新城縣南。	魏明帝高平陵	
卷十五　瀍水		
瀍水出河南穀城縣北山。	裴氏墓塋	

經　文	地　名	備　註
東與千金渠合。	帛仲理墓	
卷十六　榖水		
榖水出弘農黽池縣南墦塚林榖陽谷。	毌丘興墓	
又東過河南縣北，東南入於洛。	太倉中大冢 周墓地 周威烈王冢 景王冢 古冢 山陽王家墓	
卷十六　滻水		
滻水出京兆藍田谷，北入於灞。	霸陵	宋本、大典本、黃本、吳本、注箋本、項本、沈本、注釋本、張本、注疏本作灞陵，《蜀道驛程記》引《水經注》作灞陵。
卷十六　沮水		
沮水出北地直路縣東，過馮翊祋祤縣北，東入於洛。	漢太上皇陵 薄昭墓	
卷十八　渭水		

經　文	地　名	備　註
又東過武功縣北。	馬冢 秦穆公冢	
卷十九　渭水 又東過槐里縣南，又東，澇水從南來注之。	老子陵	
又東，豐水從南來注之。	茂陵 杜伯冢	
又東過長安縣北。	樗里子墓 史皇孫及王夫人墓 夏侯嬰冢 馬冢	 注云："史皇孫及王夫人葬於郭北。" 注云："故渠東北逕漢太尉夏侯嬰冢西，葬日，柩馬悲鳴，……冢在城東八里飲馬橋南四里，故時人謂之馬冢。"
又東過霸陵縣北，霸水從縣西北流注之。	臨江王榮冢 秦襄王陵 霸陵 宣帝許后陵 杜陵 子楚陵 劉更始冢 梁巖冢 李夫人冢 英陵 漢昭帝陵	 注釋本作梁巖冢。 注云："即李夫人冢，冢形三成，世謂之英陵。" 注箋本、項本、注釋本、張本作莢陵。 注箋本、項本、戴本、注釋本、張本作漢昭帝平陵。

經　　文	地　名	備　　註
	竇嬰陵	
	成帝延陵	
	平帝康陵	
	渭陵	
	哀帝義陵	
	惠帝安陵	
	長陵	
	長山	注云："又東逕長陵南，亦曰長山也。"
	周勃冢	
	亞夫冢	注箋本作弱夫冢。
	景帝陽陵	
	高陵	
	傅太后陵	
	平阿侯王譚墓	
	秦皇陵	
	始皇冢	
	延陵	
	昌陵	
	秦孝公陵	
卷二十一 **汝水**		
東南過其縣北。	汲冢	
又東南過郾縣北。	召陵 定陵	

經　　文	地　　名	備　　註
又東南過平 輿縣南。	楚武王冢 楚王琴	注云：“城之東北有楚武王冢，民謂之楚王琴。”項本、摘鈔本作楚王瑟城。《通鑑》卷一四一，齊紀七，明帝建武四年“豫州刺史裴叔業侵魏楚王戍”胡註，引《水經注》作楚王瑟城。《方輿紀要》卷五十，河南五，汝寧府，新蔡縣，楚王城，引《水經注》作楚王岑。
卷二十二 潁水		
東南過其縣 南。	許由冢	
又東南過陽 翟縣北。	大陵	
又東南至新 陽縣北，涸藹渠水 從西北來注之。	召陵 平陽侯相蔡 昭冢	
卷二十二 洧水		
洧水出河南 密縣西南馬領山。	張伯雅墓	
又東南過長 社縣北。	鄢陵	
又東南過新 汲縣東北。	天井陵	
卷二十二 潩水		

經　　文	地　名	備　　　註
洧水出河南密縣大騩山。	鄭祭仲冢 子産墓 大陵	
卷二十二 渠 　又屈南至扶溝縣北。	澹臺子羽冢	
卷二十三 陰溝水 　東南至沛，爲渦水。	諸袁舊墓 楚太子建墳 李母冢 曹嵩冢 曹騰兄冢 潁川太守曹君墓	 注云："有騰兄冢，冢東有碑，題云：漢故潁川太守曹君墓。"
	曹熾冢	注云："有其元子熾冢，冢東有碑，題云：漢故長水校尉曹君之碑。"
	曹胤冢 譙定王司馬士會冢 河内溫司馬公墓	注云："熾弟胤冢，冢東有碑，題云：漢謁者曹君之碑。" 注云："渦水南，有譙定王司馬士會冢，……作制極工，石榜云：晉故便持節散騎常侍都督揚州江州諸軍事安東大將軍譙定王河内溫司馬公墓。"
	朱龜墓	
又東南至下邳淮陵縣，入於淮。	文穆冢	

經　　文	地　　名	備　　　註
卷二十三 汲水 　汲水出陰溝 於浚儀縣北。	大游墓	
又東至梁郡 蒙縣爲獲水,餘波 南入睢陽城中。	橋載墓 湯冢 箕子冢 王子喬冢	
卷二十三 獲水 　獲水出汲水 於梁郡蒙縣北。	盛允墓 梁孝王墓 陳勝墓	
又東過蕭縣 南,睢水北流注 之。	楚元王冢	
又東至彭城 縣北,東入於泗。	凌冢 劉向冢 彭祖冢	
卷二十四 睢水 　東過睢陽縣 南。	晉梁王妃王 氏陵 橋玄墓	 注箋本、項本、張本作喬玄墓。

經　　文	地　　名	備　　註
又東過相縣南, 屈從城北東流, 當蕭縣南, 入於陂。	馬援墓 伯姬冢	
卷二十四 **瓠子河** 　東至濟陰句陽縣, 爲新溝。	堯冢	
又東北過廩丘縣爲濮水。	堯陵 堯母慶都陵 仲山甫冢	注箋本作山甫冢。
卷二十四 **汶水** 　又西南過奉高縣北。	吳季札子墓 季札兒冢	
又西南過無鹽縣南, 又西南過壽張縣北, 又西南至安民亭, 入於濟。	東平憲王倉冢	注箋本作東平憲王蒼冢。
卷二十五 **泗水**		

經　　文	地　　名	備　　註
西南過魯縣北。	夫子冢 子貢廬墓 孔子父冢	
又西過瑕丘縣東，屈從縣東南流，濚水從東來注之。	奚仲冢 田文冢	
又東過沛縣東。	華元冢 伊尹冢 桓魋冢	
又東南過彭城縣東北。	龔勝墓 亞父冢	
又東南過下邳縣西。	陳球墓	
卷二十六 **巨洋水** 　又北過劇縣西。	辟閭渾墓 馬陵	
又東北過壽光縣西。	汲冢	
卷二十六 **淄水** 　東北過臨淄縣東。	四豪冢	

經　　文	地　　名	備　　註
	田氏四王冢	注云："淄水又東逕四豪冢北,水南山下,有四冢,方基圓墳,咸高七尺,東西直列,是田氏四王冢也。"
	古冶子墳	
又東過利縣東。	胡公陵	
	齊桓公冢	
	齊桓公女冢	
	愚公冢	
	王歜墓	
	晏嬰冢	
卷二十六 **汶水**		
北過其縣東。	管寧冢	
	徵士邴原冢	
	孫嵩墓	
	孫賓碩兄弟墓	
卷二十六 **濰水**		
又北過高密縣西。	鄭康成冢	
又東北過都昌縣東。	逢萌墓	
卷二十七 **沔水**		
沔水出武都沮縣東狼谷中。	諸葛亮墓 女郎冢	注云："諸葛亮之死也,遺令葬於其山,因即地勢,不起墳壟,惟深松茂柏,攢蔚川阜,莫知墓塋所在。"

經　文	地　名	備　註
東過南鄭縣南。	李固墓	
又東過成固縣南,又東過魏興安陽縣南,涔水出自旱山北注之。	七女冢 項伯冢	
卷二十八 沔水		
又南過穀城東,又南過陰縣之西。	生墳	
又東過山都縣東北。	石冢	
又東過襄陽縣北。	劉表墓	
又從縣東屈西南,淯水從北來注之。	習郁墓 秦孝子墓 蔡瑁冢	
又南過邔縣東北。	黃家墓	
又南過宜城縣東,夷水出自房陵,東流注之。	秦頡墓	
卷二十九 沔水		

經　文	地　名	備　　　註
分爲二,其一東北流,其一又過毗陵縣北,爲北江。	劉繇墓	
卷二十九 **潛水** 　　潛水出巴郡宕渠縣。	馮緄冢 李溫冢	
卷二十九 **湍水** 　　湍水出酈縣北芬山,南流過其縣東,又南過冠軍縣東。	張詹墓	
卷二十九 **粉水** 　　又東過穀邑南,東入於沔。	文將軍冢 羡之婦墓	
卷二十九 **比水** 　　又西至新野縣,南入於淯。	胡瑒母墓	
卷三十　淮水 　　又東過淮陰縣北,中瀆水出白馬湖,東北注之。	漂母冢 韓信母冢	

經　　文	地　名	備　　註
卷三十一 **潕水** 　潕水出南陽魯陽縣西之堯山。	尹儉墓 州苞冢	
卷三十一 **淯水** 　淯水出弘農盧氏縣支離山,東南過南陽西鄂縣西北,又東過宛縣南。	張平子墓 王子雅墓 黃權夫妻冢 鄧義山墓	
卷三十二 **沘水** 　東北過六縣東。	公琴 皋陶冢	注云:"民傳曰:公琴者,即皋陶冢也。"
卷三十二 **沮水** 　沮水出漢中房陵縣淮水,東南過臨沮縣界。	楚昭王墓 昭丘	注云:"沮水又南逕楚昭王墓,東對麥城。故王仲宣之《賦登樓》云:西接昭丘是也。"
卷三十二 **夏水** 　又東過華容縣南。	胡寵墓 廣身陪陵 陶朱冢 范西戎墓	

經　　文	地　　名	備　　註
卷三十三 江水		
又東南過犍爲武陽縣,青衣水,沫水從西南來,合而注之。	彭冢 彭祖冢	
又東過魚復縣南,夷水出焉。	故陵 六大墳 巴陵	
卷三十四 江水		
又東南過夷道縣北,夷水從佷山縣南,東北注之。	女觀山墳	
又南過江陵縣南。	趙臺卿冢	
卷三十五 江水		
又東北至江夏沙羨縣西北,沔水從北來注之。	劉琦墓	
卷三十六 溫水		

經　　文	地　　名	備　　註
東北入於鬱	須陵	注箋本、項本、張本作項陵。
卷三十七 沅水 　又東北過臨沅縣南。	襲玄之墓	注箋本、項本、張本作龔玄之墓。
卷三十七 浪水 　其一又東過縣東,南入於海。	尉佗墓	
卷三十八 湘水 　又東北過泉陵縣西。	大舜窆 商均墓	
又東北過重安縣東,又東北過酃縣西,承水從東南來注之。	祝融冢	
又北過臨湘縣西,瀏水從縣西北流注。	吳芮冢	
卷三十九 耒水 　又北過其縣之西。	義帝冢	

經　　文	地　名	備　　註
卷三十九 **贛水** 　又北過南昌縣西。	龍沙故冢 徐孺子墓	注云："贛水又北逕龍沙西，……昔有水於此沙得故冢刻甎云西去江七里半"。
卷四十　漸江水 　漸江水出三天子都。	孝子夏先墓 孫武皇先墓 孫權父冢	
北過餘杭，東入於海。	郭文墓 顏烏墳 獨松故冢 越王允常冢 禹冢 陳音冢 文種墓 琵琶圻古冢 孝子楊威母墓	注云：《異苑》曰：東陽顏烏以淳孝著聞，後有羣烏助銜土塊爲墳。"注箋本、項本、張本作"後有羣烏銜鼓集顏烏所居之邨"，注釋本、注疏本與注箋本同，但"鼓"改作"土"。

祠、廟　祠堂廟宇,都是古代祭祀之所,在古代具有很大的社會影响。因此,祠廟一旦建立,就往往同時成爲地名。《水經注》有關這一類地名中,計有祠名一百二十餘處,廟名一百四十餘處。祠和廟本身並無嚴格的區別,但由於數量較大,爲了查檢方便,把祠和廟分成二類,分別收入本匯編。

　　立祠設廟,是古代統治者統治人民的方法之一。加上古代科學落後,對許多自然現象和事物,都不能作科學的解釋,從而助長了立祠設廟之風。以致大至通都大邑,小至窮鄉僻壤,祠廟既是常有的建築,也是常見的地名。

　　在酈注祠廟類地名中所記載的祠堂廟宇,大體可以分成下列幾類:

　　第一類是屬於自然事物和自然現象的。舉凡河川山岳、風雷雨雪、飛禽走獸、花草樹木,在古代都可以成爲立祠設廟的對象。像卷五,河水注的"四瀆祠";卷三十,淮水注的"淮源廟";卷十五伊水注的"崑崙祠";卷二十五,汶水注的"泰山三廟"等,都以河川山岳爲設祠立廟的對象。又如卷一,河水注的"風伯祠";卷四十,漸江水注的"大樹神廟";卷十三,漂水注的"火井祠";卷三,河水注的"火井廟";卷五,河水注的"五龍祠";卷三十八,湘水注的"象廟"等,則又是各種自然事物和自然現象立祠設廟的例子。這類祠廟的設立,當然是由於古代人民科學知識的落後,但統治者往往利用這種愚昧落後,作爲鞏固其統治的手段。卷十七,渭水經"又東過陳倉縣西"注中的"陳寶雞鳴祠"即是其例。注云:

　　　　昔秦文公感伯陽之言,遊獵於陳倉,遇之於北坂,得若石焉,其色若肝,歸而寶祠之,故曰陳寶;其來也自東南,暉暉聲若雷,野雞皆鳴,故曰雞鳴神也。[①]

　　以一石之微,故弄玄虛,大興土木,設立祠廟,讓百姓頂禮膜拜,於此可見一斑。

　　第二類是屬於封建帝王和統治階級中各式代表人物的祠廟。像卷十九,渭水注的"漢武帝祠";卷十三,漂水注的"道武皇帝廟";卷六,汾水注的"介子推祠";卷十,濁漳水注的"董仲舒廟"等均是其例。這類祠廟所奉祀的多是帝王將相、達官貴宦、名儒大

　　① 《史記》卷二十八,書六,《封禪書》:"後九年,文公獲若石,云於陳倉北阪,城祠之,其神或歲不至,或歲數來,來也常以夜,光輝若流星,從東南來,集於祠城則若雄雞,其聲殷殷云野雞夜雛,以一牢祠,命曰陳寶。"

賢等等，是直接爲統治者樹碑立傳的，和統治者的切身利害關係最爲密切，因而是統治階級所竭力鼓吹的，所以數量很大。

第三類是歷史上確實有功於人民的一些人物，由於人民對他們的崇敬和紀念，因而爲他們建立了祠廟，例如卷十，濁漳水注中的"西門豹祠"；卷三十八，湘水注中的"屈原廟"等均是。

祠堂廟宇是古代統治階級統治人民的工具，因此，同樣的偶象往往在許多地方建祠立廟，鼓吹崇拜。因而在地名上造成許多異地同名的現象。諸如堯祠、舜祠、堯廟、舜廟、太公廟、孔子廟、老子廟等等，遍及全國各地。酈注中計有堯祠二處，堯廟五處，舜祠、舜廟各二處，孔子廟四處，太公廟和老子廟各三處，此外還有不少異地同名的其他祠廟。

四十四、祠

祠

經　文	地　名	備　　註
卷二　河水 　又東過金城允吾縣北。	風伯祠 土樓神祠	
卷三　河水 　又南離石縣西。	上陵畤	
卷四　河水 　又南出龍門口，汾水從東來注之。	龍門廟祠	注云："即經所謂龍門矣，……岸上並有廟祠，祠前有石碑三所。"

經　　文	地　　名	備　　註
又南過汾陰縣西。	后土祠	
又南過蒲坂縣西。	首山祠	注云:"縣有堯山首山祠",注箋本作"縣有堯山有祠"。
又南至華陰潼關,渭水從西來注之。	華岳中祠	注云:"故升華岳而觀厥跡焉,……至中祠,又西南出五里,至南祠,謂之北君祠。"
	華岳南祠	見上註。
	北君祠	見華岳中祠註。
	石養父母祠	注云:"又屈一祠,謂之石養父母。"
又東過河北縣南。	周天子祠	
	石隉祠	
又東過砥柱間。	五户將軍祠	
卷五　河水		
又東過平縣北,湛水從北來注之。	河平侯祠	
又東過成皋縣北,濟水從北來注之。	五龍祠	
又東北過黎陽縣南。	般祠	
又東過茌平縣西。	四瀆祠	
又東北過高唐縣東。	孝祠	

經　　文	地　　名	備　　註
又東北過楊虛縣東,商河出焉。	東方朔祠	
卷六　汾水 東南過晉陽縣東,晉水從縣南東流注之。	介子推祠	
歷唐城東。	三神祠	
又西過長脩縣南。	稷祠	
又西過皮氏縣南。	子推祠	
卷六　涑水 又西南過安邑縣西。	巫咸祠	
卷六　洞過水		
洞過水出沾縣北山。	原過祠	《天下郡國利病書》卷四十六,山西二,引《水經》作原同過祠。
卷六　晉水 晉水出晉陽縣西懸甕山。	唐叔虞祠	
卷七　濟水 與河合流,又東過成皋縣北,又東過滎陽縣北,又東至礫溪南,東出過滎澤北。	李君祠	

經　　文	地　　名	備　　註
卷八　濟水 　其一水東南流，其一水從縣東北流，入鉅野澤。	蘧伯玉祠 蚩尤祠	
又北過臨邑縣東。	濟水祠	
又東北過盧縣北。	舜祠	
又東北過菅縣南。	女郎祠	
又東北過方與縣北，爲菏水。	李剛祠 金鄉山石祠	注云：“故曰金鄉山，山形峻峭，冢前有石祠。”
卷九　清水 　清水出河內脩武縣之北黑山。	七賢祠	
卷九　沁水 　又東過野王縣北。	堯祠	
卷十　濁漳水 　又東出山，過鄴縣西。	西門豹祠 銅馬祠	
又東北至樂成陵縣北別出。	董府君祠	

經　　文	地　　名	備　　註
卷十一　滱水		
又東過博陵縣南。	二妃祠	
	百祠	
	蒲上祠	注云:"水側有古神祠,世謂之百祠,亦曰蒲上祠。"
卷十三　灅水		
灅水出鴈門陰館縣,東北過代郡桑乾縣南。	火井祠	黄本、吴本、注箋本、項本、沈本、張本作文井祠。
	女郎祠	
	代夫人祠	注云:"《史記》曰:趙襄子殺代王於夏屋而并其土,襄子迎其姊於代,其姊,代之夫人也,至此曰:代已亡矣,吾將何歸? 遂磨笄於山而自殺,代人憐之,爲立祠也。"
又東過涿鹿縣北。	黄帝祠	
卷十四　濡水		
濡水從塞外來,東南過遼西令支縣北。	孤竹君祠	《雍正畿輔通志》卷十七,山川,山,順天府,孤竹山,引《水經注》作孤竹祠。
卷十四　大遼水		
又東南過房縣西。	龍翔祠	
卷十五　洛水		

經　　文	地　　名	備　　　註
又東過偃師縣南。	子晉祠 仙人祠	
卷十五　伊水		
又東北過陸渾縣南。	王母祠 西王母祠 崑崙祠	
卷十七　渭水北		
又東過冀縣	女媧祠	
又東過上邽縣。	怒特祠	
又東過陳倉縣西。	陳寶雞鳴祠 舜妻盲冢祠 汧水祠	注箋本作寶雞鳴祠。
卷十八　渭水		
又東過武功縣北。	谷春祠 太白祠 稷祠 姜嫄祠 鄧艾祠 五畤祠 上畤 鄜畤 密畤	

經　　文	地　名	備　　註
	吳陽上時 吳陽下時 畦時 北時 鳳女祠	注云：「又於吳陽作上時，祀黃帝；作下時，祀炎帝焉。」 見上註。
卷十九　渭水 　又東，豐水從南來注之。	白起祠	
又東過長安縣北。	陽侯祠 鄧艾祠	
又東過霸陵縣北，霸水從縣西北流注之。	漢武帝祠	
卷二十一 **汝水** 　又東南過郾縣北。	葉君祠	
又東南過平輿縣南。	張明府祠	
卷二十二 **潁水** 　又東南過陽翟縣北。	九山祠	

經　　文	地　　名	備　　註
又東南過潁陽縣西，又東南過潁陰縣西南。	柏祠	
又東南至新陽縣北，滇蕩渠水從西北來注之。	賈逵祠	
卷二十二 洧水		
東南過其縣南。	卓茂祠	
又東過鄭縣南，潧水從西北來注之。	章乘祠	
卷二十二 渠		
渠出滎陽北河，東南過中牟縣之北。	魯恭祠 田豐祠	
又屈南至扶溝縣北。	萬人散祠	注云："歷萬人散，王莽之纂也，東郡太守翟義興兵討莽，莽遣奮威將軍孫建擊之於圍北，義師大敗，尸積萬數，血流溢道，號其處爲萬人散，百姓哀而祠之。"
	澹臺子羽祠	
卷二十三 汳水		

經　　文	地　　名	備　　註
又東至梁郡蒙縣,爲獲水。	漢鴻臚橋仁祠	
卷二十三 **獲水** 獲水出汳水於梁郡蒙縣北。	梁孝王祠	
卷二十四 **睢水** 睢水出梁郡鄢縣。	夏后祠	
卷二十四 **瓠子河** 又東北過廩丘縣,爲濮水。	中山夫人祠 堯妃祠 伍員祠	
卷二十四 **汶水** 又西南過無鹽縣南,又西南過壽張縣北,又西南至安民亭,入於濟。	報山祠	注云:"《漢注》作報山,山脅石一枚,轉側起立,⋯⋯東平王雲及后謁曰:漢世石立,宣帝起之表也,自之石所祭治石象報山立石,束倍草,並祠之。"
卷二十五 **泗水**		

經　　文	地　　名	備　　註
泗水出魯卞縣北山。	原泉祠	
西南過魯縣北。	闕里饗祠	
又東過沛縣東。	華元祠	
又東南過彭城縣東北。	亞父祠	
卷二十五 沂水		
南過琅邪臨沂縣東，又南過開陽縣東。	蒙山下祠	注箋本作蒙祠。
卷二十六 巨洋水		
又北過臨朐縣東。	冶泉祠	大典本作治泉祀。《嘉靖臨朐縣志》卷一，風土志，引《水經注》作冶泉祀。
	逢山祠	注箋本作逢山下祠。
卷二十六 淄水		
東北過臨淄縣東。	齊八祠	

經　文	地　名	備　註
又東過利縣東。	堯山祠 堯山上祠 桓公祠 景王祠	
卷二十六 濰水 又北過淳于縣東。	三戶山祠	注箋本作三石山祠。
卷二十七 沔水 東過南鄭縣南。	旱山下祠	
又東過成固縣南,又東過魏興安陽縣南,涔水出自旱山北注之。	唐公祠	
又東過西城縣南。	舜祠	《輿地紀勝》卷一八九,利州路,金州,古蹟,虞舜祠,引《水經注》作虞舜祠。
卷二十八 沔水 又東過襄陽縣北。	劉表祠	
卷二十九 比水		

經　　文	地　　名	備　　註
又西至新野縣，南入於淯。	胡瑒母祠	
卷三十　淮水 　又東過淮陰縣北，中瀆水出白馬湖，東北注之。	江水祠	
卷三十一　溳水 　溳水出南陽魯陽縣西之堯山。	堯祠 唐祠	
卷三十一　淯水 　淯水出弘農盧氏縣支離山，東南過南陽西鄂縣西北，又東過宛縣南。	范蠡祠	
卷三十二　肥水 　北過其縣西，北入芍陂。	孫叔敖祠	
卷三十三　江水		

經　　文	地　　名	備　　註
岷山在蜀郡氐道縣，大江所出，東南過其縣南。	漢武帝祠	
又東北至巴郡江州縣東，強水、涪水、漢水、白水、宕渠水五水，合南流注之。	塗君祠	
卷三十六 温水 　東北入於鬱。	竹王祠 竹王三郎祠	
卷四十　漸江水 　北過餘杭，東入於海。	趙昹祠 子胥祠	

四十五、廟

廟

經　　文	地　　名	備　　註
卷二　河水 　又東過隴西河關縣北，洮水從東南來流注之。	禹廟	
卷三　河水 　又南過西河圜陽縣東。	火井廟	
卷四　河水 　又南出龍門口，汾水從東來注之。	子夏廟 司馬子長廟	

經　　文	地　　名	備　　註
又南過汾陰縣西。	文母廟	
又南過蒲坂縣西。	舜廟 夷齊廟	
又南至華陰潼關，渭水從西來注之。	華岳下廟 上宮神廟	注云：「故升華岳而觀厥跡焉，自下廟歷列柏，南行十一里，東迴三里，至中祠。」
又東過大陽縣南。	天子廟 虞公廟	
卷五　河水		
又東過平縣北，湛水從北來注之。	夷齊之廟 周公廟	
又東過成臯縣北，濟水從北來注之。	崑崙山廟	
又東北過黎陽縣南。	伍子胥廟	
又東北過衛縣南，又東北過濮陽縣北，瓠子河出焉。	鄧艾廟	
又東北過高唐縣東。	二子廟	

經　　文	地　名	備　　註
卷六　汾水 　又南過平陶縣東，文水從西南來流注之。	子推廟	
歷唐城東。	岳廟	
又南過平陽縣東。	堯廟	
又西過皮氏縣南。	汾山神廟	
卷六　　原公水 　原公水出茲氏縣西羊頭山，東過其縣北。	司馬子政廟	
卷七　濟水 　濟水出河東垣縣東王屋山，爲沇水。	贊皇山廟	
卷八　濟水 　又東北過盧縣北。	舜妃娥英廟	
又東過東緡縣北。	朱鮪石廟	注云："菏水又東逕漢平狄將軍扶溝侯淮陽朱鮪冢，墓北有石廟。"

經　　文	地　　名	備　　註
又東過方與縣北,爲菏水。	金鄉山石廟	注云:"故曰金鄉山,……有石祠石廟。"
又東南過沛縣東北。	高祖廟	
又東南過留縣北。	張良廟	
又東南過徐縣北。	徐山廟	
卷九　清水 又東過汲縣北。	太公廟	注云:"縣,故汲郡治,晉太康中立城,……城東門北側有太公廟。"
	太公廟	注云:"城北三十里有泉,泉上又有太公廟。"
卷九　沁水 又東過野王縣北。	孔子廟 華嶽廟	
卷十　濁漳水 東過其縣南。	堯廟	
又東北過曲周縣東,又東北過鉅鹿縣東。	漢光武廟	
又東北至樂成陵縣北別出。	董仲舒廟	

經　文	地　名	備　註
卷十一　滱水		
又東過唐縣南。	堯廟	
	恒山下廟	
	恒山東廟	注云："東逕恒山下廟北，漢末喪亂，山道不通，……晉魏改有東、西二廟。"
	恒山西廟	見上註。
又東過博陵縣南。	郎山君中子觸鋒將軍廟	
卷十三　灅水		
灅水出鴈門陰館縣，東北過代郡桑乾縣南。	大道壇廟	《通鑑》卷一一九，宋紀一，營陽王景平元年，"起天師道道場於平城之東南，重壇五層" 胡註，引《水經注》作大道壇。《方輿紀要》卷四十四，山西六，大同府，灅南宮，引《水經注》作大道壇。
	虞舜廟	
	堯廟	
又東過涿鹿縣北。	道武皇帝廟	
	王次仲廟	
卷十五　洛水		
又東過偃師縣南。	鄭袤廟	
	九山廟	
卷十六　穀水		

經　　文	地　　名	備　　註
又東過河南縣北,東南入於洛。	魏晉故廟 太廟 酈食其廟	
卷十七　渭水　 又東過上邽縣。	老子廟	
卷十九　渭水　 又東,豐水從南來注之。	太公廟	
又東過長安縣北。	昭王廟	
又東過霸陵縣北,霸水從縣西北流注之。	王莽九廟 龍淵廟 徘徊廟 定陶恭王廟	
又東過鄭縣北。	五部神廟 華岳廟	
又東過華陰縣北。	漢文帝廟	注箋本作漢魏文帝三廟,注釋本作漢魏文帝二廟。
卷二十　丹水　 東南過其縣南。	四皓廟	

經　　文	地　名	備　　註
卷二十一 **汝水** 　又東南過偃縣北。	葉公廟	
又東南過平興縣南。	青陂廟	
卷二十二 **潁水** 　東南過其縣南。	許由廟	
卷二十二 **洧水** 　洧水出河南密縣西南馬領山。	張伯雅石廟	注云："東南流逕漢弘農太守張伯雅墓，……冢前有石廟。"
卷二十二 **潩水** 　潩水出河南密縣大騩山。	子産廟	
卷二十三 **陰溝水** 　東南至沛，爲渦水。	老子廟 孔子廟 老君廟 李母廟 曹嵩廟	 黃本、沈本作李老母前廟，注箋本、項本、張本作李老母廟。

經　　文	地　　名	備　　註
卷二十三 獲水 　獲水出汳水於梁郡蒙縣北。	漢司徒盛允廟	
卷二十四 睢水 　睢水出梁郡鄢縣。	漢廣野君廟	
東過睢陽縣南。	漢太尉橋玄廟	注云："城北五、六里，便得漢太尉橋玄墓，冢東有廟。"
卷二十四 瓠子河 　又東北過廩丘縣，爲濮水。	堯廟 堯母慶都廟 仲山甫冢石廟	注云："有仲山甫冢，冢西有石廟。"
卷二十四 汶水 　屈從縣西南流。	泰山下廟 泰山中廟 泰山上廟 巢父廟	注云："泰山有下、中、上三廟。" 見上註。 見泰山下廟註。
過博縣西北。	亭亭山神廟	注云："汝水又西南逕亭亭山，黄帝所禪也，山有神廟。"
卷二十五 泗水		

經　　文	地　　名	備　　　註
西南過魯縣北。	顏母廟	注云："沂水出魯城東南尼丘山西北,山即顏母所祈而生孔子也,山東十里,有顏母廟。"
	孔廟	
	孔子舊廟	
	顏母廟	注云："魏黃初元年,文帝令郡國修起孔子舊廟,……廟之西北二里,有顏母廟。"
又東過沛縣東。	漢高祖廟	
	高祖廟	注箋本、項本、張本作高廟。
	崇侯虎廟	
又東南過下邳縣西。	徐廟	
卷二十六 淄水		
又東過利縣東。	劉章廟	
	朱虛侯章廟	
卷二十六 濰水		
濰水出琅邪箕縣濰山。	琅邪山神廟	注云："琅邪,山名也,……神廟在齊八祠中,漢武帝亦嘗登之。"
卷二十七 沔水		
沔水出武都沮縣東狼谷中。	諸葛亮廟	
	女郎廟	
又東過西城縣南。	漢高帝廟	

經　文	地　名	備　註
卷二十八 沔水 　又南過宜城縣東,夷水出自房陵,東流注之。	太山廟	注云:"縣有太山,山下有廟。"
卷二十九 沔水 　分爲二,其一東北流,其一又過毗陵縣北,爲北江。	丞山王廟 胥山王廟 美人廟	
又西至新野縣,南入於淯。	長陽公主廟	
卷三十　淮水 　淮水出南陽平氏縣胎簪山,東北過桐柏山。	淮源廟	
又東過新息縣南。	賈彪廟 子胥廟	
又東過期思縣北。	孫叔敖廟	
又東過壽春縣北,肥水從縣東北流注之。	老子廟	

經　　文	地　名	備　　　註
又東過淮陰縣北,中瀆水出白馬湖,東北注之。	伍相廟	
卷三十一 溰水		
溰水出南陽魯陽縣西之堯山。	彭山廟 尹儉廟	
卷三十一 淯水		
淯水出弘農盧氏縣支離山,東南過南陽西鄂縣西北,又東過宛縣南。	預山神廟	注云:"淯水又東逕預山東,山上有神廟。"
卷三十二 肥水		
北入於淮。	劉安廟 劉勔廟	
卷三十三 江水		
又東過魚復縣南,夷水出焉。	瞿塘灘神廟	注云:"瞿塘灘上有神廟。"
卷三十四 江水		

經　文	地　名	備　註
又東過巫縣南,鹽水從縣東南流注之。	朝雲廟 女嬃廟	
又東過枝江縣南,沮水從北來注之。	陳留王子香廟	
卷三十五 江水		
又東北至江夏沙羨縣西北,沔水從北來注之。	劉琦廟	
鄂縣北。	大姥廟 南嶽廟	
卷三十六 温水		
東北入於鬱。	比景廟 小大八廟	
卷三十八 湘水		
又東北過泉陵縣西。	九疑山舜廟	注云:"故曰九疑山,大舜窆其陽,商均葬其陰,山南有舜廟,……山之東北泠道縣界又有舜廟。"
	泠道縣舜廟 節侯廟 象廟	見上註。

經　　文	地　　名	備　　註
又東北過重安縣東，又東北過酃縣西，承水從東南來注之。	重安縣舜廟 南嶽舜廟	注云："東北流至重安縣，逕舜廟下。" 注云："《山經》謂之岣嶁，爲南嶽也，山下有舜廟。"
又北過臨湘縣西，瀏水從縣西北流注。	陶侃廟 孫堅廟 屈原廟	
卷三十八 **溱水** 　東至曲江縣安聶邑東屈西南流。	任將軍廟	
過湞陽縣，出洭浦關，與桂水合。	觀岐神廟	注云："其處隘，名之爲觀岐，連山交枕，絶崖壁竦，下有神廟。"
卷三十九 **贛水** 　又北過南昌縣西。	賈萌廟	
卷三十九 **廬江水** 　廬江水出三天子都北，過彭澤縣西，北入於江。	宮亭廟	

經　文	地　名	備　註
卷四十　漸江水　　漸江水出三天子都。	烏山廟	注云："縣北有烏山,山下有廟。"
北過餘杭,東入於海。	赤松羽化處廟	注云："溪水又東逕長山縣北,北對高山,山下水際,是赤松羽化之處也,炎帝少女追之,亦俱仙矣,後人立廟於山下。"
	禹廟	
	大樹神廟	
	句踐宗廟	注云："又有句踐所立宗廟。"
	嶂浦廟	注云："嶠北有嶂浦,浦口有廟。"
	漁浦王廟	

四十六、寺　觀

　　和上述祠廟不同,寺觀是宗教活動的場所。寺和以前所述的塔一樣,是佛教傳入我國以後的産物。至於觀,按其性質可分兩類:《魏書》所云:"何必縱其盜竊,資營寺觀。"①這樣的觀,乃是道教活動的場所。觀的另一類是《玉海》所釋的:"觀,觀也。周置兩觀,以表宮門,其上可居,登之可以遠觀,故謂之觀。"②這種觀,乃是宮廷建築中的一個部分。《水經注》記載的寺觀,爲數近四十處。

　　我國開始建立佛教寺院,爲時在後漢明帝時代(公元五十八—七十六年)。卷十六,穀水經"又東過河南縣北,東南入於洛"注中的洛陽"白馬寺",即是我國歷史上建造的第一所佛教寺院。③ 注云:

　　　　穀水又南逕白馬寺東,昔漢明帝夢見大人金色,項佩白光,以問羣臣。或對曰:西方有神名曰佛,形如陛下所夢,得無是乎? 於是發使天竺,寫致經像,始榆欙盛經,④白馬負圖,表之中夏,故以白馬爲寺名。此榆欙後移在城内愍懷太子浮圖

---

① 《魏書》卷一一四,《釋老志》。
② 《玉海》卷一六六,宮室,觀。
③ 《洛陽伽藍記》卷四:"白馬寺,漢明帝所立也,佛入中國之始。"又《大清一統志》卷二〇七,河南府三:"漢明帝時,摩騰竺法蘭初自西域以白馬馱經而來,舍於鴻臚寺,遂取寺爲名,創置白馬寺,此僧寺之始也。"
④ 榆欙盛經,譚元春批点本原註云:"榆欙未詳,考之袁宏《漢紀》及《牟子》俱不言其事,唯《吳越春秋》尝有甘蜜九欙,文笥七枚之文,解者以爲欙與籠通。而《齊民要術》云:榆十五年後中爲車轂及蒲葡瓺,知以榆木爲瓺,遠致蒲葡也。籠、瓺、欙三字互通,則榆欙乃以榆木爲經函耳。"又何焯校本批云:"塞外刻字於木簡謂之檔子,榆欙殆其類乎?"

中,近世復遷此寺,然金光流照,法輪東轉,創自此矣。

上述白馬寺建立以後,各地都開始建立寺院,特別是六朝,全國各地紛紛建立寺院,以寺院爲名的地名,一時大量出現,北魏的首都洛陽,是當時全國重要的佛教中心,建寺之風尤盛,到了酈道元所在的時代,據《通鑑》所記,北魏各地的寺院竟達一萬三千多處,①而首都洛陽一地,寺院也多至一千三百六十七處②。在這一萬多處寺院中,作爲地名而流傳於酈注之中的,爲數實在微不足道。

儘管酈注記載的寺院爲數不多,但其中有些寺院具有很大的規模。卷十六穀水經"又東過河南縣北,東南入於洛"注中的永寧寺,即是當時全國的最大寺院。酈注所記的主要是寺內的那座舉世無匹的九層浮圖,對寺院本身描述不多。其實,寺院的規模也是極大的。據《洛陽伽藍記》所載:"僧房樓觀一千餘間,雕梁粉壁,青縹綺疏,難得而言。"③而且"外國所獻經像,皆在此寺"。④則永寧寺無疑已成爲當時的佛教中心。即使與當時西域、印度等地的寺院相比,永寧寺也毫無遜色。據當時年高識廣的西域沙門菩提達摩所云:"歷涉諸國,靡不周遍,而此寺精麗,閻浮所無也。極物境界,亦未有此。"⑤所以永寧寺是當時海內的最大佛教寺院,並不是言之過甚的。

此外,卷十四鮑丘水經"又東南至雍奴縣北,屈東入於海"注中的觀雞寺,也是當時的著名寺院。注云:

　　　水東有觀雞寺,寺內起大堂,甚高廣,可容千僧,下悉結石爲之,上加塗墍,基內疎通,枝經脈散,基側室外,四出爨火,炎勢內流,一堂盡溫。蓋以此土寒嚴,⑥出家沙門,率皆貧薄,旋主慮闕道業,故崇斯構,是以志道者多棲託焉。

這裏記載的觀雞寺,其建築不僅擁有可容千僧的大堂,而且這座大堂的建築,又具有適應於低溫地區的這種特殊的保溫結構,這確是我國古代建築中的卓越創造。

《水經注》記載的佛教寺院,也有以刹爲名的。刹,是梵語 Buddhakchêtra 的音譯,我國慣譯差多羅,或譯作紇差怛羅、怛利耶、佛刹等,原義爲佛國,後來被引伸借用作爲寺院。《宋史·危積傳》所云:"漳俗視不葬親爲常,往往栖寄僧刹。"⑦說明佛寺稱刹,到後來已很普遍了。

最後,卷一,河水經"屈從其東南流,入渤海"注中提到的"僧伽藍"一詞,這裏也有稍作說明的必要。僧伽藍即梵文 Samghârâma 或 Samghâgnâmâ,常常譯作僧伽藍摩或僧伽羅摩,僧伽藍是其省譯,或亦省譯作伽藍、僧藍等,其意義原爲園林,但以後也被引伸

---

① 《通鑑》卷一四七,梁紀三,武帝天監八年。時當北魏永平九年(公元五〇九年)。

②③④⑤ 《洛陽伽藍記》卷一。

⑥ "此土寒嚴",何焯校本批云:"寒嚴疑作嚴寒。"

⑦ 《宋史》卷四一五,列傳一七四。

作爲寺院。《通鑑》胡註云：“伽藍，佛寺也。梵語言僧伽藍摩。僧伽藍摩，猶中華言衆
園也。”①此外，在《一切經音義》和《翻譯名義集》等書中，對此詞也都有解釋，②而且大
致相同，就不再贅述了。

---

①　《通鑑》卷二〇七，唐紀二十三，則天后久視元年，“今之伽藍”胡註。
②　元應《一切經音義》卷一：“僧伽藍，正言僧伽羅磨，此云衆園也。”慧琳《一切經音義》卷二十一：“僧伽藍，
　　具云僧伽羅摩，言僧者衆也，伽羅摩者園也，或云衆所樂住處也。”《翻譯名義集》卷七：“僧伽藍，譯爲衆
　　園。”

寺　觀

經　文	地　名	備　註
卷一　河水 　屈從其東南流，入渤海。	蒲那般河僧伽藍	注云："又逕蒲那般河，河邊左右，有二十僧伽藍。"《法顯傳考證》下編，校釋，第四十四頁，足立喜六云："僧伽藍爲僧伽藍摩（Samghârâma）之略，又更略爲伽藍，譯曰園林。僧園，蓋寺院之通稱也。"
卷二　河水 　又南入蔥嶺山，又從蔥嶺出而東北流。	鉢吐羅越城東寺	注云："有鉢吐羅越城，佛袈裟王城也，東有寺。"
其一源出于闐國南山，北流與蔥嶺所出河合，又東注蒲昌海。	利刹寺 雀離大清淨寺	
卷四　河水 　又南過蒲坂縣西。	歷觀	
又南至華陰潼關，渭水從西來注之。	胡越寺	
卷五　河水 　又東過平縣北，湛水從北來注之。	玄武觀	《通鑑》卷七十六，魏紀八，"高貴鄉公至玄武觀"胡註，引《水經注》作玄武館。

經　文	地　名	備　註
又東北過滎陽縣南。	神馬寺 古斟觀	
卷六　汾水 又南過平陶縣東，文水從西南來流注之。	石桐寺	
卷六　文水 文水出大陵縣西山文谷，東到其縣，屈南到平陶縣東北，東入於汾。	謁泉山二刹	注云："泉口水出謁泉山之上頂，……頂上平地十許頃，沙門釋僧光表建二刹。"
卷八　濟水 其一水東南流，其一水從縣東北流，入鉅野澤。	酸棗寺	
又東北過盧縣北。	大明寺	
卷九　清水 清水出河內脩武縣之北黑山。	比丘釋僧訓精舍寺	
卷九　洹水 又東出山，過鄴縣南。	東明觀	

經　文	地　名	備　　註
卷十　濁漳水 又東出山，過鄴縣西。	東明觀	
又東北過曲周縣東，又東北過鉅鹿縣東。	劉神寺	
卷十一　易水 東過范陽縣南，又東過容城縣南。	白楊寺	
卷十三　灅水 灅水出鴈門陰館縣，東北過代郡桑乾縣南。	紫宮寺 皇舅寺	
卷十四　鮑丘水 又南至雍奴縣北，屈東入於海。	觀雞寺	
卷十五　洛水 又東過偃師縣南。	仙人觀	

經　　文	地　名	備　　　　註
卷十六　穀水		
又東過河南縣北，東南入於洛。	聽訟觀 平望觀 宣武觀 望先寺 永寧寺 白馬寺 平樂觀	注云："逕聽訟觀南，故平望觀也。"
卷十八　渭水		
又東過武功縣北。	祈年觀	
卷十九　渭水		
又東過槐里縣南，又東，澇水從南來注之。	宜春觀	
卷二十三獲水		
又東過彭城縣北，東入於泗。	阿育王寺	
卷二十四睢水		
東過睢陽縣南。	追明寺	

經　　文	地　名	備　　註
卷二十五 泗水 　又東南過彭城縣東北。	龍華寺	
卷二十六 淄水 　又東過利縣東。	七級寺	
卷三十二 肥水 　又北過壽春縣東。	導公寺	
北入於淮。	西昌寺	
卷三十三 江水 　岷山在蜀郡氏道縣，大江所出，東南過其縣北。	送客觀	
又東至枳縣西，延江水從牂柯郡，北流西屈注之。	天師治 平都佛寺	注云："有平都縣，……兼建佛寺甚清靈。"